21世纪经济学管理学系列教材

政治经济学

（社会主义部分）

POLITICAL ECONOMY

(Economics on Socialist and China's Economy)

主编 张秀生 曾国安

WUHAN UNIVERSITY PRESS
武汉大学出版社

总　　序

一个学科的发展,物质条件保障固不可少,但更重要的是软件设施。软件设施体现在三个方面:一是科学合理的学科专业结构,二是能洞悉学科前沿的优秀的师资队伍,三是作为知识载体和传播媒介的优秀教材。一本好的教材,能反映该学科领域的学术水平和科研成就,能引导学生沿着正确的学术方向步入所向往的科学殿堂。作为一名教师,除了要做好教学工作外,另一个重要的职能就是总结自己钻研专业的心得和教学中积累的经验,以不断了解学科发展动向,提高自己的科研和教学能力。

正是从上述思路出发,武汉大学出版社准备组织一批教师在两三年内编写出一套《21世纪经济学管理学系列教材》,同时出版一批高质量的学术专著,并已和武汉大学商学院达成共识,签订了第一批出版合作协议,这是一件振奋人心的大事。

我相信,这一计划一定会圆满地实现。第一,合院以前的武汉大学经济学院和管理学院已分别出版了不少优秀教材和专著,其中一些已由教育部通过专家评估确定为全国高校通用教材,并多次获得国家级和省部级奖励,在国内外学术界产生了重大影响,对如何编写教材和专著的工作取得了丰富的经验。第二,近几年来,一批优秀中青年教师已脱颖而出,他们不断提高教学质量,勤奋刻苦地从事科研工作,已在全国重要出版社,包括武汉大学出版社,出版了一大批质量较高的专著。第三,这套教材必将受到读者的欢迎。时下,不少国外教材陆续被翻译出版,在传播新知识方面发挥了一定的作用,但在如何联系中国实际,建立清晰体系,贴近我们习惯的思维逻辑,发扬传统的文风等方面,中国学者有自己的优势。

《21世纪经济学管理学系列教材》将分期分批问世,武汉大学商学院教师将积极地参与这一具有重大意义的学术事业,精益求精地不断提高写作质量。系列丛书的出版,说明武汉大学出版社的同志们具有远大的目光,认识到,系列教材和专著的问世带来的不仅是不小的经济效益,更重要的是巨大的社会效益。作为武汉大学出版社的一位多年的合作者,对这种精神,我感到十分钦佩。

谭崇台

2001年秋于珞珈山

目　录

导　言

一、政治经济学社会主义部分的研究对象

任何一门学科都有其特定的研究对象。政治经济学社会主义部分以什么作为其研究对象呢？

笼统地说，政治经济学社会主义部分的研究对象是社会主义经济；具体来说，政治经济学社会主义部分的研究对象是社会主义社会中的社会生产（包括产品生产、流通、分配、消费诸环节）以及在社会生产过程中人们之间发生的经济关系（即生产关系）及其变化的规律性。

物质资料的生产与消费是人类社会赖以生存和发展的物质基础，无论是哪一种社会形态，其存在和发展都必须进行物质资料的生产和消费，社会主义社会也不例外。在社会主义社会，人们要生存和发展必须不断地进行生活消费，要满足人们生活消费的需要，就必须有消费资料（生活资料）的源源不断的供给，要不断提高人们的生活消费水平，就必须不断增加消费资料的供给，消费资料是人们生产活动的结果，因此，要满足人们的消费需要，要满足不断提高人们的生活消费水平的需要，就必须不断地进行消费资料的生产。要进行消费资料的生产，就必须有生产所必需的生产要素，而每一种生产要素的生产又需要使用其他生产要素，这样，要不断扩大消费资料的生产，就必须不断扩大生产要素的生产，要不断扩大一种生产要素的生产，就必须不断扩大其他生产要素的生产，这就意味着要不断扩大整个社会生产。

从人们的消费需要来看，一方面人们的消费需要是无止境的，另一方面人们的消费需要又是多种多样的，而且是不断变化的。相对于人们无限的消费需要，为满足这种需要的手段——经济资源总是有限的，因此，就需要研究如何能够最大限度地增加产品的生产。在任何时期，可供社会利用的经济资源总是一定的，要满足人们多样化的需要，就需要合理地分配经济资源，要满足人们变化了的消费需要，就需要调整经济资源在不同产品的生产中的分配比例。政治经济学社会主义部分要研究在社会主义社会中如何能够最大限度地扩大社会生产，如何能够有效地利用稀缺的经济资源最大限度地增加产品的生产，如何能够使稀缺的经济资源合理分配到不同的用途上。

产品生产出来以后，在进入消费过程以前，还需要经过流通环节。产品的流通环节会因为经济体制的不同而有不同的表现形式，在计划经济体制下，表现为产品的计划调配，在市场经济体制下，表现为商品交换。产品流通过程就是产品的实现过程，其对产品生产、分配和消费具有重要的影响。

产品的分配也是整个社会生产过程的重要环节。产品生产、流通和消费对分配会产生影响，生产决定着分配，流通和消费制约着分配，而分配对产品生产、流通和消费也具有重要的影响，分配规模、分配结构、分配的公平性对产品生产、流通和消费具有重要的制约作用。

消费是产品生产、流通的最终目的和去向。任何产品只有进入消费过程之后，其价值才能得到真正的实现。消费一方面是社会生产的一个环节，是产品生产、流通和分配环节作用的结果，它们对消费起着决定作用，另一方面消费又具有相对的独立性，消费水平和结构及其变化又会对产品生产、流通和分配起着反作用。

基于社会生产的四个环节的这种相互联系和相互制约的关系，对社会主义社会中的社会生产的研究自然不能局限于产品的直接生产或者其他哪一个环节，而是必须对它们都进行研究。这些研究既要在微观层面进行，也要在宏观层面进行。

在产品的生产过程中，人与人之间必然要发生一定的经济关系，这种关系被称之为生产关系。任何产品的生产都是在一定的生产关系下进行的。在一定的历史时期，生产关系的基本性质保持稳定，但是生产关系的具体形式却会发生变化，特别是一种新型的生产关系出现之初，其具体形式的变化会更多，因为一种生产关系寻求稳定的、适宜的具体表现形式总是需要一个过程。社会主义生产是社会化大生产，在产品的生产过程中，人与人之间必然要发生经济关系，这种发生在社会主义社会的经济关系就是社会主义生产关系。生产资料所有制决定着人们在产品的直接生产过程、流通过程、分配过程和消费过程中的关系，生产资料所有制性质、形式及其结构的变化会使人们在产品的直接生产过程、流通过程、分配过程和消费过程中的关系发生变化。因此，社会主义生产关系会通过生产资料所有制关系、人们在产品的直接生产过程、流通过程、分配过程和消费过程中的相互关系反映出来，社会主义生产关系的变化也会通过生产资料所有制关系的变化，人们在产品的直接生产过程、流通过程、分配过程和消费过程中的相互关系的变化反映出来。

社会生产力与生产关系是决定和被决定的关系，但并不是简单的决定和被决定的关系，社会生产力是生产关系的根本的、最终的决定因素，但不表明社会生产力发生了变化，生产关系就一定随之迅速发生变化，生产关系的变化具有相对的独立性。生产关系对社会生产力的发展具有反作用，在不同的生产关系下，经济运行机制（人们的行为方式、资源配置机制等）和经济运行效率会有不同，生产关系及其表现形式是超前于、滞后于社会生产力的发展，还是适应于社会生产力的发展，对社会生产力的发展有着至关重要的影响，生产关系及其表现形式超前于、滞后于社会生产力的发展，会阻碍社会生产力的发展，生产关系及其表现形式适应于社会生产力的发展，则会促进社会生产力的发展。研究生产关系的性质及其变化的规律性是政治经济学的主要内容，研究社会主义生产关系的性质及其变化的规律性对于寻求社会主义生产关系的最优的表现形式，对于选择最优的经济体制都是必要的，因此社会主义生产关系的性质及其变化的规律性自然是政治经济学社会主义部分研究的基本内容。

二、政治经济学社会主义部分所包括的内容与体系结构

政治经济学社会主义部分所包括的内容取决于其研究对象。上面我们对政治经济学社会主义部分的研究对象做了界定，由我们对政治经济学社会主义部分研究对象的界定，政治经济学社会主义部分的研究内容主要包括社会主义社会的生产资料所有制、产品的直接生产过程及在这个过程中形成的生产关系——最狭义的生产关系、产品的流通过程及在这个过程中形成的生产关系——流通关系、产品的分配过程及在这个过程中形成的生产关系——分配关系、产品的消费过程及在这个过程中形成的生产关系——消费关系以及这些关系变化的规律性。

研究内容本身和研究方法是存在着差别的。从研究思路来看，可以对政治经济学社会主义部分所要研究的这些内容分别地、直接地进行研究，也可以按照其他的思路进行研究。政治经济学社会主义部分按照什么样的体系结构进行研究实际上就是研究思路的选择问题。

政治经济学社会主义部分的研究内容按照什么样的研究思路进行研究，形成一个什么样的体系结构，要受以下因素的影响：第一，研究内容本身的相互关系。如果我们不了解经济制度的特征，我们就很难正确分析经济体制，不了解经济体制的特征，我们就不能正确分析企业行为、居民的消费行为。因此作为经济学的基础学科，政治经济学社会主义部分不能一开始就研究企业行为或者居民的消费行为。第二，公众接受的便利性。采用何种体系结构，要考虑公众接受的便利性，包括人们的思维习惯、其他相关学科流行的体系结构等。政治经济学社会主义部分的体系结构应该采用便于公众接受的体系结构。第三，叙述的便利。研究内容最终都是要通过文字表达出来的，前后内容的连贯等都会影响到理论的传达，政治经济学社会主义部分的体系结构应该采用最便于表达其内容的体系结构。

综合考虑以上因素，我们将采用以下体系结构：

第一个层次：社会主义经济制度和经济体制。这部分说明社会主义社会所处的历史阶段、社会主义社会的生产资料所有制、社会主义经济体制。这个层次讨论的是社会主义社会的基本生产关系和社会主义社会生产关系性质的直接的决定因素。社会主义社会的发展是一个长期的过程，所处的历史阶段不同，生产资料所有制结构就会不同，经济体制也会不同，因此就会有不同的企业经济行为、收入分配机制

和不同的居民经济行为，就会有不同的宏观经济运行机制。这个层次的研究为后续层次的研究提供分析前提。

第二个层次：微观经济分析。这部分研究的是微观层次的经济活动，主要研究企业经济行为、居民收入分配和居民消费活动。这个层次分析的是社会主义生产关系在微观层次的表现。虽然微观经济活动无时无刻不受到宏观经济活动的影响，但是宏观经济活动毕竟是微观经济活动的总合，因此微观经济分析为宏观经济分析提供了必要的分析前提。

第三个层次：宏观经济分析。这部分研究宏观层次的经济活动，主要包括国民生产活动的衡量、国民经济的总量平衡与失衡、国民经济的结构平衡、失衡与经济结构的优化、通货膨胀与通货紧缩、经济增长等问题的研究。这个层次分析的是社会主义生产关系在宏观层次的表现。

第四个层次：开放经济条件下国民经济的运行。这部分说明在开放经济中国民经济的运行机制、运行规律与正常运行的条件。这个层次分析的是社会主义生产关系在开放经济条件下的表现。限于经验材料的缺乏，本书只研究社会主义经济的开放性质、开放的必要性、开放战略和中国经济的对外开放问题。

三、政治经济学社会主义部分与政治经济学资本主义部分的区别与联系

政治经济学社会主义部分是政治经济学这门经济学基础学科的组成部分之一。我们已经学习过政治经济学资本主义部分的内容，那么政治经济学社会主义部分与政治经济学资本主义部分是什么关系呢？简而言之，政治经济学社会主义部分与政治经济学资本主义部分既有区别，也有联系。

我们先说明它们之间的相异之处。政治经济学社会主义部分与政治经济学资本主义部分的相异之处主要包括以下几方面：（1）研究对象不同。政治经济学资本主义部分的研究对象是资本主义生产过程、资本主义生产关系及其变化的规律性；政治经济学社会主义部分的研究对象是社会主义生产过程、社会主义生产关系及其变化的规律性。（2）研究重点不同。政治经济学资本主义部分的研究重点是资本主义生产关系的性质和资本主义生产关系产生、发展和灭亡的必然规律的研究，对于资本主义经济如何发展的问题研究得少；而政治经济学社会主义部分则不仅要研究社会主义生产关系的性质、社会主义生产关系的变化规律，而且要研究社会主义经济如何发展，并且对社会主义生产关系的性质、社会主义生产关系的变化规律的研究最终是为了找寻完善社会主义生产关系的方法，从而更好地促进经济的发展，因此从最终目的来看，经济发展是政治经济学社会主义部分的研究重点。（3）研究性质不同。政治经济学资本主义部分的研究是批判性的，其研究旨在揭示资本主义生产关系是一种人剥削人的生产关系，分析其在根本上是阻碍社会化大生产的发展的，并由此提供消灭资本主义生产关系的理论依据；政治经济学社会主义部分的

研究则是建设性的，一方面它要说明社会主义生产关系性质上的先进性；另一方面要通过研究说明社会主义生产关系有哪些方面存在着问题，从而不断完善社会主义生产关系，使社会主义生产关系能够不断适应和促进社会化大生产的发展，促进资源的有效配置，不断促进经济增长和发展。（4）矛盾研究的出发点不同。政治经济学资本主义部分的主要研究内容之一就是揭示资本主义经济的内在矛盾，这种研究并不是为了在资本主义生产关系范围内找到解决矛盾的办法，而是为了说明资本主义生产关系的历史局限性和被社会主义生产关系替代的必然性；政治经济学社会主义部分也要研究社会主义经济中存在的矛盾，这种研究是为了在社会主义生产关系范围内找到解决矛盾的办法，并且说明社会主义生产关系具有自我调节、自我完善的能力。（5）研究对象的稳定性不同。政治经济学资本主义部分的研究对象是已经成熟的资本主义生产关系，资本主义经济的运行机制、运行规律、内在矛盾等都已经充分地展现出来了；政治经济学社会主义部分研究的社会主义生产关系正处于发展过程中，还没有一个成熟的形态，社会主义经济的运行机制、运行规律等都还没有充分地展现出来。因此，政治经济学资本主义部分的研究相对要容易一些，政治经济学社会主义部分的研究则相对要困难得多。这也是造成政治经济学资本主义部分的内容很稳定，政治经济学社会主义部分的内容变化较多的主要原因。

虽然政治经济学社会主义部分与政治经济学资本主义部分存在上述诸多不同之处，但是它们之间也存在着多方面的联系，主要包括：（1）研究的世界观和方法论基础相同。无论是政治经济学资本主义部分的研究，还是政治经济学社会主义部分的研究，都有共同的世界观和方法论基础，这就是历史唯物主义和辩证唯物主义。（2）存在着相同的一般理论基础。无论是政治经济学资本主义部分的研究，还是政治经济学社会主义部分的研究，都有相同的一般理论基础，这个一般理论基础包括马克思主义的哲学理论、马克思主义关于社会生产力和生产关系的相互关系的原理、关于生产关系和上层建筑的相互关系的原理、关于社会化大生产的理论、关于社会生产各个环节相互关系的原理、关于社会生产各个部门相互关系的原理、劳动价值论等。（3）关于商品经济一般和市场经济一般的研究。资本主义经济是商品经济，社会主义经济也是商品经济，资本主义经济实行的是市场经济体制，社会主义经济也要实行市场经济体制，撇开经济制度因素，商品经济的性质和运动规律及市场经济的性质和运动规律是存在共同点的，它们的性质和运动规律本身是不会发生变化的，因此政治经济学资本主义部分和政治经济学社会主义部分关于商品经济一般和市场经济一般的理论研究是具有共同点的。（4）关于社会化大生产的性质、运动规律与政府调控的一般方法的研究。资本主义经济和社会主义经济都是建立在社会化大生产的基础之上的经济，虽然在叙述上可以取舍，但是就研究本身来看，政治经济学资本主义部分和政治经济学社会主义部分都应该对社会化大生产的性质和运动规律以及社会化大生产条件下的政府调控进行研究。（5）关于建立在社会化大生产基础上的商品经济、市场经济的运动规律和政府调控的一般方法的研究。资本主义经济和社会主义经济都是建立在社会化大生产基础上的商品经济，资本主义经济实行的是市场经济体制，社会主义经济也可以实行市场经济体制，这样资本主义经济和社会主义经济又都是建立在社会化大生产基础上的市场经济，因此，政治经济学资本主义部分和政治经济学社会主义部分都应该对建立在社会化大生产基础上的商品经济、市场经济的运动规律和政府调控的一般方法进行研究，虽然在叙述上可以根据两部分内容有所取舍。（6）在研究方法上有共同之处。政治经济学资本主义部分和政治经济学社会主义部分都是经济理论研究，作为理论研究，在研究过程中，都要运用抽象法、演绎法、规范分析方法、实证分析方法、定性分析方法与定量分析方法等。

四、政治经济学社会主义部分的研究方法

1. 唯物辩证法是方法论基础

方法论基础在经济理论研究中起着决定性的作用，因为它决定了研究经济问题的基本原则，也因此决定了研究的科学性。与唯物辩证法对立的是唯心主义、形而上学的方法，而唯心主义、形而上学则认为世界是主观的产物，是静止不变的，这显然是与世界的真实情况相反的，因此以唯心主义、形而上学的研究方法研究经济问题不可能科学地揭示经济运动的规律性。而唯物辩证法认为世界是物质的，是发展变化的，不存在永恒不变的东西，认为世界是相互联系的，这与世界的真实情况是一致的。因此，唯物辩证法是经济理论研究的惟一正确的方法论基础，只有以唯物辩证法作为经济理论研究的方法论基础，才能科学地揭示经济运动的规律性。作为方法论基础，唯物辩证法应该贯穿于各种研究方法中，应该贯穿于对各种经济问题的研究中。

2. 实证分析方法与规范分析方法相结合

实证分析方法（或称实证研究方法）是说明事物的性质和事物之间的联系是什么的研究方法。例如，研究现行的企业制度是什么，在现行的企业制度下，企业的行为特征是什么，企业生产经营状况是什么情况等就属于实证分析方法。实证分析方法用于对已经发生的经济现象的解释，运用实证分析方法可以发现经济运动的规律性，得出的分析结论对于预测经济运动的趋势是非常重要的，实证分析结论是制定经济政策的重要依据。规范分析方法（或称规范研究方法）是说明事物的性质及其相互联系应该是什么的研究方法。例如，研究现行的企业制度应该是什么，企业的行为特征应该是什么，企业应该是什么样的经营状况就是规范分析方法。规范分析方法总是与人的价值判断有关，研究应该是什么总是要以一定的价值观为标准。同样的实证分析结论，完全可能会有不同的政策主张，这种差别反映的就是价值观的差别，这也意味着基于同样的实证分析结论，不同的人可能会有不同的政策

主张，同一个人在不同的条件下也可能会有不同的政策主张。例如经济学家 A 和 B 的实证分析都得出了赤字财政政策可以刺激经济增长、减少失业，但会带来通货膨胀，但是他们完全可能对赤字财政政策持相反的主张，若经济学家 A 认为物价稳定比经济增长和减少失业更重要，他会反对采用赤字财政政策，若经济学家 B 认为经济增长和减少失业比物价稳定更重要，他会支持采用赤字财政政策，在不同时期，经济学家 A 和 B 也完全可能改变其原来的政策主张。

在经济研究中，两种研究方法总是紧密地联系在一起的，我们在一篇论文、一份研究报告或者在一本书中，总能找到这两种不同的研究方法，但是两者相联系的方式却是存在差别的。有的是以实证分析方法为基础，最后形成规范分析结论，有的是先有规范分析，实证分析服从于规范分析的需要。显然，后一种方式是不可取的。实证分析本身只是一种工具，实证分析本身没有对错之取舍，只有质量的优劣之取舍，而规范分析正好相反。总的来看，经济研究是以规范分析开始（决定应该研究什么），然后进入实证分析，最后又回到规范分析（应该采取什么政策）。没有规范分析，实证分析没有目的、没有价值，没有实证分析，规范分析没有依据、没有基础。因此，在经济研究中，必须将两种研究方法结合起来。

传统的政治经济学社会主义部分从分析方法来看，包括实证分析方法和规范分析方法，但是由于其实证分析结论与现实多有不符之处，因此给人这样一种印象，即传统的政治经济学社会主义部分都是或者主要是规范分析。实际上并不是这样，产生这种印象的原因应该归于实证分析没有实证。这给我们的教训是，实证分析方法不是一种空洞的主张，不是一种标签，而必须是实实在在的实证分析，应该是真正的实证分析，而不要变成伪实证分析。规范分析也应该从人类普遍的理念、从现实出发，这样规范分析形成的结论才会有益于经济发展。

3. 定性分析与定量分析相结合

定性分析旨在揭示经济活动（经济变量）本身的性质和不同经济活动（经济变量）之间相互联系的性质。定量分析旨在揭示经济活动（经济变量）的量和不同经济活动（经济变量）之间相互联系的度。在政治经济学社会主义部分研究中，有些问题需要进行定性分析，有些问题需要进行定量分析，有些问题既需要进行定性分析，也需要进行定量分析。一般来说，定性分析为定量分析理论基础或分析思路，定量分析用于检验定性分析的结论，而且定量分析有助于提高定性分析的精确度，要了解经济活动（经济变量）的量和不同经济活动（经济变量）之间相互联系的度就必须采用定量分析方法。所以在政治经济学社会主义部分研究中应该将定性分析和定量分析结合起来，需要进行定性分析就进行定性分析，需要进行定量分析的就进行定量分析，需要同时进行定性分析和定量分析的就同时进行定性分析和定量分析。

这里需要进一步说明的是：（1）定性分析不等于规范分析，定量分析不等于实证分析。规范分析可以采用定性分析的方法，也可以采用定量分析的方法，采用什么方法取决于研究对象的性质和研究方法的性质；实证分析可以是定性分析，也可以是定量分析，是定性分析，还是定量分析，取决于实证分析的目的。（2）定性分析不等于非数学方法，定量分析不等于数学方法。虽然定量分析一般来说总是要运用数学方法，但是不意味着运用的数学方法越高深越好，而且不采用数学方法的不一定都是定性分析；定性分析既可以采用数学方法，也可以采用非数学方法，不能认为采用数学方法的都是定量分析。总之，定性分析与定量分析不是以是否采用数学方法作为划分的依据，而是根据研究目的和内容而做的区分。（3）定性分析和定量分析服从于研究目的和内容，适用于不同的领域，有不同的用途，就研究方法本身来看，两者不存在孰优孰劣的问题，就是说，我们不能说定性分析优于定量分析，也不能说定量分析优于定性分析，两者不是相互替代的关系，而是相互补充的关系。（4）在政治经济学社会主义部分研究中，应该加强定量分析，因为过去进行的主要是定性分析，但同时要考虑到定量分析方法本身的局限和定量分析方法应用条件的局限：一是经济活动极其复杂，现有的定量分析尚不能都有效地进行处理；二是定量分析所需要的经济数据缺乏，许多需要进行定量分析的问题无法进行定量分析；三是经济环境（包括经济体制等）的不断变化，使任何定量分析结论都具有历史的局限性，不能盲从定量分析结论。

4. 微观分析、总量分析与结构分析相结合

微观分析是对微观经济主体的经济活动进行的分析，宏观分析是对宏观经济活动进行的分析。就国民经济运行来看，微观经济活动和宏观经济活动是相互影响的，宏观经济活动是微观经济活动的总合，不了解微观经济活动就无法正确分析宏观经济活动，微观经济活动则又受宏观经济运行的影响，不了解宏观经济活动，就不可能对微观经济活动做出正确的分析。因此在对社会主义经济进行的研究中，必须将微观分析和宏观分析结合起来，微观分析为总量分析提供有利的分析前提和基础，宏观分析为微观分析提供必要的背景。经济结构问题可以说是一个特殊的宏观经济问题，但又有其独立性，经济结构状态和变化不仅会影响微观经济活动，也要影响宏观经济活动，微观经济活动和宏观经济活动对经济结构也具有重要的影响，并且经济结构失衡是我们长期面临的问题，因此结构分析（即对经济结构的分析）也是重要的。因此，在政治经济学社会主义部分研究中，不仅要将微观分析和宏观分析结合起来，而且应该将微观分析、宏观分析和结构分析结合起来。

5. 静态分析同动态分析相结合

静态（均衡）分析是假定自变量为已知或不变，而考察因变量达到均衡状态时会有的情况和为此所需具备的条件，均衡状态乃指所考察的事物不再发生变化或经济决策者不再改变经济行为的状态。如原材料、资本、劳动、产品的相对价格一定，生产技术一定，企业要达到其利润极大化所需具备的条件（生产什么、生产

多少）就是均衡分析问题。动态（过程）分析则是考察事物发展变化的过程。例如，分析经济周期性波动中各阶段的递进。基于对不同的问题研究的需要，在政治经济学社会主义部分研究中，静态分析和动态分析都是必要的。

6. 演绎方法和归纳方法相结合

演绎方法是由一般性知识的前提出发得出个别性或特殊性知识的结论的研究方法。归纳方法是从个别或特殊的经验事实出发推出一般性原理、原则的研究方法。演绎方法与归纳方法各有优势，也有各自的缺陷，既相互区别，又相互联系、相互补充。演绎方法是由一般到特殊，归纳方法是由特殊到一般，演绎所依据的理由往往来自对特殊事物的归纳，归纳对特殊现象的研究又要以一般原理为指导，演绎区别于归纳，但演绎离不开归纳，归纳区别于演绎，但归纳也离不开演绎。在政治经济学社会主义部分研究中，需要将两者结合起来：一则不同的问题需要采用不同的研究方法的就应该采用不同的研究方法，需要采用演绎方法的就要采用演绎方法，需要采用归纳方法的就采用归纳方法；二则有些问题需要同时运用两种研究方法的就应该同时运用两种方法；三则需要将两种方法的结论相互检验的就应该相互检验，就是说演绎方法的结果需要归纳方法来验证的就应该运用归纳方法来验证，归纳方法的结论需要演绎方法来检验和提升的就应该运用演绎方法来检验和提升。

7. 调查方法与抽象方法相结合

经济调查对于了解社会主义经济的实际运行状况、对于判别定性分析和定量分析结论的可靠性、对于判别规范分析结论的可取性和实证分析结论的正误都是必要的。但是经济调查方法的局限性也是明显的，经济活动的范围非常广泛，经济活动的规模又非常之大，人的行为非常复杂，并且与环境高度相关，一方面我们不可能对要研究的问题都进行调查，另一方面全面的调查也是没有必要的。更主要的是调查方法获得的是材料，我们要探寻经济运动的规律性，必须运用抽象方法，把各种次要的因素从分析中排除，而只把其中基本的、起决定作用的因素抽象出来，这样才能揭示经济活动的性质，才能揭示经济现象之间的本质联系，即经济规律。实际上，即使是经济调查，也需要先进行抽象，也需要抽象方法的指导。

五、学习政治经济学社会主义部分的意义

1. 政治经济学社会主义部分和政治经济学资本主义部分是经济学科体系的理论基础

从政治经济学来看，政治经济学资本主义部分和政治经济学社会主义部分是政治经济学两个不可或缺的组成部分，政治经济学是整个经济学科体系的理论基础，因此政治经济学社会主义部分与政治经济学资本主义部分都是经济学科体系的理论基础。随着经济的不断发展，经济学也在不断发展，新的部门经济学科和边缘经济学科不断出现，但是部门经济学科、边缘经济学科再多，都有共同的理论基础，没

有坚实的理论基础，对经济学的学习和研究来说，都是致命的弱点。因此，作为经济学科体系的理论基础，只要学习和研究经济学，就都需要学习政治经济学社会主义部分。

2. 提高科学分析社会经济现象的能力

经济现象纷繁复杂，要能认识经济现象的性质，认识经济现象相互之间关系的性质，首先要具有科学地分析经济现象的能力。这种能力是需要经过系统的训练才可能具有的。这种训练的基础就是对政治经济学资本主义部分和政治经济学社会主义部分的学习，同时政治经济学社会主义部分对经济规律的研究、对科学的研究方法的运用等既会直接影响我们思考解决问题的方式，提高我们科学分析经济现象的能力，也会通过为我们奠定学习经济学的其他学科（其他领域的专门知识）的坚实的基础，从而进一步提高我们科学分析社会经济现象的能力。

3. 提高科学地鉴别、分析、评价经济思想和经济理论的能力

经济现象纷繁复杂，基于不同的世界观、不同的方法论、不同的研究视角、不同的研究方法、不同的研究材料及至于不同的研究功力，会形成不同的解释和结论，因此会出现多种多样的经济思想和经济理论。对于同一经济现象或者问题，甚至会出现截然对立的思想或理论。经济学知识的积累自然离不开对已经形成的经济思想和经济理论的学习，但是如果我们对于多种多样的经济思想和经济理论缺乏明辨是非的能力，就必然损害经济学知识的学习，而政治经济学社会主义部分的学习能够使我们具备必要的理论基础，能够使我们形成观察、分析经济运动的正确的世界观、方法论，掌握正确的研究方法，提高研究能力，这样就可以起到提高我们科学地鉴别、分析、评价经济思想和经济理论的能力。

4. 提高评价经济政策的能力，促进制定合理的经济政策

经济政策是否合理对国民经济发展的影响很大，合理的经济政策有利于国民经济的发展，错误的经济政策会损害国民经济的发展，虽然经济政策合理与否最终会通过实际的经济运行反映出来，但是这时其影响已经造成，因此最重要的是我们要具有事先评价经济政策的能力。政治经济学社会主义部分的学习有助于提高我们事先评价经济政策合理性的能力。

几乎所有的经济政策的制定都是在某种经济思想或者经济理论的支配下进行的。错误的思想或理论会产生错误的经济政策，低水平的经济理论会产生低水平的政策，所以提高经济理论水平是提高经济政策水平的前提。经济学是一门实用性社会科学，经济理论研究最终应该有益于制定合理的经济政策。政治经济学社会主义部分的学习会使我们了解我们的经济制度、经济体制、微观经济主体的行为、宏观经济运行的规律等，使我们既了解经济学的一般知识，又了解中国的经济现实，这样既能提高我们评价经济政策的能力，也能促进制定合理的经济政策。

5. 有助于认识中国经济，有助于促进中国经济增长和发展

中国是当今世界最主要的社会主义国家，也是最近 20 多年来世界各国中，经济增长和发展最快的国家，政治经济学社会主义部分对现实的社会主义经济问题的研究基本上都以中国为对象，这样就有助于我们认识中国经济。同时，政治经济学社会主义部分对中国经济的分析能够培养我们关注本国经济的意识、习惯，增强我们对中国现实经济问题的敏感性以及对可能影响中国经济的国际经济及政治问题的敏感性，从而促使我们思考、研究这些问题，这有助于我们提供与中国经济增长和发展有关的政策建议，从而有助于中国经济增长与发展。应该说，政治经济学社会主义部分的学习对于我们了解、研究中国经济具有不可替代的作用，因此，政治经济学社会主义部分是具有很强现实性的经济学基础学科。

思　考　题

1. 政治经济学社会主义部分的研究对象是什么？为什么？
2. 政治经济学社会主义部分与政治经济学资本主义部分有哪些区别和联系？
3. 政治经济学社会主义部分研究应该采用什么研究方法？
4. 学习政治经济学社会主义部分有什么意义？

第　一　编

社会主义经济制度与经济体制

第一章　社会主义社会的初级阶段

社会主义制度是在马克思、恩格斯创建的科学社会主义理论指导下建立起来的。马克思、恩格斯运用科学的方法对共产主义社会进行了科学的预测，形成了马克思、恩格斯关于共产主义社会形成过程的三个阶段的思想。社会主义制度代替资本主义制度是历史发展的必然趋势。社会主义社会的发展是一个长期的过程，在社会生产力比较落后的条件下建立起来的社会主义社会要经历社会主义社会发展的初级阶段，在社会主义社会发展的初级阶段，面临的主要矛盾是人民日益增长的物质文化生活需要同落后的社会生产力之间的矛盾，面临的主要任务是发展社会生产力。

第一节　马克思、恩格斯关于共产主义社会发展阶段的思想

一、马克思、恩格斯对未来社会形态进行预测的方法与特点

马克思、恩格斯以科学、严肃的态度预测未来社会，他们以领导工人运动，推翻资本主义制度作为终身事业。

马克思、恩格斯对未来社会形态进行预测的方法的主要内容是：

1. 从现实出发预测未来社会

马克思、恩格斯以极其严谨的态度进行科学研究，根据对现实社会的严格解析和对文献资料的缜密分析得出科学结论。对未来社会的预测，他们不是根据主观臆测提出任何结论，而是根据对资本主义社会的科学分析，把握未来社会与资本主义生产方式的历史联系，得出符合逻辑的结论。恩格斯指出：“我们对未来……社会特征的看法，是从历史事实和发展过程中得出的确切结论；脱离这些事实和过程，就没有理论价值和实际价值。”① 而经济科学的任务就在于“证明现在开始显露出来的社会弊病是现存生产方式的必然结果，同时也是这一生产方式快要瓦解的标志，并且在正在瓦解的经济运动形式内部发现未来的、能够清除这些弊病的、新的

① 《马克思恩格斯全集》，第 36 卷，第 419~420 页，人民出版社，1975 年。

生产组织和交换关系组织的因素”。① 也正如列宁所概括的：“马克思丝毫不想制造乌托邦，不想凭空猜测无法知道的事情。马克思提出共产主义问题，正像自然科学家提出某一新的生物变种的发展问题一样，因为我们已经知道，这一变种是怎样产生以及朝着哪个方向演变的。”②

2. 马克思对未来社会的预测，只是“尽力找出进一步的发展将循以进行的总方向”，③ 而不是预测未来社会诸方面的细节

未来社会将采取哪些具体措施将由那个社会中的人自己来决定。马克思指出：“在将来某个特定时刻应该做些什么，应该马上做些什么，这当然完全取决于人们将不得不在其中活动的那个特定的历史环境。但是，现在提出这个问题是虚无缥缈的，因而实际上是一个幻想的问题。”④ 马克思只是指出了人类必然走向未来社会的方向，而没有也不愿意去描绘未来社会的具体图景。

3. 在对社会形态发展的比较中预测未来社会的本质特点

马克思对历史上依次更替的社会形态进行比较研究，发现“在一切社会形式中都有一种一定的生产支配着其他一切生产的地位和影响，因而它的关系也支配着其他一切关系的地位和影响。这是一种普照的光，一切其他色彩都隐没其中，它使它们的特点变了样”。⑤ 马克思认为，未来社会生产资料所有制形式应当区别于一切私有制社会，它的本质特点应当是生产资料公有制。当然，走向未来社会的道路需要经历许多中间环节，至于未来社会的某一阶段应具有哪些问题，只能由历史发展的需要来提出。

马克思、恩格斯依据当时的发达资本主义国家特别是英国为背景，经过长期研究，揭示了资本主义社会的发展规律，从而预见到社会主义革命将首先在主要资本主义国家取得胜利，并对未来社会的基本特征做出了轮廓性的说明，这就是：以社会生产力的高度发展为物质前提，全部生产资料为整个社会共同占有，整个社会经济活动实行有计划的组织和管理，在共产主义第一阶段实行按劳分配，在共产主义高级阶段实行按需分配。

二、马克思、恩格斯关于共产主义社会形成过程的三个阶段的思想

马克思对未来社会的预测有一个发展过程，并逐步走向成熟。在《1848 年经济学哲学手稿》中，马克思就已经摆脱了用实验手段去建立共产主义的空想，而

---

① 《马克思恩格斯选集》，第 3 卷，第 189 页，人民出版社，1972 年。
② 《列宁选集》，第 3 卷，第 243 页，人民出版社，1972 年。
③ 《马克思恩格斯选集》，第 4 卷，第 475 页，人民出版社，1972 年。
④ 《马克思恩格斯选集》，第 4 卷，第 421 页，人民出版社，1972 年。
⑤ 《马克思恩格斯选集》，第 2 卷，第 109 页，人民出版社，1972 年。

是从社会历史发展的必然性中理解共产主义的实现。在《德意志意识形态》中，马克思、恩格斯揭示了资本主义社会的根本矛盾，而这个矛盾的解决就意味着私有制度的消灭和共产主义的实现，资本主义社会为共产主义提供了生产力的准备，创造了共产主义的物质前提。在《共产党宣言》中，进一步论证了共产主义的历史必然性，指出资本主义制度必将被适合新生产力发展的共产主义制度所替代，这是任何人的意志都不能更改的历史发展规律。在马克思的主要著作《资本论》中，马克思不仅进一步研究了共产主义代替资本主义的历史必然性，而且对未来社会作了大量的论述。他指出："生产资料的集中和劳动的社会化，达到了同它们的资本主义外壳不能相容的地步。这个外壳就要炸毁了。资本主义私有制的丧钟就要响了。剥夺者就要被剥夺了。"① 他还说，资本主义生产方式"有利于更高级的新形态"的各种要素的创造，在这个"更高级的新形态"的阶段上，"社会上的一部分人靠牺牲另一部分人来强制和垄断社会发展（包括这种发展的物质方面和精神方面的利益）的现象将会消灭"；同时，"这个阶段又会为这样一些关系创造出物质手段和萌芽，这些关系在一个更高级的社会形态内，使这种剩余劳动能够同一般物质劳动所占用的时间较显著的缩短结合在一起"。②

在《哥达纲领批判》中，马克思系统地论述了从资本主义向共产主义发展的三个互相衔接的发展阶段，即从资本主义社会向共产主义社会的革命转变时期（过渡时期）、共产主义第一（低级）阶段、共产主义第二（高级）阶段。这些阶段都是不断发展和变化的过程。

马克思、恩格斯科学地预见到，无产阶级革命胜利，取得政治上的统治以后，将经历一个由资本主义社会向共产主义社会过渡的历史时期。马克思指出："在资本主义社会和共产主义社会之间，有一个从前者变为后者的革命转变时期。同这个时期相适应的也有一个政治上的过渡时期，这个时期的国家只能是无产阶级的革命专政。"③

之所以要有这样一个过渡时期，是因为无产阶级革命胜利了，取得了政治上的统治，但是，社会主义经济制度并没有建立起来，而社会主义经济制度是以生产资料公有制为基础的，这一经济制度是不可能在旧社会内部产生的，而是无产阶级取得政权以后，运用政权的力量建立起来的。

马克思认为，过渡时期完成之后，就进入了共产主义社会。他把共产主义社会划分为两个阶段，共产主义第一阶段（低级阶段）、共产主义第二阶段（高级阶段）。

---

① 《马克思恩格斯全集》，第23卷，第831~832页，人民出版社，1972年。

② 《马克思恩格斯全集》，第25卷，第926页，人民出版社，1974年。

③ 《马克思恩格斯选集》，第3卷，第314页，人民出版社，1995年。

关于共产主义社会的第一阶段，马克思指出："我们这里所说的是这样的共产主义社会，它不是在它自身基础上已经发展了的，恰好相反，是刚刚从资本主义社会中产生出来的，因此它在各个方面，在经济、道德和精神方面都还带着它脱胎出来的那个旧社会的痕迹。"① "这些弊病，在经过长久阵痛刚刚从资本主义社会产生出来的共产主义社会第一阶段，是不可避免的。"②

关于共产主义社会的第二阶段，马克思指出："在共产主义社会高级阶段，在迫使个人奴隶般地服从分工的情形已经消失，从而脑力劳动和体力劳动的对立也随之消失之后；在劳动已经不仅仅是谋生的手段，而且本身成了生活的第一需要之后；在随着个人的全面发展，他们的生产力也增长起来，而集体财富的一切源泉都充分涌流之后，——只有在那个时候，才能完全超出资产阶级权利的狭隘眼界，社会才能在自己的旗帜上写上：各尽所能，按需分配！"③

马克思、恩格斯关于共产主义社会形成过程的三个阶段的思想中，有一点需要特别强调说明的是，他们对未来的预测和分析，完全是建立在发展的观点上的，他们对社会主义社会、共产主义社会特征的认识和分析，也从不把它看成一成不变的东西，而是看成经常变化和改革的社会。他们不可能也没有提出一个一劳永逸的方案让后人照搬照卖。恩格斯明确地指出："无论如何应当声明，我所在的党没有提出任何一劳永逸的现成方案。"④ "我认为，所谓'社会主义社会'不是一种一成不变的东西，而应当和任何其他社会制度一样，把它看成是经常变化和改革的社会。"⑤ 这种思想，对我们研究和运用马克思主义，对我们现在所进行的有中国特色社会主义的建设，都有极为重要的指导意义。

三、共产主义社会形成过程三个阶段各自的经济特征

1. 从资本主义社会向共产主义社会的过渡时期

马克思、恩格斯和列宁所讲的从资本主义社会向共产主义社会的过渡，是向共产主义第一阶段，即通常所说的社会主义社会的过渡。过渡时期是在无产阶级夺取政权、建立了无产阶级专政的国家政权之后，建立社会主义经济制度的时期。这个时期主要的经济特征是社会主义经济与资本主义经济的并存和斗争。尽管存在着资本主义经济、社会主义经济，还有小私有制经济等的多种经济成分，但最主要的是两种经济结构的并存和斗争，其斗争的结局是消灭资本主义经济、建立社会主义经

① 《马克思恩格斯选集》，第3卷，第304页，人民出版社，1995年。
② 《马克思恩格斯选集》，第3卷，第305页，人民出版社，1995年。
③ 《马克思恩格斯选集》，第3卷，第305~306页，人民出版社，1995年。
④ 《马克思恩格斯全集》，第36卷，第419页，人民出版社，1975年。
⑤ 《马克思恩格斯全集》，第37卷，第443页，人民出版社，1971年。

济制度。列宁指出："在资本主义和共产主义社会之间隔着一个过渡时期，这在理论上是毫无疑义的。这个过渡时期不能不兼有这两种社会经济结构的特点或特征。这个过渡时期不能不是衰亡着的资本主义与生长着的共产主义彼此斗争的时期，换句话说，就是已被打败但还未被消灭的资本主义和已经诞生但还非常脆弱的共产主义彼此斗争的时期。"① 社会主义经济制度建立起来，过渡时期就结束了，人类社会就步入了社会主义社会。

2. 共产主义第一阶段

共产主义第一阶段（低级阶段），通常称为社会主义社会。关于这一阶段的经济特征，马克思、恩格斯的设想是：第一，实行全社会范围内的生产资料公有制，即整个社会占有全部生产资料，消灭了生产资料的私有制，消灭了剥削。第二，社会生产由国家统一地、有计划地组织。他们认为，社会主义必须组成有计划的生产和分配的自觉的社会组织，"按照一个统一的大的计划协调地配置自己的生产力"。② 第三，商品货币关系已经不再存在。马克思、恩格斯认为，"一旦社会占有了生产资料，商品生产就将被消除。""社会生产内部的无政府状态将为有计划的自觉的组织所代替。"③ "在一个集体的、以生产资料公有为基础的社会中，生产者不交换自己的产品；用在产品上的劳动，在这里也不表现为这些产品的价值，不表现为这些产品所具有的某种物的属性，因为这时，同资本主义社会相反，个人的劳动不再经过迂回曲折的道路，而是直接作为总劳动的组成部分存在着。"④ 这也就是说，在商品货币关系退出历史舞台的同时，市场也不存在了。第四，个人消费品的分配，以劳动为尺度，在全社会范围内实行按劳分配。在马克思看来，由于共产主义第一阶段是刚刚从旧社会脱胎出来的，是不成熟的、不完善的共产主义社会，在各方面还不可避免地保留着它脱胎出来的那个旧社会的痕迹，主要是生产力水平还不高，旧的社会分工、资产阶级的思想影响和旧的传统观念还存在，因而还不可能在全社会范围内实行各尽所能，按需分配，只能实行按劳分配。同时，马克思还认为，每个劳动者从社会方面领得一份劳动证书，凭证书再从社会方面领取应得的生活资料。按劳分配是与资本主义分配方式完全不同的崭新的分配方式，它消灭了剥削关系，真正体现出了劳动者的平等权，是历史的进步。但是，在共产主义第一阶段，由于劳动还没有完全成为人们生活的第一需要，三大差别仍然存在，人们还不能完全超出资产阶级权利的狭隘眼光，因此，以劳动为同一尺度的平等权利还不能消除劳动者之间分配上的事实上的不平等。

---

① 《列宁选集》，第 4 卷，第 84 页，人民出版社，1972 年。
② 《马克思恩格斯选集》，第 3 卷，第 646 页，人民出版社，1995 年。
③ 《马克思恩格斯选集》，第 3 卷，第 633 页，人民出版社，1995 年。
④ 《马克思恩格斯选集》，第 3 卷，第 303 页，人民出版社，1995 年。

3. 共产主义高级阶段

马克思所说的共产主义高级阶段，通常称为共产主义社会。这是人类最理想的社会制度，是成熟的共产主义阶段。按照马克思的分析，共产主义社会与社会主义社会在经济上的共同点是，都实行生产资料公有制，消灭了剥削。其重大区别集中体现在分配方式上。共产主义社会个人消费品的分配原则是各尽所能、按需分配。共产主义社会，个人消费品的分配不再以人们向社会提供的劳动量作为分配的依据，而是以人们的合理需要作为分配的依据，从而消除了人们生活方面事实上的不平等。这是因为，共产主义社会的生产力已高度发展，产品已极大丰富，旧的社会分工已经消除，人们的道德水平已大大提高，劳动已从谋生的手段成为生活的第一需要。

第二节 社会主义经济制度的建立

一、马克思、恩格斯和列宁关于社会主义制度代替资本主义制度是历史发展必然趋势的思想及其认识

1. 马克思和恩格斯的有关思想

1848年2月，马克思、恩格斯合著的《共产党宣言》发表，标志着社会主义从空想到科学的理论构建完成。其中，关于社会主义制度代替资本主义制度是社会发展的必然趋势和客观规律的论断，是马克思、恩格斯科学社会主义学说中最重要的结论。

马克思、恩格斯运用历史唯物主义观点，分析了资本主义社会的矛盾运动，发现资本主义生产方式中天然地存在着一个基本矛盾，即生产社会化与生产资料资本主义私人占有制之间的矛盾。这个基本矛盾成为资本主义一切矛盾冲突的总根源。这个基本矛盾具体表现为两种形式：一是在阶级关系上表现为无产阶级与资产阶级的对立；二是在经济运行中表现为个别企业生产的有组织性和整个社会生产的无政府状态之间的矛盾。资本主义生产方式就是在这两种矛盾中运动着，并不可避免地发生生产过剩的经济危机。经济危机每一次爆发都使生产力遭到极大破坏，并激化了资本主义社会的各种矛盾。这表明，资本主义生产关系已经严重地不适应现代生产力，生产力强烈要求社会承认它作为社会生产力的性质，要求取消生产资料资本主义私人占有制，消灭资本主义生产关系，建立适应其性质的以生产资料公有制为基础的社会主义生产关系。由此，马克思和恩格斯推论：社会主义制度代替资本主义制度的这种历史必然性，完全是资本主义生产方式本身矛盾运动发展的结果，是由生产关系一定要适应生产力性质的规律决定的，它不以任何人的意志为转移。所以，马克思、恩格斯在《共产党宣言》中庄严宣布：资产阶级的灭亡和无产阶级

的胜利是同样不可避免的。①

对马克思和恩格斯上述思想的理解和认识，应该注意以下几点：

第一，从生产力与生产关系的矛盾运动中解释社会经济制度的变迁，是马克思主义政治经济学方法论的首要原则，是理解马克思和恩格斯关于社会主义制度代替资本主义制度必然性的一把“钥匙”。

第二，通过这种钥匙，我们不仅要了解马克思、恩格斯当时所处的资本主义经济发展时期的生产力性质特征和当时资本主义生产关系的内容和形式，而且可以进一步了解后来各个时期资本主义生产力和生产关系的冲突和调整，客观地、动态地考察现代资本主义生产方式的运动轨迹和发展趋势，从中找出带规律性的东西。因为马克思主义诞生后的这150多年以来，资本主义社会发生了许多重要的深刻的变化，如生产过程的自动化和信息化、生产集中的巨大规模和分散化趋势的并存、企业所有权与经营权的分离、金融资本的膨胀、国家垄断资本主义的发展、经济危机产生原因和周期的复杂性以及世界经济一体化和经济全球化趋势等，这一切都极大地影响和改变了资本主义生产方式固有矛盾的表现形式。

第三，对马克思和恩格斯关于社会主义制度代替资本主义制度必然性的认识不能停留在其结论上，而是应该同时考察其结论生成的背景、条件及其转变的历史过程。因为“无论哪一种社会形态，在它所能容纳的全部生产力发挥出来以前，是决不会灭亡的”。② 资本主义社会形态也是如此。如果没有这种认识，就可能会把马克思和恩格斯的一些科学推论和设想模式化，把一些属于一定历史条件下的认识成果，看成一种不可移易的绝对真理或一种教条，用来裁决当今资本主义和社会主义的现实。如果是那样的话，那么马克思主义政治经济学就失去了其精髓和生命力。正如恩格斯指出的那样：“马克思的整个世界观不是教义，而是方法。它提供的不是现成的教条，而是进一步研究的出发点和供这种研究使用的方法。”③

2. 列宁的有关思想

在自由资本主义时期，马克思、恩格斯认为无产阶级革命必须在大多数资本主义国家，至少在欧洲几个主要资本主义国家同时进行才能取得胜利。但是到了帝国主义时代，资本主义社会的经济政治情况发生了很大变化，一些后起的资本主义国家，如德国、美国和日本等国，在经济政治实力上已超过老牌资本主义国家，它们要求夺取更多的资源和市场。由于世界上的殖民地已被瓜分完毕，新老帝国主义必然通过战争来重新瓜分殖民地，这就会削弱帝国主义之间的力量，造成帝国主义链条上的某些薄弱环节，无产阶级就可能首先在薄弱环节上取得胜利。列宁指出，经

① 《马克思恩格斯选集》，第1卷，第263页，人民出版社，1972年。

② 《马克思恩格斯选集》，第2卷，第33页，人民出版社，1995年。

③ 《马克思恩格斯选集》，第4卷，第742~743页，人民出版社，1995年。

济政治发展不平衡是资本主义的绝对规律。由此就应得出结论：社会主义可能首先在少数或者甚至在单独一个资本主义国家内获得胜利。那么，社会主义革命首先在哪些国家取得胜利呢？根据列宁分析，社会主义革命不一定在经济最发达的国家取得胜利，而是会首先在这样的资本主义国家取得胜利，即：帝国主义固有的矛盾最尖锐，具有最革命的工人阶级，工人阶级有强大同盟军；有无产阶级政党。因此，开始突破资本主义战线的国家，也许是资本主义比较不发达的国家。1917 年布尔什维克党领导俄国人民取得了十月社会主义革命胜利。之后又开始了社会主义建设，创立工农政权和苏维埃制度，实行生产资料国有化，实行社会主义工业化、农业集体化和国民经济计划化。

列宁关于社会主义首先在一国胜利的理论，为俄国十月社会主义革命提供了理论依据。而社会主义在前苏联的实践，扩大了对社会主义制度及其运行的现实认识。

第一，列宁关于社会主义理论以及十月革命的成功将社会主义从理论发展为一种实践，丰富了马克思、恩格斯社会主义理论的宝库。

第二，俄国共产党对建设社会主义道路的探索是极其曲折和困难的。由于列宁领导执政党的建设时期较短（1917~1924 年），且大部分处于战争时期，列宁关于社会主义建设的理论还不完善，其主要经济政策也是针对战争时期需要而制定的，因此有些理论和政策也未来得及实践和总结。

第三，前苏联、东欧和亚洲一些社会主义国家，几乎都是在经济落后的基础上越过了资本主义充分发展阶段走上社会主义道路的，这给各国社会主义建设带来了许多特殊困难和问题。由于各国党的领导集团未能正确认识国情，未能正确认识落后国家实现社会主义的特殊规律，未能制定相应的发展战略，加上其他种种主客观原因导致认识和决策上的失误，以至于这些国家在取得巨大建设成就的同时，也出现了一些严重失误。对这些失误和曲折及其后果的最终认识和逐步修正，成为发展马、列社会主义理论的特殊命题，也构成了各国社会主义经济体制改革的全部内容。

二、中国社会主义经济制度的建立

19 世纪 40 年代以后，帝国主义对中国的侵略和掠夺，加深了旧中国生产关系与生产力之间的矛盾，激化了社会阶级矛盾，同时也促进了资本主义因素的发展，使社会革命的条件逐渐成熟起来。

半殖民地半封建社会性质的旧中国，在广大农村保持了封建剥削制度的根基，加上同官僚买办资本的剥削结合在一起，使广大劳动人民备受压迫和剥削。帝国主义通过官僚买办控制了中国的财政和经济命脉，操纵了中国的政治和军事力量。旧中国经济贫困落后，人民生活极端困苦。近代和现代的中国革命，都是在这个基础上发生和发展起来的。

民主革命取得胜利以后，中国选择了社会主义制度。这个选择的政治条件是，工人阶级在民主革命中掌握了领导权，当革命胜利以后，建立了以工人阶级领导的、以工农联盟为基础的人民民主专政的政权，这就为建立社会主义经济制度创造了前提。其经济条件是，旧中国经济虽然落后，国民经济中近代工业占10%，农业和手工业占90%，多半是手工劳动，但是，近代工业和土地很集中。重要的工业部门、交通、批发商业、对外贸易和银行等国民经济命脉掌握在官僚资本和帝国主义手里，土地大部分掌握在封建地主手中。只要人民政权将这些官僚资本没收过来，就掌握了国民经济命脉，在国民经济中起主导作用，这就成为社会主义革命和社会主义建设的物质基础。

从1949年新中国成立到1956年生产资料私有制的社会主义改造完成，我们完成了建立社会主义生产资料公有制的基本任务。

1. 社会主义全民所有制的建立

社会主义全民所有制是社会主义公有制的一种主要形式。在中国，社会主义全民所有制是在没收官僚资本主义企业和改造民族资本主义企业的基础上，采取国家所有制的形式建立起来的。

毛泽东同志把中国资本主义经济区分为官僚资本主义经济（大资本）和民族资本主义经济（小资本）两个部分。对官僚大资本是通过没收的方式，将其手中掌握的财产无偿没收，由国家政权接管，转为全民所有制企业。这一方面是消灭帝国主义和封建买办经济，具有民主革命的性质；另一方面没收私人大资本，又具有社会主义革命的性质。

对于民族资本主义的中小资本，党和政府根据民族资产阶级和民族资本的特点，采取了赎买的办法，对民族资本采取了利用、限制、改造的政策。这种方法的好处是使新生的国家政权较快地掌握了必要的生产资料，同时减少了社会震荡，保持了政治稳定，这对于国家和人民十分有益。在无产阶级掌握了国家政权和控制了国民经济命脉的情况下，利用资本主义工商业有利于国计民生的积极作用，限制其不利于国计民生的消极作用，引导它通过国家资本主义的形式逐渐改造成社会主义全民所有制。国家资本主义的初级形式，在工业方面有委托加工、计划订货和统购包销；在商业方面有委托经销代销。这种形式基本上不改变原来企业的私有制性质，但资本家的所有权和管理权已受到不同程度的限制，企业的盈余按“四马分肥”原则进行分配。根据1953年国家规定，国家工商所得税占30%，企业公积金占10%~30%，职工福利奖金占5%~15%，资本家股息、红利占25%。与此不同，国家资本主义的高级形式是公私合营。首先是个别企业公私合营，即通过国家注资，企业由资本家私人所有制转变为国家和资本家共同所有，企业中的社会主义经济成分居控制比例。在全行业公私合营以后，国家根据合营时核定的资产总额，在一定期限内，每年支付给资本家年息五厘的利息，最终使企业的国有资本比例占到100%，而成为社会主义性质的企业。

通过上述没收官僚资本和赎买民族资本，加上新建的方式，我国全民所有制经济有了一定规模和发展。到1957年底，全民所有制工业企业有4.96万个，国营农场有804个。全民所有制企业固定资产原值由1952年的240.6亿元增加到1957年的522.9亿元，同时企业定额流动资金由171.1亿元增加到401.8亿元。

2. 社会主义集体所有制的建立

在中国，社会主义集体所有制的建立是分别通过对农业和手工业实行社会主义改造来完成的。

无产阶级和劳动人民夺取政权后，面对着资本主义私有制和农民、手工业者的个体私有制，尤其是个体私有制，在原来经济落后的国家里，数量很大。我国土地改革后，小农经济从数量上在国民经济中占有绝对优势。但是小农经济孤立、分散，经营规模狭小，力量单薄，既不能合理地使用土地和劳力，又无力采用农业机械和设备，劳动生产率低下，抵御自然灾害的能力小，扩大再生产能力极其有限。

社会主义经济发展，客观上要求把小农经济改造为社会主义大农业。因为没有农业的社会化，就没有全面巩固的社会主义。实现农业社会化，既要从生产关系方面进行社会主义改造，实现农业集体化，又要在生产力方面进行投资和技术装备，实现农业现代化，两者互相联系，互相制约。

通过合作化道路改造小农经济，是马克思主义的一个重要原则。因为农民是劳动者，对农民的小私有经济不能进行剥夺。同时，农民有走社会主义道路的积极性。在中国共产党领导下，我国农民迅速走上了合作化道路。

我国农业合作化运动，在自愿互利、典型示范和国家帮助原则下，采取了互助组、初级农业生产合作社和高级农业生产合作社三种逐渐过渡的形式，奠定了农村集体所有制经济的基础。到1956年底，全国高级农业生产合作社发展到50多万个，入社农户1亿户以上，占全国农户的88%，近5亿农民走上了合作化道路。

与个体农业相比，个体手工业是一种纯粹的小商品经济，与城乡居民生产和消费关系密切。根据这些特点，我国对手工业的社会主义改造先从供销合作入手，然后发展生产合作。相应地采取了手工业供销小组、手工业供销合作社和手工业生产合作社三种组织形式。到1956年底，全国92%的手工业者已经组织起来，它们的产值在全部手工业产值中占93%，基本上实现了手工业合作化。

需要指出的是，我国社会主义改造的任务原定在15年完成，实际上不到5年就完成了。后来的事实证明，我国的社会主义改造，不仅存在急于求成、改造工作过急过快的缺点，而且在任务目标上脱离了中国国情，实践证明这不利于生产力的发展，不利于进行社会主义现代化建设。

第三节　中国社会主义初级阶段理论的提出与意义

一、中国社会主义初级阶段提出的背景

1. 实践的教训

社会主义从理论进入实践之后，各社会主义国家都面临着如何认识和经历社会主义发展阶段的现实问题。社会主义是一个由低级到高级、由不发达到发达的渐进过程，这个过程中的不同阶段划分的依据是社会生产力状况、生产资料所有制结构以及国家政治制度状况等综合因素。但是，回顾国际共产主义运动的历史，几乎所有社会主义国家都犯过“超越阶段”的错误，并遭遇了程度不同的挫折。中国也不例外。

1956年，对生产资料私有制的社会主义改造基本完成，标志着社会主义经济制度的建立。1957年，毛泽东在《关于正确处理人民内部矛盾的问题》一文中指出，我国的社会主义制度还没有完全建成，还不完全巩固。我国是一个很穷的国家，需要在一个比较长的时期内使生产力获得比较充分的发展，要在几十年内，努力改变我国落后的经济和科学文化状况，才能实现由农业国到工业国的转变，我们的社会主义才算从根本上建成了。但是，由于这个认识不是建立在充分论证的基础上，在实际工作中很快就被否定了。尤其是1958年的“大跃进”和人民公社运动，使人们头脑发热，以为单凭政治热情和人的主观愿望就可以迅速提高生产力，就可以很快建成社会主义。这实际上超越了我国所处的历史阶段，误以为我国已经进入社会主义的较高发展阶段。这种超越发展阶段的认识，加上一系列“左”的政策和方针，使得经济秩序遭到严重破坏，影响了社会生产和人民生活。在1958年和1959年两度试图纠正这种错误观点和做法但未见效果之后，又把整个社会主义时期的主要矛盾界定为无产阶级与资产阶级、社会主义道路与资本主义道路的矛盾。正是这一错误认识，导致了“文化大革命”的发生，使全国遭受了一场大灾难，并造成生产力停滞不前的状况。我国国内生产总值年平均增长率，1953~1957年为9.2%，但在1958~1978年下降到5.4%。这是一个严重的历史教训。

2. 理论的探索

重新认识中国社会所处的发展阶段，是从1978年12月中国共产党第十一届三中全会开始的。党的十一届三中全会拨乱反正，重新确立了实事求是和一切从实际出发的思想路线。

第一次提出社会主义初级阶段的概念是在1981年6月党的十一届六中全会上通过的《关于建国以来党的若干历史问题的决议》中。这份决议指出，尽管我们的社会主义制度还处于初级阶段，但是毫无疑问，我国已经建立了社会主义制度，

已经进入了社会主义社会。第二次提到初级阶段的概念是在党的十二大报告中。该报告指出，我国的社会主义社会现在还处在初级阶段，物质文明还不发达。

1987年召开的党的十三大，系统地论述了我国社会主义初级阶段理论。党的十三大报告运用马克思主义基本原理，从中国实际出发，回答了我国所处的历史阶段问题、社会主义初级阶段的含义和基本特征问题以及党在社会主义初级阶段的基本路线问题。

1992年党的十四大充分肯定了党的十三大确立的社会主义初级阶段理论的伟大功绩，把社会主义初级阶段理论明确纳入邓小平建设有中国特色社会主义的理论体系之中，成为邓小平理论的重要基础和重要组成部分。

1997年9月，党的十五大进一步强调我国现在处于并长期处于社会主义初级阶段，指出了准确把握这一基本国情的极端重要性，进一步论述了社会主义初级阶段的主要特征和发展进程、主要矛盾和根本任务，提出了党在社会主义初级阶段的基本纲领。

2002年11月召开的党的十六大，继续坚持社会主义初级阶段理论，提出了全面建设小康社会的奋斗目标。

从理论上看，按照唯物辩证法的观点，任何事物都是发展变化的，社会主义初级阶段是一个很长的历史发展过程，社会主义初级阶段理论也会不断完善和发展。从实践上看，社会主义初级阶段在我国已经存在多年之后才开始认识它，其间经历了曲折的认识过程，才形成了中国社会主义发展阶段的客观判断，才形成了社会主义初级阶段的科学理论。

二、中国处在社会主义社会初级阶段的理论依据

1. 社会主义社会初级阶段的含义和特征

社会主义初级阶段这个概念不是泛指任何国家进入社会主义都要经历的起始阶段，而是特指在我国生产力落后、商品经济不发达条件下建设社会主义必然要经历的阶段，即从1956年我国进入社会主义到基本实现现代化的整个历史阶段。

社会主义初级阶段这个论断包括两层含义：第一，我们已经是社会主义社会，我们必须坚持而不能离开社会主义。从社会性质上看，社会主义初级阶段属于社会主义性质，它不仅与资本主义不同，而且与过渡时期也有本质区别。第二，我国的社会主义还处于初级阶段，还没有从根本上摆脱贫穷落后的不发达状态，我们必须从这个实际出发，而不能超越这个阶段。从发展程度上看，社会主义初级阶段与社会主义发达阶段是性质相同而发展程度不同的两个阶段。

关于社会主义初级阶段的基本特征和历史任务，党的十三大报告做过一个概括。经过多年的实践，党的十五大报告进一步从九个方面进行了论述。该报告指出，社会主义初级阶段指：一是逐步摆脱不发达状态，基本实现社会主义现代化的

历史阶段；二是由农业人口占很大比重、主要依靠手工劳动的农业国，逐步转变为非农业人口占多数、包含现代农业和现代服务业的工业化国家的历史阶段；三是由自然经济半自然经济占很大比重，逐步转变为经济市场化程度较高的历史阶段；四是由文盲半文盲人口占很大比重、科技教育文化落后，逐步转变为科技教育文化比较发达的历史阶段；五是由贫困人口占很大比重、人民生活水平比较低，逐步转变为全体人民比较富裕的历史阶段；六是由地区经济文化很不平衡，通过有先有后的发展，逐步缩小差距的历史阶段；七是通过改革和探索，建立和完善比较成熟的充满活力的社会主义市场经济体制、社会主义民主政治体制和其他方面体制的历史阶段；八是广大人民牢固树立建设有中国特色社会主义共同理想，自强不息，锐意进取，艰苦奋斗，勤俭建国，在建设物质文明的同时努力建设精神文明的历史阶段；九是逐步缩小同世界先进水平的差距，在社会主义基础上实现中华民族伟大复兴的历史阶段。其中，第一条和第九条是这一阶段基本特点和历史任务的总概括，其他七条是对基本特点和历史任务在经济、政治、文化等各个方面的展开。这九条体现了社会主义初级阶段是一个发展过程，是一个从不发达的社会主义国家到富强、民主、文明的社会主义现代化国家的转变过程。

2. 中国处于社会主义初级阶段的理论依据

(1) 社会主义社会是共产主义社会的第一阶段，经过社会主义的长期发展，才能逐步过渡到共产主义社会的高级阶段，这是人类历史发展的必然趋势。但是，由于以下四个方面因素的影响，社会主义向共产主义过渡将是一个十分漫长的过程，而且必然呈现出不同的阶段。①社会主义要大力发展生产力，创造丰富的物质财富和精神财富，大大缩短劳动时间，增加人们闲暇时间，从事科学文化活动，为人的全面发展创造条件。显然这不是短期内可以完成的。②虽然社会主义可以而且已经在一国或数国首先实现，但是共产主义社会却不可能在一国单独实现，它有赖于世界各国人民的共同奋斗。由于世界其他国家在社会主义的实践、选择和认识的过程中受到各种综合因素的影响而呈现各种模式，所以要使所有国家都建立社会主义制度也将是一个无法预知的漫长过程。③现有的社会主义国家大多是在经济文化落后的基础上建立起来的，要使它们的经济实力和科学技术完全赶上和超过发达资本主义国家，充分显示社会主义制度优越性，也需要很长时间。这决定了社会主义发展必然要经历一个很长的历史时期。④在社会主义发展过程中，由于其基本矛盾所规定的其他矛盾会相应发生转化，就会使发展过程呈现出阶段性，这决定了社会主义是一个由低级到高级、由不发达到发达的渐进过程。但是，现实的社会主义社会究竟要经过哪些阶段，我们今天仍不能确切把握。从现有的实践经验看，对于原来经济、文化落后的国家首先必须经历一个社会主义初级阶段，则是确定无疑的。社会主义初级阶段理论，就是从中国实际提出来的。

(2) 我国社会主义脱胎于半殖民地、半封建社会，底子薄，生产力水平远远落后于发达的资本主义国家，这是决定我国必然要经历一个很长的初级阶段的历史原因。

（3）我国现阶段的经济、政治和文化状况，是决定我国必须经历社会主义初级阶段的现实原因。虽然经过多年的社会主义建设，特别是改革开放以来20多年的发展，我国社会主义生产力有了很大的提高，各项事业有了很大进步，综合国力大大增强，人民生活明显改善。但是从根本上还没有摆脱贫穷落后与不发达状况。我国的生产力和科技、教育水平还比较落后，实现工业化和现代化还任重道远；城乡二元经济结构还没有得到根本改变，地区差距继续扩大，贫困人口还不少；人口总量继续增加，人均收入仍较低；生态环境、自然资源和经济社会发展的矛盾日益突出；中国仍然面临发达国家在经济、科技等方面占优势的压力；我国市场经济体制和其他方面的管理体制还不完善；在社会主义民主法制建设和思想道德建设方面还存在不容忽视的问题。这些都说明我国依然处于社会主义初级阶段。至于巩固和发展社会主义制度，还需要更长时间，需要几代人、十几代人甚至几十代人坚持不懈地努力奋斗。

三、明确中国社会主义社会所处发展阶段的意义

社会主义初级阶段理论的提出，是对马克思主义的继承和发展。它是重新学习马克思列宁主义，重新认识社会主义，对传统社会主义发展阶段理论进行反思，对社会主义建设实践教训进行总结的结果。社会主义初级阶段理论的提出具有重大的理论和实践意义。

1. 社会主义初级阶段理论是在实践中提出来的，纠正了过去“超越阶段”的思想错误

回顾国际共产主义运动的历史，差不多所有社会主义国家都犯过“超越阶段”的错误。其思想根源是忽视了马克思构想的社会主义社会建立的物质前提。也就是说，社会主义所直接取代和继承的，大多是不发达资本主义，甚至是前资本主义。这些国家建设社会主义所面临的任务，不是马克思、恩格斯当时所说的消灭资本主义“生产过剩”的危机，以便直接利用大工业和社会化大生产的优势，使每个社会成员都能自由地发挥力量和才能，自由地各取所需。相反，所有社会主义国家一开始所面临的任务是消灭贫穷，完成工业化过程，实现现代化。因此，马克思、恩格斯所论述的社会主义与现实中的社会主义是两个不同发展阶段的社会主义。过去忽略了二者之间的区别，把社会主义的历史起点和逻辑起点确定在发达资本主义的基础上，并据此来判断今天社会主义的主要矛盾和历史任务，这就必然导致超越阶段，急于求成和急于求纯的错误。

2. 社会主义初级阶段理论，是对马克思主义关于生产力发展必然引起生产关系变革理论的继承和发展

马克思把社会关系的变化归因于生产关系的变化，又把生产关系的变化归因于生产力的变化和发展。由于生产力的发展，或迟或早会引起生产关系的变化。不管这些生产关系的变化在某个国家表现为局部的、全面的，缓慢的还是快速的，但是，借助于一系列社会机制和社会因素，生产力对生产关系的作用是决定性的。因此，社会主义社会由于生产力的变化和发展，应该是一个经常变化和改革的社会，应该不断通过生产关系的调整去适应生产力的发展状况。然而，过去很长一段时间以来人们一直认为：似乎只有按马克思当初设想的未来社会模式建立的社会经济制度，才是社会主义；似乎只有按照前苏联在20世纪30年代形成的那一套方式和原则来组织和运行经济，才是社会主义。而且这种经济模式从建立到完成，都是固定不变的。其结果是，当社会主义发展到一定阶段，那种体制就在相当大的程度上窒息了社会主义的生机和活力，阻碍了生产力的发展。而社会主义初级阶段理论正是说明了，社会主义是不断发展的，它没有一种固定不变的模式。要使生产力得到更大发展，必须改变现实中生产关系落后的方面，即通过传统经济体制的根本性改革，从生产力实际状况出发来设计经济体制的目标模式，并在实践中不断丰富和完善。我国1978年改革开放以后出现的生产关系方面的调整，如当初农村联产承包责任制取代人民公社制，目前在完善承包制方面又推荐的土地承包权流转制度，国家对经济活动的计划控制转变为政府对宏观经济的间接调节，工厂制度向公司制度的转变等，都说明我们对中国社会所处历史阶段的重新认识是十分重要，也是十分正确的。

3. 社会主义初级阶段理论开辟了建设有中国特色社会主义的新道路

邓小平强调指出：我们现在所干的事业是一项新事业，马克思没有讲过，我们的前人没有做过，其他社会主义国家也没有干过，所以，没有现成的经验可学。我们只能在干中学，在实践中摸索。在中国真要建设社会主义，那就只能一切从我国的实际出发，从我国现在处于并将长期处于社会主义初期阶段这一最大的实际出发，而不能从主观愿望出发，不能从这样那样的外国模式出发，不能从马克思主义著作中个别论断的教条式理解和附加到马克思主义名义下的某些错误观点出发。党的十一届三中全会前我们在建设社会主义中出现种种失误的根本原因之一，就在于提出的一些任务和政策超越了社会主义初级阶段。20多年来改革开放和现代化建设取得举世瞩目巨大成就的根本原因之一，就在于制定的路线、方针、政策合乎社会主义初级阶段的实际，克服了那些超越阶段的错误观点和政策，又抵制了抛弃社会主义基本制度的错误主张。我们在社会主义初级阶段，自觉改革不适应生产力发展水平和现代化要求的生产关系和上层建筑的各个方面和环节，大胆吸收和借鉴当今世界各国包括资本主义发达国家的一切反映现代社会化生产规律的先进经营方式、管理方法和组织形式，是为了促进社会主义社会的生产力发展，更好地建设社会主义。如果把这样的改革和借鉴看做搞资本主义，是错误的；如果因为这样的改革和借鉴就以为可以搞资本主义，也是错误的。任何忽视、偏离社会主义初级阶段实际的认识和做法，都会给社会主义事业带来损害。历史实践证明，从社会主义初级阶段实际出发建设社会主义，没有离开社会主义，而是在脚踏实地地建设社会主义，使社会主义在中国真正活跃和兴旺起来，这样广大人民才会从切身感受中更加拥护社会主义。

党的十一届三中全会以来，中国经济改革与发展的实践不断证明，面对改革攻坚和开创新局面的艰巨任务，我们要解决种种矛盾，澄清种种疑惑，认识为什么必须实行现在这样的路线和政策而不能实行别的路线和政策，关键就在于对所处社会主义初级阶段的基本国情要有统一认识和准确把握。中国共产党在总结经验的基础上，确定了社会主义初级阶段的基本纲领，对建设有中国特色社会主义的经济、政治、文化做出了一系列重大决策，如把以公有制为主体、多种所有制共同发展确定为社会主义初级阶段的一项基本经济制度，确认非公有制经济是我国社会主义市场经济的重要组成部分，提出完善以按劳分配为主体、多种分配方式并存的分配制度，把按劳分配和按生产要素分配结合起来等。这些都是同我们党对社会主义初级阶段基本国情的准确把握分不开的。

第四节　中国社会主义初级阶段的主要矛盾和根本任务

一、中国社会主义社会初级阶段的主要矛盾

中国共产党从中国社会主义初级阶段的基本国情出发，制定了建设有中国特色社会主义的基本路线，这就是：领导和团结全国各族人民，以经济建设为中心，坚持四项基本原则，坚持改革开放，自力更生，艰苦创业，为把我国建设成为富强、民主、文明的社会主义现代化国家而奋斗。历史和现实都告诉我们，只有毫不动摇地坚持党的基本路线，才能保证改革开放和社会主义现代化建设的顺利进行。

党的基本路线的提出，来自于我们党对我国社会主义初级阶段主要矛盾的正确分析和认识，来自于我们党对社会主义建设历史经验的深刻思考和总结。对于什么是社会主义初级阶段的主要矛盾，从党的八大到党的十一届三中全会，我们经历了一个曲折的认识过程，付出了沉重的代价。1956 年 9 月召开的党的八大指出：我国社会主义改造已经取得决定性胜利，无产阶级同资产阶级之间的矛盾已经基本上解决。国内的主要矛盾，已经是人民对于经济文化迅速发展的需要同当前经济文化不能满足人民需要的状况之间的矛盾。后来发生的阶级斗争扩大化和绝对化的“左”的错误，特别是像“文化大革命”那样的全局性错误，从根本上说，是背离了党的八大关于主要矛盾的正确认识，做出了阶级矛盾是主要矛盾的错误判断。1978 年 12 月，党的十一届三中全会认真总结了历史的经验教训，做出把工作重点

转移到社会主义现代化建设方面来的战略决策。邓小平指出：什么是目前时期的主要矛盾，也就是目前时期全党和全国人民所必须解决的主要问题或中心任务，由于党的十一届三中全会决定把工作重点转移到社会主义现代化建设方面来，这个问题实际上已经解决了。我们的生产力发展水平还很低，远远不能满足人民和国家的需要，这就是我们目前时期的主要矛盾，解决这个主要矛盾就是我们的中心任务。1981年，邓小平主持起草的《关于建国以来党的若干历史问题的决议》，对我国社会主义改造基本完成以后的社会主要矛盾做出了科学的表述。该决议指出，由于国内的因素和国际的影响，阶级斗争还将在一定范围内长期存在，在某种条件下还有可能激化，但是，在剥削阶级作为阶级被消灭以后，阶级斗争已经不是主要矛盾；我国所要解决的主要矛盾，是人民日益增长的物质文化需要同落后的社会生产之间的矛盾。此后，党的十二大、党的十三大、党的十四大、党的十五大和党的十六大都坚持和重申了这一科学论断。关于我国社会主义初级阶段主要矛盾的论断，是我们党制定基本路线的主要依据。改革开放以来我们所取得的巨大成就，都是与正确认识和解决这一主要矛盾分不开的。

二、中国社会主义社会初级阶段的主要任务

1. 社会主义的本质和社会主义初级阶段的主要矛盾规定了社会主义的根本任务是发展生产力

邓小平指出："社会主义的本质，是解放生产力，发展生产力，消灭剥削，消除两极分化，最终达到共同富裕。"① "最终达到共同富裕"，是社会主义的根本目标；"消灭剥削，消除两极分化"，是最终达到共同富裕的保证；而"解放生产力，发展生产力"，是最终达到共同富裕的物质手段。贫穷不是社会主义。社会主义不能建立在落后的社会生产基础上，社会主义应该有其相应的物质基础；只有大力发展生产力，社会主义才能获得这种物质基础。只有使生产力不断发展，才能解决社会主义初级阶段的主要矛盾，不断使人民日益增长的物质和文化需要得到满足。同时，只有大力发展生产力，才能使社会主义不断巩固和发展，才能向更高一级阶段发展。列宁认为，保证新社会制度胜利的最重要、最主要的东西，归根结底是更高的劳动生产率。而这种新的高得多的劳动生产率，只有建立在比前一制度更高的物质技术基础上才能被创造出来。社会主义要从根本上代替资本主义，只有大力发展生产力。

2. 我国经济文化落后的现实状况迫切要求提高社会生产力

我国现代工业基础薄弱，人口和劳动力大多被束缚在农业上，社会生产力水平与人民日益增长的物质文化需要存在尖锐矛盾，人民生活水平同发达国家相比存在

---

① 《邓小平文选》，第3卷，第373页，人民出版社，1993年。

显著差距。如果这种情况持续下去，将使我国在国际关系和世界经济中处于十分不利的地位，中华民族受歧视的历史就不会终结。为了摆脱我国相对落后的状况，为了振兴中华，尤其要把发展生产力作为全部工作的中心。

3. 社会主义初级阶段发展生产力有其特定的内容和特殊要求，我国发展生产力的目标是实现工业化、市场化和现代化

工业化是从农业国转变为工业国的过程。伴随工业化过程，机器大工业使整个社会生产联结为一个有机体，国民经济各部门成为社会再生产链条上的各个环节，并冲破地域界限，形成国内统一市场，建立起世界性技术经济联系。伴随工业化进程，科学技术广泛地应用于传统农业，农业劳动生产率提高，大批农业人口向非农产业转移，大批新的中小城市兴起，城乡关系发生变化，社会和文化关系也会发生变化。

实现工业化的途径是经济活动的市场化。因为社会分工的存在一方面造成人们之间的相互依赖，另一方面造成个人活动高度的片面性和单一性，形成生产的社会性与生产者活动的局限性的矛盾，表现为供给与需求、生产与消费在时空和数量、结构上的错位或矛盾。这种矛盾只能通过市场上的商品交换才能最终得到解决。因此，工业化必然与市场关系相联系，人为地割断这种联系是不符合规律的。

我国实现工业化过程中面临着诸多制约因素，如人口多、农业人口比重大，人均耕地面积少，资源相对不足，劳动力素质低，技术和管理落后，再加上市场不发达、不完善。所以，我国工业化的任务十分艰巨，必须加快市场经济体制改革和政治体制改革，调动一切积极因素推进工业化。

我国社会主义工业化的任务是：第一，提高工业产值在国民经济中所占的比重，使工业成为主导部门。第二，提高农业劳动生产率，促进农业剩余劳动力向非农产业转移，使非农业劳动人口超过农业劳动人口。第三，推进工业结构转换和升级，逐步提高资本密集型工业、技术密集型工业在工业构成中的比重。第四，提高工业自身的物质技术装备水平，并以此改造和武装其他部门，使这些部门也能享受工业化成果。第五，大幅度提高人均收入水平。

我国工业化的任务还没有完成，信息化的浪潮已经席卷而来。在未来工业化过程中，信息化将主导着新时期工业化的方向，使工业朝着高效益、高附加值和有竞争力的方向发展。因此，从我国处于社会主义初级阶段实际出发，我国既不能脱离工业化来搞信息化，也不能错失信息化带来的机遇；否则，我国与世界先进水平的差距又会拉大。我们必须以信息化带动工业化，以工业化促进信息化，使信息化和工业化融为一体，加速工业化进程，促进国民经济发展，最终实现现代化。

思 考 题

1. 马克思把共产主义的形成过程划分为哪几个阶段？每个阶段各自具有什么特征？各个阶段之间具有什么样的关系？

2. 马克思关于共产主义社会发展阶段的理论给我们什么启示？

3. 什么是社会主义初级阶段？社会主义的初级阶段具有哪些主要特征？

4. 为什么中国要经历社会主义初级阶段？

5. 社会主义初级阶段理论的提出具有什么意义？

6. 社会主义社会初级阶段的主要矛盾和根本任务是什么？

第二章　社会主义社会的生产资料所有制

生产资料所有制决定着经济制度的性质。生产资料所有制关系具体通过人们在生产资料的所有、占有、支配和使用中的关系反映出来。决定社会主义经济制度性质的是生产资料的社会主义公有制。在社会主义社会初级阶段，由于社会生产力的发展水平比较低，因此不可能实行单一的生产资料公有制，生产资料所有制的结构呈现出以生产资料的社会主义公有制为主体、其他生产资料所有制共同发展的特征。

第一节　生产资料所有制的内涵

一、生产资料所有制的含义

人们要进行生产、经营活动，必须有一定的物质条件，即能够占有或者使用生产资料。但是，这些生产资料，不一定都是属于他们自己所有的。它们可能是向生产资料的主人租借来的，而生产资料的主人，由于利益的比较或能力、时间的限制，也不一定都自己占有和使用属于他们所有的生产资料。在获得一定利益补偿的条件下，把它们租给从事生产的其他人，让生产者去占有、支配、使用这些生产资料，可能更合适。这样，在生产过程中，人们在占有、支配、使用生产资料时，便不仅同生产资料、同物发生某些关系，而且也通过生产资料，彼此发生一定的经济关系。

即使是生产资料所有者自己占有和使用自己的生产资料，也存在人们在生产资料方面的经济关系。因为：第一，生产资料所有者有时不是单独的个人，而是许多人联合起来才成为共同的所有者的，这些人之间在共同所有的条件下，可能存在不同的占有、支配、使用生产资料的关系。或者共同使用，或者由一部分共同所有者使用，这些都是人们之间在生产资料方面的关系。第二，即使在个体经济条件下，生产者个人自己占有、使用属于自己所有的生产资料，也会存在一定的经济关系，如他要排斥别人对自己生产资料的侵犯，维护自己对生产资料的各种权利，在这里，所有者和非所有者之间就存在一定的关系。

可见，对物质资料的所有、占有、支配、使用不单纯是人与物的关系，而且涉及人与人的关系，是社会经济关系的一个组成部分。所谓生产资料所有制就是人们在生产资料上或者通过生产资料形成和建立的相互经济关系。这些关系得到社会的承认和共同遵守，在国家和法律出现以后，则得到法律的保护①。我们认为，生产资料所有制除了生产资料归谁所有的关系以外，还包括生产资料归谁占有、归谁支配、归谁使用以及发挥这些权能得到的物质利益归谁所得和支配的关系。

生产资料仅指在生产过程发挥作用的物质资料。除此之外，在流通、分配、消费领域还有其他的物质资料在发挥作用，人们围绕或通过这些资料也会结成一定的所有制关系。例如，在流通过程中，就有劳动产品和流通资料归谁所有、占有、支配、使用的关系。在消费领域，则又涉及消费品归谁所有、占有、支配和使用的关系。此外，当人们把劳动力这种人的生产要素作为产权客体对待时，劳动力也存在归谁所有、占有、支配、使用的关系，即劳动力所有制关系。其他一切能够被人拥有或为人们带来利益的东西，都可能成为以特定对象为客体的所有制，如近年来成为热门话题的知识产权，就是以广义的知识如技术、专利、版权等为客体的所有制的权利表现。

可见，所有制这个概念有很大的范围和外延，人们通过各种不同的客体（如物质资料、有形或无形的生产要素，乃至于人的脑力、体力），都可能形成或建立起所有制关系。因此，所有制应该是指社会再生产各个领域里的、各种客体的所有制的总和。它显然不等于生产资料所有制。不过，人们通常把生产资料所有制简称为所有制。之所以这样叫，主要是由于直接生产过程在社会再生产中是主要的、决定其他过程的环节；生产资料所有制在各种不同客体的所有制中，是主要的和有决定意义的，而且它也经常被使用。但要注意，简称毕竟不能代替科学用语或定义，在进行科学分析或严格应用时，必须把生产资料所有制同所有制区别开来②。

二、生产资料的所有、占有、支配和使用

所有制是非常复杂的体系，包含主体和客体之间以及各种主体之间纷繁错综的关系。所有制客体前面已经谈到，至于所有制主体，则是指所有制关系的担当者以及相应的经济责任、权力、利益的担当者、管领者或承受者。它包括不同的阶级、阶层、社会集团和个人，存在着不同的组合。所有制主体的性质和状况，决定了所有制的基本性质。例如，根据主体的阶级属性划分，可以分为奴隶主、封建主、资产阶级的所有制和劳动人民的所有制；在以劳动人民为主体的所有制中，按主体的

① 所有制在权利或法权上的反映就是所有权。我们认为所有权就是（财）产权。也有人认为所有权与产权不同，差别在于：所有权是人与物的关系，而产权是人与人的关系，这对所有制和所有权内涵的理解或许太过狭窄了，仅仅是生产资料归谁所有的关系，是不够的。

② 为了叙述的方便，本书中除非特别说明，所有制指的就是生产资料所有制。

组合情况看，又可区分为劳动者个人所有制、部分劳动者共同所有的公有制，即合作制和集体所有制以及全社会劳动者共同所有的公有制，即全民所有制。当不同性质的主体合在一起成为所有制主体时，便出现了混合所有制，如中外合资企业的所有制、由公有经济和私人投资的股份制等。

生产资料所有制在权利关系或法律上的反映，就是生产资料所有权（又称产权），具体而言，它包含了狭义的所有权（归属权）、占有权、支配权和使用权四项权能。当它们相互分离，处于相对独立的状态时，四权的基本含义有以下几点：

1. 所有权

所有权指把生产资料当做自己的专有物，排斥别人随意加以侵夺的权能。这种关系得到社会或法律的承认，使它的担当者成为生产资料的合法主人。具体地说，“所有权”指：第一，表明对生产资料的归属、领有关系；第二，意味着可在生产资料上设置法律许可的权利，如决定生产资料的其他权能是否让渡、让渡给谁、让渡方式、让渡条件及让渡期限等。第三，可以凭借所有权获取一定的经济利益。不过必须注意，这里讨论的所有权是狭义的，它的范围比较小。为了便于区别，可以将所有权称为归属权或领有权。

2. 占有权

占有权指实际地或直接地掌握、控制或管理生产资料，并对它施加实际的、物质的影响的权能，即事实上的管领力①。所有权与占有权的区别，主要表现在两个方面：

首先，所有权，有时是指广义的、完整的所有权，即包括了上面所说的归属意义的、狭义的所有权和占有权、支配权及使用权。而占有权，则仅仅是主体的一个权能。所以，它们的不同首先是整体和局部之间的差别。

其次，所有权，有时则是指已经同其他主体权能相分离的单纯的、狭义的所有权。这时，它仅仅表示归属或领有关系，而不包括其他的主体权能，也即这种单纯的、狭义的所有者并不直接掌握、管理在法律上属于他的生产资料。而占有权则是在事实上掌握、控制或管理着生产资料。

3. 支配权

支配权又称为处理权、处分权、处置权。在我国，经济理论界多数按照列宁对四权的提法，将它叫做“支配权”，而《民法通则》和其他一些法律、法规等则沿

① 英国经济学家汉森（Hanson）在《经济学与商业词典》中解释：占有就是对物进行实际的物质的管理、控制（Having actual physical control over a thing）。他还特别指出它与所有（Ownership）不同，因为所有只是指对物具有法律的权利（In contrast to ownership，which means having a legal right to a thing）。详见：J. L. Hanson：A Dictionary of Economics and Commerce，Fifth ed.，Macdonald and Evans，1977。

用传统的译法，即“处分权”。其实它们界定的都是相同的关系。

支配权有两个含义，或者两个层次：第一，它是指在事实上或法律上决定如何安排、处置生产资料的权能，比如拥有支配权的工厂主可以决定把生产设备出售、赠予、抵押给别人，也可以自己使用或干脆闲置。第二，它是指安排和决定生产资料使用方向的权能，如拥有支配权的农场主，可以决定土地是用来耕种或挖塘养鱼或用做牧场、停车场，可以决定土地是休耕、轮耕或连作，可以决定怎样耕作、种植什么等。在社会主义国家，政府过去直接安排国有企业的生产，现在仍有权决定企业的开设和关、停、并、转，决定在企业中进行什么样的改革。企业则有权决定如何具体处置、使用国家交给企业经营的资产。这些都是不同层次的支配权的表现。由于支配权涉及的范围比较广（当产权主体规模很大时尤其如此），在实施中可能会根据具体情况进行某种分割。比如在我国的经济体制改革中，国家所有制的支配权就按不同的层次，分别由国家和企业去行使①。

4. 使用权

使用权就是利用、改变或消费生产资料的权能。这里包括三种情况：一是利用、应用而不改变生产资料的原有状态；二是改变生产资料的某些状态，而不改变其根本性质或其物质存在形式；三是消费生产资料，即消灭它的原有物质形态，转换它的存在形式。

至于人们经常说到的收益权（或称受益权、用益权），则是实施、行使上述各种权能而获得经济利益的权利，它基本上是与“四权”联系在一起，由“四权”孪生的。所以，科学的理论归纳只需要讲“四权”而不必讲“五权”。

在实际生活中，生产资料的所有权、占有权、支配权和使用权，往往不以相互分离的状态存在，而是以复杂多样的形式组合在一起。当经济关系还不发达，所有制范围还比较狭窄的时候，几种权能一般都统一由所有者拥有和实施。但随着经济关系的发展，所有制规模的扩大以及社会分工的细化，所有者要统管所有的权能越来越困难，他们可能根据自己的能力、时间和事业扩展的情况以及对预期经济利益的衡量，在取得一定收益的条件下，把一部分权能让渡给别人。例如工厂主若无足够的精力自营，或者自营收益差，就可能将部分设备租给别人使用，收取租金；或者委托别人经营，把经营权让渡给受托人，同时让予受托人一定的利润。在所有制主体范围很大的情况下，如生产资料全民所有，则根本无法由全体人民直接参加经营管理，只能将全民资产分别交给主体的一部分或委托别人去经营。可见，所有权（或产权）可以统一于一个主体，全部归一个主体去实施；也可以被劈分、拆细，

---

① 《企业法》规定，企业对国有资产具有占有、使用和依法处分的权利。该法特地将企业的支配权规定为“依法处分”，而不像“占有、使用”那样，使用“处分”的一般提法，表明企业只能根据国家的规定分享国有资产的部分支配权，还有一部分支配权仍然掌握在国家手中。

互相分离，独立出去；也可以重新组合为另一组权能，如占有权、使用权和部分支配权结合成为经营权。总之，生产资料所有权各项权能的统一和分合存在着不同情况，呈现出不同的组合、结构和配置格局。这其实就是生产资料所有制的不同实现形式。理论界已基本达成共识：所有制实现形式，指的是一种所有制在其内部具体配置、组合主体的各项权能以组织、管理、经营其资产的方式或格局。能否根据生产力发展的要求找到合适的实现形式，直接关系到所有制的效率。

第二节　社会主义社会的生产资料所有制结构

生产资料所有制结构，是指各种不同的所有制形式在一定社会经济形态中所处的地位、所占的比重，以及它们之间的相互关系。居于支配地位的所有制性质，决定该所有制结构的性质。自 1949 年新中国成立以来，我国生产资料所有制变革走了曲折的道路。社会主义初级阶段的所有制结构是以公有制为主体，多种所有制经济共同发展的结构。

一、社会主义生产资料所有制理论的创新与发展

在生产资料私有制的社会主义改造完成之后，由于指导思想的错误，认为社会主义就是计划经济加上单一的公有制再加上单一的按劳分配，从而建立了“一大二公三纯”的单一公有制结构，严重阻碍了社会主义社会生产力的发展。因此，在改革开放伊始的党的十一届三中全会上，就重新恢复和确立了解放思想、实事求是的思想路线，决定把党的工作重心转移到以经济建设为中心的社会主义现代化建设上来，从而为我国所有制改革带来了勃勃生机。党的十一届三中全会以后，中国共产党认真总结以往在所有制问题上的经验教训，制定以公有制为主体、多种经济成分共同发展的方针，逐步消除所有制结构不合理对生产力的羁绊，出现了多种经济成分共同发展和公有制实现形式多样化的局面。

第一阶段：从党的十一届三中全会到党的十三大的召开，提出了“主导补充论”，逐步放开个体、外资、私营经济，实现了打破单一公有制的突破。

1978 年 12 月召开的中国共产党第十一届三中全会，以“改革”的思想为指导，在所有制问题上，首先在“尾巴”上冲破禁锢，指出“社员自留地、家庭副业和集市贸易是社会主义经济的必要补充部分”①，1979 年召开的中国共产党第十一届四中全会进一步强调：“决不允许把它们当做资本主义经济来批判和取缔”，“不能当做所谓资本主义尾巴去批判”。② 此后，中国的经济改革首先从农村实行

① 《三中全会以来重要文献选编》，第 8 页，人民出版社，1982 年。

② 《三中全会以来重要文献选编》，第 181、185 页，人民出版社，1982 年。

生产责任制开始，1980 年 9 月，中共中央印发《关于进一步加强和完善农业生产责任制的几个问题》，正式决策在全国范围实行家庭联产承包责任制。生产责任制的建立，“带动了生产关系的部分调整，纠正了长期存在的管理过分集中、经营方式过于单一的缺点，使之更加适合于我国农村的经济状况”。① 而 1981 年召开的中国共产党第十一届六中全会则在发展个体经济问题上获得突破，明确提出“一定范围的劳动者个体经济是公有制经济的必要补充”。② 我党逐步改变了过去那些歧视、限制、打击、并吞的政策，代之以引导、鼓励、促进、扶持的政策措施，个体经济得以迅速发展起来，在农村，出现了一批离土不离乡从事个体工商业的专业户；在城镇，一些待业、无业者也纷纷开办个体服务业。到 1981 年底，全国从事个体工商业的人数由 1978 年的 15 万增加到 101 万。1982 年党的十二大总结了改革开放以来的经验，认为“我国的生产力发展水平总体来说还比较低，又很不平衡，在很长的时期内还需要多种经济形式同时并存”，提出要坚持国营经济的主导地位和发展多种经济形式，鼓励劳动者个体经济在国家规定的范围内和工商行政管理下适当发展，作为公有制经济的必要的、有益的补充。1984 年召开的党的十二届三中全会则首次在发展外资经济上取得突破，指出“利用外资，吸引外资来我国举办合资经营企业、合作经营企业和独资企业，也是对我国社会主义经济必要的有益的补充”。③ 此后，我国的三资企业从无到有、从少到多迅速发展起来。这次会议还提出了国家所有权和经营权可以适当分开的观点，④ 这对传统的所有权和经营权必须集中统一于国家的观念是一个发展和突破。之后，我国开始在企业实行租赁经营、股份制试点，于 1986 年全面推行承包责任制。1987 年召开的党的十三大进一步深化了对社会主义初级阶段的认识，明确提出了“多种所有制经济”和“所有制结构”的概念，要“在公有制为主体的前提下继续发展多种所有制经济”，强调“在不同的经济领域，不同的地区，各种所有制经济所占的比重应当允许有所不同”，从而在所有制改革问题上又有新的突破，认为“公有制经济本身也有多种形式”，并首次把私营经济当做“是公有制经济必要的和有益的补充”，⑤ 完成了所有制由单一的公有制向以国营经济为主导，个体、私营、外资经济为补充的“主导补充结构”的第一次突破。此外，还提出“改革中出现的股份制形式……是社会主义企业财产的一种组织形式，可以继续试行”，“一些小型全民所有制的产权，

---

① 《三中全会以来重要文献选编》，第 1062~1063 页，人民出版社，1982 年。

② 《三中全会以来重要文献选编》，第 840 页，人民出版社，1982 年。

③ 《十二大以来重要文献选编》，第 581 页，人民出版社，1986 年。

④ 《十二大以来重要文献选编》，第 565 页，人民出版社，1986 年。

⑤ 《十三大以来重要文献选编》，第 31~32 页，人民出版社，1991 年。

可以有偿转让给集体或个人”。① 在此基础上，1988年召开的党的十三届三中全会进一步提出要“进行以公有制为主体的股份制试点和发展企业集团试点”。②

第二阶段：从党的十三大到党的十五大召开之前，提出了“主体补充结构”论，其特点就是以公有制经济为主体，其他经济成分为补充，多种经济成分长期共同发展，不同经济成分还可以自愿实行多种形式的联合经营。

随着改革开放进程的不断深化，多种经济成分的经济不断发展，也引起了诸多争论。江泽民在国庆40周年大会上强调指出，发展多种经济成分“是为了更好地发挥社会主义经济的优越性，促进我国经济的更快发展，决不是要削弱或取消公有制经济的主体地位，更不是要实行经济‘私有化’。非公有制经济在我国国民经济中所占比重和发展领域，要根据我国现实的生产力水平和客观需要来确定”。在此基础上，江泽民在庆祝建党70周年大会上进一步强调：“既不能脱离生产力发展水平搞单一的公有制，又不能动摇公有制经济的主体地位，不能搞私有化”。③ 这就是中央关于社会主义所有制改革的辩证法。1992年初，邓小平发表南方讲话，提出了著名的“三个有利于”的标准，破除了姓“资”姓“社”的思想困扰，为所有制改革扫除了理论上的障碍。在这一思想指导下，党的十四大在总结我国调整所有制结构的丰富经验的基础上，明确提出：“国外的资金、资源、技术、人才以及作为有益补充的私营经济，都应当而且能够为社会主义所利用”，“在所有制结构上，以公有制包括全民所有制和集体所有制经济为主体，个体经济、私营经济、外资经济为补充，多种经济成分长期共同发展，不同经济成分还可以自愿实行多种形式的联合经营。”这充分肯定了非公有制经济可以和公有制经济合作共存、共同发展，是我国社会主义所有制改革的一次重大飞跃。此后，在邓小平南方讲话和党的十四大精神鼓舞下，我国的非公有制经济进入了高速发展的阶段。1993年召开的党的十四届三中全会，正式通过了《中共中央关于建立社会主义市场经济体制若干问题的决定》，进一步提出了社会主义市场经济体制的基本框架，指出“在积极促进国有经济和集体经济发展的同时，鼓励个体、私营、外资经济发展，并依法加强管理；就全国来说，公有制在国民经济中应占主体地位，有的地方、有的产业可以有所差别；国家依法保护法人和居民的一切合法收入和财产，鼓励城乡居民储蓄和投资，允许属于个人的资本等生产要素参与收益分配。”1995年召开的党的十四届五中全会进一步强调，国家对各类企业一视同仁，为各种所有制经济平等参与市场竞争创造良好的环境和条件。

第三阶段：从党的十五大到现在，“主体多元论”阶段。这一阶段，我国的所

① 《十三大以来重要文献选编》，第28页，人民出版社，1991年。

② 《十三大以来重要文献选编》，第287页，人民出版社，1991年。

③ 《中共中央文件选编》，第471、708页，中共中央党校出版社，1992年。

有制变革的主要特点是以公有制为主体，非公有制经济为重要组成部分，多种所有制经济相互渗透，共同发展。

1997年召开的党的十五大，创造性地运用邓小平理论，立足于进一步解放和发展生产力，从而在所有制改革问题上实现了新的重大突破：第一，正式确定"公有制为主体，多种所有制经济共同发展，是我国社会主义初级阶段的一项基本经济制度"。这一理论保证了社会主义初级阶段所有制结构的长期性、稳定性、合法性，使党的基本路线一百年不动摇落到了实处。同时从根本上消除了对非公有制经济的所有制歧视，这是对马克思主义所有制理论的重大创新和发展。第二，明确指出"个体、私营、外资等非公有制经济成分是社会主义市场经济的重要组成部分"，这样就将非公有制经济从"体制外"纳入"体制内"，和公有制主体共同构成我国的基本经济制度。第三，明确提出"混合所有制"的概念，指出"公有制经济不仅包括国有经济和集体经济，还包括混合所有制经济中的国有成分和集体成分"。这是对公有制经济含义在认识上的突破。第四，首次提出"公有制主体地位"的含义是指"公有资产在社会总资产中占优势，要有量的优势，更要注重质的提高；国有经济控制国民经济命脉，对经济发展起主导作用"，在这个前提下，国有经济比重减少一些，不会影响我国的社会主义性质。第五，强调"公有制实现形式可以而且应当多样化，一切反映社会化生产规律的经营方式和组织形式都可以大胆利用"。并充分肯定了股份制的地位和作用，认为股份制作为现代企业的一种资本组织形式，资本主义可以用，社会主义也可以用，不能笼统地说股份制是公有还是私有。第六，对集体经济的组织形式作了重要补充。集体经济除了劳动联合的形式外，还有资本联合的形式，这为股份合作制的发展提供了理论基础，对于推动国有中小企业的改制改组具有深远意义。①

此后，党的十六大报告在阐述了"坚持和完善公有制为主体，多种所有制经济共同发展"的基本经济制度之后，又进一步提出了"两个毫不动摇"，即"必须毫不动摇地巩固和发展公有制经济"，"必须毫不动摇地鼓励、支持和引导非公有制经济"，指出"坚持公有制为主体，促进非公有制经济发展，统一于社会主义现代化建设的进程中，不能把这两者对立起来"，以便促使多种所有制经济形式在市场竞争中发挥各自优势，相互促进，共同发展。此外，还强调了"完善保护私人财产的法律制度"，再次肯定了非公有制经济人士社会主义现代化"建设者"的社会地位，从而在政治上经济上为非公有制经济的发展创造了良好的政策环境。② 这表明，以公有制为主体、多种所有制共同发展已纳入了我国制度化、法制化的轨

① 《中国共产党第十五次全国代表大会文件汇编》，人民出版社，1997年。

② 江泽民：《全面建设小康社会　开创中国特色社会主义事业新局面——在中国共产党第十六次全国代表大会上的报告》，人民出版社，2002年。

道。党的十六届三中全会又提出“推进公有制的多种有效实现形式，加快调整国有经济布局和结构”。并第一次提出“大力发展国有资本、集体资本和非公有资本等参股的混合所有制经济，实现投资主体多元化，使股份制成为公有制的主要实现形式。”“大力发展和积极引导非公有制经济。个体、私营等非公有制经济是促进我国社会生产力发展的重要力量。清理和修订限制非公有制经济发展的法律法规和政策，消除体制性障碍。放宽市场准入……与其他企业享受同等待遇”。此外，还指出产权是所有制的核心和主要内容，包括物权、债权、股权和知识产权等各类财产权，要建立归属清晰、权责明确、保护严格、流转顺畅的现代产权制度，以有利于维护公有财产权，巩固公有制经济的主体地位，有利于保护私有财产权，促进非公有制经济发展，有利于各类资本的流动和重组，推动混合所有制经济发展。① 在随后中共中央提出的修宪建议中，把“保护公民的私有财产”列入其中。这是我党在所有制改革问题上的又一次重大突破，是又一次新的历史跨越，是又一次全新的伟大实践，将使中国社会更加理性化发展，这是市场经济发展的内在要求，是时代的进步和发展。

恩格斯曾经指出：“社会主义社会不是一种一成不变的东西，而应当和其他任何一种社会制度一样，把它看成是经常变化和改革的社会。”② 马克思主义是发展的，社会主义所有制理论和结构也应该是发展的。中国社会主义所有制改革的历史证明，只要坚持马克思主义的基本原理，坚持解放思想，与时俱进，通过实践来检验和发展党的理论和路线方针政策，才能推进社会主义制度的不断完善，社会主义市场经济体制就会不断走向健全，走向成熟（见表 2-1）。

表 2-1 **中共中央关于所有制改革和非公有制发展的一些重要决议**

时间	会议	决议内容
1978 年	十一届三中全会	实现四个现代化，要求大幅度地提高生产力，也就是必然要多方面地改变同生产力不适应的生产关系和上层建筑。
1982 年	十二大	坚持国营经济的主导地位和发展多种经济形式；鼓励劳动者个体经济在国家规定的范围内和工商行政管理下适当发展，作为公有制经济的必要的、有益的补充。
1984 年	十二届三中全会	必须调动一切积极因素，在国家政策和计划的指导下，实行国家、集体、个人一起上的方针，坚持发展多种经济形式和多种经营方式。

① 《中共中央关于完善社会主义市场经济体制若干问题的决定》，人民出版社，2002 年。
② 《马克思恩格斯全集》，第 37 卷，第 443 页，人民出版社，1971 年。

续表

时间	会议	决议内容
1987年	十三大	在公有制为主体的前提下继续发展多种所有制经济；私营经济必然同占优势的公有制经济相联系，并受公有制经济的巨大影响。实践证明，私营经济一定程度的发展，有利于促进生产、活跃市场、扩大就业，更好地满足人民多方面的生活需求，是公有制经济必要的和有益的补充。
1992年	十四大	国外的资金、资源、技术、人才以及作为有益补充的私营经济，都应当而且能够为社会主义所利用；在所有制结构上，以公有制包括全民所有制和集体所有制经济为主体，个体经济、私营经济、外资经济为补充，多种经济成分长期共同发展，不同经济成分还可以自愿实行多种形式的联合经营。
1993年	十四届三中全会	在积极促进国有经济和集体经济发展的同时，鼓励个体、私营、外资经济发展，并依法加强管理；就全国来说，公有制在国民经济中应占主体地位，有的地方、有的产业可以有所差别；国家依法保护法人和居民的一切合法收入和财产，鼓励城乡居民储蓄和投资，允许属于个人的资本等生产要素参与收益分配。
1997年	十五大	公有制为主体、多种所有制经济共同发展，是我国社会主义初级阶段的一项基本经济制度；一切符合“三个有利于”的所有制形式都可以而且应该用来为社会主义服务；公有制实现形式可以而且应当多样化；非公有制经济是我国社会主义市场经济的重要组成部分。对个体、私营等非公有制经济要继续鼓励、引导，使之健康发展。
2002年	十六大	根据解放和发展生产力的要求，坚持和完善公有制为主体、多种所有制经济共同发展的基本经济制度。第一，必须毫不动摇地巩固和发展公有制经济……第二，必须毫不动摇地鼓励、支持和引导非公有制经济发展。个体、私营等各种形式的非公有制经济是社会主义市场经济的重要组成部分，对于充分调动社会各方面的积极性、加快生产力发展具有重要作用。第三，坚持公有制经济为主体，促进非公有制经济发展，统一于社会主义现代化的进程中，不能把这两者对立起来。各种所有制经济完全可以在市场竞争中发挥各自优势，相互促进，共同发展。

续表

时间	会议	决议内容
2003年	十六届三中全会	推进公有制的多种有效实现形式，加快调整国有经济布局和结构。大力发展混合所有制经济，实现投资主体多元化，使股份制成为公有制的主要实现形式。大力发展和积极引导非公有制经济。个体、私营等非公有制经济是促进我国社会生产力发展的重要力量。清理和修订限制非公有制经济发展的法律法规和政策，消除体制性障碍。放宽市场准入，允许非公有制企业在投融资、税收、土地使用和对外贸易等方面，与其他企业享受同等待遇。支持非公有制中小企业的发展，鼓励有条件的企业做强做大。非公有制企业要依法经营，照章纳税，保护职工合法权益。改进对非公有制企业的服务和监管。

二、公有制经济为主体、多种所有制经济共同发展

公有制经济为主体、多种所有制经济共同发展，是我国社会主义初级阶段的基本经济制度。这是由我国的社会主义性质和初级阶段的基本国情决定的，是与社会主义社会生产力发展的要求相适应的生产资料所有制结构。

作为主体的公有制包括国家所有制和集体所有制，还包括混合所有制经济中的国有成分和集体成分。多种所有制经济中，除了有属于公有制经济的国有经济和集体经济外，还有属于非公有制经济的个体、私营和外资经济。

1. 公有制经济的主体地位

社会主义公有制的主体地位首先是由我国社会主义国家的性质决定的。它表现在：其一，公有制经济是社会主义制度的根本特征。只有坚持公有制为主体，才能避免少数人凭借对生产资料的垄断无偿占有大多数人的剩余劳动，保证社会主义的根本方向。其二，公有制的主体地位是贯彻按劳分配为主原则，实现共同富裕，防止两极分化的前提；只有公有制占主体地位，按劳分配才能占主体地位，才不会出现贫富两极分化。其三，公有制的主体地位，是社会主义上层建筑和意识形态不断巩固不断发展的经济基础。公有制经济本质上是社会化大生产，它要求顾全大局，大公无私，遵守纪律，团结一致，为共同目标而奋斗；坚持公有制为主体，社会主义思想才能发扬光大。其四，公有制经济为主体是国家宏观调控管理的物质基础。国家只有掌握了公有的存量资产，并以此获得社会财富，才能最大限度地实现公众利益和社会的长远利益，才有足够的经济力量引导其他多种经济沿着有利于社会主义的方向发展。

在现阶段，公有制在国民经济中的主体地位，主要体现在两个方面：一是公有资产在社会总资产中占优势，不仅量上占优势，更要注重质的提高。二是国有经济

控制国民经济命脉，对经济发展起主导作用。因此，要坚持公有制在国民经济中的主体地位，首先要使公有制表现出优越性，只能通过把公有制经济特别是国有企业搞好搞活，使其有更高的经济增长速度，更好的经济效益，不仅在资产的量上占优势，而且在经济增长与发展中占优势，使公有制经济成为新增加值的主体，以此保持其合理的和必要的主体地位。其次要加快和深化国有企业改革，调整国有经济的布局和结构，增强国有经济的控制力。就是通过国有资本有进有退、合理流动的机制，推动国有资本更多地投向关系国家安全和国民经济命脉的重要行业和关键领域，即国有资本应主要集中于涉及国家安全的行业、自然垄断的行业、提供重要公共产品和服务的行业及支柱产业和高新技术产业中的重要骨干企业。其他行业和领域特别是竞争性领域的国有企业，要通过资产重组和结构调整，在市场公平竞争中优胜劣汰。要充分发挥国有大企业特别是中央企业在国有经济战略性调整中的作用，加快培育和形成一批拥有自主知识产权、主业突出、核心能力强、具有国际竞争力的大企业集团，支持具备条件的国有大型企业通过重组上市、中外合资等多种途径加快发展主业，增强竞争力，扩大影响力和带动力。第三，要大力发展和壮大混合所有制经济中的国有成分和集体成分，形成公有经济的新增长点。在多种所有制经济共同发展的社会主义初级阶段，大力发展多种形式的混合所有制经济，不仅有利于充分吸收大量分散的社会资金，调动一切所有制形式来为壮大社会主义经济服务，而且可以扩展公有制作用的范围，弥补单一公有产权的公有制企业在市场竞争中的缺陷，使公有制的主体作用得到更大限度的发挥，进而形成公有经济新的增长点。

2. 多种所有制经济共同发展

多种所有制经济共同发展，就是不仅要发展公有制经济，而且要发展非公有制经济，并使其成为社会主义市场经济的重要组成部分。这是社会主义初级阶段发展社会生产力的必然要求。

（1）非公有制经济产生和存在的客观必然性是社会主义社会生产力发展的必然要求。马克思在《政治经济学批判》序言中指出：“无论哪一个社会形态，在它们所能容纳的全部生产力发挥出来以前，是决不会灭亡的；而新的更高的生产关系，在它存在的物质条件在旧社会的胎胞里成熟以前，是决不会出现的。”① 这为对非公有制经济历史地位的认识提供了评判标准：某种特定生产关系存在的基本依据应该是看其能否促进生产力的发展，这是一条根本标准，是第一位的标准，从根本意义上说，其他标准都应服从于这一标准。就我国现阶段的生产力状况来看，总体水平低，发展不平衡，呈现多层次。这种多层次、发展水平低的生产力状况，就决定了我国并不能采取单一的公有制结构，而是通过发展多种所有制经济，充分调

① 《马克思恩格斯选集》，第2卷，第83页，人民出版社，1972年。

动社会各方面的积极性，发挥它们的力量，不仅包括国内的，也可以借助于国外的力量，以便将潜在的各种生产要素投入生产经营活动，变为现实的生产力，来改变我国生产力落后的状况。另外，世界各国经济发展的实践证明，先进的社会生产力，不仅存在于国有企业之中，各种形式的非公有制经济企业，已经成为先进生产力的载体，他们通过在市场竞争中推动了科学技术的发展、创新，不断地推进社会生产力的发展。因此，要大力发展非公有制经济，充分发挥它在促进经济增长方面的重要作用，以促进社会主义社会生产力发展。具体而言，非公有制经济的作用有：充分调动和激发人民群众和社会各方面的积极性，推动生产力的发展，特别是高新技术产业和新兴产业的发展；为市场经济的发展和完善提供了产权保证，通过多元化激发各类市场的活力；和公有制经济的共同发展，激活公有制经济；丰富市场，拓宽就业渠道等。因此，党的十六大强调要“坚持公有制经济为主体，促进非公有制经济发展，统一于社会主义现代化的进程中，不能把这两者对立起来。各种所有制经济完全可以在市场竞争中发挥各自优势，相互促进，共同发展”。

(2) 非公有制经济是市场经济发展的必然产物。改革开放的实践告诉我们，商品经济是社会主义无法排除的形式，商品经济的充分发展是不可逾越的阶段。商品经济是为交换而产生的经济，这种交换实质上是不同所有权的交换，由此，不同所有者，不同利益主体的存在，既是商品经济产生的主要原因，又是商品经济发展的必要条件。市场经济，以商品经济的高度发展和市场体系的建立，市场机制作用的发挥为基础，实现社会资源的优化配置和推动社会生产力的更大进步。市场经济必然要求多元化的所有制结构作为其基础，既要求公有制企业成为市场主体，也要求各种各样的非公有制企业成为市场主体。只要上述这些社会基础条件未退出历史舞台，非公有制经济就必然继续存在并释放出积极的作用。

(3) 非公有制经济的存在与发展是社会主义本质实现的必然要求。什么是社会主义的本质？邓小平曾精辟地指出：“社会主义的本质，是解放生产力，发展生产力，消灭剥削，消除两极分化，最终实现共同富裕。”① 首先，社会主义本质要求是实现社会主义目的必须以解放和发展生产力为手段，而这就需要利用一切有利于生产力发展的各种所有制经济形式，包括公有制经济和非公有制经济形式，即放手让一切劳动、知识、技术、管理和资本的活力充分迸发，让一切创造社会财富的源泉充分涌流，以造福于人民，发展社会主义社会生产力。其次，发展非公有制经济有利于最终实现共同富裕。社会主义的目的是最终实现共同富裕，实现这一目的手段是解放生产力和发展生产力。没有各种形式的所有制经济发展，要实现共同富裕就是一句空话。而实现共同富裕，就应坚持效率优先，兼顾公平的原则，确立劳动、资本、技术和管理等生产要素按贡献参与分配的原则，保护合法的劳动收入和

① 《邓小平文选》，第3卷，第373页，人民出版社，1993年。

非劳动收入，鼓励一部分人通过诚实劳动，合法经营先富起来，扩大中等收入者的比重。从社会学的角度看，一个稳定的社会结构应呈橄榄型，橄榄型的社会结构的形成意味着两极分化的差距在缩小。大力发展非公有制经济有利于橄榄型的社会结构的形成。在发展过程中，国家可以利用税收等手段调节差距过大收入，利用社会保障体系来提高低收入者的收入水平，从而逐步实现共同富裕。

三、公有制的实现形式

1. 所有制与所有制的实现形式

所有制与所有制的实现形式关系密切，但又有所区别。所有制是一种社会经济制度，它反映了人与人之间对生产资料的关系体系，其核心问题是生产资料归谁所有，它从根本上决定着所有制的社会性质。所有制实现形式就是指所有者对生产资料的占有、支配、使用的方式，具体表现为所有者投资企业的财产组织方式、企业的组织形式和经营方式，其核心是生产资料的营运效率及对剩余产品的索取问题。任何一种形式的所有制，它的本质、效率以及所有者利益，都必须在社会再生产运行的过程中，通过一定的资产组织形式和经营方式才能实现，这种资产组织形式和经营方式就是所有制的实现形式。

一般地说，所有制具有相对的稳定性，所有制实现形式则具有更大的可变性和灵活性。同一性质的所有制，在生产力发展的不同阶段、不同的国家、不同的地区以及不同的行业和企业，可以有不同的实现形式。所以，对于公有制的实现形式来说，可以采取国家所有，国家直接占有、支配、使用、收益的国有国营形式；也可以采取所有权与占有权、使用权相分离的承包制和租赁制形式；还可以采取公有制与其他所有制经济联合经营的混合所有制经济形式。但无论采取哪一种形式，其公有制经济的性质均未发生变化。也就是说，在不改变公有制性质的前提下，可以探索多样化的公有制实现形式。

2. 公有制实现形式多样化的原因

按照马克思的理论，在真正的完成形态的社会主义（共产主义）社会中，公有制就是社会成员的共同占有制，即社会所有制，不需要也不可能有其他的实现形式。但是，恩格斯认为，在由农民占多数的大陆国家（德国和法国）产生的社会主义社会的过渡时期，至少在一定时期内，公有制采取间接的实现形式是不可避免的。即如果“由劳动人民‘实际占有’全部劳动工具和拥有全部工业”，“‘劳动人民’将成为房屋、工厂和劳动工具的总所有者。这些房屋、工厂和劳动工具的用益权，至少在过渡时期难以无偿地转让给个人或团体。同样，消灭地产并不是消灭地租，而是把地租——虽然形式发生变化——转交给社会。所以，由劳动人民实际占有全部劳动工具，决不排除保存租赁关系。”① 在这里，租赁关系显然是作为公有制的实现形式来使用的。列宁也曾经说过，可以在占用属于国家（工人阶级）所有的土地和生产资料的基础上，组织作为集体企业的合作社。他认为，在生产资料公有制的条件下，文明的合作社工作者的制度就是社会主义的制度。前苏联的集体农庄就是这种合作社。在这里，国家所有制采取了集体占有和集体经营（把经济所有权交给集体农庄）的实现形式。这实际上告诉我们，在生产资料社会所有的情况下，在一定的经济社会发展阶段，产权关系的分离和经济所有权的独立化、分散化，就是不可避免和合理的了。不过，按照马克思的理论，只要公有制还需要采取产权分离的实现形式，只要合作社之间不具有同等的权利和义务，就还不是完全的社会主义制度。

党的十五大报告首次提出了公有制实现形式的概念，并提出“公有制实现形式可以而且应当多样化。一切反映社会化生产规律的经营方式和组织形式都可以大胆利用。要努力寻找能够极大促进生产力发展的公有制实现形式”。② 这一论断的提出，有其现实必然性。

第一，这是由社会主义初级阶段生产力的状况决定的。所有制实现形式既是生产的经营方式和组织形式，也是生产力的运动方式。所有制与其实现形式的分离，主要缘于生产力发展水平不同阶段的要求，因此生产力是选择所有制实现形式的主要标准。我国社会主义初级阶段生产力的总体发展水平较低，且极不平衡，生产的组织、管理、经营方式呈现多层次。公有制经济数量众多，企业规模大小不一，在各地区、各行业、各企业间分布极不平衡；在国民经济中所处的地位和所起的作用也不尽相同，依据生产关系一定要适合生产力发展规律的原理，公有制经济在进入不同地区、不同行业或不同产业时，必须考虑其生产力水平和经营特点，采取不同的实现形式。

第二，这是由社会主义初级阶段的基本经济制度决定的。党的十五大报告指出：“以公有制为主体，多种所有制经济共同发展，是我国社会主义初级阶段的一项基本经济制度”③。在现阶段，多种所有制经济共同发展并不是彼此相互独立的，而是通过市场相互交叉、相互渗透、相互融合，打破了地域、行业和所有制的界限，形成了一大批混合所有制企业，出现了投资主体多元化、投资方式多样化、所有权关系复杂化等新情况、新问题，要求公有制实现形式随之多样化。

---

① 《马克思恩格斯选集》，第3卷，第217页，人民出版社，1995年。

② 江泽民：《高举邓小平理论伟大旗帜，把建设有中国特色社会主义事业全面推向二十一世纪——在中国共产党第十五次全国代表大会上的报告》，人民出版社，1997年。

③ 江泽民：《高举邓小平理论伟大旗帜，把建设有中国特色社会主义事业全面推向二十一世纪——在中国共产党第十五次全国代表大会上的报告》，人民出版社，1997年。

第三，这是建立社会主义市场经济体制的需要。建立社会主义市场经济体制面临的难题之一，就是社会主义公有制与市场经济相结合的问题，而要实现社会主义公有制与市场经济的有机结合，就必须实现公有制实现形式的变革，构造与市场经济相适应的新型的公有制形式。由于传统的公有制存在着产权主体单一而且归属模糊、政企不分、产权“刚性”结构等一系列弊端，而市场经济则要求经济主体多元化，产权具有可流动性以及市场机制起基础性的调节作用，因而两者存在着根本的矛盾。只有通过探索适应生产力发展水平的、符合市场经济要求的公有制实现形式，才能实现社会主义公有制与市场经济的结合，使社会主义市场经济体制不断完善和走向成熟。实践证明，股份制就是公有制与市场经济结合的一种有效形式。

第四，这是国有企业改革实践发展的迫切需要。目前，我国的国企改革主要面临三大主要矛盾，即政企不分、权责利失衡、改革成本巨大，而要解决这些矛盾，可以通过探索公有制新的实现形式，大力发展国有资本、集体资本和非公有资本等参股的混合所有制经济，实现投资主体多元化，使股份制成为公有制的主要实现形式。这样就有利于公有产权明晰，有利于形成企业独立的法人治理结构，真正实现政企分开，企业自主经营，自负盈亏，从而焕发公有企业的活力。

3. 大力发展混合所有制经济，使股份制成为公有制的主要实现形式

党的十六届三中全会通过的《关于完善社会主义市场经济体制若干问题的决定》指出：“要适应经济市场化不断发展的趋势，进一步增强公有制经济的活力，大力发展国有资本、集体资本和非公有资本等参股的混合所有制经济，实现投资主体多元化，使股份制成为公有制的主要实现形式。”这一重要决策，是对公有制经济实现形式在认识上的突破，是对社会主义市场经济改革理论的发展。

(1) 大力发展混合所有制经济，使股份制成为公有制的主要实现形式，是对我们党以往有关论断的继承和发展。所谓股份制，党的十五大报告中有一段话说得非常清楚：“股份制是现代企业的一种资本组织形式，有利于所有权和经营权的分离，有利于提高企业和资本的运作效率，资本主义可以用，社会主义也可以用。不能笼统地说股份制是公有还是私有，关键看控股权掌握在谁手中。国家和集体控股，具有明显的公有性，有利于扩大公有资本的支配范围，增强公有制的主体作用。”① 因此，在社会主义市场经济条件下，我们要发展社会化大生产，就必须借助于股份制这种形式。当然，我们今天发展股份制经济，同发达市场经济国家具有不同的环境和条件，它是国有资本与集体资本、非公有资本相互参股而形成混合所有的股份制经济，这将是我国的股份制经济在股权结构上的一个重要特点。在运行机制上，我国的股份制经济将采用发达市场经济国家普遍运用的形式，从而形成有

① 江泽民：《高举邓小平理论伟大旗帜，把建设有中国特色社会主义事业全面推向二十一世纪——在中国共产党第十五次全国代表大会上的报告》，人民出版社，1997 年。

利于生产力发展的经济机制。

改革开放以来，我们对混合所有的股份制经济进行了积极的探索，在理论和实践上不断创新。党的十六届三中全会关于“大力发展混合所有制经济，使股份制成为公有制的主要实现形式”的论断，在继承我们党以往有关论断的基础上，又有了新的发展。我国经济体制改革，1992 年党的十四大是一个关键性的转折点，它确定了我国经济体制改革的目标就是建立社会主义市场经济体制。根据市场经济体制的要求，1993 年的十四届三中全会就提出，随着产权的流动和重组，财产混合所有的经济单位越来越多，将会形成新的财产所有结构。党的十五大则提出建立现代企业制度是国有企业改革的方向，而由于股份制是现代企业制度的一种资本组织形式，所以，国有大中型企业应该按照现代企业制度的要求，进行规范的公司制改革，建立和完善法人治理结构。在此基础上，党的十五届四中全会提出，国有大中型企业尤其是优势企业，宜于实行股份制的，要通过规范上市、中外合资和企业互相参股等形式，改为股份制企业，发展混合所有制经济。党的十六大进一步提出，除极少数必须由国家独资经营的企业外，积极推行股份制，发展混合所有制经济。而党的十六届三中全会首次明确提出了大力发展混合所有制经济，使股份制成为公有制的主要实现形式，在理论上是一个新的突破，反映了我们党对公有制实现形式认识上的深化。

把混合所有的股份制作为公有制的主要实现形式，要求我们的绝大多数企业都要实现投资主体多元化，成为股份制企业。在同一企业里，既有国有股、集体股，又有个人股、外资股、法人股等等，各类所有制的资本具有平等的地位，按照股权的多少，享有不同的权益。国有资本可以控股，也可以参股，无论采取哪种形式，都是公有制的实现形式。同时，只有在投资主体多元化的基础上，才能建立股东会，成为企业的最高权力机构。由股东会产生董事会，作为企业的决策机构。由董事会聘任经营管理者，作为企业管理的执行机构。股东会、董事会和经营管理者三者之间形成制衡机制，才能建立起科学的公司治理结构，从而真正建立起现代企业制度。如果我们的多数国有企业都是国有独资或国有一股独大，股东会和董事会也就没有存在的必要，权力制衡的公司治理结构也就不可能建立起来，因而也就不可能真正建立起现代企业制度。

（2）大力发展混合所有制经济，使股份制成为公有制的主要实现形式，是社会主义市场经济发展的必然要求。在传统计划经济体制下，社会主义公有制是惟一合法的所有制形式，具体表现为国家所有制和集体所有制。这两种公有制形式整体上也是相互分离、各自封闭的系统，只有产权的无偿划转，不存在产权的流动和交易，兼之管理体制和管理方式落后，使单一公有制的弊端日益突出，经济增长缺乏动力和活力。因此，在长期的市场化探索过程中，特别是在社会主义市场经济体制确立以后，我国出现了个体、私营、外资等多种所有制形式，各种经济成分都得到了快速发展，这就使股份制的发展不仅可以表现为同一性质的产权形式的联合或融合，而且有条件更多地表现为不同所有制性质的产权形式之间的相互融合，使混合所有制经济容易成为经常发生和广泛存在的经济现象，成为可以巩固、完善和扩大社会主义经济基础的力量。而且，产权天然是要求流动的。各类资本相互交叉持股、融合和流动，是市场经济的客观要求和普遍现象。多种所有制形式的产权相互联合、交融、流动、重组，以寻求尽可能大的产权收益，也是各类产权主体与生俱来的天性，我国同样要遵循市场经济下产权流动的基本规律。社会主义市场经济越发达、体制越完善，产权的流动与交易将越频繁和规范，各类性质的产权形式相互融合的可能性就越大，股份制从而混合所有制及混合所有制经济发展的空间也就越大。

从具体的实践来看，大力发展混合所有制经济，使股份制成为公有制的主要实现形式，有利于集中社会各个方面的资金，实现资本的集聚，满足大型工程和建设项目对巨额资金的需求；有利于所有权和经营权的分离，把经营管理能力强的人才选拔到企业领导岗位；有利于维护各方面的利益，调动各方面特别是广大劳动者投资创业的积极性；有利于实现政企分开、政资分开，企业成为独立的市场竞争主体，政府职能主要转向公共服务和社会管理。正是由于混合所有的股份制所具有的这些优势，因此，在许多地方特别是沿海发达地区得到迅速发展，成为当地经济发展中最具活力、发展最快的一部分，成为搞活国有经济的主要途径，在经济生活中发挥着越来越重要的作用。据国家统计局第二次全国基本单位普查，截至 2001 年底，我国股份制企业共 30 多万家（占全部企业法人单位的 9.9%），从业人员 2 746.6万人，资本金 2.86 万亿元，全年实现营业收入 5.67 万亿元，形成了一定规模的股份制经济基础。特别是在经济发达的东南沿海地区，混合所有的股份制经济发展迅速，如浙江省，20 世纪 90 年代以来，以股份制为基础的混合所有制经济持续大幅度增长，年增长速度达到 15%以上，目前混合所有制经济在全省国内生产总值中的比重已占 60%以上。

综上所述，大力发展混合所有的股份制，使股份制成为公有制的主要实现形式，是巩固和发挥公有制主体地位的正确选择，也是社会主义市场经济发展的必然要求。

（3）大力发展混合所有的股份制，使股份制成为公有制的主要实现形式，是探索公有制和市场经济结合的有效形式的重要成果。股份制经济早在 19 世纪的中后期已广泛地流行于资本主义世界各国，是一种在资本主义国家普遍存在的一种组织形式。股份制经济的积极作用随着现代生产力的发展也越来越大，它使“生产规模惊人地扩大了，个别资本不可能建立的企业出现了”。① 也就是说，如果没有

① 《马克思恩格斯全集》，第 25 卷，第 493 页，人民出版社，1975 年。

股份制经济的作用，现代经济活动中那些投资大、风险高的行业就很难发展，并服务于当代经济。“假如必须等待积累去使某些单个资本增长到能够修建铁路的程度，那么恐怕直到今天世界上还没有铁路。但是，集中通过股份公司转瞬之间就把这件事完成了。”① 因此，马克思指出，股份制是“在资本主义体系本身基础上对资本主义的私人产业的扬弃；它越是扩大，越是侵入新的生产部门，它就越会消灭私人产业”②。也就是说，股份资本是“资本主义生产方式在资本主义生产方式本身范围内的扬弃，因而是一个自行扬弃的矛盾，这个矛盾首先表现为通向一种新的生产形式的单纯过渡点。”③ 即通过股份制这一“资本主义生产极度发展的这个结果，是资本再转化为生产者的财产所必需的过渡点，不过这种财产不再是各个互相分离的生产者的私有财产，而是联合起来的生产者的财产，即直接的社会财产。另一方面，这是所有那些直到今天还和资本所有权结合在一起的再生产过程中的职能转化为联合起来的生产者的单纯职能，转化为社会职能的过渡点。”④ 根据这些论述，可以看出，股份制作为适应现代化大生产发展要求的企业组织形式，是人类的共同财富，并非资本主义所专有，社会主义也可以利用，它具有在市场经济条件下巩固和发展公有制经济的要求的基本特点。这些特点主要有：

第一，股份制具有很强的灵活性，是进一步增强公有制的活力形成公有制的市场竞争优势的一种有效组织形式和经营方式。任何社会经济要萌发具有新鲜活力的产业都是通过各种生产要素的有机结合，改变原来的生产要素结构与比例，不断增加新的生产要素而实现的，而原有的经济实体往往受某些要素不适的约束而逐渐丧失活力。股份制则可以突破这种约束，使资金、资源、土地、技术、管理等各种生产要素迅速地优化组合，不断形成新的生产力。股份制还可以通过“利益共享，风险共担”的原则使来自各方面的要素能够发挥各自不同的优势，取得更好的整体效益，同时又能分散投资者的经营风险，激励人们的投资积极性，不断促进企业保持和提高市场竞争力。股份制的这些特点对于不断增强公有制经济的活力，不断发展公有制经济具有特别重要的意义。

第二，股份制具有很强的兼容性，是大力发展混合所有制经济的主要实现形式。大力发展混合所有制经济是适应社会主义初级阶段生产力状况的客观需要，适应经济市场发展要求，发挥各种所有制及其实现形式的优点，使同质的和异质的所有制实现互补的需要。社会经济发展的实践表明，所有制及其实现形式，都是适应某一时期生产力的质、量及其结构而产生、存在和发展着的，不同性质的所有制及

① 《马克思恩格斯全集》，第 23 卷，第 688 页，人民出版社，1972 年。
② 《马克思恩格斯全集》，第 20 卷，第 496 页，人民出版社，1972 年。
③ 《马克思恩格斯全集》，第 25 卷，第 495~496 页，人民出版社，1975 年。
④ 《马克思恩格斯全集》，第 25 卷，第 494 页，人民出版社，1975 年。

其实现形式能够在同一生产力发展的阶段中并存或“融合”，其根本基础在于其所依赖的生产力水平的层次性，是生产力现有水平对于与之相适应的所有制形式的选择。我国社会主义初级阶段的生产力水平及其复杂的层次，决定了其所有制形式是混合所有制。因此，大力发展以公有制为主导的国有资本、集体资本和非公有资本共同参股的混合所有制经济是推进社会主义初级阶段生产力发展的基本途径。股份制经济的最大优点就是能够在不触动各种所有制的所有权的同时，通过所有权与经营权分开的方式，形成各种所有权混合的经营实体。这种经营实体既能保持各种所有权的独立性，又能共同使用交叉的经营空间，共同开拓新的经营空间，有利于克服各种所有制形式的封闭性，实行开放经营，有利于各种所有制拥有的资源在广泛的经营空间内流动、优化组合和充分利用。由此可见，股份制能将不同所有权融为一体，通过股权形式实现不同所有权的聚合，是大力发展以公有制为主导的混合所有制的主要形式。

第三，股份制具有很强的开放性，是一种有利于国有经济资产重组和结构调整，完善国有资本有进有退、合理流动机制的实现形式。完善国有资本有进有退、合理流动的机制是深化经济体制改革，完善社会主义市场经济体制的一项重要战略任务。通过国有资产的合理流动使国有资本更多地投向关系国家安全和国民经济命脉的重要行业和关键领域，为数众多的地方小型国有企业则转制经营，占比重较大的大中型企业则要进行资产重组和结构调整，在市场公平竞争中优胜劣汰，并逐步培养出具有国际竞争力的大公司大企业集团。这一战略目标的实现，离不开股份制这一现代企业的组织形式。通过大力发展混合所有制经济，使股份制成为公有制的主要实现形式，可以以资本为纽带，形成具有较强竞争力的跨地区、跨行业、跨所有制和跨国经营的大企业集团；通过股票的发行与股票上市，实行资本证券化，可以使资产根据市场的需求变化，及时进行国有企业的扩充、剥离、注入、收缩、兼并和转让，实现企业的改组和联合，加速资本的流动和优化配置，提高国有资产的流动效率、运营效率和降低运营成本，国有资产和社会资产得到了优化组合。

实践也证明，大力发展混合所有的股份制，使股份制成为公有制的主要实现形式，可以使多种所有制经济有机地组合在一起，形成企业法人财产，既能发挥各自的优势，又能发挥整体功能，这就顺利地实现了公有制与市场经济的结合，形成了社会主义市场经济的微观基础的主体。

第三节　生产资料全民所有制

无产阶级取得政权以后，就需要建立社会主义公有制，奠定社会主义经济制度的基础。社会主义全民所有制这一公有制形式在社会主义经济中居于主导地位。在现阶段，社会主义全民所有制采取国家所有制形式。

一、生产资料全民所有制的性质和特点

社会主义全民所有制是生产资料属于社会全体人民共同所有的一种公有制形式。在现阶段，社会主义全民所有制采取国家所有制的形式。社会主义全民所有制不仅包括独资的国有经济，还包括混合所有制经济中的国有成分。我国现在的全民所有制是1949年新中国成立以来，依靠政权的力量，通过没收官僚资本和改造民族资本而建立起来的，并在社会主义建设中不断发展壮大。现在拥有的全民财产主要有矿藏，国有森林，国有土地，国有邮政通信，国有银行，国有铁路，公路，机构、港口，国有工厂、农场、商店，国家举办的学校、科研机构及文化设施等。

社会主义全民所有制，是和社会化大生产相适应的公有制形式，它实现了全社会范围的生产资料公有化。社会主义全民所有制的基本特征是：第一，生产资料归社会全体人民所共有，被用来为全体人民谋取利益。在全民所有制范围内，劳动者共同占有生产资料，共同进行生产劳动，根据按劳分配的原则分配产品；全社会的劳动者在生产资料占有上是平等的，生产资料不仅不再是剥削手段，而且排除了因生产资料占有的差异所引起的人们生活富裕程度的差异。同时，占有生产资料的目的，就是为了在它上面实现占有者的利益，而且只有其利益得到实现，占有才是现实的。全体人民占有生产资料，就是为了支配这些生产资料并支配其生产成果，用来最大程度地满足人民的物质和文化生活的需要。第二，在社会主义现阶段，国有企业具有经济上的独立性，是自主经营、自负盈亏、自我发展、自我约束的商品生产者和经营者。这是因为：首先，社会主义现阶段实行的是市场经济，市场经济的发展是我国社会主义经济发展中不可逾越的阶段；其次，在社会主义现阶段，社会主义全民所有制的各个企业之间，生产经营的成果是有差别的，甚至有较大的差别。再次，在社会主义现阶段，人们还将劳动主要当做谋生的手段，以劳动来获取自身的生存和发展。这些客观条件的存在，都要求承认个人利益和企业利益的差别，要求将个人的利益与企业的利益联系起来、企业的经济利益与企业的生产经营成果联系起来、个人利益与个人所提供劳动的数量和质量联系起来，从而提高劳动者的积极性和创造性，提高企业经营的积极性和创新能力，适应市场需求，提高经济效益。经济利益的独立性要求企业生产经营上的独立性，企业生产经营上的独立性又是以企业自负盈亏为前提的。

二、社会主义全民所有制的主导作用

社会主义全民所有制是社会主义的重要经济基础，在整个国民经济发展中起主导作用。全民所有制在国民经济中的主导作用主要体现在控制力上。全民所有制由于控制了国家的经济命脉，因而也就具备了控制整个国民经济的力量，能够在国民经济发展中发挥主导作用。其主要表现在：

1. 全民所有制是与先进的生产力和社会化大生产相联系的

它是社会主义制度的重要经济基础，因而，决定着经济和社会的社会主义性质，决定着国民经济的发展方向。

2. 全民所有制为国民经济的建设提供了物质和技术基础

全民所有制拥有现代化的大工业，拥有比较先进的科学技术和设备，从而可以为整个国民经济的技术改造和加快我国的现代化建设提供强大的物质和技术基础。

3. 全民所有制为国民经济的协调发展提供基本保证

社会化大生产和市场经济的发展，对国民经济的协调发展提出了更高的要求，而依靠全民所有制经济的主导力量，能够保证国民经济的协调发展。(1) 从宏观调控的角度看，全民所有制对于产业的调整和优化升级、市场供求结构的平衡、公共品和非公共品的供给等起着至关重要的作用。(2) 全民所有制依其本身的性质能够将分散的力量集中起来，解决关系国民经济和社会的协调发展中的投入大的重大的、战略性的问题，诸如基础产业的发展、高新技术产业的发展、国家落后地区的开发、急需人才的培养等。(3) 只有全民所有制才能有效地突破仅仅追求短期利益和局部利益的界限，将长期利益和短期利益、全局利益和局部利益结合起来，从而克服市场经济的局限性，有利于经济和社会的可持续发展。

4. 全民所有制经济是保障国家经济安全的主要依靠力量

在经济全球化和发展中国家对外开放度不断扩大的条件下，发展中国家会受到某些发达国家对发展中国家实行“制裁”、“遏制”、施压的冲击和国际经济、国际市场动荡的冲击，对此必须加以有效抵御和化解，经济才能保持稳定发展。为此，一个重要的条件是国家在经济上能够独立，能够对经济发展必需的资源和关系国计民生的重要产品、服务提供可靠的供给。全民所有制经济，由于控制了国民经济命脉，因此就能发挥中流砥柱的作用。

5. 全民所有制是调整经济利益关系，实现社会公平的支柱

市场经济存在着分配不公正性的缺陷，而社会主义的本质要求实现共同富裕。解决社会公平主要依靠社会主义国家和社会主义全民所有制。由于全民所有制经济的巨大力量和影响，有利于在全国建立和健全各项社会保障制度，援助贫困地区发展经济，调节人们之间的收入水平。

6. 全民所有制在引导其他所有制经济健康发展方面发挥着重要的作用

全民所有制经济在稳定能源和重要原材料供给、提供金融服务、推动科学技术进步等方面的作用，对于促进其他所有制经济健康发展方面是十分重要的。此外，全民所有制经济是我国社会主义建设的资金积累的主要来源，其上缴的税金和利润占全国财政收入的很大比重；全民所有制经济为满足人民的物质和文化生活需要提供了相当大比重的消费品。

总之，“发展和壮大国有经济，国有经济控制国民经济命脉，对于发挥社会主

义制度的优越性，增强我国的经济实力、国防实力和民族凝聚力，具有关键性作用”。①

科学认识和界定国有经济在国民经济中的主导作用问题，是正确发挥和有效实施公有制主体作用的最关键问题，是坚持公有制为主体、多种所有制经济共同发展的基本经济制度的政策基础。在社会主义市场经济条件下，国有经济在国民经济中的主导作用主要体现在控制力上。如何理解国有经济在国民经济中的主导作用主要体现在控制力上？

（1）国有经济在国民经济中的主导作用，主要是指对国民经济发展的正确导向和对经济运行整体态势的控制和影响上。国有经济在关系国民经济命脉的主要行业和关键领域占支配地位，支撑和引导着整个国民经济的发展，在实现国家宏观调控目标中发挥着关键作用。因此，不能把国有经济在国民经济中的主导作用，理解为国有经济在国民经济中所占的比重越高越好，或理解为在各类所有制企业中，国有企业的数量越多越好，更不能理解为像计划经济时代那样，国有经济要包罗万象，渗透一切领域。

（2）国有经济应当保持必要的数量，但更要注重在整体分布的优化和经济素质、技术素质、管理素质等方面质的提高、影响力的扩大。

（3）国有经济对国民经济控制力的发挥，不仅要通过国有独资形式企业的作用来实现，更应当通过大力发展由国家控股或参股的混合所有制形式的企业来实现，使国有资本发挥“四两拨千斤”的作用。

（4）国有经济在国民经济中的比重，在国家经济发展的不同阶段，在不同产业和不同地区，可以有所差别。譬如，在经济特区或经济技术开发区内，可能非国有经济比重高一些，在诸如流通领域、服务性行业、小商品生产领域及一般加工工业中，国有经济不一定都要占优势。同时，还要根据不同时期的不同情况，国有经济还应当不断地调整经济布局，以发挥最佳控制效果。

（5）国有经济在经济领域某些方面的“退”，是为了某些方面更好地“进”。无论是“退”或“进”，都是国有经济战略调整的需要，都是增强国有经济在国民经济中控制力的需要。当然，随着国有经济布局的调整，国有经济的比重会下降，但是，没有必要担心这样会影响公有制经济在国民经济中主体地位的巩固和国有经济主导作用的发挥。实际上“随着国民经济的不断发展，国有经济有着广阔的发展空间，总量将会继续增加，整体素质进一步提高，分布更加合理”，“只要坚持公有制为主体，国家控制着国民经济命脉，国有经济的控制力和竞争力就会得到增

① 江泽民：《全面建设小康社会，开创中国特色社会主义事业新局面——在中国共产党第十六次全国代表大会上的报告》，人民出版社，2002年。

强”①。国有经济在整个国民经济中的比重有所减少，并不会影响国有经济主导作用的发挥，也不会影响公有制经济的主体地位和我国的社会主义性质。

三、全民所有制所采取的形式、原因与局限性

在社会主义阶段，全民所有制还需要采取国家所有制的形式，即由国家代表全体人民占有生产资料。其原因在于：

第一，社会主义经济是以社会化大生产为基础的经济，各个部门、各个企业之间存在相互依赖、相互制约的关系，客观上要求有一个社会中心来统一指挥和协调，这样才能保证国民经济健康而迅速地发展。这个统一的社会中心，在社会主义阶段就是社会主义国家，而且也只有采取国家所有制的形式，国家才有可能成为统一指挥和协调的中心，因而社会主义全民所有制必须采取国家所有制形式。

第二，全民所有制的生产资料属于全体劳动者共同占有，全民本身是一个整体概念，全民占有意味着全体劳动者作为一个统一的整体，对生产资料占有，而不是每个劳动者个体占有的简单相加，更不意味着每个劳动者都单独占有一份生产资料，必须由一个代表社会利益的社会机构来行使所有权，这样的社会机构在社会主义现阶段就是社会主义国家。

第三，社会主义国家是全体劳动人民共同的根本利益的代表者，通过社会主义国家掌握了全民所有制的生产资料，才能把劳动人民的长远利益和目前利益、整体利益和局部利益有机地结合起来，从而使全民所有的生产资料，真正为全体劳动者共同的、根本的利益服务。

这种采取国家所有制形式的社会主义全民所有制还是一种低层次、不成熟的全社会所有制，它不同于马克思设想的劳动者作为“自由人的联合体”直接占有生产资料，并且劳动者的劳动是直接的社会化的劳动，不再存在商品关系的社会主义所有制；更不同于共产主义高级阶段的所有制。就国家所有制范围内部资产分布而言，不同行业和企业支配和占用的生产资料数量和质量不同，企业之间还是按商品关系发生联系，企业之间经济效益也有差别，所以在基于国家所有制的劳动者经济利益的实现上必然存在一定的差距；就国有资产经营体制而言，全民所有制企业实行所有权与经营权相分离的企业制度，现阶段这种经营体制是搞活国有企业、提高国有企业经济效益的必由之路，同时也难以避免两权分离的企业共同面临的“内部人控制”或“委托代理问题”，即在国家对企业监督不完全的情况下，部分经营者可能凭借其对企业的实际控制权损害国家利益的问题。此外，当前我国的国有企业还存在着一些同市场经济发展不相适应的方面，必须进行改革。

---

① 《中共中央关于国有企业改革和发展若干重大问题的决定》，人民出版社，1999年。

四、生产资料全民所有制的实现形式

实践证明，同一所有制可以采取多种实现形式，不同的所有制也可以采取同一种实现形式。所谓“所有制的实现形式”，是一定的财产所有权在经济上的实现形式。不言而喻，全民所有制的实现形式就是指国有资产所有权在经济上的实现形式，即指如何根据社会化生产规律有效地积极使用资本，采取有利于生产力发展的资本组织形式和经营方式。

我国原有的全民所有制的实现形式单一僵化，国家是单一的投资主体，并实行国有国营的单一经营方式。在这种实现形式下，全民所有制企业的生产任务由政府指令性计划确定，所需资金由政府无偿拨付，所需生产资料由政府计划分配，所需劳动力由政府调配，产品由政府统购包销，企业负责人由政府指定。这种实现形式存在很大的机制缺陷，主要表现为：(1)“大锅饭”机制。人们的收入不仅同产权失去了联系，而且和劳动量也缺乏紧密的联系，在国家范围内企业吃大锅饭，在企业范围内职工吃大锅饭，不能形成内在的动力机制和激励机制，以及相关的自我约束和自担风险机制；政府统负盈亏，企业没有经营自主权，既无内在经济动力，也无外在竞争压力。(2) 反市场机制。产权不明确，相关的竞争机制、淘汰机制、资本流动重组机制也不存在。(3) 政企合一机制。企业同行政权力结合，政企不分、政资不分，政府机构易于利用行政权力垄断经济和保护落后。(4) 行政管理机制。依靠政府机构管理国有资产和经营企业，行政干预现象严重，审批制度过于繁琐，还有的政府部门向企业增加很多不合理的负担。所以必须改变这种僵化的、单一的、低效的全民所有制实现形式，采取高效的、灵活多样的全民所有制实现形式。

全民所有制的实现形式，就资本组织形式而言，基本的形式有两种：一是国家作为单一投资主体的国有企业；二是国家绝对控股、相对控股或参股的混合所有制企业。就经营方式而言，具体形式主要有国有国营、国家委托经营、承包经营及租赁经营等。①

采取多样化的全民所有制实现形式的实质是国有企业资本组织形式和经营方式的改变，这种所有制实现形式的改变，不会失去或改变财产的法律所有权。目前探索全民所有制的实现形式，是力求使国有企业同市场经济相适应，实现国有资产保值增值。全民所有制的实现应该而且必须根据有利于增强企业活力和实现国有资产保值增值的原则采取多样化的形式。

全民所有制的实现采取多样化的形式首先必须克服政资不分、政企不分的弊端，实现所有权与经营权的分离。因为这样有利于调动劳动者和企业两方面的积极

---

① 具体内容参见第四章。

性，增强企业的活力，提高企业的经济效益；有利于企业根据瞬息万变的市场信息和复杂多变的市场需求积极主动地组织生产经营，更好地满足社会需要；同时两权分离也是与生产社会化的必然趋势相适应的，有利于促进资本的合理流动和重组。

全民所有制企业实行两权分离，必然牵涉产权明确的问题。为了有效地实现全民所有制的两权分离，必须界定产权关系，在坚持国家所有的前提下，充分发挥中央和地方两个积极性。国家要制定法律，建立中央政府和地方政府分别履行出资人职责，享受所有者权益，权利、义务和责任相统一，管资产和管人、管事相结合的国有资产管理体制。具体地有：第一，各级政府要严格执行国有资产管理的法律法规，维护国有资产的所有权，保证其不受侵犯和侵蚀，防止国有资产流失。国有资产的投资收益和产权转让收入，应纳入国有资产经营预算，确保国有资产保值增值。第二，中央政府和地方政府设立国有资产管理机构，以便对国有资产进行监督和管理，提高国有资产营运效率。第三，建立实行法人制的现代企业制度，使国有企业在政企分开的基础上，自主经营、自负盈亏，具有自我积累、自我改造、自我发展、自我约束的机制和能力。

要继续探索有效的全民所有制的实现方式。对直接关系国家经济命脉和国家安全的经济领域，主要采用国有独资和控股经营方式；属竞争性领域又必须保留的国有企业，其产权主体应当多元化，由独资转化为股份公司，对于绝大部分中小国有企业还可以实行股份合作制、兼并与出售、中外合资、合作经营、承包和租赁及委托经营等多种形式。

五、中国国有经济布局的战略性调整

国有经济布局的战略性调整，是指在适当收缩国有经济运营战线的前提下，通过国有资产的流动和重组，改善国有资产的配置结构，改变国有经济分布过宽、整体素质不高的状况，集中力量加强国家需要控制的行业和领域，充分发挥国有经济的主导作用。

1. 国有经济布局战略性调整的必要性

（1）只有从战略上调整国有经济布局，才能为国有企业微观改革创造条件，微观改革才能从根本上见效。国有经济布局调整是国民经济调整的最重要的方面。上新项目、扩大规模是发展，调整国有经济布局、优化结构也是发展，而且是更为重要、更有效的发展。现在大量国有企业亏困的严重状况是国有经济布局不合理的集中表现和必然结果。国有经济布局不合理，国有企业微观的改革就难以奏效。

（2）只有从战略上调整国有经济布局，才能改变有限的国有资本分布过散的状况，从而提高现有国有企业的竞争力，真正发挥国有经济的主导作用，增强国有经济的控制能力。改革到今天，中国仍没有从根本上改变国有经济在部门分布中的一统天下的格局，国有企业仍然遍及从一般零售商业和服务业到远程导弹和造币业等几乎所有工商领域。这种状况，使之难以形成有竞争实力的大型企业和企业集团，国有企业难以进行技术改造，难以更新产品。从战略上调整国有经济布局，坚持有进有退，有所为有所不为，就能从根本上解决国有经济发展中所存在的深层次的矛盾，提高国有经济的控制力。

（3）只有从战略上调整国有经济布局，才能使国有企业真正建立起现代企业制度。建立以产权清晰、权责明确、政企分开、管理科学为特征的现代企业制度是国有企业改革的方向。中国国有企业建立现代企业制度的改革之所以进展较慢，与国有经济分布过散密切关联。国有资本过于分散，特别是在一般竞争领域，政府大量兴办企业，使得国有产权的委托代理链条拉得过长，有效的产权约束难以实现，难以建立起有效的法人治理结构。同时，为了使国有企业建立起现代企业制度，需要解决长期积累起来的诸如高负债、多冗员、低保障等问题；否则，改革速度必然放缓。由于国有经济有限的资本分布在众多的领域，使国家很难有足够的财力来解决这些问题。

（4）只有从战略上调整国有经济布局，才能保证国家宏观调控的实现。发展社会主义市场经济，需要国家强有力的宏观调节。这是因为社会主义市场经济是以社会化大生产为基础的经济，各部门之间、各行业之间、各企业之间，直至居民的经济活动，都是互相联系、互相依赖、互相制约的。社会再生产的各个环节之间、国内市场与国际市场之间，也是互相联系和互相影响的，它们之间必须保持合理的比例关系；否则，比例失调会带来巨大的浪费。同时，市场经济本身有其自发性、滞后性、分配不公正性、外部不经济性等缺陷，也需要国家进行有效的调节。而在国有经济布局不合理、国有资本分布过散的情况下，政府应有的功能发生错位。政府投资兴办企业、直接经营管理企业，而使政府应该办的事情却因财力分散而无法完成。

（5）从战略上调整国有经济布局，不仅可以使国有经济增强控制力、使国有企业提高竞争能力，而且还为非国有经济的发展创造了条件。发展社会主义生产力，需要坚持以公有制为主体条件下的多种所有制经济的共同发展。20多年的改革开放，促进了中国生产力的发展，非国有经济功不可没。但是，非国有经济特别是非公有制经济的发展仍受到诸多限制，这既与我们改革与发展中的政策有关，也与国有经济布局不合理有关。由于国有经济分布过广，既使相当一部分国有企业没有活力，因为在很多领域并不适合于国有企业的发展，又使得本应属于非国有经济发展的领域因国有经济的大量存在和进入而受到限制。同时，由于国有经济分布过散，使本应属于国有经济承担的任务无力完成（诸如基础设施的建设等本应政府去做的而无力去保证），使非国有经济发展的外部条件不充分，这就影响了非国有经济的发展。同时，国有经济与非国有经济是相互联系、相互促进的，共处于社会主义市场经济的统一体中。国有经济的发展会带动非国有经济的发展，如提供资金和技术上的支持，为非国有经济的发展创造外部环境。非国有经济的发展也促进国有经济发展，如非国有经济发展为国有企业提供协作，为国家提供资金积累，减少了国家对国有经济资金积累的过分依赖，也为国有经济的发展创造了必需的资金支持和良好的外部环境条件。所以，国有经济布局不合理，是影响国民经济改革和发展全局的大问题。

（6）从战略上调整国有经济布局，是关系社会主义制度前途命运的重大政治问题。当前，国际政治经济局势并不稳定，不确定因素增加，霸权主义和强权政治有新的发展，现代科技进步日新月异，国际经济竞争日趋激烈，因此，综合国力的增强，越来越成为决定一个国家前途和命运的主导因素。落后就没有发言权，落后就要挨打，这是历史和现实的证明。我国只有增强综合国力，社会主义制度才能更加巩固，中国才能在世界上立于不败之地。中国的经济改革进入了攻坚阶段，最关键的就是看国有企业改革的成败，国有企业能不能走出困境并不断发展；否则，人们就会对改革产生疑虑。国有企业是我国国民经济的重要支柱，是我国现代化建设的主力军。不断地促进国有经济的发展壮大，无疑会增强中国的综合国力，增强中国的国防力量，增强民族的凝聚力，巩固和完善社会主义制度。而只有从战略上调整国有经济布局，才能使国有企业适应市场经济的要求，搞活国有企业，从而在更高层次上发展国民经济。

2. 实现国有经济布局战略性调整的途径

（1）要充分认识从战略上调整国有经济布局的重要性，必须积极而又稳妥的进行战略性调整。国有经济布局的战略性调整，是关系经济体制改革成败和整个国民经济发展的关键，是关系综合国力能否增强、社会主义制度能否发展和完善的前途命运的重大政治问题。就国有经济发展和国有企业改革本身而言，如果国有经济布局的战略性调整不到位，其他方面改革都难以实现。

（2）国有经济布局的战略性调整，要求收缩国有经济的运营领域，坚持有进有退。这就要求科学确定国有经济的主要运营领域，应该往哪些领域进，应该从哪些领域退。国有经济需要控制的行业和领域主要包括：涉及国家安全的行业，自然垄断的行业，提供重要公共品的服务行业，以及支柱业和高新技术产业中的重要骨干企业。其他行业和领域，可以通过资产重组和结构调整，集中力量，加强重点，提高国有经济的整体素质。①

坚持国有经济的有进有退，只是缩短国有经济的运作战线，只是为了集中力量、保证重点，决不是国有经济规模（量）的缩小。国有经济退出一部分领域，需要进入的一部分领域得以加强，国有经济自身仍在发展壮大，而且必将发展壮大。当然，随着多种所有制经济的共同发展，各种所有制经济的比重会有所变化，

---

① 《中共中央关于国有企业改革和发展若干重大问题的决定》，人民出版社，1999年。

国有经济的比重可能会降低一些，但是，这并不影响我国的社会主义性质。因为，国有经济起主导作用，主要不体现在量的优势上，而主要体现在质的优势上，主要体现在控制力增强上。

（3）从战略上调整国有经济布局，要同产业结构的优化升级结合起来。经过了20多年的改革开放，我国的产业结构逐步趋向合理。但是，结构的调整仍是我国经济发展的重大问题。中国买方市场的出现、中国加入世界贸易组织、经济的全球化和一体化、中国产业结构的现状都要求我们调整和优化产业结构。而且现阶段，中国新一轮产业结构的调整具有新的特点，如既有总量的平衡，更有结构的平衡；既有第一、二、三产业之间的协调，更有产业内部、行业内部的优化；既有靠行政手段来调整，更有靠市场手段来调整；既有低水平条件下的调整，更有高水平基础上的优化。国有经济布局的战略性调整，不论是国有经济退出之后进入的领域，还是在国有经济退出之后的非国有经济进入的领域，都要重视技术改造，在高技术水平上完成调整，千万不要是原有技术水平的简单重复。国有经济的进和退、非国有经济的进入，都要面向市场、面向社会需求；否则，产业的技术构成没有变化，生产出来的产品仍像以前那样没有市场，这不符合产业结构优化升级的原则，企业也无法搞活，国有经济布局战略性调整的目标也不可能实现。

（4）从战略上调整国有经济布局，要同所有制结构的调整和完善结合起来。坚持以公有制为主体、多种所有制经济的共同发展是我国社会主义初级阶段的基本经济制度。我国是社会主义社会，必须坚持以公有制为主体；我国的社会主义处于初级阶段，为了发展生产力、增强综合国力和提高人民的生活水平，必须发展多种所有制经济。社会主义集体所有制经济是社会主义公有制经济的重要组成部分，要提倡股份合作制，提供以劳动者的劳动联合和劳动者的资本联合为主的集体经济。非公有制经济是我国社会主义市场经济的重要组成部分。多种所有制的共同发展是符合我国国情、符合生产关系一定要适合生产力发展规律的。国有经济布局的战略性调整，在国有经济退出的一些领域，要放手发展非国有经济特别是非公有制经济。一些需要退出的中小企业，要采取多种形式，包括承包、租赁、破产、兼并、联合甚至出售来搞活。中国的非公有制经济的发展，不是多了，而是少了。在坚持以国有经济为主导、公有制为主体的前提下，应放手发展非公有制经济。

（5）从战略上调整国有经济布局，要同企业改组结合起来。中国的企业普遍存在“大而全”、“小而全”的状况，大型企业过少，集中度低；小型企业多而散，企业普遍存在协作性差，技术水平不高，设备老化，产品技术含量低的状况。国有经济布局的战略性调整，要充分发挥市场机制的作用，培育大型企业和企业集团，增强竞争能力特别是在国际市场上的竞争能力。要继续采取多种方式放开搞活中小企业，并使大中小企业在市场竞争中形成一个网络化的体系，各自在不同的领域都得到发展。国有经济布局的战略性调整，不是多铺新摊子、老产品的简单复制，不论是国有经济退出之后的进入，还是国有经济退出之后的非国有经济的进入，都应与企业改组结合起来，以此来完成国有经济布局的调整，达到国有经济布局调整的目标。

（6）从战略上调整国有经济布局，需要积极探索公有制的实现形式。一切反映社会化大生产规律的和有利于生产力发展的经营方式和组织方式都可以大胆地采用。要大力发展股份制，股份制是现代企业制度的一种资本组织形式，有利于所有权和经营权的分离，有利于提高资本和企业的运作效率。要大力发展混合所有制经济，混合所有制经济的发展，既有利于筹集资金，又有利于转换企业经营机制，还有利于实现政企分开，减少政府干预。国有经济退出一部分领域，在进入领域资金的投入方面，要充分利用股份制和混合所有制的优点，实现公有制的发展壮大，实现国有经济控制力的增强。非国有经济进入时，也要同时利用混合所有制、股份合作制等形式，采取承包、租赁、嫁接改造等多种形式来搞活企业。

（7）从战略上调整国有经济布局，要同加强企业管理结合起来。加强企业管理，是搞活国有企业的重要一环。搞活国有企业，既要重视外部环境的改善，又要重视内部管理的加强。在同样的外部环境下，有一部分企业搞活了，重要的就是强化了内部管理。企业要建立科学的管理体制，要形成有效的动力机制和约束机制。要重视企业发展战略研究，健全和完善各项规章制度，从严管理企业，狠抓薄弱环节，广泛采用现代管理技术、方法和手段，提高经济效益。调整国有经济布局只有与国有企业强化管理结合起来，才能实现既搞活企业，又使国有经济布局优化的目标。

（8）从战略上调整国有经济布局，要充分利用市场机制。在国有经济布局的调整中，政府行政力量的作用不可低估，但政府干预不可多用，这是历史的经验。政府行政力量的作用，往往容易偏向于地方和部门的局部利益，达不到资源优化配置的目的；容易把资产重组的当事人排除在调整决策之外，挫伤经理人员和职工的积极性。我们现在所存在的重复生产、盲目建设的局面，主要是政府行政力量所致。政府应多从宏观上考虑问题，如全面的收益、企业职工安置、债务处理等调整中的重大问题，国有经济布局战略性调整中的重大政策的制定、法律法规建设等。我国现有的国有经济分布过广、过散，在国有经济布局的调整中，只能大致确定进退的领域和大致的比重，不宜硬性确定一个比例，不宜采取齐步退出的做法。在国有经济布局的战略性调整中，很可能会出现，在需要退出的领域，有的企业会马上退出，有的企业会慢慢退出，有的可能是发展了再退出。在一段时期中，即使在竞争领域，也可能会出现国有经济与非国有经济并存发展和融合发展的格局。

第四节 生产资料集体所有制

一、生产资料集体所有制的性质、特点和作用

社会主义集体所有制是由一部分劳动群众共同占有一定范围的生产资料和劳动产品，个人收入实行按劳分配的所有制形式，它是社会主义经济的重要组成部分，在国民经济中占有重要地位，发挥着重要的作用。

在集体所有制经济内部，劳动者对生产资料的关系是平等的，但在各个集体经济组织之间，由于拥有的生产资料的数量和质量不同，在生产资料的占有上还存在不平等，从而在劳动成果的占有和收入的分配上存在着差别。在社会主义现阶段我们必须承认这种差别。

集体所在制经济在我国国民经济中占有重要的地位，发挥着重要的作用，是一种具有强大生命力的公有制形式。它自主经营，比较灵活，对市场适应性强；它实行自负盈亏，其经营状况同劳动者的利益密切相关，能更好地调动劳动者的积极性；它能容纳手工劳动、半机械化劳动、机械化劳动等不同层次的生产力，有利于发挥广大劳动者和各种工程技术人员的作用。在我国现阶段尚存在多层次的生产力、资金短缺、就业困难的情况下，发展集体所有制经济，对于充分调动人力、物力、财力，对发展社会主义生产力和整个社会的稳定都具有十分重要的意义。因此，集体所有制经济是一种很有前途的公有制形式，不能把它看做暂时的和过渡性的公有制形式，而是要积极地、更好地发展它、壮大它，这对发挥公有制主体作用意义重大。

目前，我国的集体所有制经济，按其所在地区或生产经营对象的不同分为农村集体经济和城镇集体经济。在农村，集体所有制占绝对优势，对巩固和加强国民经济的基础具有决定性作用。在城镇，集体所有制几乎活跃于国民经济的各个行业，在增加生产、繁荣市场、扩大就业、满足人民生活需要和扩大出口等方面，都发挥着重要作用。

二、生产资料集体所有制的变迁

1949 年新中国成立后，经过三年的努力，我国在基本实现了国民经济好转以后，中共中央 1952 年提出了过渡时期的总路线，其核心是“一化三改”，即在一个相当长的时期内基本实现社会主义工业化，并逐步对农业、手工业和资本主义工商业进行社会主义改造。在农业社会主义改造方面，中国共产党开辟了一条中国式的农业合作化道路：遵循自愿互利、典型示范和国家帮助的原则，通过从临时互助组到常年互助组，发展到半社会主义性质的初级农业合作社，再发展到社会主义性质的高级农业合作社，积极推进中国农业社会主义合作化。对农业合作化，开始时

还是比较慎重的，但1955年以后，农业合作化的进程大大加快，到1956年便完成了整个农业社会主义改造。在手工业社会主义改造方面，主要是通过重点试办、典型示范，发展供销合作社和生产合作社；1956年，手工业的社会主义改造基本完成；与此同时，盐业、渔业、运输业和小商小贩的个体经济，也基本实现了合作化。

在集体所有制发展过程中，从1957年起，我国继续对农业生产合作社和手工业合作社进行整顿和巩固，但是由于对国内经济形势特别是农业生产形势做了不切实际的估计，1958年，轻率地发动了“大跃进”和农村人民公社化运动，追求“一大二公”的所有制结构。在农村，把农业生产合作社合并升级为集体化程度更高的人民公社，并实行政社合一的体制，强制取消自留地、家庭副业和农贸市场，大办公共食堂。在城镇，取消了个体手工业和小商贩，把许多手工业合作社及商店合并，以至升级为全民所有制企业。由于在所有制关系问题上盲目升级，使生产关系超越了生产力发展的客观要求，挫伤了广大人民群众的生产积极性，阻碍了国民经济发展。

1960年起党中央开始纠正农村工作中的“左”的错误，使困难局面有所好转。但这时对“左”的错误认识并不深刻，不久以后就错误地认为“包”字经济及个体经济的适量发展是复辟资本主义，因而开展了广泛的“社教”和“五反”运动，这样左倾错误不仅未能得到彻底纠正反而有所发展，至“文化大革命”发展到顶峰。在“文化大革命”期间，在生产关系上，继续强化“割资本主义尾巴”、“穷过渡”，将“一大二公”看做判断所有制形式先进与否的标准，这严重束缚了生产力的发展，到“文化大革命”后期，国民经济濒临崩溃的边缘，人民物质文化生活水平长期得不到应有的改善。

党的十一届三中全会以后，中国共产党在认真总结历史经验教训的基础上，对社会主义所有制结构进行了大胆和艰苦的探索，不断完善和发展以公有制经济为主体、多种经济成分共同发展的有中国特色的社会主义所有制理论。对于集体经济的发展问题，1979年，中共中央有关文件规定社员的自留地、家庭副业和集贸市场等，是社会主义经济的附属和补充；1980年，中央又指出，包产到户不会脱离社会主义方向；20世纪70年代末80年代初，我国普遍实行了以家庭联产承包责任制为主要形式的农业生产责任制。目前城乡集体经济得到了长足的发展。当然也存在不少问题，主要是产权不清，行政干预过多，管理水平低，设备落后，市场竞争能力不强，效益差等。因此，集体经济也必须适应市场经济的要求，转换经营机制，提高素质。

三、农村家庭联产承包责任制

1. 传统农村经济体制的特点

中国传统的农村经济体制具有以下特点：（1）在所有制上片面追求“一大二

公”，形成了单一的公有制格局。人民公社在所有制上实行公社、大队、生产队三级所有，生产核算以队为基础，甚至盲目扩大到以大队、公社为核算单位。（2）在责、权、利关系上，生产上实行高度的计划管理，农民和生产单位丧失了生产经营决策权，推行统一经营、集中劳动、统一分配的模式；政社合一，权责不明确；农民和农村集体经济组织失去决策权却要负担一切自上而下命令的经济后果。（3）在利益机制上，忽视农村集体经济组织利益；在集体经济组织内部，搞平均主义，“吃大锅饭”。（4）否定市场机制的作用，价格功能扭曲，农产品流通实行统购统销，工农产品实行不等价交换。

传统农村集体经济体制，必然带来严重的弊端，影响了农村经济和整个国民经济的发展。

（1）挫伤了农民生产经营的积极性，严重束缚了生产力的发展。历史给了我们十分深刻的教训：忽视农民利益，挫伤农民的积极性直接导致农业发展水平的低下。传统的农村集体经济体制，脱离农村生产力水平极低的现实，在所有制问题上盲目升级；在生产上实行高度集中的计划管理体制；剥夺微观主体的生产经营自主权；在分配上搞平均主义；大搞“割资本主义尾巴”运动，只允许农民从事比较利益极低的农业；过度地转移农民和农村的剩余，又把农民局限在生活条件同城市存在巨大落差的农村。凡此种种，牺牲了农民利益，严重挫伤了农民的积极性，束缚了生产力的发展。

（2）单一的公有制格局和僵化的计划经济体制使农户家庭经营层次和个体、私营经济在农村丧失了发展空间，不利于充分发挥多层次生产力和广大劳动者的作用，农村经济在长时间内失去了更大发展的机遇。

（3）实行统购统销体制，强制低价收购农产品，使农业和农村剩余过度转移，导致工农之间、城乡之间正常交换关系的中断，使整个国民经济循环的路子越走越窄。在农业和工业、乡村与城市的关系上，从前者向后者转移剩余过度，致使农业创造剩余的能力越来越不足，这一方面使农业和农村可供工业和城市征集的份额越来越少，另一方面也使工农之间、城乡之间的交换关系难以为继。总而言之，无度的超经济转移会使农村乃至整个经济“蛋糕”越做越小。

（4）传统的城乡分割的二元经济体制使农村劳动力没有与农村剩余同步转移，使农村人地关系高度紧张。以控制农民及其子弟自由择业和转移的户籍管理制度，使农民在大量交出自己的剩余时，没有能够实现农村劳动力与积累的同向流动，极大地强化了中国人地关系紧张程度，它使得世界上40%的农民来经营世界上7%的土地，这不仅意味着劳动力的巨大浪费，农村经济发展的长期停滞，还使得农民为了求生存不得不向土地过度索取，造成了生态危机。与此相联系，我国的城市化发展也严重滞后，对我国的现代化建设制约很大。

2. 农村家庭联产承包责任制的含义与特征

传统的农村经济体制存在种种弊端，要求我国农村经济体制改革的目标，是从高度集中统一的计划经济体制向社会主义市场经济体制转变，要把农村微观经济组织塑造成为对市场供求关系做出及时而又灵敏反应的、具有内在激励和约束机制的市场主体。由此决定了，我国农村微观经济体制改革的第一步，就是废除政社合一的人民公社，实行家庭联产承包责任制，把生产经营自主权交给农民。家庭联产承包责任制是在土地、水利设施等基本生产资料公有的基础上，使生产经营的责、权、利相结合，兼顾国家、集体、个人三方面的利益关系，使劳动者的收益同劳动成果直接挂钩的一种经营组织形式。它通过集体经济组织与农户合同的形式把土地等生产资料承包给农户使用，合同规定了农民的权利和义务，农民在完成上交国家和集体的部分之外，剩下的归农户所有和支配。家庭经营再也不是集体经济的附庸和附属层次，而是和集体经济融为一体。这有利于发挥家庭经营的长处，调动农民个人和家庭成员的生产积极性；同时合同也规定了国家和集体经济组织向农户供应生产资料、提供技术服务等事项，确保农户生产经营所必需的一些基本条件。农村家庭承包经营责任制因利益主体明确、改革成本小、操作简单、有法可依，深受广大群众欢迎，很快在全国范围内得到了推广，并日益得到巩固和发展。

农村家庭联产承包责任制具有以下鲜明的特征：一是在所有制上，实行集体所有与农户所有相结合，而且扩大了农户所有的比重。由于农户成了经营主体，分配关系清楚，其产权的法律界限相当明确。土地和农业基础设施等基本生产资料归集体所有，其他生产资料归农户所有，确认了农户的所有权。二是在经营方式上，实行两权分离，双层经营，而且家庭分散经营是基础。三是在利益机制上，实现了责、权、利高度统一，农户成为了自主经营、自负盈亏的商品生产者和经营者，激励和约束机制明确，这适应了社会主义市场经济的要求，使家庭承包经营保持了旺盛的生命力。

3. 实行家庭承包经营的必然性

（1）家庭承包经营是同农业生产的特点相适应的。农业生产具有地域性、分散性、季节性和不稳定性特点；农业的再生产过程与自然再生产过程是结合在一起的，劳动对象是有生命的动植物，生长周期长，受自然因素影响大，且农业劳动时间与生产时间是不一致的。农业生产的这些特点更适合于具有灵活多变性的、能随时做出生产经营决策的分散经营方式。家庭承包经营不仅适应于以手工劳动为主的传统农业，而且也适应于采取现代技术和生产手段的现代农业。因此，家庭经营具有广泛的适用性和旺盛的生命力。到目前，不论是人多地少还是人少地多的经济发达国家，农业家庭经营都是主要形式。

（2）家庭承包经营适合中国农业生产力的发展状况。中国的农业生产手段还比较落后，农业劳动力的文化素质还比较低，管理水平也不高。这就决定了分散经营和独立操作成为农业生产的主要方式。农户可以独立完成农业直接生产过程，可以充分发挥农户及每个家庭成员的生产积极性。

4. 农业家庭承包经营的绩效

由于家庭承包经营适合农业生产的特点和中国农业生产力发展的状况，调动了农民生产经营的积极性，因而促进了农业生产的发展，使农民收入不断增长，且带来了更深层次的变化。

（1）农业和农村经济总量不断上升，主要农副产品产量不断增长。农副产品由严重的供不应求逐步发展为供求平衡，部分农产品供过于求（见表2-2）。

表2-2 **农、林、牧、渔业总产值** 单位：人民币亿元

年份	1978	1980	1985	1990	1995	2000	2001	2002	2003
产值	1 397. 0	1 992. 6	3 619. 5	7 662. 1	20 340. 9	24 915. 8	26 179. 6	27 390. 8	29 691. 8

资料来源：《中国统计年鉴》，第416页，中国统计出版社，2003年；2003年数据来源于中国经济信息网。

（2）农民收入不断增长，生活水平日益提高。就全国而言，农民已经跨过了温饱线，部分地区已经实现了小康，农民的新的消费结构正逐步形成。这是家庭承包经营推行的必然结果，也是它能够得以发展和完善的动因（见表2-3、表2-4）。

表2-3 **农村居民家庭平均每人总收入和纯收入** 单位：人民币元

项　目	1978年	1980年	1985年	1990年	1995年	2000年	2001年	2002年	2003年
1. 总收入	151. 8	216. 2	547. 3	990. 4	2 337. 9	3 146. 2	3 306. 9	3 448. 6	3 582. 4
其中家庭经营收入	54. 0	87. 4	445. 3	815. 8	1 877. 4	2 251. 3	2 325. 2	2 380. 5	2 455. 0
2. 纯收入	133. 6	191. 3	397. 6	686. 3	1 577. 7	2 253. 4	2 366. 4	2 475. 6	2 622. 2
其中家庭经营纯收入	35. 8	62. 6	296. 0	518. 6	1 125. 8	1 427. 3	1 459. 6	1 486. 5	1 541. 3

资料来源：《中国农村统计年鉴》，中国统计出版社2003年版；2003年数据来源于《中国统计年鉴》，中国统计出版社，2004年。

表 2-4 **农村居民家庭平均每人生活消费支出构成** 单位:%

指标	1978年	1980年	1985年	1990年	1995年	2000年	2001年	2002年	2003年
生活消费总支出	100.00	100.00	100.00	100.00	100.00	100.00	100.00	100.00	100.00
其中:食品	67.71	61.77	57.79	58.80	58.62	49.13	47.71	46.25	45.59
衣着	12.70	12.32	9.72	7.77	6.85	5.75	5.67	5.72	5.67
居住	10.30	13.85	18.24	17.34	13.91	15.47	16.03	16.36	15.87
家庭设备用品及服务			5.12	5.29	5.23	4.52	4.42	4.38	4.20
医疗保健			2.41	3.25	3.24	5.24	5.55	5.67	5.96
交通通信	9.29	12.06	1.73	1.44	2.58	5.58	6.32	7.01	8.36
文教娱乐用品及服务			3.92	5.37	7.81	11.18	11.06	11.47	12.13
其他商品及服务			1.07	0.74	1.76	3.14	3.24	3.14	2.21

资料来源:《中国统计年鉴》,第304页,中国统计出版社,1996年;《中国统计年鉴》,第385页,中国统计出版社,2004年。

(3)农业的生产手段日益现代化。农业机械化水平不断提高,农业机械拥有量不断增长,农民家庭平均每户生产性固定资产在价值量和实物量方面都在增长(见表2-5、表2-6、表2-7)。

表 2-5 **主要农业机械和农产品加工机械年底拥有量**

年份	农业机械总动力(万千瓦)	农用大中型拖拉机		小型拖拉机		大中型拖拉机引农具(部)
		数量(台)	动力(万千瓦)	数量(台)	动力(万千瓦)	
1978	11 749.9	557 358	1 756.2	1 373 000	1 172.0	1 192 000
1980	14 745.7	744 865	2 369.3	1 874 000	1 615.5	1 369 000
1985	20 912.5	852 357	2 743.6	3 824 000	3 367.0	1 128 000
1990	28 707.7	813 512	2 745.5	6 981 000	6 231.4	974 000
1995	36 118.1	671 846	2 404.0	8 646 266	7 848.0	991 220

续表

年份	农业机械总动力（万千瓦）	农用大中型拖拉机		小型拖拉机		大中型拖拉机引农具（部）
		数量（台）	动力（万千瓦）	数量（台）	动力（万千瓦）	
2000	52 573.6	974 547	3 161.1	12 643 696	11 663.9	1 399 886
2001	55 172.1	829 900	2 901.7	13 050 840	12 257.9	1 469 355
2002	57 929.9	911 670	3 073.4	13 393 884	12 695.0	1 578 861
2003	60 387	980 560		13 380 000		1 700 000

资料来源：《中国统计年鉴》，第417页，中国统计出版社，2003年；2003年数据来源于中国经济信息网。

表2-6　**农村居民家庭年末生产性固定资产原值**　单位：人民币元/户

指　标	1985年	1990年	1995年	1999年	2000年	2001年	2002年
固定资产原值合计	792.53	1 258.06	2 774.27	4 045.48	4 676.98	4 883.80	5 221.33
农业	603.34	898.93	2 088.23	2 915.49	3 321.66	3 544.09	3 741.01
工业	42.28	82.56	182.73	274.45	334.79	349.89	418.20
建筑业					29.02	27.78	34.38
交通运输及邮电业	112.84	215.82	444.73	638.02	621.04	630.31	662.36
批发零售贸易及餐饮业					149.24	134.85	153.65
社会服务业					60.16	49.67	56.83
文教卫生业					12.86	16.41	19.96
其他	34.07	60.45	58.57	217.53	144.30	129.05	135.01

注：本表为农村住户抽样调查资料。

资料来源：《中国统计年鉴》，第422页，中国统计出版社，2003年。

表2-7　**农村居民家庭平均每百户拥有生产性固定资产数量**

指标	1985年	1990年	1995年	1999年	2000年	2001年	2002年
汽车（辆）	0.25	0.28	0.51	1.09	1.32	1.20	1.29
大中型拖拉机（台）	0.35	0.45	0.77	1.44	1.41	1.50	1.53
小型和手扶拖拉机（台）	2.71	5.30	9.93	16.26	16.72	17.41	18.48

续表

指标	1985年	1990年	1995年	1999年	2000年	2001年	2002年
机动脱粒机（台）	1.91	3.55	6.33	8.36	9.59	9.28	9.62
胶轮大车（辆）	5.49	7.89	9.29	7.87	13.26	14.52	14.31
农用水泵（台）	1.69	3.86	9.07	14.02	17.73	19.92	21.53
役畜（头）	57.15	57.27	55.99	45.02	41.75	39.67	54.65
产品畜（头）	32.12	30.91	50.72	54.08	41.56	39.38	56.43

注：本表为农村住户抽样调查资料。

资料来源：《中国统计年鉴》，第423页，中国统计出版社，2003年。

（4）农业内部结构、农村产业结构逐步合理。在农民面向市场经营的条件下，其结构调整得以加快，这也带来了整个国家产业结构的调整（见表2-8、表2-9）。

表2-8　**按增加值计算的农村三大产业结构（%）**

年份	第一产业	第二产业	第三产业
1997	48.5	44.5	7.0
1998	40.5	47.2	12.3
1999	37.0	49.6	13.4
2000	35.3	50.4	14.3
2001	32.8	51.9	15.3
2002	30.5	52.9	16.6

资料来源：中国社会科学院农村发展研究所、国家统计局农村社会经济调查总队：《2002—2003年中国农村经济形势分析与预测》，第69页，社会科学文献出版社，2003年。

表2-9　**1978~2003年农业结构的变化**　（单位:%，以农林牧渔总产值为100）

年份	种植业	林业	牧业	渔业
1978	80.0	3.4	15.0	1.6
1980	75.6	4.2	18.4	1.7
1985	69.2	5.2	22.1	3.5
1990	64.7	4.3	25.7	5.4
1995	58.4	3.5	29.7	8.4

续表

年份	种植业	林业	牧业	渔业
1996	60.6	3.5	26.9	9.0
1997	58.2	3.4	28.8	9.6
1998	58.0	3.5	28.6	9.9
1999	57.5	3.6	28.5	10.4
2000	55.7	3.8	29.7	10.8
2001	55.2	3.6	30.4	10.8
2002	54.5	3.8	30.9	10.8
2003	50.1	4.2	32.1	10.6

资料来源：《中国农村统计年鉴》，中国统计出版社，2003年，其中2003年数据根据中国经济信息网计算。

（5）随着家庭承包经营的发展和农业、农村经济的发展，劳动力流动和转移加快，农民的观念也发生了较大变革。

（6）农村经济的改革推进了城市经济体制改革的加快，并使之顺利进行。

5. 农村家庭承包经营的发展和完善

家庭联产承包责任制作为一项制度创新，极大地促进了农村经济的发展，但是，家庭联产承包责任制在实行过程中也暴露出了一些需要解决的问题，主要是：第一，我国在实行承包经营时，主要是采取平均承包的办法。这在当时有其必然性，易于为农民接受，但却造成了耕地规模过小、零星分散的问题，由此农户经营规模过小，农产品成本高收益低。随着市场经济的发展，小生产与大市场的矛盾日渐突出。第二，双层经营中的集体经济层次薄弱的现象还较普遍地存在着，不少集体经济组织成为“空壳”，其必然后果是向农民摊派、集资过多过滥，造成干群关系紧张，农民生活和再生产能力受影响；公共福利、公共设施无法得到很好地解决。第三，家庭联产承包责任制虽然为农村市场经济发展和产前、产中、产后服务社会化在制度上提供了可能，但由于集体经济实力有限、农民自我积累不足，产前、产中、产后的社会化服务体系还没有从根本上得到解决。第四，土地经营权的流转渠道还不通畅，这也制约了农业规模化经营和剩余劳动力的转移。

在坚持家庭承包经营长期不变的前提下，积极壮大集体经济和农户经营层次实力，发展适度规模经营，实现农村改革和发展的再次飞跃是当前的重要任务。第一，农村基本政策，包括以公有制为主体、多种所有制共同发展的基本经济制度以及家庭承包经营、统分结合的经营制度必须长期坚持。第二，要按照明确所有权、稳定承包权、搞活经营权的原则探讨和实施土地使用流转制度。第三，乡镇企业和其他集体企业也要逐步实行现代企业制度，并采用高效的经营方式。股份合作制既有劳动联合，又有资本联合，既有按劳分配，又有按资分配，适应性很强，应加以推广。第四，要大力调整农业组织结构，发展农业产业化经营。农业产业化是以市场为导向，以提高经济效益为中心，以骨干企业为龙头，围绕主导产业和主导产品，实行区域化布局、专业化生产、一体化经营、社会化服务，把产供销、贸工农、经科教紧密结合起来形成一条龙的经营体制。通过这种形式，使农业适应市场经济发展的要求，使农业和农村走向现代化。第五，努力壮大农村集体经济。提高双层管理水平和科技水平，培养大批的有技术、会管理的农民人才。第六，完善农村承包责任制，实现“第二次飞跃”，离不开必要的外部条件。国家要加大对农村和农业发展的投入；要加强基础设施建设；搞好税费改革，减轻农民负担；打破垄断，保证农产品流通顺畅；改革传统的户籍管理制度改革，进一步打破城乡分割格局，促进农村剩余劳动力有序转移；加强农村基层组织政权和村民自治组织建设等。

第五节　非公有制经济

在现阶段，非公有制经济是社会主义市场经济的重要组成部分，它有多种形式，主要包括个体所有制经济、私营经济及外资经济。非公有制经济的存在和发展，有利于促进生产力的发展，事实证明，凡是经济发展速度较快的地区，非公有制经济的发展速度都很快，所占比重都比较大。必须鼓励、支持、引导个体、私营经济和外资经济的健康发展，充分发挥个体、私营、外资等非公有制经济在促进经济增长、扩大就业、活跃市场和社会稳定等方面的重要作用。

一、个体所有制

个体所有制是指生产资料归劳动者个人所有，并由劳动者个人及家庭成员直接支配和使用的一种私有制形式。在我国现阶段，个体所有制主要存在于城乡的手工业、农业、商业、交通运输业和服务行业中。

在社会主义初级阶段，个体经济的存在和发展有客观的必然性。其主要表现在：第一，个体经济的存在和发展是同我国现阶段的一部分生产力相适应的。我国现阶段的生产力总体水平不高，且呈现出多层次的特点。手工工具和小型半机械化工具的使用、零星分散的资金、闲散富余的劳动力等生产要素，适合于个体操作、分散经营。当然，必须指出，个体经济的存在和发展，不只是同低层次的生产力相适应的，在高层次的生产力领域中，也有个体经济的存在和发展。第二，个体经营方式在某些领域是社会化大生产所不可能替代的。也就是说，在一定阶段，社会化大生产不可能完全取代个体经营。第三，个体经济是社会主义市场经济的重要组成部分，在经济发展、社会稳定、人民生活方面发挥着重要作用。

在社会主义市场经济条件下，经过了20多年的发展，个体经济呈现出与以往不同的特点。其主要表现是：

第一，个体经济由原来的在总体上和在其发展领域都只能是拾遗补缺，并逐步被公有制经济所取代，变成在整个社会以公有制为主体的条件下，在一定范围内与公有制经济和其他非公有制经济竞争发展的格局。在党的十一届三中全会以前，即使是在公有制经济所不能覆盖的领域或不宜扩展的领域，个体经济的发展也是被加以限制的。现在，个体经济在所有制结构中的份额不断增大，对经济发展的作用日益增强，并且由个体所有制经济的内部竞争逐步转为与公有制经济在一定范围内竞争的发展格局。

第二，个体经济由原来的在总体上和在其发展领域都为非主体，变成在整个社会以公有制为主体的条件下，在一定范围内成为主体的格局。据对不同经济成分对社会零售商品额的贡献统计，个体零售额占到了约40%。

第三，个体经济由原来的只是零星分散的经营发展为在社会主义大市场下一定程度上的集中性经营。目前全国已经有若干个诸如浙江义乌、福建石狮、河北白沟、武汉汉正街等个体经济集中经营的小商品大市场，改变了过去那种走街串巷的货郎担、肩挑背驮的贩运户的现象。

第四，由原来的个体经济只能向公有制经济过渡转变为向多极化方向发展，出现了新的发展态势。

第五，个体经济发展的行业结构和从业人员结构发生了明显变化。个体经济经营领域逐步拓宽，除传统经营产业以外，科技咨询、信息服务等行业也有所发展。从业人员的年龄结构、知识结构也明显变化，出现了一批懂经营、善管理，甚至于受过高等教育的经营者，从业人员素质不断提高。

第六，在非公有制经济成分中，个体经济占有明显优势。据统计，到20世纪末，个体经营的工业总产值占非公有制经济工业总产值的46%，个体零售额占社会商品零售额的37%，个体经济的从业人员占非公有制经济从业人员的70%。

个体经济在社会、经济发展中发挥着重要作用。主要表现在：增加经济总量、发展社会生产力；活跃商品交换，开展多种服务，满足社会多方面的需求；促进了产业结构的调整；为国家提供了大量的财政收入，特别是在县、乡两级财政收入中发挥了极为重要的作用，是社会主义经济建设资金积累的重要源泉；对就业发挥了重要作用，从而对社会稳定发挥着重要作用。个体经济的特点在于它是一种自我实现就业的经济成分，而且个体经济的就业门槛低，适合中国目前大多数失业和潜在失业人口生产经营能力和所能承担的风险能力十分有限的特点，容易在适合他们的起点上，作为市场经济主体从事经济活动。此外，个体经济对出口、扩大和深化社会分工，对培养市场经济人才、培育市场经济主体等方面，都有不可低估的作用。

个体经济在中国已经出现了新的发展态势，必将呈现出新的发展前景。在我国相当长的时期内，个体所有制经济根据自身情况和外部环境有可能走上不同的发展道路。一部分在社会分工体系的支持下，仍旧个体经营、独立发展（当然，有的经营规模可能会扩大）；一部分走上了合作化道路，采取合伙经营等方式；一部分与公有制经济紧密联系，如参加以公有制为主体的企业集团等；一部分在自身不断发展的基础上，走向私营经济的发展道路，这一趋势是明显的。中国有相当一部分私营企业就是由个体经济发展而来的。随着市场的变化、竞争的发展，部分个体经营者既有扩大经营规模的需求，又有资金等扩大经营规模的实力。个体经济发展为私营经济，代表了更高水平的生产力，它使生产经营规模不断扩大，劳动者从业人数增加，为国家提供了更多的财政收入。

在社会主义现阶段，必须毫不动摇地鼓励、支持和引导个体经济的发展，充分发挥它的积极作用，保护它的合法经营和合法权益，创造其发展的良好环境。在我国，由于社会主义公有制在国民经济中占有优势，所以个体经济在一定范围内的存在和发展以及它的经营活动，都必然同社会主义公有制相联系，而且国家还通过立法、税收、行政管理等手段，指导和监督它的经营方向，使之沿着正确的方向发展。国家既要鼓励、支持个体经济的发展，同时又要依法加强监督和管理，促进其健康发展。个体经营者也应提高自身素质，靠诚实劳动、合法经营富裕起来。

二、私营经济

私营经济是指以生产资料私有制为基础和存在雇佣劳动关系的经济成分。在1949年新中国成立以后，随着生产资料私有制社会主义改造的完成，私营经济就不存在了。私营经济的再次出现是在中国改革开放以后。党的十三大首次对私营经济的性质、特点和作用做出了概括性说明。

对私营经济的性质，到目前为止仍是一个存在激烈争论的问题。有的观点认为，社会主义条件下的私营经济具有从属性，是从属于社会主义的，私营经济中的生产资料具有社会所有的性质，其中的劳动者与企业之间是平等交换劳动的关系，而不是剥削关系。有的观点认为，私营经济中的生产资料为私人所有，其中存在着剥削，具有资本主义性质。

中国私营企业的产权构成是非常复杂的，主要有以下几种类型：

1. 个人或家族拥有型

个人或家族拥有型企业在中国私营企业中所占的比例最大。其实际产权结构类型又可大致分为：（1）个人独资型。这种类型的私营企业基本上是由个人创业、早期经营成功的个体工商户发展而来的。（2）家庭所有型。这是指产权归属于一个家庭的部分成员或全体成员的企业。这种私营企业多数由家庭投资的个体户演变而来。随着经营产品与服务项目的增加和经营效益的增长，以家庭成员为所有者群体的经营实体其经营规模不断扩大，开始向私营企业发展。（3）家族成员共同持股型。这是指产权主要归属于某个家庭的成员，与这个家庭有亲缘关系的家族成员也参股其中持有部分产权的企业。这种类型的私营企业早期多数由个人或包含其家庭成员在内的所有者创办，家庭成员之外的家族成员随其经营需要而应邀入股。

2. 合伙型

具体表现为以下三种结构形式：

（1）完全集中型。企业由几名合伙人共同出资创办，产权完全归属于合伙人所有。经营初期阶段的合伙企业多数处于这样一种产权结构状态，因为通常在这个阶段，企业经营业绩和未来发展前景尚不明确，外部投资者不愿涉足其中，多数合伙人也不认为有出让企业产权的必要。

（2）私人控股型。通常这类企业或是在企业设立时由私人和其他所有制经济组织共同出资，或是在私营企业设立后由于经营需要邀请其他所有制企业参股而形成的。私营企业发展到一定阶段后，迫于行业资质要求或经营规模限制，私人资本愿意吸纳公有制企业及其他经济组织来改善企业资质条件，增强企业经营实力。

（3）创业者控股型。当私营企业进入经营业绩增长稳定、规模扩张速度加快的阶段时，为保障企业的良好发展势头，原企业所有者宁愿出让部分产权以争取从外部吸纳一些职业经理人才加入企业管理层，因而出现创业者控股、管理者持股的现象。这种类型的私营企业目前占国内私营企业总量的比重较小，从发展趋势上看有不断扩大的可能。

由此可以看出，中国当前存在雇佣劳动关系的私营企业，并不都是资本主义性质的企业。有的是具有小业主性质的私营企业，有的是带有合伙制特点的私营企业。

应该说，私营企业是存在雇佣劳动关系的私有制经济成分。但是，应该全面地分析我国现阶段私营企业的性质和特点。

（1）不能把社会主义条件下的私营企业等同于资本主义条件下的私人企业，把私营企业主等同于资本家或新生的资产阶级分子。我国现阶段的私营企业是在以公有制为主体地位的条件下发展起来的，私营企业与处于主体地位的公有制经济相互联系、相互促进、共同发展，同为社会主义初级阶段基本经济制度的组成部分。社会主义条件下私营企业“私”的社会属性已经处于公有制经济的影响之下。正如马克思所说，在一切社会形式中都有一种一定的生产决定其他一切生产的地位和影响，因而它的关系也决定其他一切关系的地位和影响。这是一种普照的光，一切色彩都隐没其中，它使它们的特点变了样。①

① 《马克思恩格斯选集》第2卷，第109页，人民出版社，1972年。

（2）私营企业主是中国特色社会主义的建设者。这可以从两方面理解：①从私营企业主的来源构成看，他们绝大部分是从工人、农民、知识分子、科技人员及社会管理者等劳动阶层中分化出来的。据中共中央统战部、全国工商联、中国民（私）营经济研究会组织的第四次全国私营企业抽样调查，私营企业主中有43.4%来自企事业干部，14.2%来自于工人，9.3%来自于农民，17.4%来自于个体经营者，10.5%来自于专业技术人员，其他方面占5.2%。②不能简单地用财产多少来判断人们的政治态度。党的十六大报告指出，不能简单地把有没有财产、有多少财产当做判断人们政治上先进和落后的标准，而主要应该看他们的思想政治状况和现实表现，看他们的财产是怎么得来的以及财产怎么支配和使用，看他们以自己的劳动对中国特色社会主义事业所做的贡献。"在社会变革中出现的民营科技企业的创业人员和技术人员，受聘于外资企业的管理技术人员、个体户、私营企业主、中介组织的从业人员、自由职业人员等社会阶层，都是中国特色社会主义事业的建设者"。①

（3）从私营企业的收入来源和财产支配和使用来看。私营企业的收入来源主要包括：①工资收入，即他们从事经营管理的收入；②资本增值的收入，即按生产要素分配的部分；③职工创造的剩余价值。

私营企业的财产支配和使用，除用于个人和家庭消费外，主要是用于投资扩大再生产，从而促进了经济发展，扩大了劳动就业，为社会主义建设继续做出贡献。

私营经济在社会经济发展中发挥着积极的作用。除具有个体经济对社会、经济发展所起的一般作用之外，与个体经济相比，私营经济是天生的商品生产者，它的经营规模更大，技术水平更高，单个企业容纳的劳动者更多。所以，应该鼓励个体经济向私营经济发展。

在社会主义初级阶段，应该毫不动摇地鼓励、支持、引导私营经济的发展。为此要做到：

第一，承认私营经济的政治、经济地位，保护私有财产。在观念上要认识到私营经济的从业人员也是有中国特色社会主义的建设者，非公有制经济是社会主义市场经济重要组成部分和新的经济增长点，要抛弃所有制歧视的陈腐观念；在政治地位和社会地位上要一视同仁；私有财产和私营经济的其他权益也应同公有财产一样受到保护。

第二，竞争性领域取消所有制歧视，更广泛地向私营经济开放，不限制行业、不限制资本数量、不限制雇工人数、不限制企业形式；对于自然垄断行业和一些由政府管制形成的垄断行业，也应有序地引入私营企业参与竞争，防止独家垄断；引

① 江泽民：《全面建设小康社会，开创中国特色社会主义事业新局面——在中国共产党第十六次全国代表大会上的报告》，载《经济日报》，2002年11月18日。

入私人资本参与一些基础设施建设等。

第三，大力提供创业支持。对于有能力创立新企业的投资者，要简化审批手续，在进城、征地、注册等方面提供便利，降低创业成本；提供融资、技术、信息等多方面的支持。

第四，加强引导和管理，帮助私营经济的自我超越。

随着发展非公有制经济政策的落实，今后个体、私营经济的发展环境必将得到更大的改善。随着个体、私营经济的进一步发展，在中国所有制结构整体上以公有制为主体的条件下，私营企业的总体实力将进一步增强，资本规模将进一步扩大，产权清晰、权责明确的公司制企业将成为广大私营业主投资的主要组织形式。在国家有关政策和市场经济规律的指导下，全国私营企业和个体工商户向第一、二产业的投资意识将增强，向第三产业投资的户数、资金的增长会更多。

三、外资经济

1. 外资经济的存在形式

我国目前外资经济的存在方式主要有中外合资经营企业、中外合作经营企业和外商独资企业三种，即所谓的“三资企业”。

（1）中外合作经营企业。合作经营企业是一种建立在合同制基础上的契约式或非股权式的合作性企业。这种企业一般都是由合作者一方提供土地、自然资源、劳动力、劳动服务或现有可利用的房屋、设备、设施，合作者的另一方提供资金或技术、主要设备、材料等，在平等互利的原则上，合作兴办的企业。

另外，在合作经营方式中还有一种叫合作开发，它也可被看做合作经营的一种形式，这是因为：第一，合作开发是一种契约式的合营，是由两国以上合营者组成的独立的经济实体，企业各方的权利和义务不是根据股权确定，而是由合同来确定；第二，有关企业的一切重大问题都必须通过经营各方谈判协商解决；第三，合作开发是外商直接投资的一种形式。目前，我国的中外合作开发主要用于海上石油资源等的勘探开发，经营范围狭小。

（2）合资经营企业。关于合资经营企业的概念，目前尚未有一个明确和公认的定义。但根据《中华人民共和国中外合资企业法》的有关规定，可以把合资企业定性为两国或两国以上的投资者在一国境内，根据东道国的法律，通过签订合同，按一定的比例（或股份）共同分享利润、共负盈亏、共担风险的股权式企业或有限责任制企业。

（3）外商独资企业。外商独资企业是指由外国个人、外国企业或其他经济组织在一国单独投资或联合投资，股权为100%，受东道国法律管辖和保护、具有法人资格、独立核算的经济实体。

在党的十一届三中全会以后，对内改革、对外开放被确定为我国的一项基本国策，强调要把经济工作的视野从国内扩展到国际范围，充分利用国外的资金、技术和管理经验，加速社会主义现代化建设。在党的基本路线的指引下，外资经济从无到有，逐渐发展壮大，目前已经成为我国社会主义市场经济的重要组成部分，在经济发展中起着重要的作用。在改革开放初期的1979~1982年，我国合同外资金额为205.5亿美元，实际利用外资金额为124.6亿美元，但到了2003年，我国合同利用外资金额达到1 169亿美元，实际利用外资金额达到561.4亿美元，发展相当迅速。截至2002年底，全国外商投资企业数已达208 056户，规模已超过了同期国有企业数（见表2-10）。

表2-10　**改革开放以来中国历年利用外资情况**　单位：个、亿美元、户

年份	利用外资项目数	合同利用外资	实际利用外资	年末外商投资企业数
1979~1982	—	205.5	124.6	—
1983	—	34.3	19.8	—
1984	—	47.9	27.1	—
1985	3 145	98.7	44.6	—
1986	1 551	117.4	72.6	—
1987	2 289	121.4	84.5	—
1988	6 063	160.0	102.3	—
1989	5 909	114.8	100.6	—
1990	7 371	120.9	102.9	—
1991	13 086	195.8	115.5	—
1992	48 858	694.4	192.0	—
1993	83 595	1 232.7	389.6	—
1994	47 646	937.6	432.1	—
1995	37 184	1 032.1	481.3	—
1996	24 673	816.1	548.0	240 447
1997	21 138	610.6	644.1	235 681
1998	19 850	632.0	585.6	227 807
1999	17 022	520.1	526.6	212 436
2000	22 347	711.3	593.6	203 208
2001	26 140	719.8	496.7	202 306
2002	34 171	847.5	550.1	208 056
2003	41 081	1 169	561.4	—

资料来源：历年《中国统计年鉴》和中国经济信息网，数据四舍五入。

2. 外资经济的作用

我国是一个生产力水平尚不发达的发展中国家，科学技术落后于发达国家，在世界经济竞争中处于不利地位，吸收国外的资金、技术和先进的管理经验为我所用，是我国加速现代化建设进程的有效途径。实践证明，通过20多年的发展，外资经济在我国社会经济发展中确实发挥了很好的作用，突出表现在以下几个方面：

（1）增加了国内建设资金，促进了经济发展。资金短缺是长期制约我国经济发展的一个重要瓶颈，因此，在充分利用国内资金的同时，必须利用外资，弥补国内建设资金的不足。20多年来，外资的大规模投入，累计实际利用外资金额已超过8 000亿美元，有效地缓解了发展和资金缺乏的矛盾，为中国的经济高速增长做出了巨大的贡献。

（2）引进了先进技术和管理经验。通过建立外资企业，我国引进了一批先进实用的技术，填补了我国在许多方面的技术空白，一大批老企业得到了技术设备改造，大批产品更新换代，对加快中国技术进步和产业升级起到了积极作用，其中比较明显的有光纤光缆、通信设备、汽车制造、大规模集成电路等产业。

现代管理思想与先进科学技术是一对孪生姐妹，二者相辅相成，缺一不可。外资企业不仅给我国带来了资金和技术，也带来了先进的管理方法和手段，使我国企业管理水平和劳动生产率大幅度提高，生产成本下降，提高了企业的市场竞争力。更为重要的是，外资企业为我国造就了一大批新型的经营管理人才。外资企业中的中方管理和技术人员，通过亲身接触国外先进的经营管理方法和手段，成为新型的经营管理专家，这些人员的流动，使得国外的先进管理方法和手段得以在国内迅速传播。

（3）创造了大量的就业机会，缓解了就业压力。我国人口众多，农村和城市均存在大量的剩余劳动力，特别是随着国有企业改革的深入，产生了大量的下岗职工，以及农村剩余劳动力向城市和第二、三产业的转移，就业形势相当严峻。外资的大量利用就为我国创造了大量的就业机会。2000年底，在全国外商投资企业中的就业职工人员总数为332万，占全国职工总人数的3%，全国就业人员的1%。如果加上外商间接投资和为外资企业配套或提供服务而带来的就业，创造的从业机会就更多。

（4）促进了对外贸易的发展。外商投资企业和国际市场有着天然联系。来华投资的外商必然将其各种市场渠道，如销售渠道、技术开发、信贷关系等带进中国，带动外资企业及国内配套企业产品出口，减少中间环节，走向国际市场。凭借这些有利条件及较强的产品竞争力，外商投资企业已成为中国对外经济贸易中的一支重要力量。

由于国家实行鼓励出口政策，出口加工型的外商投资企业在全部外商投资企业中占有相当比重，它们的产品全部或大部分出口，其他类型的外商投资企业的产品出口比重也比国内其他企业多。从表 2-11 可以看出，2001 年中国外商投资企业累计进出口总值 2 590.98 亿美元，占同期全部进出口总值 5 097.68 亿美元的 50.08%。其中出口 1 332.35 亿美元，占全部出口总值 2 661.55 亿美元的 50.10%；进口 1 258.63 亿美元，占全部进口总值 2 463.13 亿美元的 51.70%，外商投资企业产品出口的迅速增长，对国内其他企业产品出口的带动，对中国经济面向国内国际两个市场，保持长时期的高速增长发挥了积极作用。

表 2-11　**1991 年以来外商投资企业进出口额及占全国的比重**　单位：亿美元、%

年度	进口			出口		
	全国	外商投资企业	比重	全国	外商投资企业	比重
1991	637.91	169.08	26.51	719.10	120.47	16.75
1992	805.85	263.87	32.74	849.40	173.60	20.44
1993	1 039.59	418.33	40.24	917.44	252.37	27.51
1994	1 156.15	529.34	45.78	1 210.06	347.13	28.69
1995	1 320.78	629.43	47.66	1 487.70	468.76	31.51
1996	1 388.38	756.04	54.45	1 510.66	615.06	40.71
1997	1 423.60	777.20	54.59	1 827.00	749.00	41.00
1998	1 401.66	767.17	54.73	1 837.57	809.62	44.06
1999	1 657.18	858.84	51.83	1 949.31	886.28	45.47
2000	2 250.97	1 172.23	52.10	2 492.12	1 194.41	47.93
2001	2 436.13	1 258.63	51.70	2 661.55	1 332.35	50.10

资料来源：1992~2002 年《中国对外贸易经济年鉴》，比重由作者计算而得。

外商投资企业在产品出口不断扩大的同时，还优化了中国的出口商品结构。2001 年外商投资企业工业制成品出口占其出口总值的比重达 90.1%，改变了中国出口商品过去一直以农产品、石油、煤炭和其他初级产品为主的状况。外商投资企业出口商品中，机电产品占第一位，2001 年达 949.2 亿美元，占其自营出口总额的 35.7%，占全国机电产品出口总额的 43%。其中主要的出口产品是录音机、音响、电视机、手表、电话机、照相机、自行车和集装箱等，使中国从过去的家电进口国迅速变为家电出口国，如电视机、自行车等亦是世界第一生产大国。这里既有外商投资企业带来先进技术，提高了产品档次和质量的原因，外商带来其国际市场营销渠道和经验也是重要因素。

（5）激发竞争，完善社会主义市场经济体制。外商投资企业的大量建立，促进了中国所有制结构的改变，形成了国有、集体、民营和外资等多种经济成分共同发展的格局，推动了中国国有企业经营机制的转换，盘活了部分存量资产。外商投资企业的建立迫使中国企业进行资产产权的流动和重组，不同投资主体共同投资设立的经济单位逐步增加。目前，一批起点高、水平高、颇具规模和实力的合资企业已成为各地经济增长的支撑点。按国际通行形式组织的外商投资企业，给我们提供了这种资产所有结构和经营管理的样板，客观上加快了中国现代企业制度的建立。

竞争是市场经济的基石。完全按市场运行机制建立起来的外商投资企业，企业生产所需的人财物和信息的投入均来自市场，内部就业和分配没有铁饭碗和大锅饭，产品销售通过市场实现，以市场为导向的外商投资企业通过其本身的生产经营活动，积极参与国际国内两个市场的竞争，给中国企业带来了竞争机制，使之直接和间接地，或早或晚地加入到市场竞争中来，由外部而内部，使企业的经济活动面向市场，劳动工资制度也逐步走向市场化，不再是国家统一制度。作为市场竞争机制必要条件的国内各类市场，如金融、劳动力、房地产、技术和通信业市场也同时发育和完善。

外资的流入和外商投资企业的建立使中国的经济生活变得复杂起来，传统的计划经济体制完全不能适应，无论在金融服务、还是资源配置、劳动用工、利率、税收和经营等各方面都出现了许多新现象、新问题。要求对中国的宏观经济管理体制进行改革，建立社会主义市场经济体制、把国家对经济的干预和调节建立在法制的基础上，以经济手段为主，摒弃以行政命令、部门所有的经济管理方式。对中国社会主义市场经济体制的建立和完善发挥了积极作用。

（6）保持港澳繁荣，促进两岸合作。至今，来自港澳台地区的投资仍然占中国利用外资的第一位。截至2001年的累计数中，港澳台商设立的企业占外商投资企业总数的68.74%，占合同利用外资总数的59.32%，仅香港一地即分别占到54.12%和50.67%。近年来，台湾来祖国大陆的直接投资迅速增加，1979～1991年，我国台湾地区虽在企业数上高于美国居第二位，但资金投入额上却低于美国居第三位。1992年后台湾地区到大陆投资急剧扩大，截至2001年达437.74亿美元，由此可见，港澳台和祖国大陆之间的经济联系，由外资利用而变得越来越密切，在此基础上，社会文化交流也越来越繁荣。港澳台对祖国大陆持续多年的巨额投资和产业转移，是港澳台地区保持经济繁荣和稳定的基本前提，推动了祖国大陆、港澳台的全方位经济合作和交流，促进了大珠江三角洲经济一体化的形成，大珠江三角洲成为港澳地区社会经济继续繁荣稳定的基石，全国各地的台商投资成为海峡两岸合作交流的纽带。

思 考 题

1. 什么是生产资料所有制？什么是生产资料的所有权、占有权、支配权、使用权？

2. 简述改革开放以来中国生产资料所有制理论的创新与发展。

3. 社会主义初级阶段生产资料所有制的结构特征是什么？并论证其必然性。

4. 什么是生产资料全民所有制？为什么全民所有制要采取国家所有制的形式？全民所有制采取国家所有制的形式有何利弊？

5. 怎样理解全民所有制实现形式的多样化？

6. 怎样全面理解国有经济在国民经济中的主导作用？

7. 为什么要调整国有经济布局？怎样调整？

8. 什么是生产资料集体所有制？集体所有制的特点是什么？集体所有制在国民经济中有何作用？

9. 什么是家庭联产承包责任制？为什么农村要实行家庭承包经营？农村家庭承包经营应如何进一步发展完善？

10. 什么是个体所有制？个体所有制的作用有哪些？

11. 怎样认识私营经济的性质和特点？怎样促进私营经济的进一步发展？

12. 外资经济的形式有哪些？外资经济在中国社会经济发展中有哪些作用？

第三章　社会主义经济体制

从经济形式来看，社会主义经济仍然是商品经济，社会主义商品经济具有商品经济的一般属性，也具有其特殊属性。经济形式制约着经济体制的选择。经济体制包括生产资料所有制结构、经济决策权的分配结构等方面的内容，经济体制合理与否应视其是否有利于社会生产力的发展而判定，具体可以通过经济增长、经济效率等标准来判断。在社会主义经济发展的历史过程中，出现过五种经济体制的实践模式，中国的计划经济体制形成于20世纪50年代，具有生产资料所有制结构单一化、经济决策权高度集中等方面的特征，这种体制阻碍了社会生产力的发展，因此应该进行改革。中国计划经济体制的改革经过了一个复杂的历程，最终确定了以社会主义市场经济体制作为中国经济体制改革的目标模式。社会主义市场经济体制具有自己的特征。市场经济具有自由、自利等基本性质，这些性质使其具有多方面功能，同时也使其不可避免地具有多方面的缺陷，这些缺陷导致了政府在市场经济中发挥经济职能的必要性。在市场经济中，政府的经济职能就是弥补市场缺陷。

第一节　社会主义经济是商品经济

一、三种经济形式：自然经济、商品经济与产品经济

1. 自然经济

自然经济是一种生产直接满足生产者自身的消费需要的自给自足的经济形式。

在自然经济中，生产者进行生产的直接目的是为了满足生产者自身的消费需要，无论生产者生产什么、生产多少，都直接服从于生产者自身的消费需要，而不是为了满足交换的需要，也不是为了满足社会的需要。在自然经济中，几乎全部生产都是在生产单位内部进行的，每个生产者都是利用自己的生产资料和劳动力以及其他生产条件生产出满足生产者自身需要的几乎全部产品。由于在自然经济中，生产者的生产是直接满足生产者自身的消费需要，因此，生产规模小，排斥社会分工和专业化，造成生产力发展水平低下和生产力发展缓慢。在自然经济中，生产者之间是分散的、孤立的，互相封闭，很少发生经济联系，这样先进技术的扩散就极慢，导致社会生产力发展水平低下，且发展缓慢。所以，马克思说："由于一般自

然经济的性质，所以，这种形式完全适合于为静止的社会状态提供基础”。①

原始社会的经济基本上是自然经济，在奴隶社会、封建社会、自然经济都占统治地位。自然经济是同社会生产力发展水平低下和社会分工极不发达相适应的，但它也反过来阻碍了社会生产力的发展和社会分工的发展。只是到了封建社会末期，由于社会生产力的发展和社会分工的发展，自然经济才趋于瓦解，最终为资本主义经济所取代。

2. 商品经济

商品经济是一种生产直接以交换为目的、社会经济关系商品化的经济形式。

在商品经济中，生产者进行生产的直接目的是为了满足交换的需要，亦即为了满足市场的需要。市场需要什么，就生产什么，生产什么、生产多少都取决于市场的需要，生产由市场调节。商品经济是以社会分工和生产专业化为基础的，而商品经济也反过来不断推动社会分工和社会专业化的发展，因而也推动着生产规模的不断扩大。在商品经济中，商品生产者之间存在着广泛而密切的经济联系，商品生产者同其他商品生产者的经济联系是其生存和谋求发展的前提条件；商品交换是商品生产者之间发生经济联系的基本途径，商品生产者正是通过、也只有通过在市场上进行商品交换而经常地、广泛地、密切地发生经济联系。

资本主义社会处于统治地位的经济形式是商品经济，这是一种建立在生产资料资本家私有制的基础之上的商品经济。在社会主义社会，仍然存在商品经济存在的条件，处于统治地位的经济形式仍然是商品经济，但这是一种建立在生产资料公有制基础之上的商品经济。后面将专门进行讨论。在当今世界，商品经济乃是处于统治地位的经济形式，但在少数不发达国家或地区，自然经济仍在一定范围内存在。

3. 产品经济

产品经济是一种生产直接为满足社会需要而进行的经济形式。

在产品经济中，生产者进行生产的目的既不是为了满足其自身消费的需要，也不是为了满足交换的需要，而是直接满足社会需要，生产什么、生产多少都直接取决于社会的需要，整个社会生产（包括直接生产、流通、分配、消费）都统一按计划调配，任何生产都直接是社会生产。社会分工仍然存在，但它直接服从于社会的需要和统一安排，是自觉地进行的。从整个社会来看，在产品经济中，生产者之间的联系更加广泛而密切，但生产者之间的联系不是通过交换的途径而直接发生联系，而是通过统一的社会管理机构的统一安排而发生联系。

经济形式的更迭是一个逐步演进的过程，一个社会处在什么样的经济形式下，归根结底是由社会生产力的发展水平所决定的。随着社会生产力的发展，人类社会逐步由自然经济发展到商品经济，自然经济和商品经济是人类社会已经经历的两种

① 《马克思恩格斯全集》，第25卷，第897页，人民出版社，1975年。

经济形式，在社会生产力得到高度发展之后，商品经济将会发展到产品经济。

4. 商品经济的发展趋势

尽管商品经济的充分发展是人类社会发展的一个必经阶段，但商品经济并不是人类社会永恒的经济形式，它是同人类社会的一定历史阶段相联系的，商品经济的产生和发展是由社会生产力的不断发展所决定的，而随着社会生产力的不断发展，商品经济最终也会消亡。在社会生产力得到高度发展、花费少量劳动可以获得大量产品、社会产品极大地丰富、生产社会化得到高度发展的条件下，生产资料的私有制将必然要为生产资料的社会所有制所代替，整个社会生产将直接服从于社会统一的组织和安排，生产直接满足社会的需要，劳动将直接是社会劳动，产品将直接是社会产品，人们之间将具有一致的经济利益，这样人们之间的经济关系将不再体现为价值关系，产品将不再需要转化为商品，商品经济就必然要消亡。

但是必须明确的是，商品经济最终必然要走向消亡，并不意味着人们可以人为地加速商品经济的消亡过程，而且人们也决不能这样做。商品经济是在一定的生产力条件下产生和发展起来的，只有生产力得到高度发展，从而不再有商品经济存在的物质基础了，商品经济才会消亡。商品经济的产生、发展、消亡都是由社会生产力的发展所决定的。当然，同时也必须明确，商品经济绝不是人类社会的终极经济形式，而是一个历史范畴，随着社会生产力的不断发展，它最终要为适合生产力水平的新的经济形式所代替。

二、社会主义经济是商品经济

1. 关于社会主义经济的经济形式属性的认识的演变

（1）马克思主义经典作家的认识。社会主义经济属于何种经济形式，是产品经济，还是商品经济，我们先来了解马克思主义经典作家对这个问题的认识。

马克思、恩格斯设想在无产阶级夺取政权后，全部生产资料为社会占有，认为在共产主义社会（马克思、恩格斯认为取代资本主义社会的是共产主义社会，因此社会主义社会是共产主义社会的一个阶段）生产者并不交换自己的产品，耗费在产品生产上的劳动，也不表现为这些产品的价值，而是直接作为社会总劳动的一部分而存在。他们认为一旦社会占有了生产资料，商品生产就将被消除。

列宁对于社会主义经济的经济形式归属的认识经历了一个过程。他最初认为社会主义经济就是产品经济，因此1919年俄共（布）党纲就把迅速消除商品货币关系规定为自己的目标。但列宁很快发现这在实际中行不通。于是在1921年转向采取新经济政策，实行混合经济，普遍恢复商品货币关系，利用市场建立城乡联系，认为只有商品交换才是“千百万小农与大工业之间惟一可能的经济联系”，国营企业也实行了独立核算、自负盈亏的改革。新经济政策的实施促进了经济的恢复和发展，显示了新经济政策是适应社会生产力发展的。不过，列宁认为实施新经济政策只是因为消灭商品货币关系的时机尚不成熟，只是一种战略退却，社会主义经济在本质上是产品经济，是要消灭商品货币关系的。

斯大林认为在苏联社会主义社会还存在商品生产，但是其商品生产论只是一种非常有限的商品生产论。原因在于：①他认为存在商品生产的原因是在于存在着两种所有制（即全民所有制和集体所有制）；②他认为商品生产只存在于全民所有制和集体所有制这两种所有制之间，在全民所有制内部是不存在商品货币关系的；③他认为只有个人消费品才是商品，进入商品流通领域，而生产资料不是商品，不进入商品流通领域；④他否认“价值”、“成本”、“利润”等范畴的一般经济含义，而将它们只当作纯粹的核算工具；⑤他认为价值规律只在消费品领域起调节作用，而在生产领域不起调节作用，仅仅起影响作用；⑥他认为集体所有制都转化为全民所有制后，商品货币关系就不存在了。由此来看，斯大林的商品生产论不仅充满了历史的局限性和逻辑的矛盾性，而且在本质上，斯大林所持的也是产品经济思想。

毛泽东对社会主义经济的经济形式属性问题的认识也经历了一个反复的过程。在20世纪50年代初他所持的是斯大林的观点，但是他在中国共产党八届六中全会上作报告时又说要发展商品经济，说价值规律是个大学校，1959年还说在当时的条件下宣扬取消商品生产、实行产品调拨是违反客观规律的，但晚年他又说，社会主义社会的商品生产和货币关系跟旧社会差不多，只能在无产阶级专政下加以限制等。由此来看，在毛泽东看来，商品经济在本质上是与社会主义经济相对立的，社会主义经济在本质上是消灭了商品货币关系的产品经济。

综上所述，虽然马克思主义经典作家的具体认识有些差异，但在本质上是相同的，即认为社会主义经济不是商品经济，商品经济在本质上是与社会主义经济相对立的。

（2）前苏联东欧经济理论界的认识。社会主义经济是不是商品经济是一个重大的、基本的经济理论问题，因此社会主义经济的经济形式属性也成了前苏联东欧经济理论界讨论的重要对象。

前苏联经济理论界对此问题讨论的时间最长，实际上从20世纪20年代就已经开始。自斯大林提出在社会主义社会还存在商品生产的论断之后，前苏联经济学家开始从不同的方面寻找社会主义存在商品生产的原因，出现了两种所有制原因论、社会分工原因论等不同的理论，而且有人开始从全民所有制内部的经济利益关系来探讨商品生产存在的原因。到20世纪60年代，不少经济学家提出生产资料也是商品的理论主张，提出在社会主义社会也要加强利润刺激，也要利用价值规律，到20世纪70年代，经济学家基本上已经认同社会主义经济是有计划组织的商品生产的观点，到20世纪80年代，经济学家已经提出商品生产是社会主义社会内在固有的观点。

对于社会主义社会是否存在商品货币关系，社会主义经济是不是商品经济，前东欧社会主义国家的经济理论界的讨论也很多。相对于前苏联经济理论界，前东欧经济理论界更早地提出和坚信在社会主义社会还存在商品货币关系，波兰、匈牙利、前捷克斯洛伐克等国的经济学家，如兰格（波兰著名经济学家）、布鲁斯（波兰著名经济学家）、锡克（前捷克斯洛伐克著名经济学家）、科尔内（匈牙利著名经济学家）等经济学家，很早就认为在社会主义社会还存在着商品货币关系，而前南斯拉夫经济学家在20世纪50年代就从社会所有制出发，论证了社会主义经济是商品经济，认为社会主义经济是具有商品经济的一般属性与具有社会主义特点的商品经济。他们还在社会主义经济是商品经济论断的基础上提出了社会主义经济应该实行市场经济体制。

总的来看，在前苏联东欧经济理论界对社会主义经济是不是商品经济有过长期的研究，到20世纪80年代基本上形成了共识，即都认为社会主义经济存在商品货币关系，社会主义经济仍然是商品经济。

（3）中国经济理论界的认识。在中国经济理论界，对于社会主义经济是不是商品经济的认识也经历了一个曲折的演变过程。在20世纪50年代，经济理论界就对社会主义经济是不是商品经济进行了热烈的讨论，当时已有不少人认为社会主义经济还存在商品生产。但是，在文化大革命期间，社会主义经济还存在商品生产的观点遭到了批判，商品货币关系被当做资本主义的生产关系。1979年开始，经济理论界又开始对社会主义经济是不是商品经济展开了讨论，当时就有人提出社会主义经济是有计划的商品经济，但这种观点在1982~1983年间遭到指责，认为社会主义经济只能是计划经济，1984年《中共中央关于经济体制改革的决定》提出社会主义经济是建立在生产资料公有制基础上的有计划的商品经济，不过经济理论界对此却又有不同的理解，有人强调计划性的一面，实际上是否认商品经济，而有人则强调社会主义经济是商品经济，经济理论界在究竟计划经济是社会主义经济的制度特征，还是商品经济是社会主义经济的制度特征的问题上展开了激烈的争论，在争论中越来越多的人倾向于认为社会主义经济是商品经济，认为计划同商品经济并不是互相排斥的。但在1989~1991年否定社会主义经济是商品经济的观点又开始抬头，有人强调计划经济才是社会主义经济的本质特征。1992年，经济理论界的认识出现了迅速而明显的变化，这就是经济理论界普遍认为社会主义经济就是商品经济，并且有人提出建立在社会化大生产基础之上的发达的商品经济就是市场经济，否认社会主义经济是商品经济的思想迅速销声匿迹。党的十四大报告明确指出经济体制改革的目标就是建立社会主义市场经济体制，应该说这最终肯定了初级阶段的社会主义经济是商品经济，因为只有在商品经济这种经济形式下，才可能存在市场经济。

2. 商品经济存在的条件

社会主义经济到底是不是商品经济，取决于社会主义经济是不是具备商品经济存在所须具备的条件。如果社会主义经济具备商品经济存在所须具备的条件，那么社会主义经济就是商品经济，如果社会主义经济不具备商品经济存在所须具备的条件，那么社会主义经济就不是商品经济。因此，要弄清社会主义经济是不是商品经济，首先需要弄清商品经济存在所须具备的条件。商品经济的存在必须具备哪些条件呢？商品经济的存在必须具备以下两个方面的条件：

第一，存在社会分工。社会分工是商品经济产生的一般基础。在存在社会分工的条件下，生产者生产的是不同的产品，一些人生产这种产品，另一些人生产那种产品，只有通过交换，他们才能取得他们所需要的由别人生产出来的产品，这样生产者之间才有把产品当作商品互相交换的必要；如果不存在社会分工，生产者生产的是相同的产品，他们之间就没有互相交换产品的必要。

第二，产品分属于不同的所有者。仅仅存在社会分工，产品并不一定要当作商品互相交换，如果产品不是分属于不同的所有者，那么产品也不会被当作商品来交换。正是因为产品分属于不同的所有者，产品才不会被商品所有者无偿地让渡出去，任何人要得到他人的产品，他都必须以等量价值的产品去交换，也就是说产品被当作商品。总之，在产品分属于不同的所有者的条件下，任何人都只有以他的产品去交换别人的产品，只有通过商品交换，才能取得别人的产品。商品交换是产品所有者实现其产品所有权的基本途径，生产资料所有制关系决定着产品分配关系，在生产资料私有制经济中，产品分属于不同所有者的根本原因是生产资料分属于不同的私人所有。

商品经济存在的这两个条件是缺一不可的，仅仅存在社会分工，而产品归属于同一所有者，产品不会被当作商品来交换；或者产品虽分属于不同的所有者，但不存在社会分工，就没有交换的必要，因而也不会存在商品经济。

3. 社会主义经济是商品经济

弄清了商品经济存在所必须具备的条件，要弄清社会主义经济是不是商品经济，就要看社会主义经济是不是具备商品经济存在所须具备的条件。社会主义经济是不是具备商品经济存在所须具备的条件呢？社会主义经济是具备商品经济存在所须具备的条件的。具体反映在以下两个方面：

(1) 社会主义经济仍然存在着社会分工。社会分工的发展既是推动社会生产力发展的重要力量，另外社会分工的发展也是社会生产力发展的表现，社会生产力的发展水平越高，社会分工越发达，社会分工的存在和发展又取决于社会生产力的发展。虽然社会分工受多种因素的影响，社会分工也必然要反映生产关系，但是社会分工本身属于生产力范畴，它不会因为经济制度的改变而消失。在社会主义经济中，生产社会化程度会进一步地提高，社会生产力会进一步地发展，而且会发展得更快，因此，在社会主义经济中，社会分工不仅不会消失，而且还会继续存在，不仅会继续存在，而且还会获得更快的发展，会不断向广度和深度两个方面发展。这表明，社会主义经济具备作为商品经济存在的其中一个条件——社会分工条件。

(2) 在社会主义经济中，产品仍然分属于不同的所有者。在社会主义经济中，产品仍然分属于不同的所有者是因为各个经济单位仍然有自己独立的经济利益，生产单位仍然是自负盈亏的经济实体。这样各经济单位就必然要将其所生产的产品作为单位所有的产品，别的单位要取得其产品就必须付出价值相同的等价物，任何单位都不会无偿地向社会提供产品。

为什么在社会主义经济中，各经济单位仍然存在独立的经济利益呢？我们从两个层次来分析：第一个层次是社会主义经济的较低级阶段；第二个层次是社会主义经济的高级阶段。

①社会主义经济的较低级阶段。在社会主义经济的较低级阶段，存在着多种不同形式的生产资料所有制经济单位，基于所有制的不同，它们各有其独立的经济利益。这表现在以下几个方面：

第一，在生产资料私有制经济单位之间以及生产资料私有制经济单位与其他非生产资料公有制经济单位之间，各有其独立的经济利益。因为不同单位的产品是这些单位各自运用自有的生产资料和自己劳动或雇佣劳动（企业工人）生产出来的，因而各单位生产出来的产品为各经济单位自己所有，因此在生产资料私有制经济单位之间以及生产资料私有制经济单位与其他非生产资料公有制经济单位之间只能是商品交换关系。

第二，在非生产资料公有制经济单位同生产资料公有制经济单位之间，各有其独立的经济利益。非生产资料公有制经济单位生产出来的产品属于它自己，产品若由生产资料公有制经济单位生产出来，其所有权也属于生产这些产品的具体的生产资料公有制经济单位，因此在非生产资料公有制经济单位同生产资料公有制经济单位之间只能是商品交换关系。

第三，在集体经济单位同集体经济单位之间，不同的集体所有制单位各有独立利益，生产出来的产品分属不同的集体经济单位所有，相互之间只能将产品作为商品交换。

第四，在集体经济单位同全民所有制经济单位之间，亦各有其独立的经济利益，生产出来的产品分属于不同的所有者，集体经济单位生产出来的产品属于集体经济单位自身，全民所有制经济单位生产出来的产品属于生产这些产品的全民所有制经济单位，因此在集体经济单位同全民所有制经济单位之间只能是商品交换关系。

第五，在全民所有制经济单位之间，亦各有其独立的经济利益，生产出来的产品分属于不同的具体生产者，谁生产，谁所有，因此在全民所有制经济不同的经济单位之间也是商品交换关系。

现在的问题在于，为什么全民所有制经济单位也各有其独立的经济利益呢？在同属于全民所有制的条件下，生产资料所有制显然不是造成各单位不同利益的原因，既然生产资料所有制不是造成各单位不同利益的原因，那就要看直接生产者即全民所有者单位的劳动者有没有独立的经济利益，如果劳动者有自己独立的经济利益，那么全民所有制单位就有其独立的经济利益，全民所有制单位的独立的经济利益就是在单位工作的劳动者的经济利益的代表和集中体现。

在社会主义阶段，劳动者仍然具有自己独立的经济利益。原因在于劳动力的私人所有性质没有根本的改变，无论是完全私有，还是部分私有，劳动力归属于劳动者自己所有的性质是存在的。为什么在社会主义经济中劳动力仍然具有私人所有的性质呢？这是因为：第一，在社会主义经济中，劳动者享有充分的人身自由，有权支配自己的劳动力；第二，在社会主义经济中，劳动仍然是劳动者的一种谋生手段，而作为谋生手段就不可能向社会无偿提供，如果劳动力不为劳动者自己所有，劳动者是不可能将劳动作为谋生手段的；第三，劳动力的生产和再生产费用仍然完全或部分由劳动者自己来承担。劳动力的劳动者私人所有的性质在经济上的实现形式就是有偿让渡劳动产品，向社会无偿提供其劳动产品是对劳动者独立的经济利益的否定，是对劳动力劳动者私人所有的性质的否定。这就意味着在劳动者之间只能是一种劳动产品或者劳动的交换关系。

在社会化大生产的条件下，劳动者必须同其他劳动者一起共同劳动，共同完成产品的生产，劳动产品都是以集体劳动产品的形式表现出来的，而不是以个人劳动产品的形式表现出来的，这样劳动者的经济利益也就体现在集体劳动产品（联合劳动产品）上，而集体劳动产品就是全民所有制单位的产品，劳动者并不能独立地占有某一件产品，其经济利益当然就不能通过劳动者个人的产品交换来实现，劳动者独立的经济利益只能通过所在单位的产品的有偿让渡表现出来。这就决定了企业劳动者的个人利益要首先以企业联合劳动者的利益表现出来。劳动者所在单位现在就成了所在单位全体劳动者经济利益的代表，单位的利益就成了所在单位全体劳动者的集体利益，这样它的产品就不可能无偿地让渡给其他全民所有制经济单位，而只能是按照等价交换原则同其他全民所有制经济单位进行商品交换，否则就是否定了企业劳动者的经济利益，从而否认了劳动者个人的独立的经济利益，就会造成一部分劳动者能够无偿地占有另一部分劳动者的劳动。总之，作为所在单位劳动者集体利益的代表，任何一个全民所有制经济单位都只能将其产品当作商品来交换，这样在全民所有制经济单位之间的经济关系也就只能是商品交换关系。

社会主义阶段劳动者独立的经济利益是导致全民所有制经济单位之间商品交换关系的根本原因。不过，在生产资料所有权同生产资料的占有权、支配权、使用权相分离的情况下，也会产生与生产资料的占有权、支配权、使用权相对应的相对独立的经济利益。虽然总的说来，对全民所有制经济单位而言，无论生产资料所有权同占有权、支配权、使用权是否分离，其发展对整个全民所有制经济都会造成直接影响，单位利益不可能同整个全民所有制经济单位的利益截然分开，所有的全民所有制经济单位都是整个社会主义全民所有制经济的一个组成部分，它们在根本利益上是一致的，存在着共同的经济利益，但是在社会主义社会发展的一定阶段，基于社会管理能力、激励机制等因素的约束，国家不可能将全民所有的生产资料的占有权、支配权、使用权都集中在国家手中，往往需要根据社会管理能力、激励机制等因素的约束，将生产资料的所有权与占有权、支配权、使用权分离开来，国家保持对生产资料的所有权，而使全民所有制的具体经济单位不同程度地拥有对生产资料的占有权、支配权、使用权，也就是说使它们拥有相对独立的经营权，使它们成为一级产权主体。在这种情况下，国家凭借生产资料所有者的代表的权力（所有权）来获取经济利益，而全民所有制的具体经济单位则获取与其独立的经营权相对应的经济利益，这样其能获得多少利益，除了受外部环境影响外，主要取决于其自身的经营，经营得好，可以获得较多的经济利益，经营得不好，获得的利益就少，甚至会遭受损失。基于生产资料的所有权与占有权、支配权、使用权的分离而产生的全民所有者经济单位的独立的经济利益，也使得全民所有者经济单位不能也不会无偿地向其他全民所有制经济单位让渡其产品，而是按等价交换原则把自己的产品作为商品同其他全民所有制经济单位相交换，因为只有这样，才能实现其独立的经济利益。

以上说明，在社会主义经济的较低级阶段，各经济单位仍然存在独立的经济利益，这就决定了在社会主义经济的较低级阶段，产品仍然归不同的单位所有，各经济单位之间的经济关系仍然是商品交换关系。

②社会主义经济的高级阶段。在社会主义社会的高级阶段，生产资料所有制将只存在单一的社会所有制或全民所有制，基于生产资料所有制的不同而产生的不同的经济利益和产品的不同归属将不存在，在社会主义社会的较低级阶段存在的这个范围的商品交换关系自然随之消亡，但是由于在社会主义社会，劳动力属于劳动者私人所有，劳动者拥有自己独立的经济利益，因此任何单位都会因此而具有独立的经济利益，由此产品就仍然会有不同的所有者主体，这样，不同的经济单位之间的经济关系将仍然是商品交换关系。这里需要补充说明的是，我们说不同的经济单位之间的经济关系是商品交换关系并不否认不存在其他属性的关系，商品交换关系并不排斥其他关系。

以上说明，社会主义经济仍然存在作为商品经济所须具备的两个条件，因此，社会主义经济仍然是商品经济。

三、社会主义商品经济的一般属性与特殊属性

社会主义经济是商品经济（亦即商品经济是社会主义经济的居统治地位的、普遍的经济形式），资本主义经济也是商品经济，在其他某些社会形态中也存在着

商品经济。作为商品经济，社会主义商品经济具有商品经济的一般属性，作为社会主义社会形态下的商品经济，社会主义商品经济又具有不同于其他社会形态下的商品经济的特殊属性。

1. 社会主义商品经济的一般属性

作为商品经济，社会主义商品经济自然会具有与其他商品经济所共有的属性，这种共有的属性就是商品经济这种经济形式所具有的一般属性。社会主义商品经济的一般属性具体反映在以下几个方面。

（1）生产者都是商品生产者，生产者之间的关系是商品经济关系。与其他社会形态下的商品经济一样，在社会主义商品经济中，生产者都具有各自独立的经济利益，生产者之间的关系乃是独立的经济利益主体之间的关系，它们都不会无偿地让渡自己的产品，而是相互交换其产品，它们之间是商品交换关系。

（2）生产者享有生产经营决策权。生产者作为独立的经济利益主体，享有生产经营决策权，生产者也要自己承担盈亏责任。

（3）生产者进行生产的目的是为了交换，是为了商品的价值。与其他社会形态下的商品经济一样，在社会主义商品经济中，生产者进行生产的目的也是为了交换，交换的目的不是商品的使用价值，而是商品的价值。生产者的劳动是不是社会劳动，在产品生产上耗费的具体劳动能否转化为抽象劳动，都取决于生产出来的商品能否卖出去，卖得出去，能够获得商品的价值，卖不出去，就无法获得商品的价值。

（4）产品都表现为商品，作为商品，商品的属性及内在矛盾也依然存在。在社会主义商品经济中，产品都以商品的形式出现，作为商品同样具有价值和使用价值两重属性，价值同使用价值间存在着矛盾，生产商品的劳动也具有抽象劳动与具体劳动两重属性，生产商品的抽象劳动与具体劳动、价值同使用价值之间都存在着矛盾。

（5）价值规律仍是社会主义商品经济的基本经济规律。价值规律是商品经济的基本经济规律，在商品经济中，价值规律调节着经济资源在社会生产的不同部门之间的分配，推动着社会劳动生产率的提高，社会主义经济是商品经济，价值规律自然要作为基本经济规律发挥作用，发挥着其在商品经济中的共同作用，调节着整个社会生产。

（6）存在广泛的竞争。竞争是商品经济发展的杠杆，是商品经济内在的产物，在社会主义商品经济中竞争仍然广泛存在，仍然是商品生产者的外部强制力量，仍然推动着商品经济的发展，价值规律的实现仍然要依赖于竞争，竞争仍然是价值规律实现的前提条件。

（7）市场体系是商品经济运行的基本条件。没有市场，就不可能有商品经济，市场不完善，必然损害商品经济的发展，市场体系的形成和完善有利于商品经济的运行，市场的范围越大，交易的层次越深，市场的开放程度越高，竞争性程度越高，越有利于商品经济的运行。

2. 社会主义商品经济的特殊属性

与其他社会形态下的商品经济相比，社会主义商品经济具有多方面的不同于它们的特殊属性。同那种以个体私有制和个体劳动为基础的小（私有制）商品经济相比，社会主义商品经济是建立在社会分工相当发达的社会化大生产基础之上的商品经济，并且生产目的也各不相同，小商品经济下的小商品生产者进行生产与交换的目的是满足自己的消费需要，是为了商品的使用价值，而在社会主义商品经济中，生产者进行生产的目的是为了交换，是为了商品的价值。不过，这里我们关注的不是与小商品经济相比社会主义商品经济的特殊属性，这种比较没有多少现实意义，因为小商品经济不是发达的商品经济，不是商品经济的典型形态，这里我们关注的是与资本主义商品经济相比，社会主义商品经济所具有的特殊属性，因为资本主义商品经济是发达的商品经济，是商品经济的典型形态。那么，与资本主义商品经济相比，社会主义商品经济具有哪些特殊属性呢？这些特殊属性主要反映在以下诸方面。

（1）社会主义商品经济是建立在生产资料公有制基础之上的商品经济。单一的生产资料公有制或者生产资料公有制居于主体地位是社会主义经济的基本的制度特征，社会主义经济是建立在生产资料公有制基础之上的经济，因此，社会主义商品经济就具有了与资本主义商品经济不同的属性，资本主义商品经济是建立在生产资料私有制基础之上的商品经济，社会主义商品经济则是建立在生产资料公有制基础之上的商品经济。

（2）在资本主义商品经济中，生产者无论是从个体来看，还是从社会整体来看，商品生产者从事生产的目的都是为了获取更多的利润，因为资本主义商品经济是建立在生产资料私有制基础之上的商品经济；在社会主义商品经济中，就商品生产者个体而言，其进行生产的直接目的是为了商品的价值，但就整个社会而言，生产的根本目的是为了满足社会的需要，这是由生产资料公有制的性质所决定的，这就意味着在社会主义商品经济中，商品生产者不可能无限制地追求利润，商品生产者对利润的追求要受到社会的限制。

（3）在资本主义商品经济中，商品关系的范围不受限制，任何东西都可以成为商品，甚至人的名誉、良心都成了商品；在社会主义商品经济中，商品关系的范围要受到一定的限制，土地、矿山等重要的自然资源的利用虽然要充分利用市场机制，土地的使用权、矿山的使用权等都可以成为市场交易的对象，但是土地、矿山等自然资源本身不能成为买卖的对象，它们的所有权不会成为市场交易的对象，其所有权属于全民所有的性质保持不变。

（4）在资本主义商品经济中，生产资料属于资本家私人所有，生产什么、生产多少，都是资本家私人的事情，私人劳动与社会劳动的矛盾决定着具体劳动与抽象劳动之间的矛盾，是商品使用价值与价值之间的矛盾的根源；在社会主义商品经济中，由于生产资料公有制居于主体地位，因此生产经营决策大部分属于集体决策，生产者的劳动首先表现为局部劳动，是局部劳动与社会劳动之间的矛盾决定着具体劳动与抽象劳动之间的矛盾，局部劳动与社会劳动之间的矛盾是商品使用价值与价值之间的矛盾的根源。

(5) 在资本主义商品经济中，生产资料属于资本家私人所有，生产成果也归资本家私人所有，所有权属于资本家；而在社会主义商品经济中，由于生产资料公有制居于主体地位，生产资料公有制生产单位生产出来的产品并不是归属于哪一个人，而是归属于生产单位的劳动者集体，产品的所有权属于劳动者集体。

(6) 在资本主义商品经济中，生产资料属于资本家私人所有，不存在代表生产资料公有制利益的政府经济调控，政府的调控都是服从于资本家私人的利益，还不具备从社会整体出发，为维护社会整体利益而进行经济调控的条件；在社会主义商品经济中，政府会作为生产资料公有制利益的代表对经济进行调控，这种调控服从于生产资料公有制和劳动者集体的需要，具备了从社会整体出发，为维护社会整体利益而进行经济调控的条件。

从社会主义商品经济所具有的这些特殊属性来看，社会主义商品经济是比资本主义商品经济更高的发展阶段，能够比资本主义商品经济更加促进社会生产力的发展，从而为向未来的经济形式的过渡创造所必需的条件。

四、价值规律在社会主义商品经济中的作用

价值规律是商品经济中价值量的决定和价值量的实现的规律，它包括两层不可分割的含义：①商品的价值量由生产商品的社会必要劳动时间所决定；②商品交换以商品的价值量为基础，实行等价交换。第一层含义说明的是价值量的决定问题，第二层含义说明的是价值量的实现问题。

价值规律是商品经济的基本经济规律，只要存在商品经济，价值规律就有存在的条件，就要发挥其作用，社会主义经济是商品经济，存在着价值规律发挥作用的条件，因此价值规律在社会主义商品经济中同样要发挥其作用。那么在社会主义商品经济中，价值规律要发挥哪些方面的作用呢？价值规律要发挥以下基本作用。

1. 促进商品生产者不断提高劳动生产率，从而促进社会生产力的发展

在商品经济中，商品的价值量由生产商品的社会必要劳动时间所决定，商品的交换实现等价交换，如果单位商品生产所耗费的个别劳动时间超过了社会必要劳动时间，则所耗费的一部分劳动得不到社会承认，如果单位商品生产所耗费的个别劳动时间低于社会必要劳动时间，所得到的价格就会超过其实际所耗费的劳动量，就能获得超额利润。因此商品生产者都会努力缩短个别劳动时间，要缩短个别劳动时

间就必须提高劳动生产率，要提高劳动生产率就必须不断地进行技术创新，不断地提高技术水平，不断地改善生产经营管理，并不断增加积累和投资，从而促进整个社会生产力的发展。

2. 调节经济资源在社会生产各个部门的分配，自发地促进国民经济按比例发展

在商品经济中，商品生产者根据市场上商品的供求状况和商品的价格来决定生产和投资，当一种商品供过于求时，价格会下降，最终至价格低于其价值，商品的价值量得不到全部实现，商品生产者就会亏损，以致破产，这样就会推动生产这类商品的生产者调整生产和投资结构，转而生产其他商品或者将投资转向其他生产部门；同样地，当一种商品供不应求时，价格会上升，最终至价格超过其价值，商品生产者能赚取超额利润，这就会使生产该商品的企业不断扩大生产规模，增加投资，同时促使生产其他种类商品的生产者将投资转向这类产品的生产部门，经济资源就会向这种产品生产部门流动，生产能力随之增长，如此不断循环，自发地促进国民经济按比例发展。

3. 价值规律可以调节商品供求，促进市场上商品的供求平衡

一种商品供过于求时，价格下跌，此时商品生产者会减少供应，削减生产，而这时消费者往往会增加购买；一种商品供不应求时，价格上涨，此时商品生产者便会增加供应量，增加生产，而这时消费者往往会减少购买量（或延迟购买，或购买其他替代品），这样如果市场上出现了供求失衡，价值规律可以自发地发挥调节作用。

五、价值规律自觉地、充分地发挥其作用所须具备的条件

价值规律在社会主义商品经济中发挥上述作用不是无条件的。价值规律在社会主义商品经济中自觉地、充分地发挥其作用需要具备以下基本条件。

1. 企业必须是自负盈亏、自主经营的商品生产经营者

价值规律的作用建立在经济主体关注自身的经济利益，并且能够对商品供求和价格的变化做出反应的基础上，只有企业自负盈亏，有自己独立的经济利益，才会对商品供求和商品价格的变化做出灵敏的反应，只有企业拥有充分的生产经营和投资自主权，它才能对商品供求和商品价格的变化做出反应，价值规律才能发挥作用。

2. 要有完善的市场

完善的市场包括这样几层含义：第一，市场体系是完整的；第二，市场是统一的；第三，市场是开放的；第四，市场是竞争性的。只有在完整的、统一的、开放的、竞争性的市场中，价值的决定机制才能充分地发挥作用，价格的变化才会具有灵敏性，经济资源才能自由地充分地流动，价值规律才能充分地发挥作用，市场越

完善，价值规律的作用发挥得会越充分。这也说明，如果没有完善的市场，价值规律是不可能充分地发挥作用的。形成完善的市场需要一个过程，这个过程发展得越快，越有利于价值规律作用的发挥。

第二节　经济体制的含义、内容和评价

一、经济体制的含义及其与经济制度的关系

经济体制是生产关系的具体表现形式。这包括几层含义：(1) 经济体制是一种生产关系，它不是生产力，也不是上层建筑；(2) 经济体制是生产关系的具体表现形式，它不是它要表现的生产关系自身。作为生产关系，经济体制必然要对社会生产力的发展产生影响，作为生产关系的具体表现形式又意味着在同一种性质的生产关系下，表现形式的差异可能会对社会生产力的发展产生不同的影响。

经济体制与经济制度是什么关系呢？我们首先需要明确经济制度的含义。经济制度有广义和狭义之分。广义的经济制度是指一定社会的全部生产关系的总和，它所包括的内容极其广泛，经济体制是这个意义上的经济制度的组成部分。狭义的经济制度是指代表一定社会生产关系的基本性质的生产关系的总和，它反映一个社会的性质。人们在使用经济制度这个概念时，有时是指广义的经济制度，有时是指狭义的经济制度。我们这里使用的经济制度一词是指狭义的经济制度。显然，经济体制不包括在狭义的经济制度范畴之内。

既然经济体制是生产关系的具体表现形式，那么一般来说，由于社会生产力的发展水平等因素的影响，同一性质的生产关系会以不同的具体的形式表现出来，这就提供了在同一种经济制度下出现不同的经济体制的可能性，具体来看，一方面是表现在经济制度相同的国家，经济体制相异，另一方面是表现在经济制度不变的同一国家，在不同的时期经济体制相异。由于在同一经济制度下，存在着实行不同的经济体制的可能性，因此社会就应该根据社会生产力发展的需要来选择经济体制，如果经济体制阻碍了社会生产力的发展，就应该进行改革，而经济体制的改革并不意味着经济制度的变革。一般来说，经济制度具有相对的稳定性，而经济体制则应根据其与社会生产力发展的关系不断地进行调整。

不过经济体制的选择并非不受经济制度的约束。由于经济体制是生产关系的具体表现形式，经济制度会限制经济体制的选择空间，如果经济体制改革越出了经济制度的边界，触动了经济制度，这种改革最终会被迫放弃。例如，在共产主义经济制度下，就不可能有市场经济体制；在资本主义经济制度下，作为常态而言，也不可能有真正的计划经济。

经济体制与经济制度的这种关系使得一方面它对社会生产力的发展的作用要受

到经济制度的约束，另一方面它也会独立地对社会生产力的发展发挥作用，从性质上来看，它既可能促进社会生产力的发展，也可能阻碍社会生产力的发展，因此在经济制度相同的条件下，如果实行的经济体制不同，社会生产力发展就会出现不同的结果。由此，我们就需要辨明一个社会的社会生产力的发展到底是由经济制度带来的，还是由经济体制带来的，社会生产力发展滞后到底是由经济制度造成的，还是由经济体制造成的。一种经济体制有利于社会生产力的发展并不代表这种经济体制所处的经济制度有利于社会生产力的发展，一种经济体制不利于社会生产力的发展也不代表这种经济体制所处的经济制度不利于社会生产力的发展。不过，无论是经济制度，还是经济体制，只要它阻碍了社会生产力的发展，都应该改革或者扬弃。

二、经济体制包括的主要内容

上述所界定的经济体制的概念还很抽象，而且由于生产关系的范围非常广泛，经济体制作为生产关系的具体表现形式会反映在社会生产活动的各个方面，因此我们要把握一种经济体制，就需要抽象出反映经济体制的主要内容。经济体制包括的主要内容有：生产资料所有制结构；经济决策方式；经济协调方式；经济管理方式；经济刺激方式；信息传输方式。

1. 生产资料所有制结构

生产资料所有制结构是指不同性质的生产资料所有制经济成分之间的比例关系和不同形式的生产资料所有制实现形式之间的比例关系。从生产资料所有制经济成分的结构来看，存在着多种可能性：

（1）单一的生产资料公有制。它包括以下几种具体类型：①单一的生产资料（全民）社会所有制；②单一的生产资料集体所有制；③生产资料全民所有制与生产资料集体所有制并存。

（2）单一的生产资料私有制。

（3）生产资料公有制与生产资料私有制并存。它包括以下几种具体类型：①以生产资料公有制为主体，同时并存着生产资料私有制经济成分；②以生产资料私有制为主体，同时并存着生产资料公有制经济成分；③生产资料公有制经济成分与生产资料私有制经济成分并重。

社会主义经济是建立在生产资料公有制基础之上的经济，因此在社会主义经济中，生产资料所有制经济成分结构存在的可能类型包括：①单一的生产资料（全民）社会所有制；②单一的生产资料集体所有制；③生产资料全民所有制与生产资料集体所有制并存；④以生产资料公有制为主体，同时并存着生产资料私有制经济成分。生产资料公有制的实现形式又有多种情形，这样，社会主义经济中的生产资料的所有制结构又可以进一步划分出更多的类型。

同是社会主义经济，由于所处的社会生产力的发展阶段，面临的国际经济、政治背景等的差异，生产资料所有制经济成分结构与生产资料实现形式的结构会存在差异，由此就会形成不同的经济体制。

2. 经济决策方式

所谓决策乃指在可供选择的行动中选择其中之一的行为，决策权乃指在可供选择的一系列行动中能够做出选择的权力，简而言之，决策就是选择，决策权就是选择权。经济决策当然是指在一系列能够选择的经济活动中选择其中之一的行为，经济决策权就是指在一系列能够做出选择的经济活动中选择其中之一的权力。

这里的经济决策方式（也称经济决策结构）是指经济决策权在经济活动不同层次的当事人之间或者在不同的经济运行主体之间的分配所形成的权力对比关系。

经济活动是具有层次性的，国民经济就是由不同层次的经济活动所形成的一个系统。从国民经济活动的整体来看，可以分为如下几个层次：（1）微观层次的经济活动，具体包括：①个人或家庭的消费经济活动和就业活动；②企业的生产经营活动。（2）中观层次的经济活动，包括部门经济活动、地区经济活动；（3）宏观层次的经济活动，指国民经济整体的经济活动。这里要说明的是，中观经济活动和宏观经济活动的划分是相对的，我们可以根据这里的层次划分将中观层次的经济活动和宏观层次的经济活动明确划分开来，但在许多文献中，是将中观层次的经济活动包括在宏观经济活动中的。为叙述的便利，我们也将我们这里所划分出的中观层次的经济活动和宏观层次的经济活动统称为宏观经济活动，这样相应的经济决策就包括微观经济决策和宏观经济决策。

经济决策权的分配是集中还是分散，决定着经济体制的类型归属。经济决策权的集中与分散不是指微观经济单位内部的经济决策权的集中与分散，而是指经济决策权在微观经济单位与政府之间的分配。政府是被作为一个集中决策单位来看待的，微观经济单位则显然是许许多多个具有自己独立的经济利益的分散的决策单位，因此经济决策权为政府掌握，则属于经济决策权的集中，经济决策权为微观经济单位掌握，则属于经济决策权的分散。经济决策权在微观经济主体和政府之间的分配存在着这样几种可能性：

（1）所有的经济决策权都集中在政府的手中。它具体包括两种情况：①所有的经济决策权都集中在中央政府；②经济决策权大部分集中在中央政府，小部分集中在地方政府；③经济决策权大部分集中在地方政府，小部分集中于中央政府。

（2）所有的经济决策权都集中在微观经济主体的手中。这种情况实际上意味着不存在宏观经济决策，是一种经济决策权完全分散的体制。

（3）政府与微观经济主体分享经济决策权。它具体包括这样几种情况：①政府享有宏观经济决策权，微观经济主体享有微观经济决策权；②政府享有宏观经济决策权，也享有小部分微观经济决策权，微观经济主体享有大部分微观经济决策权；③政府享有宏观经济决策权，同时享有大部分微观经济决策权，微观经济主体只享有小部分微观经济决策权。社会生产力的发展、经济制度的性质等都会对经济决策权的分配结构产生影响，经济决策权的分配结构不同，就会形成不同的经济体制。

3. 经济协调方式

经济协调方式（亦称经济调节方式）是指社会将经济资源配置到各种不同的用途（使用方向）的方式，主要是指社会将经济资源配置到不同种类的产品生产部门的方式，还包括社会将经济资源配置到不同地区等的方式。历史上出现过多种经济协调方式，例如按照传统、习惯来分配经济资源。就现代社会来看，经济协调方式存在着以下几种可能的选择：

(1) 完全的计划调节。这是一种完全依靠社会计划来配置经济资源的经济协调方式。

(2) 完全的市场调节。这是一种完全依靠市场机制来配置经济资源的经济协调方式。

(3) 既有计划调节、也有市场调节的经济协调方式。这包括以下几种具体的情况：①计划调节为主，市场调节为辅；②市场调节为主，计划调节为辅；③计划调节与市场调节相结合。经济协调方式不同，资源配置效率会不同。

4. 经济管理方式

这里的经济管理方式是指政府对国民经济活动进行管理的方式，它通过政府对国民经济活动进行管理的组织架构、管理规则和管理手段等体现出来。经济管理方式存在着以下几种基本的可能性：

(1) 完全的行政管理。这是一种政府完全依靠行政组织、依照行政规则、运用行政手段对国民经济活动进行管理的经济管理方式。

(2) 完全的经济管理。这是一种政府完全依靠经济组织、依照经济规则、运用经济手段对国民经济活动进行管理的经济管理方式。

(3) 既有行政管理方式，也有经济管理方式。按照两种方式的倚重情况，又包括两种具体的情况：①以行政管理方式为主，以经济管理方式为辅，是政府主要依靠行政组织、依照行政规则、运用行政手段对国民经济活动进行管理、辅之以经济组织、经济规则、经济手段对国民经济活动进行管理的经济管理方式；②以经济管理方式为主，以行政管理方式为辅，是政府主要依靠经济组织、依照经济规则、运用经济手段对国民经济活动进行管理、辅之以行政组织、行政规则、行政手段对国民经济活动进行管理的经济管理方式。经济管理方式的不同往往会导致不同的经济动力机制、不同的生产效率、不同的资源配置效率等。

5. 经济刺激方式

经济刺激方式是指驱使或刺激当事人从事某一经济活动或改变其经济行为的手

段或方法。经济刺激方式存在着以下几种可能性：

（1）完全的经济利益（物质利益）刺激，即驱使或刺激当事人从事某一经济活动或改变其经济行为的完全是经济利益，正面的刺激就是使经济当事人的经济利益得以增加，负面的刺激就是使经济当事人的经济利益减少。

（2）完全的非经济利益（非物质利益）刺激，即驱使或刺激当事人从事某一经济活动或改变其经济行为的完全是非经济利益，包括行政、精神、道德等方面的利益，正面的刺激是使经济当事人获得行政升迁、精神奖励、道德的维系与升华等，负面的刺激是使经济当事人不能获得行政升迁或者受到行政处罚、不能获得精神奖励或者受到精神惩罚、不能获得道德的维系与升华或者使经济当事人的道德观受到伤害等。

（3）既有经济利益刺激，也有非经济利益刺激。其具体包括以下两种情况：①经济利益刺激为主，非经济利益刺激为辅的经济刺激方式；②非经济利益刺激为主，经济利益刺激为辅的经济刺激方式；③经济利益刺激与非经济利益刺激并重的经济刺激方式。经济刺激方式是生产效率的决定因素。

6. 经济信息传输方式

信息传输方式是指信息收集、处理和传送的渠道和机制。这里的经济信息是指与经济决策有关的产品数量、价格等方面的反映经济活动的信息和对经济决策具有影响的非经济活动方面的信息。经济信息传输方式是指与经济决策有关的经济活动信息以及其他有关信息的收集、处理和传送的渠道和机制。获取信息之所以重要，主要在于经济决策环境的不确定性，要做出合理的经济决策、协调经济决策或保证行动的一致性，必须要有充分的信息保证。经济信息传输方式存在着这样几种可能性：

（1）完全纵向的信息传输方式。这是一种完全自下而上，自上而下的信息传输方式，不存在任何横向的信息传输。

（2）完全横向的信息传输方式。这是一种完全的发生在独立的平等的经济主体之间的，不存在任何的处在独立的经济主体之外的纵向的信息传输的信息传输方式。

（3）既有纵向的信息传输，也有横向的信息传输的信息传输方式。这包括以下几种具体的情况：①以纵向的信息传输为主，同时存在着横向的信息传输；②以横向的信息传输为主，同时存在着纵向的信息传输；③横向的信息传输与纵向的信息传输相互交错的信息传输方式。

三、经济体制的分类

依据经济体制上述内容的某一个方面的特征或者依据某些内容的特征的组合我们可以划分出不同类型的经济体制出来。诸如习惯经济、命令经济等都是人们根据不同的标准划分出来的不同类型的经济体制。这里我们仅限于说明现代社会正在实行或者曾经实行过的两种主要的经济体制：计划经济体制与市场经济体制。以下我们说明两种经济体制的基本特征。

1. 计划经济体制

计划经济体制（一般简称为计划经济）是计划机制在经济资源配置中发挥基础性作用的经济体制。计划经济体制具有以下基本特征：

（1）生产资料所有制以公有制为基础。生产资料公有制的比重越高，特别是生产资料全民所有制的比重越高，越有利于实行计划经济。虽然在不同类型的计划经济体制下，生产资料所有制结构会有不同，但是生产资料公有制占主导地位是实行计划经济的前提。由于生产资料全民所有制所占的比重越高，越有利于实行计划经济，因此计划经济具有内在地追求不断提高生产资料公有制程度的倾向。

（2）经济决策权高度集中于中央政府。宏观经济决策权集中于中央政府，微观经济决策权也高度集中于中央政府。在不同的计划经济体制下，微观经济决策权的分配结构会存在差别，但是在任何条件下，主要的权力都集中在中央政府的手中。

（3）计划调节是主要的经济调节方式。虽然不同类型的计划经济体制计划调节的地位存在差别，但是作为计划经济体制，都具有一个共同的特征，那就是计划调节是主要的经济调节方式，计划在经济资源配置中发挥着基础性的作用。

（4）行政管理方式是政府管理国民经济的主要方式。不同类型的计划经济体制，政府管理经济的方式会存在一些差别，经济管理方式和行政管理方式的地位会有所差别，但作为计划经济体制，只能以行政管理方式作为主要的管理方式。

（5）行政强制和精神动员是主要的经济刺激方式。将经济利益作为主要的经济刺激方式，会给计划的制定、实施带来一系列困难，经济利益刺激方式与计划经济存在着内在的冲突，因此计划经济只能以行政强制和精神动员作为主要的经济刺激方式。

（6）纵向的信息传输方式是主要的信息传输方式。计划的制定、计划的执行情况等都依赖于纵向的信息传输，上级计划部门掌握着经济资源的分配权，要获得更多的经济资源，也只能依靠纵向的信息传输。虽然，横向的信息传输在某些类型的计划经济体制下也会存在，但计划经济所依赖的、在计划经济中发挥主要作用的是纵向的信息传输。

2. 市场经济体制

市场经济体制（一般简称为市场经济）是市场机制在经济资源配置中发挥基础性作用的经济体制。市场经济体制具有以下基本特征：

（1）生产资料所有制多元化。市场经济体制可以在多种生产资料所有制结构下存在，在生产资料私有制为主的社会中和在以生产资料公有制为主的社会中，都可以实行市场经济体制。

（2）微观经济主体享有微观经济决策权，微观经济决策权高度分散。微观经济主体掌握微观经济决策权是市场经济体制存在的前提，无论实行何种宏观经济调节政策，政府都不能剥夺微观经济主体的微观经济决策权。

（3）市场调节是主要的经济调节方式。在不同的具体类型的市场经济体制下，市场调节受政府的影响会有差别，但是无论具体类型是什么，市场调节都是主要的经济调节方式，市场在经济资源配置中发挥着基础性的作用。

（4）经济管理方式是政府管理国民经济的主要方式。不同类型的市场经济体制，政府管理经济的方式会存在一些差别，经济管理方式和行政管理方式的地位会有所差别，但作为市场经济体制，经济管理方式乃是主要的管理方式。

（5）经济利益刺激是主要的经济刺激方式。由于微观经济决策权的高度分散性，在市场经济中，不适合采用行政强制和精神动员的方式来刺激微观经济主体从事经济活动，而只能依靠经济体系内在的经济利益来刺激微观经济主体从事经济活动。

（6）横向的信息传输方式是主要的信息传输方式。微观经济决策权的高度分散性和市场在经济资源配置中的基础性作用，使得横向的信息传输成为了市场经济中主要的信息传输方式，微观经济决策对市场经济的运行起着决定性作用，而微观经济决策的信息依据主要是横向的即来自于市场的信息，因此横向的信息传输效率的高低对市场经济运行效率的高低有着十分重要的影响。

四、经济体制的评价

不同的经济体制会形成不同的经济运行机制，在不同的经济体制下，经济主体会有不同的经济行为，因此不同的经济体制会产生不同的经济运行绩效。经济体制是社会能够做出选择的，选择何种经济体制，一种经济体制是否需要进行改革，都取决于经济体制的运行绩效。如何判断经济体制的运行绩效呢？总的来看，社会生产力的发展是判断经济运行绩效的根本标准。经济体制属于生产关系的范畴，按照马克思关于生产力与生产关系的相互关系的原理，生产关系是否合理要看其是否与社会生产力的发展相适应，如果生产关系与社会生产力的发展相适应，那么这种生产关系就是合理的；如果生产关系与社会生产力的发展不相适应，那么这种生产关系就是不合理的。对经济体制而言，如果经济体制与社会生产力的发展是相适应的，那么这种经济体制就是合理的；如果经济体制与社会生产力的发展不相适应，那么这种经济体制就是不合理的。因此，是否适应社会生产力的发展就成了判断经济体制合理性的根本标准。

一种经济体制是否适应社会生产力的发展，可以通过以下具体的方面（标准）来判断。

1. 经济增长

经济增长是一个国家在一定时期实际生产的产品产量的增加。经济增长是社会生产能力得到利用的结果，因此经济增长是反映经济体制是否适应社会生产力发展的重要判别标准。产品产量可以用总产量衡量，但由于总产量未考虑人口数量的变化，仅以总产量衡量经济增长可能高估经济增长，也可能低估经济增长，因此要准确判断经济增长，还要看人均产量的增长情况。在人口非负增长的条件下，人均产量的增加意味着总产量的增加，如果我们将人口非负增长视为一般情况，那就意味着在一般情况下，只要人均产量是增加的，就表明总产量是增加的，因此人均产量增加了，就表明经济在增长。在其他条件相同的情况下，在不同的经济体制下，经济增长越快的国家，说明其经济体制越适应社会生产力的发展，经济增长越慢的国家，说明其经济体制越不适应社会生产力的发展。

2. 经济效率

经济效率是指某一时点或某一时期内资源利用的有效程度或利用效率。经济效率越高，生产一定数量的产品所需要投入的经济资源越少，以既有的经济资源生产出来的产品量越多，消费者所需要的产品的生产越是能够获得保障，社会福利水平越高。经济效率是社会生产力发展的重要反映，经济效率越高，表明社会生产力发展水平越高，经济效率提高得越快，表明社会生产力发展得越快。在其他条件相同的情况下，哪种经济体制最能促进经济效率的提高，哪种经济体制就是最优的经济体制，如果经济体制不是经济效率提高的促进因素，而是导致经济效率的下降，那它就是不合理的经济体制。

3. 经济的稳定性

经济的稳定性指经济增长及其他宏观经济运动的稳定程度。由于宏观经济波动会导致经济资源的浪费，会对社会生产力的发展造成破坏，对就业、居民收入等以及社会稳定都会产生不利影响，因此维持宏观经济的稳定是社会努力追求的目标。其他条件相同，经济体制不同，宏观经济的稳定性会不同，从宏观经济的稳定性来看，越是有利于经济稳定的经济体制越有利于社会生产力的发展，越有利于增加社会福利，反之，则越是不利于社会生产力的发展，越是有损于社会福利的增长，因此经济的稳定性也是判断经济体制优劣的重要标准。

4. 经济结构

经济结构有广义和狭义之分，广义的经济结构是指国民经济的各个组成部分之间的比例关系，狭义的经济结构是指国民经济各个部门之间的比例关系，狭义的经济结构就是产业结构。一般来说经济增长、经济效率、经济的稳定性与经济结构是相辅相成的，没有协调的经济结构，很难有高的经济增长、高的经济效率和高的经济稳定性，不过在许多情况下，它们之间并不相一致，特别是在短期，例如经济增长速度很高，但产业结构却是失衡的、落后的，地区经济结构也是失衡的。从长期和从整个国家的社会福利来看，只有形成合理的、优化的经济结构，经济才能获得长期的增长，经济效率才能不断地提高，才能为宏观经济的稳定提供有利的条件。因此，判断一种经济体制的优劣还要看它对经济结构的影响，如果一种经济体制有利于形成合理的、优化的经济结构，那它就是好的经济体制，相反，它就是一种不好的经济体制。

5. 收入分配的公平性

收入分配是指国民收入的分配。居民福利直接受收入分配的影响。经济体制不同，经济增长水平相同，会形成完全不同的收入分配格局，从而会形成完全不同的社会福利水平。经济增长水平相同，收入分配越公平，社会福利水平会越高，收入分配越不公平，社会福利水平会越低。收入分配公平与否，既要看分配结果是否公平，也要看分配原则是否公平。分配公平与否不仅影响当代人的当期福利，而且由于收入分配会对经济效率、经济结构、经济增长产生积极的或者消极的作用，又会影响到当代人的未来福利和后代人的福利。公平的收入分配不仅有利于提高当代人的当期福利，而且有利于增加当代人的未来福利和后代人的福利。我们在判断一种经济体制的优劣时必须考虑到其对收入分配的影响，如果它有利于形成公平的收入分配，那它就是好的经济体制，如果它不利于形成公平的收入分配，那它就不是好的经济体制。

经济体制的优劣要通过以上几个具体的标准来衡量，好的经济体制应该是能够导致高经济增长，高的经济效率，高的经济稳定性，合理的、优化的经济结构和公平的收入分配的经济体制。

五、社会主义经济体制的实践模式

经济体制模式（一般简称为经济模式）作为一个经济范畴是对一定类型经济体制的基本特征的理论概括。在进行这种理论概括时，舍弃了现实存在的具体经济体制的细节，而主要把握它的基本特征。因为就具体细节来说，各国所存在的经济体制必然会因各种具体的复杂的社会经济因素的差别而存在这样或那样的差异，如果将其中的具体细节与代表的这种经济体制的本质内容的基本特征相混淆，就会干扰我们对这些经济体制基本性质的认识，如果我们撇开那些次要的因素而从其基本特征入手，我们就可以将存在于不同国度或同一国度的不同历史时期的具有相同的基本特征的经济体制归于某一种类型的经济体制模式。

在社会主义经济中，不同的国家或者在不同的时期，各国曾经实行的经济体制同样可以根据它们所具有的相同的基本特征划分出不同的模式，由于它们是在社会主义经济中实行过的经济体制，因此我们可以称之为社会主义经济体制的实践模式。社会主义经济体制的实践模式主要有军事共产主义供给制模式、传统的集中计划经济模式、改良的集中计划经济模式、计划调节与市场调节相结合的计划经济模式以及市场社会主义经济模式这五种模式。下面我们来说明这五种经济模式的基本特征。

1. 军事共产主义供给制模式

前苏联十月革命之后、新经济政策实行以前的经济体制模式是典型的军事共产主义供给制模式。这种模式的基本特征表现在：（1）以生产资料国有制作为生产资料所有制的惟一形式，全面推行生产资料的国有制；（2）经济决策权高度集中在中央政府的手中；（3）经济协调完全依靠中央的计划，产品分配实行配给制；（4）经济管理方式基本上是完全的行政管理；（5）完全依靠行政强制和精神动员来驱使经济当事人从事经济活动；（6）经济信息的传输方式是纵向的。这种模式与前苏联的社会生产力的发展水平是不相适应的，严重阻碍了社会生产力的发展，因此这种经济体制很快就因为其导致的一系列严重的经济、政治和社会问题和危机而被迫放弃。

2. 传统的集中计划经济模式

传统的集中计划经济模式是前苏联东欧社会主义国家和中国、越南、蒙古等社会主义国家曾经长期实行的经济体制模式。这种模式的基本特征表现在：（1）实行单一的生产资料公有制（全民所有制和集体所有制），并且生产资料公有制的实行形式单一，强调生产资料的公有制程度越高越好，不断将生产资料集体所有制改造为生产资料全民所有制；（2）经济决策权高度集中在中央政府的手中，地方政府、生产者只是执行中央政府的决策指令，投资决策权、生产决策权、分配权、就业决策权、消费决策权等基本上都集中于中央政府；（3）经济协调依靠中央政府的计划调节，生产资料实行计划安排、计划调拨，消费品实行计划安排、凭证供应，市场调节是被排斥的；（4）政府基本上是依靠行政组织、依照行政规则、采用行政手段对国民经济进行管理，经济管理方式遭到排斥；（5）经济刺激方式是行政强制和精神动员；（6）信息传输方式是纵向的传输方式。这种经济体制在社会主义经济中实行的最终结果是经济增长的停止、经济效率的下降、经济的剧烈波动、经济结构的失衡和收入分配差别的固化，因此在实行这种经济体制的社会主义国家最终都寻求对这种经济体制进行改革。

3. 改良的集中计划经济模式

改良的集中计划经济模式是实行传统的集中计划经济模式的社会主义国家在对传统的集中计划经济体制进行改革的过程中出现的一种经济体制模式。这种模式的基本特征是：（1）实行单一的生产资料所有制；（2）经济决策权主要集中于中央政府，中央政府选择性地下放部分经济决策权，地方政府享有或多或少的经济决策权，微观经济主体享有少量的经济决策权；（3）经济协调主要依靠中央政府的计划调节，但市场调节在政府许可的领域内能够发挥协调作用；（4）经济管理方式主要是行政管理方式，但政府开始采用经济管理方式，将经济管理方式作为辅助性的经济管理方式；（5）经济刺激主要是行政强制和精神动员，但也采用经济利益刺激，经济利益刺激被作为辅助性的经济刺激方式；（6）信息传输方式主要是纵向的传输方式，但同时存在辅助性的、横向的信息传输方式。这种模式与传统的集中计划经济模式相比，增加了经济的灵活性，有利于经济结构的协调，但是由于它没有从根本上改变传统的集中计划经济模式，它与传统的集中计划经济模式实际上只是程度上的差别，因此它不可能克服传统的集中计划经济模式的根本弊端。

4. 计划调节与市场调节相结合的计划经济模式

由于改良的集中计划经济模式并没有能够解决传统的集中计划经济模式的根本问题，于是一些社会主义国家对计划经济模式进行了进一步的改革，改革的目标就是建立计划调节与市场调节相结合的计划经济体制。有很多国家为建立这种经济体制进行了探索，但是总的来看，并没有哪个国家真正建立起这种经济体制，因此这种模式实际上是对已经进行的探索和改革的目标模式的描述。计划调节与市场调节相结合的计划经济模式具有以下基本特征：（1）坚持以生产资料公有制为基础，但是也允许非公有制经济成分在一定范围内存在，并且允许生产资料公有制实现形式的多样化；（2）政府掌握基本经济决策权，微观经济主体享有相对独立的微观经济决策权，但是政府可以根据需要随时调整经济决策权的分配；（3）经济调节是计划调节与市场调节相结合，但市场调节最终受计划调节的约束，计划调节与市场调节相结合是在计划调节约束下的结合；（4）政府更多地采用经济管理方式对国民经济进行管理，但在经济管理方式失灵的情况下，政府将用行政管理方式代替经济管理方式；（5）经济刺激是经济利益刺激与非经济利益刺激并重；（6）信息传输是既有纵向的信息传输，也有横向的信息传输。在这种经济体制下，经济的灵活性进一步增强，经济的自由度提高了，经济活力增强了，其给经济增长、经济效率的提高、经济结构的调整提供了新的空间，但是其作为计划经济的性质并没有改变，无论市场调节如何发展，其在根本上要受到计划调节的约束，整个社会生产仍然是在经济计划的控制下进行，市场调节从根本上来看，不过是作为实现经济计划的工具，仍然是从属性的，因此计划经济的弊端就不可能从根本上被消除。

5. 市场社会主义经济模式

市场社会主义经济模式是以前南斯拉夫自 20 世纪 50 年代至 20 世纪 80 年代实行的经济体制为代表的经济体制模式。这种模式具有以下基本特征：（1）以生产资料的社会所有制为基础，但生产资料社会所有制不是由中央政府统一占有、统一支配，而是由许许多多的工人自治体占有和支配；（2）经济决策权高度分散，微观经济决策权都掌握在微观经济主体手中，宏观经济决策对微观经济主体不具有约束力；（3）经济协调几乎完全是依靠市场调节；（4）政府对国民经济的管理采用的是经济管理方式；（5）经济刺激依靠的基本上都是经济利益刺激；（6）信息传输主要是横向的信息传输，纵向的信息对经济决策的影响很小。这种经济体制从性质上来看可以说是建立在生产资料公有制基础上的完全的市场经济，基于此，完全的市场经济的种种弊端也就无法避免。

总的来看，以上五种模式都存在着根本缺陷，这些模式最终也因此而被有关国家废弃。

第三节 中国的计划经济体制

一、中国计划经济体制的特征

中国同其他社会主义国家一样，曾经长期实行计划经济体制。它具有以下特征：

1. 在生产资料所有制结构方面，生产资料所有制的性质和实现形式单一化

其具体表现在极力排斥各种非公有制经济成分，非公有制经济成分基本上被消灭殆尽，片面强调生产资料所有制的公有化程度越高越好，不断将小集体转化为大集体，不断将生产资料集体所有制变为生产资料全民所有制，将小全民变为大全民，而且生产资料全民所有制的实现形式单一，几乎都是国有国营，生产资料的所有权和生产经营权都掌握在国家的手中。

2. 经济决策权高度集中在中央政府的手中

在计划经济实行的几十年中，宏观经济决策权和微观经济决策权都掌握在政府的手中。企业经济决策权一直集中于上级计划部门及政府主管部门，企业本身没有经济决策权，生产什么、生产多少、如何生产等生产决策、投资决策、销售决策、人事、价格、内部收益分配等决策都掌握在政府的手中；由于就业实行的是“统包统配”的劳动就业制度，消费品实行的是凭票供应制度，个人或者家庭的就业决策权、消费决策权实际上也都掌握在政府的手中。经济决策权高度集中于中央政府带来了不少问题，因此期间也曾经在中央政府与地方政府之间进行了经济决策权分配的改革，有时中央政府集中得多一些，有时中央政府集中得少一些，但是经济决策权高度集中在中央政府的基本格局始终没有实质性的变化。

3. 经济调节方式基本上是采用单一的计划调节

在长时期中，社会主义经济被视为产品经济，商品经济被等同于资本主义经济，因此政府采取了长期排斥商品货币关系、否定价值规律、排斥市场机制的政策，这样经济协调就只能单纯依靠计划调节。在计划经济时期，政府的计划几乎无所不包，计划渗透到国民经济的各个部门、国民经济活动的各个领域，物资和资金、人力等经济资源都由国家计划统一分配、统一调拨，工资、价格等都由国家计划统一规定，产品的生产数量、质量、品种、规格等都由国家计划统一安排，总之，政府是通过计划来协调生产和需求，协调各产业之间的关系，协调社会生产各

环节的关系，国家统一计划、统一指标、统一安排、统一要求、统一考核，各种经济活动基本上都由计划来调节。

4. 经济管理方式主要是行政管理方式

政府对国民经济的管理长期依靠行政组织、按照行政规则，主要采用行政手段来进行。在计划经济时期，所有的企业都归口行政单位管理，企业负责人由行政主管单位任命，奖惩也是行政手段（升迁或降职、表扬或处分等）。微观经济主体和经济活动长期置于严格的行政管理之下。

5. 经济刺激主要是非经济利益刺激

在计划经济时期，驱使人们从事经济活动的不是经济利益，而是行政强制和精神激励，因为经济利益长期被否定，利润等范畴长期被视为资本主义经济的产物，长期宣扬以穷为荣、以富为耻，企业财务长期实行统收统支，收入分配长期实行平均主义的分配制度，多劳不能多得，少劳也不会少得，这样就只能要么采取行政强制手段，要么采取精神激励手段。

6. 信息传输基本上都是自下而上、自上而下的纵向的信息传输

在计划经济体制下，信息传输是通过金字塔式的管理机构由上级向下级一层层下达生产、销售等计划指令，由下级向上级一层层传输投入需求和产出信息，横向的信息传输没有价值，因为微观经济主体没有经济决策权，它只能接受上级的计划安排。

二、中国计划经济体制形成的原因

中国的计划经济体制形成于“一五”计划时期，形成之后一直延续至经济体制改革之前。计划经济体制的形成有着多方面的原因，既有理论上的原因，也有实践上的原因，既有经济方面的原因，也有政治、社会方面的原因。具体来说，主要有以下几个方面的原因。

1. 产品经济思想和计划经济理论的影响

在马克思、恩格斯的设想中，取代资本主义社会的共产主义社会（包括共产主义社会的低级阶段——社会主义社会）的经济形式是产品经济，社会主义经济与商品经济完全是相互排斥的，既然社会主义经济是产品经济，而不是商品经济，社会主义经济也就只能实行计划经济体制。长时期中，计划经济都被认为是社会主义经济的本质性特征。社会主义经济是计划经济的理论既是建立社会主义计划经济的理论依据和指导，也是对计划经济体制进行改革最大的思想束缚。社会主义经济体制不是自发形成的，而是无产阶级在夺取政权后人为地建立起来的，是在马克思、恩格斯关于社会主义经济的理论指导下建立起来的，马克思、恩格斯认为社会主义经济是产品经济，是计划经济，因此无产阶级夺取政权以后，就迅速地建立起了计划经济体制。马克思、恩格斯关于社会主义经济是计划经济的理论不仅支持了

计划经济体制的建立，而且束缚了经济体制的改革，因为只要人们仍然认为计划经济才是社会主义经济，经济体制改革就永远不可能越出计划经济的框架，所谓的改革就只能是对计划经济体制的修修补补。

2. 前苏联计划经济体制的影响

中国共产党夺取政权、决定走社会主义道路之后，世界上惟一可以学习的国家就是前苏联，而前苏联实行的正是计划经济体制。在当时来看，前苏联的工业化成就、高速的经济增长等似乎都是前苏联实行的计划经济体制带来的结果，既然前苏联实行的是计划经济体制，而且这种计划经济体制被认为取得了成功，自然就应该向前苏联学习，建立计划经济体制。

3. 经济发展战略的影响

中国经济长期贫弱，国民经济基础十分薄弱，改变这种局面的根本途径就是实现工业化。世界列强都是工业化国家，中国要在世界民族之林中立足，要彻底改变世界列强欺凌中国的历史，要使社会主义制度有稳固的基础，都必须迅速实现工业化。在当时，工业化被认为就是重工业化，因此中国政府制定了优先发展重工业的经济发展战略。在中国工业发展基础十分薄弱、多年的战争导致各种经济资源供应都十分紧张、各行各业的发展都需要投入大量的经济资源的情况下，如何使重工业获得加速发展所需要的经济资源呢？最简便的方法就是运用行政手段集中全国的经济资源，然后集中性地分配到重工业部门，要达到这一目的就只有建立计划经济体制。

4. 经济背景和政治背景的影响

中华人民共和国成立之时，经济上所面临的是乱摊子，经过几十年的战争，社会生产受到巨大破坏，当时物资极端匮乏，私人资本囤积居奇，哄抬物价，财政面临巨额赤字，工农业面临紧迫的生产恢复任务，同时由于抗美援朝以及维持国内政治与社会稳定的需要，需要巨额的军费支出和财政支出，而帝国主义又在对中国进行全面的封锁，在这种情况下，迫切需要国家集中经济资源保证战争胜利、恢复生产、安定民心，这对计划经济体制的形成起了催生作用。

5. 解放区和革命根据地供给制的影响

战时全国各地的解放区和革命根据地长期处于被封锁、被包围的状态，各解放区和革命根据地只能自给自足，各自形成独立的体系，物资供应等实行的都是配给制。革命胜利后，伴随着解放区和革命根据地的领导干部走上全国经济部门的领导岗位，解放区和革命根据地那一套经济管理体制、管理经验、管理思想和作风、方法自觉不自觉地被带入到新的社会中，不可避免地会对经济体制的形成产生深远而重大的影响，由于解放区和革命根据地的经济管理体制等与计划经济有诸多相同和相似的地方，计划经济体制更容易被接受，因此其对计划经济体制的形成起了重要的推动作用。

6. 市场经济发育水平低

虽然中国市场经济萌芽的时间很早，但由于封建生产关系和封建上层建筑的束缚，市场经济始终没有得到充分的发展，直至1949年新中国成立之前，市场经济的发育水平仍然很低，表现在市场体系不完整、没有形成全国性的开放的统一的市场、市场机制的作用不充分等方面，这样市场经济的优越性就不能得到充分的发挥，而其缺陷却被过分强调，导致的结果是对市场经济的不信任和敌视。这样，也就只能选择计划经济体制。

三、对中国计划经济体制的评价

经济体制合理与否，要以其对社会生产力发展的影响来判断，计划经济体制也不例外。那么计划经济体制是促进了中国社会生产力的发展，还是阻碍了社会生产力的发展呢？从长期来看，计划经济体制阻碍了中国社会生产力的发展。

从经济增长来看，虽然在计划经济实行之初，经济出现了高速增长，但是其后就出现了经济的低增长，总的来看，计划经济实行的时间越长，维持经济增长的能力就越弱。这是世界所有实行计划经济体制的国家都不可避免的，中国实行计划经济体制，也未能避免。

从经济效率来看，除了“一五”时期，其他时期的经济效率都很低。生产效率的低下反映在社会劳动生产率的低下、单位产品能耗居高不下等方面，资源配置效率的低下则通过消费品等的长期短缺和部分重工业产品生产能力的长期过剩并存反映出来。虽然在计划经济时期，政府也很强调要提高生产效率，要充分满足居民的物质文化生活需要，也经常性地采取各种措施试图推动经济效率的提高，但并没有能够达到目的。这表明经济效率低下是计划经济体制难以避免的产物。

从经济的稳定性来看，虽然我们过去反复论证计划经济能够比市场经济更能促进宏观经济的稳定，从理论上将其作为计划经济的优越性之一，但是实际上，在计划经济体制下，中国不仅没有能够避免经济的波动，而且还导致宏观经济出现剧烈的波动，经济波动的幅度远远超过同期实行市场经济体制的经济发达国家，不仅经济波动的幅度大，而且经济波动的频率也很高，不仅没能克服经济波动，而且也没能克服经济的周期性波动。计划经济并没有改变经济波动本身，而只是使经济波动的形式等发生了一些变化。

从经济结构来看，计划经济并没有避免产业结构、地区经济结构、积累与消费结构等的失衡，在几十年的计划经济时期，经常性地存在结构失衡，而且是严重的结构失衡。这些失衡并不是由市场机制造成的（因为计划经济取代了市场机制），而是由计划经济体制本身造成的。同时计划经济制约了产业结构的升级，也使经济结构失去了通过自发调整而矫正经济结构失衡的条件。

从收入分配来看，表面上看起来似乎实现了公平，但实际上，无论是分配原则还是分配结果都存在着严重的不公平。从分配原则来看，计划经济下劳动收入实行的是平均主义的分配制度，收入再分配则把农民排斥在外，这样的分配原则自然不公平；从分配结果来看，虽然城市居民之间、农民之间的收入差别较小，但是城乡居民之间的收入差别极大，远远超过同期世界上绝大部分国家，因此分配结果也不公平。

因此，总的来说中国的计划经济体制严重阻碍了中国社会生产力的发展，实际上只要我们将计划经济时期与实行市场取向的经济体制改革之后中国的经济发展进行比较，计划经济体制对社会生产力发展的阻碍作用就一目了然了。

第四节　中国市场取向的经济体制改革

一、改革计划经济体制的必要性

前面已经说明中国长期实行的计划经济体制阻碍了社会生产力的发展，这实际上已经说明我们需要改革计划经济体制。不过，前面只是从结果方面说明了改革计划经济体制的必要性，要深入认识改革计划经济体制的必要性，还需要从中国计划经济体制本身探究。

1. 生产资料所有制性质和实现形式的单一化与社会生产力的发展水平不相适应

社会生产力的发展水平是生产资料所有制性质和实现形式的决定因素，在中国，社会生产力的整体发展水平还不高，至今还处在工业化的中级阶段，而且社会生产力的发展在部门之间、地区之间很不平衡，还没有提供生产资料所有制性质和实现形式单一化的条件，还没有产生实行单一的生产资料所有制性质和实现形式的要求，因此生产资料所有制性质和实现形式的单一化必然限制社会生产力的发展，社会生产发展的潜力并不能够得到充分的利用。

2. 经济决策权的高度集中根本不能满足复杂的经济决策的需要

经济决策权的高度集中带来的问题在于：（1）缺乏承担责任的经济主体。经济决策权都集中在政府的手中，企业就不可能承担决策责任，由于政府本身是公共权力机构，其本身实际上也不可能承担决策责任。在经济决策权集中于中央政府的条件下，地方政府没有责任承担决策责任，中央政府实际上也不可能实际承担决策责任。这对经济效率的提高会造成负面的影响。（2）无法调动企业的积极性。经济决策权的高度集中，使得企业既没有能力，也没有动力和压力进行自主决策，当然也不需要企业自主决策，企业只会消极地等待上级的计划指令，企业的潜能就不可能发挥出来。（3）不能调动劳动者的积极性。劳动者不能自主选择就业部门和岗位，而且劳动者的就业有充分的保障，结果是劳动者没有能力自主就业，缺乏努力工作的压力，劳动者的积极性自然就发挥不出来。（4）经济决策缺乏灵活性。

一方面由于整个社会生产都服从于计划，人的诸多需要和经济活力被扼杀，另一方面企业没有经济决策权，不可能根据经济实际的变化调整决策，从而导致经济决策僵化。经济决策缺乏灵活性是计划经济下的经济结构失衡的主要原因之一。

3. 单一的计划调节脱离了社会生产力发展的实际

计划调节要有效，需要满足这样几个条件：（1）计划本身是科学的，正确地反映了社会生产同需要之间错综复杂的关系。要制订出科学的计划必须有成熟的计划编制技术（即有一个科学的计划编制方法）和完善的信息条件。计划技术要求有处理复杂信息的能力，并可以制订出最优的计划出来，这又取决于经济学、预测学科等的发展。要制订出一个科学的计划要求计划部门能够及时地获得经济、技术等方面的真实的、全面的、准确的信息，要满足这一条件除了受技术性因素约束之外，还要受非技术性因素的约束，尤其是与信息提供者的利益密切相关，只有提供信息的单位同计划部门具有一致的利益，才会愿意向计划部门提供真实的、全面的、准确的信息。（2）有保证计划得到实施的制度。这就要求有一套有效的刺激手段使接受计划指令者保质保量地完成计划指标。（3）计划本身具有根据决策环境的变化而合理调整的能力。

但在实际上，使计划调节有效的这些条件根本不可能得到满足。其具体表现在：（1）由于计划编制技术的不成熟和信息条件得不到满足，导致计划本身不科学。计划编制技术的发展取决于一系列学科的发展，人类在相当长的时期内还不可能掌握成熟的计划编制技术。基于技术性因素的约束，特别是利益关系等非技术性因素的约束，计划部门没有能力及时地获得制订计划所需要的真实的、全面的、准确的信息。（2）难以建立起保证计划实施的有效制度。其一在于由于产品的多样性，对于许多产品，很难下达有效的计划指令，其二在于部门利益、地方利益、企业利益、劳动者利益的客观存在，难以形成有效的全面激励机制。（3）计划对决策环境的应变能力差。由于计划编制技术、信息条件和计划制订者的责任等方面的原因，计划要及时地根据决策环境的变化而进行调整还不具备条件。既然计划调节有效性的条件无法得到满足，单一的计划调节也就不可能完成协调国民经济的任务，由此出现经济结构失衡、宏观经济波动等也就成为必然。

4. 以行政管理方式管理国民经济违背了经济规律

经济活动有经济活动的规律，采用行政管理方式管理经济不可避免地会造成与经济规律的冲突。具体来看，以行政管理方式管理经济带来了以下问题：（1）导致政企不分，行政决策代替经济决策，由此也就不可能做出优化的经济决策。（2）导致行政管理投入不断膨胀。随着经济活动规模的扩大，经济复杂性的提高，以行政管理方式管理经济不可避免地会造成行政机构越来越多，行政机构越来越庞大，行政人员越来越多，会议也越开越多，文件越发越多，报表越填越多，行政管理投入也越来越多。中国现今庞大的行政机构可以说是这种管理方式的遗产。（3）导致经济效率低下。一是由于行政管理方式不可避免地导致行政决策效率低下；二是行政管理方式不可避免地导致行政管理缺乏有效的预算约束；三是行政管理方式不可避免地导致行政决策的责任难以明确，特别是缺乏人格化的责任代表；四是行政管理方式的等级制（下级服从上级）不可避免地导致下级不能约束上级，而且缺乏横向的约束机制，专断、官僚主义作风也就难以避免；五是行政管理方式不可避免地导致行政目标和利益替代经济目标和利益。（4）引起和加剧经济的不稳定。以行政管理方式管理经济使国民经济更容易更直接地受到政治因素、行政体制的变动、行政部门负责人的变动等的影响，政治动荡、行政体制的调整、行政部门负责人的更迭就会引起或者加剧经济的波动，在计划经济时期，我国国民经济屡屡受政治因素、行政体制的变动、行政部门负责人的变动等的影响的重要原因就是在于政府管理国民经济所采取的行政管理方式。

5. 以非经济利益为主的经济刺激方式不是与社会生产力相适应的经济刺激方式

以何种经济刺激方式为主，应该由社会生产力的发展来决定。社会选择的经济刺激方式应该与社会生产力的发展阶段相适应。根据马克思的预言，在整个社会主义阶段（共产主义社会的低级阶段），都要实行按劳分配，也就意味着在整个社会主义阶段，经济刺激都应该是基本的刺激方式，只有到了共产主义社会的高级阶段（社会生产力获得极大的发展），非经济利益刺激（劳动本身成了人的基本需要）才会成为主要的刺激方式。以非经济利益为主的经济刺激方式与社会主义社会所处的社会生产力的发展阶段是不相适应的。我们看到，非经济利益的刺激虽然收到了一时之效，但并不能提供长期的有效刺激。由于没有提供正确的刺激方式，劳动者、企业缺乏主动发挥其积极性的内在动力，由此，经济效率低下也就难以避免。

6. 纵向的信息传输满足不了做出理性经济决策的需要

人的需要是多方面的、是变化的，技术和社会分工是不断发展的，仅仅依靠纵向的信息传输满足不了在复杂的经济条件下做出理性经济决策的需要。纵向的信息传输有其价值，而横向的信息传输更有其不可替代的作用，从整个社会来看，只有形成合理分工、相互补充的信息传输系统，才能满足做出理性的经济决策的需要，才能形成合理的经济结构，才能获得高的经济效率。

二、中国经济体制改革的方向与目标模式

对计划经济体制进行改革的必要性的认识早已有之，在20世纪50~60年代就已经有经济学家和政府领导人提出要改革计划经济体制，但是对于改革的方向和目标模式却长期有着不同的看法。这里我们介绍20世纪80年代以来有关经济体制改革方向和目标模式的阶段性的具有代表性的看法。了解这些看法，有助于我们更深入地了解经济体制改革的复杂性、艰巨性和确立建立社会主义市场经济体制的重要意义。

1. 以计划调节为主、市场调节为辅的计划经济模式

旧的计划经济体制的弊端人所共知。只有对旧的计划经济体制进行改革才能消除这些弊端。那么怎样进行改革呢？旧的计划经济体制是排斥市场机制的，对市场机制的排斥导致计划经济缺乏活力、缺乏灵活性。这使人们设想如果将那些不重要的产品交给市场调节，计划经济就会有必要的活力和灵活性，这样人们就提出了建立以计划调节为主、市场调节为辅的计划经济的设想。这一模式实际上只是对旧的计划经济体制的一种改良，是企图通过在旧的计划经济体制的基本框架中引入一点市场调节因素来完善计划，来补充计划的不足，从而保证计划能够得到更好的实施。这种模式的具体主张是：①在经济决策方面，仍然强调集中，“大的管住，小的放活”，企业仍无自主经营权；②在经济调节方面，强调计划调节，大的方面仍然实行指令性计划，不重要的产品交由市场调节；③在经济管理方式方面，仍然强调以行政管理方式管理国民经济；④在经济刺激方式方面，虽然强调经济利益刺激，但同时强调一切服从于计划，行政强制等非经济利益刺激仍然不可避免地成为最终手段，强调“国家得大头，企业得中头，个人得小头”，因此这种模式从根本上是否认企业独立的经济利益的。这种模式同旧的计划经济体制相比，虽然增加了一定的灵活性，但从性质上来看，不过是对旧的计划经济体制的有限的修补，因此这种模式根本不可能解决旧的计划经济体制导致的各种问题。这种改革主张在 20 世纪 80 年代上半期处于主流地位，而且当时改革实践也正是按照这种思路进行的，改革实践也表明同旧的计划经济体制相比较，经济的灵活性有所增加，但是旧的计划经济体制导致的各种问题并没有因为改革而得到解决。这说明这种改革方向和改革的目标模式是不可取的。

2. 利用市场机制的计划经济模式

鉴于以计划调节为主、市场调节为辅的计划经济模式的根本局限性，人们进一步提出了建立利用市场机制的计划经济模式的主张。该模式强调计划经济是利用市场机制、利用价值规律的计划经济，认为计划的制订、实施都要利用市场机制，都要利用价值规律。与建立以计划调节为主、市场调节为辅的计划经济模式相比，利用市场机制的计划经济模式在对旧的计划经济体制改革的道路上迈得更远，但是在本质上仍然是计划经济。从其具体主张，我们可以对其会有清楚的认识：①在生产资料所有制结构方面，其主张在以生产资料公有制为主体的条件下，实行生产资料所有制结构的多元化，同时主张改革旧的生产资料全民所有制形式，主张生产资料所有权与经营权应有相对的、适当的分离，认为这样才能与市场机制相适应。②在经济决策方式方面，其主张国家只管宏观经济决策，其他交给企业，不过这种模式所说的宏观经济决策的范围非常广泛，包括了大量本应属于微观经济决策范围的经济决策，而且强调宏观经济决策对下级具有约束力。③在经济调节方式方面，其主张国家调节市场，市场引导企业，企业在市场上活动，国家对市场进行调节。由此

来看，企业在市场上活动，企业的自由度有所提高，但是企业活动的市场却是由国家来调节的，是受国家控制的，由此企业实际上仍然是受国家控制。企业这只“鸟”只能是在国家控制的市场“鸟笼”中活动，计划调节的主导地位由此得以体现。④在经济管理方式方面，其主张行政指令要与参数控制相结合，注意用经济手段管理国民经济。不过，其又强调要保证计划目标的实现，如果行政指令与参数控制相结合满足不了实现计划目标的要求，那么其隐含的必然逻辑就是依靠行政指令来保证计划目标的实现。⑤在经济刺激方式方面，其强调经济利益刺激，不过由于计划目标的实现是第一位的，如果经济利益刺激不能满足实现计划目标的需要，非经济利益刺激就会取代经济利益刺激，并且其主张的经济利益也是受国家控制的经济利益。

20 世纪 80 年代中期开始，我国的经济体制改革基本上就是按照这种模式进行的，从其实际的运行结果来看，经济活力与灵活性的确进一步增强了，也克服了旧的计划经济的某些弊端，但是由于改革仍然局限在计划经济体制的框架之内，旧的计划经济体制的根本弊端并没有（也不可能）从根本上得到解决，而且由于市场机制运行规则与计划经济运行规则存在着内在的根本的冲突，在改革过程中，不仅在旧的计划经济体制中存在的问题没有得到根本的解决，还带来了大量的新的问题。这表明，将利用市场机制的计划经济模式作为改革的目标模式是不可取的，改革不能朝着这个方向进行。到 20 世纪 90 年代初，这种改革思路最终被放弃了。

3. 有政府调节的社会主义市场经济体制

建立有政府调节的社会主义市场经济体制的思想萌芽在 20 世纪 80 年代就已经产生了，但当时尚未成熟，也没有形成主流。由于前两种改革思路在实践中被证明行不通，寻求对旧的计划经济体制进行根本性的改革逐渐成为人们的共识，从 1992 年开始，这种改革主张成了主流。1992 年以来，中国的经济体制改革正是朝着建立有政府调节的社会主义市场经济体制的方向进行的。这种模式的内容我们将在本章下一节讨论。

三、中国经济体制改革的过程与路径

经济体制的合理性要以其对社会生产力发展的影响来判断。旧的计划经济体制的弊端很早就有人意识到或者认识到了，邓子恢在 20 世纪 50 年代认识到农业生产方式不合理，主张农业要搞责任制，但在当时受到批评。陈云在 20 世纪 50 年代就说要允许市场调节作为辅助形式存在，但其意见并未得到采纳。应该说，在计划经济实行的几十年中，也在某些方面进行了改革，但这些改革都不是寻求打破计划经济体制，而是围绕着如何使计划更有效而展开的，改革的重点基本上是放在中央政府与地方政府的权力分配关系上，而不是政府与企业的关系上，这从企业隶属关系的变化上可见一斑，许多企业时为中央企业，时为地方企业。如中央部属企业，1959 年有 2 400 个，1965 年达到 10 533 个，中央感到管多了管不了，地方缺乏积

极性，就将部分企业下放给地方政府，隶属于地方政府的企业就会增加，地方政府的权力就增加了。地方权力增加了之后，往往又会“乱”上项目、“乱”投资，这样对统一计划就会形成威胁，中央政府则又会收回下放给地方政府的企业和权力。如此反反复复，形成了20世纪50年代到20世纪70年代计划经济体制改革的基本格局。由于这一时期的改革主要限于中央政府与地方政府的权力分配关系上，因此计划经济体制本身没有被触动，所进行的改革对社会生产力的发展也就没有产生任何的促进作用。

从1979年开始，中国的经济体制改革进入了与此前不同的轨道。改革首先是从农业开始的。1979年农业联产承包责任制开始推行，这一改革政策在生产资料公有制（集体所有制）的实现形式、农业生产的决策方式、政府对农业的调节方式、政府对农业的管理方式、对农民的刺激方式以及农业领域的信息传输方式等各个方面都实现了突破，改革已经开始向调整政府与微观经济主体（农民）之间的关系、向改革计划经济体制本身的方向进行。进入20世纪80年代后，改革向城市推进，全民所有制企业开始了生产资料所有权和经营权相分离的改革，生产、流通、分配、消费、价格、对外贸易等各个领域相继进行了改革，这些改革总的来看是向政府放权于微观经济主体的方向发展，尽管由于1992年以前改革的目标模式确定的不合理，带来了很多问题，但不断进行的改革打开了更多的改革缺口，每一轮改革都产生出进行下一轮改革的要求。1992年，我们明确了经济体制改革的最终目标模式之后，改革的进程加快了，改革的领域不断扩大，在生产资料所有制结构、经济决策方式、经济调节方式、经济管理方式、经济刺激方式和信息传输方式等方面进行了全面的改革。截至目前，已经初步建立起了社会主义市场经济体制。

中国的经济体制改革走的是渐进式改革之路。虽然走何种改革之路有过争议，有的主张一揽子方案论，即全面展开配套改革，毕其功于一役，这实际上就是激进式改革之路；有的主张先易后难，分步改革，即主张走渐进式改革之路，不过基于中国国情的复杂性和中国社会生产力所处的发展阶段，渐进式改革之路成了现实的选择。虽然激进式改革与渐进式改革这两种改革的路径各有利弊，但从中国的情况来看，渐进式的改革路径要优于激进式的改革路径，中国经济的高速增长和社会福利迅速、大幅度的提高是前所未有的和当今世界所仅见的，这是渐进式改革路径适合于中国的实践证明。

第五节　社会主义市场经济体制

一、社会主义市场经济体制的含义及特征

建立社会主义市场经济体制是中国经济体制改革的目标，1992年以来，中国

的经济体制改革就是向着这一目标迈进。那么什么是社会主义市场经济体制呢？所谓社会主义市场经济体制是指建立在生产资料公有制基础之上的市场机制在经济资源配置中起基础性作用、政府进行必要的调节的经济体制。它包括这样三层含义：(1) 经济体制是市场经济体制，市场机制在经济资源的配置中起着基础性作用。(2) 我们要建立的市场经济体制是有政府调节的市场经济体制，而不是自由放任的市场经济体制。(3) 我们要建立的市场经济体制是建立在生产资料公有制基础之上的市场经济体制，因为生产资料公有制是社会主义制度的基础。

社会主义市场经济体制具有哪些特征呢？我们从三个层次来说明。

第一个层次是其作为市场经济体制与计划经济体制相比而具有的特征。从这个方面来看，社会主义市场经济体制具有如下特征：

(1) 生产资料所有制以生产资料公有制为基础，其他各种性质的生产资料所有制成分共同发展，生产资料公有制的实现形式多样化。计划经济体制下的生产资料所有制结构及其实现形式的单一化格局得到根本改变。

(2) 微观经济主体享有微观经济决策权（企业享有投资决策权、日常生产经营决策权、企业内部收益分配决策权、企业内部组织安排与人事权、企业财产支配、处置权等企业经济决策权，个人和家庭享有消费决策权、就业决策权等），政府享有宏观经济决策权。计划经济体制下微观经济决策权和宏观经济决策权都高度集中于政府的格局得到根本改变。

(3) 社会生产各部门的关系等主要依靠市场调节，经济资源的分配和流动由市场决定，市场调节取代了计划经济体制下计划调节的地位，计划调节仅在少数特殊领域存在，而且计划调节要受到法律等多方面的约束。

(4) 政府主要以经济管理方式管理国民经济，计划经济体制下政府主要以行政管理方式管理国民经济的格局得到根本改变。

(5) 经济刺激方式不再以非经济利益刺激为主，而是以经济利益刺激为主，非经济利益刺激起补充性作用。

(6) 信息传输方式不再像计划经济那样以纵向的信息传输为主，而是以横向的信息传输为主，横向的信息传输对微观经济决策起主要作用，纵向的信息传输范围受到限制，而且对微观经济决策不具有约束力，它主要是为宏观经济决策提供服务。

从上面的分析来看，我们要建立的新的经济体制与旧的计划经济体制存在着性质上的差别，建立市场经济体制意味着彻底摒弃计划经济体制，因此我们确立以市场经济体制作为经济体制改革的目标模式，表明我们要进行的是经济体制的根本性改革。

第二个层次是其作为有政府调节的市场经济体制区别于自由放任的市场经济体制所具有的特征。社会主义市场经济体制不是原始的、自由放任的市场经济，而是政府要进行必要的调节的市场经济。政府调节的必要性在于：一是基于生产资料全民所有制性质的要求，政府是生产资料全民所有制利益的代表，有义务维护生产资料全民所有制；二是基于社会化大生产提出的要求，社会化大生产需要社会生产的各个环节、各个部门保持协调的比例关系，要使这一要求得到满足，需要政府对社会生产进行调节；三是基于市场的缺陷。需要说明的是，虽然政府调节的必要性产生于多个方面，但在市场经济中，政府调节的范围只能限于弥补市场的缺陷，否则就会损害市场经济的正常运行，损害市场功能的发挥。

第三个层次是其作为“社会主义”的市场经济体制区别于其他社会形态下市场经济体制的特征。其他社会形态下市场经济体制的典型是资本主义市场经济体制，资本主义市场经济体制是建立在生产资料资本家私有制基础之上的资本家剥削雇佣工人的市场经济体制。与资本主义市场经济体制相比，表明“社会主义”属性的市场经济体制的主要特征是什么呢？（1）社会主义市场经济体制是建立在生产资料公有制基础之上的市场经济体制。在社会主义社会，生产资料所有制乃是以生产资料公有制为基础、非公有制经济作为补充，生产资料所有制基础与资本主义市场经济体制有着根本的区别。（2）社会主义社会的收入分配制度的特征是以按劳分配为主体，按生产要素分配以及其他非按劳分配方式并存，而在资本主义市场经济中，收入分配的基本特征乃是资本家剥削雇佣工人，所以从分配制度来看，社会主义市场经济体制也与资本主义市场经济体制存在着根本的区别。此外，从政治制度上来看，社会主义的国家或政府是全体人民利益的代表，是为全体人民利益服务的，从而能够避免在资本主义社会中出现的政府受特殊的资本家利益集团或私利左右的现象，在社会主义市场经济中，政府能够从全体人民利益出发有效地发挥协调作用。

二、市场经济的性质

1. 市场经济是自由经济

这里的自由是指经济决策自由，决策自由不仅指生产决策自由，也包括消费决策自由以及其他方面的经济决策自由。经济决策自由的含义指任一微观经济主体的行为都只受自己意志的支配，而不受他人的强制或控制。没有决策自由，就不可能有市场经济，决策自由度的高低是判别市场经济成熟程度的主要标志。前面我们说市场经济是市场在经济资源配置中起基础性作用的经济体制，这是从资源配置的角度来说明的，从决策自由的角度看，市场经济最重要、最基本的特征是自由。虽然市场经济存在的阶段不同、存在的社会制度基础等也有不同，但是微观经济主体自由决策的这一基本性质不会发生变化，否则就不存在市场经济。自由决策是市场经济其他性质的基础和逻辑前提。

2. 市场经济是自利经济

自利是市场经济中人们从事一切经济活动的根本动力，生产者从事生产经营活动的直接目的在于获取经济利益。依靠自利行为，在市场经济下，经济才能不断地向前发展。这里需要说明的是：第一，在市场经济并非只存在自利行为，利他行为也是存在的，但在经济活动中，作为从事生产经营的经济主体而言，其目的一般是为了自己的经济利益；第二，虽然在市场经济中，经济主体从事经济活动的直接目的是增加自己的经济利益，但从社会角度来看，却可以使社会产品数量不断增加，因此从社会结果来看，自利行为可以导致利他的社会效果；第三，在市场经济中，人对自身利益的追求，并不意味着这个人的品性就一定不端，自利只是市场经济条件下人们之间的经济关系的反映，“人们扮演的经济角色不过是经济关系的人格化”①。

3. 市场经济是交换经济

在市场经济中，存在着普遍的频繁的商品交换，商品生产者通过市场发生关系，没有交换，商品生产者只是一个个独立的产品生产者，他们之间没有任何联系，商品的生产者与消费者也是通过市场发生关系，没有交换，商品生产者的产品的价值得不到实现，自利的目的无法实现，消费者的消费需要得不到满足，福利无法提高。所以，无论是商品生产者，还是消费者都需要交换，都依赖于交换。

4. 市场经济是竞争经济

市场经济是存在于商品经济形式下的经济体制，在商品经济中，竞争是普遍地存在着的，因此在市场经济中，也必然存在着普遍的竞争。虽然对每一个独立的商品生产者而言，竞争是外生的，是作为外部强制力起作用的，但就市场经济系统或商品生产者整体而言，竞争则又是内生的，是市场经济本身内生出的一种推动经济效率提高的力量，而并不是市场经济本身以外的某种力量把竞争置入市场经济中的。竞争的内生性产生于市场经济的自由、自利和交换性质。因此只要存在市场经济，就必然会内生出竞争。马克思说：商品生产者“不承认任何别的权威，只承认竞争的权威，只承认他们互相利益的压力加在他们身上的强制，也如在动物界中一切反对一切的战争多少是一切物种的生存条件一样”。② 在市场经济中，竞争是无时无刻不在的，正是因为存在普遍的竞争，市场经济才能具有促进生产效率、资源配置效率不断提高的功能，而这正是市场经济的主要优点。

5. 市场经济是分工经济

分工是交换存在的前提，因此也是市场经济存在的前提。历史上，市场经济的产生、发展从来离不开社会分工的发展。应该说，市场经济是分工经济主要并不在

---

① 马克思：《资本论》中文版，第1卷，第103页，北京，人民出版社，1975。

② 马克思：《资本论》中文版，第1卷，第394~395页，北京，人民出版社，1975。

于社会分工发展的推动作用，而在于市场经济本身会不断地催生分工，基于市场经济的这种内生力量导源于市场经济的自由、自利、交换和竞争的性质，只要市场经济是占主导地位的经济体制，分工就必然会得到不断地发展。

三、市场经济的功能

市场经济的自然性质决定了它具有多方面的功能。市场经济的功能主要表现在以下诸方面：

1. 自动配置资源，自动促进资源配置效率的提高

市场经济作为自利经济的性质提供了市场经济自动配置资源的内在驱动力。市场经济是自由经济，在市场经济中，经济资源可以自由流动，经济资源的自由流动为市场经济自动配置资源和促进资源配置效率的提高提供了必要条件。市场经济作为竞争经济，提供了市场经济自动配置资源和促进资源配置效率的压力机制；市场经济作为自利经济、自由经济、交换经济、竞争经济，能够为资源的配置和有效配置提供配置信号（供求信号、价格信号），稀缺度越高的生产要素和产品，销售越易，其价格越高，稀缺度越低的生产要素和产品，销售越难，其价格越低。要素的供应者与消费者、产品的供应者与消费者会从自身利益出发，根据供求状况和价格的高低来做出相应的决策，使经济资源能够向着正确的方向流动，从而自动配置资源和促进资源配置效率的提高。

2. 自动促进生产效率的提高

首先，市场经济作为自利经济的性质提供了生产者自发地提高生产效率的内在动力，一方面促使生产者努力提高自身的生产效率，另一方面促使经济资源不断地由低效率单位流向高效率单位；其次，市场经济作为竞争经济的性质提供了生产者自主采取措施努力提高生产效率的可能性；其三，市场经济作为自由经济、竞争经济、交换经济的性质，使得生产者始终面临着要不断提高生产效率的外部压力，迫使生产者要不断提高生产效率；其四，市场经济作为分工经济的性质促使生产效率不断提高。

3. 自发地促进技术创新

首先，市场经济的自利性提供了技术创新的动力。由于技术创新可降低产品生产成本、提高产品质量、扩展产品市场，从而可提高市场占有率、增加利润，因此出于自利的动机，会使企业等不断地进行技术创新。其次，市场经济的自由性质提供了技术创新的必要条件。自由是创新的必要条件，市场经济的自由提供了创新所需要的必要条件。再次，市场经济中的竞争提供了技术创新的外部压力，不创新就会被排挤出市场，同时技术创新本身也存在着竞争压力，这种竞争还会自发地促进技术创新效率的提高。最后，市场经济作为交换经济能够为创新提供正确的方向，那就是满足消费者的需要。消费者需要的无限性和层次性使得为满足消费者需要的

技术创新能够沿着正确的方向不断发展。

4. 自发地促进积累的增长

首先，市场经济的自利性质提供了商品生产者自发地进行积累的内在动力；其次，市场经济的竞争性质提供了商品生产者不断进行积累的外部压力，因为在竞争的条件下，没有积累或者在积累竞争中处于劣势，就会被市场所淘汰。因此市场经济能够自发地促进积累的增长。

5. 自动地促进产品生产结构与需求结构相适应

首先，在市场经济中，生产服从于交换的需要，这样使得生产始终要顺应需求的变化；其次，市场经济的自利性质使商品生产者总要去生产能卖得出去，尤其是价高利大的产品，商品生产者这样做的结果是产品生产结构不断跟随市场需求结构的变化而发生变化；其三，市场经济的竞争性质使得生产者不得不按市场需求进行生产，不得不不断地积极发现新的需求，寻找新的市场。

6. 自发地调整产业结构和促进产业结构的升级

市场经济作为交换经济的性质，通过产品的市场供求和价格提供产业结构是否合理的信号，同时提供产业结构升级方向的信号；市场经济经济主体的自利性提供了产业结构调整和升级的动力；市场经济作为自由经济，生产要素能够在不同的生产部门之间流动，能够不断地由传统产业部门流向新兴产业部门，亦即提供了其自发地进行产业结构调整和升级的可能性；市场经济作为竞争经济的性质则提供了产业结构调整和升级的外部压力，因为供过于求的商品难以按价值销售出去。因此，在市场经济中，产业结构的失衡会经常性地得到矫正，新的产品不断被发明、生产出来，新的生产部门不断产生和发展，新兴产业部门的地位不断上升，产业结构不断升级。

7. 自发地促进经济增长

由于市场经济能够自动促进资源配置效率的提高、自动促进生产效率的提高、自发地促进技术创新、自发地促进积累的增长、自动地促进产品生产结构与需求结构相适应、自发地促进产业结构的升级，因此它就能够自发地促进经济增长。

市场经济的这些功能导源于市场经济本身的性质，正是因为市场经济具有这些内生的功能或优势，才使得在两种计划经济与市场经济这两种经济体制的竞争中，市场经济最终取得了优势，也正是因为市场经济具有这些内生的功能，我国才会最终确定要以市场经济体制取代计划经济体制。

四、市场经济的缺陷

虽然市场经济具有多方面的功能，但市场经济并非是完美无缺的经济体制，它存在着多方面的缺陷。

1. 市场没有能力界定和有效地保护产权

产权界定的清晰是市场有效运行的前提，产权的有效保护是市场有序运行、持续运行的前提，也是经济发展的动力所在，但是一方面市场本身没有能力清晰地界定产权，另一方面由于通过市场机制保护产权的成本高昂，并且能力有限，市场并没有能力有效地保护产权，因此市场本身并不能提供使市场有效、有序和持续运行在产权界定和保护方面的条件。

2. 市场没有能力形成和维护公平交易与公平竞争的经济秩序

市场功能的发挥依赖于公平交易和公平竞争，市场本身是一种交易机制，这种机制可以促进公平交易和公平竞争，但是也可能导致不公平交易和不公平竞争，何况市场本身也没有义务形成和维护公平交易与公平竞争的经济秩序，因此仅靠市场，不能形成和维护公平交易与公平竞争的经济秩序。

3. 市场不能防止和有效地解决垄断对竞争的限制，完全自由的市场竞争最终完全可能会导致市场竞争性的下降

在市场经济中，导致垄断产生的因素很多，规模经济、技术优势、信息优势、产品差异、排他性产权、非产权进入成本、市场非出清状态的存在、企业垄断策略的实施等因素都能够引起垄断，市场并没有能力防止垄断的出现，虽然市场本身有能力消除或者减弱某些垄断，但有些垄断市场并不能解决。完全自由的市场竞争并不能自我维持，自由的结果是不可避免地出现阻碍竞争的力量，这种力量发挥作用，市场竞争性就会下降。

4. 市场不能防止和有效地解决自然垄断行业的过度竞争问题，或者说不能维护自然垄断行业的“自然垄断”

基于自然垄断行业的性质，形成和维持自然垄断行业的独家经营是最经济的。但是如果任由市场机制发挥作用，就不可能形成和维持自然垄断行业的独家经营，因为市场本身并不能阻止那些愿意进入并且有能力进入自然垄断行业的经济单位进入自然垄断行业，这就意味着对自然垄断行业来说，任由市场发挥作用，并不能使自然垄断行业达到资源有效配置状态。

5. 市场不能防止和有效地解决国外竞争者的竞争或者过度竞争

自由市场是没有能力阻止国外竞争者（包括产品的提供者、要素的提供者、产品的购买者、要素的购买者等）进入本国市场的，这样就可能导致国外竞争者的过度进入，从而导致市场的过度竞争。例如市场倾销就不是市场所能防止和有效的解决的问题。在社会福利有国界的约束条件下，放任外国竞争者在本国市场的自由进入和自由行动是有损本国社会福利的。

6. 市场不能防止和有效地解决因为信息不对称带来的低效率问题

信息不对称是指在市场交易中交易双方对于交易对象或内容所拥有的信息不相等的经济现象。信息的多样化和多变性，经济主体可支配资源的有限性，信息搜寻

的高成本，信息生产者或者信息的占有者对信息的垄断、设置信息搜寻障碍、生产、提供虚假信息等使信息不对称现象经常地、普遍地存在着。信息不对称必然带来低效率，因此要提高效率就要增加信息供应量，虽然市场机制可以解决一些信息不对称问题，但是一则市场不可能消除信息不对称，二则市场不能防止出现新的信息不对称，三则市场并没有能力给信息弱势方遭受的损失以补偿，因此市场在解决信息不对称问题方面的能力是有限的。

7. 市场不能防止和有效地解决外部经济效应

外部经济效应是指一个经济活动主体（生产者或者消费者）的经济活动（生产活动或者消费活动）对另一个经济活动主体所施加的外部影响（或者是有利的影响，或者是不利的影响）。外部经济效应是广泛地存在着的，外部经济效应的存在不可避免地会导致资源配置的低效率，即具有负的外部经济效应的产品被生产过多，而具有正的外部经济效应的产品生产得过少。市场通过当事人之间的协商、谈判等可以解决一些外部经济效应问题，但是市场的能力是有限的，基于外部性的性质、大小的判定的困难或者冲突、当事人之间的目标冲突、力量的不对称、协商、谈判的时间等因素的约束，大量的外部经济效应问题根本不可能由市场来解决。

8. 市场不能有效地解决公共物品的充分供应和利用问题

公共物品是指具有消费的非排他性和非竞争性的物品，如国防、公共安全服务、环境保护等。由市场供应公共物品或者会导致公共物品缺乏供应，或者供应不足，或者会导致提供出来的公共物品得不到充分利用，从而造成资源闲置。

9. 市场在抑制交易成本的上升方面存在局限

市场具有推动交易成本下降的作用是通过价格机制和竞争机制的作用而实现的，但是由于信息的不对称、外部经济效应的存在等因素的作用，交易成本又可能上升，降低交易成本需要多方面的条件，其中不可或缺的是公共物品的供应，而市场不能有效地解决公共物品的充分供应和利用问题，因此单纯依靠市场，很难抑制交易成本的上升。

10. 市场不能防止和有效地解决非市场品和有害物品的生产和消费问题

非市场品是指按照人类社会伦理标准不能通过市场供应或进入市场交易的产品，例如按照社会伦理标准，不能有人口买卖，也不能有色情产品、性服务的商业交易。有害物品是指满足人们的非有益需要的产品，即这类物品的消费对消费者是有害的，对社会也是有害的，如毒品、烟草、赌博、烈性酒等类物品就属于有害物品。市场本身没有能力阻止任何产品进入市场，无论它是市场品，还是非市场品，无论它是有益物品，还是有害物品，只要有人消费，就会有人生产，就会形成交易市场。市场本身并不具有允许人们消费什么，不允许人们消费什么，允许生产者生产什么，不允许生产者生产什么的能力，市场的限制仅在于消费者、生产者的意愿和能力，因此市场不具有防止和有效地解决非市场品和有害物品的生产和消费问题的能力。

11. 市场不能保证分配的公平

分配的公平包括分配结果和分配条件两个方面的公平。分配结果要受市场结构等多方面因素的影响，分配条件要受生产资料所有制结构、占有结构等许多因素的影响，这些因素都是市场本身所不能有效地控制的，它们既可能向有利于分配公平的方向变化，也可能向不利于分配公平的方向变化，这就意味着市场没有能力保证分配的公平，在市场经济中，完全可能会出现严重的两极分化和机会的不平等。

12. 市场不能防止和有效地解决非理性行为

人类的行为动因十分复杂，影响因素也十分复杂，理性行为是市场有效运行和社会有序运行的前提，但是要防止非理性行为的出现却是市场所做不到的，非理性行为一旦出现，特别是出现群体性的非理性行为，市场就会处于非效率状态，社会也就不能有序运行。市场既没有能力防止人们的非理性行为，非理性行为出现后，它也不能有效地去解决它。

13. 市场不能维护国家经济安全和国家经济利益

国家范畴与市场无关，市场就是市场，它并没有国界的概念，因此国家经济安全和国家经济利益不可能靠市场来维护。

14. 市场不能防止和有效地解决宏观经济失衡

需求方面的因素与供给方面的因素、内部因素与外部因素、经济因素与非经济因素等都可能导致宏观经济失衡，市场本身具有调节宏观经济运行的作用，但是它没有能力防止宏观经济失衡的出现，在宏观经济失衡出现以后，其恢复宏观经济平衡的能力也是有限的。

此外，市场也不具有维持某种经济制度的能力，市场不能避免经济增长的不稳定，也不能保证能够消除阻碍经济增长的因素。

五、市场经济中政府的经济职能

市场经济的缺陷既决定了市场经济中政府对经济进行调控的必要性，也规定了政府调控经济的范围。在市场经济中，政府的经济职能总的来说就是弥补市场缺陷，解决市场不能有效地解决的问题。根据前面对市场缺陷的分析，市场经济中政府的经济职能具体包括以下各方面：（1）界定与保护产权。（2）建立和维护公平交易与公平竞争的经济秩序。（3）预防、限制或者消除垄断、促进市场竞争。（4）对自然垄断行业进行管制，保证自然垄断行业的高效率。（5）限制外国竞争者的竞争和过度竞争，维护国内生产者和居民的经济利益。（6）解决信息不对称问题，尽可能减轻信息不对称造成的效率损失。（7）解决外部经济效应问题，促进具有正的外部经济效应的产品的生产和消费，限制具有负的外部经济效应的产品的生产和消费。（8）提供和鼓励提供公共物品，保障公共物品的充分供应和利用。

(9) 为降低交易成本提供良好的外部条件，以促进交易、降低交易成本。(10) 禁止、消除或者限制解决非市场品和有害物品的生产和消费。(11) 运用就业政策、收入政策、社会保障政策等促进机会公平和收入分配结果的公平，促进社会福利的提高。(12) 防止和纠正非理性行为。(13) 维护国家经济安全和经济利益。(14) 防止和解决宏观经济失衡或者经济危机，促进宏观经济的平衡。

此外，政府还应该维护既定的经济制度，促进经济稳定，促进经济增长。通过政府有效地弥补市场缺陷，才能使经济效率达到最优状态。

思　考　题

1. 为什么说社会主义经济是商品经济？

2. 什么是经济体制？经济体制包括哪几个方面的主要内容？经济体制的合理性可从哪几个方面进行评价？

3. 中国为什么会建立计划经济体制？中国的计划经济体制具有哪些特征？为什么要改革计划经济体制？

4. 什么是社会主义市场经济体制？它具有哪些方面的特征？为什么要以社会主义市场经济体制作为中国经济体制改革的目标模式？

5. 市场经济有哪些性质、功能和缺陷？在市场经济中，政府应该发挥哪些方面的经济职能？

第 二 编

微观经济分析

第四章　企业经济分析

企业经济行为取决于企业制度和外部经济环境。企业制度不同，企业会有不同的行为，中国传统的国有企业制度造成了传统的国有企业行为。以现代企业制度代替传统的国有企业制度是转变企业经济行为的必要条件。在企业所有制性质不变的条件下，企业经营制度对企业行为也具有重要的影响，外部经济环境也会通过各种方式影响企业行为。企业经济行为包括生产决策行为、投资行为等，企业经营的最终目标是要实现最大化的经济效益。

第一节　企业制度

一、企业的含义

人类要为获取物质资料而生产，就必须把生产资料和劳动力有机地结合起来，在一定的组织形式下进行。任何社会都有与当时的生产力水平和社会生产关系相适应的经济组织。企业（Firm）就是一种久已存在的、特殊的经济组织，它从事产品和劳务的生产经营，谋求产出最大化或盈利最大化。它是市场体系中最重要的经济主体，构成经济运行的微观基础。在市场经济的活动中，企业表现出以下特点：其一，企业是独立自主的商品生产者和经营者，拥有充分的自主决策权，在商品生产中创造价值，在交换中实现价值。其二，企业经营活动的直接目的是盈利。在提供商品和劳务满足社会需要的同时，使自身投入的价值得以增值。其三，企业是独立核算的经济单位，以收抵支，自负盈亏，对自己的经营行为承担完全责任，也享受相应的经济利益。其四，企业是一个多层次的生产组织，具有复杂的内部分工体系和管理制度。

企业作为最基本的生产经营单位，在经济体系中具有无法替代的重要作用。它是商品生产和流通活动的直接承担者。通过对生产要素的高效组合及应用，企业创造了大量物质财富，并且成为推动生产力发展和技术进步的主导力量。因此，企业状况的好坏对于社会经济的发展有着极为重要的意义。企业这个细胞的生命力越旺盛，由它组成的国民经济有机体的生命力也就越强大。国民经济发展速度和社会经济效益的提高，在很大程度上都取决于企业素质的高低，取决于企业是否有活力和发挥活力的程度。在我国，国有企业是我国国民经济的支柱。发展社会主义社会的生产力，实现国家的工业化和现代化，始终要依靠和发挥国有企业的重要作用，而国有企业改革也始终是整个经济体制改革的中心环节。

二、企业制度的含义与内容

企业制度是企业产权制度、企业组织形式和企业经营管理制度的总和，其核心是产权制度。企业组织形式和经营管理制度是以产权为基础的，三者分别构成企业制度的不同层次。产权是以所有权（狭义，指归属权）为核心的财产权利的总称，是指民事主体享有的具有经济利益的权利。产权的基本内涵包括财产的归属权、占有权、支配权及使用权①。

企业制度是适应经济发展的需要而产生的，并且随着社会生产力的发展而不断演化。这种变革表现在以下两个方面。

1. 从产权制度来看，企业制度的变革是从古典的业主制企业发展到合伙企业，再到现代的公司制企业

业主制（Proprietorship，或称 Single Proprietorship，即个体业主制）企业是最简单的企业形式，在市场经济中大量存在。业主制企业只有一个产权所有者，业主投入个人财产，直接经营，享有全部经营所得，同时对企业债务承担完全责任。如果企业经营失败，资不抵债，业主要用自己全部家财抵偿。这种企业一般规模很小，结构简单，几乎没有任何内部管理机构。它的长处是建立和歇业的程序简便，产权能自由转让；经营灵活，决策迅速；经营者与产权关系紧密直接，因而精打细算、勤俭持家是其普遍的优点。它的缺陷在于：业主个人财力有限，难以从事大规模的生产经营活动；业主无意经营或死亡会使企业的业务中断。因此，这类企业通常在零售商业、"自由职业"、个体农业等领域活动，由小作坊、小商店、家庭农场、执业律师和医生等组成。

合伙制（Partnership）企业是由两个或者两个以上的人共同投资，共同监督和管理，并按其投资比例分享剩余的企业。在经营管理方面，合伙人对企业的决策享有相互平等的权利。它的优点在于：由多个合伙人共同集资，可以筹集到比单个人更大规模的资金，从事更大规模的生产经营活动；合伙人共同对企业盈亏负有完全责任，因而有助于增强经营者的责任心，提高企业的信誉。其缺点则在于：合伙制企业的制度特点，如合伙人之间要相互熟识、信任等，决定了合伙人的规模不可能太大（各国法律对合伙人数目一般都有上限的规定），因而企业规模仍受限制；企业的组织结构不稳定，这突出表现在合伙人中的一个或几个人的退出，将可能导致合伙关系的终止，而企业重新议定合伙关系的程序极其复杂；各合伙人对企业债务

① 前面我们讲过，产权相当于广义的所有权。

承担无限连带责任，导致风险承担不均衡，如一个合伙人在企业总资本中仅占有1%的份额，却承担企业全部债务的责任，而不论造成债务的责任人是谁等，因此合伙制企业一般规模较小。只有那些业主的个人信誉和个人责任具有很大重要性的企业，如律师事务所和会计师事务所等，才在发展到几十个、几百个合伙人后仍然采取这样的企业形式。

公司制（Corporation）企业是一个法人组织体。它以法人的名义行使民事权利，承担民事义务，有权举债、签订合同，能在法院起诉和应诉。公司财产以股份的形式分属于股东。股东有权按股分享公司盈利。股东不能退股，但可以转让股权。与合伙制企业相比较，公司制的优点是：股东们只对企业债务负有限责任，即只在他们缴纳的股金范围内对企业的债务负责；风险的减小也有利于大规模广泛地筹资；具有独立生命，除非由于歇业破产，否则它的生命是“永远连续”的；公司治理具有规范性，股东大会按一股一票的原则投票选聘董事组成董事会托管公司法人财产，董事会则聘任总经理和其他高级经理人员进行日常经营活动。公司经理人员在作为股东的代理人行使职权和承担财务责任时受到有关法律的严格限制。这样就保证了公司决策的连续性和及时性，减少了差错。所有权和经营权分离也为科学管理奠定了基础。公司制的缺点在于设立程序很复杂，另外公司形成过程中多重的产权交换关系和在此基础上的复杂的公司治理结构，使得作为投资者的股东权益受到侵害的可能性增大。

总的说来，现代公司是社会化程度很高的企业，是企业制度的一种创新，它的出现极大地促进了生产力的发展。公司制就是一种现代企业制度。

2. 从组织结构来看，企业制度的变革是从手工工场开始的，经历了传统的工厂制度再演进为如今多单位、多职能的现代企业组织形式

在这个过程中，我们可以看到一系列引人瞩目的变化：一是企业内部层级管理制开始形成并逐步发育成熟。钱德勒称其为“企业管理的革命”。根据他的分析，组织结构的差异构成了现代企业与古典企业相区别的基本特征。现代企业组织通常规模较大，具备多种经济功能，经营多个系列的产品，在不同的地区经营，钱德勒称为“多单位企业”；古典企业组织通常规模较小，只有一种经济功能，产品单一且只在一个地区经营，钱德勒称为“单一单位的企业”。二是现代企业的高、中级决策者不再兼有资本所有者的身份，而称为专门的“支薪管理人员”；古典企业的两权则是高度合一的。三是现代企业作为层级组织（Hierarchy）包含两个以上决策层级，也就是说，包含了中间决策层级。中间层级的决策者形成了较为复杂的决策分工体系，表现为企业内部的管理组织，钱德勒称为“管理层级制”；而古典企业作为层级组织通常只包含两个层级，企业管理者（老板）是最高决策层级，工人是最低决策层级，前者直接指挥后者，是一种最简单的形态。

正是根据这些变化，钱德勒对现代企业给出了如下定义：它“是一组由支薪

的中、高级管理人员所管理的多单位企业”。① 威廉姆森更进一步地将公司组织结构划分为：U型（Unitary Structure，一元结构）、H型（Holding Company，控股结构）、M型（Multidivisional Structure，多元结构或事业部制）三种基本类型。M型是现代大公司科层结构的主流。②

三、中国传统的企业制度

在1949年新中国成立后相当长的一段时期，国有经济在我国经济生活中占据绝对统治的地位，③ 因此这里对传统企业制度的分析，主要针对国有企业。

1. 传统国有企业的组织结构

1949年新中国建立之初，国有企业主要是借鉴前苏联“一长制”的经验，实行与管理民主化结合起来的厂长（经理）负责制。具体做法就是建立由厂长（经理）负责、副厂长（副经理）、总工程师（或主任工程师）及其他生产负责人和相当于以上数量之工人、职员代表组成的工厂管理委员会，其主要职责在于：依据企业上级领导机关规定的生产计划和各种指示，结合本厂实际情况，讨论和决定一切有关生产及管理的重大问题，如生产计划、业务经营、管理制度、生产组织、人事任免及福利待遇等，并定期检查总结工作。对工厂管理委员会多数通过的决议，如厂长（经理）认为与企业实际或上级指示不相符时，有权停止执行，但必须报告上级部门，请求指示。“一长制”因为在执行中暴露出某些矛盾和问题之后，我国决定取消“一长制”，代之以党委领导下的厂长负责制。它作为一种比较成型的企业管理制度，与“一长制”的区别不是很大，只涉及由厂长（经理）还是党委书

---

① 小艾尔弗雷德·钱德勒著，重武译：《看得见的手》，第4页，商务印书馆，1987年。

② H型结构即控股式的内部管理结构，是伴随母公司投资于子公司并掌握控股权而产生的一种结构，较多地出现在横向合并形成的企业中，这种结构使得合并后的子公司保持了较大的独立性。U型结构即高度集中的、职能部式的内部管理结构，企业内部按职能划分为若干部门，如策划部、销售部等。各部门独立性较小，权力集中在高层管理人员手中。其优点是权力集中、决策迅速、减少梗阻，其缺陷在于高层经理人员往往忙于日常管理活动而缺乏精力做好有关企业长期发展的重要决策工作。M型结构即权力分散的事业部式或多分支式的内部管理结构。这种结构是在高层决策中心下，按产品、商标或地区来设立分支公司，其下再设职能部门来协调生产过程。高层决策中心由高层经理、高级财务人员和管理人员组成，一方面负责监督、协调各分支公司的活动并评价它们的业绩，另一方面负责考虑和实施整个公司的资源分配。它克服了U型结构的缺陷，但也造成新的问题，如失去规模效应，各事业部内人员、装备和机构重叠，难以协调等。

③ 据统计，在1952年的工业总产值中，国营企业占41.5%，集体企业占3.3%，公私合营企业占4.0%，私营和个体企业占51.2%。经过社会主义改造和此后“一大二公三纯”指导思想下的所有制升级，到1978年，国营经济占城镇工业总产值的份额升至85.4%，非国营经济所占比重下降为14.6%。

记担任一把手并对上级主管部门负责的问题。

2. 传统国有企业的产权结构

传统国有企业的产权制度是在集中计划经济体制下通过行政安排而形成的。这种体制以财政资源的统收统支，生产资料的统一调拨，劳动力的统包统配，企业的人、财、物、产、供、销的严格行政控制为显著特征。在集中计划经济体制下，国家是惟一的所有者，政府集所有权和经营权于一身，企业只是一个单纯的生产单位，隶属于上级行政主管部门，没有独立的经营决策权，企业的所有生产经营活动，甚至包括具体的生产经营行为，比如要素投入、产品生产和销售、人事调整和发展计划等，都要接受来自国家或上级主管部门的纷繁复杂、无所不包的计划指标的控制和约束。① 企业的任务就是完成国家下达的生产计划，计划完成情况是衡量企业管理者工作实绩的主要尺度。即使实行厂长负责制，经营管理者的权力也仅仅体现为：根据国家的计划指令组织安排企业的生产经营活动，协调企业生产各个环节之间的关系，以保证国家计划得以贯彻实施。因此，集中计划经济体制下国有企业的产权结构与古典业主制有相似的一面，即所有权、经营权集于中央政府一身。所有国有企业的总和相当于一个大企业。国家作为所有者和经营者，通过覆盖全国的计划对这个大企业的生产经营活动进行集中计划安排，国有企业则作为一个个在制度上无差异的车间按照统一的计划安排组织生产活动。可以看出，在这种情况下，国有企业既不拥有企业财产的所有权，也不拥有经营权，而只拥有企业财产的部分使用权，因为即使使用权也是按照国家安排的既定用途及方法来使用的。

四、中国传统企业制度下的国有企业行为

通过上面的分析我们知道，在传统体制中，我国的企业不具有自己独立的财产，难以构成独立的经济实体，充其量只是一个成本核算的基层生产单位。所有者及其代表——政府——作为委托人，经常是一种外在于企业的政治力量。它追求的目标往往不是企业资产保值增值，而可能是国家职能决定的其他种种经济社会目标，如安定团结、充分就业、经济增长、物价稳定、社会公平及财政收入增长等；作为代理人的企业经营者客观上也有着自身的利益目标，如物质待遇、行政级别等。在“利益不相容”的情况下，为保证委托人目标的实现，国家制定了计划色彩浓厚的措施：首先，通过覆盖全社会范围的一整套复杂的规章制度和成文或不成

---

① 例如，1956 年前后国家给企业下达的计划指标有：产品产量、产值、职工人数、工资总额、劳动生产率、成本降低额和降低率、流动资金周转次数、利润总额以及材料储备净额等。这些指标按年度下达。企业按上级主管部门下达的年度计划编制季度计划，再按时向上级报批，批准后方可执行。上级主管部门为全面掌握企业情况，制定 40 多种表格，由企业按时填写上报。

文的规定，事无巨细地界定了经营者在所有可能情况下应遵循的行为准则。其次，运用一系列的指令性计划指标，限定厂长（经理）的决策范围和活动空间。再次，对厂长（经理）进行思想教育、政治动员，并辅之以职位提升（降低）等手段，强化对代理人的激励与约束。在企业内部，面向职工则建立一套包括加工资、增发奖金、表扬、晋升在内的激励机制和相应的约束机制。但是因为信息的缺乏和监督的困难，这些措施并不能有效防止代理人的规避责任及其他机会主义行为。

通俗地说，在与国家的“父子关系”之中，企业享受着“父爱主义（Paternalism）”：一方面，国家对企业施以襁褓般的束缚；另一方面，又给予企业无微不至的关怀。企业的生产和分配（如企业生产什么、生产多少、用什么办法生产、原材料从哪里来、产品卖给谁、收入怎么处理等）都由国家统一决定，并以政策法令的形式加以固定化，企业要无条件地服从。产品的价格由国家规定，企业的盈亏由国家统负，盈利全部上缴，亏损由国家补贴。由于企业财务的软约束①，所以企业不存在市场竞争压力，也不会破产，而且企业的收入与产品的销售结果没有关系，经理人员对完成自己的工作任务缺乏必要的物质激励。总之，国家的利益完全掩盖了企业本应有的独立的经济利益，国家的行为代替了企业的行为。过多过死的管制致使经营者和普通劳动者缺乏改善经营、降低成本、使用新技术和开发新产品的积极性、主动性和创造性，国有企业也丧失了活力和效率。

第二节　现代企业制度

一、现代企业制度的基本特征

1. 产权清晰

这里讲的产权清晰，是指出资者与作为法人的企业之间，产权关系的清晰。

企业法人制度是现代企业的核心。企业法人是出资者为了进入市场、参与竞争、获取利润出资构造的一种经济组织，并使其人格化，具有独立的法律地位，能

---

① “软预算约束”或“预算软约束”是匈牙利经济学家亚诺什·科尔内提出的。“一个预算约束如果表现出铁的纪律，它就是硬的：企业只能倾其所有去花费。它必须用销售收入抵补支出。它有资格取得信贷，但银行仅在‘保守的’和‘正统的’条件下准备提供信贷。因而这只能是其后销售实收款项的预付。如果预算表现出与以上原则不相符，它就是软的预算约束。”（见亚诺什·科尔内：《矛盾与困境》，中文版，第7页，中国经济出版社，1987年）。企业要形成硬预算约束至少应具备四个条件：第一，企业必须为自己占用的一切生产资源支付代价，不存在资金和物资的无偿供应；第二，企业不能随意减少应向国家上缴的资产收益，不能影响税率和税则，无法随意获得上缴利税的减免；第三，亏损时，不能随意获得国家财政补贴；第四，必须严格遵守各种信用契约，按期偿还债务，交付利息。

独立地享受民事权利和承担民事责任。也即，如果权益受到侵害，企业能以民事主体资格，通过诉讼程序请求法律保护，取得损害赔偿；如果企业因不履行民事义务而损害了他人，则要依法承担清偿或赔偿的责任。企业成为法人实体需要具备的主要条件是企业具有独立支配财产的权利，① 否则就不可能自主经营，自负盈亏。因此，必须将出资者的所有权与企业的法人财产权分离开来，后者有独立的生命。企业中的国有资产所有权无疑属于国家，但企业则对包括国家在内的所有出资者投入企业的资本额以及在企业经营过程中负债所形成的财产，拥有法人财产权，并以此奠定民事能力和市场行为能力的基础。

2. 权责明确

权责明确，是指出资者和企业在权利及责任方面应该有明确的划分和规定。

包括政府在内的出资者按投入企业的资本额享有所有者权益，主要是三项：一是资产受益权；二是企业管理者的选择权；三是企业重大问题的决策权。除此之外，出资者不能再随意干预企业的日常生产经营活动，而且不仅不能直接支配企业财产的全部，也不能直接支配属于自己的那一部分财产，不得随意将其从企业抽回（可以转让给他人），只能凭借出资者的身份按法定程序运用自己的权利影响企业行为。现代企业实行有限责任制度，有两层意思：一是企业只以全部法人财产为限，对债务承担有限责任；二是当企业破产清偿债务时，出资者只以投入企业的资本额为限，对企业承担有限责任。这种制度安排，有效地减少了出资者的风险，增大了获利机会，为两权分离创造了条件。

企业则以其全部法人财产，依法自主经营，自负盈亏，照章纳税，对出资者承担资产保值增值的责任。

3. 政企分开

政府有两种身份双重职能。作为社会经济管理者，它依法向企业征税，并通过相关政策和宏观调控作用于市场，间接引导企业的经营活动。它必须分离企业办社会的职能，② 责无旁贷地承担满足社会（包括企业）公共需要的责任，努力为企业创造良好的外部环境；作为国有资产的所有者，政府通过出资人代表对国家出资兴办和拥有股份的企业行使所有者职能，享受所有者权益，即资产受益、重大决策和选择管理者等权利，不得再随意干预企业的日常经营活动。各级党政机关都要同所办的经济实体和直接管理的企业在人财物等方面彻底脱钩。企业则按照市场需求

---

① 企业取得法人地位，除拥有可以独立支配的财产之外，还得具备其他一些条件，如要有明确的经营范围，要有自己的名称、组织机构、经营场所和代表人等。

② 位于城市的企业，要逐步把所办的学校、医院和其他社会服务机构移交地方政府统筹管理，所需费用可在一定期限内由企业和政府共同承担，并逐步过渡到由政府承担，有些可以转为企业化经营。独立工矿区也要努力创造条件，实现社会服务机构与企业分离。

组织生产经营，以提高劳动生产率和经济效益为目的，自主经营、自负盈亏、自我约束、自我发展，在市场竞争中优胜劣汰，长期亏损、资不抵债的应依法破产。政企之间体现为法律关系，而不再是条块分割的行政隶属关系。

4. 管理科学

现代企业应建立科学的企业领导体制和组织管理制度，调节所有者、经营者和职工之间的关系，形成激励和约束相结合的经营机制。

就我国而言，要坚持和完善厂长（经理）负责制，保证厂长（经理）依法行使职权。实行公司制的企业，要按照有关法规建立内部组织机构（法人治理结构）。企业中的党组织要发挥政治核心作用，保证监督党和国家方针政策的贯彻执行。全心全意依靠工人阶级，工会与职工代表大会要组织职工参加企业的民主管理，维护职工的合法权益。实行适应现代企业制度要求的企业经营管理者管理办法，① 造就企业家队伍，同时加强职工队伍建设，形成企业内部权责分明、团结合作、相互制约的机制，调动各方面的积极性。企业要按照市场经济的要求，完善和严格内部经营管理，严肃劳动纪律，加强技术开发、质量管理以及营销、财务和信息工作，提高决策水平、企业素质和经济效益。加强企业文化建设，培育优良的职业道德，树立敬业爱厂、遵法守信、开拓创新的精神。

二、公司制是现代企业制度的一种有效组织形式

规范的公司，能够有效地实现出资者所有权与企业法人财产权的分离，有利于政企分开，有利于企业转换经营机制、摆脱对行政机关的依赖，有利于国家解除对企业承担的无限责任；也有利于筹集资金、分散风险。公司制是国有大中型企业改革的方向。

公司与传统企业制度（业主及合伙制）相比较，有两个鲜明的特点：第一，公司是一个法人组织体，在独立的法人财产的基础上营运，承担有限责任；第二，公司是由一个法人治理结构来统治和管理的。

公司法人治理结构是公司制的核心。一个企业能不能建立现代企业制度，能不能增进企业经济活力、提高企业经济效益，在很大程度上取决于它的治理结构是否有效。所谓公司法人治理结构（Corporate Governance），是指在所有权与控制权相分离的情况下，规范企业不同权利主体之间的责、权、利关系，以达成相互制衡（Check and Balance）格局的有关制度安排。它一般由股东大会、董事会、执行机构和监事会四个部分组成。

---

① 取消企业行政级别，企业不再套用党政机关的行政级别，也不再比照党政机关干部的行政级别确定企业经营管理者的待遇。

1. 股东大会

股东大会由股份公司的全体股东组成，是公司的最高权力机构，决定公司的大政方针，但不直接介入公司的日常经营管理，对外不代表公司。股份公司的股东及其股权是分散的，股东在公司中通过股东大会行使自己的权力，维护自己的利益。股东大会分为例行年会（或股东常会）和特别会议（股东临时会）两种。年会是由董事会组织的，公司一年一次必须召开的股东大会。会议主要内容是：(1) 讨论和批准公司的年度报告、资产负债表、损益表及其他会计报表；(2) 修改公司章程；(3) 决定公司的合并或解散；(4) 讨论和通过董事会关于公司增减资本的建议；(5) 选举公司董事；(6) 讨论和批准董事会提出的股利分配方案。股东大会作为公司最高权力机构，是通过股东的投票表决行使其权力的。"同股同利同权"的组成及运作原则，在表决中体现为"一股一票"。为了尽量保护中小股东的利益，一般都有专门的法律限制大股东的操纵行为。这些办法通常有：限制大股东的表决权，如在公司章程中规定股东的持股数量超过一定数额时限制其表决权，或规定每个股东的表决权不得超过全体股东表决权的一定比例数。另一种办法就是累积投票制。按这种办法，投票人可以将票全部投给一个人，这样在一定程度上可以保证小股东选出自己的董事。

2. 董事会（The Board of Directors）

它是公司的最高决策机构，由股东大会选出，代表全体股东的利益，负责制定或审定公司的战略性决策并检查其执行情况。董事会的主要职责是：(1) 制定公司的经营目标、重大方针和管理原则；(2) 挑选、委任和监督经理人员，掌握经理人员的报酬与奖惩；(3) 提出盈利分配方案供股东大会审议；(4) 决定股东大会的召集及会议内容。

董事会由若干董事组成。可设独立于公司股东且不在公司内部任职的独立董事。作为治理结构中最关键的一环，董事个人能力及其品质如何，是决定董事会能否忠实地履行职责、维护公司利益的重要因素，因此，各国在公司立法上对董事资格均有较为严格的规定，同时对董事会的职权加以限制：(1) 董事会作为公司的法定代表，不得从事与公司业务无关的活动；(2) 董事会不得超出股东授予他们的权限范围行事；(3) 股东大会的决议如果和董事会的决议发生冲突，应以股东大会的决议为准，股东大会有权否决董事会的决议直至改选董事会。

3. 执行机构

它由包括总经理、副总经理、常务董事在内的高级执行官员（Executive Officers）组成。他们受聘于董事会，在董事会的授权范围内拥有对公司事务的管理权和代理权，负责公司的日常经营活动。执行机构的负责人称为首席执行官（Chief Executive Officer，简称 CEO）。其主要职责是：(1) 执行董事会决议；(2) 主持公司的日常业务活动；(3) 经董事会授权，对外签订合同或处理业务；

（4）定期向董事会报告业务情况，并提交年度报告。

4. 监事会

它是公司的监督检查机关，享有监督董事会、董事、高级经理执行公司业务的权力以及审计公司财务情况的权力。监事会由股东大会选举产生并向股东大会负责，保护股东的合法权益。在我国，国有重点大型企业监事会由国务院派出，对国务院负责，代表国家对国有重点大型企业的国有资产保值增值状况实施监督。监事会履行下列职责：（1）检查企业贯彻执行有关法律、行政法规和规章制度的情况；（2）检查企业财务，查阅企业的财务会计资料及与企业经营管理活动有关的其他资料，验证企业财务会计报告的真实性、合法性；（3）检查企业的经营效益、利润分配、国有资产保值增值、资产运营等情况；（4）检查企业负责人的经营行为，并对其经营管理业绩进行评价，提出奖惩、任免建议。①

在明确划分股东、董事会和经理人员各自权利、责任和利益的基础上，股东大会、董事会、执行机构之间的制衡关系得以建立。首先，股东作为所有者掌握着最终的控制权，他们可以决定董事会人选，并有推选或不推选直至起诉某位董事的权力。但是，一旦授权董事会负责公司后，股东就不能随意干预其决策。其次，董事会作为公司的法人代表全权负责公司经营，拥有支配公司法人财产的权力并有任命和指挥经理的权力，但董事会的这种任命和指挥必须建立在对股东负责的基础上。经理人员受聘于董事会，作为公司的意定代理人统管企业的日常经营事务，在授权范围内，经理人员有权作决定，其他人不能随意干涉。但是经理人员的管理和代理权限不能超过董事会的授权范围，经理人员经营绩效的优劣也要受到董事会的监督评判。

此外，在我国企业的改制中，既要按照公司制的要求构造规范、科学的法人治理结构，还必须从国情出发，处理好国有企业中原有的“老三会”（党委会、职代会、工会）与“新三会”（股东大会、董事会、监事会）之间的关系，发挥好两方面的作用。处理这一关系总的原则是：企业党委会起保证、监督作用，主要体现在保证企业对党和国家的路线、方针、政策的贯彻实施方面，而不是干预企业的生产经营决策；职代会的作用体现为民主管理，如选任职工董事、监事，保护职工的合法权益，审议决定职工的工资调整方案、奖金分配方案、劳动保护措施、奖惩办法、职工福利基金使用方案及其他有关职工生活福利的重大事项等；工会作为职代会的工作机构，依据《工会法》开展活动，工会主席可以参与董事会行使表决权，维护职工的合法权益，领导职工监事对企业经营者进行监督，负责集体劳动合同的签订和管理，召开职代会。

国有企业改革始终是我国经济体制改革的中心环节。从1958年的“企业下放”开始，我们就试图在不改变传统企业制度基本框架的条件下提高企业的效率与活力，其基本方法就是放权让利。数十年来，大致采取了如下办法：（1）扩大

---

① 具体内容可参阅2000年3月15日国务院发布施行的《国有企业监事会暂行条例》。

企业自主权，实行利润分成，推行各种经济责任制；（2）两步“利改税”；（3）承包制和租赁制；（4）资产经营责任制。但这些都没有取得预期的成效。事实上，直到1985年，著名的日本经济学家小宫隆太郎在细致的比较研究之后还做出如下判断：“我的印象是中国不存在企业，或者几乎不存在企业。”① 历经艰难的探索人们终于发现，为了使国有企业具有效率，促进国民经济迅速发展，不能只是对原有体制修修补补，而必须进行根本的制度创新，即建立与社会主义市场经济体制相适应的现代企业制度。1993年党的十四届三中全会提出“建立现代企业制度，是发展社会化大生产和市场经济的必然要求，是我国国有企业改革的方向”。1997年党的十五大进一步重申：“要按照产权清晰、权责明确、政企分开、管理科学的要求，对国有大中型企业实行规范的公司制改革，使企业成为适应市场的法人实体和竞争主体。”

到2000年底，在国有及国有控股的2 919家大中型骨干企业中，已有2 005家依照《公司法》实行了公司制改革，改制面达到68.7%。在这些改制的企业中，列入国家520户重点企业的514户国有企业，实行公司制改革的440户，改制面达到85.6%。

第三节　企业经营管理体制

一、企业的经营机制

企业经营机制是指约束和激励企业经济活动的基本要素的有机结合，它包括动力机制、决策机制和约束机制。企业动力机制的功能在于激发企业内部不同利益主体的利益动机，并将此动机转化为实现企业经营目标（一般被认为是利润最大化）的推动力。企业决策机制涉及经营过程中，决策系统各要素之间的有机结合。其核心问题是各级管理层决策权的合理分配，它们的权限应该与它们所承担的责任、所代表的利益和所能掌握的信息相对称。企业的约束机制是指在内外约束条件的制约下，企业对自身经营活动加以控制以及制约各利益主体不合理行为的方式、制度和效能。来自于企业内部的约束主要有预算约束、财产约束②；来自于外部的约束主要有市场约束、法律约束、行政约束和舆论约束。

---

① 小宫隆太郎：《竞争的市场机制和企业的作用》，中译文，收录于吴家俊、汪海波编：《经济理论与经济政策》，第328~329页，经济管理出版社，1986年。

② 财产约束即资产所有者对企业经营者行为的约束，在不同产权形式下，财产约束力和约束形式也有差别。在公司制企业里，财产约束表现为所有权约束，作为出资者的股东，为了保障企业财产的保值增值，维护自身合法权益，可以依据法律和公司章程的规定，通过行使表决权和转让股份的方式约束经营管理者的行为。

传统的高度集中的计划经济体制下国有企业的经营机制，大致有三个特点：一是企业动力的行政化。国家对企业统收统支和统一的工资标准，造成两个“大锅饭”（企业吃国家的大锅饭，职工吃企业的大锅饭）。企业的经济行为不是靠自身追求经济利益而焕发出来的内在动力，而是靠外部行政机构的推动力。二是企业决策的行政化。企业不是独立的生产经营单位，而是政府行政指令的被动执行者。三是企业约束的行政化。企业没有自主权，也不自负盈亏，预算约束是软性的。企业受计划指令、行政评价偏好的影响，片面追求产值、速度，而忽视经济效益，出现普遍的“投资饥渴”和数量“扩张冲动”，造成宏观上的资源浪费。

基于此，转换企业经营机制自然成为长期以来我国国有企业改革的中心环节。国有企业改革的种种努力和探索突出地表现在经营机制的体化形式——经营管理体制（或经营形式）的变革历程上。

二、企业的经营管理体制

这里所讲的经营管理体制，又称经营形式，是指所有权与经营权之间关系的安排方式。它主要有以下几种：

1. 国家经营

在计划经济体制下，国有企业是由国家通过中央政府和地方政府直接经营，也就是国有国营：企业的生产任务由政府下达计划确定，企业的资金由政府无偿供给，企业所需生产资料由政府调拨，企业的产品由政府统购包销，企业的收入上缴政府，企业所需劳动力由政府调配，企业负责人也由政府任免。在这种经营形式下，国家对企业统得过多过死，企业和职工没有积极性、主动性、创造性。在社会主义市场经济条件下，国家原则上不应直接管理企业的生产经营，只有极少数特殊性质的行业或企业，有必要由国家直接经营，如涉及国家安全的行业、自然垄断的行业、提供重要公共产品和服务的行业等。

2. 承包经营

承包经营责任制是以承包经营合同的形式，确定国家和企业的责权利关系，促进企业自主经营、自负盈亏的经营形式。它曾经是国企改革的主导方案，到1988年，实行承包经营责任制的企业已占到全国预算内工业企业的90%，占大中型企业总数的95%。

1988年2月27日国务院发布的《全民所有制工业企业承包经营责任制暂行条例》把承包制度的最重要的内容归结为以下两个方面：（1）按照责权利相结合的原则，切实落实企业的经营管理自主权，维护企业的合法权益；（2）按照“包死基数、确保上缴、超收多留、欠收自补”的原则，确定国家与企业的分配关系。政策设计的目的在于：打破“两个大锅饭”，调动企业和职工的积极性；促进两权分离，使企业能以独立的法人地位进入市场竞争；并且确保国家财政收入稳定增长。

企业可根据自身状况，选择不同的承包形式：

(1) 上缴利润递增包干。企业上缴产品税（或增值税）后，在核定企业上缴利润基数的基础上，逐年按规定的递增率向财政上缴利润，超包干数（包括递增数）的部分全部留给企业。这些留利用做生产发展基金、职工福利基金和职工奖励基金。该形式主要适用于生产稳定增长、利润受原材料价格影响较小、增长潜力较大的企业。

(2) 上缴利润基数包干，超收分成。这种形式明确了企业上缴利润的基数，要求企业按原定税率纳税。超基数增长部分政府和企业分档提成。一般是超基数5%以上的部分上缴财政20%，企业留利80%。这种形式主要适用于生产比较正常、人均上缴利润水平较高的企业。

(3) 上缴利润定额包干。这种形式确定了企业上缴利润的包干基数，超基数增长部分全部留给企业。该形式主要适用于那些低利、微利而产品又为社会所急需、技术改造任务重和亟待扶持的企业。

(4) 亏损企业减亏（或补贴）包干。这种形式主要针对亏损企业，根据企业亏损状况及原因，核定补贴基数和递减比例，超亏不补，减亏全留。

(5) 国家批准的其他承包形式。如全行业的投入产出包干、租赁承包和资产经营责任制等，但这些形式只占很小的比重。

承包经营责任制简单易行，便于推广。它通过合同的形式界定了国家和企业之间的责权利关系，跳出了行政性收权与放权的怪圈，使政企关系由传统的行政隶属关系转变成以盈利为核心内容的经济契约关系。企业获得了较大的经营自主权，经营者和职工的积极性有了很大提高，同时财政收入稳定增长，国家的利益得到了保护。但这种经营形式仍然存在一些严重的问题，如企业对主管部门的行政隶属关系无法完全消除，处于发包地位的主管部门对企业的行政干预仍然过多，企业的经营自主权还受到很大限制；承包基数和比例通过主管部门与企业“一对一”谈判确定，“一户一率”，很不规范，容易出现苦乐不均现象；在不能由企业左右的外部条件发生变化时，固定的基数和比例难以灵活调整，企业生产经营的积极性会受到挫伤；由于承包有期限或承包只限于少数人，容易产生偏好提高集体福利和职工个人收入，不重视企业积累和长远发展的短期行为。上述有的问题并不能经由修修补补得以解决，需要进行根本的制度创新。

3. 租赁经营

租赁经营其实是承包经营的特殊形式，它指国家授权机构将企业资产出租给承租者，承租者按租约缴付租金，对企业进行自主经营。租赁经营只在少数小型企业中实行，承租者可以是个人、合伙或企业全体成员。在租赁经营条件下，国家与经营者之间的关系是租赁形式的经济契约关系，承租经营者享有比较充分的自主权，经营主动性和积极性比较高，能迅速提高企业的效益。但承租者为追求自身利益，会产生拼设备等不利于企业长远发展的短期行为；而且承租者往往不具备承担资产损失的经济能力（即“负盈不负亏”）；在个人和合伙承租情形下，职工和经营者之间还易于发生利益冲突。这些局限性使之难以成为具有普遍意义的企业经营形式。

4. 资产经营责任制

它是以对企业资产的盈利和增值能力的评估为基础来确定国家和企业之间责权利关系的经营形式。实行资产经营责任制时，首先由若干候选的经营者作为投标方，根据对企业资产的盈利和增值能力的预测，对企业资产评估进行竞争性报价，经作为招标方的国家授权机构评审后，定出企业资产及其盈利和增值能力，并将中标者选为企业经营者。国家授权机构以在招标中定出的企业资产及增值能力为尺度，对经营者进行监督、考核，对企业资产增值情况超过协议规定数的，将按协议给经营者以奖励；反之，则给予处罚。其特点是突出对企业资产及其运用效率的监督和考核。资产经营责任制的作用在于：（1）它为企业制度向股份制这种现代企业制度形式过渡起到承上启下的历史作用。因为资产经营责任制以国有资产的增值率和收益率为责任目标和中心，通过模拟市场竞争来确定国有资产的资产价格，为股份制的实施准备了必要的起点。（2）它力求通过对资产的连续评估和招标的方式，将承包租赁制的合理内核保留下来，并使其科学化、规范化，科学地界定了国家和经营者之间的关系。

5. 授权经营

中国共产党第十五届四中全会指出，“国务院代表国家统一行使国有资产所有权，中央和地方政府分级管理国有资产，授权大型企业、企业集团和控股公司经营国有资产”。中央管理的企业由国务院授权，地方管理的企业由各省、自治区、直辖市及计划单列市人民政府授权。在这种经营形式下，授权经营机构①（大型企业、企业集团和国有资产经营公司等控股公司）是政府与原拥有国有资产的企业之间的中介。该项制度设计的目的是要做到：从国家看，每一部分经营性国有资产都有持股机构负责经营管理，对国家承担资产经营责任；对企业而言，每一部分国有法人股都有惟一的、排他性的国有持股机构统一行使所有者权能。

---

① 授权经营机构可分为两类：有核心企业和核心业务的国有集团公司（混合控股公司），例如中石油、中石化集团公司；无核心业务的国有独资控股公司（纯控股公司）。目前有争议的是将原政府机构改制为控股公司是否可行。从一些地方的实践情况看，某些将来被撤销的政府机构在体制转轨时期是可用资源，但要防止出现“婆婆加老板”，就必须小心地做好体制设计。例如将工业局改制为行业控股公司时，要给它设定明确目标：以产权为纽带重组持股企业；推进公司制改制；解决行业内历史遗留问题，限期实现。完成如上任务即可对各控股公司进行第二次重组，淡化行业色彩，转变为纯控股公司。

授权经营的主要内容包括：

(1) 政府将边界清楚的国有资产委托给授权经营机构经营。

(2) 授权经营机构按授权经营协议（章程），对受托经营的国有资产拥有占有、使用、处分和收益权。

(3)“授权经营机构”是特殊企业法人，是政府单独出资设立的国有资产经营机构，按政府批准的章程比照公司运作，对国家承担责任，直接受政府监管，不受《公司法》调节。

(4) 授权经营机构没有政府管理职能，与其全资、持股和参股企业不再有“行政隶属关系”，是股东与公司的关系，以“国有法人股东”身份，按《公司法》行使出资人权利。

(5) 授权经营机构独立经营运作授权的国有资产，以实现经营协议和资产保值增值为目标。

(6) 政府通过一定的程序直接监管授权经营机构。除批准章程，决定其设立、变更、终止等事项外，日常的监管主要有三个渠道：一是决定授权经营机构董事、董事长的任免；二是确认年度经营目标，即与其签订可反映政府意志的年度业绩合同；三是以年度目标为准聘请专业机构进行审计，由国家派出的监事会进行考核评价。在章程和年度业绩合同范畴内政府不干预；超出这一范畴，授权经营机构必须向政府报告。

这种经营方式比较好地落实了国有资产经营责任，确保所有者权能到位，使政府的社会管理职能与国有资本经营职能分开，为建立公司法人财产制度和所有者有限责任制度、实现所有权与经营权分离创造了很好的条件。

6. 股份制

股份制是现代企业——公司——的经营形式。它的特点如前所述，可归结为法人地位、有限责任、公司治理结构。20 世纪 80 年代早期我国学者开始研究股份制，1986 年国家正式进行“股份制试点”，1992 年、1993 年相关法律法规的颁布标志着我国国有企业的股份制改造步入法制化、规范化轨道，企业改革实际上从此进入制度创新——即建立现代企业制度的崭新阶段。中国共产党第十五次全国代表大会的报告指出：“股份制是现代企业的一种资本组织形式，有利于所有权和经营权的分离，有利于提高企业和资本的运作效率。”党的十五届四中全会通过的《中共中央关于国有企业改革和发展若干重大问题的决定》又指出：“国有资本通过股份制可以吸引和组织更多的社会资本，放大国有资本的功能，提高国有经济的控制力、影响力和带动力。国有大中型企业尤其是优势企业，宜于实行股份制的，要通过规范上市、中外合资和企业互相参股等形式，改为股份制企业，发展混合所有制经济，重要的企业由国家控股。”

采用股份制改造国有企业，有以下重要意义：第一，因为存在多元投资主体，有利于国有资本的所有权与企业的经营权分离，有利于政企职责分开，转换企业经营机制，提高企业和国有资本的运作效率；第二，有利于筹集社会资金，特别是有发展前途、经济效益高的企业和部门对投资有更大的吸引力，从而有利于社会资源的优化配置；第三，有利于扩大国有资本的支配范围，放大国有资本的功能，增强国有经济的主导作用。

就具体形式而言，除了国务院确定的涉及国家安全、尖端技术、生产某些特殊产品的企业必须采取国有独资公司形式外，其他国有大中型企业应依照《公司法》逐步改制为国家控股或参股的多元股东结构的有限责任公司或股份有限公司。

(1) 有限责任公司。有限责任公司，是指由两个以上股东共同出资，股东以其出资额对公司承担有限责任，公司以其全部资产对公司的债务承担有限责任的法人企业。

设立有限责任公司，应当具备下列条件：①股东符合法定人数。②股东出资达到法定资本最低限额。目前最低限额为：以生产经营为主的公司人民币50万元，以商品批发为主的公司人民币50万元，以商业零售为主的公司人民币30万元，科技开发、咨询、服务性公司人民币10万元。③股东共同制定公司章程。④有公司名称，建立符合有限责任公司要求的组织机构。⑤有固定的生产经营场所和必要的生产经营条件。有限责任公司的资本不分为等额股份，股东按照出资比例分取红利。公司新增资本时，股东可以优先认缴出资。股东在公司登记后，不得抽回出资。股东之间可以相互转让其全部出资或者部分出资，但向股东以外的人转让其出资时，必须经全体股东过半数同意；不同意转让的股东应当购买该转让的出资，如果不购买该转让的出资，视为同意转让。经股东同意转让的出资，在同等条件下，其他股东对该出资有优先购买权。

少数单一投资主体的国有企业可以改组为国有独资有限责任公司。这是国家授权投资的机构或者国家授权的部门单独投资设立的公司，仅限于涉及国家安全、国防尖端技术、特殊产品、公共设施等特定行业中适宜于公司化经营的企业。这种改组既有利于实行公司化的经营管理，提高运营效率，又有利于国家对这些特殊行业的控制。但应注意全国尽量不要搞一家公司的全行业垄断。国有独资公司不设股东会，由国家授权投资的机构或者国家授权的部门，授权公司董事会行使股东会的部分职权，决定公司的重大事项，但公司的合并、分立、解散、增减资本和发行公司债券，必须由国家授权投资的机构或者国家授权的部门决定。国有独资公司设立董事会，每届任期为三年。董事会成员为三人至九人，由国家授权投资的机构或者国家授权的部门按照董事会的任期委派或者更换。董事会成员中应当有公司职工代表。董事会中的职工代表由公司职工民主选举产生。国有独资公司监事会主要由国务院或者国务院授权的机构、部门委派的人员组成，并有公司职工代表参加。监事会的成员不得少于三人。监事列席董事会会议。董事、经理及财务负责人不得兼任监事。经营管理制度健全、经营状况较好的大型的国有独资公司，可以由国务院授权其行使资产所有者的权利。

（2）股份有限公司。股份有限公司是资本分为等额股份，通过发行股票筹集资本，股东以其所持股份对公司承担有限责任，公司以其全部资产对公司债务承担有限责任的法人企业。

设立股份有限公司，应当具备下列条件：①发起人符合法定人数；②发起人认缴和社会公开募集的股本达到法定资本最低限额（人民币1 000万元）；③股份发行、筹办事项符合法律规定；④发起人制定公司章程，并经创立大会通过；⑤有公司名称，建立符合股份有限公司要求的组织机构；⑥有固定的生产经营场所和必要的生产经营条件。股份有限公司的设立，必须经过国务院授权的部门或者省级人民政府批准。设立方式有两种：发起设立或者募集设立。发起设立，是指由发起人认购公司应发行的全部股份而设立公司。募集设立，是指由发起人认购公司应发行股份的一部分（不得少于公司股份总数的35%），其余部分向社会公开募集而设立公司。向社会公开募集股份，须经国务院证券管理部门批准，由依法设立的证券经营机构承销，必须实行公开、公平、公正的原则，并做到：同股同权、同股同利；同次发行的股票，每股的发行条件和价格应当相同。任何单位和个人所认购的股份，每股应当支付相同的价格。股票发行价格可按票面金额，也可超过票面金额（溢价发行），但不得低于票面金额（折价发行）。溢价发行须经国务院证券管理部门批准，所得溢价款列入公司资本公积金。公司经营状况良好，符合法定条件，经批准可以发行新股。

股东持有的股份可以在依法设立的证券交易场所进行转让。为了防止不正当的交易，维护广大股民的利益，《公司法》规定发起人持有本公司股份，自公司成立之日起三年内不得转让；公司董事、监事、经理应当向公司申报所持有的本公司的股份，并在任职期内不得转让。公司不得收购本公司的股票，但为减少公司资本而注销股份或者与持有本公司股票的其他公司合并时除外。

股份有限公司通过发行股票可以迅速地扩大公司的资本金，实现快速的扩大再生产。国有企业符合股份有限公司条件的，可以改组为股份有限公司。经营状况良好，符合规定条件的，有限责任公司经批准可以变更为股份有限公司。部分股份有限公司因所发行的股票经国务院或者国务院授权证券管理部门批准在证券交易所上市交易而成为上市公司。股份有限公司申请其股票上市必须符合下列条件：（1）股票经国务院证券管理部门批准已向社会公开发行；（2）公司股本总额不少于人民币 5 000 万元；（3）开业时间在三年以上，最近三年连续盈利，原国有企业依法改建而设立的，或者本法实施后新组建成立，其主要发起人为国有大中型企业的，可连续计算；（4）持有股票面值达人民币 1 000 元以上的股东人数不少于 1 000人，向社会公开发行的股份达公司股份总数的 25%以上，公司股本总额超过人民币4亿元的，其向社会公开发行股份的比例为15%以上；（5）公司在最近三年内无重大违法行为，财务会计报告无虚假记载；（6）国务院规定的其他条件。

公司（有限责任公司和股份有限公司）应当依照法律、行政法规和国务院财政主管部门的规定建立本公司的财务、会计制度。在每一会计年度终了时制作、报送（或公告）财务会计报告，并依法经审查验证。财务会计报告应当包括下列财务会计报表及附属明细表：（1）资产负债表；（2）损益表；（3）财务状况变动表；（4）财务情况说明书；（5）利润分配表。公司合并或者分立，应当由公司的股东会做出决议。股份有限公司合并或者分立，必须经国务院授权的部门或者省级人民政府批准。公司因不能清偿到期债务，被依法宣告破产的，由人民法院依照有关法律的规定，组织股东、有关机关及有关专业人员成立清算组，对公司进行破产清算。

第四节 企业的经济行为

一、企业收益、成本与利润

企业进行生产和经营，总要追求某种目标。企业的经济行为就是企业为实现经营目标，在一定的约束条件下所采取的带有规律性的对策和行动。考虑到不同的背景，企业的经营目标无疑是多种多样的，比如，产值（产量）最大化、短期（长期）利润最大化、销售收益最大化、资本价值最大化及规模扩张最大化，甚至在激烈的市场竞争中有时生存也成为企业压倒性的经营目标。但是，一般的在市场经济条件下，企业（包括公有制企业）从事生产经营的目标是实现长期利润最大化。①

既然社会主义市场经济体制下的企业是以利润最大化作为自己的直接经营目标，那么企业的经济活动，自然都由利润最大化经营目标所支配。因此，在分析企业经济行为时，要把握住一条基本线索，即一个行为合理化的企业，总是根据各种经济约束（预算、市场、资源及计划约束）对企业成本（支出）和收益（收入）的影响，做出能够使收益与成本之间的差额最大，即利润最大的经营决策。因此我们首先来分析企业的收益、成本与利润。

① 原则上，国有企业在追求利润最大化的过程中，必须遵循社会主义的生产目的，即为最大限度地满足人民物质文化生活需要服务，但微观的企业单位不可能从宏观全局来进行生产经营决策，市场信息的不充分、价格信号的扭曲也可能使企业逐利活动背离社会主义生产目的，损害社会整体利益。这要求国家用经济手段、法律手段和必要的行政手段加以约束。

1. 收益

企业的收益也就是企业的销售收入。企业总收益（TR）＝产品销售量（Q）×产品价格（P）。如果企业能够售出它所生产的所有产品，那么，TR＝Q×P。

企业的总收益与企业产量之比，即TR/Q，是企业的平均收益（AR），亦即产品价格P。企业每增加一单位产量所增加的销售收入，即收入增量与产品增量之比，则是企业的边际收益（MR），亦称新增收益。在企业产量的增加不会导致产品价格下跌的情况下，每增加一单位产品，都会按同一价格出售，这时，AR＝MR。但通常企业产量的增长会引起产品价格下跌，所以AR与MR随产量的递增同时递减，而且MR比AR下降得快，因而AR大于MR。①

2. 成本

企业成本指企业生产经营活动中事先垫支的费用。粗略地说，它相当于商品价值中的（C+V），但（C+V）与按通行会计方法计算的成本是有差异的。按通行会计方法计入成本的项目有：（1）固定资产（厂房、机器设备等）的折旧费；（2）购买原材料、燃料、辅料、半成品和能源动力的支出；（3）外购服务的支出；（4）管理费用、经营费用、销售费用等期间费用；（5）工资及按规定提取的奖金、福利；（6）利息与租金的支出。

其中（1）至（4）项构成（C+V）中的C。第（5）项则与（C+V）中的V有差异，V作为活劳动消耗指数，只是事先核定的工资基数（会计学中称为应付工资），不等于职工实际获得的工资。职工实际获得的工资除V外，还包括由利润增量的一部分转化而来的工资增量ΔV。ΔV虽然被计入企业成本会计账目中，但并不具有垫支费用的性质，因而不构成垫支意义上的成本。此外，第（6）项虽然从价值形成的角度来看，是对收入的扣除，但作为企业借入资金和土地必须支付的代价，却具有垫支费用的性质，因而构成垫支意义上的成本。如果严格地从事前垫支费用的意义上来界定企业成本，那么其中不包含由利润增量转化而来的ΔV，但包含作为收入扣除的利息和租金支出，即（C+V）再加上利息和租金支出。下面在谈到企业成本时，除非特别说明，都是指这种严格意义上的垫支费用。

用企业生产的一定量产品的全部成本（TC）除以产量（Q），就得到企业的平均成本（AC）。而企业每增加一单位产量所需要支付的追加费用，是企业的边际成本（Marginal Cost，简记为MC），又称新增成本。边际成本等于成本增量与产量增量之比。平均成本和边际成本都是随企业产量的变动而变动的。

---

① 因为降价时不仅是新增的产量要降价，而且是全部产量都要降价，显然全部产量降价导致的总收益的减少量要远大于价格下降的幅度。例如，企业销售一单位产品时价格为10元，增加一单位销售量后价格下跌到9元，两单位产品的总收益为19元，平均收益为9.5元，边际收益（9元）小于平均收益。

除了垫支费用这一会计意义上的成本之外，企业在做出生产经营决策时还要考虑另一种性质的成本，即机会成本（又称择一成本）。所谓机会成本，是指企业把资源用于生产某种产品时所放弃的另外用途所可能获得的利润。例如，一个电子产品企业，既可以生产电视机，又可以生产计算机，那么该企业为了生产电视机而舍弃生产计算机而可能取得的利润，就是它生产电视机的机会成本。再如企业可以把资金投入产品生产，也可以存入银行，为投入生产而放弃的银行存款利息也构成机会成本。一般说来，按过去到目前的较长时期内形成的社会平均利润率（全社会总利润与总资金之比）计算的平均利润（这一般可按社会平均资金利润率乘以企业拟用于生产某种产品的资金数量来计算）是企业计算机会成本的基准。企业应根据对未来趋向的预测，对这个平均利润加以适当调整，确定其能够接受的利润水平。

3. 利润

利润（π）是企业收益（TR）减去相应成本（TC）之后的余额，表明企业的生产经营成果。它是劳动者在剩余劳动时间内所创造价值的货币表现，为全体劳动者共同占有，体现社会主义劳动者之间的经济利益关系。从产品价值形式上看，是(C+V+M)-(C+V)之后的余额，即M部分。剩余劳动从而利润是生产力发展和社会进步的源泉和基础。社会主义制度只是改变了剩余劳动的性质，却不能取消剩余劳动。剩余劳动仍然是社会主义社会发展生产力和发展各项事业的源泉和基础。没有劳动者提供的剩余劳动，没有剩余劳动提供的利润，就没有国家和企业的积累，就不能实现扩大再生产，就不能发展科学、教育、文化、体育等事业，就不能建设国防，就不能提高人民的生活水平。总之，社会主义社会就不能前进。

从会计意义上看，只要生产所获收益大于垫支费用，企业就已经盈利。但从机会成本的角度来看，如果收益与垫支费用之间的差额小于社会平均利润，即企业已亏损，那么就应放弃这种产品的生产，转而选择其他至少能带来不低于这一盈利水平的产品。

二、影响企业经济行为的因素

影响企业行为的主要因素，可以归纳为企业的内部治理结构和外部环境。

1. 企业的内部治理结构

这里讲的内部治理结构，是指企业的产权关系以及以产权关系为基础的企业经营管理制度。企业实际上是各种责权利关系的组合。按照“经济人”假定，所有者、经营者、生产者作为企业中最重要的三个利益和权利主体，其行为动机都是力求自己利益的最大化，都要求企业的目标与自身利益一致。既如此，企业的主导行为目标自然将取决于在治理结构中占主导地位的主体的目标趋向。谁是占主导地位的主体则根本取决于产权关系。

在传统计划经济体制之下，国家掌握了企业的所有权和绝大部分经营权，企业的目标自然是完成国家计划，劳动者的目标和利益也处于从属地位。国家的利益就是企业经营者的利益，也就是企业的利益。自改革开放以来，政府的放权让利使企业获得了部分经营自主权，但相应的约束机制并未完善，经营者和生产者的利益要求彰显，他们自然可能凭借“内部人控制（Insider Control）”的优势地位把自身收入最大化作为企业的目标，这时的企业行为，就会出现投资上短、平、快，收入分配上的重消费、轻积累的现象，进行掠夺式的生产，存在明显的短期化倾向。在现代公司里，则是另外一种景象。法人治理结构使得各主体之间形成利益相关、权责分明、互相制衡的良性关系：既使经营者有了支配法人财产的权力，做到了自主经营、自负盈亏，又加强了所有者对经营者的约束；既使所有者的利润要求得到满足，又考虑到企业长期发展，使生产者增收，从而克服了不讲经济效益的行为和短期行为，从根本上保证了企业经济行为合理化。利润最大化此时真正成为企业的行为目标，经营绩效在利润上得到最充分体现。企业只有具备较强的盈利能力，才能不断扩大规模，改进技术并降低成本，在竞争中占据有利的地位。

2. 企业的外部环境

企业的外部环境是指影响企业经济行为的各种外部因素的总和，主要是宏观经济环境、市场环境和法律环境。企业的外部环境有四个特点：一是关联性。企业外部环境的各个组成部分、各种结构要素相互联系和依赖。二是层次性。它包括企业所在的地区环境、国家环境和国际环境。三是差别性。不同的企业所面对的环境存在着差别。造成这种差别的原因很多，比如地理位置、产品及产业性质、政策等。四是动态性。随着时间的推移，企业的外部环境经常处在变化之中。

(1) 宏观经济环境与企业行为。宏观经济环境也可以看做政策环境，因为它是政府对经济生活进行各种干预的结果。我国政府为了实现经济增长、物价稳定、充分就业及国际收支平衡等宏观经济目标，综合运用经济的、法律的、行政的各种手段对国民经济进行调控，这些都会影响到企业行为。

过去我们单纯地用行政手段管理企业，以数量和规模判断企业的业绩和重要性，无视或忽视市场机制的作用，结果使企业习惯于按政府命令行事而非主动适应市场需求，片面追求产量（值）而不管质量效益，只顾向政府争抢投资而不理会投资效果。结果导致大量的资源被浪费。而今我们承认企业具有自己独立的经济利益，宏观调控更多的是选择间接的经济政策手段，在充分发挥市场机制作用的前提下，利用税收、信贷、利率、汇率等经济杠杆调节企业的经济利益，进而达到影响企业行为的目的。

一般地，在宽松的经济环境中，供需两旺，企业不断增加投资，更新固定资产，扩大生产规模。这时社会就业增加，物质财富充裕，人民增收，生活水平改善，经济稳定增长。但为防止经济过热产生通货膨胀，要求政府适时采取紧缩性的财政及货币政策加以调控。而在偏紧的经济环境中，需求不足，产品销售困难，企业纷纷缩减生产，减少投资，经营重点偏向营销。这时社会失业增加，人们收入减少，生活水平可能降低，经济徘徊不前。为治理通货紧缩，政府要采取扩张性的财政和货币政策，例如通过降息减轻企业筹资成本；通过财政补贴鼓励企业技术改造；运用减税和出口退税措施，降低企业生产成本，增强其产品竞争力；还可以增加政府支出兴建公共工程、给公务员加薪，扩大对企业产品及服务的需求。可见，政府的“相机抉择”对企业的生产、投资、营销等行为都有很重要的影响。在当前需求不足的情形下，政府必须扩大内需，开拓城乡市场，增加就业，力求经济总量基本平衡，促进国民经济持续、快速、健康发展，防止经济增长的大幅度波动，为企业发展创造有利的宏观经济环境。

如果将经济体制环境也包括在宏观经济环境内，那么现在企业所面临的体制环境与改革开放前相比，已经有了重大变化。高度集中的计划经济体制基本“瓦解”，社会主义市场经济体制大体确立，全方位、多层次、宽领域对外开放格局基本形成，综合国力大大增强，人民生活水平显著提高。体制环境的深刻变化主要表现在以下几个方面：农村经济改革，实现了从人民公社向以家庭联产承包经营为基础、统分结合的双层经营体制的根本转变；生产领域的资源配置方式，基本实现了从计划向市场的根本转变；国有企业的经营管理体制，正在从传统体制向现代企业制度转变；在所有制关系上，实现了从单纯的“一大二公”向以公有制为主体、多种所有制经济共同发展的格局转变；在经济调控方式上，实现了从政府直接控制向间接调控的转变；分配体制也发生了根本性变化，初步形成了与社会主义初级阶段所有制结构和市场运行要求相适应的分配体制和社会保障体系；在对外关系上，实现了从封闭向开放的根本转变。总之，改革开放使我国经济运行机制发生了历史性变化，行政指令性、计划纵向分配资源的方式已转向多家竞争、由市场横向配置资源方式。这一切对企业的行为造成了深远的影响。企业被逐步塑造成日益符合市场经济要求的合格的市场主体，它享有越来越充分的经营自主权。企业具备了前所未有的充足的动力，不断创新，努力改善经营管理、采用新技术、降低成本、增加产量提高质量，追求利润最大化；企业同时也感觉到了空前的竞争压力，预算约束、市场约束不再是软的、无形的，而是硬的、有形的。企业有了高度的责任心和自制力，学会瞻前顾后，正确处理积累与消费、短期与长远的关系，也学会了在投资前进行可行性研究、在借债前考虑偿债能力。总之，企业的行为日趋合理化。

但是，时至今日国有企业传统的三大负担即高负债、政策性冗员和企业办社会，仍然不同程度地存在着，要求政府进一步采取有力措施，改善国有企业资产负债结构，做好减员增效、再就业和社会保障工作，减轻企业社会负担。

(2) 市场环境与企业行为。在市场经济中，市场环境对企业行为有着极其重要的影响。企业离不开市场，它所需的要素要从市场购买，产品和服务要在市场上销售。在不同的市场环境下，企业的行为是大不相同的。

20世纪90年代中后期以来我国市场环境最引人注目的变化是绝大多数领域，尤其是竞争性行业已经由卖方市场转向买方市场。这可用亚诺什·科尔内在《短缺经济学》中提出的评价指标来描述：如果企业的库存主要是原材料库存，企业的流动资金主要是生产储备占用，这种经济就是短缺经济，这种市场就是卖方市场；反过来，如果企业的库存主要是产成品积压，流动资金主要是产成品占用，这种经济就是需求约束型经济，这种市场就是买方市场。许多事实表明，我国企业库存的最大部分已经由过去的原材料转到产成品。社会消费严重不足，社会消费零售总额增长率持续下降，由1996年的20.1%逐渐下降至1998年的6.8%。商品销售不畅，企业开工率只有60%左右，产品积压累计达3万亿元以上。另据1998年国家商业信息中心对601种主要商品的调查统计，供大于求或供求基本平衡的商品达100%。在知识经济的冲击下，传统的非知识密集型行业普遍面临生产能力过剩、过度竞争和边际收益下降问题，世界范围内80%的行业存在着30%~40%的产能闲置。买方市场格局的全面发展，意味着中国过去短缺经济条件下粗放式增长方式成为历史。需求约束将在今后经济增长中长期存在，经济增长只能靠各类经济主体进行技术创新和制度创新来实现。

我们通过两种市场格局对比分析企业的行为。

在卖方市场条件下，供小于求，商品短缺，货币追逐商品，在买卖双方的竞争中，卖方占优（生产者主权）。在这种市场环境下，企业从不担心销售问题，而采取外延扩大再生产的粗放方式，追求数量扩张，单纯增加商品和服务生产的数量，忽视商品和服务的质量，企业之间缺乏竞争，技术进步动力不足，没有管理创新的积极性。

在买方市场条件下，供大于求，商品过剩，商品追逐货币，在买卖双方的竞争中，买方占优（消费者主权）。在这种市场环境下，企业承受着巨大的竞争压力，必须以高质量、多品种、多功能、低价格的商品和完善的售后服务来吸引顾客，保持和增加市场份额。商品品种老化、质次价高，会引起商品积压，严重时甚至导致企业破产、关闭。企业热心于技术进步、管理创新，通过提高劳动生产率实现内涵扩大再生产。企业的行为表现为富于创造性和进取性。

在国民经济的总体格局转入买方市场以后，为适应急剧变化的外部环境，企业必须及时调整自己的行为。第一，企业要重新确立市场在企业生产经营、投资发展中的中心地位，充分认识到办企业的出发点和落脚点都在市场。第二，企业必须重新审视自己的发展战略，自己的生长点在哪里，是产能的扩张还是技术和产品的创新。在短缺经济情况下，企业的发展主要靠产能增加，而在供需关系发生变化以后关键要靠技术开发和市场营销。因此对很多企业来说，要改变过去生产型企业那种“橄榄型”企业结构，转向“哑铃型”企业结构，增强技术开发和市场营销的力量。第三，要确立人才、技术开发和市场营销在企业中的基础性作用。企业要赢得市场，必须以满足市场为准则，及时调整产品结构，不断开发新产品。因此，竞争越激烈，人才技术的价值也越高，营销对企业经济效益的作用也越重要。第四，企业要在市场竞争中确立风险意识。在短缺时代，企业无论盈亏大家都有饭吃。但在买方市场情况下，在很多行业里，一个企业的崛起是以一批企业被淘汰为代价的。企业之间的关系变成了生死竞争关系。因此，经营者如何捕捉市场机遇、避免市场风险是事关企业兴衰的大问题，尤其要重视投资的可行性研究，制止无效和低效投资。第五，参与国际市场竞争，其趋势不可扭转。企业必须具有全球化的意识，尽快熟悉国际市场运作规则，扬长补短，从国际分工中争取利益。第六，市场应变能力出自企业内部的严格管理。企业要潜心抓好内部管理创新，建立反应灵敏的预测和决策体系。加强以财务为中心的基础工作，加强市场营销、节能、降耗、增收及节支工作，改革劳动、人事、工资制度，稳妥实施减员增效、分流富余人员的政策。

(3) 法律环境与企业行为。市场经济是法制经济，法律环境对企业行为有着不言而喻的影响。市场经济立法的根本任务是规范市场主体的经济行为，促进平等竞争，维护市场秩序。

当前，在某些领域内的市场经济秩序混乱，部分市场主体经济行为扭曲的问题已经成为社会普遍关注的焦点。社会信用低下、假冒伪劣盛行、偷税漏税严重、走私贩私猖獗、地方保护与机构腐败的现象屡禁不绝、操纵市场及恶性竞争的行为层出不穷。其严重程度，已经到了威胁人民生命安全、国民经济运行安全、社会基本制度安全的地步。究其原因，在无法可依与有法不依两方面中，有法不依是导致混乱的主要原因；在体制内因素和体制外因素两方面中，政府、执法机构腐败及“猫鼠串通”等体制内因素的失控是主要原因；在市场机制与非市场机制两方面中，依托行政权力的垄断行为、地方保护主义等非市场机制是主要原因。市场机制的本质是“利益驱动”，从经济学意义上说，市场经济秩序出现普遍性混乱的原因固然在于社会中有一部分主体惟利是图或法律、道德操守低下，但在任何制度背景下，惟利是图、损人利己、铤而走险或缺乏遵守共同行为准则意识的主体总是存在的。经济学有一个共同假定，即人总是趋利避害的。不论社会具有怎样的公开约定，如果在实际经济运行中，当人们发现，破坏制度违法犯法总是可以比循规蹈矩获得更大的收益，那么这个社会的经济秩序一定会趋于紊乱。因为将会有越来越多的人自觉或不自觉地从遵纪守法转向破坏制度、违法犯法。邓小平曾说过，一项坏的制度可以让好人做坏事，而一项好的制度要让坏人做不成坏事。因此，制度建设特别是法制建设对形成合理的企业行为而言，尤为重要。要靠法律的力量，把当前整顿市场经济秩序的行为上升为法律行为。对任何破坏市场经济秩序的行为，包括政府行为，都应当追究相应的法律责任。

我们要全面建立以民法、商法、经济法为主要内容的市场经济法规体系，完善以市场主体及其行为法、市场中介法、市场管理法、宏观调控法及社会保障法为核心的法规框架；建立包括党内监督、社会监督、舆论监督相结合的多元化的监督制约机制，全面推进依法行政和公正司法；坚决依法惩处侵占企业合法权益的一切违法犯罪行为，加快城市综合管理立法，加大社会治安综合治理的力度，为企业的生产经营创造良好的社会环境。同时良好的法律环境也可以塑造合理的企业行为。

三、企业的经济行为

1. 生产决策行为

一般来说，企业的生产决策包括三项内容：生产什么，怎样生产，生产多少。

（1）生产什么。企业首先面临需要决策的是生产什么商品。只有市场需要的商品企业才能生产，否则其价值无法实现，再生产也就无法进行。首先，企业要通过市场调查，了解市场需要什么商品（包括花色、品种、档次、性能及售后服务等信息），需求量有多大，不仅要了解目前的需求量，而且还要了解潜在需求量。其次，在企业进行生产经营决策时要充分考虑诸如本企业技术力量和技术储备能否满足投产要求，筹资能力是否有保障，可能遇到的市场竞争、行业壁垒及政府产业政策的影响等因素。只有这样，企业才可能正确做出生产什么的决策。

（2）怎样生产。企业的生产就是各种投入（生产要素）转化为产出（物质商品和服务）的过程。购买要素的支出是企业最主要的生产成本。企业的生产需要根据特定的技术工艺要求来组合各种要素，要素本身的价格及其在生产中的作用和地位是有差别的，因此不同的要素组合所消耗的成本、所达到的产量也各不相同，这就涉及生产要素最佳组合的选择问题。

那么，什么样的要素组合才是最佳的？简单地说，就是在产量一定时，使支付在各种生产要素上的成本最小，或者在成本一定的条件下，使产量最大，能做到这一点，就是最佳生产要素组合。

生产要素组合一般有两种类型：一是固定比例组合，即生产某种产品所需要的生产要素组合比例是不变的，生产要素之间不能互相替代；二是可变比例组合，即生产某种产品所需要的各种要素的组合比例是可变的，要素之间可按某种方式相互替代。在固定比例组合条件下，生产要素必须同比例增减，单纯地改变某种要素的投入量，就破坏了比例关系，不仅不能使产量增加，反而会阻碍生产过程，造成生产要素的闲置和浪费，增大生产成本。企业必须根据要素价格，把预付资金合理地分配在各种生产要素的购买上，以保持要素间固定的数量比例。例如，企业生产某产品需要按3∶1的数量比例把A、B两种生产要素相互配合使用，假设A、B单价相等，那么100元的预付资金，75元购买A，25元购买B，如果A的单位价格是B的1/3，则50元购买A，50元购买B。在这种情形下，不能通过更多地使用相对便宜的要素来降低成本。

在可变比例组合条件下，生产要素之间可以相互替代，企业可以能动地选择要素组合比例。此时，成本最小要素组合的首要决定因素是要素的相对价格。企业要降低成本，就应当尽可能地用价格较低的生产要素替代价格较高的生产要素，也就是提高价格较低的生产要素在要素组合中所占的比重。但是最优要素组合固然追求成本最小，还得使产出不至于下降。因此，在确定成本最低的要素组合时，必须考虑要素的技术替代率。所谓技术替代率是指两种可以相互替代的生产要素的边际产量之比。而生产要素的边际产量则指每增加一单位该生产要素投入所带来的产品增量。在技术不变和其他生产要素投入量不变或者减少的情况下，不断地增加某种生产要素所带来的产品增量即边际产量是递减的。企业为节省成本而进行要素替代时，需要比较相关要素的边际产量，以弄清楚为了保证达到既定的产量，在增加某种（便宜）生产要素投入量的同时，相应地可以减少多少其他（昂贵）生产要素的投入。从给定产量、成本最小这个角度出发，判断最佳要素组合的标准是生产要素的技术替代率等于生产要素的价格比例。

资本和劳动是主要的生产要素，它们在生产某种商品时、在一定范围内存在着替代关系。例如修建道路，既可用较多的资金（使用大型机械）和较少的劳动进行，也可用较少的资金和较多的劳动进行。企业在决定这两种生产要素的组合比例时，要分析两者的比价关系，根据最优要素组合的标准，适当地用多投劳动力、少耗资金的方法进行生产。

企业在选择技术创新类型时也要分析资金和劳动力的相对比价。技术创新有三种类型即节约劳动的技术创新、节约资金的技术创新、中性的技术创新。如使用劳动力的费用低廉，则以选择节约资金的技术创新为宜。选择技术时不能只看它是否先进，还要看它能否降低成本、增加收益。

（3）生产多少。边际收益是企业每增加一单位产出所带来的收益增量，边际成本是指企业每增加一单位产出所增加的成本。当企业的产量达到边际收益等于边际成本（MR=MC）时，企业的利润便达到最大，这时的产量就是最优产量。① 因为如果边际收益大于边际成本，表明继续增加产量可带来更多利润；如果边际收益小于边际成本，表明减少产量反而能增加利润。

---

① MR=MC只是企业在短期内决定其最优产量的标准，此时，利润最大或者亏损最小，但并不能保证一定盈利。在产品价格大于平均成本的条件下企业才会盈利，才会有正的利润。

因此，企业在做生产多少的决策时，在有市场需要的前提下，还必须分析产量、收益、成本之间的关系，据此在短期内可对生产量进行合理的调整，在较长时期内，则可以确定企业的合理规模。

在短期内，企业无法改变厂房、设备、办公费等投入的数量，在一定范围内，不管产量多少，在这方面的成本支出是不变的，这叫固定成本（Fixed Cost，简记为 FC）。而在原材料、能源、有些职工工资方面的成本支出，则是随着产量的变化而变化的，这叫可变成本（Variable Cost，简记为 VC）。①

企业进行生产时，随着产量的初始增加，边际成本是下降的，因为企业原本闲置的资源得以充分运用，此时产量的增加远远快于成本的增加；平均成本也是下降的，这是因为，随着产量增加，一方面边际成本递减使得平均可变成本相应递减，同时不变的固定成本会分摊在更多产品上，使得平均固定成本也减少了。但是，当产量在达到一定规模后，随着可变投入进一步增加，边际成本却开始递增。这是由经济学中的边际产量（或者是边际收益）递减规律所决定的。这一规律指出，在技术水平不变的条件下，当其他投入不变时，在生产中不断增加某种可变要素投入量所带来的产出增量（即边际产量），刚开始会增加，但随后就不断减少，最终会等于零甚至小于零，也就是说，对产出毫无贡献甚至反而使总产量下降。我们换个角度来看，既然要素投入对产出的贡献是递减的，那么当要素投入达到一定水平后为了阻止可能出现的总产量递减或者为了进一步增加总产量，就需要加倍地投入生产要素。其实，这是一个问题的两个方面，当边际产量递减时，边际成本是递增的；当边际产量递增时，边际成本是递减的。例如，假设工人的工资保持不变，根据边际产量递减规律，每增加一单位劳动所带来的产量是逐步减少的，从而每增加一单位产量所需要增加的劳动则是递增的，进而花费在增加的劳动上的成本，即可变成本的增加量就是递增的。如图 4-1 所示。

边际成本曲线从平均成本曲线和平均可变成本曲线的最低点穿过，当边际成本等于平均成本时，平均成本处于由递减转向递增的转折点，这时平均成本最小。

我们知道企业的利润（π）是销售总收益（Total Revenue，简记为 TR）与生产总成本（TC）之差，它们都是产量的函数：

$$TR(Q) = AR(Q) \times Q$$

$$TC(Q) = AC(Q) \times Q$$

$$\pi(Q) = TR(Q) - TC(Q) = (AR - AC) \times Q$$

---

① 很明显，总成本（Total Cost，简记为 TC）= FC+VC，平均成本（Average Cost，简记为 AC）等于平均固定成本（Average Fixed Cost，简记为 AFC）加上平均可变成本（Average Variable Cost，简记为 AVC），在短期内，由于 FC 不随产量的变化而变化，因而 MC 其实就是每增加一单位产出带来的可变成本的增加量。

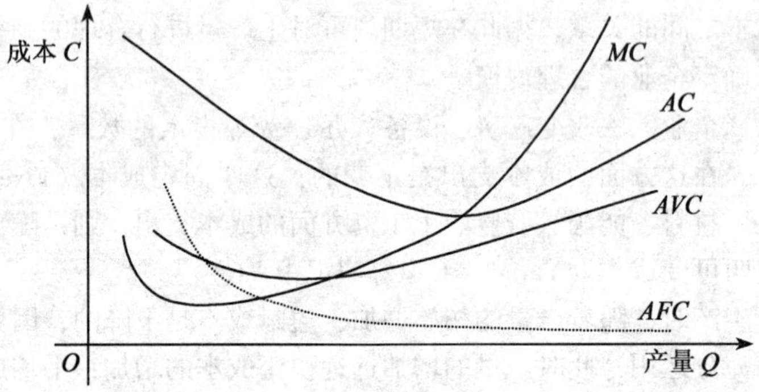

图 4-1　成本与产出

其中，平均收益（Average Revenue，简记为 AR）实际上等于产品的价格 *P*。

我们先来考察 *TC*，随着产量的增加，*TC* 无疑要不断增加，只不过 *TC* 增加的速率（即 *TC* 曲线的斜率）初始时递减，然后却是持续递增的，这是由边际成本（*MC* 其实正是 *TC* 曲线在各点的斜率）变化的特点所决定的；*TR* 也会随产量而增加，只是以一个递减的速率在增加，当该速率递减到零或以下时，就意味着 *TR* 将不断减少，这是由边际收益递减规律所决定的（*MR* 其实正是 *TR* 曲线在各点的斜率）。因此，*TR* 与 *TC* 之间的差额，客观上有一个最大的值。在达到某个产量时（在下图对应于 *A* 点），*MR*=*MC*（即 *TR* 与 *TC* 曲线有相等的斜率），企业的利润最大化（或者亏损最小化）。企业可以根据边际收益等于边际成本的原则来确定短期内最佳产量。如图 4-2 所示。

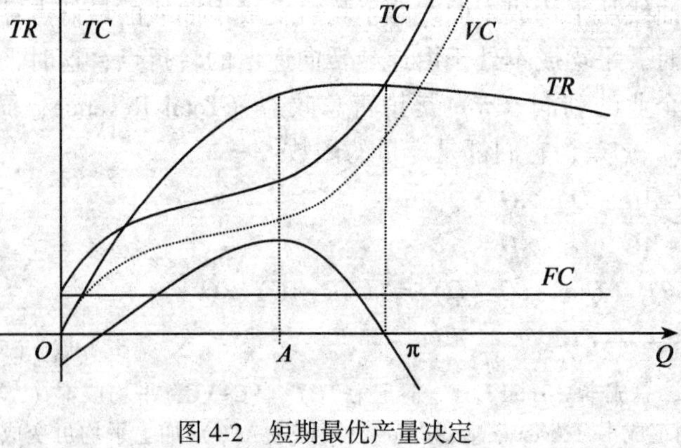

图 4-2　短期最优产量决定

从长期来说，企业的全部要素投入都是可以改变的，因此企业的生产可以达到任何想达到的规模。这时企业生产决策的出发点依然是利润最大化。利润最大的产量才是最优产量。我们考察如下关系：

$$\pi(Q) = TR(Q) - TC(Q) = (AR - AC) \times Q = (P - AC) \times Q$$

假如价格 P 既定（在激烈的市场竞争中，价格可以看做外在地由市场决定的），那么，要使得利润（π）最大化，关键是降低平均成本（AC），而平均成本与产量在长期中存在一种有趣的函数关系，即随着产量的增加，平均成本（从而利润）先后经历了递减、保持不变和递增三个阶段，我们分别称之为规模经济、规模收益不变和规模不经济三个阶段（如图 4-3 所示）。

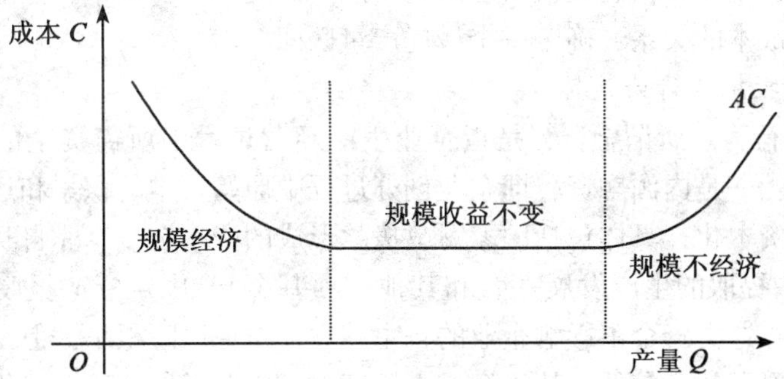

图 4-3　长期最优产量决定

导致规模经济的原因有：(1) 专业化与劳动分工。大规模生产使分工更加精细，提高了劳动生产率。(2) 可以购置大型设备，并通过增加班次、多级生产来提高生产效率。① (3) 管理上更经济。大规模的企业可以降低管理人员在职工总数中的比例，减少一般管理费用支出。同时，产出越大，直接投入生产的一般经营费用（如研发经费、业务招待费）就越分散。(4) 可以充分利用副产品，或增加产品种类，从而增加收益，降低成本。(5) 大批量的采购和销售、大规模的融资，都可以得到优惠和便利，节约相应费用。

导致规模不经济的原因在于随着产量不断提高会出现：(1) 有可能造成管理不便，使生产效率下降、成本上升；(2) 企业内的组织成本将增加，如需要增设

---

① 大型设备具有不可分割性，即它们的投入有最小的规模且在投入中不可分割，否则不能发挥作用。例如联合收割机在小块田地中使用成本很高，只有大规模生产才能使平均成本下降。此外，任何容器（高炉、油罐、管子等）的能力随着使用的增多，增加的成本在逐渐减少，其实容器的成本取决于制造容器的材料，几何学告诉我们，体积的增加率大于表面积的增加率，因此，大容器更经济。多级生产是指在一个企业内完成若干道制造工序，这样可以节约半成品运输的时间和费用。

管理机构，增加内部通信联系费用和管理费用，从而使成本上升；（3）人员增加，人际关系复杂，摩擦增多，以及职员因觉得自己变得越来越微不足道而降低了积极性、主动性，都有可能使生产效率下降、成本上升；（4）需要增设或扩大销售机构，引起流通费用增加；（5）因为生产的流水线工艺和各种生产相互依赖，有可能产生因某环节发生问题导致全线停产的结局，由生产衔接不畅造成的损失会增加。

在企业的生产过程中，上述两类因素同时在发挥作用，只不过当企业的规模由较小向较大发展时，规模经济的因素发挥的作用大于规模不经济的因素发挥的作用，此时，企业具有规模经济的特点；当企业规模较大时，导致规模不经济的因素变得重要起来，企业便具有规模不经济的特点。因此，在长期中，企业完全可以根据产出与平均成本的关系，确定一个最优产量区间。

2. 企业的投融资行为

（1）融资行为。所谓融资，是指企业生产经营过程中所需资金的融通。它一般有两种渠道：一是内源融资，即企业创办过程中原始资本的积累和运行过程中剩余价值的不断资本化，具体包括国家财政拨款形成的资本金、企业自身的内部储蓄（例如从留利中提取的生产发展基金和其他专项基金）、固定资产报废更新之前累积的折旧基金，这类资金不影响企业的自主独立，财务风险很小，但是所筹资金数量少而分散，融资效率较低。从机会成本角度看，内源融资也是有代价的，它实质上是放弃了将企业自有资金对外投资获取收益的机会。二是外源融资，即企业通过一定途径或借助某种金融工具融入外部的资金，它有直接融资和间接融资之分。直接融资是指企业自己直接出售股权或者以委托或招标的形式通过券商向投资者间接发售有价证券（股票、债券）所进行的资金融通。间接融资则指银行等金融中介机构把分散的资金以信用的方式集中起来，而企业通过向金融机构贷款获得资金融通。此外，各种应付而未付的款项也构成企业的短期资金来源。外源融资可提供大量的、集中的资金，筹资效率很高，但也有代价：银行贷款和债券要还本付息，可能发生财务风险；发行股票不仅要支付股息和红利，还会丧失部分生产经营的自主性。企业筹集资金时，必须综合考虑各种方式的优劣得失，合理安排融资结构，控制好资产负债率，不可使它过高以免加重利息负担和增加还债风险。

国家的财政拨款过去曾经是国有企业投资资金的重要来源，随着改革的深入，资金渠道多元化，企业自筹资金和社会资金的作用增大，财政拨款多用于重点项目建设和重大技术改造工程。现阶段我国企业的融资结构还存在着不少问题，主要是：资产负债率较高；内源融资比重过低，企业的资金主要依靠外源融资；外源融资又畸形偏重银行借款。为此，要进一步深化改革，改善企业的经营管理水平，增强企业的资金积累能力，同时大力发展资本市场，推进金融创新，鼓励企业更多地利用股票、债券、可转换债券等金融工具，提高直接融资的比重。

（2）投资行为。投资是企业增加生产要素的投入以期获得更多利润的行为。

投资方向的选择。企业可以选择的投资方向很多，主要有：第一，投资于扩大生产规模。在销售行情看好、需求旺盛的时候，企业倾向于购买更多的生产要素，扩大生产规模。第二，投资于设备更新改造。机器设备会因为不断的使用而磨损，还会因为效率更高、价格更便宜的同类设备的出现而贬值。为了在激烈的市场竞争中占据优势，企业必须不断地对设备的更新改造进行投资，使设备保持较高的生产力。第三，投资于技术和产品的研发（R&D）。现在有一种说法，四流企业卖产品，三流企业卖服务，二流企业卖技术，一流企业卖标准。标准是什么？核心技术是知识产权。技术投资当然有很大风险，但一旦开发成功，就会形成一定时间的垄断，获得大量利润。开发新产品难免失败，但不开发新产品，企业就难以在竞争中立足。第四，投资于新的生产方法和管理创新。企业的成功需要不断更新技术、更新工艺，不断地采用高效的管理模式，以降低成本、提高劳动生产率。第五，投资于新的领域。现代企业尤其是大型企业的一个趋势是实行综合经营、多元化发展，除原有行业之外还投资于其他行业。这是回避市场风险、争取更多获利机会的途径。

投资的效益。企业筹集资金是要付出代价的，因此，运用投资资金必须讲究效益。第一，投资要有明显的实效，或增加市场需要的商品的生产，或更新改造设备，开发新技术新产品等。第二，缩短投资回收期。要在尽可能短的时期内，通过提取折旧费和赚取利润偿还投资资金。第三，预期资金盈利率一般要大于或者等于社会平均资金盈利率。因为新的投资如果效益比原有资产的平均盈利水平或者比银行利率还低，除非需要投资生产特殊的使用价值，否则就不值得。

投资的风险。投资是企业的长期经济行为。投资决策的基础是依据现实情况对由未来市场供求、价格和利率决定的收益水平的预期。无论这种预期有多么的理性、多么的科学，可市场瞬息万变，未来终究充满不确定性。企业的投资存在风险，在投资决策时，企业必须考虑到各种可能的风险，进行可行性分析，优选投资项目。

企业投融资行为是否合理化，在很大程度上取决于投资收益和风险的对称情况。企业的任何投资都会有风险，当风险承担者和收益承担者不是同一个市场主体时，就会产生投融资行为的混乱及不规范。若拥有投资收益权的企业能将失败的风险转嫁给其他主体（如政府、银行），企业将不可避免地产生扩张性投资冲动，从整个社会来看，则必然有过度投资倾向。在传统的计划经济体制下，国有企业因为预算软约束，根本不用考虑投资风险，于是资金需求无比旺盛，盲目争投资、上项目，造成资源运用的低效率和巨大浪费，人们用“投资饥渴”和“数量扩张冲动”来描述企业在这一历史阶段的投融资行为特征。在现阶段，随着企业（包括国有企业）的预算约束不断硬化，风险意识增强，在投融资行为上可能出现两种倾向：一种是短期化倾向，即热衷于回收期短的短、平、快项目，多少有些急功近利；另一种是小型化倾向，即为了把风险在较小范围内锁定，倾向于小规模投资。应该说这两种现象相对计划经济时代的企业行为是一种积极的、可喜的变化，但投资的短期化和小型化，可能造成资源利用不足，技术进步缓慢，整个社会生产增长乏力的不良后果。为此，国家一方面要通过宏观调控和积极的产业政策，减少企业经营活动未来环境的不确定性和风险，使企业形成乐观、积极的预期；另一方面国家要采取有力措施，促进企业间的经济联合和企业集团的发展，增强企业承担投资风险的能力。

3. 营销行为

营销行为是生产行为的继续。随着社会主义市场经济的发展，生产者主导的卖方市场格局逐步演变为消费者主导的买方市场格局，企业的经营理念也由过去的以产定销转变为以销定产，企业的营销部门及营销行为越来越重要。营销行为的成熟程度是企业成熟程度的重要标志，企业必须做好营销工作。

（1）面向市场制定营销战略。企业要认真进行市场调查和市场预测，了解用户需求，进行市场细分，选准目标市场，明确市场定位，制定切实可行的营销策略。具有产品出口能力的企业，要加强国际市场营销研究，大力开拓国际市场。企业应当通过改进产品质量、增加产品品种、提高服务水平等措施和采取合法的促销手段提高市场占有率。

广告是最重要的营销手段之一。运用广告推销商品是市场经济的重要特点。广告为消费者提供商品存在的信息，是消费者对商品认识的重要来源，是树立企业形象的重要方式。广告通过吸引人的韵文短句、丰富多彩的画面和巧妙的布局，引起广大消费者和客户的注意并激发购买愿望。抱着“酒香不怕巷子深”的教条，吝惜广告费用而不做或少做广告，或者认为广告是骗人的，没用的而不愿做广告，实际上是将市场让给了其他经营者。广告宣传要注意真实性，要有艺术性的设计，要选择适当的传播媒介。广告费用其实也构成了规模经济的一项内容。在广告竞争中，大企业由于财力雄厚，并且广告费用可以摊到大量商品中，单位商品所承担的广告费用较少，所以在竞争中往往处于优势。

（2）加强营销机构和营销队伍建设。企业应当强化研究市场、开拓市场的能力，建立健全营销网络，积极采用连锁经营、代理配送等现代营销方式，开拓销售渠道，提高物流效率。采取各种措施来培养高素质营销人才，并对销售人员可以实行工资收入和有关销售费用与产品销售额和货款回笼额挂钩的办法来激励他们。

（3）加强资信管理。企业必须强化法律意识，守合同，讲信用，按期交货，不拖欠货款。及时了解和掌握用户资信状况，建立用户资信档案。

（4）合理定价。企业的定价决策是营销决策的组成部分。总的来说定价是为了促进销售，获取利润。为此，企业定价不仅要考虑成本补偿，更要考虑复杂多变的市场供求状况。首先，要确定定价目标。定价目标有多种，如为了追求利润最大，企业会将售价定高一些；为了提高市场占有率，企业会采用低价策略；为了适应价格竞争，企业（尤其是小企业）会采取“盯住策略”，同竞争者保持相同的价格水平。其次，要根据商品的性质定价。非生活必需品，其需求的价格弹性和收入弹性都比较大，在供求平衡或供过于求的情况下，降价尤其是大幅度降价能扩大销售，增加利润总量（因为降价使销量激增，由此带来的额外收益要超过降价本身的收益损失）。生活必需品由于需求的价格弹性和收入弹性都比较小，提高价格才会对生产经营者有利（因为提价使销量有所减少，但由此带来的额外损失要少于提价本身的收益增加）。再次，要根据同类商品或替代品的价格来定价。在同等质量、售后服务大致相同的情况下，如果定价高于其他竞争者，就会减少商品的销售量。最后，要根据产品生命周期的不同阶段来定价。在产品生命周期的不同阶段，市场需求和竞争状况不同，定价也就不同。在产品的导入阶段，成本较高，这时定价宜以补偿成本为依据，以免影响开辟市场。在产品成长阶段，成本下降，市场看好，这时可制定合理价格以实现预期利润目标。在产品的成熟阶段，同类产品增多，市场竞争激烈，企业应以保持市场占有率为目标，采取低价策略。到了产品衰退期，企业应大幅降价促销，尽快收回占用资金。

4. 分配行为

企业的分配行为是指企业生产经营所涉及的各个主体获取收入的方式及比例安排。其内容主要包括以下几个方面：

（1）政府向企业收取各种税收和规费，对于国有企业则还有利润。企业在生产经营过程中发生应税行为，获取应税所得，拥有应税财产或占用应税国家资源，都要按规定的标准向政府交纳税收。

（2）所有者获得资本收入。在股份制企业中表现为股息和红利；有时公司为扩充资本，用发放新股（即赠送红股）来代替股息和红利。

（3）经营者，包括董事、经理、监事等，获得较高的风险经营报酬。

（4）生产者（职工）获得工资、奖金、津贴。

（5）企业自身应拥有留存收益，包括公积金和公益金。公积金是指企业按照规定从税后利润（即净收益）中提取的积累资金，可用于以丰补歉，弥补亏损；也可用于扩充生产经营规模。公益金则是专门用于职工集体福利设施的准备金。

企业的分配行为是否合理，主要就是看能否正确处理各个主体之间的利益关系，能否兼顾各个主体的利益。

第五节　企业的经济效益和经济核算

一、企业的经济效益

经济效益是指经济活动中劳动占用或劳动消耗与有用劳动成果的比较，也就是投入与产出的比较。生产一定数量和质量的劳动成果，占用和耗费的劳动越少，经济效益就越大；反之，则越小。也可以说，所谓经济效益好，就是资金占用少，成本支出少，有用成果（产品）多；反之，就是经济效益不好。经济效益是考核企业经营状况的一个重要指标，评价企业经济效益必须用包括价值和使用价值在内的一系列指标来反映，如劳动生产率、固定资产生产率、流动资产生产率、工资生产率、资本利税率、工资利润率、产值利税率、产品优质品率及产品销售率等，它们从不同的方面反映了企业的经济效益状况。当然，具体指标的选择应该适应各行业具体的特点。

提高经济效益对企业有着重要意义。效益好意味着企业富有活力，生产经营的运作富有效率，能以较少的投入获得较大的产出，从而增加利润，增强了竞争力。提高经济效益的途径从企业内部看，主要有：

首先，提高劳动生产率。企业提高劳动生产率，可以增加单位时间生产的产品数量，或减少单位产品中的劳动耗费。企业必须不断采用先进技术，增加科技装备与储备，积极进行设备更新和技术改造，提高产品的技术档次。同时要加强劳动者的科技水平，加强职工的教育和培训，造就一支既能熟练把握和运用先进生产力，又富有创新和开拓精神的职工队伍。

其次，降低物化劳动消耗。降低物化劳动消耗主要是节约各种物资和管理费用，提高固定资产利用率。企业要通过采用先进工艺，加强管理，减少浪费，改进产品品种结构等办法来节能降耗，以减少生产成本。

再次，健全企业内部各项经营管理制度，加强经济核算。企业必须建立一个高效、权威的生产管理指挥系统，同时加强科学管理，如计划管理、生产管理、质量管理、技术管理及财务管理等。没有这样一些科学管理制度，企业就不可能高效率地进行生产经营。另外，企业还需要建立健全经济责任制，强化经济核算，努力实现增产节约。

二、企业的经济核算

经济核算，是指企业通过会计的方法，对生产经营过程中的资金占用、成本支出、生产经营成果进行计算、比较、分析、考核，目的是促进低投入、高产出，提高企业的经济效益。经济核算的内容主要是以下三项：

1. 资金核算

资金核算的对象是全部资金。核算要从两个方面进行：一是计算和分析资金结构。为此，要分别计算和分析资本金及其变动、负债及其变动，为改善企业资金结构、增加企业资金提供依据。二是计算和分析资金效益。为此，要分别对固定资金和流动资金进行核算。影响固定资金效益的因素主要是设备利用率、完好率。影响流动资金效益的因素主要是流动资金周转速度、原材料和能源消耗、工时利用等。

综合反映资金效益的指标是资金盈利率。资金盈利率等于盈利额与资金总额之比。这些计算和分析的目的，是为了寻找改善资金利用状况、提高资金效益的途径。

2. 成本核算

成本核算的对象是企业在一定时期内为生产和销售产品所消耗的活劳动和物化劳动。企业成本核算包括以下主要内容：第一，核算成本数额。既对生产单位产品所耗费的资本量进行核算，又对构成产品成本的范围严格规定，从严控制成本开支的范围和标准。第二，对产品成本中所包含的各项具体费用，如原材料消耗、固定资产折旧、工资福利费及管理费用等在成本总额中所占比重进行历史的、横向的对比分析，找出问题和差距并尽快加以弥补。第三，成本核算还要进一步分析降低各项费用开支的可能性，找出降低成本的措施和途径。

具体说来，企业降低成本的途径可能有：一是提高劳动生产率，减少单位产品中的工资支出。二是用新技术、新材料、新工艺，节能降耗。三是充分挖掘现有设备潜力，提高设备利用率，降低单位产品中的折旧。四是合理储备物资，加速资本周转，提高产品质量，减少废品损失。五是精简机构，讲求效益，提高经营管理水平，节约一切不必要的非生产性开支。六是加强思想政治工作，实行必要的物质鼓励，把降低成本同职工的切身利益结合起来，充分发挥职工的积极性、主动性、创造性。

3. 生产经营成果核算

企业的经济效益最终体现在生产经营成果的大小上。表现生产经营成果最重要的指标就是利润。利润的核算可以从绝对量着手，利润越多，表明企业经营状况越好，反之亦反；也可以考察相对量，此时常用的指标有：

（1）成本利润率，指企业利润总额与成本总额的比例，计算公式为：

$$成本利润率=企业利润总额/成本总额\times100\%$$

成本利润率高，说明每个单位成本的耗费获得的利润多，也就是能以较低的资源消耗取得较好的经济效益。

（2）工资利润率，指企业利润总额与工资总额的比例，计算公式为：

$$工资利润率=企业利润总额/工资总额\times100\%$$

这个指标反映了企业的劳动生产率，揭示了活劳动消耗与经济效益的关系。

（3）产值利润率，指企业利润与企业产值的比例，计算公式为：

$$产值利润率=企业利润/企业产值\times100\%$$

这一指标说明企业应该追求有质量的也就是有较高产值利润率的规模扩张。

（4）资本利润率，指企业利润与企业占用的全部资本的比例，计算公式为：

$$资本利润率=企业利润/企业占用的全部资本\times100\%$$

运用这一指标既可以反映劳动生产率水平，又能反映企业全部资本的占用情况和使用效果，还可以预测投资收益和资本回收年限。

企业实行经济核算，必须有健全的经济核算组织体系、健全的管理制度、比较坚实的经济管理基础工作。在核算方面除会计核算、统计分析、经济活动分析等方式外，还要运用现代的信息处理手段，以事先核算为主、事后核算为辅，加强事中检查，实行全面的经济控制。

思 考 题

1. 什么是企业制度？试述企业制度的演变。
2. 现代企业制度的基本特征是什么？
3. 什么是公司法人治理结构？
4. 什么是企业经营机制？传统体制下国有企业经营机制有哪些特点？
5. 国家经营、承包经营、租赁经营及国家授权经营各有什么特点？
6. 什么是股份制？什么是有限责任公司和股份有限公司？股份制有什么特点？采用股份制改造国有企业有什么意义？
7. 什么是企业收益、成本和利润？什么是经济核算？它包括哪些方面？
8. 影响企业经济行为的因素主要有哪些？在卖方市场和买方市场条件下，企业行为有什么不同？
9. 企业融资渠道主要有哪些？各有什么特点？
10. 影响企业投资方向选择的因素是什么？

第五章　居民收入分配

居民收入包括劳动收入和非劳动收入，在社会主义社会发展的相当长的时期存在的都会是以劳动收入为主，多种收入形式并存的格局。按劳分配制度是人类社会迄今为止最公平、最合理、最进步的分配制度，但是只有在全社会范围建立起单一的生产资料社会所有制的条件下，才能够在全社会范围内实行按劳分配，不过由于社会主义经济是以生产资料公有制为基础的经济，因此应该形成以按劳分配为主的分配制度。按劳分配的实现形式与经济形式相关，在产品经济条件下和在商品经济条件下，按劳分配的实现形式是存在差异的。劳动收入差距、资产收入差距和转移性收入差距都可能造成居民之间的收入差距，但是引起居民之间出现劳动收入差距、资产收入差距和转移性收入差距的因素是不同的。居民收入差距的存在会造成多方面的后果，政府应该对居民收入差距进行调节。政府在对居民收入差距进行调节时，不仅应该把握好调节的原则，而且应该选择合适的手段。近些年来，在居民收入获得高增长的同时，中国居民收入差距也出现了扩大的趋势，居民收入差距的扩大是由多方面的原因所造成的，政府应该正确选择收入差距调节政策来调节居民收入差距，最终实现全体国民福利水平的共同提高。

第一节　居民收入形式与来源

一、居民收入形式与来源

居民收入形式和来源可以分为两大类，即劳动收入与非劳动收入。

1. 劳动收入

劳动收入乃指居民凭借其为社会所提供的一定数量和质量的劳动所获取的收入。劳动可以分为直接生产劳动与经营管理劳动，因此劳动收入可分为直接生产劳动收入与经营管理劳动收入。从劳动收入采取的具体形式来看，主要有工资、津贴和奖金。对于个体、私营企业来说，企业利润实际上包含着个体劳动者和私营企业主的劳动收入，亦即利润中的一部分是劳动收入，因此对这类企业的这类劳动者来说，利润也是其劳动收入的一种表现形式。

由于津贴实际上是工资的一种形式，可以将工资与津贴统称为工资。这样就有：

劳动收入=直接劳动收入+经营管理劳动收入

=工资+津贴+奖金+其他劳动收入

或有：劳动收入=工资+奖金+其他劳动收入

2. 非劳动收入

非劳动收入乃指居民不是凭借劳动，而是凭借资产所获得的收入和从各种渠道所获得的转移性收入，就是说包括资产收入和转移性收入。

资产收入是指居民通过向社会提供一定数量的货币形式与非货币形式的资产所获得的收入。资产收入所采取的形式主要是：①利息收入。利息收入是指出让货币形式的资产的使用权或投资于债权性的金融资产所获得的收入，包括储蓄存款利息收入、债券利息收入、股息收入等。②金融投资利润或溢价收入。金融投资利润或溢价收入是指投资于金融资产所获得的利润或得到的溢价收入，如股份分红、股票溢价收入、债券溢价收入等。③租金收入。租金收入是指凭借实物资产所获得的收入，如房屋租金收入、农具以及其他生产资料出租收入等。④出卖收入。出卖收入是指居民出卖其拥有的废旧物资、艺术品等生产所获取的收入。

转移性收入是指一个经济单位向另一个经济单位单方面地无偿地提供的收入。居民所获得的转移性收入主要包括：①营利机构和非营利机构向居民个人提供的转移性收入；②居民个人向居民个人提供的转移性收入。这种转移性收入的提供一般是无偿的，因此实际上就是一种收入援助。当然，居民获取转移性收入的另一个重要来源是政府，但政府向居民提供的转移性收入是政府进行收入调节（收入再分配）的一种形式，是非政府力量所决定的收入分配格局形成之后的一种收入调节，因此在这里我们不考虑此种转移性收入。

基于上述分析，就有：

非劳动收入=资产收入+转移性收入=（利息收入+金融投资溢价收入+租金收入+出卖收入）+（营利机构和非营利机构对居民个人的转移性收入+居民个人对居民个人的转移性收入）

这样在政府进行收入调节以前，居民的全部收入来源即如下式所示：

居民收入=劳动收入+非劳动收入

=工资+奖金+其他劳动收入+利息收入+金融投资溢价收入+租金收入+出卖收入+营利机构和非营利机构对居民个人的转移性收入+居民个人对居民个人的转移性收入

二、多种收入形式并存的原因与评价

社会主义社会的发展要经历一个相当长的时间过程，在社会主义经济发展的相当长的时期内，都会是多种收入形式并存的格局，在社会主义社会的初级阶段，必然是多种收入形式并存，只有在社会主义社会进入到发达的社会主义阶段（社会主义社会的高级阶段）之后，在不考虑转移性收入的条件下，按劳分配才会取代其他各种分配制度而成为惟一的收入分配制度，劳动收入才会取代其他各种收入形式而成为惟一的收入形式。为什么在社会主义社会发展的相当长的时期内，会是多种收入形式并存的局面呢？存在何种收入形式，取决于存在何种收入分配制度，存在何种收入分配制度取决于生产资料所有制结构，生产资料所有制结构取决于社会生产力的发展。从社会生产力的发展来看，社会生产力是逐步发展的，只有社会生产力取得高度发展，发展到除了生产资料的社会所有制之外，任何其他的生产资料所有制都不能容纳社会生产力的发展的条件下，生产资料的社会所有制才会成为社会惟一的所有制形式，在社会生产力发展到这个阶段以前，在社会主义社会长期存在不同性质的生产资料所有制，以生产资料公有制为主，多种生产资料所有制并存的格局会长期存在，因此也就决定了在社会主义社会发展的相当长的时期内会存在这样的收入分配制度，即以建立在生产资料公有制基础上的按劳分配为主，同时并存着其他多种收入分配制度，因此也就决定了在社会主义社会发展的相当长的时期会存在以劳动收入为主，同时并存着其他收入形式的多种收入形式并存的格局。

这里需要说明的是：(1) 社会主义社会是不断发展的，生产资料所有制结构是会不断地发生变化的，在社会主义社会发展的不同阶段，生产资料的所有制结构是不同的，不同收入形式的比重也会发生变化，越是发展到社会主义社会的更高级阶段，生产资料公有制所占的比重会越高，劳动收入所占的比重会越高，因此，虽然在进入到发达的社会主义社会之前，总体上都是以劳动收入为主，同时并存着其他收入形式的多种收入形式并存的格局，但是劳动收入所占的比重并不相同。(2) 以上所说在社会主义社会发展的相当长的时期所存在的是以劳动收入为主，多种收入形式并存的格局是就社会整体而言的，就居民个体而言，其收入形式会存在差别，不同收入形式在居民收入来源中的地位会存在差别，有的主要是劳动收入，有的主要是资产收入，有的主要是转移性收入，所以就居民个体而言，不一定是以劳动收入为主，但是就居民整体而言，乃是以劳动收入为主。(3) 在进入到发达的社会主义社会之前，以上各种收入形式都是存在的，进入到发达的社会主义社会之后，由于只存在单一的生产资料社会所有制，因此资产收入和来自于营利机构的转移性收入当不复存在，但其他转移性收入会继续存在，不过这时的转移性收入都是劳动收入的重新分配。

存在何种收入形式是由生产资料所有制结构所决定的，最终取决于社会生产力的发展，在进入到发达的社会主义社会之前，多种收入形式并存是由客观经济条件所决定的，因此人为地禁止或者限制某种收入形式的存在是违背经济规律的。不同的收入形式激励的对象不同，劳动收入可以形成对劳动的激励，资产收入可以形成对资本积累的激励，其他的收入形式可以形成对劳动或者资本积累或者其他影响经济增长的因素的激励，因此允许由客观的经济条件所决定的多种收入形式并存是有利于经济增长的。

第二节 居民收入决定与收入差距

一、按劳分配：劳动收入的决定

1. 按劳分配的含义与性质

(1) 按劳分配的含义。按劳分配（亦称按劳取酬）是指按照每个劳动者向社会所提供的劳动量来分配劳动收入的收入分配制度。要正确理解按劳分配的含义，需要做以下几点说明：

①劳动量是个人劳动收入分配的尺度。劳动收入的量取决于劳动量，多劳多得，少劳少得，不劳不得。

②收入分配的对象不是全部社会产品，而只是进行了必要的社会扣除之后的国民收入中用作个人消费的部分。那么在社会总产品中要扣除哪些部分之后才可作为个人收入分配的对象呢？马克思认为应扣除以下6个部分：第一，用于补偿已消耗掉的生产资料部分；第二，用于扩大生产的追加部分；第三，用来应付自然灾害等的后备基金或保险基金；第四，与生产没有直接关系的一般管理费用，如国家行政管理和国防费用等；第五，用来满足社会共同需要的部分，如学校等公共设施；第六，为丧失劳动能力的人等设立的保障基金。马克思说："如果我们把'劳动所得'这个用语首先理解为劳动的产品，那么集体的劳动所得就是社会总产品。现在从它里面应当扣除：第一，用来补偿消耗掉的生产资料的部分。第二，用来扩大再生产的追加部分。第三，用来应付不幸事故、自然灾害等的后备基金或保险基金。从'不折不扣的劳动所得'中扣除这些部分，在经济上是必要的。"① 他说，"剩下的总产品中的另一部分是用来作为消费资料的。在把这部分进行个人分配之前，还得从里面扣除：第一，同生产没有直接关系的一般管理费用。同现代社会比起来，这一部分一开始就会极为显著地缩减，并随着新社会的发展而日益减少。第二，用来满足共同需要的部分，如学校、保健设施等。同现代社会比起来，这一部分一开始就会极为显著地增加，并随着新社会的发展而日益增长。第三，为丧失劳动能力的人等设立的基金，总之，就是现在属于所谓官办济贫事业的部分。只有现在才谈得上纲领在拉萨尔的影响下狭隘地专门注意的那种'分配'，就是说，才谈得上在集体的各个生产者之间进行分配的那部分消费资料。"②

---

① 《马克思恩格斯选集》，第3卷，第302~303页，人民出版社，1995年。
② 《马克思恩格斯选集》，第3卷，第302~303页，人民出版社，1995年。

③取得收入的劳动必须是为社会所提供的劳动，就是说这种劳动必须是为社会所需要的，是社会劳动的一部分，否则就不能取得任何劳动收入。

④作为劳动收入分配标准的劳动量必须是社会平均性质的劳动，等量劳动取得等量报酬的劳动是指社会平均性质的劳动，社会平均性质的劳动是劳动收入分配的共同标准，因此如果个人劳动生产率与社会平均的劳动生产率不一致，即使劳动者劳动时间相同，所获得的劳动报酬也会不相一致，如果个人劳动生产率低于社会平均的劳动生产率，所付出的一部分劳动就不会被社会承认，如果个人劳动生产率高于社会平均的劳动生产率，劳动者就可获得超额收入。

⑤作为劳动收入分配依据的劳动应是流动形态的劳动。劳动有三种形态：第一，潜在形态。劳动的潜在形态是指劳动者的劳动力自身即劳动者的劳动能力。第二，凝固形态。劳动的凝固形态是指劳动的存在形态或物化形态，即劳动的凝结体——劳动成果。第三，流动形态。劳动的流动形态是指劳动自身，即指劳动者劳动能力的实际使用或耗费。为什么应以流动形态的劳动作为劳动收入分配的依据呢？因为既不能以凝固形态的劳动作为劳动收入分配的依据，也不能以潜在形态的劳动作为劳动收入分配的依据。之所以不能用潜在形态的劳动作为劳动收入分配的依据，是因为潜在形态的劳动只是可能的劳动，如果劳动者不参加实际的生产活动，或者虽然参加了生产活动，但并没有全部使用其劳动能力，那么潜在的劳动就不可能转化为现实的劳动，而只有现实的劳动才能创造出使用价值和价值。之所以不能用凝固形态的劳动作为劳动收入分配的依据，是因为凝固形态的劳动总要表现为一定的劳动成果，而劳动成果不只是受劳动者本人劳动的影响，还要受劳动条件等多种因素的制约，因此会造成投入的活劳动相同，但却会有截然不同的劳动成果量，也就是说劳动成果形式包含了各种非劳动（活劳动）因素，如果将凝固形态的劳动作为劳动收入分配的依据，就会造成劳动收入分配的极不公平。这样，作为劳动收入分配依据的劳动就只能是流动形态的劳动。不过，并不是任何形式的流动形态的劳动都能获得劳动收入，只有社会所需要的为社会所承认的劳动才能获得劳动收入，不是任何数量的流动形态的劳动都能获得相同数量的劳动收入，只有社会平均性质的劳动消耗才能获得等量的劳动收入。

就潜在形态的劳动、流动形态的劳动和凝固形态的劳动这三者的关系而言，三者可能相统一，即劳动者的劳动能力越强，付出的劳动越多，劳动成果也越多，但也可能不相统一，如劳动者的劳动能力强，付出的劳动却可能很少，劳动成果也很少，或者劳动者的劳动能力强，付出的劳动也很多，但劳动成果却很少，或者劳动者的劳动能力强，付出的劳动很少，但劳动成果却很多，三者不相统一的具体情况还很多。三者不相统一的可能性的存在意味着如果按照不同的劳动形态分配劳动收入，会形成不同的分配结果。这也进一步说明只有按流动形态的劳动来分配劳动收入，才可能形成公平的劳动收入分配。

不过需要说明的是：第一，在实际中，分配劳动收入所依据的劳动形态是复杂的，有的可能是依据潜在形态的劳动，有的可能是依据流动形态的劳动，有的可能是依据凝固形态的劳动，有的可能是以某种形态的劳动为主，兼顾其他形态的劳动，从而也就造成劳动收入分配结果的复杂性，也意味着实际中的劳动收入分配若仅以流动形态的劳动为分配依据，那么分配结果会与以多种形态的劳动为分配依据的分配结果很不相同。第二，由于劳动量本身难以准确地衡量，特别是不同种类的劳动量的比较难以进行，尤其是无法将劳动条件等非劳动因素对劳动成果的影响分离出来，因此在实际中的劳动收入分配只能采取不同的分配依据，但这并不表明这种分配本身就是合理的。好在一般来说，劳动耗费与劳动成果之间存在着正相关关系，所以依据劳动成果进行分配与依据流动形态的劳动进行分配大体上不至过度偏离。

（2）按劳分配的性质。人类历史上存在着多种收入分配制度，现实中也存在着多种收入分配制度，相对于迄今为止人类社会出现过的分配制度，按劳分配制度是一种最公平、最合理、最进步的分配制度，因为只有它消除了利用劳动以外的手段剥削他人劳动的现象，只有在按劳分配制度下，人们才能够依靠增加向社会提供更多的劳动量而获取更多的收入，因为按劳分配的规则是多劳多得，少劳少得，不劳不得。按劳分配虽然不能使人们实现经济上的完全平等，但是它所反映的是劳动者之间平等交换其劳动的关系，最大限度地实现了在社会生产力发展水平达到按需分配之前的社会中人们之间经济权利的平等。

2. 在全社会实行按劳分配的条件

马克思认为在共产主义社会的低级阶段——社会主义社会个人收入分配制度应该是按劳分配制度。他讲的按劳分配不是指在一个单位，而是在全社会范围内实行按劳分配，即劳动者不管在何单位劳动，只要劳动量相同，所得报酬就应该相同。在什么条件下需要并且可以在全社会实行按劳分配呢？

从生产力角度来看，在两种极端的情况下，不可能或者不需要在全社会范围内实行按劳分配。一种情况是社会生产力发展水平极低，劳动所得难以维持人的基本生存需要，在这种情况下，只能采取平均主义的分配方式，例如在原始社会，就不可能实行按劳分配；另一种情况是社会生产力发展水平极高，具有极大的生产能力，人类只需要耗费极少的时间和劳动就能够生产出足以能够满足人们生存和发展所需要的各种产品，在这种情况下，社会完全有能力实行按需分配，因此也就不需要实行按劳分配。由此来看，从社会生产力发展水平的角度来看，只有处在这两种极端情况之间的社会才有可能或者才需要实行按劳分配。

生产资料所有制或者说生产条件的分配制度决定着个人收入分配制度，因此社会形态不同，分配制度就不相同。在社会生产力发展的这两个极端状态之间，可以存在多种社会形态。从一个社会的生产资料所有制或者说生产条件的分配制度来看，存在着这样几种可能性：第一，纯粹的生产资料私有制；第二，纯粹的生产资料公有制；第三，既有生产资料私有制成分，也有生产资料公有制成分。在第一和第三种情况下，都不可能在全社会范围内实行纯粹的按劳分配。其原因在于，只要存在生产资料私有制，生产资料的私有者就必然要凭借其对生产资料的私有权获取收入。那么在第二种情况下，能否在全社会范围内实行按劳分配呢？这取决于生产资料公有制的性质，如果存在的都是集体性质的生产资料公有制，虽然从形式上看，各个集体单位内部都可以实行按劳分配，但是由于不同的集体所有制单位之间拥有的生产资料在性能、规模等方面的差别，从全社会的范围看，按劳分配难以避免地会包含着生产条件分配的因素，而且任何按劳分配都是局限于一个集体所有制单位内部，因此在社会生产资料集体所有制的条件下，形式上在这种社会中存在的是按劳分配，但从实质上来看，不过是不同生产资料集体所有制单位按劳分配的加总，而不是全社会范围内的统一的按劳分配。如果存在的不是集体性质的生产资料公有制，而是全社会性质的生产资料公有制，那就可以在全社会范围内实行统一的按劳分配，因为在这种条件下，没有任何个人有权凭借对生产资料的所有权来获取收入，生产条件因素对收入分配的影响将被排除掉。因此，只有实现了全社会范围的生产资料公有制或者说实质上的生产资料社会所有制，才有可能在全社会范围内实行统一的按劳分配。

那么只有实现了全社会范围的生产资料公有制或者说实质上的生产资料社会所有制，是否就一定要实行按劳分配制度呢？并不一定如此。如果劳动力不归劳动者自己所有，而且劳动者向社会提供的劳动量都是相同的，那么就不可能或者没有必要实行按劳分配。但是如果不是这种情况，那么在生产资料的全社会所有的条件下，就应该和需要实行按劳分配。劳动力的产权是由多种因素决定的，在劳动者没有人身自由的社会，劳动者不可能享有劳动力的所有权，在劳动力完全由社会生产出来的社会，劳动力本身也应该属于社会，但是在其他的社会，劳动者是享有对自身的劳动力所有权的。只要劳动力仍然归劳动者自身所有，劳动者就有权支配其劳动力，就有权要求使用其劳动力的人对其劳动力的利用付酬，否则劳动者就有权拒绝提供劳动力。劳动者对自身劳动力的所有权产生了支付劳动报酬的必要性。劳动者向社会提供的劳动量相同在这样的情况下会出现，即劳动者的劳动能力没有差别，而且劳动本身成了人的基本需要。但是，一方面劳动者的劳动能力相同的情况出现的可能性是相当小的，劳动能力既取决于自然的生理因素，也取决于后天的各种经济与非经济因素，与生俱来的基于生理因素的劳动能力的差别不可避免，基于后天因素而致的劳动能力的差别也往往无法避免，劳动能力差别的存在产生了劳动者向社会提供的劳动量出现差别的自然基础。这就意味着在劳动还不是人的基本需要的条件下，如果劳动者向社会提供的劳动量多，但并不能得到更多的劳动收入，劳动者就会不愿意充分提供自己的劳动能力，经济增长的潜力就不能得到充分的利用。实际上即使劳动者的劳动能力相同，只要劳动还不是人的基本需要，那就必须给劳动者的劳动提供刺激，如果向社会提供的劳动量多，却不能获得更多的劳动收入，劳动者就不会愿意向社会提供更多的劳动，在这种情况下，按劳分配实际上就成了必要的劳动激励制度。

综上所论，在全社会范围内实行按劳分配是需要具备多方面条件的。社会主义社会具备这些条件，因此在社会主义社会既能够也应该实行按劳分配制度。因为从社会生产力发展水平来看，社会主义社会已经远远超越只能实行平均主义分配制度的阶段，但是也还没有达到能够在全社会范围内实行按需分配的发展阶段；从生产资料所有制来看，社会主义社会已经建立起全社会范围内的生产资料社会所有制，提供了在全社会范围内实行按劳分配制度的可能性；从劳动力的所有制和劳动能力的差别、人的基本需要来看，在社会主义社会，劳动者仍然享有对其自身的劳动力的所有权，劳动者的劳动能力仍然存在着差别，而且劳动还不是人的基本需要，因此有必要在全社会范围内实行按劳分配制度。

3. 形成以按劳分配制度为主的分配制度的必要性

社会主义社会同其他任何社会形态一样，也要经历一个从产生到不断发展的过程，直至进入发达的社会主义社会。在发达的社会主义社会，实现了全社会范围内的生产资料社会所有制，因此能够在全社会范围内实现按劳分配，但是在社会主义社会的较低阶段，虽然建立起了生产资料公有制在社会的主导地位，但是并没有建立起全社会范围内的单一的生产资料社会所有制，因此还不可能在全社会范围内实行单一的按劳分配制度。

从我国的情况来看，我们已经建立起了生产资料公有制在社会中的主导地位，但是一方面在生产资料公有制中存在着不同层次的生产资料公有制，既有集体所有制，也有全民所有制，还有其他形式的生产资料公有制，另一方面还存在着生产资料私有制以及其他形式的非公有制经济成分，因此还不可能在全社会范围内建立起单一的按劳分配制度，还存在着其他各种分配制度存在的经济基础。但是，一方面按劳分配制度是人类社会迄今为止最公平、最合理、最进步的收入分配制度，只有实行按劳分配制度才能消除生产资料的所有者利用生产资料或者权力的支配者利用所掌管的权力剥削他人劳动成果的现象，而且在劳动还没有成为人的基本需要，人的劳动能力还存在着差别的情况下，按劳分配是最有效的劳动激励制度，从而是最有效的促进经济增长的收入分配制度，另一方面我们已经建立起了生产资料公有制在社会中的主导地位，从而为形成以按劳分配制度为主的分配制度奠定了必要的基础，因此应该形成以按劳分配制度为主的分配制度。

4. 经济形式与按劳分配的实现

经济形式不同，按劳分配的实现形式会不同。按照马克思的设想，在产品经济这种经济形式下，产品生产按社会生产计划进行，劳动者的劳动直接是社会劳动，等量劳动获取等量报酬，劳动者付出劳动后领取“劳动券”，凭借“劳动券”领取消费品。由此，按劳分配得以实现。

如果所处的经济形式不是产品经济，按劳分配的实现形式就会不同于产品经济下按劳分配的实现形式。我们所处的社会主义经济还不是产品经济，而仍然是商品经济。在商品经济这种经济形式下，按劳分配方式的实现形式与产品经济下按劳分配的实现形式相比具有哪些特点呢？

（1）在产品经济中，任何劳动都直接是社会劳动，是社会劳动的一部分，因为所有的劳动都是按照统一的社会生产计划来进行的；而在商品经济中，任何劳动首先都直接是局部劳动，不直接是社会劳动，劳动能否转化为社会劳动，是否是社会劳动的一部分，取决于劳动产品是否为市场所需要，如果劳动产品为市场所需要，产品能够顺利地卖出去，局部劳动就能够转化为社会劳动，劳动者的劳动就会成为社会劳动的一部分，否则，劳动者的劳动就不能转化为社会劳动，这样的劳动就得不到任何报酬。

（2）在产品经济中，没有商品交换，因此不存在价值范畴和货币，劳动不以价值来表现，不以货币来衡量，劳动者获取的劳动凭证是“劳动券”，劳动者凭借“劳动券”领取个人消费品；而在商品经济中，劳动表现为价值，劳动创造的价值以货币来衡量，劳动者获取报酬的形式是获得商品价值的一般等价物——货币，而不是“劳动券”，劳动者只能用货币去购买个人消费品。

（3）在产品经济中，由于所有的劳动都是社会计划安排的，所有的劳动都直接是社会劳动，因此等量劳动获取等量报酬能够得到完全的实现；但在商品经济中，由于劳动不直接是社会劳动，因此即使劳动者消耗的体力和脑力完全相同，也不一定能够获取等量的劳动报酬，能否获得等量的劳动报酬取决于所耗费的劳动是否同等程度地转化为社会劳动，由于在商品经济中，每个商品生产者自主地分散地决策，局部劳动是否能够转化为社会劳动，能够在多大的程度上转化为社会劳动，都具有不确定性，商品生产者之间也存在着差别，因此造成的结果就会是等量劳动可能能够获取等量报酬，也可能得不到等量报酬。在产品经济中，任何产品都直接是社会产品，因此按劳分配的实现不受产品转化过程的影响，但在商品经济中，产品能否转化为社会产品，取决于产品能否顺利地卖出去，按劳分配要受产品向商品“惊险的一跳”的影响。

（4）在产品经济中，所有的劳动都是服从于社会计划，按劳分配是自动实现的；而在商品经济中则要依靠劳动力在不同的部门、不同的地区、不同的单位之间的流动来实现，具体来说，就是通过劳动力由获得的报酬量低于劳动量的部门、地区、单位向获得的报酬量高于劳动量的部门、地区、单位的流动提高前者的劳动报酬量、降低后者的劳动报酬量，以此一方面促使社会分工层面的按劳分配机制的形成，另一方面促使各单位内部按劳分配机制的实现，从而推动社会按劳分配的实现。

(5) 在产品经济中，按劳分配不受劳动力供求关系的影响，“劳动券”反映的是劳动者向社会提供的劳动量；而在商品经济中，按劳分配则要受劳动力供求关系的影响，劳动力市场的劳动力供给超过劳动力需求，劳动报酬会低于劳动者向社会实际提供的劳动量，劳动力市场的劳动力需求超过劳动力供给，劳动报酬会高于劳动者向社会实际提供的劳动量，只有在劳动力市场的劳动力供给与劳动力需求一致时，劳动报酬才会与劳动者向社会实际提供的劳动量一致，因此在商品经济中，劳动者向社会提供的劳动量并不一定能够通过劳动报酬反映出来，实际的劳动报酬是包含了劳动者向社会提供的劳动量的报酬和受劳动力市场供求关系影响的劳动报酬的复杂的混合体，而绝不是劳动者向社会提供的劳动量的报酬单纯的反映。

二、劳动收入差距的形成

居民收入来源于多种途径，居民拥有的劳动能力、资产、社会关系等的差异都可能会带来居民收入的差异，这里我们先分析居民之间劳动收入差别形成的具体原因。

1. 居民劳动能力的差别

居民的劳动能力并不相同，居民劳动能力的差别是现实中居民之间在劳动收入方面出现差距的重要原因。居民劳动能力的差别有的是由先天因素所决定的，由于遗传基因等的作用，使人们的体质、智商等在出生时就存在着差别，并且有些差别是后天因素所无法弥补的；有的是由后天因素所造成的，一般来说后天因素是造成居民劳动能力差别的主要原因。从后天因素来看，主要是生活条件、受教育条件的差别，当然也有居民自身的因素。而生活条件、受教育条件的差别则是由居民家庭的经济条件、居民家庭所处的社会环境等因素所决定的，居民家庭的经济条件等的差别则往往又是由多种因素所决定的。这就说明，居民劳动能力的差别往往并不是居民本身的行为所造成的，而是由其所不能控制的先天或后天因素（主要是后天因素）所造成的，所以劳动能力的差别所反映的是居民所处的经济环境、社会环境等的差别，隐含着复杂的经济与社会背景。

2. 居民向社会实际提供的为社会所承认的劳动量的差别

居民获得劳动收入凭借的是其向社会实际提供的社会承认的劳动量，居民劳动能力的差别是造成居民劳动量差别的重要原因，不过，即使居民劳动能力相同，其提供的劳动量也会因为以下原因而出现差别：

(1) 居民的劳动偏好不同。劳动能力相同，劳动偏好越强的居民，在工作机会相同的条件下，其提供的劳动量会越多，获得的劳动收入就越多，劳动偏好越弱的居民，其提供的劳动量越少，获得的劳动收入就越少。现实中，总是存在一些居民劳动偏好强，而另一些居民劳动偏好弱，从而也就无法避免因此而产生的劳动收入的差别。

（2）劳动力的市场供求状况不同。即使居民的劳动偏好相同，但如果不同部门或地区劳动力市场供求状况不同，所能获得的劳动收入也会不同。如果一个部门或地区的劳动力市场呈供过于求的特征，劳动者要么不能就业，得不到劳动收入，要么不能充分就业，或者工资水平被压低，这样所得到的劳动收入就少，如果一个部门或地区的劳动力市场呈供不应求的特征，工资水平就会上升，劳动者能够获得更多的就业机会，能够做更多的工作，这样所得到的劳动收入就多。不同部门或地区的劳动力市场供求状况总是存在差别的，从而也就无法避免由此而产生的劳动收入的差别。

（3）私人劳动或局部劳动同社会劳动的一致性程度不同。居民获得劳动收入凭借的是其向社会提供的，且为社会承认的劳动，不为社会承认的劳动不能获得劳动收入。或者由于需求结构的变化，或者由于生产者决策失误，或者由于产品质量差，造成生产者生产的产品并不为社会所接受，亦即生产者的私人劳动或局部劳动不为社会所承认，不能转化为社会劳动，从而也就不可能获得劳动收入。私人劳动或局部劳动同社会劳动越是一致，得到的劳动收入越多，越不一致，得到的劳动收入越少。

3. 各部门垄断程度的差别

各部门的垄断程度是不同的，有的部门属于独家垄断，有的部门属于寡头垄断，有的部门则不存在垄断。一般来说，部门的垄断程度越高，越可抬高产品的价格，除垄断部门获取高额垄断利润外，垄断部门劳动者的工资也往往高于非垄断部门，且垄断程度越高，工资水平越高，因为工资成本上升，通过提高产品价格而转移出去的可能性的大小同一个部门垄断程度的高低具有正相关关系。这样，各部门垄断程度的差异也就成为造成居民劳动收入差距的重要因素。

4. 政府对就业和工资的干预

政府对就业和工资的干预可能倾向于或导致缩小居民劳动收入的差距，也可能倾向于导致居民劳动收入差距的扩大。限制劳动力流动、规定就业的一些苛刻的条件等政策倾向于造成或扩大居民间劳动收入的差距，政府不确定工资标准、对工资级差的规定或者对工资水平进行限制等政策也可能造成或扩大居民间劳动收入的差距。

由上可见，劳动收入的差距并不只是由居民自身的原因所引致，还有大量的居民自身以外的因素导致居民间劳动收入的差距。这就增加了对居民劳动收入差距的性质的判断和政府选择调节居民劳动收入差距的政策的复杂性。

三、资产收入的决定与差距

资产收入是居民凭借其所拥有的货币形式的资产和非货币形式的资产所获得的

收入。由于资产本身不可能带来价值，因此任何形式的资产收入都是劳动者的活劳动所创造的价值的转移（再分配）。在理论上，社会总产品中的生产资料价值部分是不能用于个人收入分配的，因此资产收入只能来源于新创造的价值部分或者说国民收入部分，所以从性质上来看，资产收入是对国民收入的一种扣除，是对劳动收入的一种扣除。

资产收入的多少取决于资产数量和资产收益率。用公式来表示，就是：

资产收入=资产数量×资产收益率

从公式来看，居民能够获取多少资产收入取决于资产数量和资产收益率两个因素。居民拥有的资产数量越多，资产收益率越高，居民所能获得的资产收入就越多；反之，居民所能获得的资产收入就越少。

在现实中，居民资产收入不仅存在差距，而且往往存在着非常大的差距。有的居民能获得巨额的资产收入，而有的居民无任何资产收入。资产收入差距是造成居民收入差距的重要原因，在居民收入来源中，资产收入所占的比重越高，资产收入差距对居民收入差距的影响就越大。导致居民资产收入出现差距的主要原因在于：

1. 居民拥有的资产数量存在差距

没有资产就不可能获得资产收入。资产数量越多，所能获得的资产收入越多。居民所拥有的资产一部分是由其劳动收入转化而来，劳动收入多、储蓄偏好强的居民由此而拥有的资产数量就会比劳动收入少、储蓄偏好弱的居民多，从而可获得更多的资产收入；一部分是由财产继承而来，许多居民拥有的巨额资产都主要不是由其劳动收入转化而来，而是从其祖辈那里继承而来，居民继承的财产越多，所可能获得的资产收入越多，反之，则越少。

2. 居民拥有的资产种类等不同

资产种类等不同，资产收益率就不同，这样即使拥有相同数量的资产，所能获得的资产收入也会不同，资产收益率越高，获得的资产收入就越多，反之，则越少。资产种类的选择有的是由资产拥有者自己决定的，有的不是由资产拥有者自己来决定的。对资产拥有者来说，调整资产结构对其获取资产收入的多少至关重要。如果资产的拥有者能够正确选择资产结构，就可获得高额的资产收入，否则，所获资产收入就少。资产结构的选择不只受居民个人投资能力的制约，也要受市场成长、政府政策等多种因素的制约。因此，资产收益率的高低，从而居民资产收入的差别是由多种因素所决定的。

四、转移性收入的决定与差距

转移性收入的获取既不是靠向社会提供劳动，也不是靠向社会提供资产，不是产生于居民自身的收入，从性质上来看，转移性收入是一种再分配收入，这种收入的伦理色彩、福利色彩非常浓厚。

从居民转移性收入的来源来看，有的来源于营利机构和非营利机构，有的来源于居民个人。转移性收入的来源不同，收入差距的决定因素是存在着差别的。

从来自于营利机构和非营利机构的转移性收入来看，居民能获得多少转移性收入取决于：

(1) 居民所在单位的收入多少和福利偏好及福利政策。居民所在单位的营业收入或非营业收入越多，提供转移性收入的能力越强，居民可能获得的转移性收入越多，反之，则越少；居民所在单位的福利偏好越强，居民所能获得的转移性收入会越多，反之，则越少。居民所在单位福利政策的不同，会使经济条件相同而单位不同的居民所能获得的转移性收入存在相应的差别。

(2) 居民所在地区经济发展水平和社会伦理倾向。地区间经济发展水平始终是存在差别的，一个地区经济发展水平越高，营利机构的盈利规模一般会越大，非营利机构的收入规模越大，向居民提供转移性收入的能力越强，该地区居民越可能得到更多的转移性收入。不同地区基于其历史传统等因素，社会伦理倾向往往不同，一个地区越是推崇平等、人道主义，营利机构、非营利机构向居民提供转移性收入的可能性越大，居民越可能得到较多的转移性收入。

(3) 居民的经济状况。营利机构、非营利机构给予居民的转移性收入既有属于平均分配性质的，也有属于人道主义的社会援助性质的，而后者一般乃依居民经济状况的好坏而定，经济状况好的，得不到这种转移性收入，经济状况差的居民可以得到这种收入，而且经济状况越差，得这种收入的可能性越大，获得的数额也可能越多。

(4) 居民经济状况为营利和非营利机构所了解、所关注的程度。经济状况一定，居民是否能够从营利和非营利机构那里获得援助，能得到多少援助，取决于其经济状况为营利和非营利机构所了解、所关注的程度。居民的经济状况越为营利和非营利机构所了解、所关注，所能获得的援助会越多，反之，则越少。而居民经济状况是否为营利和非营利机构所了解、所关注，除了居民自身经济状况和营利、非营利机构的偏好这两方面因素的作用外，主要取决于大众传播媒体的传播。那些受到大众传播媒体关注的居民，往往能从营利和非营利机构那里获得大量的援助，而那些未受大众传播媒体关注的居民，即使经济状况更差，也往往难以获得营利和非营利机构的援助。

由于居民所在单位的收入和福利偏好及福利政策、居民所在地区的经济发展水平和社会伦理倾向、居民经济状况、居民经济状况为营利和非营利机构所了解及所关注的程度存在着差别，居民从营利机构和非营利机构那里获得的转移性收入也就会出现相应的差别。

从来自于居民个人的转移性收入来看，居民能获得多少转移性收入则主要取决于：

(1) 居民个人的社会关系。居民个人的社会关系越广，经济条件越好，其越有可能获得比较多的转移性收入，反之，其获得转移性收入的可能性越小。社会关系的广、窄，既受居民个人在其生活、学习和工作过程中所建立的社会关系的影响，也受居民个人固定的社会关系（指由血缘关系、姻缘关系形成的和由其祖先建立的社会关系）的影响，并且一般来说，后者的影响更大，这就意味着居民固定的社会关系越广，获得转移性收入和得到更多的转移性收入的可能性越大，反之，获得转移性收入和得到更多的转移性收入的可能性越小。

(2) 居民所在地区的经济发展水平和居民的伦理偏好。居民所在地区的经济发展水平越高，居民平均收入水平越高，向他人给予援助的能力越强，如果居民倾向于乐善好施，那么经济条件差的居民从他人那里获得援助的可能性越大，反之，从他人那里获得援助的可能性越小。

(3) 居民的经济状况为他人所了解、所关注的程度。任何人都不会无缘无故地向他人施舍，居民能不能从别的居民那里获得援助以及能够得到多少援助，要看居民的经济状况是否为别的居民所了解，是否为别的居民所关注，是否能得到别的居民的同情，特别是居民能不能从居民个人的社会关系以外的居民那里获得援助更主要地是取决于这个因素。居民的经济状况越为他人所了解、所关注，越有可能从别的居民那里获得援助，越可能获得更多的援助，反之，即使经济状况很差，也可能得不到他人的任何援助。

由于居民个人的社会关系、居民所在地区的经济发展水平和居民的伦理偏好、居民的经济状况为他人所了解及所关注的程度存在着差别，因此即使经济状况相同，不同的居民从他人那里获得的转移性收入也会不同。

以上说明，导致居民收入出现差距的原因不是单一的，有多种因素造成居民之间的收入差距，有居民自身的因素，也有各种外在的因素，有经济因素，也有非经济因素。

第三节　政府对居民收入差距的调节

一、居民收入差距调节的含义与性质

一般来说，居民收入差距调节指的就是社会对居民收入差距进行的调节，这种意义上的居民收入差距调节我们将其称为广义的居民收入差距调节。这种意义上的居民收入差距调节，就调节主体而言，政府、营利机构、非营利机构以及居民个人都可以成为调节者；就调节目的而言，既可能是出于增进平等的目标，也可能是出于增进效率的目标，也可能是出于其他目标；就调节方向而言，既可能是相对增加低收入居民的收入，而相对减少高收入居民的收入，即收入由高收入居民向低收入

居民转移，也可能是相对增加高收入居民的收入，而相对减少低收入居民的收入，即收入由低收入居民向高收入居民转移；就调节机制而言，既可能是市场机制，也可能是各种非市场机制。因此广义的居民收入差距调节的概念所包括的内容是多方面的，并且包括着性质不同的内容。我们这里所说的居民收入差距调节并不是广义的居民收入差距调节的概念，而是狭义的居民收入差距调节的概念，具体而言，是指政府为增进平等和效率、运用非市场机制使收入由高收入居民向低收入居民转移的收入再分配。这种意义上的居民收入差距调节，其调节主体是政府，政府调节居民收入差距的目的是要增进平等和效率，调节的方向则是相对增加低收入居民的收入，而相对减少高收入居民的收入，即使收入由高收入居民向低收入居民转移，政府调节居民收入差距的机制是非市场机制。

居民收入差距调节从性质上来看，是一种收入再分配，是一种相对增加低收入居民的收入，而相对减少高收入居民的收入再分配。就收入调节来看，无论政府采取何种手段，最终都是要实现收入由高收入居民向低收入居民的转移，都是要改变原有的收入分配格局。如果通过政府的调节，低收入居民的收入确实相对增加了，高收入居民的收入确实相对减少了，那么收入差距调节就是符合其性质的调节，相反，就与居民收入差距调节的性质相背。

二、政府调节居民收入差距的必要性

1. 居民收入差距存在所可能产生的后果

第二节的分析表明居民收入差距的产生难以避免，不过，这并不意味着对居民收入差距的存在就能听之任之。社会应如何对待居民收入差距，首先取决于居民收入差距所产生的后果。

(1) 居民收入差距对社会稳定的影响。社会稳定意味着政治稳定和既存的社会秩序得以维持，即社会按既有的规则正常地有序地运行。社会稳定是经济资源有效配置的重要条件。社会能不能保持稳定取决于许多因素，但经济不平等往往引起社会的不稳定。因为经济不平等会使社会上的一部分人或大部分人不满，最终走向反抗。收入差距的存在意味着经济不平等的存在。虽然我们还无法依据历史对收入差距与社会不稳定之间的关系进行准确的计量分析，得出准确的经验结论，但从历史上的经验事实却可以看出收入差距的存在对社会稳定的损害。历史上许许多多的政治动乱、暴力革命、骚乱、劫掠行为直接源于贫富分化，有的则间接源于贫富分化。亚里士多德说："所有这些内讧，都常常以'不平等'为发难的原因……内讧总是由要求'平等'的愿望这一根苗生产起来的。"① 勒鲁则说得更绝对，他说："我们最终必须承认人类的普遍平等：只要有一天缺乏这种平等，那末战争状态，

① ［古希腊］亚里士多德：《政治学》，第234页，商务印书馆，1996年。

我再说一遍，就是人类的自然状态。”① 拉西特等人对 18 个国家纳税前收入不平等的基尼系数与死于政治冲突的人数之间的相关系数的计算结果是 0.34，12 个国家的相关系数是 0.36，而 47 个国家土地所有权不平等的基尼系数和死于内乱的人数的相关系数为 0.46，在农业国家则高达 0.70。② 这提供了收入不平等损害社会稳定的例证。

当然，收入不平等的程度相同，社会稳定程度也可能不同，因为其他因素会对此形成干扰：①低收入居民对收入不平等的合理性的认知。居民可接受的收入不平等程度越低，收入不平等越会引起社会不稳定；居民可接受的收入不平等程度越高，收入不平等对社会稳定的损害越小。居民对收入不平等的合理性的认知会由于社会内和社会外的思想变革或思想渗透而发生变化。从长期来看，居民可接受的收入不平等程度呈下降的趋势（或者说居民对收入不平等的容忍度呈下降的趋势），这就意味着收入不平等对社会稳定的威胁呈增加之势。②居民所期望的收入水平的高低。居民期望的收入水平越高，实际收入水平越低，居民收入满足程度越低，收入的不平等越会引起社会不稳定；居民期望的收入水平越低，收入的不平等对社会稳定的损害会相应地越小。费拉本、沃尔夫、尼德勒在其所做的一项研究中对 62 个国家“需要的形成和需要的满足”之间的关系对政治稳定的影响进行了分析，发现在 36 个需要满足率低、民众感到不满足的国家，仅有 2 个国家政治高度稳定，而在 26 个需要满足率高、民众感到满足的国家，仅有 6 个国家政治动乱严重。③ 这是对这一问题的一个例证。由此，我们可以推断，随着社会内部和社会外部因素导致居民期望收入水平的不断提高，收入不平等对社会稳定的威胁会随之增加。③低收入居民收入的增长情况。如果低收入居民的绝对收入能够不断增长，从而其生活水平能够得到不断提高，那么在收入不平等程度不变（相对收入不变），甚或有所上升（相对收入下降）的情况下，低收入居民的不满程度会低一些，收入的不平等对社会稳定的威胁会小一些；而如果低收入居民的绝对收入无增长，甚或出现负增长，其生活水平便不能提高，或者下降，这样，即使收入不平等程度不变，甚或有所下降，低收入居民的不满足程度也会上升，收入的不平等对社会稳定的威胁就会增加。④居民的生存保障情况。居民的生存需要缺乏保障，就容易采取各种反社会的行为，在这种情况下，社会稳定难以维持；而在居民的生活需要有保障的情况下，居民的行为目标只是追求更高水平的生活，反社会行为要弱一些，收入的不

① ［法］皮埃尔·勒鲁：《论平等》，中文版，第 70 页，商务印书馆，1996 年。

② 转引自［美］塞缪尔·P·亨廷顿：《变化社会中的政治秩序》，中文版，第 52 页，生活·读书·新知三联书店，1989 年。

③ 转引自［美］塞缪尔·P·亨廷顿：《变化社会中的政治秩序》，中文版，第 51 页，生活·读书·新知三联书店，1989 年。

平等对社会稳定的威胁会小一些。西方国家工业化过程中收入不平等和社会不稳定程度的历史变化提供了例证。这些国家在建立起社会保障制度后，社会稳定程度得以大大提高，而在一些国家收入不平等程度同过去相比并没有什么变化，或只有很小的变化，许多国家至今仍然存在着相当严重的收入不平等，但因居民生存需要获得了保障，同时低收入居民的收入又在增长，因此社会仍比较稳定。

（2）收入差距对劳动力市场竞争的影响。在劳动力市场上，劳动力素质越高，竞争力越强，在市场竞争中越处于有利的地位。劳动力素质的高低主要取决于教育，接受的教育越多，水平越高，素质越高，反之，素质越低。而能接受多少教育，能够获得何种水平的教育，主要取决于居民家庭的收入。收入水平高，有能力购买更多的高质量的教育服务，从而可以使居民本人或其子女具有高素质，低收入居民，则无力使自己获得更多的教育服务，也无力让子女接受更多的教育，这样就不可能具有高素质。劳动力素质低，一方面不能满足一些部门就业的资格要求，另一方面即使在有资格就业的部门，也处于不利的竞争地位。总之，居民收入差距的存在会导致劳动力素质的差别，劳动力素质的差别的存在则会导致劳动者在劳动力市场中竞争的不公平。这种不公平是居民经济机会不平等的重要方面，并且劳动力市场的不公平竞争引起的收入差距可能产生收入分配分化的“马太效应”。

（3）收入差距对劳动供给的影响。其主要表现为：

① 收入差距对低收入居民劳动供给的影响。收入差距的存在对低收入居民的劳动供给可能产生两种性质不同的影响：一种可能是低收入居民为了增加收入，缩小与高收入居民的收入差距，会增加劳动的供给；另一种可能是低收入居民因收入过低，或增加劳动所能增加的收入低于其期望的水平，会不愿意劳动。如果居民不愿意劳动，其生存来源和增加收入的途径就只能依靠营利与非营利机构和他人的施舍，或者依靠实施偷盗、抢劫等各种非生产性行为，这些自然不可能给社会带来任何的财富，而只会浪费社会的财富，同时也导致经济资源的低效利用。从一个社会来看，可能所有低收入劳动者居民都不愿劳动，也可能出现一部分低收入劳动者不愿劳动，而另一部分低收入劳动者愿意增加劳动的供给，无论出现的是哪种情况，都表明劳动力资源未能得到充分利用，经济增长的潜力未能得到充分利用。因此，除非收入差距使所有的低收入居民都愿意增加劳动供给，否则，收入差距的存在就会对劳动供给的增加造成损害。一般来说，存在的是前面两种情况，特别是在低收入阶层出现固化，收入差距不断扩大的情况下，“失望阶层”的出现难以避免，从而懒惰、犯罪就难以避免。

②收入差距对高收入居民劳动供给的影响。对高收入居民来说，如果劳动不是一种享受，那么只要有足够多的收入来源，特别是有足够多的非劳动收入来源，一般来说，并不会增加劳动供给，而是会减少劳动供给。因为随着收入水平的提高，闲暇的价值会不断提高，人们更愿意把时间投入于娱乐、旅游等消费活动上。高收

入居民收入水平越高，越会减少劳动供给。

上述分析表明，居民收入差距的存在不利于增加劳动供给，因此不利于经济增长。

(4) 收入差距对权利平等的影响。权利平等是现代社会所追求的和所要努力实现的目标。权利平等指人人享有平等的经济和非经济权利，具体包括在就业机会、法律、言论、政治选举、公共安全、教育、卫生、迁徙等诸多方面的权利平等。然而收入差距的存在却使人们实际上不可能享有平等的权利。上述第2个方面说明了由于收入差距的存在使人们在劳动力市场上处于不公平竞争的地位，而由于法律服务、出版、教育、服务、卫生服务等都是可以进入市场交易的，货币选票的多少就决定着谁能得到更多的服务，谁有能力按自己的意愿迁徙，谁有能力影响政治决策。奥肯曾说："事实上，金钱确实能买到许多在我们民主制度中所不能销售的东西……金钱可以收买执法程序以求得有利的判决；它能加重收买人说话的分量；此外它能够影响官员的选举，从而损害人们普遍选举的原则……尽管一般说来，金钱不能直接买取额外的权利份款，但在实际上，它可以通过收买服务而制造更多更有利的权利。"① 权利的平等不是无条件的，只要存在收入差距，就会损害权利平等。

(5) 收入差距对资源配置效率的影响。适度的收入差距能够促进生产效率的提高，但收入差距过大却会对资源配置效率的提高产生负面影响。一方面由于消费的边际效用递减，过大的收入差距会使经济资源不能达到最优配置状态；另一方面会出现少数高收入居民的奢侈性消费，从而就会使很多的经济资源被用来为少数人生产奢侈品，从而导致社会经济资源配置效率的劣化。此外，收入差距过大，对生产效率的提高也会产生负面影响。

从上面对收入差距的存在所产生的后果的分析来看，社会对居民收入差距的存在不能听之任之，无所作为，而应当消减居民收入差距。

2. 市场力量消减居民收入差距的作用及其局限性

(1) 市场力量消减居民收入差距的作用及其局限性。市场供求的变化、市场上要素或资产价格的变化是可以对收入差距产生调节作用的，对于缩小居民收入差距来说，不能排斥市场力量的作用。

从劳动收入来看，劳动力市场供求关系的变化、市场工资水平的变化可以缩小居民劳动收入的差距，这发生在以下几种情况之下：①劳动力市场劳动力总需求超过劳动力总供给，而资本等非劳动要素出现普遍的过剩，则就业机会增加，工资率会上升，以劳动收入为主要收入来源的居民因而可以增加劳动收入，特别是有利于增加劳动力素质较低的居民的劳动收入；②原工资率低的劳动力市场劳动力需求上

① ［古希腊］亚里士多德：《政治学》，中文版，第234页，商务印书馆，1996年。

升，从而使其工资率上升，由此会缩小与原工资率高的劳动力的拥有者的收入差距；③劳动力从工资率低的部门流向工资率高的部门，使前者的劳动力供给减少，后者的劳动力供给增加，从而使前者的工资率上升，后者的工资率下降，这样也会缩小居民劳动收入的差距。这说明，市场力量是可以自动地起到缩小居民劳动收入差距的作用的。

但是市场力量的这种自动调节存在着多方面的局限性。其具体表现在：①劳动力的市场供求关系总是在不断变化的，就业机会、工资率也因而会发生变化，如果劳动力市场出现了劳动力总供给超过劳动力总需求，那么失业会增加，工资率会下降，这样，以劳动收入作为主要收入来源的居民的劳动收入就会减少，特别是劳动力素质低的居民劳动收入会减少；如果工资率低的部门劳动力需求下降，工资率下降，那么该部门劳动者的收入就会下降，从而会使劳动收入差距扩大。②劳动力在部门间的流动总是要受到各种因素的限制，高工资率部门往往是高素质劳动力集中的部门，低工资率部门往往是低素质劳动力集中的部门，低工资率部门的劳动力向高工资率部门流动相当困难，这样，依靠劳动力从低工资率部门向高工资率部门流动来缩小劳动收入差距就受到很大的限制。③市场力量没有能力消减由劳动能力的差异，就业体制所造成的劳动收入差别。这就说明，不能依靠市场力量来消减居民劳动收入的差距。

从资产收入来看，不同种类资产的相对价格或收益率的变化可以缩小居民资产收入的差距，这就是在高收入居民拥有的资产和市场价格或收益率出现下降时，其资产收入会减少。例如，证券价格下降会使证券的持有者收入减少，房地产租金下降，使房地产出租者的租金收入减少。价格下降或收益率下降的资产都是市场需求下降或市场供给增加的资产。虽然高收入居民的资产收入可能会因此而下降，但是也可能出现另一种情况，即高收入居民资产的相对价格或收益率上升，低收入居民资产的相对价格或收益率下降，这样市场力量所起的就不是缩小居民资产收入差距的作用，而是扩大居民资产收入差距的作用。并且市场本身一般也不能改变人们所拥有的资产存量，尽管市场力量会使资产价格或资产收益率发生变化，从而调节居民之间的收入，但对于没有资产的人来说，资产价格的任何变化都不会使其收入增加，另一方面由于拥有的资产越多，选择投资的空间越大，可以进行资产组合，一般来说，资产价格的变化并不会使资产收入结构发生多大的变化，即使资产收入结构发生变化，所引起的也不是收入差距的缩小，而只是富人、穷人的具体对象的改变，今天这部分人是富人，明天可能变成了穷人，另一部分人今天是穷人，明天变成了富人，而收入差距并没有因此而缩小。这说明，市场力量也不能作为消减居民资产收入差距的依靠力量。

从转移性收入来看，其所依循的不是市场规则，市场力量对居民转移性收入的差距不能发挥调节作用。

（2）马太效应与市场力量的局限性。《马太福音》说："让富有的更富有，让没有的更没有。"此话在控制理论中被称为"马太效应"。① 在收入分配领域，市场力量不仅不能作为消减居民收入差距的依靠力量，而且任由市场力量的作用可能会产生收入分配的马太效应，即富者愈富，贫者愈贫。其原因在于：

①居民收入水平越高，越可能获得更高的劳动收入。因为收入水平越高的居民，越可购买更多的质量更好的教育服务，从而越可具有更高的劳动力素质，寻找有利的就业机会的能力越强，越可找到和占领可获得更高收入的工作岗位；收入水平低，结果正相反。

②居民收入水平越高，越可能获得更高的资产收入。收入水平越高，投资能力越强，投资途径越多，选择有利的投资机会的能力越强，越能获得更高的资产收入；收入水平低，结果正相反。

马太效应的存在进一步表明市场力量在调节居民收入差距中的作用存在着根本的局限性，因此，在收入分配领域，不能任由市场力量发挥作用。

3. 第三种力量在缩小居民收入差距中的作用及其局限性

第三种力量是指市场力量与政府力量以外的力量，包括营利机构、非营利机构（宗教组织、民间团体等）和居民个人。

前面我们将居民得自这些机构和个人的收入称为转移性收入。不过，从收入调节的角度看，也可以将其视作收入调节的一种力量。营利和非营利机构以及居民个人通过无偿地向受援居民提供实物或货币形式的援助，会使受援居民收入增加。

营利机构向受援人提供的援助来源要么是其利润，若为利润则实际上是收入从股东或所有者与职工向受援人的转移；要么是职工（雇员）捐助，若如此，则是营利机构职工的收入向受援人的转移。

非营利机构所担当的角色一般是中介人，因为其为非营利性机构，因此，其向受援人提供的援助的来源一般是各种机构和个人的捐助。非营利机构的活动就是使收入从援助机构和个人向受援人转移，亦即使一部分人收入减少，而使另一部分人收入增加。

居民个人可以基于血缘关系、姻缘关系、同情心等而向他人提供援助，这会使授援者收入减少，受援者收入增加。

因此，第三种力量能够发挥收入调节作用，消减居民收入差距不能排斥第三种力量的作用。

那么是否可以完全依靠第三种力量来消减居民收入差距呢？如果仅靠第三种力量能够消减居民收入差距，那么就不需要政府的调节了。但第三种力量并没有这种能力，虽然第三种力量在缩小居民收入差距中有其重要的作用，但第三种力量的作

① 王小强、白南风：《富饶的贫困》，第4页，四川人民出版社，1986年。

用存在着以下诸方面的缺陷：

（1）第三种力量可以缩小居民收入差距，也可能扩大居民收入差距，亦即其作用具有双重性。例如，居民个人向他人提供的转移性收入就可能导致或扩大居民转移性收入和资产收入的差距，因为第三种力量不一定是使收入只向低收入居民转移，在很多情况下，反而是使收入向高收入居民转移。

（2）第三种力量调节收入的手段不足。第三种力量只能遵循自愿原则，它不能实施强制手段，这就使其调节居民收入的能力受到根本的限制，因为虽然基于道德等因素，一些机构和个人愿意给予低收入居民以援助，但也会有许许多多的机构与个人不愿给予低收入居民以援助，这完全取决于各机构和居民个人的意愿。

（3）第三种力量选择援助对象往往具有偶然性。对于非慈善性质的营利和非营利机构以及居民个人，并没有能力，一般也不会主动地去寻找需要援助的对象，因而援助对象的选择往往是随机性的。慈善机构虽然专事慈善救济，但因其能力有限，其选择的援助对象同样具有随机性。这就会造成许许多多的低收入居民得不到任何的援助，或得到的援助反而比收入更高的居民要少。

（4）第三种力量同低收入居民之间不存在法定的援助与被援助的关系，而且一般来说也不存在道义上的援助与被援助关系（除了血亲、姻亲之间一般被认为有道义上的援助与被援助关系，其他关系人一般都并不被认为存在道义上的援助与被援助关系），这样第三种力量对低收入居民的援助就具有不确定性、不稳定性。①

这些说明，第三种力量不能作为全面地、持续地消减居民收入差距的稳定的力量，因此第三种力量不能作为调节居民收入，缩小居民收入差距的依靠力量。

4. 政府调节居民收入差距的必要性

（1）居民收入差距的存在所产生的后果要求政府调节居民收入差距。居民收入差距的存在所产生的后果，特别是若对居民收入差距的存在采取听之任之的政策，会导致居民收入差距的不断扩大，从而最终会产生更严重的经济与社会后果，从根本上来说，会损害公众利益和社会的长期利益，政府作为代表公共利益的机构，应该采取措施消减居民收入差距，以便消减居民收入差距的存在所产生的经济和社会后果。

（2）政府履行其经济职能需要调节居民收入差距。政府作为公共权力机构在市场经济中应履行多方面的经济职能，其中包括：提供公共物品（包括公共安全等）、促进经济长期稳定地增长、实现居民的权利平等、维持社会稳定等。本书第二部分的分析表明，如果居民之间存在着较大的收入差距，那么会损害社会稳定、损害经济长期稳定地增长、损害居民的权利平等，这就意味着，如果居民之间的收入差距得不到有效地调节，政府就无法履行好其应履行的经济职能，因此政府要尽

① 曾国安：《灾害保障学》，第350页，湖南人民出版社，1998年。

其责，就须努力消减居民收入差距，调节居民收入差距因而成为政府的重要职责。

(3) 市场力量和第三种力量的局限性要求政府积极调节居民收入差距。前面已经说明市场力量和第三种力量在调节居民收入差距中所可起到的作用，但是它们都不具有作为消减居民收入差距的依靠力量的能力，在收入调节中所能起的作用是有限的，这样，缩小居民的收入差距惟一可以选择的依靠力量就只有政府了。

(4) 政府具有作为调节居民收入差距的依靠力量的能力。政府具有市场力量和第三种力量所不具有的能力，因为它是公共权力机构，享有其他任何机构和个人都不具有的立法权和司法权，依靠这种权力，它就具有其他任何机构和个人都不具有的合法的强制力以及高度的权威性。它能强制性地向高收入居民征税，也能给予低收入居民以财政补贴，能让低收入居民接受教育，也能建立起社会保障制度，向低收入居民提供基本生活保障，就是说它有能力使对居民收入差距的调节保持持续性、稳定性，有能力长期使收入从高收入居民向低收入居民转移，有能力根据收入不平等的程度加大或减轻调节力度，可以避免收入援助的偶然性、随机性。因此，政府不仅应该，而且能够成为调节居民收入差距的依靠力量。

基于上述分析，可以得出结论，即政府不能对居民收入差距的存在采取放任政策，而是应该积极地采取措施，消减居民之间的收入差距。

5. 建立以政府为主，以第三种力量和市场力量为补充的居民收入差距调节体系

在收入差距的调节中，政府应作为依靠力量，不过政府既不能代替，也不能排斥市场力量和第三种力量。无论是市场力量，还是第三种力量，在收入调节中都在一些方面具有优势。

从市场力量来看，其对居民收入差距的调节所依靠的是市场机制本身的力量，是市场运行所自动产生的结果，因此，市场力量对居民收入的调节就不会损害市场机制的正常运行。市场体系、市场机制越健全，市场力量调节居民收入差距的灵活性越大，并且对于某些方面的收入调节，政府还应利用市场力量。

从第三种力量来看，一方面通过第三种力量进行的收入调节有利于促进社会的和谐、团结，因为低收入居民从营利与非营利机构以及居民个人那里获得了援助，可以维持或提高其生活水平，免于采取不利于社会和谐和团结的行动，并且由于他们获得了这种援助，会产生对社会的亲和力，会产生促进社会和谐和团结的行为，另一方面可以体现社会的人道主义，同时可以减轻政府的负担。政府能力最终取决于经济发展水平，经济是逐步发展的，因此政府能力的增长也是一个长期的渐进的过程，这就往往导致在经济发展水平较低的阶段，政府向低收入居民提供转移性收入的能力不足，不能充分保障所有低收入居民的基本生活；同时，即使经济发展水平很高，由于政府提供转移性收入要执行同一标准，某些特殊的低收入居民并不能获得足够的收入保障，这就需要第三种力量提供补充。所以，即使在经济发展水平很高的经济发达国家，第三种力量在收入调节中仍然发挥着重要的作用。政府对第三种力量在收入调节中的作用不应进行限制，而应该予以鼓励。

总之，现代经济所需要建立的不是单一调节主体的收入调节体系，而是多元调节主体的收入调节体系，这种调节体系的结构就是以政府作为基本的最重要的调节力量，以市场力量和第三种力量作为必要的补充性的调节力量。

三、政府调节居民收入差距的原则

1. 政府调节居民收入差距的目标

政府调节居民收入差距应采取什么原则？这首先需要弄清政府调节居民收入差距的目标。经济学界最流行的观点认为政府调节居民收入差距是为了实现居民在经济上平等的目标，简言之，政府的收入调节是为了平等，那么经济平等是不是政府调节居民收入差距的惟一目标呢？

由于居民的劳动能力、就业机会、实际劳动贡献、继承的遗产的数量或获得的财产的数量、投资能力以及面临的投资机会等的差异，使居民之间难以避免地会出现收入差距，甚至会出现巨大的收入差距，这也是现实中所普遍存在的。收入差距的存在意味着人们在经济上存在不平等。经济平等是人类社会自古以来所追求的目标，特别是近代以来，平等不仅是多种政治运动和社会改革的目标，而且已经成为社会伦理的重要内容。政府调节居民收入差距，自然是要实现平等。但如果认为政府调节居民收入差距，就只是为了实现平等，那就误解了政府调节居民收入差距的目标，或者是对政府调节居民收入差距的目标的理解不准确、不全面。

居民收入差距过大，会引起社会的不稳定，如果贫富差距极大，往往会引起重新分配财产的暴力革命或行动，从而会导致大量的经济资源的非生产性消耗；居民收入差距过大，会导致劳动供给减少，会使劳动者的劳动积极性下降，也会导致大量的奢侈性的消费，因而会导致生产效率和资源配置效率的下降。由此可见，居民收入差距过大，不仅会损害平等，而且会损害经济效率。政府对居民收入差距的调节，不仅要促进居民在经济上实现平等，而且也要提高经济效率。

由于居民收入差距过大，既损害平等，又损害经济效率，因此，无论是要实现居民之间的经济平等，还是促进社会的经济效率的提高，政府都应该对居民收入差距进行调节。因此，笔者认为，政府调节居民收入差距的目标是双重的，既要通过对居民收入差距的调节促进居民之间在经济上的平等，也要通过对居民收入差距的调节促进经济效率的提高。经济平等并不是政府调节居民收入差距的惟一目标，如果认为经济平等是政府调节居民收入差距的惟一目标，就会造成将平等目标与效率目标对立起来，这样，要么会只考虑居民之间的经济平等而过度地消减居民之间的收入差距，要么因为要提高经济效率，而放弃对居民收入的积极调节。无论是前者，还是后者，最终都会损害经济效率。政府调节居民收入差距既是为了促进平等，也是为了促进经济效率的提高。

2. 兼顾机会平等与结果平等

经济平等有两个方面的含义：①收入水平的相等，收入水平的高低是收入分配的结果，收入水平的平等也就是结果平等；②机会（经济机会）平等，即获取经济收入的机会的平等。从结果平等与机会平等的关系来看，两者可以一致，结果平等可导致机会平等，机会平等亦可导致结果平等，从而既实现机会平等，也实现结果平等。但是两者也可能不相一致或相矛盾，即机会平等可能会导致结果的不平等，而要求得结果的平等，则又可能牺牲机会平等。现实中两者的关系正是两者相统一又相矛盾关系的反映。

那么是要机会平等，还是要结果平等呢？

结果的不平等对社会稳定、劳动力市场的公平竞争、劳动供给的增加等会产生不利影响，并且不能实现社会平等的伦理要求和实现社会福利最大化，因此结果不平等的问题应该予以解决。要通过收入调节尽可能实现结果的平等。结果的平等是人类社会最高的社会价值追求，有结果的平等才会有居民在经济上的完全平等。

那么，我们可以忽视机会的不平等吗？不能。其原因在于：

(1) 机会平等是人类追求的重要的社会目标，也是社会伦理规范的要求。机会平等曾经是资产阶级民主革命的重要内容之一，人类社会中每一代人都为实现机会平等而努力，甚或进行武装斗争。任何现代的民主国家都必须努力实现机会平等，社会主义社会自然更应该尽力实现机会平等。

(2) 机会不平等会造成结果的不平等。机会不平等不可避免地会造成结果的不平等，公众对于由机会均等造成的结果不平等和由机会不均等造成的结果不平等所持的态度是截然不同的。如果说公众对由机会均等造成的结果不平等都不能容忍的话，那么对由机会不均等造成的结果不平等就更不能容忍了。

(3) 机会不平等会对经济效率的提高产生损害。这主要表现在以下几方面：

①机会不平等会使劳动者的劳动积极性下降。因为处于不利地位的劳动者无论经过多少自己的努力，也不能获得更多的收入，或者付出的劳动虽比他人多，但所得却很少，这势必会损害其劳动积极性，另外处于有利地位的人则又无需耗费多少劳动即可获得高收入，从而也会缺乏劳动的积极性。

②机会不平等会损害市场机制促进经济效率提高的功能的发挥。公平竞争是市场机制充分发挥其促进生产效率和资源配置效率提高的功能的前提条件，在机会不平等的条件下，不可能有公平竞争，既然没有公平竞争，市场机制促进经济效率提高的功能就不可能得到充分发挥。

③机会不平等会引起机会寻租。机会寻租是指为获取或者维护有利的经济机会而从事的各种非生产性活动。获取或者维持有利的经济机会就意味着获得有利的竞争地位，获得更多的收入，这样就会有人与机会的分配者拉关系、送礼，甚至采取行贿等手段。由此耗费的经济资源并不能增加社会的财富，而是对可用于生产的经

济资源的浪费。

④由机会不平等造成严重的结果不平等，会引起和激化社会矛盾，从而造成社会秩序不稳定，这样就会造成经济资源被大量地用于各种非生产性用途（如公众游行、示威、暴力活动、政府用于治安费用的增加等），从而降低资源配置效率。

⑤ 机会不平等本身也会造成和加剧社会矛盾，引起社会动荡，从而引起经济资源的非生产性使用，造成资源配置效率下降。

当然，机会不平等对经济效率的损害会因公众对机会平等的权利意识、权利行为的不同而不同，如果公众对机会平等的权利意识弱，无权利行为或权利行为无力量，对经济效率的损害会小一些，反之，则大。不过，无论损害是大还是小，机会不平等对经济效率的损害总是存在的。

此外，机会不平等对于政治稳定等也会产生不利的影响。

因此，我们不能忽视机会的不平等。实现机会平等也是我们要努力达到的目标。

上述分析的结论是：既需要机会平等，也需要结果的平等。

3. 以相对平等为平等的度

（1）结果平等的度。上面的分析说明既需要机会的平等，也需要结果的平等，但是平等乃是有程度的差别的。结果平等的极端状态是绝对（完全）平等，这种绝对（完全）平等实际上就是收入分配的绝对（完全）平均，也就是所有居民的收入完全相等，所以这种平等就是平均分配。

平均分配是否是共产主义社会的分配方式呢？当然不是。因为按马克思的设想，在共产主义社会是按需分配。

能否达到平均分配？当然可以。政府完全可以运用税收、财政补贴、工资管制等手段实现平均分配。

但能否实行平均分配呢？这就要看实行平均分配所产生的后果。平均分配会产生哪些后果呢？

①劳动收入的平均分配会减少劳动供给，降低劳动效率。因为劳动收入的平均意味着否定劳动者劳动能力的差别，否定劳动者实际劳动付出（贡献）量的差别、否定私人劳动或局部劳动同社会劳动一致性程度的差别，就是说干多干少一个样、干好干坏一个样、干和不干一个样，就意味着一部分劳动者的劳动要无偿地提供给别人，实际劳动贡献超过平均收入的劳动者等于是无偿地向别人提供了超过平均收入部分的劳动收入，实际劳动贡献低于平均收入的劳动者等于是无偿地获得了超过其实际劳动贡献的收入。在社会生产力高度发达以前，劳动者从事劳动的目的是要获取劳动收入，劳动本身还不是享受，如果其多劳动并不能得到更多的收入，少劳动却也能得到同多劳动者一样多的收入，那么劳动者就会不愿意自觉地、主动地、积极地劳动，对劳动就会采取消极的态度，只是被动地接受劳动任务，而且并不一

定要完成劳动任务，劳动者完全可以不对其劳动效果负责。同时，会使竞争机制无法发挥作用，从而失去了使劳动者提高效率（包括进行人力资本投资）的外部压力。这就是说，平均分配对劳动者劳动缺乏激励作用，从而会导致劳动供给的减少、劳动效率的下降。劳动者的劳动行为是对劳动激励机制的反应，平均分配提供的不是正的劳动激励机制，而是一种负的劳动激励机制。

②非劳动收入的平均分配会对储蓄（广义储蓄）增长产生不利影响，同时会使居民产生依赖于社会的行为倾向。非劳动收入的绝对平等意味着政府要完全或部分剥夺居民的资产收入和非社会福利收入，对社会福利收入进行平均分配；或者是政府通过征收高额累进税、遗产税、赠与税等使人们的资产收入和非社会福利收入相等；或者政府通过实行区别对待的社会福利政策，通过向低收入者增发社会福利收入，使他们所获得的非劳动收入同其他居民相等，亦即以社会福利收入填补一部分居民同其他居民在资产收入和非社会福利收入上的缺口。无论采取哪种方式，最终都是使居民的非劳动收入相等。

资产收入增长最终靠储蓄增长，人们进行储蓄的目的是为了获取资产收入（多储蓄，就多获得资产收入），或者是为了给后代留下遗产。如果多储蓄并不能多得资产收入，后代不能从中受益，那么人们就会不愿意进行储蓄，这会对经济增长产生不利影响。

同时靠政府调节拉平人们的资产收入和非社会福利收入差距，会使居民产生完全依赖于政府的调节，依靠政府提供社会福利收入的行为倾向。

这种非劳动收入的平均分配还会对劳动供给的增加、劳动效率的提高产生负面影响。因为一般来说，劳动者愿意多付出劳动，有的是想要为后代留下遗产，有的是要以其财产显示其地位、才能，如果资产收入和非社会福利收入被剥夺，或大部分被剥夺，或者人们总能从政府那里获得大量的社会福利收入，劳动者就会失去努力劳动的动力，从而不利于增加劳动供给、提高劳动效率。

总之，平均分配一方面会导致劳动供给的减少和储蓄增长的下降，而这会对经济增长产生不利影响，另一方面又会对经济效率的提高产生不利的影响。因此不能实行平均分配，就是说结果的完全平等不能作为政府调节收入所追求的目标。

结果平等不是结果的绝对（完全）平等，而只能是处于绝对平等与收入差距过大（极不平等）之间的平等状态，即相对平等状态。相对平等状态本身无法作严格的数量界定，即洛伦茨曲线在靠近绝对平等线的区域内的多种分布状态都可视为相对平等状态，或者基尼系数在接近于零的值域内都可视为相对平等状态，在此值域内，我们可能只能说，B 社会同 A 社会相比更平等一些，或更不平等，或者说，B 社会或 A 社会在此时期比彼时期更平等一些，或更不平等。

（2）机会均等的度。机会均等指的是人们经济机会或获取收入的权利的均等。机会均等是指机会的绝对平等吗？应该说在人们的认识中，一般都把机会的绝对平等视为理想目标。的确人们都愿意在同一游戏场按照同一规则参加游戏。但是这一目标很难实现。其原因在于：①政府没有能力使所有人都享有均等的机会。②结果的不平等会造成机会的不平等，机会的不平等又会造成结果的不平等。③一定程度的机会不平等是可以为社会所接受的，特别是由劳动者本身的原因造成的机会不平等劳动者是可以接受的，而且也不会对经济发展造成严重的后果，甚或仅有微弱的影响。

以上这些说明，我们不能实现机会的绝对平等，而同时一定程度的机会不平等可为社会接受，因此现实的目标应该是机会的相对平等。

但这并不意味着政府所有法规和政策本身都以机会的相对平等为宗旨。就政府的法规和政策本身而言，应以机会的绝对平等为宗旨，尤其是劳动市场法规和政策要以绝对平等为宗旨，要以消除劳动力市场的各种机会的不平等为宗旨，尤其是由社会因素造成的不平等要加以消除，如男女之间、种族之间等的不平等必须要消除；政府更不能去制造机会的不平等，同时政府要帮助非由自身原因造成的竞争能力弱的劳动者，提高他们的竞争能力，实现机会的平等。

由上我们可以得出的结论是：政府调节只能以相对平等为目标，实现相对平等。因此，如果现实中存在严重的不平等，政府则应进行较大程度的调节，如果现实中的不平等程度较轻，则政府只需进行微调。

4. 效率优先，兼顾平等

平等与效率的关系的政策选择决定着政府收入调节政策的性质。平等与效率关系的处理存在着5种可能的政策选择：政策选择Ⅰ：只追求平等，不顾效率；政策选择Ⅱ：只追求效率，不顾平等；政策选择Ⅲ：平等优先，兼顾效率；政策选择Ⅳ：效率优先，兼顾平等；政策选择Ⅴ：平等对待平等与效率。

这几种可能的政策选择若以经济理论研究中流行的蛋糕来比喻，政府选择Ⅰ就是只管将现成的蛋糕平均地分配给每一个人，而不管如何把蛋糕做大；政策选择Ⅱ就是只管把蛋糕做大，而不管蛋糕分配是否不均；政策选择Ⅲ就是以蛋糕的平均分配为主要目标，以把蛋糕做大为次要目标；政策选择Ⅳ就是以把蛋糕做大为主要目标，同时使蛋糕的分配尽可能平均一些；政策选择Ⅴ就是既把蛋糕做大，也使蛋糕平等分配。

政府该做何种选择？首先要取决于实际经济运行。如果居民之间的收入分配矛盾极为尖锐，已经破坏了社会稳定或对社会稳定构成严重威胁，则当以平等作为惟一目标或选择平等优先、兼顾效率的政策；如果经济效率很低、经济增长滞缓，居民间的收入分配并不存在尖锐的矛盾，则可以效率作为惟一的目标或选择效率优先、兼顾平等的政策。不过，实际经济运行所决定的是短期性的政策选择或调整，而我们所关注的并不是短期性的政策选择，而是长期性的政策选择，即以何种政策选择作为长期性的政策选择。应以何种政策作为长期性的政策选择应该由不同种类的政策选择的后果来决定。

（1）政策选择Ⅰ：只追求平等，不顾效率。这种政策选择在以下条件下不会损害经济与社会的发展：①社会已拥有无限的生产能力；②利他是人们的普遍行为方式。第2个条件依赖于第1个条件。虽然不能断言人类社会永远无法满足第1个条件，但至少在可以预见的将来，人类社会不可能具有这种能力。这样，选择这种政策将会面临的前景便是：①由于人们缺乏从事生产活动的动力或激励，会不愿意从事生产活动，经济与社会发展出现停滞或倒退，在存在普遍的国际竞争的条件下，社会达尔文规则的作用，会使奉行这种政策的经济体在国际上失去生存能力。②为使人们从事生产活动，政府采取行政强制和精神动员的办法，这种办法可生效于一时，但不可能生效于长久，因此，最终带来的仍是难以避免的经济与社会发展的滞缓。当然，这并不只是一种纯粹的逻辑结论，而且是一种经验结论。这就意味着，只要人类社会还不具有无限的生产能力，这种政策选择就不是一种合理的政策选择。

（2）政策选择Ⅱ：只追求效率，不顾平等。这种政策选择意味着政府对经济的不平等听之任之，不采取任何措施调节居民之间的收入差距。如果效率是社会惟一的伦理取向，那便可在获得高效率的条件下求得社会的稳定。但这并非现实，如前文所述，平等历来是各种社会的伦理追求，“不患寡，而患不均”正是这种社会伦理要求的反映。这就意味着，奉行这种政策选择就不能使效率与社会稳定相协调，由效率差别导致的收入不均会造成社会的不稳定。社会不稳定，则必然对经济效率的提高造成损害，严重的社会不稳定，特别是由经济不平等引起的暴力活动，社会性的暴力运动，乃会导致经济的倒退。因此，这种政策选择不能维持效率的持续提高和经济的持续发展，从而也不是一种合理的政策选择。

（3）政策选择Ⅲ：平等优先，兼顾效率。平等优先，兼顾效率是一种诱人的政策选择，不过，也仅此而已。因为这种政策选择会产生同第一种政策选择相同的结果。平等优先，兼顾效率意味着如果平等与效率出现矛盾，则要放弃效率，意味着在长期中政府始终以消减居民收入差距为主要目标，而不是以促进经济效率的提高，从而也就不是以促进经济发展作为主要目标。虽然这种政策选择对经济发展的影响会因为对平等的偏好强度的不同而有所不同，但在根本上会使经济发展缺乏内在的驱动力。在人的劳动能力、实际劳动贡献等存在差别的条件下，平等优先实际上会导致对生产贡献多的人并不能享有其所应得的报酬，对生产贡献越多的人，其相对所得越少，对生产贡献越少的人，其相对所得越多，这样的政策选择对生产所产生的不是正的激励，而是负的激励，即鼓励人们少劳动、少积累。这样，经济发展就缺乏自我推动机制，经济发展就会处于缓慢或停滞状态，甚至出现倒退。如果是一个孤立的、没有竞争对手的经济体，平等优先又是一种社会伦理选择，那么这样的经济体并不会面临生存威胁，能够维持社会稳定，尽管其要以社会福利的损失或增长速度的滞缓作为代价。但如果经济体面临着其他经济体的竞争，即使平等是该经济体的社会伦理选择，这样的经济体也会面临生存威胁，社会稳定难以维持。如果平等优先并非是该经济体的社会伦理选择，这样的经济体将根本不可能保持社会的稳定。因此，这种政策选择并不是合理的政策选择。

（4）政策选择Ⅳ：效率优先，兼顾平等。此种政策选择乃是以促进经济效率的提高作为主要目标，同时政府也要采取缩小居民收入差距的措施来促进平等。奉行这种政策选择有利于促进经济效率的提高，从而有利于经济增长，因而有利于增加社会的经济福利，同时促进平等的政策有利于消减社会矛盾，也能够满足或部分满足社会对平等的伦理需求。人类社会过去是，将来也仍会是一个竞争的社会，任一经济体都面临着世界其他经济体的竞争，经济效率的高低是决定经济体在竞争中的地位和最终命运的决定性因素，对于任何一个经济体来说，惟有经济效率的不断提高，才能在竞争的世界中生存下来，才有可能在竞争中取得优势。因此，效率优先，兼顾平等是一种合理的政策选择。

（5）政策选择Ⅴ：平等对待平等与效率。平等或说平行地对待平等与效率也许是一种最为理想的政策选择，因为抽象地来看，此种政策选择可使平等与效率这两个目标实现最优的结合。不过，这种政策选择会面临以下两方面的问题：①此种政策选择难以操作，很难掌握平衡两者的“艺术”；②奉行这种政策选择的经济体在经济效率上竞争不过奉行政策选择Ⅳ的经济体，因为奉行这种政策选择无非是以牺牲更多的效率换取更多的平等。因此，此种政策选择是理想主义的政策选择，而并不是一种可行的政策选择。

以上说明，合理的、惟一具有现实性的政策选择是政策选择Ⅳ，即效率优先，兼顾平等。当然，在效率优先，兼顾平等的总的原则下，政府完全可以，也应该根据实际经济运行情况进行相机选择，在一些时期（在社会矛盾不尖锐时）更多地注重效率，而在另一些时期（在社会矛盾十会尖锐时）更多地兼顾平等。

四、政府调节居民收入差距的手段

1. 对居民收入征税

对居民收入征税属于所得税，它是政府调节居民收入的重要手段。作为消减居民收入差距的税收政策，其性质应当是有差别的。其具体的政策包括：①纳税主体（纳税人）的区别对待。例如，政府可以规定对残疾人不征所得税，只对正常人征收所得税，则可消减残疾人与正常人的收入差距。②课税对象（税收客体）的区别对待。政府可根据高、中、低收入居民的收入来源结构，对高收入居民的主要收入来源征税或征高税，对中低收入居民的主要收入来源免征所得税或征低税，或根据不同收入来源的性质区别对待。③起征点与免征额的规定。起征点与免征额的规定本身就具有消减居民收入差距的作用，起征点与免征额不同，消减居民收入差距的效果是不同的。④税率的区别对待。税率的区别对待有两种类型：累退税率和累进税率。累退税率不能消减居民收入差距，反而会扩大居民收入差距，因此不属于消减居民收入差距的手段。累进税率乃是按课税对象数额的大小以不同的税率征税，即课税数额越大，税率越高，数额越小，税率越低。这种税率能消减居民的收入差距，因此是政府消减居民收入差距的手段。

对居民收入征税是一种比较简单的消减居民收入差距的手段，也是市场经济国家通行的消减居民收入差距的手段。采用这种手段，政府不仅可以直接使居民之间的收入差距得以缩小，而且能为政府采取其他调节政策（如对低收入居民的财政补贴、建立社会保障体系等）提供物质条件。

但这种手段的运用对政府税收征管能力等的要求高，且其作用范围也受到限制。其具体反映在：

(1) 要求政府能掌握居民收入的全面的、及时的、准确的信息，或者说要具有完全的信息。如果政府对居民收入不具有完全的信息，那么漏征、少征、多征的问题就难以避免，这样，既会在实际上损害税收公平原则（既可能损害横向公平原则，也可能损害纵向公平原则），也会使其在缩小居民收入差距中的作用受到损害，甚至可能导致居民收入差距的扩大（如果对收入高的居民漏征或少征，而对低收入居民超征，那么就会出现这一结果）。

(2) 政府要有能力防止、发现和惩罚逃税行为。纳税义务人既可能依法申报收入、依法纳税，但也可能隐瞒收入，逃避缴税。对不同来源和不同形式的收入，政府对其所占有的信息是存在着很大差别的，因此，如果纳税义务人有意逃税，政府发现和准确地判定其逃税金额是存在着较大困难的。并且，在政府本身不能有效运行的条件下，也无法建立起使政府征税部门努力防止、发现和惩罚逃税行为的机制。如果这样，对居民收入征税这一政策工具的效能就不能充分地发挥出来，反而会造成税负不公，损害公平和效率。

(3) 政府能够做出最优的税收制度设计。消减居民收入差距的所得税当属于差别性税收，纳税主体、课税对象、起征点与免征税额的制度安排决定了哪些人、哪些类型的收入、什么水平的收入应当纳税，不同的制度安排会对收入调节产生不同的影响，对居民的行为也会产生不同的影响，这种制度安排既要能够缩小居民收入差距，也要不过多地损害劳动供给和储蓄的增长。累进税率有全额累进税率与超额累进税率之分，两者对缩小居民收入差距的效果并不相同，应合理选择；同时，税率要适度，因为税率过低，达不到缩小居民收入差距的目的，税率过高，则又会对劳动供给、储蓄增长等产生负面影响。

(4) 所得税的调节能力是有限度的。首先，所得税只是对居民所得征税，这样那些无收入来源者，并不能因此而使收入增加，即使是有效运行的所得税制度，也只能减少高收入居民的可支配收入，而缩小居民之间的相对收入差距，但不能因此而增加低收入居民的收入；其次，所得税并不能改变居民财富（财产存量）的分配结构，因此不能消除资产收入差距产生的根源；最后，所得税不能改变居民的劳动能力的差别，从而就不能解决劳动收入差距产生的根源。

2. 对居民财产征税

财产税的课税对象是居民的财产价值。同所得税不同的是，它是根据财产的价值，即对财产“存量”价值课税，所得税是对财产所带来的净收益或所得来课税，即对“流量”课税。居民所拥有的财产包括动产和不动产，不动产是指土地、房屋等具有不可移动性的财产，动产是指各种具有可移动性的财产，包括有形动产和无形动产两大类。有形动产是指各种以实物形式存在的动产，如家具、车辆、农业机械、船舶、金银饰品、衣物等；无形动产是指非以实物形式存在，而是以所有权或债权证书的形式存在的动产，如股票、债券、存单、抵押证等。

一般认为财产税具有省力易行、不易转嫁、税收收入比较稳定，可避免投机、促进财产转化为生产资源、矫正社会的奢侈行为等优点。从消减居民收入差距来看，对居民征收财产税是必要的，理由在于：

(1) 财产拥有量的不均是居民资产收入出现差距的主要原因，如果不对财产征税，财产不均会增加，居民资产收入差距会进一步扩大，因此要消减居民资产收入差距需要对居民财产征税。

(2) 财产分配不均会损害就业机会均等，从而造成或扩大居民的劳动收入差距。一方面财产分配不均导致资产收入分配不均，而资产收入不均则会导致居民接受教育机会的不均，从而导致居民劳动力素质的相应的差异；另一方面财产分配不均会导致居民在劳动力市场寻找、等待就业岗位能力的差别，由此会导致居民在劳动力市场上竞争的不公平。拥有的财富越多，越是有能力接受更多、更好的教育，劳动力素质越高，寻找高收入就业岗位的能力、等待高收入就业岗位的能力越强，就越可能获得更高的劳动收入，反之，则反是。因此，从缩小居民劳动收入差距来看，也应对居民征收财产税。

由于财产分配不均会引起或扩大居民之间的收入差距，因此，政府应该对居民财产征税。同时，以上说明，对居民征收财产税也是防止或减少纳税人避逃所得税的必要手段。如果只征收所得税，居民就会倾向于将其收入转化为不动产或动产，这样所得税就会大量流失。由于所得税属于累进税，因此高收入居民将会更多地将收入转化为财产，所得税就会失去调节居民收入差距的作用。因此，征收财产税是使所得税有效地发挥消减居民收入差距的作用的必要条件。

不过，虽然政府应该对居民征收财产税，但财产税的征收要在税收公平的原则下达到消减居民收入差距的目的，则需要有效地解决此种税制建构的一些重要的问题，其中主要是以下问题：

(1) 财产价值的确定。财产税只适宜于从价计征，然而由于财产种类繁多，对未进入市场交易的财产，只能估定其价值。但要对居民的所有种类的财产的价值进行准确的估价是极其困难的，因为若由财产所有者自己估价，会出现普遍的低估，而低估程度则又会存在差别，而且有许多财产，居民并没有能力估定其价值；若由税务人员或中介机构来估价，则有可能出现高估，或者随意估价，也可能出现徇私舞弊等问题。估价不准有三种可能的结果：①高收入居民的财产价值普遍被高估，低收入居民的财产价值普遍被低估，这样可更大程度地消减居民收入差距，但一方面可能导致高收入居民转移或隐匿财产，另一方面会引起高收入居民的反对，也可能会对储蓄增长等造成不利影响。现实中并不太可能出现这种情况。②高收入居民的财产价值被普遍低估，低收入居民的财产价值被普遍高估。若如此，财产税的征收导致的就不是居民收入差距的缩小，而是居民收入差距的扩大了。③一部分高收入居民和低收入居民的财产价值被高估，另一部分高收入居民和低收入居民的财产价值被低估，若如此，一方面会损害税收公平（包括横向公平和纵向公平）原则，另一方面将无法起到缩小高、低收入居民的收入差距的作用。现实中最可能出现的就是这种情况。这表明，政府征收财产税要在税收公平的原则下，起到缩小居民收入差距的作用，准确估定居民财产的价值是前提，如果做不到这一点，征收财产税对缩小居民收入差距的作用就不能有效地发挥出来。

财产价值估价的困难主要在于：①许多种类的财产难以查实，特别是无形动产的查实非常困难，这样在财产税中就往往只能将其排除在课税对象之外，其结果是造成税负不公平（无形动产价值在动产价值总额中所占比重越高，税负越轻，反之，税负越重）。②一些种类的财产价值估计存在技术上的困难。例如，居民收藏的艺术品的价值就难以准确估价。这样，在财产价值估计中，随意性就会成为一个突出的问题。

（2）财产税的逃避。财产税估价的困难，会为居民逃避征税提供机会：①将属于课税对象的财产转换为不属于课税对象的财产；②隐匿各种可隐匿的财产；③与估价人员串谋，使其低估财产价值。如果政府没有能力防止或约束此类行为，财产税的征收不仅难以起到消减居民收入差距的作用，反而会造成税负不公。

（3）财产税起征点、免征额和税率的确定。财产税起征点、免征额定得越高对低收入者越有利，定得越低，对高收入者越有利。起征点、免征额不同，其对收入调节的作用程度是存在着差别的。如果起征点、免征额定得不合理，就不利于收入调节。

（4）税率的确定。税率不同，收入调节的效能不同。税率确定的困难在于找到使其对效率损害最小，而又能最大限度地实现平等目标的最优税率。确定的税率如果不是最优税率，要么会对效率造成很大的损害，要么不能最大限度地实现平等。

当然，同所得税一样，财产税调节居民收入差距的能力也是有限度的，它既不能使无财产的居民获得财产或收入，也不能改变居民的劳动能力的差别，从而也没有能力改变居民劳动收入的差别。

3. 征收商品税

商品税是对从事经营活动的法人和自然人，就其提供给社会消费的商品（包括劳务）课征的税。商品税是一种间接税，纳税人可将税负转嫁给商品的购买者，直至最终消费者。这就提供了政府通过征收商品税而消减居民收入差距的可能性。由于高、低收入居民的消费结构往往存在着差别，低收入居民的消费集中在生活必需品上，高收入居民则消费大量的非生活必需品，这样政府即可根据不同消费品的用途对不同的消费品以不同的税率计征，对基本生活必需品免税或征低税，对非基本生活必需品，特别是高档消费品，课以重税。这样，在消费结构不变的条件下，商品税的课征就可以起到缩小居民收入差距的作用。

通过征收商品税来缩小居民之间的收入差距，具有以下优越性：

(1) 课税比较容易。商品税由生产者（卖方）缴纳，税收征管部门并不同税收的最终负担者发生直接的联系，而只对商品的生产者（卖方）课税，但商品的生产者（卖方）并不是税收的最终负担者，因此税收征管部门征税就比较容易。

(2) 商品税具有较强的隐蔽性。所得税与财产税都属于直接税，是直接减少居民的所得与财产价值，是"明拿"，而商品税隐含在消费者所购买的消费品的价格之中，消费者是在支付消费品价格时承担税负的，是"暗拿"，因此居民对"纳税"数额以及税率的差别等并不清楚，从而就不会对此产生抗拒行为。这样，政府即可以在居民不知不觉的条件下缩减居民收入差距。

(3) 在税收征管效率相同的条件下，居民偷、漏税的可能性要少于所得税与财产税。商品税的纳税人是商品的生产者（卖方），税收征管部门只要对商品的生产者（卖方）进行监管，由于税负的可转嫁性，商品的生产者（卖方）偷、漏税行为就可减少，而所得税、财产税是直接由居民缴纳，不能转嫁，因此居民就会以各种可能的方式偷税、漏税。从这个方面来看，商品税的征收可以起到更明显的缩减居民收入差距的作用。

就税收手段来看，作为"无声的"调节居民收入差距的商品税，在消减居民收入差距中是具有所得税、财产税所不可替代的作用的。

但是，利用征收商品税来消减居民收入差距也面临着一些问题：

(1) 课征商品税的对象的确定。若要使商品税课征达到消减居民收入差距的作用，就应合理确定课征商品税的消费品的种类。如果课征对象确定不当，则无法达到目的。要合理确定课征对象，一是要弄清收入水平不同的居民由收入水平的不同所决定的消费结构的差异，二是要根据居民收入水平的普遍提高适时地调整课征对象，而这两方面的工作在实际中都存在着困难。就前者而言，消费结构不只受收入水平的影响，还受消费品的供应、居民的消费偏好等因素的影响，因此对消费品课税不一定能达到消减居民收入差距的作用。就后者而言，经常调整课征对象既不利于税制的稳定，也会增加税收成本。

(2) 税负不公平与生产结构调整问题。分类征收的差别性的商品税会使不同商品的生产者面临不公平的税负。虽然商品税可以转嫁给消费者，但由于课税所导致的消费品价格的上升，却会使需求减少，价格弹性越大，对需求增长越会产生不利的影响，居民消费结构变化的可能性越大，这样就可能因此而使生产结构改变，对于在一定阶段被视为高收入居民消费对象，但却可能带动经济发展的主要产品，对其征收高额的商品税，就会损害其市场的扩张，从而制约生产的扩张，这对经济发展是不利的。因此，政府只能对高收入居民的高档消费进行选择，确定其中的某些高档消费品为课税对象，但这样做，就会限制商品税在消减居民收入差距中的作用，而且会造成经营不同商品的经营者、消费结构不同的高收入居民的税负不公。

(3) 商品税的逃、漏问题。由于价格提高，会使需求量减少，从而使销售收入减少，就容易出现经营者为了增加销售收入，而避、逃商品税。在税制不健全的条件下，这可能会成为生产者的普遍行为。对这种行为，税收监管部门往往难以进行行之有效的监管。例如，目前在餐饮业中，业主不开发票或以假发票代替真发票的现象相当普遍，从而造成大量的逃、漏税。商品税的逃、漏，既会造成经营者实际税负不公，也会损害其调节居民收入差距的作用。

从以上的分析中，我们可以得出结论，虽然征收商品税可以起到消减居民收入差距的作用，但它不可能作为消减居民收入差距的主要的税收手段，只能作为一种辅助性的税收手段，当然也是一种不可缺少的辅助性税收手段。

4. 政府向居民提供教育服务

在劳动力市场上，劳动力素质越高，越具竞争力，面临的就业机会越多，获得就业岗位的能力越强，所能获得的劳动收入就越多。劳动力素质的高低主要取决于居民后天所接受的教育。接受的教育越多，质量越高，劳动力素质越高，反之，则反是。对于居民的劳动收入的差别，虽然可通过征收工薪税这种个人所得税或运用其他税收政策来缩小，但这种“事后”的政策手段并不能消除劳动收入差别产生的根源，只要劳动力素质存在差别，在市场化的工资制度下，是必然会出现劳动收入的相应差别的。因此，采取“事前”的消减劳动收入差别的政策是有必要的。由于劳动力素质的差别主要取决于居民受教育程度的差别，因此“事前”政策的主要内容就应该是向居民提供教育服务。

政府向居民提供教育服务能够在多大程度上缩小居民之间的劳动收入差别，受以下因素的影响：(1) 政府向居民提供的教育服务的数量。政府向居民提供的教育服务的年限越长，项目越多，居民之间劳动力素质的差别会越小，缩小居民劳动收入差距的作用越大，反之，则作用越小。(2) 政府向居民提供的教育服务的质量。质量越高，质量差别越小，劳动力素质的差别会越小，缩小居民劳动收入差距的作用会越大，反之，则作用越小。(3) 受教育者接受教育的数量和质量。这首先取决于教育的性质，如果是强制性的，那么符合条件的居民均须接受教育，这样在教育数量上差别就小，如果是自愿性的，那么在教育数量上就会出现较大或很大的差别；其次取决于居民接受教育的态度，居民愿意努力学习，教育质量就高，反之，则质量就低；其三取决于居民自身的资质，居民资质好，教育质量就高，反之，则质量就低。(4) 劳动力市场竞争的公平性。劳动力市场竞争越公平，政府向居民提供教育服务越可缩小居民收入差距，反之，则作用越小。

政府向居民提供教育服务的方式包括：(1) 政府举办教育，免费向居民提供教育服务。(2) 政府不直接举办教育，而是为居民支付全部教育费用。(3) 政府向居民提供一定数量的教育费用补助。教育费用补助有三种具体的方式：①政府直接向接受教育的居民提供一定数额的教育费用补助，例如学费补助等；②政府向教育服务的提供者（如大学、职业学校等）提供一定数额的补助，使其能扩大规模，向更多的居民提供教育服务，或使其提高教育质量（如聘用高水平的教师、添置先进的教学设备等），向居民提供更高质量的教育服务，或使其以更低的费用接受受教育者，或使其向经济困难的受教育者免费提供教育服务；③政府向为教育举办机构和受教育者提供货币形式和非货币形式的经济支持的营利与非营利机构给予优惠政策。如对教育机构的捐款从纳税人应税收入中进行免税扣除，对向学生提供的贷款的利息免征或减征所得税，都属于此类优惠政策。以上这些方式都可以使更多的居民接受更多、更好的教育。采取何种方式，要依教育服务的类型和政府的能力而定。政府有能力举办基础教育，那么政府应免费向居民提供基础教育服务，对向基础教育的捐款或贷款等给予免税或减税等优惠政策；若政府没有能力向居民提供非基础教育，则可采取教育费用补助和给予优惠政策的方式。

政府采取向居民提供教育服务的方式来缩小居民收入差距，具有以下几个方面的优于其他政策工具的功能：

(1) 对经济效率的提高可产生促进作用。政府提供教育服务，能够使劳动力素质得到提高，因而有利于提高经济效率，有利于经济增长。

(2) 对实现机会均等可产生促进作用。政府提供教育服务，有利于缩小劳动力素质的差别，能推动劳动力的均质化，从而有利于实现居民在劳动力市场上的机会均等（因为劳动力素质的差别是劳动力市场机会不均等的基本原因之一），这样就有利于缩小劳动收入差别，由此可间接地促进居民在其他方面的机会均等。

(3) 既有利于缩小居民的绝对收入差距，也有利于缩小居民的相对收入差距。政府向居民提供教育能够提高低收入居民的劳动力素质，从而缩小收入水平不同居民的劳动力素质的差距，低收入居民劳动力素质的提高可增加其就业机会和劳动收入，并可间接地增加其资产收入，因而有利于缩小居民间的绝对收入差距。绝对收入差距的缩小将会带来相对收入差距的缩小。

(4) 制度设计与实施的成本较低。就政府提供教育服务的政策设计本身来看，并不复杂，使制定出来的政策得到实施也不困难，并不会遇到居民或机构的反对，因为政府的角色不是“拿”，而是“予”，因此是一项便于执行的缩小居民收入差距的政策。

不过，这项缩小居民收入差距的政策工具的作用是有限度的，原因在于：

（1）政府能力有限。虽然政策设计、实施本身并不困难，但政府到底能够向多少居民、提供多少教育服务，能够提供何种质量的教育服务，则要受政府所能集中的财政收入规模和财政支出结构的限制。政府能集中的财政收入规模越大，教育支出在财政支出中所占比重越大，政府向居民提供教育服务的能力越强，此种政策在缩小居民收入差距中所能发挥的作用就越大，反之，则反是。从长期来看，政府能力是不断增长的，但这是一个过程，政府能力的增长要受到经济发展水平的根本制约。经济发展水平越高，政府能力越强，经济发展水平越低，政府能力越弱。因此，在经济发展水平较低的阶段，政府运用此项政策来缩小居民收入差距的作用就十分有限。政府能力的有限性导致政府没有能力消除居民接受教育的数量和质量的差别，从而没有能力消除居民劳动力素质的差距，现实中所普遍存在的仍然是居民劳动力素质悬殊的差异，这说明不可能以政府向居民提供教育服务作为缩小居民收入差距的依赖手段。

（2）不能解决因居民家庭经济条件太差而不能接受教育的问题。家庭经济条件对教育的影响同免费教育项目的多少密切相关。免费项目越多，退学的可能性越小，辍学率会越低，反之，辍学率会越高。对家庭经济条件差而导致的不能接受教育的问题需要政府实行其他的经济政策予以解决，如前述收入补助政策以及后述其他政策。

（3）在缩小居民收入差距的时效性方面劣于税收、收入补助等手段。教育本身并不能缩小居民收入差距，教育服务不是一种直接缩小居民收入差距的政策工具。教育对居民收入的影响要通过一系列中间环节（教育→劳动力素质→劳动力市场→劳动收入），对居民收入所产生的最终影响取决于这些环节的后续环节对前项环节的反应，这就需要经历一个比较长的时间过程。因此，通过向居民提供教育服务来缩小居民收入差距是需要较长时间的，不如税收、收入补助等政策能够在很短的时间里就改变居民的相对收入差距或绝对收入差距。

（4）教育服务所产生的收入效应受劳动力市场的制约。如果劳动力市场是一个具有高度竞争性的市场，劳动力素质越高，所获得的劳动收入越高。但如果劳动力市场是一个垄断性的封闭的市场，劳动力素质高就不一定能够获得高的劳动收入。从这个方面来看，政府向居民提供教育服务能够在多大程度上提高低收入居民的收入水平，缩小居民的劳动收入差距，是具有不确定性的。

5. 发展社会保险

社会保险是指政府充当组织者，以立法的方式强制实施，以居民作为保险对象，给予居民以基本生活保障的制度。它包括养老社会保险、医疗社会保险、失业社会保险、工伤社会保险、残疾社会保险、生育社会保险、疾病社会保险、遗属社会保险等，其中最主要的是养老社会保险、医疗社会保险、失业社会保险。社会保险基金一般由雇主或企业、个人缴付，政府提供补助。政府一般以征收社会保险税（费）的方式集中社会保险基金，社会保险税（费）遵循横向公平原则，一般是按工薪收入相同的固定比例征收。但社会保险金的发放则以保险事件的发生为原则，只要符合社会保险金的领取条件，被保险人即可依照规定领取或获得相应数额的社会保险金，而不论缴付的社会保险税（费）的多少（虽然某些保险项目，被保险人领取的社会保险金同其个人或单位缴付的社会保险税（费）具有正相关关系，但一方面大部分保险项目不具有此特征，另一方面社会保险金的支付以保险事件的发生为原则，因此若未发生社会保险法规所规定的支付保险金的保险事件，被保险人也不可能得到任何保险金）。这样就使得被保险人所缴付的社会保险税（费）同其所获取的社会保险金数额不相一致，从而使社会保险具有收入再分配的功能。一般来说，低收入居民获取的社会保险金数额要高于其缴付的社会保险税（费），而高收入居民所获取的社会保险金数额要低于其所缴付的社会保险税（费），因此，社会保险也是一种政府使收入从高收入居民向低收入居民转移的手段，因此可以起到缩小居民收入差距的作用。

社会保险作为缩小居民收入差距的手段有其优越性，主要反映在：（1）一旦建立起社会保险制度，它就能自动地实现收入转移；（2）既可促进结果的平等，也可促进机会的平等；（3）既可缩小居民的绝对收入差距，也可缩小居民的相对收入差距；（4）只要被纳入到社会保险体系，居民的基本生活即可获得一定程度或完全的保障。因此，社会保险这一被称为“社会稳定器”的政策工具在缩小居民收入差距中具有其独特的作用。

不过，将其作为缩小居民收入差距的手段，其局限性也是明显的：

（1）社会保险能在多大程度上缩小居民之间的收入差距受社会保险覆盖面的制约。社会保险覆盖面越广，其在缩小居民收入差距中的作用越大，社会保险的覆盖面越小，其在缩小居民收入差距中的作用越小。社会保险的覆盖面的大小受经济发展水平的制约，由于经济发展的渐进性，就意味着社会保险在缩小居民收入差距中的作用是逐渐地上升的，在经济发展水平低的阶段，它在缩小居民收入差距中的作用是很有限的。例如，在中国，长期以来未将农业户口居民纳入社会保险体系，而农业户口居民的收入水平却又远远低于城市户口居民，这种社会保险对于缩小农业户口居民和非农业户口居民的收入差距是不起作用的。

（2）社会保险制度设计和实施程序制约着其对居民收入差距的调节。如果社会保险首先从高收入居民实施，那么这种制度就起不到缩小中低收入居民与高收入居民之间的收入差距的作用，导致的反而是其收入差距的扩大。

（3）有一些社会保险项目，社会保险金的获取数额与社会保险税（费）的缴付是对称的，社会保险税（费）的缴付数额越多，可获取的社会保险金数额就越多，反之，则反是。这样的社会保险项目对于缩小居民之间的收入差距，或者是完全不起作用，或者只起很小的作用。

（4）社会保险税（费）的课税对象（或征缴对象）是居民的工薪收入，一般按比例税（费）率计征，其本身不具有缩小居民收入差距的作用，同时其不对资产收入和转移性收入征税（费），从而不能缩小居民的资产收入和转移性收入的差距。

6. 社会救助和社会福利

（1）社会救助。社会救助是居民遭受自然灾害、意外事故，或因个人生理、心理出现残障等而致生存困难时，由政府（有关部门）按照法定标准向其提供货币或非货币形式援助的社会保障制度。社会救助包括救灾、扶贫以及特殊救助等，其救助对象是因各种原因而面临生存危机的居民。社会救助具有以下特点：①无论居民身份如何，只要遭遇生存危机，均可申请社会救助，社会救助面向所有面临生存危机的居民。②救助对象的特定性。居民是否能获得社会救助取决于其经济状况。只有面临生存危机、符合法定的救助标准的居民才能获得社会救助。政府在决定是否提供救助时，要对申请人的财产、收入等情况进行调查，只有在申请人被确认符合法定的救助标准时，政府才会给予救助。③权利义务的单向性。即面临生存危机的居民只是单方面地享受获得社会救助的权利，而并没有缴付救助费的义务。社会救助不以救助对象缴付救助费为条件，实际上也不需要救助对象缴付救助费，社会救助基金由政府财政拨款建立。④救助形式多样化。社会救助既包括货币形式，也包括非货币形式，货币形式一般采取向救助对象发放救济金的形式，非货币形式则包括向救助对象提供其所需的物品（包括住房、棉被、衣服、食品等）和向救助对象提供其所需要的服务（包括住房建造、维修服务、医疗服务、保健服务等）；既包括单纯的救济，也包括以工代赈等形式；既包括生活资料和生活费的救助，也包括生产资料和生产资金的救助（如对农村灾民提供种子、化肥等生产资料，提供生产性扶贫免息贷款）。

根据社会救助的性质和特点，社会救助具有缩小居民收入差距的作用。它是通过对完全无收入来源或收入不足以满足生存之需的居民提供援助而发挥作用的。居民在获得政府救助下，收入水平得以提高，有利于居民的生存保障。社会救助的这种作用是社会保险、社会福利所不具有或不可替代的。

不过，社会救助对于缩小居民收入差距所能发挥的作用是有限的：①其缩小居民收入差距的程度是十分有限的，因为社会救助只是对无收入或收入极低的居民提供援助，而且援助的最高水平限于满足居民的基本生存需要。②其对机会均等不能发挥有效的调节作用。因为它既不是要促进劳动力素质的提高，也不是要改进劳动力市场。因此，可以认定社会救助可以也只能作为缩小居民收入差距的辅助性手段。

（2）社会福利。社会福利是指政府为保障居民的基本生活需要或提高居民的物质生活水平而向居民提供的福利性的经济支持的社会保障制度。它包括残疾人福利、老年人福利、儿童福利、妇女福利、住房福利、教育福利、职业福利、家庭津贴、公共交通津贴等项具体内容。同社会救济一样，社会福利也具有权利与义务的非对称性（单向性）的特点，但它是一种更复杂的社会保障制度，同社会保险、社会救助相比，它具有以下主要特点：

① 既包括面向全民的选择性的福利，也包括只面向特定的有选择性的居民福利。如公共交通津贴是面向全民的福利，而残疾人福利、妇女福利、老年福利等则只面向特定居民（依次为残疾人、妇女、老年人）的福利。

② 符合条件的居民享受的福利待遇相同。如儿童福利，只要是儿童均可享受；又如老年福利，只要是老年人均可享受。居民享受的福利待遇既与其缴付的税（费）无关，也与其经济条件无关，只要符合享受条件，均享有平等的权利。从这个方面来看，社会福利乃是一种平均主义的分配制度。

③ 社会福利主要采取免费或低价提供福利设施和服务的形式。尽管社会福利也可采取货币形式，如住房租金津贴或补助、家庭收入补助、服务或商品的价格补助等，但大部分是采取向居民免费提供或以低于生产成本或以低于市场价格的方式向居民提供福利设施和服务的方式。如城市公共交通福利，采取的是政府免费或低价提供公共交通工具和服务的方式；儿童福利，采取的是向儿童免费或低价提供幼儿园设施与服务、防疫与保健服务、举办孤儿院等形式；老年人福利采取的是向老年人提供住所、生活及护理服务、保健服务、文化娱乐服务等形式。这一特点，使得政府发展各种福利设施、拥有各种服务能力成为社会福利发展的物质基础。

④社会福利既有完全无偿提供的福利，也有以低于成本或等于成本、或高于成本价而低于市场价格的优惠价格提供的福利。如政府举办孤儿院向孤儿提供的就是完全无偿的福利，公共交通福利则属于以优惠价格提供的福利。完全无偿提供的福利项目的多少主要取决于一个国家的经济发展水平。

⑤ 社会福利不只是满足居民的基本生活需要，也在于提高居民的物质文化生活水平。社会保险与社会救济主要是保障居民的基本生活，而社会福利不限于此，而是通过向居民提供经济支持来提高居民的福利水平。

政府的社会福利基金主要来源于政府的一般财政收入，由福利享受的平均性质以及一些社会福利项目的有选择性，使得社会福利具有收入再分配的性质。同时，无选择性的社会福利是居民人人可以享受的，而有选择性的社会福利只有一部分居民可以享受，其中一些福利项目，如残疾人福利、老年福利等的享受者一般来说都属于无收入来源或收入低的居民阶层，因此政府提供的此类福利，确实可以提高低收入居民的绝对收入和相对收入；还有一些项目，如儿童福利、教育福利等有利于保障儿童的健康成长和提高劳动力素质，这对低收入居民是有利的，可以起到促进机会平等的作用。因此，社会福利同其他社会保障制度一样可以发挥缩小居民收入差距的作用。

但作为消减居民收入差距的社会福利政策也有其局限性，这就是虽然社会福利能够缩小居民间的收入差距，但可能对经济效率造成损害；如果社会福利待遇很高，甚至可能因此而滋生一批懒汉，这样不仅会导致劳动力资源利用率的下降，也会使劳动者的劳动积极性下降。这就说明，若要使这项政策的实施不损害效率或使其对效率的损害最小化，就必须确定适度的社会福利的标准，而在实际中，这一点很难做到。

7. 制定和实施反就业歧视和反工资歧视的法律

政府促进教育发展的政策能不能起到及能在多大程度上起到缩小居民收入差距的作用要受劳动力市场的制约。劳动力市场的就业歧视和工资歧视阻碍是这种作用得以发挥的重要因素。

就业歧视包括性别歧视、种族歧视、宗教歧视、地域歧视、身份歧视等，表现在劳动力市场上就是一部分劳动者得不到就业机会，或者只能在低职位、低工资的行业或单位就业。这样，就会造成居民的劳动收入差距或导致居民劳动收入差距的扩大。

工资歧视简单地说就是劳动贡献相同，劳动报酬不同，简言之，即为同工不同酬。其表现或者是被歧视的劳动者的劳动贡献与不被歧视的劳动者的劳动贡献相同，但所得的报酬要比后者少，或者是被歧视的劳动者的劳动贡献超过不被歧视的劳动者，但所得报酬并不比后者多。工资歧视导源于多种因素，如性别、种族、宗教信仰、地域、身份等的差异。无论是何种因素造成的工资歧视，都会导致或扩大居民劳动收入的差距。

由就业歧视和工资歧视所引起的收入差距，不仅会损害机会平等，而且会严重损害经济效率的提高。政府制定和实施反就业歧视和反工资歧视的法律对于消除或缩小由此引起的收入差距是十分重要和必要的，是政府提供教育服务这一收入调节政策发挥作用的重要保证，它的作用是其他调节手段所不可替代的。

不过，这种手段的主要作用是促进机会均等，并由此而促进经济效率的提高。但是作为一种收入调节手段，其局限性也是明显的：（1）其作用范围主要限于劳动收入差距的调节，对于缩小居民之间的非劳动收入差距，并不能发挥有效的作用。（2）它是一种“事前调节”，不是“事后调节”，因此，它并不以结果平等作为目标，这样就难以避免出现这一现象，即一方面政府采取促进劳动力市场公平竞争的政策，但另一方面居民之间仍然存在着较大的或很大的收入差距。（3）虽然实施反就业歧视和反工资歧视法律，能促进就业机会均等，促进同工同酬，可以消除或缩小由就业歧视、工资歧视所导致的收入差距，但是它并不能消除由劳动力素质的差异、劳动力市场总供求关系的变化、劳动需求结构的变化以及由其他因素所导致的劳动收入差距，它对劳动收入的结果平等所能发挥的作用是有限的。

8. 实施逆向的工资级差制度

工资级差制度乃指政府统一制定职工的工资级差标准，各用人单位必须以此标准计发职工工资。如果工资级差同职工的劳动贡献的差别是对称的，即实行顺向的工资级差制度，那么这样的工资级差制度不会起到缩小居民劳动收入差距的作用。逆向的工资级差制度乃指劳动贡献多的职工的报酬率（工资额/创造的价值额）低于劳动贡献少的职工的报酬率。这种逆向的工资级差制度可以自动地发挥缩小居民收入差距的作用，相当于征收累进所得税的作用，而且其作用具有隐蔽性。这种政策工具在计划经济国家曾经被普遍地使用过，也的确发挥了缩小居民收入差距的作用。

但在市场经济中，这种政策工具并不适宜作为常用的收入调节手段。其原因在于：(1) 政府直接规定工资标准，必然会损害用人单位在工资方面的自由决策权，从而会损害市场功能的发挥，因此而会损害经济效率；(2) 会损害职工的劳动积极性，因为贡献少的职工相对工资要比贡献多的职工高，这样会造成劳动力素质不同的职工都不愿投入更多的劳动；(3) 它损害了按劳分配或同工同酬的原则，损害了劳动报酬方面的权利平等；(4) 对于资产收入和转移性收入差距，此种政策工具发挥不了有效的调节作用。因此，除非别的政策工具失效，这种政策工具就不宜采用。

9. 最低工资制度

最低工资制度是指政府规定用人单位向招用职工支付的工资水平的最低界限的制度。用人单位只要招用了职工，向其支付的工资就不能低于政府所规定的最低工资标准。最低工资制度可以保证就业的劳动者的最低劳动收入，由此可以起到缩小劳动收入差距的作用。

不过，它不可能成为缩小居民收入差距的主要政策工具。其原因在于：(1) 它仅规定最低工资标准，因此对于缩小劳动者的劳动收入差距所能起的作用十分有限；(2) 政府规定最低工资标准，可能会使得一些用人单位减少职工的招用数量，从而会造成一些劳动者失业，在宏观经济不景气或部门经济不景气时尤其如此，这样，最低工资制度就不仅不能缩小居民的劳动收入差距，反而会扩大劳动收入差距，因为失业者无任何劳动收入；(3) 它对机会平等、经济效率的提高等并不会产生积极的影响。

10. 调整某些商品的价格

由于收入水平不同的居民消费结构不同，收入水平越低，生活必需品方面的支出比重越大，收入水平越高，非生活必需品方面的支出比重越大。这样，如果政府能够降低生活必需品的价格，或者提高非生活必需品的价格，即可相对增加低收入居民的收入，而相对减少高收入居民的收入，由此，可使居民的收入差距缩小。

有些商品（包括服务）的价格（主要是由政府供应的商品）是由政府决定的，政府在定价时可考虑收入调节的需要，对生活必需品的价格定得低一些，而非生活必需品的价格定得高一些。有些商品本身无法区分属于生活必需品，还是属于非生活必需品，如自来水、电力、煤气等，但这些商品可以依据满足居民的基本生活需要所必需的消费量来确定作为生活必需品的消费量，分别确定其价格，政府对属于满足基本生活需要必需的消费量部分按低价收费，对超过满足基本生活必需的消费量部分按高价收费，这样既有利于满足低收入居民的基本生活需要，可以节省他们在生活必需品方面的消费支出，而同时又使高收入居民的消费支出增加。对政府能直接定价的商品，政府通过实行这种差别性的价格政策是可以起到缩小居民收入差距的作用的。

不过，在市场经济中，绝大部分商品是市场定价，而不是政府定价，对这些商品，政府是不能通过直接确定商品价格的办法来缩小居民收入差距的。但政府可以通过课征商品税等方式间接影响不同消费品的价格，调整商品的价格结构，这就是对生活必需品实行免税或优惠性的税收政策，对非生活必需品实行征收高额税收的政策，以此降低生活必需品的价格，提高非生活必需品的价格，从而缩小低收入居民和高收入居民的收入差距。这种方式在前述商品税部分已进行了陈述，这种方法存在着多方面的局限性，一般来说，只适用于少数奢侈品。

就前一种方法来看，确定生活必需品的范围（种类、数量）并不是一件困难的事情，但采用这种方法存在以下几个问题：（1）政府对非生活必需品高定价格，会对其市场扩展，从而对其生产发展产生不利影响。（2）对非生活必需品高定价格，会影响相关产品价格的需求的增长，不利于这些产品生产的发展。如对超过生活必需用电量的电力消费量收高价，必然会限制家用电器的购买，从而会对家用电器市场和生产的扩展不利；对超过生活必需用水量的自来水消费量收高价，必然会限制洗衣机以及其他各种耗水量大的家用器具需求的增长，这会对这些产品的市场和生产扩展产生负面影响。（3）对生活必需品低收费，亏损部分须由政府财政补贴，因此，不如政府直接对低收入居民以补助或免费供应，这样政府财政补贴负担会更轻一些，因为采取对生活必需品低收费的政策，财政补贴就是对所有生活必需品的低收费的补贴，亦即包括了对高收入居民的补贴。

因此，政府制定商品的价格或改变商品的市场价格虽可以起到缩小居民收入差距的作用，但不适宜作为缩小居民收入差距的主要手段，这种手段的运用应该限定在特定的时期与少数特定的商品。

11. 扶贫性质的区域经济政策

居民之间的收入差距在不同地区之间往往表现得十分明显，经济落后地区居民的收入远低于经济发达地区居民的收入。前述各项手段均有助于缩小不同地区的居民收入差距，但仅靠这些政策是不够的，政府还应该对经济落后地区实施扶贫性质或援助性质的经济政策，其中主要包括：(1) 支持落后地区的基础设施建设；(2) 给予落后地区企业优惠性的税收政策，以吸引外资流入；(3) 对在落后地区的投资实行优惠性的信贷政策；(4) 提供科技资源。总的目标是促进落后地区的经济发展，通过经济发展带动生产率和劳动力需求的增长，以此促进居民收入水平的提高。但这项政策仅限于缩小区域间居民收入差距，它不能代替上述各项政策工具，而是对上述各项政策工具的一种补充。并且这种政策的作用的大小取决于政府支持的力度和落后地区的经济单位对政府政策的反应程度，而政府支持的力度要受政府能力和政治程序的制约。

以上各种调节手段在功能上存在着差异，在适用范围等方面也存在差异，这就表明政府不能以一种手段去替代别的手段。同时，各种手段又都存在着各自的缺陷，从而就要求有别的手段来弥补，也就是说，各种手段之间是一种互相补充的关系。它们之间的这种相互补充的关系，要求政府在调节居民收入差距时，要采用多种多样的手段，应建立起调节居民收入差距的手段体系，应力求实现各种调节手段的优化组合。为达到这一目的，应依循以下几项原则：(1) 根据收入调节领域的不同和收入调节目标的不同相机选择合适的收入调节手段。如要增加低收入居民的绝对收入，应当使用社会福利政策；要降低高收入居民的收入，应当使用征收所得税和遗产税的手段；要增加劳动者的收入，应当采用发展教育和提高劳动力市场竞争性的政策手段等。(2) 任何一种政策手段的运用都不应损害另一种政策手段的优越性，而应该是对另一种政策手段缺陷的补充。(3) 调节手段的组合应以促进效率的提高和促进社会公平为目标。①

第四节 中国的居民收入差距与调节

中国实行改革开放政策以来，经济高速增长。伴随着经济的高速增长，居民收入水平也得到了很大程度的提高。但在居民收入水平普遍提高的同时，居民之间的收入差距也扩大了。

一、中国居民收入差距的现状

1. 近年来中国居民收入差距的变化

20 世纪 70 年代末以来，中国居民之间的收入差距呈现出全面扩大的长期趋势。无论是居民整体收入分配的基尼系数，还是城市居民之间、农村居民之间收入

---

① 参见曾国安：《论政府调节居民收入差距的政策手段的选择》，载《经济评论》，2000 (5)。

分配的基尼系数都上升了，无论是区域内部居民之间，还是在不同区域的居民之间，无论是行业内部职工，还是不同行业的职工之间，无论是男女职工之间，还是不同文化程度的职工之间，收入差距都呈扩大之势。特别是20世纪90年代以来，居民之间收入差距的扩大之势相当明显。

（1）居民整体的收入差距呈现出扩大的趋势。基尼系数（Gini Coefficient）是反映居民收入差距大小（或收入不平等程度的高低）的综合性指标，基尼系数值越大，表明居民收入差距越大（收入分配越不平等），基尼系数值越小，表明居民收入差距越小（收入分配越平等）。近年来，中国居民收入分配的基尼系数值呈现出上升的趋势，1990年在0.33左右，近年来上升至0.40以上，而且在整个20世纪90年代基尼系数值基本上处于持续上升的状态。收入最低的20%人口的收入份额在近年来呈下降之势，而收入最高的20%人口的收入份额则呈上升之势。这表明，近年来，中国居民收入差距从总体上来看呈现出持续扩大的态势。

（2）城乡居民收入差距呈现出扩大的趋势。近年来，城乡居民收入差距不是缩小了，而是扩大了。城乡居民收入差距在这期间经历了一个变化过程，1990年差距最小，其后差距不断扩大，到1994年差距达到最大，其后差距又开始有所缩小，到1997年差距缩小到20世纪90年代后期的最小点，其后又开始扩大。从整个20世纪90年代来看，城乡居民收入差距呈现出扩大的趋势，1990年，城市居民家庭人均可支配收入是农村居民家庭的人均纯收入的2.20倍，2000年达到2.79倍。近年来城乡居民收入差距扩大的直接原因是农村居民收入增长速度慢于城市居民收入增长速度，1991～2000年城市居民家庭人均可支配收入年均增长率达6.83%，而农村居民家庭人均纯收入年均增长率只有4.50%，相差2.33个百分点。如果与20世纪80年代进行对比，20世纪80年代中期以来城乡居民收入差距扩大的长期趋势是相当明显的，1985年、1986年、1987年、1988年、1989年城市居民家庭人均可支配收入与农村居民家庭人均纯收入之比分别为100.0∶53.8、100.0∶47.1、100.0∶46.2、100.0∶46.1、100.0∶43.7①，20世纪90年代除1990年外，城乡居民之间的收入差距在所有年份都比20世纪80年代的差距大。

（3）城市居民之间的收入差距呈现出扩大的趋势。反映城市居民之间收入差距的基尼系数值呈现出长期上升的趋势（20世纪90年代初为0.20左右，20世纪90年代末达到了0.30左右），这表明近年来中国城市居民收入差距呈现出长期扩大的趋势，而且居民之间的收入差距扩大的速度较快（基尼系数值10年间上升了约10个百分点，平均每年上升近1个百分点）。

（4）农村居民之间收入差距呈现出扩大的趋势。反映农村居民之间收入差距的基尼系数值一样呈现出长期上升的趋势（20世纪90年代初在0.30左右，2000

---

① 国家统计局：《中国统计年鉴（1999）》，中国统计出版社，1999年。

年前后达到了 0.35 左右，这表明近年来中国农村居民收入差距亦呈现出长期扩大的趋势，而且基尼系数始终大于城市居民的基尼系数，这说明从基尼系数来看，农村居民之间的收入差距一直大于城市居民之间的收入差距。不过，从基尼系数值的上升情况看，近年来农村居民收入差距扩大的速度要比城市慢。

（5）不同行业之间职工收入差距呈现出扩大的趋势。近年来，各行业职工的绝对工资和相对工资都发生了很大的变化，各行业职工的工资水平都有了很大的提高，但各行业工资增长的幅度不同。在 20 世纪 90 年代，职工平均工资增长最快的行业依次为金融、保险业、房地产业、科学研究和综合技术服务业、交通运输、仓储和邮电通信业、卫生、体育和社会福利业、电力、煤气及水生产和水供应业，它们的增长幅度明显超过其他行业，采掘业、农、林、牧、渔业、建筑业、批发零售贸易和餐饮业的工资增长幅度明显小于其他行业。采掘业、农、林、牧、渔业、建筑业职工的相对工资收入呈长期下降的趋势，批发零售贸易和餐饮业、地质勘察和水利管理业、制造业职工的相对工资收入基本稳定，略有下降，国家机关、党政机关和社会团体、教育、文化艺术和广播电影电视业职工的相对工资收入基本稳定，略有上升，其他行业的职工相对工资收入则呈长期上升之势，这些行业职工的工资收入与采掘业、农、林、牧、渔业、建筑业等行业职工的工资收入的差距不断扩大。在 20 世纪 90 年代工资水平最高的行业的职工的年平均工资与工资水平最低的行业的职工的年平均工资之比不断增大，在 20 世纪 90 年代初，两者之比在 1.8 倍左右，20 世纪 90 年代中期，两者之比扩大到 2.2 倍左右，而到 20 世纪 90 年代后期，两者之比扩大到了 2.4 倍左右，2000 年达到了 2.63 倍。如果经济结构和经济管制体制没有根本的变化，这种差距还会继续扩大。

（6）不同地区之间居民收入差距呈现出扩大的趋势。无论是在农村居民之间，还是在城市居民之间，在 20 世纪 90 年代，收入差距都呈长期扩大之势。最为明显的是东部地区与中西部地区的差距扩大了。1990 年，城镇居民人均收入最高的省份（广东）与最低的省份（内蒙古）的人均年收入的绝对差距是 1 154 元，1995 年增至 4 576 元（最高的是广东，最低的是内蒙古），2000 年增至 6 994 元（最高的是上海，最低的是山西），相对差距则由 1990 年的 2.00 倍增至 1995 年的 2.60 倍①，2000 年仍高达 2.48 倍。

（7）不同所有制职工之间收入差距呈现出扩大的趋势。从不同所有制单位职工工资收入的相对差距来看，从 20 世纪 90 年代初开始，公有制经济单位职工的工资收入与非公有制经济单位（其他单位）职工的工资收入的相对差距不断扩大，但到了 20 世纪 90 年代中期，差距开始不断缩小，经历了倒 U 型的变化过程。国有单位职工的相对工资收入基本稳定，但同 20 世纪 90 年代初相比，则略有下降，城镇

① 龚红娥：《我国城镇居民收入分配差距的实证分析》，载《市场与人口分析》，2000（6）。

集体单位职工的相对工资收入下降幅度较大。到20世纪90年代末,国有单位职工工资收入的增长幅度持续超过非公有制单位,这样国有单位与非公有制单位的工资收入差距就缩小了,1995年、1996年、1997年、1998年、1999年国有单位职工年均工资收入与非公有制单位职工年均工资收入的差额分别为1 838元、1 981元、2 042元、1 304元、1 286元,从中可以看出,两者的差距越来越小。但集体单位职工的工资收入与国有单位、非公有制单位职工工资收入的差距却相当大,其与国有单位、非公有制单位职工工资收入的绝对差距从20世纪90年代初期开始持续扩大,1990年,集体单位职工的年均工资收入与非公有制单位和国有单位职工年均工资收入的绝对差距分别是1 306元、603元,到1999年则分别扩大到4 055元、2 769元。

2. 目前中国居民收入差距的主要特点

（1）居民整体的收入差距大于城市居民之间、农村居民之间的收入差距。居民收入差距在不同的时期会有不同的特点，但在中国，居民之间的收入差距却始终存在着这样一个特点，即居民整体的收入差距大于城市居民之间、农村居民之间的收入差距。从表5-1来看，居民整体收入分配的基尼系数一直超过城市居民、农村居民收入分配的基尼系数，而且超过的幅度相当大。

表5-1　**中国及外国居民整体与城市居民、农村居民收入分配的基尼系数**

国家	年份	基尼系数			全国基尼系数超过城市、农村基尼系数的百分点	
		全国	城市	农村	超过城市	超过农村
中国	1979	0.330	0.16	0.310	17	2
	1981	0.288	0.16	0.239	12.8	4.9
	1984	0.297	0.16	0.258	13.7	3.9
	1988	0.382	0.23	0.301	15.2	8.1
	1989	0.349	0.23	0.300	11.9	4.9
	1990	0.339	0.23	0.310	10.9	2.9
	1992	0.376	0.25	0.314	12.6	6.2
	1994	0.434	0.30	0.330	13.4	10.4
	1995	0.388	0.275	0.333	11.3	5.5
	1996	0.457 7	0.400 3	0.432 27	5.74	2.543
	1998	0.403	0.30	0.337	10.3	6.6
印度	1975/76	0.42		0.34		8

续表

国家	年份	基尼系数			全国基尼系数超过城市、农村基尼系数的百分点	
		全国	城市	农村	超过城市	超过农村
孟加拉国	1985/86	0.37	0.37	0.36	0	1
泰国	1975/76	0.47		0.39		8
菲律宾	1985	0.43	0.43	0.37	0	6
韩国	1971	0.36		0.325		3.5

说明：基尼系数数据来源：冒天启主笔：《转型期中国经济关系研究》，第171页，湖北人民出版社，1997年；世界银行：《中国：社会主义经济的发展》，华盛顿哥伦比亚特区，1983年；［世界银行］《共享增长的收入：中国收入分配问题研究》编写组：《共享增长的收入：中国收入分配问题研究》，中文版，中国财政经济出版社，1998年；世界银行：《1996年世界发展报告：从计划到市场》，中文版，第198页，中国财政经济出版社，1996年；世界银行：《1997年世界发展报告：变革世界中的政府》，中文版，第222页，中国财政经济出版社，1997年；世界银行：《2000/2001年世界发展报告：与贫困作斗争》，中文版，第286页，中国财政经济出版社，2001年；《如何看待中国基尼系数?》，引自《中国宏观经济信息网》（http：//www.macrochina.com.cn）2001年6月29日；李强：《中国的贫富差距与市场转型》，载《中国特色社会主义研究》，1999（6）；任才方、程学斌：《从城镇居民收入看分配差距》，载《经济研究参考资料》，1996（157）；国家统计局：《“九五”城镇居民生活达到小康》，引自《中国宏观经济信息网》（http：//www.macrochina.com.cn），2000年3月28日；唐平：《我国农村居民收入水平及差异的分析》，载《管理世界》，1995（2）；吴群芳：《经济体制转型中居民收入分化及对策研究》，载《教学与研究》，2001（2）；国家统计局：《“九五”农村经济和社会发展分析报告》，载《中国宏观经济信息网》（http：//www.macrochina.com.cn），2000年3月27日；赵人伟、格里芬主编：《中国居民收入分配研究》，第86页，中国社会科学出版社，1994年。

表5-1显示，全国基尼系数超过城市基尼系数10个百分点以上，与其他国家相比，超过的幅度为中国所仅见，而超过农村基尼系数也在5个百分点左右。这反映出中国居民整体的收入差距要大于城市居民之间、农村居民之间的收入差距。这与许多国家不同，有些国家居民整体的收入差距与城市居民之间、农村居民之间的收入差距完全没有差别，有些国家差别很小，特别是城市居民之间的收入差距差别很小。在中国，居民整体的收入差距不仅大于农村居民之间的收入差距，而且大于城市居民之间的收入差距，并且是远远超过城市居民之间的收入差距。

（2）城乡居民之间的收入差距过大。中国城乡居民之间的收入差距一直偏大，即使是在差距最小的时期，城市居民人均可支配收入为农村居民人均纯收入的倍数也在1.8倍以上。1978年,城市居民人均可支配收入是农村居民人均纯收入的2.57倍,随着农村家庭联产承包责任制的推行,农村居民收入开始增长,与城市居民的收入差距开始缩小,1980年城市居民人均可支配收入为农村居民人均纯收入的2.50倍,此后相对差距进一步缩小,1985年缩小至1.86倍,这是整个20世纪80~90年代城乡居民相对收入差距最小的年份,此后差距又开始扩大。到1994年差距达到最大,城市居民人均可支配收入达到农村居民人均纯收入的2.86倍,其后相对差距虽有所缩小,但1990年代末开始,城乡居民之间的收入差距又持续扩大,到2003年城市居民人均可支配收入已经达到农村居民人均纯收入的3.23倍。城乡居民之间的相对收入差距这样大,在世界各国中是极为少见的。虽然20世纪70年代末以来城乡居民的相对收入差距经历了一个W型的变化过程,但城乡居民的绝对收入差距20世纪70年代末以来却是持续扩大,1978年城市居民人均可支配收入超过农村居民人均纯收入209.8元,1980年为286.3元,1985年为341.5元,1990年增至823.9元,1995年增至2 705.3元,2004年达到6 486.0元(见表5-2)。

表5-2 **城乡居民之间的收入差距**

国家	年份	城市居民家庭人均可支配收入（元）	农村居民家庭人均纯收入（元）	比率（城市居民家庭人均可支配收入/农村居民家庭人均纯收入）
中国	1978	343.4	133.6	2.57
	1980	477.6	191.3	2.50
	1985	739.1	397.6	1.86
	1986	899.6	423.8	2.12
	1987	1 002.2	462.6	2.17
	1988	1 181.4	544.9	2.17
	1989	1 375.7	601.5	2.29
	1990	1 510.2	686.3	2.20
	1991	1 700.6	708.6	2.40
	1992	2 026.6	784.0	2.58
	1993	2 577.4	921.6	2.80
	1994	3 496.2	1 221.0	2.86
	1995	4 283.0	1 577.7	2.71
	1996	4 838.9	1 926.1	2.51
	1997	5 160.3	2 090.1	2.47
	1998	5 425.1	2 162.0	2.51

续表

国家	年份	城市居民家庭人均可支配收入（元）	农村居民家庭人均纯收入（元）	比率（城市居民家庭人均可支配收入/农村居民家庭人均纯收入）
中国	1999	5 854. 0	2 210. 3	2. 65
	2000	6 280. 0	2 253. 4	2. 79
	2001	6 860. 0	2 366. 0	2. 90
	2002	7 703. 0	2 476. 0	3. 11
	2003	8 472. 0	2 622. 0	3. 23
	2004	9 422. 0	2 936. 0	3. 21
印度	1979	——	——	1. 4
孟加拉国	1966/67	——	——	1. 5
泰国	1975/76	——	——	2. 1
巴西	1976	——	——	2. 3
哥伦比亚	1970	——	——	2. 3
韩国	1965	——	——	1. 0
	1980	——	——	1. 19
	1988	——	——	0. 86

说明：①中国资料来源：国家统计局：《中国统计年鉴（2004）》，中国统计出版社，2004年；中华人民共和国国家统计局：《中华人民共和国2004年国民经济和社会发展统计公报》，载《中华人民共和国国家统计局网站》（http：//www. stats. gov. cn），2005年2月28日。

②外国资料来源：赵人伟、李实、卡尔·李思勤主编：《中国居民收入分配再研究》，第255~256页，中国财政经济出版社，1999年；宋丙洛：《韩国经济的崛起》，商务印书馆，1994年。

（3）农村居民之间的收入差距大于城市居民之间的收入差距。中国农村居民之间的收入差距长期大于城市居民之间的收入差距。虽然20世纪90年代以来，农村居民之间的收入差距与城市居民之间的收入差距有缩小的趋势，但两者之间的差别还是相当大的。这与世界上许多国家不同，在世界各国中，虽然有不少国家农村居民之间的收入差距比城市居民之间的收入差距大，但差别不如中国大，有些国家两者相近，而在有些国家，农村居民之间的收入差距反而比城市居民之间的收入差距小（见表5-3）。

表 5-3　中国城市居民之间、农村居民之间的收入差距

年份	城市居民收入分配的基尼系数（A）	农村居民收入分配的基尼系数（B）	B 超过 A 的百分点
1978	0.16	0.212	5.2
1979	0.16	0.237	7.7
1980	0.16	0.238	7.8
1981	0.15	0.239	8.9
1982	0.15	0.232	8.2
1983	0.15	0.246	9.6
1984	0.16	0.258	9.8
1985	0.19	0.264	10.4
1986	0.19	0.288	9.8
1987	0.20	0.292	9.2
1988	0.23	0.301	7.1
1989	0.23	0.300	7.0
1990	0.23	0.310	8.0
1991	0.24	0.307	6.7
1992	0.25	0.314	6.4
1993	0.27	0.320	5.0
1994	0.30	0.330	3.0
1995	0.28	0.340	6.0
1996	——	——	3.2 *
1997	0.29 **	0.329 ***	3.9
1998	0.30 **	0.34 ****	4.0

说明：带 * 者数据来源于：李强：《中国的贫富差距与市场转型》，载《中国特色社会主义研究》，1999（6）；带 ** 者数据来源于：国家统计局：《“九五”城镇居民生活达到小康》，引自《中国宏观经济信息网》（http：//www.macrochina.com.cn），2000 年 3 月 28 日；带 *** 者数据来源于：吴群芳：《经济体制转型中居民收入分化及对策研究》，载《教学与研究》，2001（2）；带 **** 者数据来源于：国家统计局：《“九五”农村经济和社会发展分析报告》，载《中国宏观经济信息网》（http：//www.macrochina.com.cn），2000 年 3 月 27 日；1978～1995 年数据来源于：李实、赵人伟、张平：《中国经济改革过程中的收入分配变动》，载赵人伟、李实、卡尔·李思勤：《中国居民收入分配再研究》，第 162 页，中国财政经济出版社，1999 年。

（4）各省份内部的居民收入差距超过不同省份之间的居民收入差距。各省份内部的居民收入差距和不同省份之间的居民收入差距都呈现出扩大的趋势，但总的来看，各省份内部的居民收入差距要比不同省份之间的居民收入差距大，以至于在居民整体收入差距扩大的过程中，省份内部居民之间的收入差距起了主要作用。世界银行的一份研究报告指出，虽然省际差距呈扩大之势，对于收入不平等的贡献率呈上升之势，但在中国总体收入不均中，“多达2/3仍发生在省界范围之内”①。应该说，这一特征还会持续一段时间，因为各省份内部的城乡收入差距和省份内地区经济发展的差距至少还会持续一段时间。不过同时要注意到20世纪80年代以来，不同省份之间居民收入差距呈现出长期扩大的趋势（张平测算的农村居民收入省际间的基尼系数1980年为0.14，1990年为0.20，1995年升至0.23②），其在居民整体收入差距扩大中的作用呈上升之势。如果各省城市化进程加快，而省际间经济发展更趋不平衡，最终可能会出现不同省份之间的居民收入差距超过各省份内部的居民收入差距，但目前及今后一段时期仍然会呈现各省份内部的居民收入差距大于不同省份之间的居民收入差距的特点。

（5）沿海地区居民之间的收入差距大于内地居民之间的收入差距。虽然沿海地区居民之间和内地居民之间的收入都存在着差距，但中国沿海地区居民之间的收入差距要比内地居民之间的收入差距大。据赵人伟、李实的计算，1988年，沿海地区城市居民收入的基尼系数是0.213，内地为0.220，同年沿海省份江苏农村居民的基尼系数为0.38，内地省份甘肃只有0.28，到了1995年，沿海地区城市居民收入的基尼系数达到0.277，内地只有0.247，江苏农村居民达到0.394，甘肃为0.338。③ 奈特等人根据抽样省份城镇的资料所进行的计算表明，城镇地区沿海省份无论是工资基尼系数还是收入基尼系数的增长在20世纪80年代末、20世纪90年代上半期都要比内地省份快，他们的计算结果是，沿海省份城镇工资基尼系数1988年为0.238，内地为0.233，1995年则分别为0.329和0.281，沿海省份上升了9.1个百分点，内地省份只上升了4.8个百分点；沿海省份城镇居民收入基尼系数1988年为0.213，内地为0.220，1995年则分别为0.277和0.247，沿海省份上升了6.4个百分点，内地省份只上升了2.3个百分点。④ 总的来看，中国沿海地区

① ［世界银行］《共享增长的收入：中国收入分配问题研究》编写组：《共享增长的收入：中国收入分配问题研究》，中文版，第18页，中国财政经济出版社，1998年。

② 张平：《中国农村居民区域间收入不平等与非农就业》，载赵人伟、李实、卡尔·李思勤主编：《中国居民收入分配再研究》，第295页，中国财政经济出版社，1999年。

③ 赵人伟、李实：《中国居民收入差距的扩大及其原因》，载《经济研究》，1997（9）。

④ 约翰·奈特、李实、赵人伟：《中国城镇工资和收入差异的区域分析》，载赵人伟、李实、卡尔·李思勤主编：《中国居民收入分配再研究》，第255～256页，中国财政经济出版社，1999年。

居民之间的收入差距要比内地居民之间的收入差距大，而且沿海地区居民之间收入差距扩大的速度要比内地快。

（6）经济发展速度越快、经济发展水平越高的地区，居民之间的收入差距一般越大。由于中国正处在结构转型期，因此经济发展速度快、水平高的地区居民收入差距不是缩小而是扩大了，经济发展速度越快，发展水平越高，居民之间的收入差距反而越大。20 世纪 70 年代末以来，中国东部地区的经济发展速度远远超过中西部地区，其经济发展水平也远高于中西部地区，但其居民之间的收入差距也比中西部地区大。在表 5-4 中，东部地区农村居民收入分配的基尼系数要比中西部地区高得多，显示东部地区居民之间的收入差距要比中西部地区大。当然，由于各地的城市化水平、面积、经济的市场化程度以及人口规模等的不同，收入差距的大小同各地经济发展速度与水平并不存在完全一一对应的关系，但大体上经济发展速度快和水平高的地区居民之间的收入差距更大。

表 5-4　**不同地区农村居民收入分配的基尼系数**

年份	地区间农村居民家庭收入基尼系数				年份	东、中、西部农村人均收入的基尼系数		
	全国	东部	中部	西部		东部	中部	西部
1980	0.138 7	0.142 7	0.082 4	0.055 7	1988	0.34	0.30	0.29
1985	0.151 5	0.141 9	0.069 6	0.069 0	1995	0.45	0.33	0.38
1990	0.191 5	0.181 2	0.079 7	0.087 6				
1991	0.222 8	0.179 0	0.084 2	0.090 3				

说明：①转引自陈宗胜、陈晓东：《关于中国农村居民收入差别的研究》，载《环渤海经济瞭望》，1999（6）。

②赵人伟、李实：《中国居民收入差距的扩大及其原因》，载《经济研究》，1997（9）。

（7）不同行业职工之间的工资收入差距偏大，垄断性行业职工的工资水平偏高。中国各行业职工之间的收入差距一直较大，虽然 20 世纪 70 年代末以来，各行业职工之间的收入差距经历了一个由大到小，再由小到大的过程，但从长期趋势来看，行业间的收入差距扩大了，特别是 20 世纪 90 年代以来，各行业职工之间的收入差距呈现出明显扩大的趋势。职工平均工资最高行业的职工年人均工资对职工平均工资最低行业的职工年人均工资的倍数 1978 年是 1.81 倍，1980 年缩小至 1.68 倍，1985 年又扩大到 1.81 倍，此后呈缩小趋势，1987 年降至 1.58 倍，但其后又开始扩大，到 1990 年达到 1.76 倍，1995 年增至 2.23 倍，1999 年增至 2.49 倍，是20世纪70年代末以来的最高水平。由于未考虑各行业的福利，工资收入差距可能还低估了行业之间的收入差距。由此来看，虽然20世纪70年代末以来各行业职工相对工资的变化并不稳定，时高时低，但从长期来看，行业之间的收入差距呈现出明显的扩大的趋势，而且，从20世纪90年代以来行业之间收入差距的扩大呈现出明显加快的趋势。

1978年收入最高的行业依次为电力、煤气及水的生产和供应业、建筑业、地质勘察和水利管理业、交通运输、仓储和邮电通信业、采掘业和科学研究和综合技术服务业，收入最低的行业依次为社会服务业、农、林、牧、渔业、教育、文化艺术和广播电影电视业、房地产业、批发零售贸易和餐饮业；1990年收入最高的行业依次为采掘业、电力、煤气及水的生产和供应业、地质勘察和水利管理业、交通运输、仓储和邮电通信业、科学研究、综合技术服务业和建筑业，收入最低的行业依次为农、林、牧、渔业、批发零售贸易和餐饮业、制造业、金融、保险业和教育、文化艺术和广播电影电视业；1999年收入最高的行业依次为金融、保险业、科学研究、综合技术服务业、电力、煤气及水的生产、供应业、房地产业、交通运输、仓储、邮电通信业和其他行业，收入最低的行业依次为农、林、牧、渔业、批发零售贸易和餐饮业、采掘业、制造业和建筑业。电力、煤气及水的生产和供应业、交通运输、仓储和邮电通信业和科学研究、综合技术服务业一直位居前六大高收入行业之中，在这些行业中，除科学研究、综合技术服务业外，都属垄断性行业，而农、林、牧、渔业、批发零售贸易和餐饮业、制造业在各时期基本上位居低收入行业之中，这些行业基本属于竞争性行业（或垄断程度低于其他行业），特别是农、林、牧、渔业、批发零售贸易和餐饮业职工的相对工资收入持续下降，与高收入行业的差距越来越大。垄断性行业职工的工资收入不仅长期高于其他行业，而且越来越高于其他行业。

（8）非公有制经济单位职工的收入差距大于公有制经济单位职工的收入差距。从所有制性质来看，职工之间的收入差距呈现出这样的特点：非公有制经济单位职工的收入差距大于公有制经济单位职工的收入差距，非国有单位职工的收入差距大于国有单位职工的收入差距。无论是在20世纪80年代末，还是在20世纪90年代中期，国有部门职工工资收入的基尼系数都比非国有部门小，而非国有部门又比其中的私有部门小。从其变化来看，非公有制经济单位职工的收入差距的大小与公有制经济单位职工的收入差距的大小、非国有单位职工的收入差距的大小与国有单位职工的收入差距的大小呈现出缩小的趋势。随着劳动力在不同所有制经济单位流动性程度的提高和工资市场化程度的提高，这一趋势还会持续，但短期内不会改变非公有制经济单位职工的收入差距大于公有制经济单位职工的收入差距、非国有单位职工的收入差距大于国有单位职工的收入差距的局面。

（9）城镇集体经济单位职工与非集体经济单位职工的收入差距呈持续扩大

之势。

表5-5反映了城镇集体经济单位职工与非集体经济单位职工工资收入差距的变化。从中可以看出城镇集体单位职工的相对工资收入呈长期下降之势，城镇集体单位职工的工资水平与平均工资水平的比值呈长期下降之势，国有单位、非公有单位职工平均工资与集体单位职工平均工资水平之比呈长期上升之势，说明国有单位、非公有单位职工平均工资水平越来越高于集体单位职工的平均工资水平。集体单位职工的工资收入与国有单位、非公有单位职工工资收入的绝对差距持续扩大。1985年，集体单位职工的年均工资收入与非公有单位和国有单位职工年均工资收入的绝对差距分别是469元、246元，1990年分别扩大到1 306元、603元，到2003年则分别扩大到5 896元、5 899元。这一状态在今后一段时期还不可能根本改变，随着国有单位职工工资收入的快速增长，其与非公有制单位职工的工资收入差距会进一步缩小，但由于集体单位职工工资收入增长慢于非集体单位，集体单位职工与非公有制单位、国有单位职工的工资收入差距还会进一步扩大。

表5-5　**集体所有制与非集体所有制单位职工之间的工资收入差距**

年份	平均货币工资（元/人）				与平均工资之比（倍）			与城镇集体单位平均工资之比（倍）		超过城镇集体单位平均工资的绝对数（元）	
	平均	国有单位	城镇集体单位	其他单位	国有单位	城镇集体单位	其他单位	其他单位	国有单位	其他单位	国有单位
1978	615	644	506	——	1.05	0.82	——	——	1.27	——	138
1980	762	803	623	——	1.05	0.82	——	——	1.29	——	180
1985	1 148	1 213	967	1 436	1.06	0.84	1.25	1.49	1.25	469	246
1986	1 329	1 414	1 092	1 629	1.06	0.82	1.23	1.49	1.29	537	322
1987	1 459	1 546	1 207	1 879	1.06	0.83	1.29	1.56	1.28	672	339
1988	1 747	1 853	1 426	2 382	1.06	0.82	1.36	1.67	1.30	956	427
1989	1 935	2 055	1 557	2 707	1.06	0.80	1.40	1.74	1.32	1150	498
1990	2 140	2 284	1 681	2 987	1.07	0.79	1.40	1.78	1.36	1 306	603
1991	2 340	2 477	1 866	3 468	1.06	0.80	1.48	1.86	1.33	1 602	611
1992	2 711	2 878	2 109	3 966	1.06	0.78	1.46	1.88	1.36	1 857	769
1993	3 371	3 532	2 592	4 966	1.05	0.77	1.47	1.92	1.36	2 374	940

续表

年份	平均货币工资（元/人）				与平均工资之比（倍）			与城镇集体单位平均工资之比（倍）		超过城镇集体单位平均工资的绝对数（元）	
	平均	国有单位	城镇集体单位	其他单位	国有单位	城镇集体单位	其他单位	其他单位	国有单位	其他单位	国有单位
1994	4 538	4 797	3 245	6 303	1.06	0.72	1.39	1.94	1.48	3 045	1 552
1995	5 500	5 625	3 931	7 463	1.02	0.71	1.36	1.90	1.43	3 532	1 694
1996	6 210	6 280	4 302	8 261	1.01	0.69	1.33	1.92	1.46	3 959	1 978
1997	6 470	6 747	4 512	8 789	1.04	0.70	1.36	1.95	1.50	4 277	2 235
1998	7 479	7 668	5 331	8 972	1.03	0.71	1.20	1.68	1.44	3 641	2 337
1999	8 346	8 543	5 774	9 829	1.02	0.69	1.18	1.70	1.48	4 055	2 769
2000	9 371	9 552	6 262	10 984	1.02	0.67	1.17	1.75	1.53	4 722	3 290
2001	10 870	11 178	6 867	12 140	1.03	0.63	1.12	1.77	1.63	5 273	4 311
2002	12 422	12 869	7 667	13 212	1.04	0.62	1.06	1.72	1.68	5 545	5 202
2003	14 040	14 577	8 678	14 574	1.04	0.62	1.04	1.68	1.68	5 896	5 899
1979~2003年均增长率(%)	13.33	13.29	12.04	13.74	——	——	——	——	——	——	——

说明：①国有单位、城镇集体单位和其他单位的平均工资与平均工资之比、国有单位和其他单位的平均工资与城镇集体单位平均工资之比、国有单位和其他单位职工的平均工资超过城镇集体单位平均工资的绝对数系根据原始数据计算而得。

②其他单位的年均增长率系1985~2003年的年均增长率。

③原始资料来源：国家统计局：《中国统计年鉴（1999）》，中国统计出版社，1999年；国家统计局：《中国统计年鉴（2004）》，中国统计出版社，2004年。

二、居民收入差距形成的原因

1. 收入分配制度的变革

20世纪90年代以来，居民收入分配制度的改革力度加大。非公有制经济单位面向市场，享有充分的薪酬决定权，它们实行了灵活的薪酬制度，劳动者的能力和贡献在薪酬上能够得到反映。由于市场化改革的深入，公有制经济单位也面临着不断加剧的市场竞争压力，从而也不得不改革僵化的工资制度，使劳动能力强和劳动贡献多的职工能够获得更多的收入。公有制非营利单位（事业单位），特别是非政府单位，面临的竞争压力前所未有地增强了，它们为了吸引和留住业务骨干，也不得不逐步打破过去长期实行的平均主义的分配制度，相对增加业务骨干的薪酬。农村最早推行经济体制改革，家庭联产承包责任制实行以后所出现的“交足国家的，留足集体的，剩下都是自己的”分配制度的功能进一步增强，能干、肯干的农民获得的劳动收入相对不断增加。居民之间收入差距的扩大反映了劳动者劳动能力和劳动贡献的差异。

2. 就业制度的变革

20 世纪 90 年代以来就业制度的改革加快了，劳动者享有了就业选择权，劳动力具有了流动性。没有这个条件，任何单位都没有必要也不可能有压力改变平均主义的分配制度。就业制度的改革迫使营利性单位和非营利性单位为了吸引和留住对本单位发展有用的技术人员或专业人员或管理人员而实行差别性的收入分配制度，使劳动能力强并且劳动贡献大的人能够获得更多的收入。发展的冲动和发展的非均衡性必然造成一些企业、一些单位首先提高收入，从而会带来劳动力流动的拉力，劳动者追求高收入的行为倾向会带来劳动力流动的推力，这往往成为各单位拉开职工间收入差距的原始推动力。

3. 公有制企业改革过程中的内部人控制

传统的公有制企业（主要是国有企业）制度只能与计划经济相适应，市场取向的经济体制改革要求对这种企业制度进行改革。市场经济是自由经济，因此改革的一项主要内容就是放权，即让企业享有自主经营权，在保持公有制性质不变的约束条件下，企业的自主经营在实质上就是给公有制企业的经理们（代理人）以自主决策权，公有制企业决策权的下放或从集中走向分散在这种约束条件下无疑是正确的，但在改革过程中始终没有找到处理代理人与被代理人（公有制企业的所有者）关系的最优制度安排，所有者对代理人缺乏应有的监督、制约，所有者的财产权利得不到保障，以至于代理人能够采取各种手段占有所有者应得的权利以及企业职工应该享有的权利，大量的公有资产和企业的收入通过各种途径、以各种形式流入代理人的手中，从而使其成为高收入者。

4. 租金非均衡分布的马太效应

中国走的是渐进式改革之路，不可避免的是计划经济体制和市场经济体制这两种体制长期并存，20 世纪 90 年代中期以前商品价格、利率、汇率长期处于双轨（计划价格和市场价格并存）状态，市场价格长期高于计划价格产生了通过以计划价格获取商品、资金、外汇而以市场价格转让出去牟取差价收益的机会，同时 20 世纪 90 年代以前中国经济的短缺特点提供了寻租者以市场价格转让商品、资金、外汇的巨大市场，从而产生了大量的公开的或隐蔽性的寻租活动，但租金的分布是不平衡的，租金分布的不平衡本身是造成收入差距的重要原因。租金向投资的转化又造成了资产收入差距。

5. 资产分布的不平衡

虽然还没有人对中国资产收入规模进行实证性研究，但随着居民资产的增加，居民资产收入在20世纪90年代获得巨大的增长却是不争的事实。仅居民储蓄存款一项就可反映出居民资产数量的巨大增长。20世纪90年代，城乡居民储蓄存款余额年均增长5 300多亿元，年均增长率达23.9%，每年的利息收入成倍增长。资产收入在居民收入中所占比重不断上升，资产收入已经成为居民的重要收入来源。1990~1999年，城镇居民年人均财产性收入年均增长26.42%，超过同期人均全部年收入的年均增长率（16.23%）10.19个百分点。① 不过，虽然居民的资产和资产收入普遍地获得了增长，但由于资产分布的不平衡，资产收入在居民之间的分布并不平衡。实际上，资产主要集中在少数人手中，资产收入也因之集中在少数人手中。造成资产分布不平衡的原因是多样的，依靠自己的经营、亲属的捐赠、遗产的继承、获取的高额薪酬、知识产权的转让等合法途径是一部分居民拥有大量资产的原因，依靠占有租金、靠占有公有制企业所有者的财产、以欺诈、暴力占有他人财产等非法途径则是另一部分人拥有大量资产的原因，虽然来自于不同途径的资产在性质上截然不同，但无论是何种原因造成资产分布不平衡，只要在居民之间存在着资产分布的不平衡，就不可避免地要出现资产收入分布的不平衡。

6. 权力介入收入分配

在经济转型期，一方面由于还存在着大量的经济管制，绝大多数的公共权力部门掌握着范围广泛的实质性的管制权（否决权），另一方面由于法治不健全，对公共权力的滥用缺乏有效的制约，这就使得那些具有谋私动机而又缺乏自律的掌握公共权力的人滥用公共权力，谋取私利。一部分高收入者就是这些掌握公共权力的人，他们公开地或隐蔽性地利用掌握的权力获取经济收入。

7. 部门之间的非公平交易

职工收入在行业之间的长期性的差异与各部门劳动生产率的差异、各部门市场结构等因素有关，但它们并不是造成部门之间职工收入差距的主要原因，主要原因在于各部门的垄断程度的差异。20世纪90年代长期居于高收入行列的供电、供水、供气、电信、邮政、投资银行、商业银行、保险公司、铁路运输等都是垄断程度很高的部门，其中供电、供水、供气、电信、邮政等长期处于独家垄断的状态。这些垄断部门各有特点，但有一点是相同的，即它们无一例外地都受到政府的高度保护，即使是那些非自然垄断部门，如投资银行业、商业银行业、保险业，极其严格的许可证制度使得这些非自然垄断部门几乎能够实现如同自然垄断部门一样的垄

① 苏海南、徐振斌：《城镇居民收入分配分析》，引自《中国宏观经济信息网》（http://www.macrochina.com.cn），2000年4月24日。

断。垄断部门的垄断地位使其能够凭借其垄断势力实现同其他部门的非公平交易。垄断部门作为卖方实施非公平交易的手段有：(1) 高定商品出售价格；(2) 实际提供的商品数量少于合同供应量；(3) 以拒绝供应或以拒绝供应相威胁获取交易对方的“投资”或“赞助”，或者谋取其他对其有利的交易条件。垄断部门作为买方实施非公平交易的手段包括：(1) 低定购进商品价格；(2) 实际获得的商品数量多于合同购买量；(3) 以拒绝购买或者以拒绝购买相威胁获取交易对方的“投资”或“赞助”，或者谋取其他对其有利的交易条件。就某一个具体的垄断部门而言，既可能采用以上所有各项非公平交易手段，也可只是采用其中一项或两项手段，但垄断部门作为一个整体却是多种手段并用。虽然市场结构会影响到垄断部门实施上述行为的能力，垄断部门产品的替代品市场竞争性程度的提高会削弱垄断部门实施上述行为的能力，但问题在于由于政府的严格的市场准入管制以及这些部门中的多个部门的自然垄断性质、商品供应的长期不足，使得这些部门能够长期维持其垄断地位，从而能够长期凭借其垄断势力实施上述各种非公平交易行为，从而使这些部门的职工能够长期获得较其他部门为高的收入。

8. 劳动力素质的差异与劳动力市场的竞争性程度的差异

随着生产资料所有制、企业体制、就业体制和收入分配体制的改革，劳动力素质已经成为劳动者获取收入高低的重要因素，低素质的劳动力已经难以进入高收入部门和高收入岗位，也就没有机会通过正常工作获取高收入。随着劳动力素质平均水平的提高、产业的升级和产业结构的升级，低素质劳动力和高素质劳动力的收入差距越来越大。

就业体制和收入分配体制的改革使工资率决定的市场化程度越来越高，在农业、建筑业、餐饮业等许多行业，工资率基本上是由市场决定的。由此，劳动力市场竞争性程度的高低对于该行业就业者的收入产生的影响就越来越大，劳动力市场竞争性程度越高，工资率会越低，就业者所能获得的收入就越少，反之，则反是。城乡居民之间收入差距的扩大同农业部门劳动力市场高度的竞争性密切相关，不同行业职工之间工资收入差距的扩大与劳动力市场高度的竞争性程度的差异也有密切的关系。

9. 经济体制改革与对外经济开放的非均衡性

中国的经济体制改革和对外经济开放都是渐进性的，这就决定了经济体制改革与对外经济开放在部门和地区间的非均衡性，总是有一些部门和地区先于其他部门和地区进行经济体制改革与实行对外经济开放。一则因为经济体制改革与对外经济开放是经济发展的必要条件，任何部门、任何地区不进行经济体制改革与实行对外经济开放，就不可能取得发展，先于其他部门和地区进行经济体制改革与实行对外经济开放的部门和地区也就先于其他部门和地区获得了经济发展的必要条件，因此也就具备了首先发展起来的可能；二则因为政府为了鼓励和推进改革和开放，为了减轻改革和开放的阻力，采取了给最先进行经济体制改革和实行对外经济开放的部门和地区以其他部门和地区所没有的经济优惠政策（核心是放权让利），这样就使它们能够推行其他部门和地区所不可能实行的促进经济发展的政策，从而激发经济活力，从国内其他部门和地区、从国外吸引经济资源，加快积累，这样就使它们能够取得比其他部门和地区更快地发展，这一点尤其反映在地区经济发展的非均衡性上。经济特区、沿海地区最先进行经济体制改革和实行对外经济开放，经济取得了远超过中西部地区的发展，这些地区的居民也因此能够获得更多的收入。收入的资本化又使他们能够获得越来越多的资产收入，从而使他们的收入获得比其他地区居民更快的增长。

10. 经济发展在地区之间的非均衡性

经济发展在地区之间总是不均衡的，在工资非管制条件下，经济发展水平的差异会在居民收入水平上反映出来，经济发达地区的居民会获得较其他地区要高的收入。东、中、西部地区及各地区内部不同地区居民收入水平的差异反映了不同地区经济发展水平的差异。经济发展的累积性是造成不同地区居民收入差距的重要原因，经济体制改革和对外经济开放在地区之间的非均衡性（东部地区为先行者）以及中央政府自20世纪80年代以来重点支持东部地区经济发展的政策使得东部地区经济获得比其他地区快得多的发展，这样就使得东部地区与中西部地区居民之间的收入差距呈现出扩大的趋势。各地区内部不同地区居民收入差距的扩大也是由不同地区的经济发展基础不同、经济体制改革和对外经济开放时序的不同、上级政府支持政策的不同所共同造成的。

三、对当前中国居民收入差距的评价

对居民收入差距的判断会对收入调节政策的性质的看法产生影响。判断居民收入差距的状态，既需要进行横向的比较，也需要进行纵向的比较。

1. 居民收入差距的横向比较

同经济发达国家相比，中国居民收入差距偏大，因为中国的基尼系数值只比新西兰和美国低，中国居民收入分配的基尼系数值超出经济发达国家基尼系数平均值10个百分点左右。依国际流行看法，20世纪90年代初，中国居民整体的收入差距尚属比较合理，20世纪90年代末，中国居民整体的收入差距则进入到差距较大的状态了。但同发展中国家相比，中国的居民收入差距乃处于中等水平，因为中国的基尼系数值略低于发展中国家基尼系数的平均值，而且在发展中国家近一半国家的基尼系数值超过中国。世界银行的一份研究报告也认为，虽然20世纪80年代以来中国居民之间的收入差距扩大了，但收入不平等的程度按国际标准衡量仍属中等①。不过虽然从中国居民整体衡量的居民收入差距属于中等水平，而且城市居民之间、农村居民之间的收入差距按国际水平衡量仍然相当小，但与国际比较，中国城乡居民之间、不同行业的职工之间的收入差距却相当大，并且20世纪90年代以来，居民收入差距扩大的幅度偏大。虽然一国经济发展的快慢、社会稳定与否与居民收入差距的大小之间并不存在必然的正相关关系，有的国家居民收入差距很小，但经济发展缓慢，社会并不稳定，有的国家居民收入差距较大，但经济发展却很快，社会也比较稳定，这说明并非居民之间的收入差距越小，越有利于经济发展，居民之间的收入差距扩大，并不一定会破坏经济发展，但如果居民收入差距不断扩大的势头得不到遏制，以至于居民收入分配达到高度不平等的状态，财富和收入高度集中，社会稳定一般会不可避免地面临威胁，经济发展最终会受到阻遏。因此，我们并不能对中国居民收入差距的扩大视而不见，特别是由于中国居民收入差距扩大带有明显的转型期的特点，我们就更不能因为中国居民整体收入差距尚属中等而采取听之任之的政策。

2. 中国居民收入差距的纵向比较

虽然人们一般都认为在实行经济体制改革以前，中国居民之间的收入相当平等，不过，尽管在改革以前居民之间的收入差距相对较小，但居民之间的收入差距始终是存在的，城市居民之间存在差距，农村居民之间也存在差距，城乡居民之间同样存在差距，而且城市居民与农村居民之间的收入差距相当大。居民整体的基尼系数超过城市居民的基尼系数和农村居民的基尼系数的主要原因就在于城乡居民之间的收入差距过大。实际上，改革以前，中国城乡居民之间的收入差距在世界各国中就是最大的国家之一。1979年，城市居民的人均可支配收入是农村居民人均纯收入的2.5倍。20世纪80年代中期，城乡居民之间的收入差距因为农产品产量的增加和农产品价格的提高导致农民收入增加而缩小了，但其后由于工农产品价格的比价复归和农业劳动生产率难以提高，农民收入增长减缓，城乡居民之间的收入差距又重新扩大。虽然20世纪90年代末，城乡居民之间的相对收入差距同改革前相比差别并不大，但绝对收入差距却非常大，其造成的影响难以同改革前类比。同20世纪90年代以前相比，特别是同改革前相比，城市居民之间、农村居民之间的收入差距增加是相当大的，也正因为如此，收入差距的扩大引起社会矛盾的可能性增加了。当然，由不同的原因造成的收入差距所产生的影响并不相同，但“邻居”太富引发的不满会有增加。因此，对待居民收入差距采取未雨绸缪的态度是可取的。

---

① ［世界银行］《共享增长的收入：中国收入分配问题研究》编写组：《共享增长的收入：中国收入分配问题研究》，中文版，第5页，中国财政经济出版社，1998年。

需要说明的是，对居民收入差距的评价本身只涉及，而且也只应该涉及居民之间收入差距的度。居民收入差距是大还是小，并不是决定收入调节政策的惟一依据，甚至不一定是最主要的依据，对居民收入差距应该实行何种调节政策，还要取决于造成收入差距的原因以及居民收入差距的实际影响与可能的影响。

四、中国居民收入差距扩大的影响

在经济转型期居民收入差距的扩大难以避免，库兹涅茨的倒 U 形理论也已经得到工业化国家及多数新兴工业化国家和地区的经验事实所验证，但这并不意味着对 20 世纪 90 年代以来的居民收入差距的扩大可以采取放任政策。居民收入差距的扩大的影响具有双重性，只关注居民收入差距扩大的积极影响和只关注居民收入差距扩大的消极影响对于提出和制定解决居民收入差距扩大的对策都是不可取的。

1. 居民收入差距扩大的积极影响

由合法因素造成的居民收入差距的扩大是有着多方面的积极影响的。

（1）居民收入差距的扩大是经济体制改革带来的结果，是中国经济由过去长期处于静止状态向动态化方向演变的表现，是中国经济高速增长的结果。如果经过改革，还像改革前一样，继续搞平均主义，那么改革最终就会逆转。虽然改革的目的不是制造差距，但是改革必然会导致经济资源的重新配置，需求的增长、需求结构的变化、科技的进步等必然会使一些部门和地区获得更快的发展，就业者就能够也应该取得更多的收入。

（2）可以激励劳动者增加劳动供给。近年来，高新技术行业职工的高收入以及其他专业服务行业职工的高收入使人们认识到完全能够凭借自己的才能和勤奋获得高收入，并以此作为实现自身价值的重要途径，这可对劳动者增加劳动供给形成刺激，也会促使劳动者不断接受教育和培训，来提高自身的素质，也会促使劳动者重视子女的教育，这对建立高素质的技术人员、管理人员、专业人员后备库能够发挥积极的作用。近几年出现的教育热、考证热、培训热等都与此相关。人们凭借自己的资产能够获得收入，而且资产越多，所能获得的资产收入越多，这会刺激人们的资产积累，有恒产者有恒心，这对社会的稳定、对经济的长远发展会产生积极的影响。

（3）能促进劳动力的流动，促进劳动力资源利用效率的提高。一方面居民收入差距的存在，既会刺激也会带动劳动力资源在不同的单位之间、在不同的部门之间、在不同的地区之间流动，另一方面不同单位、不同部门、不同地区收入的差别也会提供劳动力资源合理流动的信号，使劳动力资源能够得到更有效率的配置，从而有利于提高劳动力资源的利用效率。没有劳动力资源的流动，许多行业和地区的经济很难发展起来，而没有收入差别，劳动力资源很难流动。农业劳动力向非农产业的大规模流动的主要原因就是城乡收入差别和农业与非农产业收入差别的存在。

（4）可为经济结构转变提供需求条件。收入差距的扩大会逐渐形成多层次的收入阶层，这样就会改变在中国长期存在的消费结构趋同的局面，消费结构的趋同对中国经济结构的调整和升级曾经造成负面的影响，收入水平的多层化为居民消费的自由选择提供了可能，为形成差别性的需求结构提供了条件，这有利于经济结构的有序转变。这对正处在工业化过程中的中国经济结构的转变尤为重要。

2. *居民收入差距扩大的消极影响*

（1）不利于社会的稳定。虽然居民收入差距的扩大在目前还没有引起社会的不稳定，但并不表明在将来不会引起社会的不稳定。由于居民收入差距的扩大的原因具有典型的转型期的特点，人们往往并不能容忍由非劳动因素所造成的收入差距，特别不能容忍由权力、寻租、欺诈、暴力侵占他人财产、制假、卖假等非法因素导致的收入差距的扩大。近几年由各种机构所进行的多种社会调查显示，居民对腐败、社会治安、不正之风尤为不满，而这些都是造成居民收入差距拉大的重要原因，这实际上反映了居民对由权力、寻租、欺诈、暴力侵占他人财产、制假、卖假等非法因素导致的收入差距的扩大尤为不满。到目前为止，居民收入差距的扩大没有引起社会的不稳定，主要原因在于居民的绝对收入在不断提高，居民（特别是占人口70%以上的农村居民）可接受的收入不平等程度较高。但随着居民期望收入水平的提高、居民可接受的收入不平等程度的下降，居民收入差距的扩大对社会稳定的威胁将会增加。

（2）不利于需求的扩张。收入水平越高，消费倾向越低，居民收入差距过大会导致总消费倾向过快的下降。当前对消费需求增长尤为不利的是城乡居民收入差距过大，由于农村居民收入水平过低，又无社会保障，其消费能力增长缓慢，消费意愿弱，制约了消费需求的增长，从而制约了经济的增长。如果城乡居民收入差距扩大的趋势持续下去，特别是在农村居民收入缓慢增长的条件下继续蔓延，消费需求的增长会受到更大的限制。中国经济增长的需求约束已经越来越大，如果不改变城乡居民之间收入差距不断扩大的局面，中国经济增长就会受到限制。

（3）不利于机会均等的实现。20多年的经济体制改革打破了诸多造成机会不均等的制度，随着经济体制改革的不断深化，造成机会不均等的制度藩篱会进一步遭到削弱，经济活力会进一步增强。但如果居民收入差距进一步扩大，这种经济结果的不平等就会在或大或小的程度上抵消打破造成机会不均等的制度藩篱所能起到的给予人们自由选择、公平竞争的机会的作用，如果收入差距过大，低收入者就不可能自由选择职业，劳动者之间就不可能有实际的公平竞争，机会均等就无法实现。这既会损害居民的权利平等，也会损害经济效率。

五、政府调节居民收入差距的政策选择

解决居民收入差距问题既是为了促进经济平等、实现社会公正，也是为了促进

经济效率的提高，为经济的持续发展提供条件。

1. 解决居民收入差距的重点不是居民收入差距的度，而是居民收入差距的性质，对不同性质的收入应采取不同的政策

从基尼系数来看，在发展中国家，中国居民收入差距的幅度处于中等水平，对于正处在快速工业化过程中的国家来说，这样的幅度并不大，从目前来看，解决居民收入差距的重点不应该是在度上，或者说，将基尼系数降低几个百分点，并不是目前我们所应该重点关注的，应该重点关注的是居民收入差距的性质。对于依靠自己的勤奋劳动等合法手段所获得的高收入和对靠走私、寻租、设租、制假、卖假、受贿、欺诈等非法手段所获得的高收入显然应该采取不同性质的政策，对合法收入，政府应该给予保护，对由合法因素造成的收入差距重在选择调节的度，对其按照效率优先、兼顾平等的原则进行适当的调节。而对由非法因素造成的收入差距则显然不是保护和度的调节问题，而是收入的剥夺问题，政府对任何非法收入都应该依法予以没收。当前解决居民收入差距问题的关键是如何能够使那些依靠非法手段聚敛的由少数人所占有的巨额财富回归或回馈社会。这样的问题解决了，居民收入差距的度的问题才应该成为关注的重点。

2. 缩小城乡居民之间的收入差距和不同行业职工之间的收入差距应该成为合法收入调节的主要目标

城乡居民之间的收入差距和不同行业职工之间的收入差距偏大是中国居民收入差距的突出特点。20 世纪 90 年代以来，城乡居民之间的收入差距偏大的问题不仅没有得到缓解，而且总的来看趋于恶化。中国开放农产品市场之后，农产品市场的竞争会变得更加激烈，农村居民收入的增长会变得更加困难，农村居民的相对收入有进一步下降的危险，如何增加农村居民收入是政府应该着力解决的问题、缩小城乡居民收入差距对于社会稳定和经济体制改革的顺利推进至关重要。

中国不同行业之间职工的收入差距 20 世纪 90 年代以来持续扩大，特别是 20 世纪 90 年代中期以来，行业之间的收入差距扩大的速度过快，最高行业与最低行业的平均工资之比已与城乡居民收入差距相当，而在 1992 年以前，最高行业与最低行业的平均工资之比基本上在 1. 8 倍以下，缩小不同行业职工之间的收入差距虽然重要性低于缩小城乡居民收入差距，但也是解决当前中国居民收入差距的重要目标。行业之间的工资收入差距与垄断密切相关，一个行业职工工资收入水平的高低主要取决于该行业垄断程度的高低。垄断部门的高收入依靠的主要是不公平交易，垄断部门的非公平交易问题得不到解决，由其造成的垄断部门来自于垄断的高收入问题也就无法解决，由此引起的社会不满会随着公众公平意识的增强而增加。因此，缩小行业之间的收入差距必须依靠反垄断。反垄断不仅是解决由垄断引起的收入差距扩大的必要条件，也是建立公平交易与公平竞争的经济秩序，促进资源在部门之间的流动，从而促进生产效率和资源配置效率的提高的必要条件。

3. 居民收入差距的调节应该同反腐败结合起来

寻租、设租、内部人控制、利用权力牟取私利等都是腐败的具体形式，公众对腐败现象十分不满，对腐败造成的少数人的高收入不能容忍。如果只是关注缩小居民收入差距的幅度，不根除造成居民收入差距的根源，那无异于舍本逐末，最终要解决的问题得不到解决。并且，腐败本身就是引起社会不稳定的重要因素。因此，解决居民收入差距必须同反腐败结合起来，在经济转型期，应把反腐败作为解决居民收入差距的重要手段。

4. 居民收入差距的调节应该同法治建设结合起来

合法收入与非法收入在性质上根本不同，应采取性质不同的调节政策，应采取何种手段调节、调节的度的确定等都应依循法治。对于由法律实施的非均衡造成的收入差距自然只有依靠法治建设来解决，一方面通过法治建设，逐步减少由法律实施的非均衡造成的收入差距，直至最终避免出现由法律实施的非均衡造成的收入差距；另一方面通过法治建设，将居民收入差距的调节纳入法治化的轨道，避免历史上反复出现的以消灭贫富差距为直接目标的非理性的社会暴力的出现，否则社会就可能走向非理性化的演变之路。

5. 居民收入差距的调节应该同加快经济体制改革结合起来

在旧的经济体制框架下，解决不了 20 世纪 90 年代以来所出现的居民收入差距问题。解决由经济体制转型所造成的居民收入差距问题只有依靠经济体制的进一步改革，经济体制改革越慢，由经济体制转型所造成的居民收入差距扩大的问题就会越严重，因此，加快经济管制制度的改革、加快企业制度的改革、加快社会保障制度的改革是解决 20 世纪 90 年代以来所出现的居民收入差距扩大问题的重要条件。

6. 居民收入差距的调节应该同经济增长相协调

居民收入差距调节本身不是目的，而是通过调节促进平等、提高经济效率，从而促进经济的进一步发展，因此居民收入差距的调节应该与经济增长相协调。在法治能力还比较弱的条件下，任何一项收入调节政策的出台都应该考虑到其对投资、生产发展的影响。如果一项收入调节政策的出台，导致资本外逃、投资减少，或者导致劳动供给的下降、劳动效率的下降，或者导致经营者的经营积极性下降，这样的政策是不合适宜的。毕竟在当前及今后相当一段时期内，中国所面临的最重要的任务是经济的快速发展，经济要取得快速发展，就必须保持投资和劳动供给的持续增长。因此，收入调节政策性质与手段的选择、收入差距的调节的度的选择、一项收入调节政策出台时机的选择都应考虑到法治能力，力求在公平原则下，将居民收入差距控制在社会可接受的水平之内。居民收入差距的解决应该在经济增长的基础上实现，或者说应该是在经济增长的动态化的过程中解决居民收入差距问题，在经济全球化、资讯全球化的背景下，即使收入差距很小，甚至经济结果绝对平等，也不可能有制度和社会的稳定，经济发展是制度和社会存续、稳定的基础，只有使中国经济保持持续、高速的增长，才会有制度与社会的稳定。在发展中、在所有人的收入都能获得增长的条件下解决居民收入差距是惟一现实的选择。

7. 政府调节居民收入差距的手段的选择

在讨论调节居民收入差距所应采取的手段时，人们谈论得最多的是征收累进性质的个人所得税。若能确保税收征缴的高效率，征收累进性质的个人所得税确可起到有效地缩小居民之间的收入差距的作用。不过，从目前来看，如果把征收所得税作为调节居民收入差距的主要手段并不适宜。其原因在于：（1）建立高效率的个人所得税征收体系需要很长的时间过程，中国目前还没有建立起高效率的个人所得税征收体系，而且在短期也不可能建立起这样的体系，这样，如果将征收个人所得税作为调节居民收入差距的主要手段，就会造成不公平，甚至是严重的不公平。现行的个人所得税法很不完善，个人所得税征收体系很不健全，结果造成应该是个人所得税税源主体的群体反而成了次要的税源。（2）居民收入的来源复杂，有的来自于合法收入，有的来自于非法收入，有的取自于劳动收入，有的来自于资产收入和转移性收入，而且收入结构不同，有的居民以合法收入为主，有的居民以非法收入为主，有的居民以劳动收入为主，有的居民以资产收入为主，有的居民以转移性收入为主，对于这些不同种类的收入，不只是调节的度的差别问题，更重要的是调节政策的性质的差别问题，而个人所得税本身解决的是收入调节的度的问题。此外，个人所得税的调节能力等也存在缺陷。所以，个人所得税不适宜作为调节当前的居民收入差距的主要手段。不过必须肯定个人所得税本身在调节居民收入差距中所具有的不可替代的重要作用，应该努力完善个人所得税体系。政府调节居民收入差距有多种手段可以使用，但在目前，政府除应对非法收入采取没收政策外，应该采取的主要手段是：（1）增加低收入居民收入的收入转移政策；（2）向居民提供更多的教育服务；（3）加快建立新的社会保险制度，进一步完善社会救助和社会福利制度。同时要逐步建立起财产税制度，逐步建立起调节居民收入差距的政策手段体系。

8. 鼓励第三种力量参与收入调节

政府应该鼓励第三种力量参与居民收入调节，不仅因为第三种力量参与居民收入调节能减轻政府的救助负担，而且有利于形成良好的社会互助风气，有利于协调不同阶层居民之间的关系，政府应该鼓励高收入者向低收入者提供援助，鼓励他们向公益机构（慈善机构、福利机构等）、教育机构、医疗机构等提供捐助。随着中国经济的不断发展，依靠合法途径获得高收入的居民会越来越多，回馈社会的能力不断提高，应该鼓励他们通过捐助回馈社会。目前需要做的是为这种捐助提供制度保障与支持。

最后需要补充说明的是，对于居民收入差距的调节还应该同反平均主义结合起来。因为虽然 20 世纪 90 年代以来居民之间的收入差距呈扩大之势，但平均主义仍然是一个需要解决的问题，在一些部门、单位，收入分配仍然是平均主义的做法，“干与不干一个样，干多干少一个样”，因此也就不可避免地造成了“一个干，一个看，一个捣蛋”的局面，从而也就出现了“干的不如看的，看的不如捣蛋的”分配格局。平均主义在一些地方的政府部门的影响仍然根深蒂固，对劳动者的合法劳动收益和经营者的合法经营收益不仅不予保护，反而支持那些非法侵占劳动者的合法劳动收益和经营者的合法经营收益的行为，甚至作为侵占劳动者的劳动权益和经营者的经营权益的主体之一，劳动者的劳动权益和经营者的经营权益得不到保障，从而损害了劳动供给的增长和投资的增长，从而损害了经济的增长。因此，目前既需要采取措施调节居民收入差距，也需要采取措施消除平均主义。

思 考 题

1. 什么是劳动收入、非劳动收入、资产收入、转移性收入？为什么在社会主义社会发展的相当长的时期会是多种收入形式并存的格局？

2. 什么是按劳分配？在全社会范围内实行按劳分配需要具备哪些条件？

3. 按劳分配的实现在产品经济和在商品经济中存在哪些不同？

4. 为什么居民的劳动收入、资产收入会出现差别？这种差别是否合理？为什么？

5. 为什么政府要对居民收入差距进行调节？政府对居民收入差距的调节应该秉持什么原则？政府可以运用哪些手段调节居民收入差距？

6. 试析近年来中国居民收入差距的变化、特点及其成因。

7. 你认为中国政府调节居民收入差距应该采取什么政策？

第六章　居民消费分析

消费是人类社会经济活动的重要行为和过程，居民消费对社会经济发展具有极为重要的作用。居民消费受社会生产力发展状况，居民可支配收入特别是收入水平和收入预期，商品价格，利率，财富积累，居民消费偏好、消费观点和消费文化、消费习惯等影响。居民消费结构随生产力的发展和人们收入的提高呈现出从低级向高级前进的趋势，中国居民消费结构的变化受到多方面的影响，随着生产力的发展和收入水平的提高，居民消费水平逐步提高，消费行为逐步合理化、科学化。

第一节　居民消费的地位和作用

消费是人类社会经济活动的重要行为和过程。广义的消费，包括生产消费和生活消费两个方面。生产消费，是指生产过程中工具、原材料和燃料等生产资料和活劳动的消耗，也就是直接生产过程本身。生活消费，是指人们为满足个人生活需要而消耗各种物质资料和精神产品。生活消费是恢复和发展劳动力，使人们得以生存和发展的必要条件，因而也是保证生产过程不断进行的前提。这里我们所讲的居民消费，就是指居民生活消费。

居民消费在社会再生产过程中具有重要的地位和作用。社会再生产过程包括生产、分配、交换、消费四个环节。这四个环节相互依存、相互制约、相互影响，其中任何一个环节发生障碍，社会再生产过程都不能顺畅地进行。消费是社会再生产的终点和新的起点。只有消费需求旺盛，才能从根本上促进生产规模的扩大，保证增加的投资取得预期的经济效益，为经济发展提供持久的原动力。我们可以从消费与其他环节的相互关系来看居民消费在社会再生产过程中的地位和作用。

消费与生产有着密切的内在联系。生产的发展水平决定消费水平，生产结构决定消费结构，生产方式决定消费方式。但是，消费对生产也有重要作用，甚至在某种条件下，对生产还会起决定性作用。这些作用主要表现在：第一，满足消费需求既是生产的出发点，也是生产的目的。充分发挥消费需求的导向作用，根据市场消费趋势和需求结构调整产业结构和产品结构，不仅有利于促进消费市场的繁荣，而且能拉动相关产业和整个国民经济的增长。例如，由于对住房的需求上升，就会大大促进民用建筑业的发展，使民用建筑业逐步成为我国国民经济中的支柱产业。民用建筑业的发展，又带动相关产业特别是建筑材料和室内装饰等行业的发展。第二，满足消费需求能促进劳动力素质、劳动生产率的提高。消费是消费者使用消费资料满足自身物质和文化生活需要，生产出劳动者自身的活动。它不仅使劳动者的体力得到恢复和发展，而且也使其智力得到恢复和发展，使人们的健康水平、科学技术水平、文化水平得到普遍提高，促进人的全面发展和素质的提高，进而促进生产的发展和经济的发展。

消费与交换也是密切联系的，交换是联系生产与消费的桥梁或纽带。在存在商品生产、商品交换的条件下，产品只有通过交换才能进入消费领域。在社会主义市场经济条件下，消费与交换的关系本质上表现为与市场的关系。在我国市场交换的总量中，消费品市场所占份额达65%以上。随着消费的扩大，对消费品和劳务的需求会不断增加，对与此相关联的生产资料的需求也会不断增加，这就会促进交换范围、市场范围的扩大。同时，消费结构对流通结构、市场结构会产生直接的影响，消费方式、消费体制等也会直接影响交换，影响实物流通量和货币流通量，影响市场。比如，我们过去对住房消费采取国家包的办法，许多劳务消费也是免费的，实行社会公共消费。但消费方式、消费体制改变后，住宅和劳务逐步要经过交换进入消费领域，这也扩大了交换的范围，开拓了市场。消费结构的变化也是如此，消费结构变化了，需求结构也会变化，而需求作为市场的内在要素，也必然使市场结构发生变化。因此，消费对交换是具有重要作用的。

消费与分配的关系也是十分密切的。第一，生产要素的分配影响消费，消费也制约生产要素的分配。比如资金、劳动力、资源等在不同产业部门的分配，会影响消费品的生产，从而影响消费。同样，人们的消费状况、消费的发展趋势是制约生产要素分配的最根本因素或最终因素。人们的最终需求即对消费资料（包括劳务）的需求，决定着生产要素在各个部门之间的分配。第二，国民收入的分配也是与消费密切联系的。在国民收入的分配中，要考虑消费基金的增长速度与国民收入增长速度的关联性。积累和消费是此消彼长的，既不能过分地提高消费率，增加消费基金，也不能过分地压抑消费，降低消费率。消费基金是直接用于消费的，但积累基金中也有一部分用于消费。比如，我们兴建的医院、文化娱乐设施、科技、体育保健设施、公园等，都是直接为消费服务的或直接消费的。积累基金内部的分配比例，也要考虑人们的消费状况。可见，消费对国民收入的分配格局是有重大制约作用的。第三，消费基金的分配、个人消费品的分配也直接受消费的制约。一方面消费受收入的制约，另一方面消费也制约着收入分配，特别是制约着个人消费基金与社会公共消费基金的分配，制约着个人消费基金在社会各阶层、各居民集团之间的分配。而且，整个分配格局，最终都要通过消费表现出来。

从消费与社会再生产的各个环节的相互关系看，它与其他环节的联系十分密切，它对生产、分配、交换都有重要的作用甚至在一定程度上起着决定性作用。在社会再生产总过程的运行中，消费既是生产过程的终点，也是下一个再生产过程的起点，居于承上启下、承前启后的关键地位，起着引导生产发展、经济循环的先导作用。消费需求是人们的最终需求，社会生产的目的就是要满足人们的消费需求。因此，满足消费需求是一切经济活动的出发点和归宿。消费只有与社会再生产的各个环节相互协调，才能促进经济的持续、稳定发展。衡量一个经济是否良性循环，最终要看是否合理解决了人们的消费问题，要看消费与社会再生产的其他环节是否协调，要看在处理各种比例关系中是否把消费放在了应有的地位。

第二节　居民消费需求的影响因素

一、居民消费需求的含义

居民消费需求是指人们获得各种消费资料（包括劳务）以满足生活消费的愿望和能力。消费需求的内容主要包括物质资料、劳务和精神三大类，用以满足人们物质生活和精神生活各方面的需要。人们的消费需求可分为三个基本层次，即生存需求、发展需求和享受需求。

生存需求是人们为维持生存而对物质资料和劳务的需求。生存需求是人类最基本的需求。例如食物、服装、住宅、医疗卫生、交通设备以及其他社会公认的生活必需品，人们称之为生存资料，它是人们生存所必需的。生存需求的满足是一切社会生活的前提。生存需求的标准，从根本上说决定于社会生产力发展水平。生产力水平越高，生存资料越丰富，人们生存需求的物质资料和劳务数量会逐渐增加，质量会不断提高。

发展需求是劳动者为提高自身素质而产生的对某些物质资料和精神产品的需求。人们在从事物质资料生产的同时，自身也需要不断发展。例如人们的智力、体力的全面提高，才能和个性的充分发挥，都需要接受教育，进行科学、技术、文化、体育等方面的培养和训练。只有发展需求得到满足，才能培养出全面发展的劳动者。社会生产的发展水平，决定着人们的发展需求和满足水平。随着社会生产的发展，发展资料才能源源不断地生产出来，同时才能提供更多的用于发展人类自身的自由时间，为全体社会成员发展自己的才智和体力提供条件。

享受需求是人们为追求生活享受而产生的消费需求。社会生产力发展到一定水平，生存需求、发展需求得到满足后，人们会转向追求享受。当前在我国，享受资料的主要内容是日用高级生活消费品，如色、香、味、营养俱佳的食物，质地华丽的衣着，价格昂贵的系列家用电器，把一些原来自已做的家务，如洗衣等改由找人来做或送到社会服务部门去做，以此增加闲暇时间，从事艺术欣赏、游乐等。它们会以方便、舒适、豪华的消费，丰富人们的物质和精神生活，使人充分感受生活的乐趣。享受需求在不同的国家和一个国家不同的历史时期，由于生产力水平不同会有差别。

根据各类消费资料对于实现人的全面发展的不同作用，人们的消费需求呈现出明显的次序。在实际消费中，人们首先希望得到维持其生存所必需的生存资料，其次是希望获得发展其体力、智力所需要的发展资料，然后才是希望或使生活过得舒服和愉快所需要的享受资料。而且就维持生存所必需的生存资料而言，也有吃、穿、住、用、行等需求的明显的次序。人们消费需求的这种变动趋势具有普遍性、规律性。

二、影响居民消费需求的经济因素

影响居民消费需求的因素很多，但归纳起来不外乎两个大的方面：一个是经济因素；另一个是非经济因素。经济因素是影响居民消费需求的具有决定作用的物质因素，非经济因素是影响居民消费需求的一种复杂的综合性因素。影响居民消费需求的经济因素主要有：

1. 社会生产力发展状况

任何消费者总是生活在既定的社会生产条件下，因此，消费需求总是从既定的社会生产状况出发，受社会生产状况的制约。生产力是全部历史的基础，每一个社会的生产力是人们实践能力的结果，人们不能自由地选择自己的生产力。任何一个现实的消费者，都不可能超越这种生产力的发展而使这样或那样不现实的消费需求得到满足。

2. 居民可支配收入

居民可支配收入对消费需求的影响主要体现在以下几个方面：

(1) 收入水平。收入水平是决定即期消费的主要因素，这似乎是一个带有普遍性的规律。在收入水平较高的时期，人们的消费情绪高涨，消费欲望强烈，消费支出增长较快；相反，在收入水平下降，预期收入不高的时期，人们的消费欲望和消费积极性就会大大削弱，消费支出也必然减少。但是，对于不同收入水平、不同环境、不同消费习惯、不同文化背景及不同年龄的居民来说，消费需求并非一定是同可支配收入同比例增减的。有些居民消费支出的增减比例可能会低于其可支配收入的增减比例，有些则可能会高于其可支配收入的增减比例。不过，无论居民的消费与其可支配收入是否同比例变化，居民的消费总是受其可支配收入数量制约的，总是与可支配收入同方向变化的。

(2) 收入波动。收入波动对居民消费需求的影响，通常是通过人们的预期来实现的。一般来讲，收入波动的加大会降低人们的收入预期。这是因为收入增长较快时，人们会怀疑其永久性，从而加大收入增量中的储蓄比重。而当收入增长下降或收入下降时，人们则会意识到收入的不稳定性，为使未来消费水平不致降低，人们一般要增加储蓄。收入的波动通过这种心理作用来影响居民消费需求。

（3）收入差距。一定限度内的收入差距既是必要的，也是合理的。它既体现了收入与贡献挂钩的分配原则，也可以形成不同的消费需求，避免雷同消费导致的市场“同步性震荡”。但是，收入差距过大，以至于极少数人掌握了大部分国民财富，这种差距就会对居民消费需求的增加带来不利的影响。因为，一般来讲，高收入者的消费倾向较低，并且收入水平越高，消费倾向越低。

（4）预期收入。预期收入是指预期的未来时期的收入。在其他因素不变的情况下，预期收入越高，居民消费倾向或边际消费倾向越高；预期收入下降，居民消费倾向或边际消费倾向越低。

还要指出的是，虽然可支配收入制约着居民的消费需求，但消费需求也会反过来影响居民的收入。这是指居民的消费欲望具有推动居民收入创造活动的作用。比如，假定一个居民想要购买一件耐用消费品，为了筹款，他可能决定加班或兼职，也可能决定寻找新的收入更高的工作岗位等。这样，这个居民的消费决策就引致了其收入的增加。

3. 商品价格

在居民的收入水平和消费倾向已定的条件下，商品价格成为影响其消费需求的决定性因素。这里所说的价格，既指商品和服务的绝对价格，即价格水平，也指不同商品和服务的相对价格，即不同的商品比价。

一般来说，居民对某种商品的购买量是与该种商品的价格升降成反方向变动的。价格上升，居民的购买量减少；价格下降，购买量上升。但是，商品价格水平的一定变动程度，究竟会引致多大程度的购买量的反方向变化，要依商品的种类、居民的收入水平而定。用于满足居民生存需要的消费品，或生活必需品，由于它们的购买和消费具有连续性、稳定性、小批量等特点，居民难以超量购买，所以其购买量在价格升降时的变动程度比较小，而用来满足居民享受和发展需要的消费品或非生活必需品，当售价较“低”时可以刺激居民占有和享用，而售价较“高”时也可以使居民对购买和使用它们完全不抱奢望，所以它们的购买量在价格升降时的变动程度较大。另外，在价格发生升降变动时，收入水平高的居民的购买量的变动程度，小于收入水平低的居民。

相对价格或比价对居民消费的影响，与不同消费品之间存在的替代性和互补性有关。有些消费品可以相互替代，例如大米与小麦、羊肉与牛肉。在这类消费品中，若前一种商品价格上涨，而后一种商品价格不变，居民就会用后一种商品替代前一种商品，即减少前一种商品的购买量而相应增加后一种商品的购买量。这时，居民的全部消费支出可能不会变动，但其消费结构，即各种消费品在全部消费中所占的比例，却发生了变化。除了替代性外，有些商品之间还具有互补性，例如鞋子与鞋带、电器设备与电源供应、网球拍和网球等。在互补的不同商品中，一种商品的价格上升，不仅不会使居民对这种商品本身的购买量减少，而且会使与这种商品互补的其他商品的购买量减少；反之亦然。

4. 其他经济因素

（1）利率。一般来讲，随着银行存款利率的下调，作为理智的居民将会认为储蓄收益降低，因而会减少储蓄而增加消费需求，从而增加消费支出。但我们也应该看到，利率杠杆在调节居民消费需求方面是一把双刃剑。在其他条件不变的情况下，利率变动与消费需求变动呈相反方向，但我们还应考虑利率变化对居民净所得的影响以及对居民预期收入的影响。利率大幅度下调毫无疑问会减少居民当前的货币收入，从而直接影响居民的购买力，减少消费需求，而且利率的大幅度下调，使居民预期未来的货币收入会减少，为了使未来生活水平不至于下降，因而会不顾利率降低对收益的影响，反而会减少目前的消费而增加储蓄。

（2）税和费。我国现行税制是以流转税为主体税种、多种类税种为辅助税种的复税制体系，商品劳务税类包括增值税、消费税、营业税、关税及资源税。此类税种所取得的收入约占整个税收收入的70%，增值税基本税率为17%，是世界各国最高的，以上这些税种的税收直接影响工薪阶层的收入水平和可支配收入。

"费"在我国财政收入中所占比重虽然很小，但由于"费"的收取不规范、收支没有分开，不是两条线，导致乱收费现象非常普遍。"费"比之于"税"来讲，在更大程度上影响了居民的消费需求，它直接取之于居民收入，特别是普通居民，而这些居民的货币收入消费倾向很高。

（3）财富积累。根据生命周期理论，一生消费等于一生收入。为此，影响消费需求的因素，除了可支配收入外，还有一个实际财富的问题。与收入这一流量变量不同，财富则是一个存量变量。按照一生消费等于一生收入的观点，一个人年富力强时正忙于财富积累因而从财富中所产生的边际消费倾向比较低，从而消费需求较低。而当一个人越接近寿终，从财富中产生的边际消费倾向就越高，从而消费需求较高。但是从整个社会来讲，总有一部分人从财富中所产生的边际消费倾向较低（正处于以财富积累为主的过程中），而另一部分人从财富中所产生的边际消费倾向较高（已处于财富消耗之中），所以其动态过程是处于均衡的。

三、影响居民消费需求的非经济因素

影响居民消费需求的非经济因素主要有以下几个方面：

1. 商品因素

影响居民消费需求的商品因素，主要是指商品本身在使用价值方面的特征，商品的购买、使用，与此商品相对应的服务，商品广告以及替代商品的丰裕程度和补充商品的供应状况等。

商品本身在使用价值方面的特征，即商品的性能、质量、外观、包装等，是影

响居民消费需求的主要决定因素。消费者在决定是否购买时，往往先看商品的性能能否满足自身需要，也就是商品能带给居民的效用问题，然后在同类商品中比较质量，而漂亮的外观和包装，则会强化居民的购买欲望。

商品的购买包括购买的方式（自选、定做、邮购及网上订购等）、付款方法（货到付款、消费信贷等）以及获得商品的便捷程度，如商店的位置或者到货的时间；商品的使用条件包括使用商品的知识和技能、电力供应或其他能源供应条件等。如果商品的使用方法繁琐、配套的能源供应设施不齐全，那么往往会削减居民对这种商品的消费需求。同时，与此商品相对应的服务也是重要的影响因素，如商品的保养、维修以及这种商品的售后服务系统的完善程度等都会影响居民的消费需求。

商品广告通过向居民提供关于商品的各种信息以及暗示时尚的信息，从而刺激居民的消费欲望，引导居民的消费方向。从另一角度来说，广告为居民提供了消费的示范效应，也是企业对消费者的“劝说”。

同时替代商品的丰裕程度也往往影响着居民的消费需求。如果市场中替代商品供应充足，在扩大了居民选择余地的同时，也会影响这种商品的销售价格，从而导致对这种商品的消费需求量的减少，因为人们可以有多样化的选择。

补充商品的供应状况也影响居民的消费需求。补充商品的供应量充足，供应方便及时，都能增大商品的消费需求，甚至能刺激居民的消费需求，如音像市场中各种影碟极大丰富，大大促进了影碟机等音响设备的需求量。

2. 居民消费偏好

消费者在消费集合中选择自己满意的消费方案，不同的消费者对消费方案的选择可以有很大的差异，现代经济学把这些差异统称为消费偏好。同时，消费偏好也是消费心理中的一个重要概念，通俗地说，就是消费者对同类产品和服务中某些品牌的嗜好。消费偏好的差异性，同样会导致消费需求量的变换；居民对某种商品的消费偏好加强或者减弱，即使这种商品的价格不变，也会影响这种商品的消费需求量。

消费偏好与很多因素有关，不同的时代、不同的年龄阶层、不同的地域都可以导致消费偏好的很大差异，如现在的年轻人注重消费的快捷、方便、卫生。还有，即便在粮食品种齐全的中国，北方人更偏好于面食，而南方人更偏好于大米，因此北方的小麦消费需求远远超过南方。但是更多的时候，偏好仅仅是一种复杂的心理因素或者个人习惯，如在同类商品中，有的人偏好购买哥伦比亚咖啡而不喜欢购买雀巢咖啡，有的人喜欢万宝路香烟，却不习惯三五香烟，这种偏好的存在，也影响着居民的消费需求。

3. 居民心理预期

预期是指对未来的一种心理预测，可以是对收入状况、利率水平、各项支出的预期，也可以是对宏观环境、社会保障制度状况的预期，一般可以分为乐观和悲观两种。如果居民对未来的预期比较乐观，那么会导致即期的消费需求增大。在同等收入水平条件下，假定居民对经济前景和个人前景（如就业、物价变动、老年人的生活保障）缺乏社会保障感或安全感，也就是对未来的预期不够乐观，就会导致居民消费倾向降低，储蓄倾向增高。人们不得不多储蓄以备偶然的需要和养老需要，那么就必然会影响现期的消费需求。

目前中国原有的公费医疗、义务教育、全面就业、退休福利制度等正在发生变化，人们在日常生活中越来越多地感受到这种变化对现在和未来的收入和支出产生的重大影响，要求人们必须调整收支结构，有效地配置收入在消费和储蓄上的比例。这种规避风险的集中释放，消费者对未来支出增长的预测，导致了消费者马上调整收入中的储蓄和消费的比例，消费支出被快速缩减，从而影响了现期的消费需求。自1996年以来，我国很多企业经济效益下滑，有的亏损严重，开始出现下岗和失业职工，造成职工收入不稳定，加之社会保障体系还没有完全建立起来，居民生活中的风险程度加大，从而影响了城市居民的消费需求。

此外，居民对价格的预期，也影响着居民即期消费需求，“买涨不买落”是居民的普遍消费心理，当物价上涨时因害怕再涨而出现抢购风潮，在物价下跌时则希望让物价一直跌到理想水平再进行购买，从而推迟购买。居民对利率、汇率水平的预期，使居民在投资金融资产、储蓄和消费之间做出抉择，从而对现期的消费需求产生影响。

4. 其他非经济因素

（1）消费观念和消费文化。中国人一直崇尚储蓄先行、消费滞后型的中国消费文化，勤俭节约、细水长流、戒物欲、崇节俭的个人消费心理和生活消费观念，在个人生活和家庭生活中仍然起主导作用。虽然生产力已有很大发展，买方市场也已形成，但由于长期以来受传统文化的影响，大部分人对“先行消费”持不认可态度。虽有降息、征利息税、拓展消费信贷等一系列激励措施来刺激消费需求，但消费总是“激而不活”。当然，这与居民收入现状和收入预期、支出预期有密切的关系。

（2）人口因素。人口因素对居民消费需求的影响可以从人口总量、人口的年龄结构、人口的地区结构来看。人口总量对消费需求的影响是很明显的，人口多，人均国民收入少，居民收入少，必然会影响消费需求。人口的年龄结构对消费需求的影响也很大，不同年龄的消费者，如儿童、青年、中年、老年等各有不同的消费需求。如青年人对时尚的追求、对现代科技产品的消费需求就较大，如手机、MP3、MP4等；而如果人口结构老龄化，则对医疗保健、社会保险和社会服务等方面就会提出一系列新的需求。老年人需要保健用品，需要更多的生活服务，这对社会消费需求结构产生着影响。人口的地区结构，对消费需求也有很大的影响，如城镇居民和农村居民的消费需求就各不相同。目前，农村居民的自给性消费比重较大，而城市居民自给性消费却较小，社会公共消费比重大，并且大部分是商品化、市场化的消费。

(3) 消费心理和消费习惯。人们的消费需求以及由消费需求产生的消费行为都不是自发的，而是有意识、有目的的活动，或者产生于消费者的消费心理，或者受消费风俗习惯的影响。不同阶层的人、不同的消费者，其消费心理不同，如富裕阶层的人往往注重消费的质量，可能对奢侈品的消费需求比较集中。不同地区、不同民族的消费习惯，往往会产生不同的消费需求。不同地区有不同的自然环境、风俗习惯，因而在消费方面往往会形成一些地区特色，如西方人往往受风俗习惯的影响，喜欢喝咖啡和红茶，而大部分中国人却习惯喝绿茶。

(4) 货币幻觉。货币幻觉是指人们忽视货币的实际购买力而仅仅根据货币的名义价值即面值而对货币的价值进行估计时所产生的一种错觉。当物价发生变动时，如果一个人仅仅考虑货币的面值而忽视货币的购买力，就会发生货币幻觉。经验观察表明，货币幻觉对消费具有很大的影响。就货币收入与实际收入对比而言，居民消费主要决定于其货币收入，而主要不是决定于其实际收入。在货币收入上升时，即使物价水平也同比例地上升，从而实际收入不变，甚至物价水平上升的幅度大于货币收入上升的幅度，从而实际收入下降，货币幻觉的存在也会使居民消费需求增加，从而导致消费支出增加；反之，在货币收入下降时，即使物价水平也同比例地下降，从而实际收入不变，甚至物价水平下降的幅度大于货币收入下降的幅度，从而实际收入上升，货币幻觉的存在也会使居民消费需求下降，从而导致消费支出减少。

(5) 政府政策。政府政策对居民消费需求也会产生一定的影响。例如，如果政府积极推行消费信贷政策，而且政策宽松、手续简便，配套服务完善，就能积极促进消费需求量的扩大。同样，扩张性的财政政策、货币政策，放松外汇管制，降低消费税率，减轻消费税、个人所得税的征收，也能刺激居民的消费需求。

第三节　居民消费结构

一、消费结构的含义与分类

在任何社会，消费总是以一定的商品或劳务为对象的。人们为了满足自己各个方面的需要，就要消费各种商品或劳务。在一定时期内，人们把消费不同的商品或劳务所构成的货币性支出的比例关系，称为消费结构。它是一定时期内，一定社会的人们消费状况的重要标志，也是国民经济系统的重要部分。

根据分析视角的不同，消费结构可以分别从不同的角度进行分类：

按满足人们消费需求的不同层次来分类，可以把消费结构分为生存资料、发展资料和享受资料。这三种消费资料在实际经济生活中还很难严格划分，它们之间的发展变化，虽然具有一定的规律性，但又相互交错，如今天的享受资料可能到明天仅是生存资料。目前还没有哪个国家能在这方面公布较为准确的统计资料，只能进行大概估算。

按人们实际消费支出的不同方面进行分类，可以把消费结构分为吃、穿、住、用、行、乐等。并且，这种分类还可以从各自的内部做进一步的细分。例如“吃”的消费资料可以分为主食品、副食品、饮料等；“用”的消费资料可以分为一般日用品、耐用消费品等。目前，我国统计部门和实际工作部门都是采用这种分类方法。

按照消费品本身存在的形式，消费结构又可以分为有形消费和无形消费。有形消费是指具有独立物质实体的消费品，例如各种食品、服装、家用电器等。它们都是独立于生产过程之外的、可以被感触的物质实体。而另一部分消费品则不同，它们与生产过程或服务过程不可分离，生产它们的过程同时也是消费它们的过程，例如教育培训，老师并不提供任何具有独立物质实体的消费品，学生所“消费”的只是老师所讲授的知识，讲授活动停止，学生的消费也告结束。这一类消费就称为无形消费。

消费结构还可以从微观、宏观的角度去考察，个人、家庭范围的消费结构是微观消费结构，不同社会团体以及全社会的消费结构则称为宏观消费结构。它们之间有着密切联系，微观消费结构是宏观消费结构的基础，宏观消费结构是微观消费结构的抽象或总括。

二、消费结构的影响因素

任何一种消费结构都是社会的、历史的形成的。它们的形成、发展和变化，都要受到生理的、自然的、经济的、社会的、文化的和风俗习惯等一系列因素的制约和影响。分析消费结构的影响因素以及它们各自的作用范围、程度是把握消费结构发展变化趋势，实现消费结构合理化的必要前提。总地看来，影响消费结构的因素主要有以下几个方面：

1. 生产力发展水平

生产力的发展水平是影响消费结构的最基本、最主要的因素。人们的消费需求，必须用生活资料和服务来满足。消费什么生活资料或什么生活服务，满足到什么程度，取决于生产力的发展水平。例如，为了满足吃的需求，吃什么、吃多少，这就要看当时生产力发展的水平。在原始社会，原始人只能采集野果、捕获野兽，用手、牙齿撕啃生肉充饥，消费的数量没有保证，补充营养没有其他选择；而现代人则可以到超市购买各种生鲜果品、蔬菜、肉食等，既能保证营养的供应，又能满足消费者口味的需求。这种差别就是生产力发展水平的不同而引起的。在现实生活中，随着生产力的发展，消费结构也将不断发生变化。例如，随着现代电子工业的迅速发展，各种耐用家用电器已经进入千家万户，电冰箱、音响、电脑等已经成了生活的必需品，随着互联网的应用、通信手段的创新，可视电话也将进入家庭，这种电话不但传递声音，也传达感情，新的消费也就随之而生，这必将使消费结构发生变化。

2. 需求结构

从历史发展的角度来看，需求结构是影响消费结构的原始动因。消费是满足人们需求的活动或过程。人们消费什么、消费多少，在生产力水平或生产结构一定的时候，首先是由人们的需求所决定的。即使在还没有真正意义上生产的原始社会，原始人的生存和发展，也需要吃、穿、用、住等，也有一定的需求结构，相应地也有一定的消费结构，尽管它还处于萌芽状态。这种需求结构不应理解为单纯生理上的自然需求。因为人作为自然的产物，当然存在生理上的自然需求，但是人又是社会的产物，人的本质是一定社会关系的总和。因而，生理上的自然需求只是人的需求形成的基础。在人的现实需求结构中，生理上的自然需求是以被改造、被发展了的形式，也就是以社会需求的形式出现的。人们的需求是社会地、历史地产生和形成的，所以随着人类社会的发展变化，人们的需求及其结构也在发生变化，并引起消费结构的发展变化。

3. 产业结构

在生产力水平一定的情况下，产业结构也影响着消费结构。首先，实物形式的消费资料主要是农业和轻工业部门生产的。农、轻、重之间的结构是否合理，不仅直接影响着消费品的总量，也影响消费结构。在改革开放前，由于农、轻、重的结构不合理，导致了居民消费结构的发展变化比较缓慢，改革开放后，随着农、轻、重结构的合理调整，居民消费结构发生了比较显著的变化。其次，农、轻、重等部门的内部结构也影响消费结构。例如，我国过去重工业的内部结构中自我服务的部分相对过多，为农业、轻工业服务的部分相对较少，使得一部分消费品生产的设备、原料、动力供应不足，这实质上是一种短缺经济，它不但影响消费品的生产，还影响消费结构的合理化。再次，随着新的产业部门的出现，消费对象的品种不断增加，范围不断扩大，必然使消费结构发生变化。当社会还没有电子工业以前，消费结构中就不可能出现电视机、随身听等之类的耐用消费品，更不可能出现 MP3、电脑、移动电话、互联网等消费品或服务。当今世界，随着这些新产品、新服务的出现，迅速地推动了消费结构的变化。

4. 居民收入水平

一切消费的最终形成必然依赖于一定的购买力。收入水平的变化直接决定着消费结构的最终形成及变化。一般来讲，收入水平越低，消费结构中吃的部分占的比重越大；收入水平越高，消费结构中吃的部分占的比重越小。不同的收入水平决定着不同的消费结构，而且，各个阶层的消费者又因文化水平、生活环境和个人偏好的不同，而进一步分化为不同的消费群体，造成了收入相同，价值取向不同，消费指向也不尽相同，从而产生了多层次的消费结构。此外，在我国农村还存在独特的消费结构，虽然他们可以从市场上购买生活必需品，但对大多数农民来说，粮食、蔬菜、肉、禽、蛋等大部分消费品仍然是自主生产，一般不需要或很少到市场上去购买，农民的消费结构具有部分自给性。因此，农村居民的收入水平对消费结构的影响，既要考虑到货币收入，又要考虑到自给收入。

5. 价格水平

价格是影响居民消费投向的重要因素之一，价格的变动，势必要影响到消费结构的变化。价格水平对消费结构的影响，主要是通过价格变化改变人们的消费支出的投向，扩大或抑制对某些消费品的需求，从而引起消费结构的变化。适当提高那些生产有限而又不是居民生活必需的消费品的价格，就可以有效地抑制这些商品的消费量；相反，适当地降低那些滞销商品的价格，就可以有效地扩大这些商品的消费量。这些都会影响到消费结构的变化。

6. 人口数量、素质、结构变动

一定时期的消费结构状况及其比例关系，从根本上说是由生产力的发展水平以及人们收入水平决定的。然而，人口数量及其变动也是影响和制约消费结构的重要因素。在消费基金既定的情况下，人口数量增多，人均消费基金就要下降；人口数量减少，人均消费基金就要增加。当消费基金减少，消费支出能力下降时，消费者必然要先满足最基本的需要，也就是要把有限的支出尽量多地购买生存资料，而暂时放弃次要的、相对不迫切的需要。于是，在消费结构中，生存资料型资料所占比重上升，发展型和享受型消费在消费总支出中所占比重下降；相反，生存型消费所占比重会下降，发展型和享受型消费所占比重上升。人口素质会对消费结构产生影响，消费结构也会对人口素质产生反作用。合理的消费结构，可以再生产出具有高素质的人口；高素质的人口可以创造出更多的物质和精神财富，为进一步优化消费结构提供基础，从而形成良性循环。不同年龄的人有不同的兴趣、爱好和消费需求，因此人口年龄构成不同，消费结构的构成也必然不同。此外，诸如行业结构、职业结构、家庭结构、宗教信仰结构及民族结构的不同，由它们导致的消费结构也就迥然不同。

7. 消费观念和心理的变化

消费者的心理、人生观、幸福观、价值观，传统习惯、社会风气以及自然环境等，也都在不同程度上影响消费结构。随着改革的进一步深化，开放的进一步扩大和居民收入的不断提高，居民的消费观念和心理发生了很大的变化，求新、求美、求奇、求精的消费观念普遍被人们接受；攀比心理、追求名牌心理等也对居民购买行为有着重要的影响；人们越来越追求方便、舒适的生活。这些变化，都直接反映出消费观念和心理变化对消费结构形成和变化的影响。

三、消费结构的变化趋势

1. 恩格尔定律（或恩格尔系数）

恩格尔系数是衡量消费结构的一个重要的指标，即食品支出占消费支出的比重。根据联合国粮农组织的标准划分：恩格尔系数在60%以上为贫困，在50%~59%为温饱，在40%~49%为小康，在30%~39%为富裕，在30%以下为最富裕。恩格尔定律是指“食物在总支出中所占比重与家庭收入（或衡量家庭总资源的某种其他尺度）成反比。”① 即一个家庭收入越多，支出中用于购买食物的费用所占比例就越小，收入越少，比例就越大。

2. 消费结构变化的一般趋势

居民消费结构随着生产力的发展和人们收入水平的提高逐步从低级向高级前进是一条规律。随着经济的不断发展和居民收入水平的不断提高，消费结构的变化趋势主要表现在以下几方面：

（1）人们必须在满足生存资料需求的基础上，逐步满足享受资料和发展资料的需求，伴随着经济发展水平的提高，消费结构将由生存型逐步向发展型和享受型转变。随着科学技术的进步和生产力的不断发展，社会生产力水平也将逐步提高，居民收入水平随着生产力的发展而不断上升，生存资料在居民消费结构中的比重将逐步下降，恩格尔系数将不断降低，发展资料和享受资料将在居民消费中占据重要地位。在不久的将来，居民将进一步加快对享受性高档耐用消费品的更新换代，并将形成新的消费热点。由于第三产业的发展，一些新的消费服务项目不断涌现，以精神产品为对象的精神消费和发展消费将日趋重要，越来越多的人将热衷于读书，并扩展户外活动、观光旅游等，发展资料在居民消费结构中的比重将会愈来愈高。

（2）从长期发展趋势来看，消费结构将由雷同的、单一的消费结构向多层次、多元化转变。在市场经济条件下，居民收入既有按劳分配收入又有按要素分配收入，收入差距在一定时期将不断拉大，居民消费也将呈现更多的差异性，因此，消费结构将向多层次、多元化转变。这种趋势不仅有利于减缓雷同的消费结构对市场供给造成的冲击，还将对优化产业结构提出更新、更加复杂的要求，还能够促进产业结构与消费结构之间的良性循环，从而促进生产结构的优化发展。

（3）从消费支出安排的性质来看，消费结构将由数量型向质量型转变。追求生活质量是富裕起来的人们的良好愿望，对消费质量的追求必然会出现不同于追求

① 这一定律是由19世纪中期德国统计学家恩斯特·恩格尔提出来的，所以称做恩格尔系数或恩格尔定律。

数量的消费结构。在未来对食品消费注重营养、保健和科学；服装消费追求美观、舒适、大方、新潮，并体现个性、职业特性；家庭用品消费追求高档、高质量和多功能，崇尚名牌，例如，家用电器追求良好的听觉、视觉以及自娱自乐等多功能的享受，空调追求智能化，小汽车进入家庭等；居住向智能化、舒适化、艺术化方向发展，新时期的住宅和别墅将体现这些特征。总之，消费结构更注重使用上的精耕细作。

3. 中国消费结构的变化趋势

改革开放以来，中国的居民生活消费结构发生了巨大变化。工业化、城市化、市场化及国际化等经济结构变动和消费体制改革的深化，将对我国居民消费结构产生深远的影响。我国居民消费结构呈现以下几大变化趋势：

（1）居民消费结构变化呈加快的趋势，但城乡二元消费结构仍然存在。随着我国居民收入的快速增长，居民消费能力不断升级。城镇居民从十几年前“百元级”、“千元级”消费发展到近几年的“万元级”“十万元级”甚至“几十万元级”消费；农村居民从“十元级”、“百元级”、“千元级”到近几年的“万元级”消费。消费档次越来越高，消费周期越来越短，更新换代越来越快。城镇居民呈现多层次、多样化的特点，汽车、住房、教育、娱乐、旅游及保健等消费渐成热点；农村居民大件耐用商品消费开始进入普及阶段。在将来，城镇消费结构升级的主题是以居住、交通通信、教育等新消费热点逐步成熟来带动城镇居民消费走向较为宽裕的小康阶段；农村消费结构升级的主题是由温饱型消费向小康型消费阶段迈进，恩格尔系数下降，教育、文化、耐用消费品等新消费热点升温。城乡在消费结构方面的差别依然明显，城乡二元消费结构仍然是21世纪初我国居民消费最基本的结构特征。

（2）居民交通消费渐成热点，并以城镇家庭轿车、大城市轨道交通、农用车为三大发展重点。一般来讲，在人均GDP达到1 000美元以上时，汽车开始进入家庭，并随着人均GDP不断增长，经济型轿车开始逐步在家庭中得到普及。目前我国城镇居民如果逐步普及汽车，其潜在需求将极为巨大。此外，为了缓解大城市拥挤的交通和提高营运效率，公交汽车和轨道交通也将大大加快；农村居民对生产生活两用型农用车也有大量的需求。

（3）信息化对居民消费影响增大，消费类电子产品市场需求高速增长。消费类电子产品主要包括音像设备（收音机、电视机、数码相机等）、通信用品（手机、电话机、传真机等）和家用计算机及其外围设备（打印机、扫描仪、网络用品等）。此外，还有迅速发展的掌上PC机和各类数字化终端，它们都是潜在的消费类电子产品。我国人口众多，电子产品消费可以说才刚刚起步，市场空间还很广阔。

（4）医疗及娱乐、教育、文化消费比重将继续上升。医疗制度的改革也导致人们用于医疗的支出增加，其绝对支出额和支出比重都有上升趋势。2001年城镇居民平均每人全年医疗支出为343.3元，比1993年增加6.03倍；娱乐、文教也是近几年来增长较大的一项。2001年城镇居民平均每人全年娱乐、文教支出为690元，1993年仅为194.01元，1993~2001年，其所占比重从9.19%增至13.00%，绝对支出增加3倍多，教育投入的增加一方面表明了居民对子女教育投入的增加；另一方面还反映了整个社会文化生活水平的提高。娱乐投入的增加丰富了人们的精神生活，也反映出人们收入的增加。在将来，人们将更注重生活质量的提高，也将继续追求质量型消费，因此，在医疗及教育、娱乐等方面的消费将继续提高。

(5) 居民消费结构升级将是城镇先行、城乡互动，城市经济对农民消费结构升级的影响力逐渐增大。我国未来的消费结构升级与经济扩张将大体表现为以下循环过程：城镇居民消费结构升级带动房地产业、汽车制造业、电子工业、通信业、机械电子装备工业及第三产业等，一批相关产业增长将提高经济活动的总量水平，这将促进农民向非农产业的转移和农村城市化，农民收入的提高和在较低档次上形成消费需求将为现有加工产业、原材料工业和建筑业提供市场，从而国民经济进入扩张性的良性循环。在工业化中期阶段，农村剩余劳动力向非农产业的转移是二元经济社会向商品经济社会转化的关键，农村消费升级不仅与农业、农村经济发展有关，而且与城市经济发展的关系更加紧密。城市经济对农村消费升级的影响力不断增大，必须将农民消费问题放在经济发展全局中统筹解决，必须通过城市经济对农村剩余劳动力的吸纳来提高农民收入、促进农村消费结构升级。

第四节 居民消费水平与行为

一、居民消费水平

1. 居民消费水平的含义与衡量

所谓居民消费水平，从宏观的角度来考察就是指社会提供给全体居民用于生活消费的商品和服务的数量和质量状况，从微观角度考察就是指单个居民及其家庭的生活需要得到满足的程度。

居民消费水平有狭义和广义之分。狭义的消费水平是指按人口平均消费的生活资料（包括劳务）的数量，它反映人们物质文化需要的实际满足程度。它可以用实物指标来表示，如人均多少粮食、多大的住房面积等，也可以用价值指标来表示，如人均消费多少元等。我们通常所说的消费水平就是狭义的消费水平。

广义的消费水平，不仅包括消费品（含劳务）的数量，还包括消费品的质量。因为同样一种消费品，尽管它的数量相同，但如果质量（或档次）差别大，其价格差别也大，人们需要的满足程度差别就大，所反映的消费水平的差别也就大。

更广义的消费水平，不仅包括消费品的数量和质量，还包括消费质量。消费质量是指消费过程中消费主体、消费客体与消费环境三者相结合综合产生的质的规定性，它反映消费需要的满足程度。消费质量高，说明消费水平达到了一个较高的层次；反之，则相反。因此，更广义的消费水平是一个综合指标，它最终表现为人们的健康水平、科学文化水平和生活享受水平，从总体上反映了人们物质文化需要的满足程度。

既然居民消费水平涉及广大居民使用消费品的数量、质量及居民自己本人的消费质量，因此，消费水平的衡量，是一个相当复杂的社会经济体系。一般应从以下四个指标体系来衡量居民消费水平的高低。

（1）实物消费指标，主要用人均拥有的物质消费品（含劳务）量来表示，它是衡量居民消费水平的核心指标。主要包括下列指标：①人均粮食拥有量；②人均肉、蛋、奶的消费量；③人均耐用消费品的消费量；④人均住房面积。

（2）价值量指标。它是用价值量反映居民拥有的消费水平，也是整个社会消费水平的综合反映，可比较不同消费品构成所形成的“消费水平一般”。在价格水平一定的情况下，人均价值消费量的增加通常表明居民消费水平的提高。通常衡量价值消费量的指标主要有：①社会总消费额和人均消费额。这是以价值形态直接反映的社会消费的规模和水平。社会消费总额包括自给性消费、福利性消费（价格补贴+房租补贴+其他福利性补贴）、居民消费支出等，而人均消费额则包括城市和农村居民的人均消费额。我国所公布的居民消费水平就是根据这一指标来计算的(见表6-1)。②城乡居民每人每年平均实际收入。这是以价值形态间接反映的消费量指标。③人均国民生产总值和消费率。这是从价值形态间接反映出人均消费额和国民生产总值之间的关系，这也是衡量社会消费水平的一个重要价值消费量指标。国民生产总值是国际上广泛采用的衡量指标。消费率是指消费基金占国民收入的比重。不同经济发展水平的国家，消费率高低各异。一般来说，经济发展水平高的国家，消费水平高，消费率低；经济发展水平低的国家，消费水平低，而消费率却高。

表6-1 **1978~2002年我国居民消费水平** 单位：人民币元

年 份	全国居民消费水平	农村居民消费水平	城镇居民消费水平
2002	3 791	2 259	7 972
2001	3 609	2 156	7 761
2000	3 397	2 037	7 402
1999	3 138	1 927	6 796
1998	2 972	1 895	6 217
1997	2 834	1 876	5 796

续表

年 份	全国居民消费水平	农村居民消费水平	城镇居民消费水平
1996	2 641	1 768	5 430
1995	2 236	1 434	4 874
1994	1 746	1 118	3 891
1993	1 331	855	3 027
1992	1 070	718	2 356
1991	896	621	1 925
1990	803	571	1 686
1989	762	553	1 568
1988	693	508	1 431
1987	550	417	1 089
1986	485	376	920
1985	437	347	802
1984	354	283	662
1983	311	246	603
1982	284	221	576
1981	262	199	562
1980	236	178	496
1979	207	158	434
1978	184	138	405

注：本表绝对数按当年价格计算。

资料来源：国家计委、国家统计局、国家信息中心的有关数据。

（3）消费结构水平。居民的消费结构与居民的消费水平有着密切的联系，一般地讲，消费水平与消费结构的变动具有一致性。当消费结构合理并处于良性变动之中时，居民的消费水平通常较高；反之，若消费结构失调且处于恶性变动之中时，居民的消费水平一般比较低。衡量居民消费结构合理与否的指标主要有恩格尔系数、非商品性支出的比重、耐用消费品的比重等。

（4）消费质量指标。它主要可从以下几个方面来进行衡量：①平均寿命率；②成人识字率和受教育程度；③婴儿死亡率；④人均闲暇时间；⑤闲暇时间合理利用率；⑥消费环境质量等。

当然，衡量居民消费水平的指标并不是固定不变的，随着人们消费需要和消费范围的不断扩大，上述的这些指标特别是实物指标也随之而扩大。

2. 居民消费水平的影响因素

影响居民消费水平的因素是多方面的，有经济因素、社会因素、政治因素及国际环境因素等。

（1）社会劳动生产率及其增长速度。任何社会，其劳动生产率的高低总是决定着居民消费水平的状况。只有通过发展生产，在提高社会劳动生产率的基础上才能从根本上提高居民的消费水平。

（2）国民收入总额及其增长速度。居民消费水平直接依存于消费基金，而消费基金又来源于国民收入。一般来说，国民收入总额越大，增长速度越快，在其他条件不变的情况下，消费基金总额就越大，消费水平提高得就越快；反之，则相反。

（3）消费率以及积累基金和消费基金的使用。首先，在国民收入一定时，消费水平的高低取决于消费率的高低。在其他条件不变的情况下，消费率越高，消费水平就越高；反之则低。其次，当积累与消费的比例为一定时，积累基金和消费基金内部的分配和利用情况也影响着消费水平。从积累基金看，不仅积累基金在生产性积累与非生产性积累之间的分配比例直接影响到消费水平，而且积累基金在农、轻、重之间的分配比例也通过影响消费资料生产的增长速度影响消费水平。从消费基金看，不仅社会公共消费基金与个人消费基金的比例对居民个人消费水平有直接影响，而且消费基金中有一部分并不直接用于生活消费，如国防费用、行政管理费用，这部分消费基金所占比例的变化，也直接影响着消费水平。

（4）居民个人的收入及其消费系数。居民消费大部分来自居民个人的收入，个人收入的增长可为居民消费量的增加提供最必需的货币条件。在微观经济方面，任何一个家庭收入增加都可能会带来消费的增长。因为在现实经济生活中，人们总是关注消费，并致力于消费水平的提高。而在收入增长量既定的条件下，消费可能增加多少，这便取决于消费系数。消费系数指在每增加一个货币单位的收入中，可用于消费的比例。若消费系数有所扩大，消费增长量自然扩大；如果消费系数有所缩小，消费增长量也自然缩小。

（5）人口总量及其增长速度。当国民收入和消费基金既定时，人口数量与消费水平呈反比。人口总量大，增长速度快，人均消费水平就低；人口总量小，增长速度慢，消费水平就高。因此，人口数量及其增长速度一定要适应消费品的供给量及其增长速度。

（6）消费品价格水平及其内部比价。当消费者的货币收入已定时，实际消费水平的高低就与物价水平的高低成反比，即物价指数越高，实际消费水平就越低；反之，则相反。同时，各类消费品价格对比关系是否合理及其变动，也影响到人们的实际消费水平，而且对不同层次的消费者的消费水平会产生程度不同的影响。例如，生活必需品的涨价，对低收入的消费者的消费水平影响就大些，而对高收入的消费者影响就相对小些；高档消费品涨价，对高收入的消费者影响就大一些。

（7）消费质量。这里所讲的消费质量主要包括消费品质量、消费者自身素质以及消费环境三个方面。

消费品质量对消费水平的影响是十分明显的。大量劣质商品的存在严重地影响着消费者消费需求的满足程度；同时，产品质量的下降实际上意味着产品价格最大的上涨。消费品质量的高低对消费水平的影响，更甚于消费品物价的单纯下降或上升的作用。

消费者自身素质对消费水平的影响在现代社会越趋明显。其主要表现在：①在消费品（包括劳务）日趋丰富的当代社会中，消费者会因为自己身体状况的限制而享受不到消费品丰裕而带来的好处。例如病人对许多营养价值很高的食品的禁食，对许多文体娱乐商品消费的心有余而力不及等。②在知识性消费品日益普及的今天，消费者会因为自身的文化水平限制而享受不到知识性消费品已达到的消费者需求的程度。例如，许多消费者由于对一些电子产品的性能及使用知识的缺乏，导致在一段很长时间并不能充分利用消费品的功能，影响消费水平的实际提高程度。

消费环境对人们的消费生活影响很大。环境的好坏，不仅影响当代消费者的健康，而且影响子孙后代的健康。随着工业的发展，烟囱林立，污水横流，空气、水域、土壤遭受污染日益严重。一个消费者，即使消费资料再多，如果生活条件恶化，享受也会转变成“难受”。良好的消费环境越来越成为保障人们提高消费水平的前提条件。

除上述因素外，政府的经济政策、消费品的生产规模和发展速度、对外贸易状况、居民储蓄水平等，都在不同程度上影响着居民的消费水平。

二、居民消费行为的含义及特点

1. 居民消费行为的含义

居民消费行为是指居民在日常生活（包括衣、食、住、用、行等）消费过程中，为了满足自身物质和文化生活的需要，根据其收入条件，取得消费资料并进行消费的行为总和。它包括居民消费的方式、方法、过程及其变化，既是指居民从某一商店购得某种商品或劳务的行为，也包括从购买之前即已开始，在购买之后尚未结束，并对下一次购买具有影响的几个决策过程。具体来说，就是五“W”，即谁去消费（Who），何时去消费（When），到何处消费（Where），消费何物（What）以及为什么要消费（Why）。显而易见，前三个“W”比较容易回答，而后两个“W”，即消费何物和为何消费却比较复杂，这也是研究居民消费行为的核心问题。

2. 居民消费行为的特点

居民消费行为的个体差异较为明显，“穿衣戴帽，各有所好”，居民的年龄、职业、生活习惯、工作地点等个性因素和消费动机、心理预期等心理因素，以及经济、社会、文化等因素都对消费行为有极大影响，而且它还随着社会经济的发展而不断地发展变化着。因此，居民的消费行为具有极大的随机性。不过，通过分析改革开放以来广大居民的个体消费行为，发现它还是带有一些有规律的东西，大致呈现出以下一些基本的特点。

（1）多层次性特征明显。改革开放初期，由于我国居民的收入普遍比较低且平均，这就使得80%以上的居民几乎同时进入同一消费领域，消费指向呈现高度的一致性。而时至今日，由于城镇居民之间、城乡居民之间、地区之间及行业之间收入差距拉大，我国过去较为统一的消费群体分化为若干种具有不同消费水平、不同消费规模和不同消费指向的消费群体，而不同收入的消费阶层，会形成不同的消费支出增长率和不同的边际消费倾向。在目前，我国居民已经基本上形成了五个不同层次的消费行为，即贫困型、温饱型、小康型、富裕型和富豪型。这五个层次之间的消费行为具有重大差距，比如贫困型和温饱型的居民，其消费主要是以生活必需品为主，恩格尔系数都在50%以上，而富豪型和富裕型的居民，享乐性消费和发展性消费占据了其消费的主要部分，恩格尔系数较低。这就说明我国过去传统的消费品市场格局已经被打破，多层次、多样化的消费行为将构成我国居民消费的总格局。

（2）居民的消费欲望不断延伸，需求层次不断上升，呈现出阶段性消费的特点。人的欲望总是无限的，是不断延伸的，当一种欲望得到满足之后，又将产生新的欲望，又要求新的满足。在改革开放以来，特别是社会主义市场经济的发展，使得居民的收入水平不断提高，这就使居民的欲望有了不断满足的可能，而科学技术的日新月异，又进一步增强了这种可能性。这样就促使居民的欲望不断得到满足，又不断激发新的欲望。在这一过程中，居民的消费需求是不断上升的，呈现出一种阶段性的特征。在20世纪90年代以前，我国城乡居民的消费主要是以家电消费为主要标志，由过去的老三件（手表、缝纫机、自行车）过渡到新三件（彩电、电冰箱、洗衣机），这一时期的核心是以追求温饱为主；而进入20世纪90年代以后，居民的消费领域明显扩大，除了追求生活资料以外，开始向享受需要和发展需要延伸，住房、汽车等高档消费品以及教育、服务性消费成为主流性的消费，这一时期的核心是奔赴小康与实现小康。

（3）消费行为的市场化、社会化不断增强。在自然经济的条件下，人们自给自足，很少进行商品交换，“鸡犬之声相闻，老死不相往来”，这充分体现了自然经济封闭性、保守性的特点。随着社会主义市场经济体制逐步走向成熟，居民的消费行为正逐步市场化、社会化，人们的经济生活变化日益丰富和多样化，居民独立的市场主体地位也逐渐得以确立。

（4）消费行为的理性化。随着居民生活水平的不断提高，多数居民对目前价格的涨跌变化已有较强的承受能力，已能较为理智地选购商品，居民消费雷同现象已经消失，正在向消费多层次、多元化发展，昔日盲目抢购和攀比消费已不可能重现。消费档次明显拉开，按需选购成为消费的主流。以有限的收入换取最大的效用是居民进行消费的基本原则，这条原则要求消费者在收入有限的前提下，凭借自己的消费经验和对各种消费信息的分析判断，在众多的商品和服务面前进行理性的选择。并且，预期对居民的消费行为已产生了相当程度的影响。一般认为，一个理性的经济主体会运用他们的有关经济体系结构的知识来形成预期，并根据预期来进行消费。比如，我国目前居民谨慎消费趋强，其根本原因就在于由经济体制的改革、消费结构的变化所带来的广大居民对将来的收入预期增加和对未来预期支出增加的担心所造成的。

（5）居民消费的时间观念不断增强。现代市场经济要求的就是高效率。“时间就是金钱，效率就是生命”，在生产领域、流通领域，人们要求节约劳动时间，在消费领域也要求节约劳动时间，人们要求减少家务劳动，要求购物方便，要求购买方便快捷的食品等，这些都反映在居民的消费行为当中。

（6）居民消费行为呈现出强烈的个性化特征。在现阶段多层次消费和消费品供应丰富多彩的条件下，居民的个性心理倾向和个性心理特征得到了充分的展示，因而消费追求个性化。消费个性化，不仅表现为不同阶层的消费追求，而且更主要的是同一阶层，尤其是中上层的消费行为千差万别。消费上的雷同现象趋于消失，居民的从众心理大大减弱，因而消费者的衣、食、住、用、行等都表现出千姿百态的个性差异，包括消费者的年龄、职业、身份等。

消费个性化表明我国居民消费进入一个新的消费时代。西方营销理论认为，消费者的需求大致可以分为三个阶段：第一，量的消费时代；第二，质的消费时代；第三，感性消费时代。感性消费时代是充分体现消费个性化的时代。我国居民个性化消费趋势的出现，标志着感性消费时代的来临。在感性消费时代消费者所注重的不是消费品的数量和质量，而是其与自己关系的密切程度，因而感性消费是现代社会中人类高情感需要的体现，是现代消费者更加重视精神上的愉悦、个性的实现和感情的满足等高层次需要的突出体现。

（7）消费行为主权化。一个成熟和完善的市场，其最主要特征表现为消费者主权市场，即消费者在市场中占据主导地位。目前，我国已初步形成了消费者主权市场，不仅利益受到损害的消费者表现出强烈的维权意识，而且广大利益并未受到直接影响的消费者也表现出较强的维权意识，消费者在越来越有意识地维护其“消费者主权”。消费者是“上帝”，消费者有着更广泛的选择空间，消费者心理趋向于成熟、稳定、理性，消费者自身保护意识加强。这一方面来源于消费者自身的成熟，更主要的还在于市场结构改变后对消费本身的影响。

思 考 题

1. 试述居民消费的地位和作用。

2. 影响居民消费需求的经济因素与非经济因素各有哪些？它们是如何影响居民消费需求的？

3. 什么是消费结构？其可划分为哪些类型？

4. 影响居民消费结构的主要因素有哪些？为什么居民可支配收入水平的变化会引起居民消费结构的变化？

5. 居民消费结构的变化趋势是什么？

6. 什么是居民消费水平？如何衡量居民消费水平？

7. 居民消费行为存在哪些一般特征？

第 三 编

宏观经济分析

第七章　国民生产活动水平的衡量

宏观经济分析以国民经济活动整体为分析对象，要分析国民经济活动整体首先就涉及对国民生产活动水平的衡量问题。在长时期中，世界上存在着两套衡量国民生产活动水平的指标体系：一套是物质产品平衡体系（A System of Material Product Balances，简称 MPS），此体系曾长期为前苏联和东欧地区实行计划经济的国家和中国以及其他实行计划经济的国家所采用，因而也被称为“东方体系”。另一套是国民经济核算体系（国民经济账户体系）（A System of National Accounts，简称为 SNA），此体系在 20 世纪 90 年代以前为计划经济国家以外的国家和地区采用，西方国家（资本主义国家）普遍采用这套体系，因而也被称为“西方体系”。20 世纪 90 年代以来，过去采用物质产品平衡体系的国家相继放弃了这套体系，而改用国民经济核算体系，这样目前世界各国中除极少数几个未放弃计划经济的国家之外，其余各国和地区均采用此体系。MPS 与 SNA 在指标体系、指标体系的衡量范围、主要的衡量方法等方面都是存在着差别的。了解这些内容是本章的任务。

第一节　衡量国民生产活动水平的指标体系

一、社会总产值、社会最终产值与社会净产值（国民收入）

首先需要说明的是，社会总产品、社会最终产品、社会净产品是 MPS 衡量国民经济活动总水平的基本指标，它们既可以用实物量进行衡量，也可以用价值量进行衡量，因此社会总产品、社会最终产品、社会净产品既可以作为实物指标，也可以作为价值指标，不能将它们仅仅理解为实物指标。同样，社会总产值、社会最终产值、社会净产值（国民收入）既可以用实物量进行衡量，也可以用价值量进行衡量，既可以作为实物指标，也可以作为价值指标，不能将它们仅仅理解为价值指标。不过，依据习惯，社会总产值、社会最终产值、社会净产值（国民收入）往往被看做价值指标。一般情况下，本书也将社会总产值、社会最终产值、社会净产值（国民收入）作为价值指标来看待，并且由于产品种类的多样性，在国民经济总量统计中，无法找到科学的、统一的适合于各种产品的实物统计指标，惟有价值指标能够满足要求，因此在进行总量统计和分析中，运用价值指标更合适，所以我们将社会总产值、社会最终产值、社会净产值（国民收入）视为MPS衡量国民经济活动总水平的基本指标。当今世界，大多数国家及地区在国民经济活动总量统计中采用的是SNA。中国在20世纪90年代也实现了由MPS向SNA的转换，但由于在中国的国民经济活动总量统计中，曾经长期采用MPS，至今仍然在采用MPS中的基本指标，而且过去大量的经济学文献使用的统计数据大部分是依据MPS统计出来的数据（虽然其地位在下降），同时为了能够弄清MPS采用的基本指标与SNA采用的基本指标的关系，我们必须了解社会总产值、社会最终产值、社会净产值（国民收入）的含义、特点、相互间的关系以及各自的缺陷。

1. 社会总产值

要说明社会总产值，先需要说明社会总产品。社会总产品是指在一定时期内（通常为一年）由物质生产部门所生产出来的物质产品（包括生产性劳务）的总和。物质生产部门是指直接生产物质产品和为该产品生产服务的辅助生产部门，后者包括物质生产过程的直接准备和物质生产过程的继续，例如，物资采购与供应、产品保证、产品分类与包装，以及产品运输等，除此以外的其他一切国民经济部门都属于非物质生产部门。社会总产品既可以以实物形态来衡量，也可以以价值形态来衡量。从实物形态来看，社会总产品包括生产资料与消费资料，是生产资料与消费资料二者之和。生产资料包括机器设备、厂房等生产性固定资产和原材料、燃料等流动资产，消费资料包括生活必需品和非生活必需品。从价值形态来看的社会总产品就是社会总产品的货币表现，我们可将其称为社会总产值，因此可将社会总产值（Total Product of Society，TPS）界定为在一定时期内（通常为一年）由物质生产部门所生产出来的物质产品（包括生产性劳务）的价值量的总和。它包括生产物质产品所消耗的物质的价值（即转移价值）和新创造出来的价值（即新增价值）两部分，生产物质产品所消耗的物质产品的价值又由中间消耗（如原材料、燃料、动力等）和固定资产折旧两项组成，新增价值包括劳动力价值（工资）和剩余产品价值，而剩余产品价值依其初次分配又可进一步分解成利息租金与利润，因此，新增价值=工资+利息和租金+利润。由此，社会总产值的价值构成可以下面的公式显示：

社会总产值=转移价值+新增价值

= 中间消耗+折旧+工资+利息租金+利润

在实际统计中，往往依据生产者所属部门进行统计，由于物质生产部门包括的具体部门是工业、农业、建筑业、交通运输通信业和商业（包括在物质生产部门内的商业是为生产提供服务的部分，不过由于在实际中，商业部门中为生产提供服务的部分和为生活提供服务的部分很难明确区分，因此在实际统计中，商业既包括为生产提供服务的部分，也包括为生活提供服务的部分）这五大部门，因此，社会总产值从部门角度看，就是工业部门生产的社会总产值（简称工业总产值）、农业部门生产的社会总产值（简称农业总产值）、建筑业部门生产的社会总产值（简称建筑业总产值）、交通运输通信业部门生产的社会总产值（简称交通运输通信业总产值）和商业部门生产的社会总产值（简称商业总产值）之和。由此，有如下公式：

社会总产值 = 工业总产值+农业总产值+建筑业总产值+交通运输通信业总产值+商业总产值

由于在社会总产值中，工业总产值和农业总产值一般要远远超过其他部门的总产值（例如在中国，工业总产值和农业总产值在社会总产值中所占的比重长期在80%以上），因此在过去采用MPS的国家的社会总产值的统计中一般都要单独统计和列明工农业总产值（工业总产值与农业总产值之和），由于工农业总产值一般占到社会总产值的绝大部分，因此在经济研究中，人们往往将其作为社会总产值的替代指标。不过，应该说明的是，随着产业结构的升级，工农业总产值在社会总产值中所占的比重呈现出长期下降的趋势，工农业总产值作为社会总产值的替代指标的功能是在不断弱化的。

社会总产值曾经被采用MPS的国家长期作为衡量国民经济活动总体水平的首要指标。同社会最终产值和社会净产值相比，社会总产值最大的特点是包括了在生产过程中消耗的生产资料的全部转移价值。

社会总产值的作用可以归纳为以下几个方面：

（1）反映社会产品周转的总规模、总水平。由于这个指标既包括全部转移价值，也包括全部新创价值，因而它最全面地反映了特定生产组织形式下的物质产品生产的总规模和总水平，最全面地反映了社会产品周转的总规模、总水平。

（2）可用来反映和分析物质生产部门之间的技术和经济联系。原因在于它包含了转移价值即生产中对本部门和其他部门产品的消耗价值，故其最全面、最宏观地反映了社会生产过程中各生产企业、各物质生产部门之间相互提供条件的技术与经济联系，而且利用各部门社会总产值的数量关系，可用来分析物质生产部门之间的具体的技术与经济联系，分析物质生产部门结构变化的趋势等。

（3）可为其他指标提供计算和分析的基础。社会最终产值、社会净产值（国民收入）是社会总产值的一部分，有了社会总产值的统计数据，就可以利用其他相关数据来计算出社会最终产值和社会净产值（国民收入）。如：社会总产值-劳动对象的转移价值（中间消耗）= 社会最终产值，社会总产值-全部转移价值（中间消耗+折旧）= 社会净产值（国民收入）。同时，通过计算社会总产值中中间消耗的比重、生产资料价值所占的比重，可以对经济效率的高低和变化进行分析。

但是社会总产值这个指标是存在着很大缺陷的：

（1）其衡量范围过于狭窄。社会总产值的衡量范围仅限于五大物质生产部门，而在实际中，除了五大物质生产部门之外，还有其他许多部门是在为物质产品的生产提供产前、产后服务，甚至产中服务，这些服务活动也是生产性的，也能使产品价值得到增加。例如，科技咨询与服务、地质普查、金融服务、城市公用事业等许多活动都是为生产提供服务或者能使产品价值增加，把它们排除在外，难以客观地反映经济活动的真实情况。尤其是随着经济的不断发展，所谓的非物质生产部门在国民经济中所占比重越来越大，在整个社会生产活动中的作用越来越重要，而它们却被排除在社会总产值统计范围之外，应该说并不能正确地反映国民经济活动的规模。

（2）其包含着重复计算和夸大成分，受社会分工和专业化、受经济组织形式变化的影响很大。我们知道，从整个社会来看，中间消耗都是一种重复计算。社会分工越细、专业化程度越高，经济组织越多，重复计算就越多，生产规模夸大的成分就越大。例如一种产品生产由两个阶段变为三个阶段，就要多一次重复计算；经济组织形式发生变化，如由一个组织分成多个组织，一个大企业分成多个小企业，重复计算就会相应增加，社会总产值也就因此而相应增加，但是在这种情况下，整个社会的物质产品并没有任何增加。

表 7-1 反映的是在小麦、面粉、面包分别由 3 家企业生产时，中间消耗和社会总产值的情况，表 7-2 反映的是在小麦和面粉、面包分别由 2 家企业生产（面粉和面包集中于 1 家企业）时，中间消耗和社会总产值的情况，表 7-3 反映的是在小麦、面粉、面包由 1 家企业生产时，中间消耗和社会总产值的情况。表 7-1、表 7-2、表 7-3 的情况清楚地显示，小企业合并成大企业（表 7-1→表 7-2→表 7-3），会使社会总产值减少（70→50→40），而大企业分解成小企业（表 7-3→表 7-2→表 7-1），则会使社会总产值增加（40→50→70）。但是对社会最终产值（始终为 35）与社会净产值（始终为 17）没有影响。

表 7-1　**小麦、面粉、面包分别由 3 家企业生产时的中间消耗和社会总产值**

	面包生产阶段	中间消耗	折旧	新增价值	社会总产值
小麦种植企业	小麦	5	3	2	10
面粉加工企业	面粉	10	5	5	20
面包加工企业	面包	20	10	10	40
总计		35	18	17	70

表 7-2　**小麦、面粉、面包分别由 2 家企业生产时的中间消耗和社会总产值**

	面包生产阶段	中间消耗	折旧	新增价值	社会总产值
小麦种植企业	小麦	5	3	2	10
面粉、面包加工企业	面粉、面包	10	15	15	40
总计		15	18	17	50

表 7-3 **小麦、面粉、面包由 1 家企业生产时的中间消耗和社会总产值**

	面包生产阶段	中间消耗	折旧	新增价值	社会总产值
小麦种植、面粉、面包企业	小麦、面粉、面包	5	18	17	40
总计		5	18	17	40

（3）它不能真实地反映不同时期物质生产的增长情况。由于社会总产值包含着重复计算和夸大成分，受社会分工和专业化、经济组织形式变化的影响很大，因此使用社会总产值指标就不能真实地反映不同时期物质生产的增长情况。由于社会总产值包括生产资料的全部转移价值，转移价值越大，社会总产值越大，转移价值越小，社会总产值越小，亦即生产同样数量的产品物耗越多，社会总产值越大；物耗越少，社会总产值越小，一个时期社会总产值超过另一个时期，并不能表明产品数量或者实际的生产成果就一定超过另一个时期，因为完全可能是转移价值超过另一个时期所致。例如，一个国家生产的产品全部为电视机，去年生产 1.2 亿台，每台电视机的转移价值是 4 000 元，新增价值是 1 000 元，每台电视机的社会总产值就是 5 000 元，该国全年的社会总产值就是 6 000 亿元，今年生产 1.2 亿台，每台电视机的转移价值是 5 000 元，新增价值是 500 元，每台电视机的社会总产值就是 5 500 元，该国全年的社会总产值就是 6 600 亿元，从社会总产值来看，今年比去年增加了 600 亿元，显示物质生产增长了，但是电视机产量并没有增长，国民收入还减少了 600 亿元，使用社会总产值指标显然高估了物质生产的增长。由此来看，用社会总产值反映物质生产的增长的缺陷是很明显的。

（4）它不能正确和准确地反映经济效益。由于社会总产值包括转移价值，在产量和社会净产值没有任何增长的情况下，甚至在产量和社会净产值下降的情况下，社会总产值都会出现增长，因此使用社会总产值指标不能正确和准确地反映经济效益，一则不能正确和准确地反映经济效益的状态，二则不能正确和准确地反映不同时期经济效益的变化，三则不能正确和准确地反映不同地区、不同生产部门、不同生产单位经济效益的状态。例如同样生产 1 万台汽车，甲厂物质消耗为 150 万，新增价值为 100 万，则社会总产值为 250 万，乙厂物质消耗为 100 万，新增价值为 110 万，则总产值为 210 万，乙厂的经济效益明显高于甲厂，但以社会总产值衡量，反而是甲厂的经济效益比乙厂的经济效益高。从社会总产值来看，存在着许多人为虚增社会总产值的办法（如增加物质消耗、增加流通环节、将大企业分解成若干小企业等）。因此，如果用社会总产值指标来衡量经济效益，只会导致经济效益的下降。

(5) 它不能反映物质产品生产是否符合社会需要。社会总产值是根据物质产品的生产量而不是根据物质产品的销售量来计算的，生产企业生产出来的产品无论是否符合社会需要，卖得出去，还是卖不出去，是成品，还是在制品，都统统计入社会总产值中。卖不出去的产品再多，在制品规模再大，都要计入社会总产值中，而且在制品数量余额越大，社会总产值就越大，在制品数量余额越小，社会总产值也越小。所以，社会总产值不能反映物质产品生产是否符合社会需要。

社会总产值作为反映一国物质产品生产发展水平的综合性指标，对于反映整个社会物质产品生产的状况，分析国民经济发展速度和经济结构，分析国民经济各个物质生产部门之间的技术与经济联系都具有重要的作用，但是它也存在着上述种种缺陷，因此在使用这个指标时，注意其缺陷是必要的。

2. 社会最终产值

说明社会最终产值，必须先说明社会最终产品。社会最终产品是指在一定时期内（通常为一年）由物质生产部门所生产出来的，本期不再进行加工，可供社会最终消费和使用的产品。

这里我们要把最终产品同中间产品区分开来。中间产品是指并非供最终消费和使用，而是有待于加工或继续加工才能为人们消费和使用的产品。在本期生产而又被加工为其他产品的产品都是中间产品。

这里需要注意的是：

(1) 最终产品的确定是从整个国民经济着眼的，即要看企业、部门、地区和其他所有单位生产的产品在全国范围内有没有被进一步加工，若没有被进一步加工成其他产品，那么就是最终产品，否则就是中间产品。

(2) 最终产品的确定是按产品的使用去向确定的，而不是按产品本身的完成程度来确定的。从社会着眼，看产品的使用去向，本期生产本期被生产耗用的叫中间产品，未被加工耗用的就是最终产品，所以同一种产品有两种不同使用去向就算是两种不同的产品。煤被电厂耗用就是中间产品，而被居民用作燃料消费则是最终产品，若被电厂买去，但在本期未被耗用，而是作为储存增加，也属于最终产品，因此不能从产品的完成形态上来判别其是否为最终产品。“成品”≠最终产品，比如汽车、拖拉机在产品完成形态上已经很完整，但如汽车被改装成特种汽车、拖拉机被改装成推土机，则原先的汽车、拖拉机就算作中间产品，相反一个螺丝钉，若在期末积存下来，形成储备的增加，那么就应算做本期最终产品。正因为最终产品包括各式各样的形态和品种，才能满足社会各式各样的需要，保证社会再生产正常而不断地进行。

社会最终产品与社会总产品的区别在于总产品包括企业之间相互加工复制的原材料和制成品，而与净产品的区别在于社会最终产品包含了“折旧价值形成的固定资产”。最终产品的物质内容最具体、最完整，用它来反映国民经济物质产品生产发展的总规模、总水平，具有独特的作用。

社会最终产品从实物形态或使用价值形态看包括下列三方面内容：

（1）售给居民和社会集团的全部消费品，包括自产自用的各种产品。

（2）作为固定资产的产品和作为储备、后备增加的产品，包括各类储备、后备以及半成品、在制品的期末减期初增加额（净增加额），也包括用折旧基金购买的固定资产产品。这些种类的产品的总和又称总投资产品（或总投资品）。换句话说，这些产品可分成这样两大类：①扩大再生产所用的生产资料（包括用于扩大再生产的固定资产和（物质性）流动资产，即新增固定资产和（物质性）流动资产）；②补偿固定资产（劳动手段）磨损的物质资料。

（3）净出口产品（出口-进口）。以货币形式来表现的社会最终产品就是社会最终产值（Final Product of Society，FPS）。社会最终产值是指在一定时期内（通常为一年）由物质生产部门生产出来的可供社会最终消费和使用的产品价值量之和。从价值构成来看，它是固定资产折旧和新增价值之和，新增价值包括劳动力价值（工资）和剩余产品价值，而剩余产品价值依其初次分配又可进一步分解成利息租金与利润。社会最终产值不包括中间产品的价值，我们把中间产品价值叫做中间消耗，也就是说社会最终产值不包括中间消耗。因此，有以下等式：

社会最终产值＝折旧+新增价值
＝折旧+工资+剩余产品价值
＝折旧+工资+利息租金+利润
＝社会总产值-中间消耗

根据社会最终产品的构成，社会最终产值的价值构成包括全部消费品的价值、固定资产折旧价值、新增固定资产和（物质性）流动资产的价值、净出口产品价值（出口产品价值-进口产品价值）。固定资产折旧价值就是重置投资品价值，新增固定资产和（物质性）流动资产的价值就是净投资品价值（新增投资品价值），重置投资品价值与净投资品价值之和为总投资品价值。因此，有以下等式：

社会最终产值＝全部消费品价值+固定资产折旧价值+新增固定资产和（物质性）流动资产的价值+（出口产品价值-进口产品价值）
＝全部消费品价值+固定资产折旧价值+新增固定资产和（物质性）流动资产的价值+净出口产品价值
＝全部消费品价值+重置投资品价值+净投资品价值+净出口产品价值

=全部消费品价值+总投资品价值+净出口产品价值

在实际统计中，往往依据生产者所属部门进行统计。这样，一个国家的社会最终产值就是工业部门生产的社会最终产值（简称工业增加值）、农业部门生产的社会最终产值（简称农业增加值）、建筑业部门生产的社会最终产值（简称建筑业增加值）、交通运输通信业部门生产的社会最终产值（简称交通运输通信业增加值）和商业部门生产的社会最终产值（简称商业增加值）之和。由此，有如下公式：

社会最终产值 = 工业增加值+农业增加值+建筑业增加值+交通运输通信业增加值+商业增加值

与社会总产值相比，社会最终产值最大的特点是不包括中间消耗，与社会净产值相比，社会最终产值最大的特点是包括固定资产折旧。

社会最终产值是一个重要的总量指标，在衡量国民生产活动总水平方面有着其独特的作用：

（1）它具有最终而又完整的物质内容。从社会的角度来看，虽然社会总产值表现的物质内容是全部的生产资料与消费资料，但由于生产资料中的相当部分是已经被再加工，被后续生产过程所耗用的，因此社会总产值表现的物质内容是不固定的。社会净产值表现的物质内容从概念上说，是全部消费资料与用于扩大再生产的生产资料，但由于在实际中很难区分到底哪些生产资料是用于扩大再生产的生产资料，哪些生产资料是用于补偿已经消耗了的生产资料，从而无法从实物上明确区分用于扩大再生产的生产资料和用于补偿已经消耗了的生产资料，因此也就无法从实物上明确区分哪些是净产品，哪些是用于补偿的产品。社会最终产值表现的物质内容是全部的消费资料与总投资产品，内容最完整，最具体，最容易区分，在任何一个时期，它都是可以计量的。

（2）社会最终产值受外来因素干扰少，社会最终产值更准确地反映了一个社会生产的总规模、总水平，用它来反映国民经济的发展速度也更准确。主要原因在于社会最终产值不包括中间消耗，不受社会分工和专业化的变化、不受经济组织形式变化的影响，因此能够用它来反映物质产品的生产规模及其变化具有客观性，其准确性是社会总产值所不能相比的。

（3）便于进行部门之间、地区之间和生产单位之间生产成果的比较，也便于进行国际比较。由于社会最终产值不包含中间消耗这一重复计算因素，因此能反映各部门、地区和生产单位实际的生产成果；同理，社会最终产值适宜于对采用 MPS 的国家之间实际生产成果的比较，在与采用 SNA 的国家进行比较时，只要在社会最终产值之上加上非物质生产部门的增加值就可以进行。

（4）通过社会最终产值，可以更好地分析社会生产各个部门之间的比例关系，分析经济结构的演变规律。

社会最终产值指标也不是没有局限性，其缺陷在于：

（1）衡量范围过于狭窄。同社会总产值一样，社会最终产值的衡量范围也仅限于五大物质生产部门，随着产业结构的升级和产业功能的变化，五大物质生产部门之外的产业部门在社会生产中的作用越来越大，将社会最终产值的衡量范围限于五大物质生产部门，不可避免地会低估产出规模，而且仅仅依据五大物质生产部门的社会最终产值也无法对产业结构和经济发展做出全面和正确的分析。

（2）社会最终产值也不能反映物质产品是否符合社会需要。同社会总产值一样，社会最终产值也是根据生产量，而不是根据销售量来计算的，因此它也不能反映社会所生产出来的物质产品是否为社会所需，是否是有用产品，无论是否为社会所需，生产出来的产品是否是有用产品，都会被计入社会最终产值中，从这个角度来看，社会最终产值又存在高估。

（3）社会最终产值包括折旧，使得社会最终产值既可能被高估，也可能被低估。由于社会最终产值包括折旧，而折旧直接受到折旧率高低的影响。折旧率往往是依据一般规律人为地确定的，折旧率的水平和变化难以避免地会受到基于追求政绩或者基于其他目的的影响而与固定资产的实际折旧状况相差甚远，折旧率既可能被系统性地低估，也可能被系统性地高估，若是前者，会造成社会最终产值的虚增，即账面上的社会最终产值高于同期社会实际生产出来的社会最终产值；若是后者，则会造成社会最终产值的低估，即账面上的社会最终产值低于同期社会实际生产出来的社会最终产值。这样，以社会最终产值反映产品生产规模就会出现偏差。不过，即使出现偏差，由于社会最终产值不包括中间消耗，因此运用社会最终产值反映产品的真实生产规模和产品生产的真实增长速度，远比社会总产值优越。

3. 社会净产值（国民收入）

要说明社会净产值，先需说明社会净产品。社会净产品是指在一定时期内（通常为一年）的物质生产部门所生产出来的全部产品中扣除中间产品和用于补偿已经消耗掉了的固定资产之后的产品。其实物形态包括全部消费资料和用于扩大再生产的生产资料。虽然社会净产品不包括用于补偿固定资产磨损的物质资料，但是在实物形态上，很难将用于补偿固定资产磨损的物质资料和用于扩大再生产的新增固定资产区分开来，一台机器是用于前者还是用于后者，从机器本身是分辨不出来的。

以货币形式来表现的社会最终产品就是社会净产值（Net Product of Society，NPS），社会净产值通常称为国民收入（National Income，NI）。具体来说，社会净产值或者国民收入是指在一定时期内（通常为一年）各物质生产部门新创造的价值之和。从社会净产值的内部价值构成来看，社会净产值由工资和剩余产品价值构成，剩余产品价值依其初次分配又可进一步分解成利息租金与利润。社会净产值不包括中间消耗，也不包括折旧，是社会总产值中扣除中间消耗和折旧后的余额。因此，有以下等式：

社会净产值（国民收入）= 工资+剩余产品价值
=工资+利息租金+利润
= 社会总产值-中间消耗-折旧

在实际统计中，往往依据生产者所属部门进行统计。这样，一个国家的社会净产值就是工业部门生产的社会净产值（简称工业净产值）、农业部门生产的社会净产值（简称农业净产值）、建筑业部门生产的社会净产值（简称建筑业净产值）、交通运输通信业部门生产的社会净产值（简称交通运输通信业净产值）和商业部门生产的社会净产值（简称商业净产值）之和。由此，有如下公式：

社会净产值 = 工业净产值+农业净产值+建筑业净产值+交通运输通信业净产值+商业净产值

与社会总产值比，社会净产值最大的特点是其不包括生产资料转移价值，与社会最终产值相比，社会净产值最大的特点是其不包括固定资产折旧。

社会净产值是一个反映一国物质产品生产水平、反映一国经济发展水平的重要的综合性指标，在衡量国民生产活动总水平方面同样有着其独特的作用：

（1）它能够真实地反映一定时期一国物质生产部门的新创造的生产成果。因为它不包括任何的转移价值。

（2）其增长速度能够准确地反映国民经济的增长速度。因为社会净产值的增长速度就是新增价值的增长速度，社会总产值、社会最终产值都包括生产资料的转移价值，因此用社会总产值、社会最终产值的增长速度反映国民经济的增长速度可能出现高估，也可能出现低估。

（3）运用社会净产值指标能够准确地反映经济效益。由于社会净产值不包括任何的重复计算因素，它是新增价值，运用人均社会净产值、生产单位社会净产值消耗的劳动费用（物化劳动消耗和活劳动消耗）、单位劳动消耗生产出来的社会净产值等能准确地反映经济效益的状态，能准确地反映不同时期经济效益的变化，也能准确地比较不同地区、不同生产部门、不同生产单位的经济效益。

（4）能够对采用 MPS 的国家的物质生产的生产能力和经济发展水平进行更准确的比较。因为就生产量来看，社会净产值总额能够更准确地反映一国物质产品的真实生产能力，人均社会净产值（人均国民收入）能够更准确地反映一国的经济发展水平，所以运用社会净产值指标进行国际比较得出的相关结论更准确。

（5）运用社会净产值指标可以更加准确地反映和分析物质生产部门之间的比例关系及其变化，也可以更加准确地反映和分析不同地区之间生产能力和经济发展的状况。

在采用 MPS 的国家，一般只有社会总产值和国民收入的统计数据，而没有专门的社会最终产值的统计数据，鉴于社会总产值指标的前述缺陷，使得国民收入或者社会净产值成了分析宏观经济活动的不可替代的最主要指标。

不过，社会净产值指标也不是没有局限性，它也有自身的缺陷：

(1) 衡量范围过于狭窄。同社会总产值、社会最终产值一样，社会净产值的衡量范围也仅限于五大物质生产部门，随着产业结构的转变和产业功能的变化，五大物质生产部门之外的产业部门在价值创造中的作用越来越大，将社会净产值的衡量范围限于五大物质生产部门，不可避免地会低估新创造价值的规模，仅仅依据五大物质生产部门的社会净产值无法对产业结构和经济发展做出全面和正确的分析。

(2) 社会净产值也不能反映物质产品是否符合社会需要。因为社会净产值同社会总产值、社会最终产值一样，也是根据生产量而不是根据销售量来计算的，因此它不能反映社会所生产出来的物质产品是否为社会所需，是否是有用产品。即便不为社会所需，生产出来的产品是无用产品，也会被计入社会净产值中，从这个角度来看，社会净产值也有"虚"的因素，有"水分"，在反映国民生产活动水平时也存在着局限性。

4. 社会总产值、社会最终产值与社会净产值（国民收入）的数量关系

社会总产值、社会最终产值与社会净产值（国民收入）虽然是从不同的角度来反映国民生产活动的总水平，但不是互相排斥、互相割裂的，而是互相联系的，三者之间具有内在的联系，共同组成一个衡量国民生产活动总水平的指标体系。根据前面对社会总产值、社会最终产值与社会净产值（国民收入）所进行的说明和分析，我们可用下式来表明三者之间的数量关系，即：

工资 + 利息租金 + 利润
= 社会净产值（国民收入）
+折旧
= 社会最终产值
+中间消耗
= 社会总产值

也可用下式表明三者之间的数量关系，即：

工资 + 利息租金 + 利润 + 折旧 + 中间消耗
= 社会总产值
–中间消耗
= 社会最终产值
–折旧
= 社会净产值（国民收入）

工资、利息租金与利润之和构成社会净产值（国民收入）（即新增价值），社会净产值与折旧之和构成社会最终产值，社会最终产值与中间消耗之和构成社会总产值。社会净产值（国民收入）与社会最终产值的区别是社会净产值（国民收入）不包括折旧。社会最终产值包括折旧，社会净产值（国民收入）一定，折旧额越

大，社会净产值（国民收入）与社会最终产值的数量差别越大。社会净产值（国民收入）与社会总产值的区别在于：社会净产值（国民收入）不包括生产资料的转移价值，社会总产值包括生产资料的全部转移价值，其中，生产资料的转移价值是中间消耗与折旧之和。社会净产值（国民收入）一定，生产资料转移价值越大，社会净产值（国民收入）与社会总产值的数量差别越大。社会最终产值与社会总产值的区别在于：社会最终产值不包括中间消耗，社会总产值包括中间消耗。社会最终产值一定，中间消耗的规模越大，社会最终产值与社会总产值的数量差别越大。表 7-4 以示例的形式说明了三者间的数量关系。

基于上述分析，三者量的大小有如下关系：

社会总产值>社会最终产值>社会净产值（国民收入）

表 7-4 社会总产值、社会最终产值与社会净产值（国民收入）的数量关系示例

	面包生产阶段	中间消耗 ①	折旧 ②	新增价值 ③	社会净产值 ④（=③）	社会最终产值 ⑤（=④+②）	社会总产值 ⑥（=⑤+①）
小麦种植业	小麦	5	3	2	2	5	10
面粉加工业	面粉	10	5	5	5	10	20
面包加工业	面包	20	10	10	10	20	40
总计		35	18	17	17	35	70

二、国民生产总值、国内生产总值与国民收入

国民生产总值、国内生产总值与国民收入是采用 SNA 国家衡量国民生产活动总水平的基本指标。目前世界上绝大部分国家采用的都是 SNA，世界银行等国际经济组织衡量各国国民生产活动总水平时采用的也是 SNA 的国民生产总值、国内生产总值与国民收入，其中国民生产总值和国内生产总值是最常用的指标。下面我们来说明国民生产总值、国内生产总值与国民收入的含义、特点、各自的缺陷以及相互间的关系。

1. 国民生产总值

国民生产总值（Gross National Product，GNP）是指按照国民原则以市场价格计算的一国国民在一定时期内（通常为一年）国民经济各部门生产出来的社会最终产品和劳务的价值量之和。它是采用 SNA 的国家中，反映国民生产活动总水平、总规模的重要指标，具有很强的综合性。

从国民生产总值的物质内容或使用价值形态来看，撇开衡量范围，国民生产总值与前面介绍的 MPS 的社会最终产值所包括的内容是相同的，即国民生产总值也

包括：(1) 售给居民和社会集团的全部消费品；(2) 作为固定资产的产品和作为储备、后备增加的产品；(3) 净出口产品。与前面介绍的 MPS 的社会最终产值所不同的是，国民生产总值衡量的范围包括国民经济的各个部门，既包括物质生产部门，也包括非物质生产部门，而不限于物质生产部门。

从国民生产总值的内部价值构成来看，它包括：(1) 折旧；(2) 新增价值。新增价值可以分解成工资、剩余产品价值，剩余产品价值依其初始分配，可分为利息租金和利润。由此，有以下等式：

国民生产总值 = 折旧+新增价值
= 折旧+工资+剩余产品价值
= 折旧+工资+利息租金+利润

根据与国民生产总值的物质内容或使用价值形态对应的产品和劳务的价值构成来看，国民生产总值包括：(1) 全部消费品价值；(2) 固定资产折旧价值（重置投资品价值）；(3) 新增固定资产和流动资产价值（净投资品价值）；(4) 净出口产品价值。(2) 与 (3) 之和为总投资品价值。由此，有以下等式：

国民生产总值 = 全部消费品价值+固定资产折旧价值+新增固定资产和流动资产价值+（出口产品价值-进口产品价值）
= 全部消费品价值+固定资产折旧价值+新增固定资产和流动资产价值+净出口产品价值
= 全部消费品价值+重置投资品价值+净投资品价值+净出口产品价值
= 全部消费品价值+总投资品价值+净出口产品价值

与国民生产净值相比，国民生产总值最大的特点是它包括固定资产的消耗即折旧，同国内生产总值相比，国民生产总值最大的特点是它是按照国民原则计算的社会最终产品和劳务的价值量。

国民生产总值是衡量国民生产活动水平的重要的综合性指标，在衡量国民生产活动水平方面有其独特的作用：

(1) 它是根据国民原则计算出来的，因此能够真正反映一国"国民"的生产水平。

(2) 由于它衡量的范围包括物质生产部门和非物质生产部门，因此能够全面反映一国"国民"经济发展的水平，能够反映一国"国民"的经济实力。

(3) 它不包含中间消耗这一重复计算成分，因此能够比较准确地反映一国经济发展水平和一国的经济实力。

(4) 由于国民生产总值的计算范围涵盖国民经济的各个部门，因此运用国民生产总值能够对国民经济各个部门的比例关系、各个部门之间的技术与经济联系进行分析，从而能够更全面和更准确地分析产业部门之间关系的性质和产业结构演变的规律。

（5）国民生产总值是计算人均国民生产总值的基础，而人均国民生产总值是国际上衡量一国贫富程度、人民生活水平高低和经济发展水平高低的主要指标，因此国民生产总值的统计可为国际比较提供基础。

国民生产总值指标的缺陷在于：

（1）其统计的部门范围过宽。国民生产总值的统计范围涵盖国民经济的各个部门，其中的一些部门并不创造价值。

（2）存在着估算成分。例如家务劳动收入、居住自有房屋的租金收入等都是估算出来的。由于估算数值不可避免地存在着偏差，高估、低估的情况都可能出现，这样统计出来的国民生产总值就会出现要么被夸大、要么被低估的结果。并且由于家务劳动收入、居住自有房屋的租金收入等与一个国家或者地区的经济发展水平、经济的市场化程度的高低密切相关，估算标准的确定比较困难，这样势必影响国民生产总值的可靠性和准确性。

2. 国内生产总值

国内生产总值（Gross Domestic Product，GDP）是指按国土原则以市场价格计算的一国在一定时期内（通常为一年）国民经济各部门所生产出来的社会最终产品和劳务的价值量之和。国内生产总值也是采用 SNA 的国家反映国民生产活动总水平、总规模的重要指标，也具有很强的综合性。

与国民生产总值一样，从物质内容或使用价值形态来看，撇开衡量范围，国内生产总值与前面介绍的 MPS 的社会最终产值所包括的内容是相同的，即国内生产总值也包括：（1）售给居民和社会集团的全部消费品；（2）作为固定资产的产品和作为储备、后备增加的产品；（3）净出口产品。与前面介绍的 MPS 的社会最终产值所不同的是，国内生产总值衡量的范围包括国民经济的各个部门，既包括物质生产部门，也包括非物质生产部门，而不限于物质生产部门。

从国内生产总值的内部价值构成来看，它也包括：（1）折旧；（2）新增价值。新增价值可以分解成工资、剩余产品价值，剩余产品价值依其初始分配，可分为利息租金和利润。由此，有以下等式：

国内生产总值 = 折旧+新增价值
= 折旧+工资+剩余产品价值
= 折旧+工资+利息租金+利润

根据与国内生产总值的物质内容或使用价值形态对应的产品和劳务的价值构成来看，国内生产总值也包括四个部分：（1）全部消费品价值；（2）固定资产折旧价值（重置投资品价值）；（3）新增固定资产和流动资产价值（净投资品价值）；（4）净出口产品价值。其中（2）与（3）之和为总投资品价值。由此，有以下等式：

国内生产总值 = 全部消费品价值+固定资产折旧价值+新增固定资产和流动资产价值+（出口产品价值-进口产品价值）

= 全部消费品价值+固定资产折旧价值+新增固定资产和流动资产价值+净出口产品价值

= 全部消费品价值+重置投资品价值+净投资品价值+净出口产品价值

= 全部消费品价值+总投资品价值+净出口产品价值

与国内生产净值相比，国内生产总值最大的特点是它包括固定资产的消耗即折旧。同国民生产总值相比，国内生产总值最大的特点是它是按照国土原则计算的社会最终产品和劳务的价值量。

作为衡量国民生产活动水平的重要的综合性指标，国内生产总值在衡量国民生产活动水平方面也有其独特的作用：

(1) 它是根据国土原则计算出来的，因此能够真正反映一国国土范围内社会的生产水平。

(2) 由于它衡量的范围包括物质生产部门和非物质生产部门，因此能够全面反映一国范围内经济发展的水平，能反映一国范围内的经济实力。

(3) 国内生产总值也不包含中间消耗这一重复计算成分，因此能够比较准确地反映一国范围内经济发展水平和一国的经济实力。

(4) 国内生产总值是根据国土原则计算出来的、涵盖国民经济的各个部门的社会最终产品和劳务的价值，因此相对于前面介绍的总量指标，运用国内生产总值能够对国民经济各个部门的比例关系、各个部门之间的技术与经济联系进行最为全面、系统的分析，能够对一国产业部门之间关系的性质和产业结构演变的规律进行最系统、最准确的分析。

(5) 国内生产总值是计算人均国内生产总值的基础，而人均国内生产总值已经成为国际上衡量一国贫富程度、人民生活水平高低和经济发展水平高低的最主要指标，因此国内生产总值的计算和统计是进行国际比较的前提条件。

国内生产总值指标与国民生产总值等总量指标一样，也存在着缺陷：

(1) 与国民生产总值一样，其统计范围涵盖国民经济的各个部门，而其中的一些部门并不创造价值。

(2) 与国民生产总值一样，国内生产总值也存在着估算成分。由于估算数值不可避免地存在着偏差，高估、低估的情况都可能出现，据此统计出来的国内生产总值就会出现要么被夸大、要么被低估的结果，国内生产总值的可靠性和准确性自然会受到影响。

3. 国民生产总值与国内生产总值的相互关系

国民生产总值与国内生产总值存在着诸多相同之处，它们都是衡量一国生产水平的重要的综合性指标，衡量的范围都既包括物质生产部门，也包括非物质生产部门，都不包括固定资产折旧价值，都是分析产业结构及其变化规律的重要指标，都是分析经济发展水平的综合性指标。

但是两者的差别也是明显的。国民生产总值是按国民原则计算的社会最终产品和劳务的价值，即不管是在哪个国家，只要是本国居民创造的价值，即本国国民投在国外的资本和劳动所获收入都计入本国的国民生产总值。它是以国民为主体来计算的，由此，发生于本国范围之内的生产活动，如果进行生产活动的主体是外国居民，则不计入生产活动发生地的国民生产总值中，而是计入进行生产活动的主体所属国的国民生产总值中。国内生产总值是按国土原则计算的社会最终产品和劳务的价值，国土原则也称“地域原则”，它是以生产活动发生的领土范围为计算原则，即只要是发生在一国领土范围之内的生产活动，无论进行生产活动的主体是哪个国家的国民，均计入生产活动发生地的国内生产总值中，即外国居民在该国从事资本投资或者劳动所获得的收入均计入该国的国内生产总值，而不是计算在外国居民所属国家的国内生产总值中。基于两者的这种性质，要将国内生产总值换算成国民生产总值，就应该加上本国国民投在国外的资本和劳动的收入（本国国民在国外的要素收入），减去外国国民投在该国的资本和劳动的收入（外国国民在该国的要素收入）。本国国民投在国外的资本和劳动的收入与外国国民投在该国的资本和劳动的收入的差额即为国外要素收入净额，由此可将国民生产总值与国内生产总值的数量关系表述如下：

国民生产总值=国内生产总值+（本国国民在国外的要素收入-外国国民在该国的要素收入）

=国内生产总值+国外要素收入净额

由于各个国家的对外经济联系存在着差别，因此，各国国民生产总值与国内生产总值的数量关系也会出现差别。总的来看，各国国民生产总值与国内生产总值的数量关系存在着以下三种可能性。

（1）国民生产总值=国内生产总值。如果国外要素收入净额为0，则会出现国民生产总值与国内生产总值相等的结果。国外要素收入净额为0出现在以下两种情况下：第一，一国经济为封闭经济，既无本国国民在国外的要素收入，也无外国国民在该国的要素收入，即本国国民在国外的要素收入和外国国民在该国的要素收入都是0，因此该国的国外要素收入净额为0；第二，一国经济为开放经济或者存在着对外经济联系，但本国国民在国外的要素收入和外国国民在该国的要素收入正好相抵，该国的国外要素收入净额因此也为0。

（2）国民生产总值>国内生产总值。如果国外要素收入净额大于0，则会出现国民生产总值大于国内生产总值相等的结果。这种情况出现于本国国民在国外的要素收入大于外国国民在该国的要素收入的情况下。本国国民在国外的要素收入大于外国国民在该国的要素收入意味着该国是要素净输出国，如果不考虑劳动要素，则意味着该国是资本净输出国。

(3) 国民生产总值<国内生产总值。如果国外要素收入净额小于0，就会出现国民生产总值小于国内生产总值相等的结果。这种情况出现于本国国民在国外的要素收入小于外国国民在该国的要素收入的情况下。本国国民在国外的要素收入小于外国国民在该国的要素收入意味着该国是要素净输入国，如果不考虑劳动要素，则意味着该国是资本净输入国。

4. 国民生产净值与国内生产净值

国民生产净值（Net National Product，NNP）是指按照国民原则以市场价格计算的一国国民在一定时期内（通常为一年）生产出来的不包括生产资料转移价值的产品和劳务的价值量之和。一国国民生产净值反映的是一国国民在一定时期内所新创造出来的价值量。国民生产净值与国民生产总值的数量差别在于，国民生产净值不包括任何生产资料转移价值（包括折旧），国民生产总值则包括生产资料转移价值中的折旧部分。两者的数量关系可以下式表示：

国民生产净值=国民生产总值-折旧

国内生产净值（Net Domestic Product，NDP）是指按照国土原则以市场价格计算的一国范围之内的经济主体在一定时期内（通常为一年）生产出来的不包括生产资料转移价值的产品和劳务的价值量之和。一国国内生产净值反映的是一国地域内各类经济主体在一定时期内所新创造出来的价值量。国内生产净值与国内生产总值的数量差别在于，国内生产净值不包括任何生产资料转移价值（包括折旧），国内生产总值则包括生产资料转移价值中的折旧部分。两者的数量关系可以下式表示：

国内生产净值=国内生产总值-折旧

国民生产净值与国内生产净值是依据不同原则计算的新增价值，根据国民生产总值与国内生产总值的相互关系，我们也可以列出国民生产净值与国内生产净值的换算公式，即：

国民生产净值=国内生产净值+（本国国民在国外的要素收入-外国国民在该国的要素收入）
=国内生产净值+国外要素收入净额

5. 国民收入、个人收入与个人可支配收入

在采用SNA的国家，国民收入概念与MPS的国民收入是不同的，MPS中的国民收入仅仅是指物质生产部门新创造的价值，而在采用SNA的国家，使用的国民收入一词的含义则往往要视具体情况而定。通常所说的国民收入（比如说一国的国民收入）乃是SNA基本的总量指标的泛称，可能是指国民生产总值，可能是指国内生产总值，也可能是指国民生产净值或者国内生产净值。若采用收入法计算，

从国民生产净值中扣除间接税，即为国民收入。作为与国民生产总值、国内生产总值相对应的概念，国民收入乃指一国国民凭借生产要素获得的收入，它与国民生产净值同义，这个意义上的国民收入也被称为国民净收入（Net National Income，NNI）。以下 SNA 中的国民收入均指这个含义的国民收入。

个人收入（Personal Income，PI）与国民收入不同，一方面国民收入是一国所有的生产要素所有者所获得的要素收入，生产要素的所有者有个人，也有企业、政府以及非营利性组织，因此个人收入与国民收入自然会有差别，仅从要素收入来看，个人收入要比国民收入小，另一方面在个人实际所获得的收入中，并非仅限于要素收入，还有其他收入（如转移收入），因此实际的个人收入要比国民收入中的个人收入（要素收入）大。个人收入与国民收入的关系可用下式表示：

个人收入=国民收入-个人创造但未得到的收入（公司利得税、未分配公司利润、社会保险税费）+个人获得但不是由自己创造的收入（对个人的转移支付）

并非所有的个人收入都能够被个人支配，只有在交纳政府所规定的各种税收（个人所得税）和非税费用之后的个人收入部分，个人才能支配。个人收入中扣除个人交纳的个人所得税和非税费用之后的收入部分叫做个人可支配收入（Disposable Personal Income，DPI）。个人可支配收入与个人收入的关系可用下式表示：

个人可支配收入=个人收入-个人所得税-个人交纳的非税费用

三、MPS 指标体系与 SNA 指标体系的比较

前面我们分别说明了 MPS 和 SNA 衡量国民生产活动的指标的含义、作用与缺陷，分别说明了 MPS 和 SNA 中不同的指标之间的关系，下面我们对这两套指标体系进行简要的比较。

1. MPS 指标体系与 SNA 指标体系的差异

（1）理论依据不同。MPS 指标体系的理论依据是马克思的劳动价值论和再生产理论，认为只有物质生产部门创造价值，分析部门之间的关系限于物质生产部门之间的关系。SNA 指标体系的理论依据是西方经济学，尤其以要素价值论、瓦尔拉斯一般均衡理论和凯恩斯理论为基础，认为所有生产要素都能创造价值，所有产业部门都能创造价值，着眼于国民经济整体的循环和产业部门之间的关系。

（2）衡量范围不同。MPS 指标体系与 SNA 指标体系的理论依据不同造成了两套指标体系的衡量范围的不同（参见图 7-1）。MPS 的衡量范围仅限于物质生产部门，非物质生产部门被排除在统计范围之外。由此来看，采用 MPS 的指标体系衡量国民生产活动的总水平是极不全面的，而且无法对国民经济产业部门之间的关系进行全面的分析，这是 MPS 指标体系最大的缺陷。随着经济的不断发展，非物质生产部门的规模越来越大，在整个国民经济中所占的比重、所起的作用越来越大，在工业化国家中，非物质生产部门消耗的资源、提供的产品（劳务）已经超过物

质生产部门，显然，采用 MPS 指标体系已经无法反映国民生产活动的整体水平。经济发展水平越高，非物质生产部门所占的比重越高，MPS 指标体系在这方面的缺陷越明显。SNA 指标体系的衡量范围是国民经济的所有部门，既包括物质生产部门，也包括非物质生产部门，因此它可以对国民生产活动的总水平进行全面的衡量，便于对国民经济产业部门之间的关系进行全面的分析，且不会受产业结构升级的影响，这是 SNA 指标体系最大的优势。

SNA 指标体系的衡量范围
- MPR 指标体系的衡量范围
  - 物质生产部门
    - ①农业
    - ②工业
    - ③建筑业
    - ④交通运输业、通信业
    - ⑤商业（商品分类、修理、包装、保管等）
- 非物质生产部门
  - ①旅游业
  - ②地质普查业
  - ③城市公用事业、房地产业、居民服务、咨询、服务业（如商品零售业、理发业等）
  - ④金融保险业
  - ⑤科研、教育、卫生、体育、广播电视、福利、事业等
  - ⑥政府活动
  - ⑦军队
  - ⑧学校与团体
  - ⑨其他

图 7-1　MPS 指标体系与 SNA 指标体系的衡量范围

（3）两者所反映的福利水平存在着差异。在 MPS 指标体系中，人均国民收入是反映居民福利水平的最具综合性和最合适的指标，但是由于它的衡量范围仅仅限于物质生产部门，因此并没有全面地反映出一个国家或者地区居民的福利水平。由于非物质生产部门提供的服务（如电影电视广播业、出版业、教育部门等提供的服务）对于满足和提高居民的福利水平具有非常重要的意义，所以用人均国民收入反映居民福利水平不仅存在着根本的缺陷，而且会低估居民福利水平。在 SNA 指标体系中，人均国民生产总值和人均国内生产总值、人均国民生产净值和人均国内生产净值都可以用来衡量居民福利水平。由于 SNA 指标体系的衡量范围包括物质生产部门和非物质生产部门，因此能够相当全面地反映出一个国家或者地区居民的福利水平，如果统计本身不出现错漏的话，并不会低估居民福利水平。在衡量一个国家或者地区居民的福利水平方面，SNA 指标体系要优于 MPS 指标体系。

（4）基于衡量范围的差异，两套指标体系的量存在着差别，无法进行直接比

较。其间的区别可用表7-5的例子来说明。

表7-5 **物质生产部门与非物质生产部门产品（劳务）的价值构成**

物质生产部门					非物质生产部门				
中间消耗	折旧	工资	利润	利息租金	工资	利润	利息租金	折旧	中间消耗
(1)	(2)	(3)	(4)	(5)	(6)	(7)	(8)	(9)	(10)

依据表7-5的序号，可列出下列等式，从中我们可以看到以下各指标间的差别。

社会总产值=(1)+(2)+(3)+(4)+(5)

社会最终产值=(2)+(3)+(4)+(5)

社会净产值(国民收入)=(3)+(4)+(5)

国民生产总值=(2)+(3)+(4)+(5)+(6)+(7)+(8)+(9)

国民生产净值=(3)+(4)+(5)+(6)+(7)+(8)

从价值形式来看，国内生产总值与国民生产总值的价值构成是相同的，但是具体的量不同，国内生产净值与国民生产净值的价值构成也是相同的，不过具体的量也存在差别。它们之间的量的差别已在前面说明，不再赘述。

从上来看，MPS中的社会总产值、社会最终产值、社会净产值（国民收入）是表7-5左边相应各栏量的合计，而SNA体系中的国民生产总值、国内生产总值、国民生产净值与国内生产净值乃是表7-5左边和右边相应各栏量的合计，因此无法对它们进行直接的比较。

2. MPS指标体系与SNA指标体系的共同点

MPS指标体系与SNA指标体系的差异是明显的，不过两者之间还是存在一些共同点的。两者的共同点主要表现在：

(1) 两者都旨在反映国民生产水平。无论是MPS的指标体系，还是SNA的指标体系，都是为了计算和统计生产水平，虽然这些指标本身可以运用不同的方法进行统计，它们也可以运用于不同的用途，但计算和统计这些指标本身的目的是要对生产水平进行衡量。

(2) 两者都可以运用生产法进行统计，也可以运用支出法（使用法）和收入法进行统计，同一指标按照不同方法统计出来的数值都应该是相等的。

(3) 两者都只能反映产出水平，而没有反映获得产出所耗费的代价，也不能准确地反映居民福利的真实变化。例如生产过程对自然环境造成的破坏，生产过程给居民带来的疾病等损失，无论是MPS的指标体系，还是SNA的指标体系，都无法反映出来。这是两者共同的缺陷。正因为它们存在着这样的缺陷，因此一些学者和机构提出了绿色国民生产总值、绿色国内生产总值等概念，提出要以绿色国民生产总值、绿色国内生产总值等“绿色”指标取代传统的单纯的产出指标。

第二节 国民生产活动水平的衡量方法

一国的国民生产活动水平由这一个国家在一定时期内生产的产品总量来衡量。从社会再生产角度看，产品总生产过程要相继经过生产、分配和使用三个阶段，也就是说同量产品可以从生产、分配、使用三个不同的角度加以衡量。因此对于一国国民产品总量水平的衡量相应存在着三种不同的方法：生产法、分配法、使用法，但衡量所得的结果在量上是相等的。采用 SNA 的国家和地区是三种方法并用，而以支出法衡量的结果为基础，三种方法衡量结果的差异以“统计误差”予以平衡，采用 MPS 的国家一般只用生产法来衡量，不过也是可以采用分配法和使用法来进行衡量的。

一、生产法

生产法是从产品生产角度对一个国家在一定时期内生产的产品生产总量进行衡量的一种方法。这一方法的特征是把社会生产部门的生产活动成果进行加总，此方法实际上是按部门对国民生产活动进行统计汇总的一种核算方法，在这个意义上生产法又可称为“部门法”。MPS 和 SNA 均可采用生产法。

1. 用生产法计算社会总产值、社会最终产值和社会净产值（国民收入）

用生产法计算社会总产值、社会最终产值和社会净产值（国民收入）就是把五大物质生产部门的生产活动成果进行加总。生产法或“部门法”又具体分为两种：一种是以单个企业的生产活动为基本核算单位的统计方法，称为“企业法”；另一种是以产品为基本统计单位的核算方法，称为“产品法”。

用产品法计算产值，先是统计一类产品的实物量，然后同这种产品的最终经济价格相乘，其他产品也这样做，如此就可以计算出全部产品（包括生产性劳务）的价值。不过，此法的应用要受到很大限制，一般来说这种方法只适用于生产的产品品种极少的产业部门。在实际中，在计算农业部门的产值时才用此法，因为农产品品种相对较少，也较稳定。

基于产品法本身的缺陷，对于产品品种、规格、数量与价格千差万别，并且品种、规格经常发生变化的工业产品来说，产品法并不是一种适宜的办法。因此工业产值的计算乃采用企业法（也叫工厂法）。按企业法计算工业产值就是将各企业总产值加以汇总而计算出工业总产值。那么怎样计算企业总产值呢？企业总产值包括哪些部分呢？企业总产值包括：（1）企业产成品价值，包括企业销售的产成品和半成品价值以及企业产成品库存；（2）企业年内完成的工业性作业价值；（3）企业在制品和自制半成品年末减年初增量的价值。从企业总产值三个统计对象的实物形态看，企业总产值实际上是由下列产品构成：

企业总产品＝销售的产品+库存品+工业性作业+在制品和自制半成品

其中企业产成品价值即企业销售产品的价值是企业总产值的主要部分，占重要比例。企业销售产品的价值就是人们通常所说的"企业销售收入"，它由企业总成本（这里的成本概念都是会计成本概念）和产品销售利润两项构成，企业总成本包括产品生产成本、产品销售成本和企业间接税三项，企业产品的销售利润是指企业按一定价格销售产品所得的收入总额减去总成本的余额。其他产品构成项目和销售产品一样也包含了相同的价值构成，它们可以分解为中间消耗、固定资产折旧、工资、利息租金、利润等基本项目。将列为企业总产值统计对象的四种形态的产品按它们各自包含的价值构成项目分别相加，得到企业总产值的价值构成式：

企业总产值＝中间产品价值+折旧+工资+利息租金+利润+间接税

所有企业的企业总产值相加得到的总和就是社会总产值。

利息租金实质上是利润的一部分，但在我国将它列入成本项中。

建筑业、交通运输通信业、商业按生产法来计算都可以运用企业法，但具体计算方法是存在差别的。

建筑业总产值＝建筑安装工程的中间消耗（水消耗、电力消耗、材料费等）+施工机械消耗费用（折旧）+工资+剩余产品价值

商业总产值的计算有两种方法：（1）根据已销售产品的买卖差价计算，计算公式是：

商业总产值＝商品销售总收入－商品购买总支出

（2）将商业部门的流通费和所缴纳的税收及利润加总，其中流通费用包括物耗和人工费用（工资）。

商业总产值＝流通费用+税收及利润

交通运输通信业总产值就是其获得的收入或其收费。

用生产法计算社会净产值（国民收入）的计算公式是：

社会净产值（国民收入）＝社会总产值－生产资料转移价值

生产资料转移价值包括两个部分：（1）中间消耗，它又包括两类：①社会产品生产过程中实际消耗的原材料、燃料、动力等；②为生产社会产品支付的生产服务费用，如对外支付的运输费、邮电费、委托加工费和修理费等。（2）生产性固定资产的折旧。

在计算出社会净产值（国民收入）后，就可以计算出社会最终产值：

社会最终产值＝社会净产值（国民收入）+生产性固定资产折旧

2. 用生产法计算国内生产总值、国民生产总值

用生产法计算国民生产总值、国内生产总值就是把各物质生产部门和非物质生产部门的新增价值（增加值）进行加总，即：

国内生产总值=农业增加值+工业增加值+建筑业增加值+交通运输通信业增加值+商业增加值+金融保险增加值+其他各种服务业增加值+政府部门增加值±统计误差

国民生产总值=农业增加值+工业增加值+建筑业增加值+交通运输通信业增加值+商业增加值+金融保险增加值+其他各种服务业增加值+政府部门增加值±统计误差+国外要素收入净额

在物质生产部门中，农业生产部门的增加值的计算一般是先按产品法计算出总产值，然后从中减去中间消耗；工业、建筑业、交通运输通信业和商业一般是先按企业法计算出总产值，然后从中减去中间消耗。非物质生产部门包括营利性部门和非营利性部门，营利性部门一般是先按企业法计算出总产出的价值（总产值），总产值就是其营业收入总额，营业收入总额减去在服务产品生产过程中的中间消耗就可得到营利性部门的增加值；非营利性部门要么是没有营业收入，要么是虽有收入但不能抵补支出，因此往往难以用营业收入来衡量总产值，这类部门通常是用核算期内提供服务的总费用来衡量其总产值，非营利性部门的总费用减去该部门在服务产品生产过程中的中间消耗就可得到非营利性部门的增加值。

用生产法计算国民生产总值、国内生产总值后，就可计算出国民生产净值、国内生产净值。在国民生产总值中减去折旧就是国民生产净值，在国内生产总值中减去折旧就是国内生产净值。

二、分配法（收入法）

分配法，亦称收入法，是从产品（收入）分配的角度，即将产品总量分成若干收入项目而对一个国家在一定时期内生产的产品生产总量进行衡量的一种方法。MPS 和 SNA 均可采用分配法。

1. 用分配法计算社会总产值、社会最终产值和社会净产值（国民收入）

采用分配法计算社会总产值、社会最终产值和社会净产值（国民收入）实际上就是从社会总产值、社会最终产值和社会净产值（国民收入）三个层次从产品（收入）分配的角度对一个国家的物质生产部门在一定时期内生产的物质产品的生产总量进行衡量。

从产品分配角度看，社会总产值的分配可以划分为以下四个层次：

第一个层次：社会总产值分为补偿生产资料消耗的收入和社会净产值（国民收入），而前者又包括补偿中间产品消耗的收入和固定资产折旧收入。

第二个层次：社会净产值（国民收入）在劳动者和企业之间的分配，这个层

次的分配使国民收入分割为劳动者的工资（直接生产者的原始收入）和企业利润(社会纯收入)。

第三个层次：企业利润在企业和政府之间进行分配，这个层次的分配使企业利润分割为企业留利收入和政府税收收入，企业留利收入多少取决于政府税率和政府规定的企业留利比例，政府税收收入包括直接税和间接税。

第四个层次：对政府税收收入的再分配，这个层次的分配使形成居民、各部门(物质生产部门、非物质生产部门）的最终收入，其中一部分转化为非物质生产部门人员的薪金。

由于我们可以将物质生产部门生产者的工资和非物质生产部门人员的薪金相加合并为居民的劳动收入；另外再从政府收入中相应地减去非物质生产部门人员的薪金得到政府净收入，则按分配法衡量的社会总产值、社会最终产值、社会净产值(国民收入）的构成式分别为：

社会总产值=补偿生产资料消耗的收入+居民劳动收入+企业留利收入+政府净收入

社会最终产值=固定资产折旧收入+居民劳动收入+企业留利收入+政府净收入

社会净产值（国民收入）=居民劳动收入+企业留利收入+政府净收入

由于补偿生产资料消耗收入可分为补偿中间产品消耗收入和固定折旧收入，而二者又可以进一步细分为企业留存和上缴财政两部分。因此，社会总产值、社会最终产值、社会净产值（国民收入）最终都由居民劳动收入、企业收入和政府收入三个项目构成。

对居民劳动收入、企业收入和政府收入这些项目我们可以进一步考察最终收入或净收入。

居民收入=劳动收入±居民利息和租金收支净值±居民转移收支净值

企业收入=补偿中间消耗的收入+企业折旧收入+企业留利收入±企业转移收支净值±企业利息租金收支净值

政府收入=企业折旧上缴部分+政府税收收入±政府转移收支净值 ±政府利息租金收支净值

由此，

社会总产值=居民收入+企业收入+政府收入

=补偿中间消耗的收入+折旧收入+利息租金+工资+利润（企业税后留利）+税收

社会最终产值=折旧收入+工资+利息租金+企业盈利（利润）+税收

社会净产值(国民收入)=工资+利息租金+利润(企业盈利)+间接税(税收)

2. 用分配法计算国内生产总值、国民生产总值

用分配法计算国内生产总值、国民生产总值乃从产品（收入）初次分配的角

度计算一个国家的物质生产部门和非物质生产部门在一定时期内生产的社会最终产品和劳务的生产总量（国内生产总值、国民生产总值）。其计算方法是将不同种类的生产要素所有者根据其提供的生产要素在产品生产过程中的贡献而获得的收入和政府获得的收入进行加总。产品（收入）初次分配的结果是形成固定资产折旧、利息、租金、工资（劳动者报酬）、间接税和企业利润（盈余）。因此，可以得到国内生产总值、国民生产总值的计算公式：

国内生产总值=固定资产折旧+利息+租金+工资+间接税+企业利润

国民生产总值=固定资产折旧+利息+租金+工资+间接税+企业利润+国外要素收入净额

计算出国内生产总值、国民生产总值后，就很容易计算出国内生产净值、国民生产净值。国内生产净值、国民生产净值的计算公式分别是：

国内生产净值=利息+租金+工资+间接税+企业利润
=国内生产总值-固定资产折旧

国民生产净值=利息+租金+工资+间接税+企业利润+国外要素收入净额
=国民生产总值-固定资产折旧

三、使用法（支出法）

使用法，又叫支出法，是根据产品的最终使用去向而对一个国家在一定时期内生产的产品生产总量进行衡量的一种方法。具体方法就是将不同最终使用去向的产品量或者将不同用途的最终支出进行加总。MPS 和 SNA 均可采用使用法来衡量产品生产总量。

1. 用使用法计算社会总产值、社会最终产值和社会净产值（国民收入）

用使用法计算社会总产值、社会最终产值和社会净产值（国民收入）实际上就是从社会总产值、社会最终产值和社会净产值（国民收入）三个层次根据产品的最终使用去向对一个国家的物质生产部门在一定时期内生产的物质产品的生产总量进行衡量。具体方法就是将不同最终使用去向的物质产品量或者将用于不同类型的物质产品的最终支出进行加总。

从社会总产品的最终使用去向来看，社会总产品有三个基本的使用去向：补偿生产资料消耗支出、消费基金支出、积累基金支出。补偿生产资料消耗的支出包括补偿中间消耗的支出和补偿固定资产消耗的支出（固定资产更新支出）（折旧基金支出）。消费基金支出包括居民个人的消费支出、集体和社会（公共部门）的消费支出（例如公费医疗支出、政府行政开支等）。积累基金支出包括固定资产积累支出、流动资产积累支出和存货增加额，固定资产积累支出又包括生产性固定资产积累支出和非生产性固定资产积累支出，流动资产积累支出包括原材料、燃料、半成品、在制品、未销成品的净增加额，存货增加额包括生产性存货增加额和非生产性存货增加额。社会最终产品的基本的最终使用去向是补偿固定资产消耗支出、消费基金支出和积累基金支出。社会净产品的基本的最终使用去向是消费基金支出和积累基金支出。由此，根据使用法，可形成以下等式：

社会总产值=生产资料消耗补偿支出+消费基金支出+积累基金支出

=中间消耗补偿支出+固定资产消耗补偿支出+居民个人消费支出+集体和社会消费支出+固定资产积累基金支出+流动资产积累基金支出+存货增加额

社会最终产值=固定资产消耗补偿支出+消费基金支出+积累基金支出

=固定资产消耗补偿支出+居民个人消费支出+集体和社会消费支出+固定资产积累基金支出+流动资产积累基金支出+存货增加额

社会净产值（国民收入）=消费基金支出+积累基金支出

=居民个人消费支出+集体和社会消费支出+固定资产积累基金支出+流动资产积累基金支出+存货增加额

考虑到进出口因素之后，还要在以上社会总产值、社会最终产值、社会净产值（国民收入）计算公式的右边加上净出口额（出口额-进口额）。

2. 用使用法计算国内生产总值、国民生产总值

用使用法计算国内生产总值、国民生产总值实际上就是根据产品的最终使用去向对一个国家的物质生产部门和非物质生产部门在一定时期内生产的社会最终产品和劳务的生产总量进行衡量。具体方法就是将不同最终使用去向的社会最终产品量或者将用于不同类型的社会最终产品的最终支出进行加总。社会最终产品和劳务的最终使用去向包括两个基本的方面：消费和投资。以消费的最终去向看，消费包括物质产品消费（实物消费）和服务消费，以投资的最终去向看，投资包括固定资产更新投资（重置投资）和新增投资（净投资）。因此，可以得到国内生产总值、国民生产总值的计算公式：

国内生产总值=消费+投资

=物质产品消费+服务消费+重置投资+净投资

国民生产总值=消费+投资

=物质产品消费+服务消费+重置投资+净投资

如果考虑到进出口因素，则要在上述等式的右边加上出口，减去进口，出口减去进口的差额叫净出口。之所以加上出口，是因为出口品是本国生产的，出口反映的是外国消费者、投资者对本国产品的需求，之所以减去进口是因为进口品是外国生产的，进口反映的是本国消费者、投资者对外国产品的需求，而不是对本国产品的需求，或者说对外国产品的需求是对本国产品需求的一种扣除。净出口为正，表明外国消费者、投资者对本国产品的需求量（购买量）大于本国消费者、投资者

对外国产品的需求量（购买量）；净出口为负，表明本国消费者、投资者对外国产品的需求量（购买量）大于外国消费者、投资者对本国产品的需求量（购买量）；净出口为零，表明外国消费者、投资者对本国产品的需求量（购买量）与本国消费者、投资者对外国产品的需求量（购买量）相等。考虑到进出口，可以得到国内生产总值、国民生产总值的下列计算公式：

国内生产总值=消费+投资+净出口

国民生产总值=消费+投资+净出口

如果按社会最终产品和劳务的最终使用主体或者按需求主体来分，社会最终产品和劳务的最终使用去向包括私人消费（非政府消费）、私人投资（非政府投资）、政府支出和净出口。由此，可以得到国内生产总值、国民生产总值的下列计算公式：

国内生产总值=私人消费+私人投资+政府支出+净出口

国民生产总值=私人消费+私人投资+政府支出+净出口

用使用法计算国内生产净值、国民生产净值，则可通过下列公式计算：

国内生产净值=消费+净投资
=消费+净投资+净出口
=私人消费+私人净投资+政府净投资支出+政府消费支出+净出口
=国内生产总值-重置投资

国民生产净值=消费+净投资
=消费+净投资+净出口
=私人消费+私人净投资+政府净投资支出+政府消费支出+净出口
=国民生产总值-重置投资

以上国内生产总值与国民生产总值、国内生产净值与国民生产净值的支出构成从形式上来看是相同的，不过要注意国内生产总值、国内生产净值是依据国土原则计算的，国民生产总值、国民生产净值是依据国民原则计算的，国内生产总值与国民生产总值、国内生产净值与国民生产净值可能相等，也可能不相等。

第三节　名义国民生产总量和实际国民生产总量：用价格指数来调整

一、名义国民生产总量和实际国民生产总量

计算当年的社会总产值、社会最终产值、社会净产值（国民收入）、国内生产总值、国民生产总值等反映国民生产总量的指标都是采用当年的市场价格或者说是以当年的货币价值作为衡量尺度的。如果市场价格或者说货币价值始终保持稳定，那就不会影响我们对不同年份的国民生产总量的比较和评价，然而我们知道在实际

的经济运行中，市场价格或者货币价值并不是能够始终保持稳定的，而是经常出现市场价格或者货币价值的变化，甚至出现市场价格或者货币价值的大幅度变化。这种变化势必会对我们在不同年份的国民生产总量的比较和评价造成影响。例如，假定A国只生产*X*产品，去年产量为1亿件，单价为10元/件，社会总产值即为10亿元，今年产量为0.8亿件，由于通货膨胀，单价上升为20元/件，社会总产值即为16亿元，如果忽视价格变化因素，则会得出今年生产好于去年的结论，可是按去年的价格计算，今年的社会总产值只有8亿元，比去年减少了2亿元。由此来看，要对不同时期的国民生产总量进行科学的比较和准确的判断就不能忽视市场价格或者货币价值的变化。

我们将以当年价格或当年货币价值计算的国民生产总量称为名义国民生产总量，具体有名义的社会总产值、社会最终产值和社会净产值（国民收入），也有名义的国内生产总值、国民生产总值、国内生产净值与国民生产净值等。名义社会总产值就是以当年价格或当年货币价值计算的社会总产值，名义社会最终产值就是以当年价格或当年货币价值计算的社会最终产值，名义国民收入就是以当年价格或当年货币价值计算的国民收入。名义国内生产总值就是以当年价格或当年货币价值计算的国内生产总值，名义国民生产总值就是以当年价格或当年货币价值计算的国民生产总值，名义国内生产净值就是以当年价格或当年货币价值计算的国内生产净值，名义国民生产净值就是以当年价格或当年货币价值计算的国民生产净值。

根据名义国民生产总量是不能对不同时期的国民生产总量进行科学的比较和准确的判断的，要对不同时期的国民生产总量进行科学的比较和准确的判断就必须消除市场价格变化或者货币价值变化因素的影响。我们将消除了市场价格变化或者货币价值变化因素的影响之后的国民生产总量称为实际国民生产总量，具体有实际的社会总产值、社会最终产值和社会净产值（国民收入），也有实际的国内生产总值、国民生产总值、国内生产净值与国民生产净值等。实际社会总产值就是以不变价格或不变货币价值计算的社会总产值，实际社会最终产值就是以不变价格或不变货币价值计算的社会最终产值，实际国民收入就是以不变价格或不变货币价值计算的国民收入。实际国内生产总值就是以不变价格或不变货币价值计算的国内生产总值，实际国民生产总值就是以当年价格或当年货币价值计算的国民生产总值，实际国内生产净值就是以不变价格或不变货币价值计算的国内生产净值，实际国民生产净值就是以不变价格或不变货币价值计算的国民生产净值。根据实际国民生产总量，我们才能对不同时期的国民生产总量进行科学的比较和准确的判断。

二、将名义国民生产总量调整为实际国民生产总量的方法

既然只有根据实际国民生产总量，我们才能对不同时期的国民生产总量进行科学的比较和准确的判断，那么我们就要将名义国民生产总量调整为实际国民生产总

量。如何将名义国民生产总量调整为实际国民生产总量呢？从逻辑上来说就只能用固定的或不变的价格或货币价值尺度来衡量不同时期的国民生产总量。

在实际统计中，不变的价格或不变的货币价值尺度是以不变价格或可比价格来表示的。所谓不变价格是指以一个时间序列中某一时点上的价格作为衡量这个时间序列中每一时期的国民生产总量的固定价格的价格。实际上就是以一个时间序列中某一时点的货币价值作为衡量这个时间序列中每一时期的国民生产总量的标准。具体来说，将名义国民生产总量调整为实际国民生产总量可采用以下两种方法。

1. 以产品的某一年价格作为固定价格，用这一固定价格乘以各种产品的产出量，如此求得各种产品的实际总价值量，然后将各种产品的实际总价值量相加便得到实际国民生产总量

$$\text{实际国民生产总量} = \sum_{i=1}^{n} w_i p_{i0} = w_1 \cdot p_{10} + w_2 \cdot p_{20} + w_3 \cdot p_{30} + \cdots + w_n \cdot p_{n0}$$

其中，P_{i0}表示第 i 种产品的固定价格（基期价格），w_i 表示第 i 种产品产量，w_1 表示第 1 种产品产量，……，w_n 表示第 n 种产品产量，p_{10}表示第 1 种产品的固定价格（基期价格），……，p_{n0}表示第 n 种产品的固定价格（基期价格）。

这种方法的优点是如果产品种数很少，而且保持不变，计算结果会很精确，但这种方法的运用受到两个方面的限制：（1）现实中，产品的种数非常多，按照这种方法计算成本极高；（2）不同时期产品的生产结构是在发生变化的，计算期有的产品可能在基期没有，基期有的产品可能在计算期没有，这样就无法全面、准确地反映不同时期价格水平的真实变化。因此，这种方法并不是一种可行的方法。

2. 用价格指数来调整

价格指数是反映不同时期同一组产品（包括劳务）价格水平的变动方向和变动程度的经济指数。价格指数的计算公式是：

$$\bar{P} = \frac{\sum p_i q_i}{\sum p_0 q_i}$$

p 表示产品价格，q 表示产品销售量，p_0 表示基期价格，p_i 表示计算期价格，q_i 表示计算期销售量，P 表示价格指数。

例如：$q_1 = 100$，$p_1 = 2$，$p_0 = 1$，则 $\bar{p} = \frac{200}{100} = 2$

一般以基期指数 = 100，因此价格指数乃以 2×100 = 200 来表示，其含义是计算期价格水平比基期上升了 100%。

价格指数的计算有两种方法：一种是调整不同种类的产品在计算价格指数时的权重来计算价格指数，这样计算出来的价格指数称为可变权数价格指数；另一种在

计算价格指数时，对不同种类的产品的权重不进行调整，这样计算出来的价格指数称为固定权数价格指数。由于产品种类总是要发生变化的，不同种类的产品在消费（生活消费、生产消费）中的比重也是要发生变化的，采用固定权数价格指数往往难以反映一般物价水平的真实变化，因此根据产品生产结构和产品消费结构对不同种类的产品在计算价格指数时的权重进行调整是必要的，这样才可能反映一般物价水平的真实变化。不过如果权数调整不合理，可变权数价格指数也同样不能反映一般物价水平的真实变化。统计、计算价格指数应该是政府统计部门做的事，政府统计部门应该保证统计、计算出来的价格指数能够反映一般物价水平的真实变化。

如何用价格指数将名义国民生产总量调整为实际国民生产总量呢？那就是以价格指数去除名义国民生产总量。具体的计算公式是：

$$\text{实际国民生产总量}=\frac{\text{名义国民生产总量}}{\text{价格指数}}\times 100$$

假定，2002 年名义国民生产总值为 100 000 亿元，1980 年名义国民生产总值为 5 000 亿元，则以名义国民生产总值计算，2002 年为 1980 年的 20 倍。现以 1980 年为基期，2002 年相对于 1980 年价格指数（以 1980 年为 100）为 500，则根据上述公式可计算出 2002 年的实际国民生产总值为 20 000 亿元（=（100 000/500）×100），以实际国民生产总值计算，2002 年的国民生产总值为 1980 年的 4 倍，显然以名义国民生产总值计算的国民生产总值的增长被严重夸大了（为 1980 年的 20 倍）。

从上述公式来看，价格指数越大，实际国民生产总量与名义国民生产总量的偏离越大，价格指数越小，实际国民生产总量与名义国民生产总量的偏离越小，只有在价格不变（即价格指数为 100 时）的情况下，实际国民生产总量才会与名义国民生产总量相等。

与价格指数和实际国民生产总量与名义国民生产总量的换算相联系的一个重要指标是国民生产总量的紧缩系数，通过紧缩系数可将名义国民生产总量换算为实际国民生产总量。以国民生产总值为例，即可以利用国民生产总值紧缩系数将名义国民生产总值换算为实际国民生产总值。国民生产总值紧缩系数（The GNP Deflator）（有的译为“国民生产总值消胀指数”），也称综合价格换算系数（Implicit Price Index，IPI），其计算公式为：

$$\begin{aligned}\text{国民生产总值紧缩系数}&=\frac{\text{按当年价格计算的当年最终产品产出量}}{\text{按基年价格计算的当年最终产品产出量}}\times 100\\&=\frac{\text{名义国民生产总值}}{\text{实际国民生产总值}}\times 100\end{aligned}$$

如果知道国民生产总值紧缩系数和名义国民生产总值，即可将名义国民生产总值换算为实际国民生产总值。换算公式为：

$$\text{实际国民生产总值} = \frac{\text{名义国民生产总值}}{\text{国民生产总值紧缩系数}} \times 100$$

一般情况下，国民生产总量的紧缩系数同消费者物价指数（The Consumer Price Index，CPI）基本一致，因此也可以用 CPI 将名义国民生产总值换算为实际国民生产总值。计算公式为：

$$\text{实际国民生产总值} = \frac{\text{名义国民生产总值}}{\text{CPI}} \times 100$$

思　考　题

1. 什么是社会总产值、社会最终产值、社会净产值（国民收入）？它们各自具有哪些作用和缺陷？三者之间具有什么样的数量关系？

2. 什么是中间产品？它同社会最终产品的区别是什么？

3. 什么是国民生产总值、国内生产总值、国民生产净值、国内生产净值？它们之间具有什么样的数量关系？

4. MPS 中的总量指标体系与 SNA 中的总量指标体系之间具有什么样的联系与区别？

5. 什么是名义国民生产总量、实际国民生产总量？为什么要将名义国民生产总量换算为实际国民生产总量？如何将名义国民生产总量换算为实际国民生产总量？

第八章　国民经济的总量平衡

第七章的讨论为本章的讨论提供了前提。国民经济总量平衡是国民经济顺利发展的必要条件，但在实际中，国民经济总量平衡却经常不能实现。出现了国民经济总量失衡，就会损害国民经济的正常有效率的运行。本章要讨论的内容包括总供给的含义与衡量，总需求的含义与衡量，总供给的决定因素，总需求的决定因素，国民经济总量平衡的含义、标志，国民经济总量失衡的含义、表现、原因以及政府解决国民经济总量失衡的经济政策。

第一节　国民经济的总量平衡

一、总供给与总需求

1. 总供给的含义与衡量

总供给（AS）区别于单个产品的市场供给。总供给是指在一定的时期内由社会生产部门利用现有经济资源所生产出来的可供社会消费和使用的产品（包括劳务）的总和（或总生产额）。

那么如何衡量一定时期的总供给呢？即它包括哪些内容呢？撇开时间等因素的影响，总供给所包括的内容会因衡量范围不同而呈现出差异性、层次性。下面将从不同的角度说明总供给的具体含义和总供给的衡量。

(1) 从社会净产值（国民收入）角度衡量的总供给。从社会净产值（国民收入）角度来衡量，总供给是在一定时期由物质生产部门所生产出来的，可供社会最终消费和使用的，扣除折旧产品之后的产品总和。以下用AS_{NPS}表示从社会净产值（国民收入）角度衡量的总供给。

从实物形态看，AS_{NPS}=消费品供给+净投资品供给

从价值形态看，AS_{NPS}=消费品价值总额+净投资品价值总额

=社会总产值（TPS）−生产资料转移价值（TV_{PM}）

(2) 从社会最终产值角度衡量的总供给。从社会最终产值角度来衡量，总供给就是在一定时期由物质生产部门生产出来的可供社会最终消费和使用的产品总和。以下用AS_{FPS}表示从社会最终产值角度衡量的总供给。

从实物形态来看，AS_{FPS}=消费品供给+总投资品供给

=消费品供给+（重置投资品供给+净投资品供给）

从价值形态来看，AS_{FPS}=社会总产值-中间消耗

=消费品价值总额+重置投资品价值总额+净投资品价值总额

（3）从社会总产值角度衡量的总供给。从社会总产值角度来衡量，总供给就是在一定时期由物质生产部门生产出来的一切可供社会消费和使用的产品总量。以下用 AS_{TPS} 表示从社会总产值角度衡量的总供给。

从实物形态来看，AS_{TPS}=全部中间产品+全部投资品+全部消费品

从价值形态来看，AS_{TPS}=生产资料价值（C）+劳动力价值（V）+剩余产品价值（M）

=中间产品价值总额+总投资品价值总额+消费品价值总额

=补偿基金+消费基金+积累基金

（4）从国民生产总值角度衡量的总供给。从国民生产总值角度来衡量，总供给就是以国民原则来衡量的，在一定时期由国民经济各生产部门生产出来的可供社会最终消费和使用的产品总和。以下用 AS_{GNP} 表示从国民生产总值角度衡量的总供给。从国民生产总值角度衡量的总供给与从社会最终产值角度衡量的总供给存在着衡量范围上的差别，上述从社会最终产值角度衡量的总供给仅限于物质生产部门，而从国民生产总值角度衡量的总供给则包括国民经济的所有生产部门。

从实物形态来看，AS_{GNP}=全部消费品供给+总投资品供给+（进口品供给-出口品供给）

=消费品供给+（重置投资品供给+净投资品供给）+（进口品供给-出口品供给）

从价值形态来看，AS_{GNP}=全部消费品价值总额+总投资品价值+（进口品价值-出口品价值）

=全部消费品价值总额+重置投资品价值总额+净投资品价值总额+（进口品价值-出口品价值）

（5）从国内生产总值角度衡量的总供给。从国内生产总值角度来衡量，总供给就是以国土原则来衡量的，在一定时期由国民经济各生产部门生产出来的可供社会最终消费和使用的产品总和。以下用 AS_{GDP} 表示从国内生产总值角度衡量的总供给。与国民生产总值一样，虽然国内生产总值的总供给从表面上看，与社会最终产值角度相同，但实际上并不相同，这是因为从社会最终产值衡量的总供给只考虑物质生产部门，而从国内生产总值角度衡量的总供给既包括物质生产部门，也包括非物质生产部门。从实物形态和从价值形态衡量的从国内生产总值角度衡量的总供给

可分别以下列等式表示。

从实物形态来看，AS_{GDP} = 全部消费品供给+总投资品供给+（出口品供给-进口品供给）
= 消费品供给+（重置投资品供给+净投资品供给）+（出口品供给-进口品供给）

从价值形态来看，AS_{GDP} = 全部消费品价值总额+总投资品价值+（出口品价值-进口品价值）
= 全部消费品价值总额+重置投资品价值总额+净投资品价值总额+（出口品价值-进口品价值）

（6）从国民生产净值角度衡量的总供给。从国民生产净值角度来衡量，总供给就是以国民原则来衡量的，在一定时期由国民经济各生产部门生产出来的可供社会最终消费和使用的消费品和净投资品的总和。以下用 AS_{NNP} 表示从国民生产净值角度衡量的总供给。

从实物形态来看，AS_{NNP} = 全部消费品供给+净投资品供给+（出口品供给-进口品供给）

从价值形态来看，AS_{NNP} = 全部消费品价值总额+净投资品价值+（出口品价值-进口品价值）

（7）从国内生产净值角度衡量的总供给。从国内生产净值角度来衡量，总供给就是以国土原则来衡量的，在一定时期由国民经济各生产部门生产出来的可供社会最终消费和使用的消费品和净投资品的总和。以下用 AS_{NDP} 表示从国内生产净值角度衡量的总供给。

从实物形态来看，AS_{NDP} = 全部消费品供给+净投资品供给+（进口品供给-出口品供给）

从价值形态来看，AS_{NDP} = 全部消费品价值总额+净投资品价值+（进口品价值-出口品价值）

从表面上看，从国民生产净值角度衡量的总供给和从国内生产净值角度衡量的总供给与从国民收入角度衡量的总供给没有差异，但实际上它们之间是存在着实质性的差别的，因为它们的衡量范围不同。

2. 总需求的含义与衡量

总需求（AD）不同于对单个商品的需求。总需求是指在一定时期在一定的支付能力条件下社会对各种产品（包括劳务）的有效需求的总和。

同样，衡量总需求也涉及衡量的范围和层次，范围、层次不同，总需求所包含的具体内容也不同。下面将从不同的角度说明总需求的具体含义和总需求的衡量。

（1）从社会净产值（国民收入）角度衡量的总需求。从社会净产值（国民收入）角度来衡量，总需求是在一定时期社会对物质生产部门生产的各种消费品和净投资品的有效需求的总和。若用 AD_{NPS} 表示从国民收入角度衡量的总需求，则：

AD_{NPS} = 消费品需求+净投资品需求
= 消费支出+净投资支出
= 消费+净投资

（2）从社会最终产值角度衡量的总需求。从社会最终产值角度来衡量，总需求是在一定时期社会对物质生产部门生产的各种消费品和各种投资品的有效需求的总和。若用 AD_{FPS} 表示从社会最终产值角度衡量的总需求，则：

AD_{FPS} = 消费品需求+总投资品需求（重置投资品需求+净投资品需求）
= 消费支出+投资支出
= 消费+投资

（3）从社会总产值角度衡量的总需求。从社会总产值角度来衡量，总需求是指在一定时期社会对物质生产部门生产的各种消费品与各种生产资料的有效需求的总和。若用 AD_{TPS} 表示从社会总产值角度衡量的总需求，则：

AD_{TPS} = 中间产品需求+消费品需求+总投资品需求
= 中间产品支出+消费支出+投资支出
= 中间产品支出+消费+投资

（4）从国民生产总值角度衡量的总需求。从国民生产总值角度来衡量，总需求就是以国民原则来衡量的，在一定时期内社会对国民经济各生产部门生产出来的各种消费品和各种投资品的有效需求的总和。以下用 AD_{GNP} 表示从国民生产总值角度衡量的总需求。从国民生产总值角度衡量的总需求与从社会最终产值角度衡量的总需求存在着衡量范围上的差别，上述从社会最终产值角度衡量的总需求仅限于对物质生产部门生产出来的各种消费品和各种投资品的有效需求，而从国民生产总值角度衡量的总需求则包括对国民经济的全部生产部门生产出来的各种消费品和各种投资品的有效需求。

AD_{GNP} = 消费品需求+总投资品需求（重置投资品需求+净投资品需求）+（出口需求−进口需求）
= 消费品需求+总投资品需求+净出口需求
= 消费支出+投资支出+净出口支出
= 消费+投资+净出口支出

（5）从国内生产总值角度衡量的总需求。从国内生产总值角度来衡量，总需求就是以国土原则来衡量的，在一定时期社会对国民经济各生产部门生产出来的各种消费品和各种投资品的有效需求的总和。以下用 AD_{GDP} 表示从国内生产总值角度衡量的总需求。

AD_{GDP} = 消费品需求+总投资品需求（重置投资品需求+净投资品需求）+（出口需求−进口需求）

=消费品需求+总投资品需求+净出口需求

=消费支出+投资支出+净出口支出

=消费+投资+净出口支出

（6）从国民生产净值角度衡量的总需求。从国民生产净值角度来衡量，总需求就是以国民原则来衡量的，在一定时期社会对国民经济各生产部门生产出来的各种消费品和各种净投资品的有效需求的总和。以下用 AD_{NNP} 表示从国民生产净值角度衡量的总需求。

AD_{NNP} =消费品需求+净投资品需求+（出口需求-进口需求）

=消费品需求+总投资品需求+净出口需求

=消费支出+投资支出+净出口支出

=消费+投资+净出口支出

（7）从国内生产净值角度衡量的总需求。从国内生产净值角度来衡量，总需求就是以国土原则来衡量的，在一定时期社会对国民经济各生产部门生产出来的各种消费品和各种净投资品的有效需求的总和。以下用 AD_{NDP} 表示从国内生产净值角度衡量的总需求。

AD_{NDP} =消费品需求+净投资品需求+（出口需求-进口需求）

=消费品需求+总投资品需求+净出口需求

=消费支出+投资支出+净出口支出

=消费+投资+净出口支出

表面上，从国民生产净值角度衡量的总需求和从国内生产净值角度衡量的总需求与从国民收入角度衡量的总需求没有差异，但实际上它们之间是存在着实质性差别的，因为它们的衡量范围不同。

二、总供给与总需求的决定因素

1. 总供给的决定因素

总供给主要取决于生产能力，但在短期，生产能力的利用状况也对总供给具有重要的影响。生产能力表现在物质资本积累规模与结构、人力资本积累规模与结构等方面，生产能力决定了一国在一定时期总供给的最高水平（我们将其称为潜在总供给）。生产能力的利用状况则决定了实际的总供给与由生产能力决定的潜在总供给的偏离程度。

（1）物质资本的积累规模与结构。物质资本的积累规模越大，在物质资本中，先进的资本所占的比重越大，生产能力越大，所可能提供的产品量越大，即总供给水平越高，相反，总供给水平越低。

（2）人力资本的积累规模与结构。人力资本的积累规模越大，在人力资本中，高质量的资本所占的比重越大，生产能力越大，所可能提供的产品量越大，即总供给水平越高，相反，总供给水平越低。

一定时期的物质资本积累规模与结构、人力资本积累规模与结构是那些影响物质资本积累规模扩大与结构变化和人力资本积累规模扩大与结构变化的因素长期作用的结果，因此物质资本积累规模与结构、人力资本积累规模与结构在短期并不会发生多大的变化。这一方面决定了一个国家在一定时期内总供给所能达到的最高水平，因为物质资本积累规模与结构、人力资本积累规模与结构在短期内是难以改变的，另一方面决定了在物质资本积累规模与结构、人力资本积累规模与结构一定的条件下，生产能力的利用状况决定着实际的总供给。

（3）中间产品的供应状况。任何产品都是活劳动、劳动资料和劳动对象相结合的产物，离开了任何一个生产要素，产品都不可能被生产出来。自然因素、经济因素、社会因素、政治因素都会对中间产品的供应状况产生影响，因而最终都会影响到中间产品的供应。如果中间产品供应充分，那么已有的资本就可以得到充分利用，总供给水平就高；相反，已有的资本就不可能得到充分利用，总供给水平就低。

（4）人力资本利用率。人力资本的利用表现为活劳动的投入，人力资本利用率越高，意味着投入的活劳动越多，从而所能够生产的产品就越多，总供给水平就越高；相反，人力资本利用率越低，投入的活劳动越少，所能够生产的产品就越少，总供给水平就越低。人力资本的利用率的高低要受中间产品供应状况、物质资本利用率的影响，也要受其他经济因素、社会因素和政治因素的影响，劳动力市场的需求状况、劳动市场进入的自由度、激励机制、个人所得税收制度等对人力资本利用率均有着重要的影响。

（5）物质资本利用率。物质资本利用率的高低通过设施、厂房、机器设备等的利用状况反映出来。设施、厂房、机器设备等的利用越充分，物质资本的利用率越高，所能够生产出来的产品就越多，总供给水平就越高，反之，物质资本的利用率越低，总供给水平就越低。物质资本利用率的高低受中间产品供应状况、人力资本利用率的影响，同样也要受其他经济因素、社会因素和政治因素的影响，产品需求或者市场销售状况对物质资本利用率具有重要的影响。

（6）生产效率。生产要素的投入量一定，总供给就取决于生产效率的高低。生产效率可以用单位生产要素的产出量来表示，因此总供给可以表述为生产要素投入量与单位生产要素的产出量的乘积。生产要素的投入量一定，生产效率越高，即单位生产要素的产出量越多，总供给水平越高，反之，生产效率越低，总供给水平就越低。生产要素投入量一定，如果生产效率下降，总供给会减少，如果生产要素投入量减少，同时生产效率下降，总供给减少的幅度会更大；生产要素投入量一定，如果生产效率上升，总供给会增加，如果生产要素投入量增加，同时生产效率上升，总供给增加的幅度会更大。

（7）管理水平。对总供给产生影响的管理水平既包括宏观管理水平，也包括微观管理水平，既包括公共管理水平，也包括企业和非营利组织的管理水平。管理水平的高低对资本积累的增长和资本积累结构的变化都具有重要的影响，因而其对总供给的长期变化具有重要的影响，不过总供给分析着眼于短期，这里我们不考虑管理水平对总供给的长期变化的影响。从短期来看，管理水平的高低对总供给也是具有重要的影响的。管理水平的高低一方面会对人力资本利用率、物质资本利用率产生影响，也会对中间产品的供应状况产生影响，另一方面会对生产效率产生影响。就管理水平对人力资本利用率、物质资本利用率和中间产品供应的影响来看，虽然管理水平只是众多影响因素之一，但是却是很重要的因素。一般来说，管理水平的提高，有利于提高人力资本利用率和物质资本利用率，有利于增加中间产品的供应，因此其他条件一定，管理水平越高，人力资本利用率和物质资本利用率会越高，中间产品的供应会越多，因此越有利于增加总供给。就管理水平对生产效率的影响来看，影响程度更大。管理水平越高，生产效率会越高，总供给水平越高，管理水平越低，生产效率会越低，总供给水平越低，因此提高管理水平能够增加总供给。

2. 总需求的决定因素

总需求可以从不同的层次来衡量，在总需求中，消费需求和投资需求具有决定性作用，包括消费需求和投资需求的总需求在 MPS 中是从社会最终产值和社会净产值角度衡量的总需求，在 SNA 中，则包括从国民生产总值、国内生产总值、国民生产净值、国内生产净值、国民收入等角度衡量的总需求。我们在这里谈的总需求是包括消费需求和投资需求的总需求，因此讨论总需求决定因素主要考虑的是决定消费需求和投资需求的因素。根据需求的定义，经济主体支出的前提是支付能力，即其所能获得的收入额，没有收入就不可能有需求。收入水平低，则需求水平也必然低下，收入水平高，则需求水平也高。不过收入并不一定等于支出，现实的支出才是有效需求，并且收入水平相同，完全可能会有不同的需求水平。因此决定支出的因素必然是决定总需求的因素，分析总需求的决定因素也就是分析总支出的决定因素。那么具体有哪些因素决定着总需求呢？以下将对此进行分析。

（1）收入的分配与再分配。没有收入，便不能形成需求，因此分析总需求的决定因素首先要考虑的是收入水平。收入从何而来呢？从收入的直接来源来看，来自于分配，或者来自于收入的初次分配，或者来自于收入的再分配。通过收入的分配与再分配，各经济主体获取一定的收入，其收入要么用于消费，要么用于投资，由此形成总需求。

收入的分配与再分配对总需求的影响可以从两个方面来看：（1）通过收入的分配与再分配而形成总分配量或所分配的名义收入量。我们知道以不变的货币价值来核算，在一定时期总供给是一个确定的量，但是总分配量或名义收入量却可以大于也可能小于总供给。其原因在于虽然分配最终由生产所决定，但是分配却又相对独立于生产；尤其是在货币经济中，货币金融体系十分发达，经济单位并非一定要在产品卖出以后才进行分配，也就是说在货币经济中，经济单位并不是完全按生产情况来进行分配的，分配过程能够相对地独立于生产过程。例如，一个企业尽管还未生产出任何产品，照理它不可能支付工人工资，但是在货币经济中完全可能，它可以从银行取得贷款来支付工资，而银行贷款资金的来源却并不一定完全依赖于银行存款，银行体系可以创造货币，这样尽管企业未向社会提供产品，但是其工人却取得了收入，显然由这种分配方式形成的需求就缺乏供给保证。(2) 收入的分配与再分配往往会使收入分配结构发生变化。由于不同收入阶层的居民有不同的消费倾向、不同类型的企业有不同的投资倾向，这样就会使居民消费需求水平、企业投资需求水平发生变化，由此就可能会导致不同的总需求水平。例如，如果收入再分配导致低收入居民在收入分配中的比重提高，总消费需求水平就会提高，因为低收入居民的消费倾向高于高收入居民；如果收入分配导致有利于投资倾向高的企业的结果，总投资需求水平就会提高。

(2) 决定消费需求的因素主要有以下因素：

①居民可支配收入。居民可支配收入对消费需求的影响是，居民可支配收入水平越高，消费支出水平越高，即消费需求水平越高；居民可支配收入水平越低，消费支出水平越低，即消费需求水平越低。

②居民的消费倾向。消费倾向是指居民的消费支出在其收入中所占的比重。显然，在居民收入一定的条件下，居民的消费倾向越高，消费支出越多，消费需求水平越高；居民的消费倾向越低，消费支出越少，消费需求水平越低。消费倾向有平均消费倾向与边际消费倾向之分，平均消费倾向是指居民的总消费支出在其总收入中所占的比重，边际消费倾向是指居民消费支出的增加量在其收入增加量中所占的比重。在居民收入一定的条件下，平均消费倾向越高，消费支出越多，消费需求水平越高；平均消费倾向越低，消费支出越少，消费需求水平越低。边际消费倾向与平均消费倾向可能一致，也可能不一致。在边际消费倾向与平均消费倾向一致的条件下，边际消费倾向不会影响到消费需求水平，但是如果边际消费倾向与平均消费倾向不一致，边际消费倾向就会对平均消费倾向产生影响，从而会对消费需求水平产生影响。如果边际消费倾向小于平均消费倾向，则会导致平均消费倾向下降，从而使消费需求水平下降；如果边际消费倾向大于平均消费倾向，则会导致平均消费倾向上升，从而使消费需求水平上升。边际消费倾向与平均消费倾向不一致的程度越大，边际消费倾向对平均消费倾向产生的影响越大，其对消费需求水平产生的影响也因而越大。居民消费倾向的高低和变化是由居民的收入水平及其变化、商品价格及其变化、居民的价格预期及其变化、居民的偏好及其变化、居民的储蓄倾向及其变化等因素共同决定的。

③居民的储蓄倾向。储蓄倾向是指居民储蓄在其收入中所占的比重。在居民收入一定的条件下，居民的储蓄倾向越高，消费支出越少，消费需求水平越低；居民的储蓄倾向越低，消费支出越多，消费需求水平越高。储蓄倾向也可分为平均储蓄倾向与边际储蓄倾向，平均储蓄倾向是指居民的总储蓄在其总收入中所占的比重，边际储蓄倾向是指居民储蓄的增加量在其收入增加量中所占的比重。在居民收入一定的条件下，平均储蓄倾向越高，消费支出越少，消费需求水平越低；平均储蓄倾向越低，消费支出越多，消费需求水平越高。边际储蓄倾向与平均储蓄倾向可能相等，也可能不相等，在边际储蓄倾向与平均储蓄倾向相等的条件下，边际储蓄倾向不会影响到消费需求水平，但是如果边际储蓄倾向与平均储蓄倾向不相等，边际储蓄倾向就会对平均储蓄倾向产生影响，从而会对消费需求水平产生影响。如果边际储蓄倾向大于平均储蓄倾向，则会导致平均储蓄倾向上升，从而使消费需求水平下降；如果边际储蓄倾向小于平均储蓄倾向，则会导致平均储蓄倾向下降，从而使消费需求水平上升。边际储蓄倾向与平均储蓄倾向偏离的程度越大，边际储蓄倾向对平均储蓄倾向产生的影响越大，其对消费需求水平产生的影响也会越大。

居民储蓄倾向的高低和变化是由居民的收入水平及其变化、利率水平及其变化、居民的储蓄偏好及其变化、居民的生活自我保障需要及其变化、投资机会及其变化、居民的消费倾向及其变化等因素所共同决定的。居民储蓄倾向的高低和变化与这些因素的关系的性质是什么呢？其一，居民的收入水平及其变化。其他因素不变，居民收入水平越高，储蓄倾向越高，居民收入水平越低，储蓄倾向越低；居民收入水平下降，边际储蓄倾向下降，从而平均储蓄倾向下降，居民收入水平上升，边际储蓄倾向上升，从而平均储蓄倾向上升。其二，利率水平及其变化。其他因素不变，利率水平越高，储蓄倾向越高；利率水平越低，储蓄倾向越低。利率下降，边际储蓄倾向下降，从而平均储蓄倾向下降；利率上升，边际储蓄倾向上升，从而平均储蓄倾向上升。其三，居民的储蓄偏好及其变化。由于历史、文化等因素的影响，在收入水平等因素相同的条件下，由于居民的储蓄偏好不同，也会形成不同的储蓄倾向。其他因素一定，居民的储蓄偏好越强，储蓄倾向越高；居民的储蓄偏好越弱，储蓄倾向越低。居民的储蓄偏好增强，边际储蓄倾向会上升，从而平均储蓄倾向上升；居民的储蓄偏好减弱，边际储蓄倾向会下降，从而平均储蓄倾向下降。其四，居民的自我生活保障需要及其变化。其他因素一定，居民的自我生活保障需要越强，储蓄倾向越高；居民的自我生活保障需要越弱，储蓄倾向越低。居民的自我生活保障需要增强，边际储蓄倾向会上升，从而平均储蓄倾向上升；居民的自我生活保障需要减弱，边际储蓄倾向会下降，从而平均储蓄倾向下降。居民的自我生活保障需要及其变化受经济发展水平、经济变化预期、收入变化预期等因素的影响，对其影响最大、最直接的是社会保障。社会保障制度越完善，社会保障水平越高，居民的自我生活保障需要越弱；反之，居民的自我生活保障需要越强。社会保障制度的进步、社会保障水平的提高会减弱居民的自我生活保障需要，从而使居民的储蓄倾向下降；社会保障制度的退化、社会保障水平的下降则会增强居民的自我生活保障需要，从而使居民的储蓄倾向上升。其五，投资机会及其变化。要投资，需先储蓄，其他因素一定，居民面临的投资机会越好，居民的储蓄倾向会越高；居民面临的投资机会越差，居民的储蓄倾向会越低。投资机会是由宏观经济形势、政府管制、市场容量与结构的变化、产业结构的变化等多方面的因素所决定的。其六，居民的消费倾向及其变化。其他因素一定，居民的消费倾向越高，居民的储蓄倾向越低；居民的消费倾向越低，居民的储蓄倾向越高。居民的边际消费倾向上升，居民的边际储蓄倾向便会下降，从而居民的平均储蓄倾向就会下降；居民的边际消费倾向下降，居民的边际储蓄倾向便会上升，居民的平均储蓄倾向就会上升。基于居民储蓄倾向与消费需求的关系，那些导致储蓄倾向下降的因素会使消费需求增加，导致储蓄倾向上升的因素会使消费需求减少。

④一般物价水平的变化及预期。一般物价水平的变化及预期对消费需求的影响可分为以下几种情况：第一，其他因素一定，一般物价水平稳定，且居民形成了一般物价水平稳定的预期，在这种情况下，消费需求保持稳定增长。在当期一般物价水平稳定的情况下，如果居民形成了一般物价水平上升的预期，则会增加当期消费，消费需求就会上升；如果居民形成了一般物价水平下降的预期，则会减少当期消费，消费需求就会下降。第二，其他因素一定，一般物价水平处于上升状态，在这种情况下，消费需求一般会增加。在当期一般物价水平处于上升状态的情况下，若居民预期一般物价水平会进一步上升，消费需求会进一步增加，但如果居民预期一般物价水平上升之后，会转而下降，消费需求则会减少。第三，其他因素一定，一般物价水平处于下降状态，在这种情况下，消费需求一般会减少，在当期一般物价水平处于下降状态的情况下，若居民预期一般物价水平会进一步下降，消费需求会进一步减少，而如果居民预期一般物价水平将会上升，消费需求则会增加。不过这里所说明的仅仅是一般情况，一般物价水平的变化及预期对消费需求的影响还必须考虑到一般物价水平的变化幅度、一般物价水平所处状态持续时间的长短、预期物价水平的变化幅度、预期物价水平发生变化的时间等因素的影响。

⑤商品供应状况。消费需求既要受消费品本身的供应状况的影响，也要受消费品的补充品的供应状况和价格的影响。消费品供应不足，会抑制消费，消费品供应充足，便不会限制消费的增长，消费需求就取决于消费品供应以外的因素。一种消费品的补充品的供应状况和价格对居民对这种消费品的购买有着十分重要的影响，这在电力供应状况和电力价格对家用电器消费的影响、汽油供应状况和汽油价格对家用汽车消费的影响等方面都有充分的体现。一种消费品的补充品的供应充足，价格低廉，居民就会购买此种消费品；如果一种消费品的补充品供应不足，价格高昂，居民就会放弃或者推迟购买此种消费品。

除了以上这些因素外，还有其他一些因素也会影响居民消费需求，在短期，应该注意那些随机性因素或者偶然性因素对居民消费需求的影响。

（3）决定投资需求的因素。投资需求包括民间投资需求和政府投资需求，影响民间投资需求和政府投资需求的因素是存在差别的，因此我们分别予以讨论。我们先讨论影响民间投资需求的因素，然后讨论影响政府投资需求的因素。由于民间投资的投资者主要是企业，因此我们将对民间投资需求的影响因素的分析限定于对企业投资需求的影响因素的分析。

企业投资需求受哪些因素的影响呢？企业投资需求主要受以下因素的影响：

①企业投资权益的保障程度。如果企业的投资权益缺乏保障，企业的投资需求水平就低；如果企业的投资权益能得到充分的保障，企业的投资需求水平就高。企业投资需求水平的高低与企业投资权益保障程度的高低呈正相关关系。其他因素一定，企业投资权益保障程度越低，企业投资需求水平越低；企业投资权益保障程度越高，企业投资需求水平越高。

②企业预算约束的性质。如果企业缺乏独立的经济利益，投资风险或者损失并不是由企业承担，即企业面临的预算约束是软的，企业就会漠视投资风险，漠视投资的可行性，企业投资倾向就强；如果企业具有自己独立的经济利益，投资风险或者损失由企业自己承担，即企业面临的预算约束是硬的，企业就会谨慎从事，而不会盲目地做出投资决策，投资倾向就弱。

③投资扩张同企业投资决策者经济利益的关系。如果投资扩张能使企业投资决策者获得更多的经济利益，企业就会尽力增加投资，就会有强烈的投资扩张冲动，投资需求就会很旺盛；如果投资扩张不能使企业投资决策者获得更多的经济利益，企业的投资冲动就弱，投资需求就会很弱。

④预期投资收益率。其他因素一定，预期投资收益率越高，越会刺激企业投资，企业投资需求水平会越高；预期投资收益率越低，越会抑制企业投资，企业投资需求水平会越低。

⑤投资风险程度。其他因素一定，投资风险越大，越会抑制企业投资，企业投资需求水平会越低；投资风险越小，越会刺激企业投资，企业投资需求水平会越高。

⑥企业投资所需资金供应状况和成本的高低。其他因素一定，企业投资所需资金的供应越充分，企业越容易获得投资所需要的资金，资金成本越低，越有利于企业投资，企业投资需求水平就越高；企业投资所需资金的供应越是不足，企业获得投资所需的资金越困难，资金成本越高，越不利于企业投资，企业投资需求水平就越低。企业投资所需资金的供应状况和成本的高低既与资金市场的总供求相关，也与政府的金融管制等因素相关。

⑦政府对企业的投资管制。政府往往会基于公共利益等方面因素的考虑而对企

业投资进行管制，投资管制包括投资领域管制、项目管制、投资规模管制等方面，其核心是进入管制。投资管制从性质上来看是对投资的限制，因此，政府对企业的投资管制范围越广、管制立法和执法越严，企业投资受到的限制越多，企业投资需求水平就会越低，政府对企业的投资管制范围越窄、管制立法和执法越松，企业投资受到的限制就会越少，企业投资需求水平就会越高。

上面我们分析了影响企业投资需求的因素，那么政府投资需求受哪些因素的影响呢？政府投资需求主要受以下因素的影响：

①政府所确定的经济增长目标。经济增长一般都是政府追求的首要的经济目标，政府一般都要确定每年的经济增长目标，即要达到的经济增长率。在短期经济增长目标的实现依赖于投资，经济增长目标一旦确定，也就决定了当年政府投资计划。政府所确定的经济增长率目标越高，需要的投资就越多，政府投资需求水平就越高；政府所确定的经济增长率目标越低，需要的投资就越少，政府投资需求水平就越低。

②政府建设基础设施的规模。基于基础设施的一般特点（公共性、网络性、正的外部性、资本的不可分割性、投资的大规模性、高沉淀成本等），政府往往是基础设施建设的主要承担者。由于基础设施投资的大规模性，基础设施建设往往需要有一个长期的投资计划，投资时间、投资规模等的确定与政府的认识能力、政府面临的压力等密切相关，这样在不同时期政府的基础设施投资就会出现波动。如果政府认为应该加快基础设施建设，就会大幅度增加基础设施投资，政府基础设施投资需求水平就高；如果政府面临的基础设施建设的压力小，政府认为没有必要加快基础设施建设，就不会大幅度增加基础设施投资，政府基础设施投资需求水平就低。

③政府对宏观经济运行状态和趋势的判断。如果政府认为宏观经济运行已经处于过度扩张的状态或者有出现过度扩张的趋势，政府就会削减投资，如果认为宏观经济运行过度扩张的状态会加剧，则会更大幅度地削减投资；如果政府认为宏观经济运行已经处于过度萎缩的状态或者有出现萎缩的趋势，政府就会增加投资，如果认为宏观经济运行过度萎缩的状态会加剧，则会更大幅度地增加投资。政府对宏观经济运行状态和趋势的判断可能是正确的，也可能出现错误，由此就存在着政府削减投资或者增加投资的行为对宏观经济运行产生两种不同性质的影响的可能性。如果政府对宏观经济运行状态和趋势的判断是正确的，政府削减投资或者增加投资的行为对宏观经济运行就会产生正面的影响；如果政府对宏观经济运行状态和趋势的判断是错误的，政府削减投资或者增加投资的行为对宏观经济运行就会产生负面的影响。

④国内及国际出现的灾害以及各种突发事件。应付灾害以及各种突发事件是政府的责任，灾害以及各种突发事件出现的频率、造成损害的规模的不同也会对政府

投资产生影响。如果灾害以及各种突发事件出现的频率和造成损害的规模小于政府预期，那么政府应对灾害以及各种突发事件的实际投资支出会低于政府的计划投资支出，这样就会降低政府投资需求水平；如果灾害以及各种突发事件出现的频率和造成损害的规模超过了政府预期，那么政府应对灾害以及各种突发事件的投资支出一般就会增加，最终使得实际投资支出高于政府的计划投资支出，这样就会使政府投资需求水平上升。

⑤政府预算约束的性质和程度。如果政府预算面临严格的预算约束，那么政府调整投资计划和筹集投资资金的能力将会受到严格的限制，政府变更投资需求水平，特别是政府扩张投资的能力将很小。由于政府是公共权力机构，而且代表的是公共利益，因此政府预算面临的约束一般来说都是有弹性的，或者说政府预算约束都是软的，这样就带来了政府变更投资需求水平，特别是政府扩张投资的可能性。不过在不同的体制下，政府预算面临的约束的软度是不同的，因此在不同的体制下，政府变更投资需求水平，特别是政府扩张投资的能力是存在着差别的，政府预算面临的约束越软，政府调整投资计划的冲动和能力越强，筹集投资资金的能力越强，从而政府变更投资需求水平，特别是政府扩张投资的能力越强，政府投资需求水平上升的可能性越大。

以上我们分别分析了影响企业投资需求和政府投资需求的因素，需要说明的是，企业投资需求和政府投资需求也是相互影响的，在对企业投资需求和政府投资需求进行经验性质的研究时，应该考虑到两者的相互影响。

三、国民经济总量平衡的含义

国民经济总量平衡是指总供给与总需求在实际上的平衡，即 AS=AD。

理解总量平衡需要注意以下三点：

（1）总量平衡是同一衡量范围、同一衡量层次的总供给与总需求的平衡。由于总供给与总需求衡量的范围与层次的不同，总供给与总需求平衡的具体内容是存在差别的。总供给与总需求平衡与否，应该根据同一范围、同一层次的总供给与总需求的数量关系来判断，而不应该根据不同范围、不同层次的总供给与总需求的数量关系来判断。换句话说，如果总供给与总需求的衡量范围或者层次不同，我们便无法判断总供给与总需求是否平衡，依据不同范围、不同层次的总供给与总需求的数量关系来判断总供给与总需求是否平衡，是不可能得出正确的结论的。

（2）总量平衡是同一时间总供给与总需求的平衡。不同时间的总供给与总需求出现不平衡是正常的，总供给与总需求平衡与否是根据同一时间的总供给与总需求的数量关系来判断，而不是根据不同时间的总供给与总需求的数量关系来判断。

（3）总量平衡不是一般价格水平发生变化后的总供给与总需求的平衡。从会计核算、统计上来看，总供给最终是必然同总需求相等的。因为，若 AD>AS，价格会上升，即通过价格上涨，AS 最终会同 AD 相等；若 AD<AS，价格水平则又会下降，即通过价格下降，AD 最终会同 AS 相等。显然这种平衡是事后平衡，是一种统计形式上的平衡，而不是实际上的总量平衡，总供给与总需求达到实际上的平衡以一般价格水平不发生变化为前提，总供给同总需求相等。

下面，我们根据从不同角度（不同衡量范围、不同衡量层次）衡量的总供给与总需求来具体说明总供给与总需求平衡即总量平衡的具体内容。

1. 从社会净产值（国民收入）角度衡量的总量平衡

从社会净产值（国民收入）角度衡量的总量平衡是指在一定时期由物质生产部门所生产出来的可供社会最终消费和使用的扣除折旧产品之后的产品总和（即消费品供给与净投资品供给之和）与同一时期社会对物质生产部门生产的各种消费品和净投资品的有效需求的总和相等。从社会净产值（国民收入）角度衡量的总量平衡的表述公式是：

$$AS_{NPS}=AD_{NPS}$$

即：消费品供给+净投资品供给=消费需求+净投资需求

2. 从社会最终产值角度衡量的总量平衡

从社会最终产值角度衡量的总量平衡是指在一定时期由物质生产部门所生产出来的可供社会最终消费和使用的产品总和（即消费品供给与总投资品供给之和）与同一时期社会对物质生产部门生产的各种消费品和各种投资品的有效需求的总和相等。从社会最终产值角度衡量的总量平衡的表述公式是：

$$AS_{FPS}=AD_{FPS}$$

即：消费品供给+总投资品供给=消费需求+总投资需求

3. 从社会总产值角度衡量的总量平衡

从社会总产值角度衡量的总量平衡是指在一定时期由物质生产部门所生产出来的一切可供社会消费和使用的产品总和（即消费品供给与生产资料供给（包括中间产品供给与总投资品供给）之和）与同一时期社会对物质生产部门生产的各种消费品和各种生产资料（包括中间产品和总投资品）的有效需求的总和相等。从社会总产值角度衡量的总量平衡的表述公式是：

$$AS_{TPS}=AD_{TPS}$$

即：中间产品供给+消费品供给+总投资品供给
=中间产品需求+消费需求+总投资需求

在以 MPS 指标体系衡量的总供给与总需求中，由于中间产品是简单再生产所需，其供给与需求平衡已经在生产过程中自行解决了（或者一般假定已经在生产过程中自行解决了），因此在研究以 MPS 指标体系衡量的国民经济总量平衡时着重从社会净产值（国民收入）、社会最终产值层次来分析，最关键的又是从社会净产值（国民收入）层次来分析的总量平衡问题，因为一般来说，只要从社会净产值

（国民收入）层次衡量的总供给与总需求实现了平衡，其他层次的总供求平衡一般就可实现，即只要有 $AS_{NI}=AD_{NI}$，一般就有 $AS_{FPS}=AD_{FPS}$ 和 $AS_{TPS}=AD_{TPS}$。

4. 从国民生产总值角度衡量的总量平衡

从国民生产总值角度衡量的总量平衡是指以国民原则衡量的，在一定时期由国民经济各生产部门生产出来的可供社会最终消费和使用的产品总和（即全部消费品供给、总投资品供给与净出口品供给之和）与同一时期社会对国民经济各生产部门生产出来的各种消费品和各种投资品的有效需求与净出口需求的总和相等。从国民生产总值角度衡量的总量平衡的表述公式是：

$$AS_{GNP}=AD_{GNP}$$

即：　全部消费品供给+总投资品供给+净出口品供给

=全部消费品需求+总投资品需求+净出口需求

若以需求主体衡量，从国民生产总值角度衡量的总需求为私人消费需求、私人投资需求、政府需求与净出口需求之和。上式由此可表示为：

全部消费品供给+总投资品供给+净出口品供给

=私人消费需求+私人投资需求+政府需求+净出口需求

=私人消费支出+私人投资支出+政府支出+净出口支出

5. 从国内生产总值角度衡量的总量平衡

从国内生产总值角度衡量的总量平衡是指以国土原则衡量的，在一定时期由国民经济各生产部门生产出来的可供社会最终消费和使用的产品总和（即全部消费品供给、总投资品供给与净出口品供给之和）与同一时期社会对国内经济各生产部门生产出来的各种消费品和各种投资品的有效需求与净出口需求的总和相等。从国内生产总值角度衡量的总量平衡的表述公式是：

$$AS_{GDP}=AD_{GDP}$$

即：　全部消费品供给+总投资品供给+净出口品供给

=全部消费品需求+总投资品需求+净出口需求

若以需求主体衡量，从国内生产总值角度衡量的总需求为私人消费需求、私人投资需求、政府需求与净出口需求之和。上式由此可表示为：

全部消费品供给+总投资品供给+净出口品供给

=私人消费需求+私人投资需求+政府需求+净出口需求

=私人消费支出+私人投资支出+政府支出+净出口支出

6. 从国民生产净值角度衡量的总量平衡

从国民生产净值角度衡量的总量平衡是指以国民原则衡量的，在一定时期由国民经济各生产部门生产出来的可供社会最终消费和使用的消费品和净投资品之和（即全部消费品供给、净投资品供给之和与净出口品供给之和）与同一时期社会对国民经济各生产部门生产出来的各种消费品和各种净投资品的有效需求与净出口需求的总和相等。从国民生产净值角度衡量的总量平衡的表述公式是：

$$AS_{NNP}=AD_{NNP}$$

即：全部消费品供给+净投资品供给+净出口品供给

=全部消费品需求+净投资品需求+净出口需求

若以需求主体衡量，从国民生产净值角度衡量的总需求为私人消费需求、私人净投资需求、扣除政府重置投资需求后的政府需求与净出口需求之和。上式由此可表示为：

全部消费品供给+净投资品供给+净出口品供给

=私人消费需求+私人净投资需求+(政府需求—政府重置投资需求)+净出口需求

=私人消费支出+私人净投资支出+(政府支出—政府重置投资支出)+净出口支出

7. 从国内生产净值角度衡量的总量平衡

从国内生产净值角度衡量的总量平衡是指以国土原则衡量的，在一定时期由国民经济各生产部门生产出来的可供社会最终消费和使用的消费品和净投资品之和(即全部消费品供给、净投资品供给之和与净出口品供给之和）与同一时期社会对国民经济各生产部门生产出来的各种消费品和各种净投资品的有效需求与净出口需求的总和相等。从国内生产净值角度衡量的总量平衡的表述公式是：

$$AS_{NDP}=AD_{NDP}$$

即：全部消费品供给+净投资品供给+净出口品供给

=全部消费品需求+净投资品需求+净出口需求

若以需求主体衡量，从国内生产净值角度衡量的总需求为私人消费需求、私人净投资需求、扣除政府重置投资需求后的政府需求与净出口需求之和。上式由此可表示为：

全部消费品供给+净投资品供给+净出口品供给

=私人消费需求+私人净投资需求+(政府需求—政府重置投资需求)+净出口需求

=私人消费支出+私人净投资支出+(政府支出—政府重置投资支出)+净出口支出

在以 SNA 指标体系衡量的总供给与总需求中，不存在中间产品的供给与需求的平衡问题，由于国民生产总值和国内生产总值的综合性比国民生产净值和国内生产净值要高，因此在研究以 SNA 指标体系衡量的国民经济总量平衡时一般是从国民生产总值和国内生产总值层次来研究总量平衡问题的。

四、总量平衡的标志

国民经济总量即总供给与总需求是否实现了平衡，主要是通过价格水平和市场上商品供求状况来衡量。

1. 一般物价水平（通常用物价总指数来衡量）

在完全竞争性的市场经济中或在以竞争性市场为基础的市场经济中，商品价格对于市场供求的反映是很灵敏的，如果国民经济实现了总量平衡（AS=AD），则一般物价水平将保持稳定。因此，如果一般物价水平不稳定，则表明总量是失衡的，在 AS>AD 时，一般物价水平会下跌，而 AD>AS 时，一般物价水平会上涨。

2. 商品的供应状况

在价格能够灵敏地反映市场供求状况的经济体系中，一般物价水平的稳定是总供求平衡的首要标志。但是在价格不能灵敏地反映商品的市场供求状况时，例如在传统的集中计划经济体制下，价格是由国家统一规定的，价格并不能随市场供求状况的变化而发生相应的变化，在这种情况下，总量平衡就不能够从一般物价水平上得到反映，而只能从商品的供应状况得到反映。商品供应充分，库存保持正常增长，表明总供给与总需求是平衡的。相反，总供给与总需求失衡，也会从商品供应状况反映出来。如果 AS>AD，则商品库存超常增长，大量的消费品、投资品不是被买走，而是大量积压在仓库里，销售不出去；如果 AD>AS，则表现为商品极为短缺，库存大量减少，到处排长队，消费者以各种手段来求得商品，商品销售极其容易，求购商品欲望非常强烈，连劣质品、次品都极易销售。因此只要出现总量失衡，总会要通过各种形式表现出来，即使不能通过一般价格水平来反映，也必然会通过商品的供应状况反映出来。

在总量平衡的条件下，生产者能够按照正常的价格销售其产品，消费者能按正常价格购买到其所需的产品，社会再生产（简单再生产或者扩大再生产）能够正常地进行，资本利用率维持正常水平，国民经济保持正常增长。

第二节　国民经济的总量失衡

一、国民经济总量失衡的含义与分类

严格地来说，只要出现总供给与总需求的不一致，即 AS≠AD，就应该说出现了国民经济的总量失衡。不过，由于在实际经济中，要使总供给与总需求达到绝对平衡是很难实现的；并且只要总供给与总需求不一致的程度不大，或者说总供给与总需求的不平衡程度很轻，其对国民经济的正常运行一般并不会产生不利的影响，因此考虑到实际经济运行，我们并不是将任何程度的总供给与总需求的不一致都视为总量失衡，而只是将那些总供给与总需求的不一致达到一定的程度，影响到国民经济的正常运行的总供给与总需求的不一致称为总量失衡。因此，我们这里所说的国民经济的总量失衡是指总供给与总需求之间的不平衡（不相等）达到一定的程度，从而影响国民经济的正常运行的总供求失衡。

按照总供给与总需求孰大孰小，可将国民经济的总量失衡划分为以下两种类型：

1. AS>AD，即总需求不足（或者总供给过剩）型的总量失衡

从社会净产值（国民收入）角度看，就是 $AS_{NPS}>AD_{NPS}$，也就是社会净产值（国民收入）生产额>名义社会净产值（国民收入）使用量，即：

消费品供给+净投资品供给>消费需求+净投资需求

从社会最终产值角度看，就是 $AS_{FPS}>AD_{FPS}$，也就是社会最终物质产品总供给>社会最终物质产品总需求，即：

消费品供给+总投资品供给>消费需求+总投资需求

从社会总产值角度看，就是 $AS_{TPS}>AD_{TPS}$，也就是社会总产品总供给>社会总产品总需求，即：

中间产品供给+消费品供给+总投资品供给>
中间产品需求+消费需求+总投资需求

从国民生产总值角度看，就是 $AS_{GNP}>AD_{GNP}$，也就是国民社会最终产品总供给>国民社会最终产品总需求，即：

全部消费品供给+总投资品供给+净出口品供给>
全部消费品需求+总投资品需求+净出口需求

从国内生产总值角度看，就是 $AS_{GDP}>AD_{GDP}$，也就是国内社会最终产品总供给>国内社会最终产品总需求，即：

全部消费品供给+总投资品供给+净出口品供给>
全部消费品需求+总投资品需求+净出口需求

从国民生产净值角度看，就是 $AS_{NNP}>AD_{NNP}$，即：

全部消费品供给+净投资品供给+净出口品供给>
全部消费品需求+净投资品需求+净出口需求

从国内生产净值角度看，就是 $AS_{NDP}>AD_{NDP}$，即：

全部消费品供给+净投资品供给+净出口品供给>
全部消费品需求+净投资品需求+净出口需求

2. AD>AS，即总需求过度（或者总供给不足）型的总量失衡

从社会净产值（国民收入）角度看，就是 $AD_{NPS}>AS_{NPS}$，也就是名义社会净产值（国民收入）使用量>社会净产值（国民收入）生产额，即：

消费需求+净投资需求>消费品供给+净投资品供给

从社会最终产值角度看，就是 $AD_{FPS}>AS_{FPS}$，也就是社会最终物质产品总需求>社会最终物质产品总供给，即：

消费需求+总投资需求>消费品供给+总投资品供给

从社会总产值角度看，就是 $AD_{TPS}>AS_{TPS}$，也就是社会总产品总需求>社会总产品总供给，即：

中间产品需求+消费需求+总投资需求>中间产品供给+消费品供给+总投资品供给

从国民生产总值角度看，就是 $AD_{GNP}>AS_{GNP}$，也就是国民社会最终产品总需求>国民社会最终产品总供给，即：

全部消费品需求+总投资品需求+净出口需求>
全部消费品供给+总投资品供给+净出口品供给

从国内生产总值角度看，就是 $AD_{GDP}>AS_{GDP}$，也就是国内社会最终产品总需求>国内社会最终产品总供给，即：

全部消费品需求+总投资品需求+净出口需求>
全部消费品供给+总投资品供给+净出口品供给

从国民生产净值角度看，就是 $AD_{NNP}>AS_{NNP}$，即：

全部消费品需求+净投资品需求+净出口需求>
全部消费品供给+净投资品供给+净出口品供给

从国内生产净值角度看，就是 $AD_{NDP}>AS_{NDP}$，即：

全部消费品需求+净投资品需求+净出口需求>
全部消费品供给+净投资品供给+净出口品供给

国民经济的总量失衡还可以根据其他标准进行分类，例如根据国民经济总量失衡的程度可以将其划分为轻度的总量失衡、中度的总量失衡、严重的总量失衡，根据国民经济总量失衡的产生原因可以将其划分为货币性的总量失衡、财政性的总量失衡、分配性的总量失衡、结构性的总量失衡等。

二、国民经济总量失衡的表现

我们如何判断总量失衡的发生及其类型，即如何判断是否发生了总量失衡、已经发生的总量失衡属于哪一种类型，也就是说要说明总量失衡及其类型是怎样表现出来的。发生了总量失衡，会通过以下两个方面表现出来：

1. 一般物价水平的波动

在价格能较灵敏地反映市场供求状况的经济体系中，一旦发生了总量失衡，一般物价水平会发生较大或剧烈的波动或者变化，一般物价水平波动的方向或者是上涨或者是下跌，无论是上升，还是下降，都表明国民经济未能实现总量平衡。

（1）AS>AD。在出现 AS>AD 的情况下，如果物价未受管制，一般物价水平会以较大的幅度下降，一般物价水平下降的幅度越大，表明 AS>AD 的总量失衡状态越严重。

（2）AD>AS。在出现 AD>AS 的情况下，如果物价未受管制，一般物价水平会以较大的幅度上涨，就是说会出现通货膨胀，一般物价水平上升幅度越大，表明通货膨胀越严重，意味着 AD>AS 的总量失衡状态越严重。

2. 商品的供应状况

发生了总量失衡，商品的供应状况必然发生较大的变化。在价格体系不能较灵敏地反映商品供求状况的经济体系中，总量失衡主要通过商品供应状况的变化来反映出来，或者出现普通的商品过剩，或者出现普遍的商品短缺。

（1）AS>AD。出现了这种情况，就会出现普遍的商品过剩，商品过剩会通过各种形式表现出来，如生产部门和商业部门存货超常增长，商品滞销，生产部门生产的东西卖不出去，订单减少等。总之，一旦出现 AS>AD 的总量失衡，商品过剩就会成为普遍现象。

（2）AD>AS。出现了这种情况，商品的供应就会变得紧张，就会出现普遍的商品短缺，商品短缺会通过各种形式表现出来，如商店货架空空如也，消费者到处排队抢购，出现消费品的限量供应，消费者有钱买不到东西，居民强制储蓄大大增加，结余购买力大幅度增长，生产者的商品销售变得十分容易等。总之，一旦出现 AD>AS 的总量失衡，商品短缺（“商品荒”）就会成为普遍现象。

因此，当一般物价水平较大幅度地下降，出现普遍的商品过剩时，就表明在国民经济中发生了 AS>AD 的总量失衡，而一般物价水平较大幅度地上涨，商品供应又十分紧张时，就表明在国民经济中，发生了 AD>AS 的总量失衡。

这里需要注意的是：我们可以从商品供应状况来判断是否出现了总量失衡，但是不能仅仅从一般物价水平的变化来判别是否出现了总量失衡。除了价格受到政府管制，使得一般物价水平不能反映总供给与总需求关系的真实状态之外，原因还在于单纯的货币因素——货币供应量增长过度或过低——也会使一般物价水平发生变化。在一定程度上价格水平是货币供应量的函数，价格是商品价值的货币表现，货币供应量适度增长，价格会上涨，而货币供应量过度增长并不一定是因为需求行为发生变化所致，仅仅由货币当局的行为就可以使货币供应量发生变化，从而使一般物价水平发生变化。而一般物价水平的这种变化与消费和投资支出行为没有关系，就是说并不是实际的消费与投资支出发生了变化，而完全是由单纯的货币供应量的变化而引起一般物价水平的变化的，这就使得有可能出现在发生普遍的商品过剩时，出现通货膨胀，也有可能出现在发生普遍的商品短缺时，出现一般物价水平的下降。前者的典型例子是西方国家 20 世纪 70 年代开始出现的滞胀，即在经济危机时期反而出现一般物价水平的上升，若仅从一般物价水平的变化，会断定出现了 AD>AS 的总量失衡，而实际上却正是因为 AD<AS，才导致了经济危机。因此，不能只从一般物价水平的变化来判别总量失衡与否，在价格不受管制的条件下，应该从商品供应状况与一般物价水平的变化两个方面来判断是否出现了总量失衡，只有通货膨胀与商品短缺并存才表明出现了 AD>AS 的总量失衡，一般物价水平的下降与普遍的商品过剩并存才表明出现了 AS>AD 的总量失衡。

三、国民经济总量失衡产生的原因

有多种因素会导致总供求失衡。我们先对总需求过度型总量失衡出现的原因进行分析。以下因素可以导致总需求过度型的总量失衡的出现。

1. 名义分配总量或者所分配的名义收入总量超过产品的实际生产总量

由于分配过程能够相对独立于生产过程，分配过程可以先于生产过程，分配量也就可能超过产品的实际生产量，这种情况在计划经济中很容易出现，在经济货币化、信用体系发达的市场经济中也可能出现这种情况，经济的货币化程度越高，信用体系越发达，分配过程与信用体系的关系越密切，名义分配总量超过产品的实际生产总量的可能性越大。这里尤其需要注意的是财政分配。财政分配具有特殊性，一般都先于产品生产，如果财政分配规模过大，超过实际的财政收入，即存在财政赤字，而财政赤字最终又是依靠向中央银行透支来弥补，那么一般就会导致名义分配总量超过产品的实际生产总量的结果。如果出现了名义分配总量超过产品的实际生产总量的现象，就会出现总需求过度型的总量失衡。

2. 经济体系内部存在着导致消费需求膨胀和投资需求膨胀的因素

（1）消费基金膨胀和消费需求膨胀。消费基金膨胀主要来自于两个方面：第一，劳动者追求收入最大化。消费基金是消费需求形成的前提，劳动者获取收入的最主要来源是工资（包括工资报酬、奖金、津贴、企事业单位提供的实物等），劳动者消费水平的提高依赖于工资收入的增长，收入越多，其消费水平越高，收入增长得越快，消费水平提高得越快，所以劳动者要追求收入最大化，这样就要求企业不断提高工资水平，以增加收入，因此就会向企业持续地施加增加工资的压力，在劳动者具有垄断势力的情况下，这种压力会更大。劳动者的这种意愿能否实现，就取决于企业是否具有同这种增资压力相平衡的约束力量，如果企业没有，则工资必然超过企业劳动生产率增长而增长。例如，在中国传统的经济体制下，国有企业负责人具有“双重人格”特征就使得在企业中缺乏抑制企业员工要求工资上涨的抗衡力量。国有企业负责人虽然一方面由国家任命、代表国家，但另一方面他也是劳动者的一分子，并且每天直接面对着企业职工，如果他不满足劳动者的这种愿望，劳动者的工作积极性就会下降，就难以完成国家计划任务，尤其是劳动者工资增长并不损害他个人的利益，相反会受到职工的拥护，企业盛衰同他个人利益并无紧密关系，因此往往倾向于满足职工意愿，而忽视企业自我积累。这样就难以避免消费基金的膨胀。消费基金膨胀为消费需求膨胀提供了条件。在企业投资不是依靠自我积累，而是依靠银行贷款的情况下，消费需求膨胀最终会导致总需求膨胀。第二，政府社会保障支出的增长过快。基于社会压力、政治压力等方面的因素，在某些时期，政府社会保障支出的增长可能会超过经济增长所允许的限度，从而引起消费基金膨胀，导致消费需求膨胀，如果社会保障支出的增长挤占了积累基金，而投资最终依靠银行贷款的支持，那么出现总需求过度型的总量失衡就难以避免。

（2）投资需求膨胀。从企业投资来看，如果企业具有强烈的投资意愿，但企业并非依靠自己的积累进行投资，而是依靠银行贷款进行投资，银行是依靠其创造货币的能力满足企业的需要，那就会引起企业投资需求膨胀。

从政府投资来看，如果政府具有强烈的投资意愿，但投资资金并不是依靠经济性财政收入，而是依靠银行体系的贷款，往往就会引起政府投资需求膨胀。在政府确定的经济增长目标过高、基础设施建设规模过大、低估宏观经济运行过热状态和趋势、国内出现超过政府预期的灾害以及各种突发事件的情况下，政府投资需求膨胀的出现往往难以避免。

投资需求膨胀和消费需求膨胀会共同导致总需求膨胀。

投资需求膨胀的出现需要具备两个条件：一是企业和政府具有强烈的投资意愿，没有这种投资意愿，不可能出现投资需求膨胀，企业和政府具有强烈的投资意愿是投资需求膨胀出现的必要条件；二是企业和政府能够获得投资资金，企业和政府得不到投资资金，其投资意愿再强烈，也不可能出现投资需求膨胀，企业和政府能够获得投资资金是投资需求膨胀出现的充分条件。银行体系的货币创造能力为企业和政府获得投资所需的资金提供了可能性，只要银行被迫或者自愿向企业和政府提供投资所需的资金，银行体系的货币创造能力的运用就能够为企业和政府提供其投资所需要的资金。

从我国经济现实来看，企业和政府（包括地方政府和中央政府）都是具有强烈的投资意愿的。

为什么企业具有强烈的投资意愿呢？因为企业投资规模扩大，企业规模才能扩大，企业规模扩大了，企业和企业所有者、企业经理阶层的社会地位才会提高，对国有企业负责人而言，才能有更高的行政级别，更高的权威，更多的提升机会，拥有更大的权力，企业就能得到国家更多的关注，得到更多的后续投资。同时，对国有企业来说，投资的损失并非由企业负责人承担责任。总之，由投资所带来的利益使企业具有强烈的投资意愿。

从地方政府来看，地方政府也具有强烈的投资意愿。其原因在于：①地方政府领导人的政绩驱动。经济增长是考核地方政府领导人政绩的重要方面，经济增长速度越高，地方政府领导人的政绩越好。而要实现经济的高增长，最直接的途径就是大幅度增加投资，同时基础设施建设等既为地方经济发展所需，其本身也是展示地方政府领导人政绩的重要方面，因此地方政府领导人热衷于扩大投资。②地方政府领导人追求政治地位和社会地位的驱动。地方政府领导人的政治地位和社会地位与地方经济规模紧密相关，经济规模越大，其领导人的政治地位和社会地位越高，因此地方政府领导人会要努力扩大地方经济规模，扩大地方经济规模就必须不断增加投资。③财政收入的驱动。我国财政是速度型财政，经济高速增长，财政收入就会大幅度增长，经济增长下降，财政收入也会减少，因此地方政府追求财政收入增长就必然要追求经济高速增长，由此就会具有不断扩大投资的冲动。④就业压力。由于人口增长过快，经济规模相对过小，我国各地都面临着沉重的就业压力，要解决本地的就业问题就必须不断扩大经济规模，由此就必须不断增加投资。⑤地区经济发展的竞争压力。先进地区要保持领先地位、落后地区要赶超先进地区就要加速本地的经济增长，而要使本地经济快速增长，就必须不断地增加投资。

从中央政府来看，也同样具有强烈的投资意愿。其原因在于：①经济高速增长是领导政绩的重要反映；②我国经济很落后，同经济发达国家差距极大，只有维持经济的高速增长才能赶超经济发达国家；③只有经济高速增长，财政收入才能增加；④只有经济高速增长，才能解决我国严重的就业问题。而要实现经济的高速增长，就必须使投资高速增长。不过需要说明的是，中央政府的投资意愿会因为宏观经济的运行状态而出现波动。

在企业和政府都具有强烈的投资意愿的条件下，投资资金的可得性就成为投资需求膨胀的约束条件，如果企业和政府得不到投资资金，强烈的投资意愿不会演变为现实的投资需求膨胀，如果企业和政府能得到投资资金，投资需求膨胀就会成为现实。投资资金的可得性主要取决于银行制度。

上面我们分析了导致总需求过度型的总量失衡可能出现的原因，那么又有哪些因素会引起需求不足型的总量失衡呢？如果名义分配总量或者所分配的名义收入总量小于产品的实际生产总量，如果经济体系内部存在着导致消费需求萎缩和投资需求萎缩的因素，就会出现总需求不足型的总量失衡。

四、总量失衡的经济后果

国民经济发生了总量失衡，会对国民经济的正常运行产生什么影响呢？只要发生了总量失衡，无论是哪种类型的总量失衡，国民经济便不能正常地运行。不过，总量失衡的类型不同，其具体经济后果是存在着差别的。下面将分别就 AS>AD 和 AD>AS 这两种类型的总量失衡的经济后果进行分析。

1. AS>AD 即总需求不足型总量失衡的经济后果

（1）在 AS>AD 的条件下，商品价格下降，或者企业所生产出来的商品销售很困难，导致企业存货水平及增长超过正常存货水平及增长（正常的含义是管理水平一定的条件下，为维持企业的简单再生产和扩大再生产所要求的存货水平），企业利润下降，资金周转不灵，就要削减生产，减少进货甚至停止进货，削减投资支出，甚至不再进行投资支出，这样整个社会商品过剩状况就愈演愈烈，产品滞销的企业纷纷削减生产和投资，于是整个产出增长减缓，只有少量增长，或者完全停止增长，甚至可能出现负增长。

（2）在 AS>AD 的条件下，不仅购买商品很容易，且商品价格呈下降态势，消费者就会减少当期购买量，降低消费品存量水平，推迟购买的行为倾向增强，储蓄倾向增强，居民会增加现金持有量和存款，这样也就会更进一步加剧商品的过剩状况，使商业库存超常增长，企业资金周转不灵，利润率下降，商业企业就要减少订货或停止进货，乃至撤销购货合同，这样就会导致生产企业库存超常增长，资金周转不灵，利润率下降，生产企业就要削减生产、削减投资，产出增长势必减缓，经济增长率下降，或者完全停止增长，甚至出现负增长。

（3）从生产能力的利用来看，出现了总需求不足型的总量失衡，企业削减生产和投资会导致物质资本的利用率下降，同时由于企业生产和投资，对劳动力的需求必然会减少，这样就业水平就会下降，失业率会上升，人力资本的利用率下降，总之，出现了总需求不足型的总量失衡，会使生产能力的利用率下降，经济资源或者生产能力的闲置增加。

综上所述，出现了总需求不足型的总量失衡，会造成生产能力的利用率下降，经济增长下降。

2. AD>AS 即总需求过度型总量失衡的经济后果

总需求过度型总量失衡所引起的具体的经济后果同总需求不足型总量失衡所引起的具体经济后果正好相反。如果经济中出现了总需求过度型的的总量失衡，会导致经济的过度增长，包括引起通货膨胀，固定资产补偿不足，生产成本递增，经济效率下降，产品质量下降，阻碍技术进步。

原因何在呢？在出现了总需求过度型的总量失衡的条件下，消费者求购欲望极其强烈，提前购买倾向增强，消费品目标存量水平提高；商业部门销售极容易，对生产部门的订货大量增长，生产部门因为销售不存在任何困难，因此拼命增加生产，由于需求极其旺盛，生产企业不需予产品质量以太多的注意，即使产品质量很差，照样能够销售出去，生产企业就不注重提高产品质量，甚至忽视产品质量，而主要或完全追求产品的数量扩张；企业也无必要积极调整产品结构。由于技术创新往往会妨碍当期产量扩张，并且企业生产的老产品、质量差的产品照样容易销售，企业就不会去进行技术创新；企业即使生产成本很高，仍然能够通过提高产品销售的办法转嫁给消费者，获得满意的利润，因此在出现了总需求过度型的总量失衡的条件下，边际生产成本呈递增趋势，经济效率会下降（即同量经济资源所提供的产出量减少），尤其是实际提供的净产品会减少。在出现了总需求过度型的总量失衡的条件下，企业为大幅度增加生产，机器设备往往超负荷运转，固定资产加速损耗，但却不能得到及时的更新，造成固定资产补偿不足，固定资产被过度利用，处于疲劳运行的状态，因而生产条件日益恶化，这就会损害未来的经济增长。总之，在出现了总需求过度型的总量失衡的条件下，生产能力会被过度利用，经济过度增长，会损害未来的经济增长。

五、实现国民经济总量平衡是国民经济正常运行的必要条件

以上对总需求不足型总量失衡的经济后果和总需求过度型总量失衡的经济后果的分析实际上说明了实现国民经济的总量平衡是国民经济正常运行的条件，因为无

论是出现总需求不足型的总量失衡，还是出现总需求过度型的总量失衡，都会损害国民经济的正常运行。国民经济的正常运行是国民经济持续和协调发展的必要条件，因此实现国民经济的总量平衡也是国民经济持续和协调发展的必要条件。

国民经济的正常运行要求国民经济保持总量平衡是以社会化大生产为基础的现代经济发展的要求，其所反映的是在以社会化大生产为基础的现代经济中社会生产、分配和使用（消费）必须保持相互协调的比例关系的要求。现代经济是社会化大生产经济，社会生产、分配与使用（消费）这些社会再生产过程的各个环节之间相互联系、相互制约，产品的生产、分配和消费之间存在着一定的客观的比例关系，如果这种客观的比例关系遭到破坏，社会再生产过程的各环节之间的关系就会失调。从总量上来看，产品的生产、分配和消费之间所存在的客观的比例关系就是产品的分配总量、使用总量（消费总量）应该同产品的生产总量相一致，如果产品的分配总量、使用总量（消费总量）超过了产品的生产总量，不可避免地就会出现总需求过度型的总量失衡，如果产品的分配总量、使用总量（消费总量）小于产品的生产总量，不可避免地就会出现总需求不足型的总量失衡。需求过度型的总量失衡与总需求不足型的总量失衡是产品的分配总量、使用总量（消费总量）与产品的生产总量不平衡在市场或者说在流通过程中的表现，实际上也就表明在生产社会化的经济中，社会生产、分配、使用（消费）与流通的各个环节都必须保持协调的比例关系，任何环节的比例关系失调，都会损害整个社会生产。因此，在以社会化大生产为基础的经济中，必须保持国民经济的总量平衡，由此就必须使产品的分配总量、使用总量（消费总量）与产品的生产总量保持平衡。

第三节 国民经济总量平衡的实现

一、总量失衡到总量平衡的自动调节机制

总量平衡是国民经济正常运行的必要条件，但是在现实的经济运行中，总量平衡并不是经常能保持的。相反，在现实的经济运行中，总量平衡经常遭到破坏，亦即经济经常发生总量失衡，一旦出现总量失衡，国民经济就不能正常运行，因此应尽量避免总量失衡，在发生了总量失衡后应尽快恢复到总量平衡状态。那么，发生了总量失衡后，如何能够使国民经济由总量失衡状态恢复到总量平衡状态呢？在市场经济中，一些因素会自发地发挥作用而调节总供求的关系，也就是说是存在着促使国民经济由总量失衡状态向总量平衡状态转化的自发性的调节机制（我们称其为自动调节机制）的，不过这种自发性的调节机制存在着缺陷，使国民经济由总量失衡状态恢复到总量平衡状态往往需要政府的调节。我们先说明市场经济中存在的促使国民经济由总量失衡状态向总量平衡状态转化的自动调节机制，然后讨论政

府调节的必要性及政府可以采用的经济调节政策。

当发生总量失衡时，在市场经济中存在的促使国民经济由总量失衡状态向总量平衡状态转化的自动调节机制主要反映在以下几个方面：

（1）价格的变化。如果 AS>AD，商品价格会出现下降，这会使商品需求量增加，从而有助于缩小需求缺口；如果 AD>AS，商品价格会上涨，这会使商品需求量减少，而刺激供给增加，同时价格上涨会吸收一部分超额需求，从而会缩小供给缺口。

（2）投资机会成本的变化。如果 AS>AD，投资的机会成本会下降，从而可以刺激投资，增加投资需求；如果 AD>AS，投资的机会成本会上升，这会抑制投资，减少投资需求。

（3）出口需求的变化。如果 AS>AD，商品价格会出现下降，在本币汇率不变或者下降的情况下，出口需求会增长；如果 AD>AS，商品价格会上涨，在本币汇率不变或者上升的情况下，出口需求会下降。出口需求的变化可以起到缓解总量失衡的作用。

二、总量失衡的自动调节机制的局限性

经济体系内部所存在的促使国民经济由总量失衡状态向总量平衡状态转化的自动调节机制的作用是应该予以承认的。但是这种自动调节机制存在着以下局限性：

（1）自发调节发挥作用的时间具有不确定性。这就意味着总量失衡一旦出现，并不能依靠自发调节发挥作用及时地解决总量失衡问题。

（2）自发调节的有效性具有不确定性。就是说，自发调节能够在多大程度上发挥作用，即是否能够解决总量失衡，以及在多长的时间里能够解决总量失衡具有不确定性。一般来说，如果出现了严重的总量失衡，自发调节是不可能解决总量失衡问题的。

（3）自发调节都是事后调节。这一方面意味着自发调节要恢复总量平衡需要相当长的时间，另一方面意味着即使自发调节最终能够解决总量失衡，也无法避免总量失衡给国民经济带来严重的损失。

三、政府解决总量失衡的必要性与政策

国民经济中出现了总量失衡应该迅速予以消除，市场本身的力量（自动调节机制）并不能够保证及时地解决总量失衡问题，因此就产生了政府调节总供求关系、解决总量失衡问题的必要性。

由于在短期总供给变化的可能性较小，因此政府调节总供求关系的重点对象是总需求，也就是说，政府要通过调节总需求来解决总量失衡问题。政府调节总需求的政策工具包括货币政策、财政政策、投资政策、汇率政策、外贸政策以及外资政

策。政府调节总供求的一般原则是，如果 AS>AD，则采取增加总需求的政策，同时辅之以减少总供给的政策；如果 AD>AS，则采取减少总需求的政策，同时辅之以增加总供给的政策。

1. 货币政策

如果出现了总需求不足型的总量失衡，政府当实施扩张性的货币政策，即政府应采取降低再贴现率、降低法定存款准备金比率、在公开的市场上大量购进合格的有价证券的政策，以增加货币供应量；如果出现了总需求过度型的总量失衡，政府当实施紧缩性的货币政策，即政府应采取提高再贴率、提高法定存款准备金比率、在公开的市场上大量卖出政府持有的有价证券的政策，以减少货币供应量。

2. 财政政策

如果出现了总需求不足型的总量失衡，政府当实施扩张性的财政政策，以刺激需求的增长。具体的政策包括减税、增加财政支出、增加对消费倾向高的居民和投资愿望强的企业的转移支出等，力求增加消费需求和投资需求。如果出现了总需求过度型的总量失衡，政府当实施紧缩性的财政政策，以抑制需求的增长，具体的政策包括增税、减少财政支出等，力求减少消费需求和投资需求。

3. 投资政策

如果出现了总需求不足型的总量失衡，政府当实施刺激投资需求的投资政策，包括实行投资优惠政策（例如对投资者实行税收减免或贷款利息补贴等政策），以激励投资者增加投资；如果出现了总需求过度型的总量失衡，政府当实施抑制投资需求的投资政策，包括实行投资管制政策、增加投资税费政策等，以促使投资者减少投资。

4. 汇率政策

如果出现了总需求不足型的总量失衡，政府可实行降低本币汇率的政策，通过降低本币汇率来增加出口需求；如果出现了总需求过度型的总量失衡，政府可实行提高本币汇率的政策，通过提高本币汇率来减少出口需求，增加国内市场供给。

5. 外贸政策

如果出现了总需求不足型的总量失衡，政府应实行刺激出口的外贸政策，包括出口退税、出口补贴、实行优惠的出口信贷政策等政策手段，同时采取抑制进口的政策。如果出现了总需求过度型的总量失衡，政府应实行刺激进口的外贸政策，包括降低进口关税、放宽进口审批条件、减少进口管制等政策手段，同时采取减少出口的政策。

6. 外资政策

如果出现了总需求不足型的总量失衡，政府应实行鼓励外资流入的政策，其中特别要鼓励直接投资，具体的政策工具包括放宽对外资的投资限制、对外资给予政策优惠等。如果出现了总需求过度型的总量失衡，政府应实行限制外资流入的政策，具体的政策工具包括加强对外资投资领域的限制、严格外资投资管制、增加税费等。

出现了总量失衡，政府可以通过采取以上多种政策调节总供求关系，政府应该对总量失衡及时做出反映，及时采取调节政策，并且力度要适当，力求在尽可能短的时间里恢复国民经济的总量平衡，为国民经济的正常运行创造必要的条件。

四、保持国民经济的总量平衡

虽然政府可以运用经济政策来恢复总量平衡，但是任何一种政策手段的运用都会有其消极作用，而且无论政府最终是否消除了总量失衡，只要出现了总量失衡，就会给国民经济带来消极的经济后果，因此理想的目标是国民经济能够保持总量平衡。虽然实现这一目标并不容易，但是使国民经济运行尽可能接近这一目标仍然是有价值的。即使总量失衡无法避免，使总量失衡的程度尽可能轻一些仍然是有价值的。那么可以通过哪些途径尽可能接近保持总量平衡的目标的实现或者尽可能使总量失衡的程度轻一些呢？

1. 建立有利于总量平衡的企业机制

从企业工资的增长来看，要建立既不会引发消费基金膨胀，也不会使工资增长过低的机制，也就是说在企业中既有抑制消费基金膨胀的抗衡力量，又有抑制工资增长过低的抗衡力量，这样就可以使企业工资增长与企业生产增长相协调；从企业投资的增长来看，要建立既不会引发投资需求膨胀，也不会使投资增长过低的机制，也就是说在企业中既有抑制投资需求膨胀的抗衡力量，又有抑制投资增长过低的抗衡力量，这样就可以使企业投资增长与企业生产增长相协调。

2. 建立有利于总量平衡的信用机制

这种信用机制既要能够抑制过度的信用扩张，又要能够抑制过度的信用紧缩。从商业银行来看，需要建立真正的自主决策、风险自负、利益自享的经营机制，从中央银行来看，需要建立逆对商业银行信用运动方向的信用调节机制。

3. 建立有利于总量平衡的税收体制

这种税收体制应该具有抑制总需求膨胀和总需求萎缩的功能。从对居民的影响来看，税收体制应该具有抑制消费需求膨胀和消费需求萎缩的功能，例如累进性质的个人所得税体制等就是这样的体制；从对企业的影响来看，税收体制应该具有抑制投资需求膨胀和投资需求萎缩的功能，例如累进性质的公司所得税体制等就是这样的体制。

4. 建立有利于总量平衡的财政支出制度

首先要建立硬预算性质的财政制度，特别是不能有财政向中央银行透支的制度；其次是要建立逆对总需求运动方向的财政转移支付制度，既包括逆对消费需求运动方向的财政转移支付制度，也包括逆对投资需求运动方向的财政转移支付制度。

5. 建立预应性质的总需求调节机制

首先要建立能对总需求的状态和发展趋势进行准确判别的机制，即是说对总需求是过度还是不足、总需求是趋于膨胀还是趋于萎缩，能够进行衡量和判断；其次要建立能对总需求的发展趋势进行预防性质的调节的制度。

思考题

1. 什么是总供给、总需求？总供给、总需求分别是由哪些因素所决定的？
2. 什么是国民经济的总量平衡？总量平衡的标志是什么？
3. 什么是国民经济的总量失衡？它有哪两种基本类型？各自的表现是什么？
4. 为什么会出现国民经济的总量失衡？总量失衡会产生哪些经济后果？
5. 为什么发生了总量失衡需要政府采取措施进行调节？政府可以运用哪些种类的经济政策进行调节？如何运用这些政策手段进行调节？

第九章　产业结构与结构平衡

产业结构可以从不同的角度和层次进行分类，存在着物质生产部门与非物质生产部门、第一次产业、第二次产业与第三次产业等关于产业结构的几种主要分类。产业结构是由供给方面的因素、需求方面的因素和国际经济因素所共同决定的。供给结构和需求结构是由多方面的因素共同决定的，产业结构平衡与产业结构失衡会通过商品的供应状况等反映出来，产业结构失衡是由供给和需求等方面的因素所造成的，产业结构的失衡对国民经济发展具有多方面的危害。市场经济自身存在着自发调节产业结构、矫正产业结构失衡的机制，但这种机制的缺陷使政府干预成为必要，政府可以采取多种政策矫正产业结构失衡。中国国民经济中一直存在着产业结构失衡，产业结构失衡对中国国民经济发展造成了多方面的负面影响，造成产业结构失衡的原因很多，政府应该采取相应的政策进行调节。

第一节　产业结构

一、产业结构的含义及其分类

在国民经济中，存在着多种产业部门，这些产业部门之间具有一定的技术经济联系，形成一定的数量比例关系。产业结构就是指国民经济中各个产业部门之间的数量比例关系，因此也称为部门结构。产业结构是经济结构的主要内容之一。

产业结构是客观存在的，我们可以根据不同性质分析的需要，从不同的角度和层次对其进行分类。以下是有关产业结构的几种主要的分类。

1. 物质生产部门与非物质生产部门

以是否提供物质产品和生产性服务作为分类依据，可将国民经济中的产业部门划分为物质生产部门与非物质生产部门。物质生产部门是指提供物质产品和生产性服务的产业部门，包括农业、工业、建筑业、为物质产品生产提供服务的运输业和属于生产性服务的商业。非物质生产部门是指提供非物质产品和生活性服务的产业部门，农业、工业、建筑业、为物质产品生产提供服务的运输业、属于生产性服务的商业以外的产业部门，均属于非物质生产部门。需要说明的是，由于统计方面的原因，在实际中，人们在谈到物质生产部门时，是指农业、采矿业、工业、建筑业和全部运输业与商业，即为人们生活提供服务的运输业和商业也包括在物质生产部门中，这几个产业部门以外的产业部门则属非物质生产部门，由此，统计上和人们一般所讨论的物质生产部门的范围要比真正的物质生产部门的范围宽，而非物质生产部门的范围要比真正的物质生产部门的范围窄。

物质生产部门与非物质生产部门的分类是对产业结构的高度抽象的分类。从物质生产部门与非物质生产部门关系的性质来看，二者是一种互相联系、互相制约的关系，一方面物质生产部门的发展是非物质生产部门发展的基础，物质生产部门的发展决定和制约着非物质生产部门的发展，另一方面非物质生产部门的发展对物质生产部门的发展具有反作用，其发展水平和速度会制约物质生产部门的发展。

物质生产部门与非物质生产部门又可进行进一步的分类。

如果按照物质生产部门所提供的产品的最终用途来分，可将其分为两大部类：一类是生产生产资料的物质生产部门，这类物质生产部门被称为第Ⅰ部类；另一类是生产生活资料（消费资料）的物质生产部门，这类物质生产部门被称为第Ⅱ部类。物质生产部门的这种分类对于分析生产资料生产和生活资料生产之间的比例关系，对于分析简单再生产和扩大再生产的实现条件具有十分重要的意义。但在实际中，由于大部分产品都具有多种用途，因此进行准确的部门归类存在着困难，所以在实际的应用分析中，对于第Ⅰ部类和第Ⅱ部类只能是近似的归类。

与物质生产部门两大部类的分类相联系的是农业、轻工业和重工业的部门分类。重工业部门提供的产品主要是作为生产资料使用，因此可视为生产资料的生产部门，农业和轻工业部门提供的产品则主要是作为生活资料使用，因此可视为生活资料的生产部门，因此重工业与农业、轻工业之间的关系可以近似地视作生产生产资料的第Ⅰ部类和生产生活资料的第Ⅱ部类之间的关系。

物质生产部门的两大部类之间的关系是一种互相联系、互相制约的关系，第Ⅰ部类的发展能够促进第Ⅱ部类的发展，也制约着第Ⅱ部类的发展，第Ⅱ部类的发展对第Ⅰ部类的发展也同样既可产生促进作用，也可产生制约作用。

如果按照非物质生产部门的内容来分，可以将其分为三大类：①为居民日常生活提供服务的部门，包括金融业（包括保险业）、房地产业、公用事业、居民服务业、旅游业、生活信息咨询服务业和各类服务于居民生活的技术服务业等；②为提高居民素质和科学文化水平提供服务的部门，包括教育部门、文化部门、广播、电影、电视业、科研部门、卫生部门、体育部门和社会福利部门等；③为满足社会公共需要提供服务的部门，包括国家机关、党政机关、社会团体以及军队和警察部门等。

非物质生产部门的这些产业部门之间也是互相联系、互相制约的，各类产业部门的发展既可促进其他产业部门的发展，也可制约其他产业部门的发展。

2. 第一次产业、第二次产业与第三次产业

将国民经济部门划分为第一次产业、第二次产业与第三次产业的分类方法一般称为“三次产业”分类法。三次产业分类法是国际上十分流行的产业分类法。从世界各国来看，各国对第一次产业、第二次产业与第三次产业所包括的内容的看法和统计有所差别，但基本上是相同的。总的来说，第一次产业、第二次产业与第三次产业的分类是以劳动对象的加工顺序为依据的。

三次产业分类的思想最早由英国经济学家、新西兰的奥塔哥大学教授阿·格·费希尔于1935年提出来的。他在其所著《安全与进步的冲突》一书中首次提出了“三次产业”的概念，他将人类社会生产的发展划分为三个阶段，即初级生产阶段、第二阶段、第三阶段，认为在初级生产阶段是以第一次产业为主，在第二阶段是以第二次产业为主，在第三阶段是以第三次产业为主，不过他并没有对三次产业的演变规律做出深入的分析。英国经济学家科林·克拉克在继承费希尔的研究成果的基础上，于1940年出版了《经济进步的条件》（The Conditions of Economic Progress）一书，在这本书中，他运用三次产业分类法比较深入地研究了经济发展与产业结构变化之间的规律性。其后俄裔、美籍经济学家库兹涅茨在其有关经济发展问题的研究中广泛地运用了三次产业分类法，使三次产业分类法更广泛地流行开来。目前，三次产业分类研究广泛地见著于各种有关经济发展和产业结构的研究文献中。那么，第一次产业、第二次产业与第三次产业各自指的是什么产业呢？

第一次产业是指直接利用自然资源加工的产业，主要包括农业（包括种植业、林业、畜牧业、渔业等）。依照采掘业和矿业的性质，其也应该包括在第一次产业中，但在一些国家的统计中，采掘业和矿业是被列入在第二次产业中的。在中国的统计中，采掘业和矿业也是被列入在第二次产业中的。

第二次产业是指对取自自然的产品（初级产品）进行加工的产业，包括制造业、公用事业（主要包括供气、供水、电力产业）。在一些国家的统计中，第二次产业包括建筑业，但有的国家是将建筑业列在第三次产业中。在中国的统计中，建筑业被列入在第二次产业中。

第三次产业是指一切提供服务的产业部门，其中既包括生产领域中的产业部门（如技术设计、地质普查等），还包括流通领域中的产业部门（如运输业、商业）以及分配领域和消费领域中的产业部门（如金融、出版服务、房地产、文化、教育、卫生、科学研究、福利、旅游业等）与公共管理部门（包括立法、行政以及司法部门等）。

三次产业的划分方法反映了经济发展阶段和社会分工发展的特点。一般来说，经济发展水平越低，社会分工发展水平越低，第一次产业所占的比重越高，经济发展水平越高，社会分工发展水平越高，第一次产业所占的比重越低，因此人们往往将三次产业的结构作为经济发展水平高低和社会分工发展水平的一个重要的判别标

志。第一次产业、第二次产业、第三次产业在国民经济中所占的比重的高低一般要经历以第一次产业为主，再到第二次产业为主，最终以第三次产业为主的演变过程。虽然，三次产业分类法有多方面的应用价值和优点，但也有其缺点：一是三次产业分类法没有将生产性部门和非生产性部门区分开来；二是第三次产业包含的内容既多且杂，所有未被第一次产业和第二次产业包括在内的产业部门均被归入第三次产业部门。

3. 基础设施部门和非基础设施部门

以产业部门的功能为标准，可将产业部门划分为基础设施部门和非基础设施部门。基础设施部门（也被称作先行产业部门、社会间接资本）是指提供整个国民经济发展的共同基础，服务于一切经济活动的产业部门。基础设施部门一般包括交通运输业、通信业、电力部门、供水、煤气、农田水利设施、基本原材料工业（钢铁、煤炭、建筑材料、基本化工原料等）部门等，还包括教育、卫生、社会福利、环境、科学技术以及其他公共服务设施部门。基础设施部门具有以下几个特点：(1) 任何一个产业部门的发展都离不开基础设施部门，基础设施部门是各产业部门发展不可缺少的条件；(2) 其建设需要巨额投资，且投资回收慢；(3) 诸多基础设施部门提供的服务在技术上具有不可分割性；(4) 基础设施部门所提供的服务往往不能从国外进口，而必须由本国生产；(5) 诸多基础设施部门具有网络性和很强的正的外部性，因此往往要依靠公共投资来建设。非基础设施部门则是指基础设施部门以外的各产业部门，这些产业部门不具有基础设施部门所具有的这些特点。

4. 劳动密集型产业、资本（资金）密集型产业与技术（知识）密集型产业

按产品生产对不同种类的生产要素的依赖程度的不同，可将产业部门划分为劳动密集型产业（部门）、资本（资本在这里是指用于生产其他商品的商品）（资金）密集型产业（部门）与技术（知识）密集型产业（部门）。任何一种产品的生产都需要投入劳动、资本和技术等要素，但不同种类的产品的生产对不同种类的生产要素的依赖程度是存在着差别的，因此可依据这种差别对产业部门进行分类。所谓劳动密集型产业是指单位产品生产所占用的简单劳动数量较多即对简单劳动（力）投入依赖程度高的部门，如纺织、服装、皮革工业、饮食服务业等；所谓资本（资金）密集型产业是指单位产品生产所需要投入的资本数量多即对资本投入依赖程度高的产业部门，如钢铁工业、石化工业、机械制造业等产业部门；所谓技术密集型产业是指单位产品生产所需要投入的复杂劳动数量多即对复杂劳动（力）投入依赖程度高的产业部门，技术密集型产业一般技术装备水平很高，生产的产品具有高技术性能，需要的劳动力品质很高，产业发展对技术创新依赖程度很高，如计算机产业、航天业、核工业等。

这里需要说明的是，产业部门的这种划分是相对的，尤其是资本密集型产业与

技术密集型产业之间的划分，因为一般来说，资本密度型产业往往也是技术密集型产业，技术密集型产业的资本有机构成往往也很高，对技术依赖程度也较高，而有些技术密集型产业也往往需要投入大量的简单劳动。不过，总的来看，劳动密集型产业产出的增长更加依赖于简单劳动的增加，简单劳动是最重要的因素，资本密集型产业产出的增长更加依赖于资本的增加，资本是最重要的因素，技术密集型产业产出的增长更加依赖于技术水平（技术创新）的提高，高新技术是最重要的因素。

5. 工业部门的内部结构

各个产业部门内都可以进行细分，工业部门内部同样可以从不同的角度进行分类，以下介绍几种主要的分类。

（1）重工业与轻工业。关于重工业与轻工业的分类有两种具体的方法：一种方法是从工业部门所生产的产品的最终用途来划分，重工业是指生产生产资料的工业部门，轻工业是指生产生活资料（消费资料）的工业部门，采用 MPS 的国家一般是从这个角度划分重工业与轻工业的；另一种方法是按照单位产品的重量来划分，重工业是指生产的产品单位产品的重量重的工业部门，轻工业是指生产的产品单位产品重量轻的工业部门，西方国家一般是从这个角度划分重工业与轻工业的。虽然重工业与轻工业的分类有两种具体的方法，但是重工业和轻工业包括的具体部门基本上是相同的，重工业主要包括采掘工业、原材料工业、燃料、动力工业、机器设备制造业（机械工业），轻工业主要包括食品工业、饮料、烟草、纺织、服装、制革、造纸、制药、家具工业、日用玻璃、陶瓷、制盐、日用化工、日用金属器具工业等，因此重工业基本上就是生产生产资料的工业部门，轻工业基本上就是生产生活资料的工业部门。不过，在工业部门实际的分类中，并非机械地按照上述其中某一种分类方法进行分类，例如按照产品的最终用途来分类，汽车制造业中的用于居民消费的小汽车以及其他用于居民消费的汽车应该划入到轻工业中，但实际上，全部的汽车制造业都被划入于重工业；按照单位产品的重量，许多原材料工业部门、燃料工业部门等工业部门应该划入到轻工业中，但在实际中，这些工业部门都被划入于重工业。

（2）原材料工业与加工工业。这是按照产品加工程序对工业部门进行的分类。原材料工业是指生产原料、材料的工业部门，其所提供的是劳动对象，它包括钢铁工业、煤炭工业、有色金属工业、石油工业、建材工业、化工原料工业等工业部门；加工工业是指对原料、材料进行加工和再加工的工业部门，它包括金属冶金及加工、电力工业、石油加工业、化学工业、机械工业、木材加工、食品工业、服装工业、制革工业等工业部门。

（3）基础工业与非基础工业。这是按照不同工业部门的功能对工业部门进行的分类。基础工业是指生产基本生产资料的工业部门，包括生产基本的原材料和基本的劳动手段的各工业部门（冶金工业、石油工业、煤炭工业、电力工业、化学工业，一般机械工业等）都属于基础工业。基础工业部门是整个工业部门以及国民经济其他产业部门的基础。基础工业部门以外的其他工业部门则都属于非基础工业部门，例如食品工业、纺织工业、皮革工业、家具工业等。

6. 联合国的标准产业分类

为统一世界各国产业分类，联合国在1971年颁布了《全部经济活动的国际标准产业分类索引》（Indexes to The International Standard Industrial Classification of All Economic Activities，简称为S. I. C.），S. I. C. 把全部经济活动分为十个大项，在每个大项下面再分若干中项，每个中项下又分成若干小项，最后又将小项分成若干细项，大项、中项、小项、细项共四级。其中的十个大项是：

01 农业、狩猎业、林业和渔业

02 矿业和采石业

03 制造业

04 电力、煤气、供水业

05 建筑业

06 批发与零售业、餐馆与旅游业

07 运输业、仓储业和邮电业

08 金融业、不动产业、保险业及商业性服务业

09 社会团体、社会及个人的服务

10 不能分类的其他活动

这种分类的好处在于没有遗漏，很规范，可比性很高，很容易为各种各样的产业结构分析所利用，可以容易地组合成各种产业结构分类。不过，由于各国统计制度的建设进程不一，各国对于一些产业的归类和产业统计的具体内容存在着差异，因此在实际中要利用现成的统计资料对产业结构进行比较分析仍然存在着困难。

二、产业结构的决定因素

在经济发展的不同阶段，产业结构是不同的，产业结构是在发生着变化的，那么是什么因素导致产业结构出现差别，使产业结构发生变化呢？产业结构出现差别只能是源于经济资源在各产业部门分配的比例不同，产业结构发生变化只能是源于经济资源在各产业部门的分配比例发生了变化，因此分析产业结构的差异及其变化就要分析是什么因素导致经济资源在各产业部门的分配比例出现差异，是什么因素导致经济资源在各产业部门的分配比例发生变化。经济资源在各产业部门的分配比例的差异和变化源于两类因素：一类是供给方面的因素，经济资源供给结构的差异和变化是导致经济资源在各产业部门的分配比例出现差异和发生变化的重要因素；另一类是需求方面的因素，产品需求结构的差异及其变化也会导致经济资源在各产业部门的分配比例出现差异和发生变化。

1. 供给方面的因素

（1）一国自然资源的拥有状况。一个国家拥有某一方面的自然资源（包括矿业资源、气候资源、地理资源、水力资源、土地资源等）优势，就可以建立起直接和间接利用这种资源的产业部门。技术水平越落后，自然资源对一国产业结构的影响越大。随着社会生产力的发展，产业结构的选择受一国自然资源的约束会越来越小，但是自然资源的供给结构对于一国产业结构的形成与选择的作用始终是存在的。自然资源对农业、采掘业等加工层次低的产业部门发展的约束作用是很明显的。

（2）劳动力的供应状况。劳动力的供应状况对产业结构的影响反映在劳动力总量和供应结构两个方面：①劳动力总量对产业结构的影响。一方面劳动力资源丰富，有利于发展劳动密集型产业部门，而如果劳动力短缺，就只能发展那些使用劳动较少而更多地使用资本和技术的产业部门；另一方面劳动力资源丰富，就可以向规模需要继续扩大的传统产业部门和新兴产业部门源源不断地输送劳动力，产业部门发展的空间就大，从而能够推进产业结构的演变和升级，如果劳动力短缺，产业部门发展的空间就小，就会限制产业结构的演进。②劳动力供给结构对产业结构的影响。在总劳动力中，高素质劳动力所占的比重越高，越有利于新兴产业部门的发展，从而越有利于产业结构的升级，特别是有利于技术密集型产业的发展，如果低素质的劳动力所占比重很高，就会限制新兴产业部门的发展。发展中国家产业结构的升级就长期受到劳动力素质低下的制约。一个国家的产业结构在很大程度上反映了该国劳动力的供给结构。

（3）资金和资本的供应状况。从产品的生产来看，资本是重要的生产要素。资金是资本的货币表现。资金和资本的供应状况对产业结构的影响反映在，一方面一国资金和资本的供应量会影响到该国的产业结构选择，如果一个国家有充裕的资金和资本，就有利于该国发展资本（资金）密集型产业，有利于该国产业结构的升级，因为资金和资本的成本相对较低，反之就会使该国资本（资金）密集型产业的发展和产业结构的升级受到限制，发展中国家产业结构长期落后，新兴产业部门长期发展缓慢，重要的原因就在于资金和资本短缺；另一方面一国资金和资本的供应结构也会影响到该国的产业结构选择，具体影响取决于资金和资本供应结构的特点。

（4）科学技术的发展状况。科学技术的发展水平和结构是影响产业结构的又一主要因素，从人类社会发展的长过程来看，科学技术的发展对产业结构的影响是不断增强的。科学技术的发展对产业结构的影响主要反映在以下几个方面：①科学技术的发展能够催生和促进新兴产业部门的发展。例如，核科技的出现催生了核工业，核科技的不断发展则又使核工业得到不断发展。②科学技术的发展会使不同生产部门的地位发生变化，新的产业部门可能会替代原来的产业部门。例如，机动车科技的出现和发展使机动车运输业最终代替了人力运输业和畜力运输业。③科学技术的发展会导致产品生产投入产出比的变化，从而改变各产业部门的产品生产规模，从而改变产业结构。④科学技术的结构决定着产业发展的科技要素的供给结构，从而制约着一国产业结构的选择，同时科学技术的结构也决定着一国科技要素的相对优势，从而影响着一国产业结构的选择。⑤科学技术发展的落后会制约一国产业结构的选择和升级。

（5）劳动力、资本、技术等生产要素的相对价格。劳动力、资本、技术等生产要素的相对价格的高低影响着产品生产的相对成本，从而影响着不同产品生产即不同产业部门的相对利润率。工资水平相对较低有利于发展劳动密集型产业，资本价格相对较低则有利于资本密集型产业的发展，技术价格相对较低则有利于技术密集型产业的发展。一个国家不同时期产业结构的差异，或者同一时期不同国家、不同地区产业结构的差异基本上反映了一个国家不同时期或者同一时期不同国家、不同地区劳动力、资金、技术等要素的相对价格的状况及变化。

（6）投资结构及其变化。一定时期的产业结构是此前各时期投资结构累积的结果，是产业结构形成和变化的直接原因，因为投资会形成新的生产能力，会引起经济资源部门配置结构的变化。投资结构发生了变化，产业结构就会随之发生变化。例如，如果投资长期集中于重化工业，则重化工业的规模就会不断扩大，重工业在国民经济中就会居于主要地位，如果投资长期偏向于轻工业，则轻工业的规模就会不断扩大，轻工业在国民经济中就会居于主要地位。因此，要改变一个国家的产业结构，最直接的途径就是改变投资结构。

2. 需求方面的因素

（1）居民消费需求结构。生产决定消费，消费又反过来制约着生产、引导着生产。居民消费需求结构发生了变化，产业结构也必然要发生变化。我们知道，随着经济发展和人均收入水平的提高，在居民的消费支出中，食物开支逐渐降低，非食物开支比重逐渐提高；生活必需品支出比重逐渐下降，非生活必需品支出比重逐渐上升；在各种商品中，对质量高的、功能更多、价格相对低廉的商品需求增长很快，而对质量低的、功能单一或较单一、价格相对昂贵的商品需求是逐渐减少的，对低档商品的需求逐渐减少，对高档商品的需求不断增加，对耐用消费品的需求不断增加。需求结构的这种变化首先直接影响着生产消费资料的各产业部门的结构，最终又会影响到整个国家的产业结构。

（2）中间需求和最终需求的比例。中间需求是社会对中间产品的需求，最终需求是指社会对最终产品的需求。中间需求和最终需求之间的比例关系决定了生产中间产品的产业部门和生产最终产品的产业部门的比例关系。社会对各种中间产品的需求结构决定了生产中间产品的产业的内部结构，社会对各种最终产品的需求结构决定了生产最终产品产业的内部结构，社会对各种最终产品的需求结构和规模的变化是产业结构发生变化的最重要的推动力之一。

中间需求与最终需求之间的比例关系受整个社会的经济效率，即资源利用效率的影响，如果资源利用效率高，中间消费少，那么中间需求量就相对较少；反之，则反是。由此也会影响到产业部门之间的比例关系。

（3）消费和投资之间的比例关系。消费和投资之间的比例关系影响着生产消费资料的产业部门同生产生产资料（机器设备、厂房等）的产业部门之间的比例关系，并制约着这两大产业部门的发展。例如，若投资支出比重偏高，会使重化工业这类生产生产资料的工业部门以及其他生产资料生产部门得到突出的发展；若消费支出比重偏高，会使生产消费资料的产业部门得到突出发展。

（4）投资结构。前面我们说过投资结构会从供给方面影响产业结构，实际上投资结构不只是从供给方面影响着产业结构，而且会同时从需求方面影响着产业结构：一方面投资本身会形成对不同种类的产品的需求，投资结构不同，需求结构不同，投资结构发生了变化，需求结构也会发生变化；另一方面投资结构变化所造成的结果即产业结构的变化必然会引起对不同种类的生产资料的需求的变化。例如，如果投资偏向于重工业部门，就要求中间产品生产部门有相应的发展，中间产品生产部门就会不断扩大，而消费品生产部门的发展就会受到挤压。

3. 国际经济因素

随着生产社会化向国际化的发展，国际贸易和国际分工不断发展，各国经济的开放度也会不断提高，对一国产业结构造成影响的就不仅仅是国内因素，国际经济因素的影响在不断加强，因此在分析影响一国产业结构的因素时，就要考虑到国际市场需求，国际市场上劳动力、资本、资金、技术等的供给状况因素的影响。分析国际经济因素对一国产业结构的影响应该考虑到这样几个方面：（1）在需求方面要考虑国际市场需求及其变化以及国内市场开放的条件下对本国产品和外国产品需求结构的变化。在经济国际化程度不断提高的条件下，一国所生产的产品有越来越多的部分是满足国际市场需求，并且有些产品的生产还是专门满足国际市场需求的，国际市场需求发生了变化，产业结构也必须进行相应的调整；同时本国市场可能会有越来越多的外国产品进入，产业结构也应该根据相关产业的特性进行调整。（2）在供给方面要考虑到国际市场上劳动力、资本、资金、技术等的供给状况，无论是供给总量，还是供给结构和相对价格，都应该是考虑到国际市场上的有效供给之后的供给总量、供给结构和相对价格。（3）要考虑到在经济国际化条件下，本国经济在国际分工体系中的定位和地位，要考虑到本国产业部门所具有的绝对优势和比较优势。

总的来看，产业结构不是由单一因素决定的，而是由多种因素所共同决定的。

三、产业结构演变的一般趋势

1. 产业结构的分析指标

产业结构的特征及其变化以什么指标来显示呢？或者说我们可以从哪些方面来反映产业结构的现状及其变化呢？我们可以从产出和投入两个方面来反映。

从产出方面来看，主要通过各产业部门的产出结构来反映。我们在第七章介绍了反映产出量的几个总量指标，在分析产业结构时就可以通过对各产业部门各自在全部产业部门的总产出中所占的比重来反映出来。具体来说，产业结构从产出方面来看，可用以下指标来反映：

(1) 各物质生产部门所生产的社会总产值在全部社会总产值中所占比重；

(2) 各物质生产部门所生产的社会最终产值在全部物质生产部门生产出来的社会最终产值中所占的比重；

(3) 各物质生产部门所生产的社会净产值在全部物质生产部门生产出来的社会净产值中所占的比重。

用以上三个指标反映的产业结构并不完全一致，但大体上相同。这是因为社会总产值包括了中间消耗，由于专业化程度和生产组织形式在各产业部门不同，因此各部门社会总产值中所包含的中间消耗的比重就不相同；社会最终产值则又包括了折旧，折旧在各产业部门社会最终产值中所占的比重也存在着差别，这样用这三个不同的指标反映出来的产业结构就会存在不一致。基于社会总产值指标包含中间消耗这一缺陷，一般来说，用后两个指标反映产业结构要准确一些。不过上述三个指标，无论是哪个指标，都存在着根本的缺陷，因为它们都将所谓的非物质生产部门排除在外，所反映的仅仅限于物质生产部门的内部结构，而不能全面地、科学地反映产业结构的状况和变化。要全面地、科学地反映产业结构的状况和变化，需要采用以下指标，因为这些指标克服了上述三个指标所存在的根本缺陷：

(1) 各产业部门所生产的国民生产总值在全部国民生产总值中所占比重；

(2) 各产业部门所生产的国内生产总值在全部国内生产总值中所占比重；

(3) 各产业部门所生产的国民生产净值在全部国民生产净值中所占比重；

(4) 各产业部门所生产的国内生产净值在全部国内生产净值中所占比重。

在上述四个指标中，(1) 和 (2) 是最常用的指标。

从投入方面来看，产业结构主要是通过劳动力、资本（固定资产）在各产业部门的配置比例来反映的。由于资本（固定资产）受价格变化等因素的影响非常大，而且准确计量也面临着很多困难，因此从投入方面反映产业结构基本上都是通过劳动力在各产业部门的配置比例来反映的，因为它不受价格因素的影响，也能够进行准确的统计。

应该说，从产出方面反映产业结构要比从投入方面反映产业结构更准确，但是由于一些国家缺乏产出统计指标，或者某些时期缺乏产出统计指标，因此以投入指标反映产业结构具有重要的价值，尤其是在统计制度极不健全的情况下，劳动力的部门分布结构即就业结构几乎就是反映产业结构的最准确的指标。

当然，从产出和投入两个方面所反映的产业结构并不完全一致，因为各产业部门的要素生产率存在着差别，但是从反映产业结构的变化趋势或者方向来看，二者是相同的。

2. 产业结构的演变趋势

（1）从三次产业来看，第一次产业所占的比重呈长期下降的趋势，第三次产业所占的比重呈长期上升的趋势，第二次产业所占的比重则经历了从低到高再转而下降的过程；在人类社会经济发展的长过程中，主导产业的演进则呈现出以第一次产业为主，再转向以第二次产业为主，最后转向以第三次产业为主的变化趋势。三次产业的这种演变既反映在产出结构上，也反映在投入结构上。以经济发达国家为例，在其进入工业化阶段以前，第一次产业产出所占比重最高，就业比重也最高，资本主要集中于农业部门；而在进入工业化阶段之后，第一次产业产出所占比重逐步下降，就业比重也不断下降，第二次产业产出所占比重和就业比重则逐步上升，直至最终超过第一次产业，成为产出比重和就业比重最高的部门，然后其产出比重和就业比重逐步下降，而第三次产业部门所占比重和就业比重则不断上升，直至最终超过第二次产业而成为产出比重和就业比重最高的部门。目前在经济发达国家第一次产业产出（以 GNP 或 GDP 衡量）所占的比重和就业比重一般都在 10%以下，第二次产业产出比重一般在 35%左右，就业比重在 30%左右，而第三次产业产出比重一般在 55%左右，就业比重一般都在 60%以上。新兴工业化国家和地区以及其他进入工业化阶段的发展中国家的产业结构水平虽然尚未达到经济发达国家的水平，但产业结构的演变却呈现出与经济发达国家相同的趋势。

（2）物质生产部门所占比重不断下降，非物质生产部门所占比重不断上升，产业部门从以物质生产部门为主逐步转到以非物质生产部门为主。从就业结构看，在进入工业化阶段之前，各国物质生产部门就业比重一般都在 90%以上，而随着经济发展阶段的演进，物质生产部门就业比重持续地下降，在经济发达国家现在已经降到 40%左右；从产出结构看，在进入工业化阶段之前，各国物质生产部门产出所占比重一般都在 80%以上，而随着经济发展阶段的演进，物质生产部门产出所占的比重持续地下降，在经济发达国家目前已经降到 60%左右。新兴工业化国家和地区以及其他进入工业化阶段的发展中国家物质生产部门和非物质生产部门结构的变化都反映了前者下降、后者上升的变化趋势。

（3）劳动密集型产业所占比重下降，资本密集型产业所占比重先升后降，技术密集型产业所占比重不断上升。产业结构的这种变化趋势在经济发达国家已经充分地反映出来，在经济发达国家先是劳动密集型产业（如食品、纺织、服装、制革业等）发展起来，然后是资本密集型产业（如钢铁、机械制造业等）的不断发展，再后是技术密集型产业的不断发展，劳动密集型产业所占比重呈长期下降之势，资本密集型产业所占比重先升后降，技术密集型产业所占比重则呈长期上升之势。并且有许多产业部门自身的发展过程也往往要经历从劳动密集，再到资本密集，最后再到技术密集的演变过程，例如农业中的部分产业部门、纺织业等就已经或者正在经历这一过程。

（4）从工业内部实际的演变过程来看，重化工业所占比重呈长期上升之势，而轻工业所占比重则呈长期下降之势；耐用消费品的生产部门所占比重呈长期上升之势，而非耐用消费品生产部门所占比重则呈长期下降之势；原材料工业与加工工业的关系经过两个阶段：第一阶段以原材料工业发展为重心；第二阶段以加工工业发展为重心。工业部门内部结构的演变趋势已经被经济发达国家的经验事实所证明，新兴工业化国家和地区以及其他进入工业化阶段的发展中国家的工业部门内部结构的演变也已经验证或者正在展现工业部门内部结构的上述演变趋势。

第二节　国民经济的结构平衡

一、供给结构

1. 供给结构的含义

国民经济的经济结构可以从多方面进行研究，本章研究的结构是从产业结构的角度或者说是从产品供求结构的角度来界定的结构，因此要说明什么是结构平衡首先需要说明供给结构、需求结构的含义。

供给结构是指在一定时期社会产品中各种不同种类的产品的数量构成。从全社会角度看，一种产品代表着一个产业（例如汽车——汽车制造、钢铁——钢铁、农产品——农业、工业品——工业、建筑安装工程——建筑业、运输服务——交通运输等）。那么 n 种产品就代表着 n 种产业，设第一个产业部门生产的产品量为 S_1，……，第 n 个产业部门生产的产品量为 S_n，则全社会产品供给（S）为：

$$S=S_1+S_2+\cdots+S_n$$

$S_1,S_2,\cdots,S_n$ 之间的比则表示出社会产品的供给结构。

供给结构所反映的内容也是具有层次性的。

从社会净产值（国民收入）角度来看，社会产品包括两大类：消费品供给、净投资品供给；

从社会最终产品角度来看，社会产品包括三大类：消费品供给、净投资品供给、重置投资品供给；

从社会总产值角度来看，社会产品包括四大类：消费品供给、净投资品供给、重置投资品供给、中间产品供给。

上述三个层次的供给限于物质生产部门的产品的供给。

从国民生产总值的角度来看，社会总产品包括三大类：消费品供给、净投资品供给、重置投资品供给。它们是以国民原则衡量的。

从国内生产总值的角度来看，社会总产品也包括三大类：消费品供给、净投资品供给、重置投资品供给，它们是以国土原则衡量的。

而上述几类产品又可以进一步地分类。例如，消费品可以划分为吃、穿、用、住、行等满足各方面需要的更具体的种类，净投资品包括新增固定资产、新增中间产品（原材料等）等。

2. 供给结构的决定因素

一定时期的供给结构是由什么因素所决定的呢？为什么会形成特定的供给结构呢？

这首先是由一定时期各种产品的生产能力的大小所决定的。而各种产品的生产能力的大小又是由经济资源在各产业的配置结构所决定的，就是说一个产业部门所拥有的资本（固定资产）、劳动力、技术等生产要素的状况决定着该部门的生产能力，一个产业部门拥有的资本数量越多，劳动力数量越多，技术越先进，其生产能力越大，所提供的产出量也就越多，反之，其所能提供的产出量就越少。社会生产能力的配置结构或生产要素的配置结构是决定一定时期供给结构的基础，而生产要素的配置结构正是我们在上节所述的一定时期的产业结构，产业结构正是从社会生产的角度所反映出来的各个产业部门之间的相互联系和比例关系。

其次取决于各种产品的生产能力的利用率。如果各种产品的生产能力的利用都很充分，那么一定时期的供给结构同生产能力结构就是完全一致的，但是在实际经济生活中，各部门生产能力的利用状况往往是不一致的，有的产业部门的生产能力利用程度高，而有的产业部门的生产能力的利用程度低，这就使得产品的供给结构同不同种类的产品的生产能力结构不相一致，而是存在着或大或小的差别。一个产业部门的生产能力的利用程度既要受到向它提供投入（原材料、燃料等），尤其是关键性投入（例如钢铁对汽车）的产业部门的生产状况的限制，也要受到对其所提供的产品的需求方面即市场需求的制约。一个产业部门进行生产所需的各种投入，尤其是关键性投入能够得到充分的供应保证，其生产能力就存在着充分利用的可能性，反之，其生产能力就不存在得到充分利用的可能性；同时在市场经济或以市场为基础的经济体系中，一个产业部门的生产能力的利用还受到市场需求的制约，如果市场对一个产业部门所生产的产品的需求旺盛，那么在有投入保证的条件下，这个产业部门的生产能力就会得到充分地利用，甚至被过度利用，相反，其生产能力就会得不到充分地利用，生产能力会出现闲置。

第三，受生产能力的利用效率的影响。一般来说，生产能力利用率越高，生产能力的利用效率越高，反之，则反是。但是，生产能力利用率与生产能力的利用效率并不是一回事，尽管生产能力利用率高，但若利用效率很低，所提供的产品量就会较少，相反，尽管生产能力利用率低，但若利用效率很高，仍然能提供较多的产品，因此在生产能力利用率一定的条件下，利用效率越高，所提供的产品越多，反之，所提供的产品就越少。而生产能力的利用效率是同这个部门的管理水平、激励制度、短期技术更新、投入品质量与性能的变化（例如投入品质量下降，利用效率就会下降，而此时为达到一定的产量水平，就要提高生产能力的利用率）等因素的影响。

综上所述，在一定时期产品的供给结构是由社会生产能力的配置结构、各种产品的生产能力的利用率和各种产品的生产能力的利用效率所共同决定的。

二、需求结构

1. 需求结构的含义

需求结构是指在一定时期社会对各种不同种类的产品的需求量之间的比例关系。设社会对第一个产业部门的产品的需求量为 D_1,对第二个产业部门的产品的需求量为 D_2,……,对第 n 个产业部门的产品的需求为 D_n,则全社会需求总和(D)为：

$$D=D_1+D_2+\cdots+D_n$$

$D_1, D_2, \cdots, D_n$ 之间的数量比例关系就是社会的需求结构。

需求结构也是具有层次性的：

从国民收入角度来看，社会需求可分两大类：消费需求、净投资需求；

从社会最终产值角度来看，社会需求可分三大类：消费需求、净投资需求、重置投资需求；

从社会总产值角度来看，社会需求可分四大类：消费需求、净投资需求、重置投资需求和社会对中间产品的需求。

上述三个层次的需求限于对物质生产部门的产品的需求。

从国民生产总值的角度来看，社会需求可分三大类：消费需求、净投资需求、重置投资需求。这里的需求是以国民原则衡量的。

从国内生产总值的角度来看，社会需求也可分三大类：消费需求、净投资需求、重置投资需求。这里的需求是以国土原则衡量的。

而上述各类需求又可以进行进一步的分类。

2. 需求结构的决定因素

前面我们了解了供给结构的决定因素，那么需求结构是由哪些因素所决定的呢?

（1）经济发展阶段。总的来看，经济发展阶段不同，需求结构就会不同，经济发展阶段从根本上决定了需求结构的状态。一个国家不同时期需求结构的差异、经济发达国家与发展中国家需求结构的差异主要是由经济发展阶段的差异所决定的。因此，处在不同的经济发展阶段，会有不同的需求结构，经济发展阶段发生了变化，需求结构也会发生变化。

不过，经济发展阶段相同，并不表明需求结构会完全相同，需求结构会出现相对独立于经济发展阶段的变化。因为居民消费需求、企业对生产资料的需求都会因为多种因素的影响而出现相对独立于经济发展阶段的变化。下面，我们分别讨论影响居民消费需求结构和企业生产资料需求结构的因素。

(2) 影响居民消费需求结构的因素主要有：

①居民收入水平及变动。处在不同的收入水平上，会有不同的需求结构，居民收入水平低，对满足低层次消费需要的产品的需求量大，居民收入水平高，对满足高层次消费需要的产品的需求量就大；随居民收入水平的提高，对满足低层次消费需要的产品的需求量比重下降，而对满足高层次消费需要的产品的需求量的比重会上升。

②各类商品的相对价格。在收入一定的条件下，一种商品的相对价格低，其需求量会较大，反之，其需求量会较小；一种商品的相对价格下降了，对其需求量会增加，反之，对其需求量会减少。商品的相对价格的高低不仅受商品的供求状况的影响，也受政府的价格政策、税收政策等各项经济政策的影响。

③一般物价水平及变化。由于一般物价水平的变化会改变居民的实际收入，一般物价水平的下降会导致居民实际收入的上升，一般物价水平的上升会导致居民实际收入的下降，而居民实际收入水平的变化会使居民的需求水平发生变化，导致消费结构的改变。

④投资收益率。投资收益率会因为市场供求关系的变化等而发生变化，投资收益率发生了变化，会促使居民改变其可支配收入中消费支出与投资支出的比重，从而既会改变居民的消费水平，也会改变居民的消费结构。

⑤消费品本身的因素。商品的内在质量和外在质量都会影响到居民的消费行为，既可能促使居民增加对某种消费品的消费，也可能促使居民减少或者推迟对某种消费品的消费，由此就会造成不同的消费结构。

⑥消费品的补充商品的供应状况。一种消费品的补充商品的供应越充分，越有利于居民增加对这种消费品的购买，反之，就会导致居民减少对这种消费品的购买，这样消费需求结构就会因之不同。

⑦文化因素。一个国家的宗教、民俗、伦理偏好等因素会通过消费者的消费行为反映出来，会使一个国家的居民或者使一个国家的特定居民群体形成固有的或者特有的消费偏好，因之形成对某些种类的消费品形成固有的或者特有的需求，自然就会出现不同于相同发展阶段的国家居民的消费需求结构。

⑧消费的示范效应。居民消费的模仿性、攀比性会使处在较高的经济发展阶段

的国家居民的消费结构对处在较低的经济发展阶段的国家居民的消费形成示范效应，这样处在较低的经济发展阶段的国家居民的消费需求结构就会出现与其所处的阶段不相适应的变化。

此外，政府对对外贸易、消费品价格等的干预也会影响居民的消费需求结构。

(3) 影响生产资料需求结构的因素主要有：

①一定时期的投资结构。一定时期的投资结构取决于：第一，投资收益率的高低；第二，投资回收期的长短；第三，投资风险的大小；第四，投资资金需要量的多少。投资结构是影响生产资料需求结构的一个基本因素，因为不同产业部门对不同种类的生产资料需求量是不一样的，投资结构不同，生产资料需求结构就会不同。

②一定时期的既定产业结构。产业结构是决定供给结构的基本因素，但是产业结构也会影响着对生产资料的需求。任何一个产业部门的生产都需要其他许多产业部门向它提供投入品，例如，汽车制造业需要电力部门为它提供电力、需要钢铁部门为它提供钢铁、需要橡胶产业为它提供橡胶制品、需要发动机制造业为它提供发动机等，就是说任何一个产业部门的生产都会形成对其他产业部门的产品的需求。产业结构不同，对不同种类的生产资料的需求量是不同的，产业结构发生了变化，生产资料需求结构也会发生变化。

③国民经济的技术水平与投资效率高低。技术水平高低不同、投资效率高低不同，生产同样数量的产品所需要的中间产品数量就会不同，对机器设备等固定资产的质量要求和数量要求也会不同，由此就会导致生产资料需求结构的不同。

此外，政府对对外贸易、对生产资料价格的干预以及政府的税收政策等也会影响到生产资料的需求结构。

三、结构平衡的含义及判别

1. 结构平衡的含义

这里所说的结构平衡是指社会产品的供给结构同社会产品的需求结构相平衡（相等），亦即不同种类的产品的供给和需求相等。依据我们在前面对本章中所用的国民经济的结构的含义的界定，这里所说的结构平衡实际上也就是指产业结构平衡，所以本章所讨论的结构平衡与失衡问题指的是产业结构平衡与失衡问题。

如果实现了结构平衡，就意味着社会各个产业部门所生产出来的产品正好是为社会所需要并为社会所购买，在经济中既不存在某些产品供过于求，也不存在某些产品的供不应求，即无过剩，也无短缺，既不存在某些产业部门生产能力的闲置、浪费，也不存在某些产业部门生产能力的过度利用、超负荷运转，各产业部门的生产能力都得到充分利用，即：

$$\begin{pmatrix} S_1 \\ S_2 \\ \vdots \\ S_n \end{pmatrix} = \begin{pmatrix} D_1 \\ D_2 \\ \vdots \\ D_n \end{pmatrix}$$

从宏观层次说，结构平衡意味着：消费品供给=消费需求
投资品供给=投资需求
中间产品供给=中间产品需求

并且：消费品供给结构=消费需求结构
投资品供给结构=投资需求结构
中间产品供给结构=中间产品需求结构

结构平衡同总量平衡并不是一回事，总量平衡并不意味着结构必然平衡。例如，从社会最终产值来看，$C_S+I_S=C_D+I_D$，即实现了总量平衡，但在 $C_S \neq C_D, I_S \neq I_D$ 下，上式在一定条件仍可以成立，如在 $C_S>C_D, I_S<I_D$ 差额正好相抵的情况下，上式就仍然成立，而这时却已经发生了结构失衡。

2. 结构平衡的判别

国民经济是否实现了结构平衡，我们从哪些方面来判断呢？可以从以下方面来判别：

(1) 不同种类商品的供应状况。供求结构是否平衡必然要通过商品的供应状况来反映出来，一种商品的供求结构是平衡的，这种商品的供应就很充分，库存保持正常水平，相反，若发生结构失衡，则要么是一部分商品过剩，卖不出去，库存超常增长，要么是一部分商品短缺，严重供不应求，库存大量减少，销售极其容易。

(2) 各产业部门生产能力的利用率（开工率）。若实现了结构平衡，则各产业部门生产能力都能得到充分地利用；若结构失衡，则要么是一些产业部门的生产能力闲置、浪费，要么是一些产业部门的生产能力超负荷运用，过度利用。

(3) 商品相对价格。在完全的市场经济或在以市场为基础的经济体系中，商品价格对商品供求状况的反映是灵敏的，这样商品的供求结构是否平衡就必然要通过商品的价格变化来反映出来。商品供求结构保持平衡，相对价格大致保持不变(但不适用了长期)，若商品供求结构发生了失衡，相对价格会发生很大的变化，价格严重偏离价值，供过于求者价格严重低于价值，供不应求者价格严重高于价值。

第三节　国民经济的结构失衡

一、结构失衡的含义

严格地说，所谓结构失衡是指社会产品的供给结构同社会产品的需求结构的不

相平衡，亦即不同种类产品的供给和需求不相等。只要存在某种产品的供求失衡，就可以说出现了结构失衡。不过如果这样界定结构失衡，可以说在现实中就根本不可能存在结构平衡，因为在现实中要保证所有种类产品的供求都相等，几乎是不可能的。不过，如果只是次要产品的供求失衡，主要产品供求结构没有出现失衡，就不会影响到国民经济的正常运行。因此，我们将结构失衡界定为社会若干主要产品（或关键性产品）的供求结构的不平衡（不协调）达到了阻碍国民经济的正常运行程度的产业部门间的结构失衡。为什么做此界定呢？其原因在于：第一，保持供求结构的绝对平衡在实际上是不可能的，而只要商品的供求结构保持基本平衡就不会妨碍国民经济的正常运行。第二，使所有产品的供求结构都保持平衡既不可能也无必要，并且一些次要产品的供求结构失衡并不会妨碍国民经济的正常运行，只有那些主要产品的供求结构发生了失衡才会影响国民经济的正常运行。

国民经济中的结构失衡有两种情形：第一，一些主要产品（一部分或大部分）供给小于社会对它们的需求，商品短缺，生产这类产品的产业部门发展不足。第二，一些主要产品的供给超过了社会对它们的需求，商品过剩，生产这类产品的产业部门发展过度。

$$\begin{pmatrix} S_1 \\ S_2 \\ \vdots \\ S_n \end{pmatrix} \neq \begin{pmatrix} D_1 \\ D_2 \\ \vdots \\ D_n \end{pmatrix}$$

上述两种情形往往是同时存在的，即在一些产品生产过剩的同时，另一些产品却供不应求，部分过剩与瓶颈并存。

二、结构失衡的表现

结构失衡以什么形式表现出来呢？

1. 商品的供应状况

发生了结构失衡，商品的供应状况必然会有明显的表现。（1）$S_i>D_i$，商品供过于求，在这种情况下，这类商品会大量过剩，严重滞销，商业部门存货超常增长，生产的东西卖不出去。（2）$S_i<D_i$，商品供不应求，在这种失衡状态下，这类商品供应十分紧张，出现短缺，产品销售极易，经常脱销。

2. 相对价格

发生了结构失衡，在市场经济或以市场为基础的市场体系中，必然会通过相对价格及其变化反映出来，或上升，或下降。（1）$S_i>D_i$，商品供过于求，这类商品的相对价格就会下降，或低于其价值，需求缺口越大，这类商品的相对价格下降幅度越大。（2）$S_i<D_i$，商品供不应求，这类商品的相对价格就会上升，或高于其价值，供给缺口越大，这类商品的相对价格上升幅度越大。

但若价格不能灵敏地反映市场上商品供求状况的变化，则结构失衡很难通过相对价格来反映。

3. 生产能力利用率

一般来说，当 $S_i>D_i$ 时，该部门生产能力必然产生严重的闲置、浪费，当 $S_i<D_i$ 时，该部门生产能力则被过度利用。

三、结构失衡产生的原因

结构失衡是怎样产生的呢？我们可以从供给结构同需求结构两方面来分析，从理论上来看，结构失衡要么由供给结构方面的原因引起，要么由需求结构方面的原因引起，要么同时由供给结构和需求结构两方面的原因引起。

1. 供给结构方面的原因

在一定时期中的结构失衡可能是由供给结构不合理所引起的，供给结构取决于生产能力，一定时期的供给结构是由当时的产业结构所决定的，因此供给结构不合理的基本原因就在于产业结构不合理。为什么会出现产业结构不合理呢？

（1）初始产业结构不合理。产业结构的现状同初始产业结构有着紧密的关系，初始产业结构合理，有利于保持合理的产业结构；而若初始产业结构不合理，就需要花费很长的时间来调整产业结构，初始产业结构越不合理，调整所需的时间和经济资源就会越多，调整的难度越大。例如，如果是基础产业部门发展不足，显然需要很长的时间来使产业结构合理化，因为这些部门建设周期长，形成生产能力所需时间长，所需投资资金额又相当大，提高其发展水平很难在短期内完全实现，在调整期间或说在这种调整完成之前，显然供给结构仍不能适应需求结构。

（2）投资结构不合理。投资是产业结构形成的直接原因，可以说一定时期的产业结构是过去长时期投资分配的结果。投资结构（资金、劳动、技术）不合理就不可能有合理的产业结构。投资长期不足的部门其产品必然满足不了社会需求，投资过多的部门其生产能力必然超过社会需要，生产的产品会超过社会需求。例如，在社会主义经济中，投资长期偏向于重工业，结果造成轻工业投资严重不足，造成重工业生产能力过剩，而轻工业生产能力不足，消费品的供给大大低于社会对消费品的需求。

（3）相对价格（价格体系）不合理。各种产品的相对价格是决定经济资源产业分布的重要因素。一种产品供不应求，其价格应该上升，生产这种产品的利润就高，投资就会向这些产业部门流动，使此种产品的生产能力提高，从而产量就会增加；相反，一种产品供过于求，其价格应该下降，生产者利润率低，投资就不会流向这个部门，并且原有经济资源会流出这个部门，这种产品的生产量就会减少，这样社会产品的供给结构就往往能迅速适应社会需求结构。但是，如果价格体系不合理，亦即商品的价格同商品的供求状况并不一致，就会造成经济资源的产业分布不合理。因为经济资源的分布结构同利润率高低从而同商品相对价格状况是成正比关系的，生产某种商品的相对价格高、利润率高，那么生产资源会向这些部门流动，从而使产品产量增加，反之，则反是。这样，商品供不应求，而价格却很低，商品供过于求，而价格却相对较高，在这种不合理的价格体系下，商品的供给结构就难以适应需求结构，相反，只会加剧结构失衡，因为在这种条件下，供过于求的产品生产不仅不会减少，相反还会增加，而供不应求的产品生产不仅难以增加，相反甚至可能减少。

（4）经济资源缺乏流动性。产业结构从而供给结构的调整是以经济资源的流动为前提条件的，一种产品生产的增加需要经济资源的投入量增加，而要使其资源投入量增加，一种途径是整个社会新增加的经济资源流向这个部门，另一种途径就是使其他产业部门原有的经济资源流向这个部门（如转产），实际上新增经济资源的流动也必须由其他部门向这个部门流动。这种流动包括两个方面：一方面是经济资源能够自由地流出原来的产业部门，另一方面是经济资源能够自由地流进新的产业部门，这两个方面缺一不可。如果经济资源能够充分地在产业部门之间流动，那么供给结构就能迅速适应需求结构；而如果经济资源缺乏这种流动性，供给结构就不能适应需求结构的变化，而产生结构失衡，或加剧结构失衡。

在经济资源缺乏流动性的条件下，即使相对价格（价格体系）是合理的，供给结构也不可能同需求结构相适应。

（5）经济发展战略的失误。在不同的经济发展战略下，会形成不同的产业结构，会有不同的产业重点。但是，无论采用何种经济发展战略，如果导致结构失衡，经济就不可能按预定目标发展，就无法实现既定的经济发展战略。就是说只有在正确的经济发展战略下，供求结构才会平衡，经济才能顺利发展。而如果经济发展战略违背了经济规律，片面强调某些产业部门的发展，就会使供给结构同需求结构脱节，产生不协调。例如，20 世纪 50~70 年代，我国片面强调重工业发展，致使其他产业部门发展严重不足，而重工业生产能力过剩，导致了供给结构同需求结构失衡。前苏联也是如此，结果使大量的经济资源集中于重工业部门，造成和加剧了供求结构失衡。

此外，一国的税收结构、信贷结构、各产业部门生产能力的利用率与利用效率等都可能引起供给结构同需求结构失衡。

2. 需求结构方面的原因

在供给结构合理的条件下，需求结构不合理也会引起、加剧结构失衡。有哪些因素会导致需求结构不合理呢？

（1）在国民收入分配中，消费基金与积累基金的比例关系不合理。消费基金是用作消费支出的，积累基金是用作投资支出的，消费基金同积累基金的比例关系适当，就会形成合理的消费支出与投资支出的结构，而二者的比例关系不合理，就会形成不合理的消费支出与投资支出的结构。若消费基金比重偏高，消费基金膨胀，往往就会超过社会消费品的供给，使消费品供不应求，而使生产资料生产过剩，同时会形成对生产资料的过度需求。若积累基金比重偏高，往往就会超过投资品的供给，造成生产资料供不应求，如果长期偏高，就会造成生产资料生产部门（第Ⅰ部类内部各产业部门的自我循环式的过度发展），而生活资料生产部门发展不足。同时，二者比例分配不当还会造成消费需求结构与投资需求结构内部供给结构失调，在消费基金比重偏高之时，居民收入增长超过了经济发展阶段，消费早熟超前，而同消费品生产结构失调；而积累基金比重偏高，也会造成投资需求结构同投资品生产能力失调。

（2）投资结构不合理。投资支出结构还会从需求方面影响结构平衡。投资结构合理，同各种投资品生产能力相适应，就会使二者保持结构平衡；投资结构不合理，同各种投资品生产能力不相适应，就会使二者不相一致，导致失衡，不同产业部门对各种不同的投资品（固定资产、流动资产）的需求量是不相同的。投资的产业分布不同就会产生对投资品的不同需求结构，若投资产业分布不合理，就会使对投资品的需求结构同投资品的供给结构失衡。

（3）相对价格（价格体系不合理）。在价格体系不合理的条件下，那些供不应求的商品价格偏低，需求量不仅不会减少，反而会增加，而供过于求的商品，由于其价格相对过高，其需求量不仅不会增加，相反还会减少，这样由于需求结构不合理，产品的供求结构也会失衡。

（4）由于外部因素的作用所导致的消费需求结构的不合理变化。消费需求结构的变化并不仅仅只是由收入水平决定，其受外部因素影响很大，尤其是在经济的开放程度不断提高的情况下，外部因素已经成为引起需求结构不合理变化的重要因素。例如，在发展中国家，经济发达国家的高消费成为发展中国家消费需求结构超前变化的重要诱因，从而成为结构失衡的重要原因。

四、结构失衡的经济后果

国民经济出现了结构失衡必然会阻碍国民经济的正常运行。但是失衡的类型不同，对国民经济运行所带来的具体经济后果是存在差别的，这里失衡的类型有两层含义：第一层意思是说是供给超过需求还是需求超过供给；第二层意思是说是哪一类产品或产业部门的失衡，因为不同类产品或产业部门在国民经济中的地位、作用是不同的，因此其失衡对国民经济造成的影响也不一致。我们先进行一般性地分析，然后再按产品类型或产业部门类型来进行分析。

1. 结构失衡的经济后果的一般分析

（1）一些产品过剩即供给超过需求的失衡。在这种情况下，商品销售困难，相对价格下降，订货减少，库存超常增长，于是该部门削减产品生产量，削减投资，由此导致该部门生产能力闲置、开工率下降，从而造成经济资源的浪费。该部门生产能力闲置、开工率下降，会导致对投入品需求的减少，进而造成其他相关部门生产能力利用不足，开工率下降，使这些部门生产下降，由此就会造成整个社会生产资源的浪费和生产的下降。

（2）一些产品短缺即需求超过供给的失衡。这要考虑两种情况：①商品需求旺盛，价格上升，订货不断增加，存货减少，于是该部门努力增加产量，这样该部门生产能力过度利用，开工率（利用率）超过正常水平，固定资产加速损耗，补偿不足、产品质量差，产品结构老化，技术进步缓慢甚或停滞，边际生产成本递增，效率下降。②若为中间产品，则会制约其他部门经济发展，导致其他部门生产成本上升，并可能引发通货膨胀。

2. 不同类型产品或产业部门的结构失衡对国民经济的影响

（1）基础产业部门产品的供求失衡。它分为以下三种情形：

①基础产业部门产品的供不应求的失衡。如果基础产业部门产品供不应求，其销售容易，会造成产品结构老化、质量差、服务差、技术进步缓慢、成本递增、效率下降，会造成其他产业部门由于得不到所需投入而导致开工不足、生产能力闲置，制约经济增长；如果价格上升，则会推动其他部门产品价格上升，引发通货膨胀。

②基础产业部门产品供过于求的失衡。如果基础产业部门产品供过于求，销售困难，生产者就要削减生产，就会造成向基础产业部门提供投入品的部门的产品供过于求，削减生产，这样社会就会出现生产能力的闲置，同时基础产业部门产品的供过于求，可能会引发一般物价水平的下降，从而产生生产收缩效应。

③一部分基础产业部门产品的供不应求的失衡与另一部分基础产业部门产品的供过于求的失衡同时并存。这会造成一些部门生产能力被过度利用，效率下降，成本上升，另一些部门生产能力闲置，国民经济发展受到瓶颈制约，同时又会引起（结构性）通货膨胀。

（2）主要消费品供求失衡的经济后果。如果主要消费品供不应求，会促使消费品价格上涨，这样会推动工资上涨，导致产品成本上涨，同时由于产品销售容易，会使产品质量下降、技术进步缓慢、产品结构老化，使消费者实际福利下降，并且也会损害劳动者的劳动积极性。如果主要消费品供过于求，会使生产者利润减少，削减生产，通过联系效应的作用，会引起相关多个产业部门的生产收缩，这样会导致失业增加，生产下降。

（3）主要生产资料供求失衡的经济后果。如果主要生产资料供不应求，一则会引起成本推进型的通货膨胀；二则会导致产品质量下降，生产部门技术创新缓慢，产品结构老化，生产成本递增，过度利用生产能力；三则会制约下游产业的发展，造成生产能力的闲置。如果主要生产资料供过于求，一则会导致本部门和上游产业部门收缩生产，造成生产能力闲置；二则会使失业增加；三则可能会引起通货紧缩。

以上说明，产业结构平衡是国民经济持续协调稳定发展的必要条件。如果实现了产业结构平衡，国民经济就能得到顺利的发展，各种产品能够顺利地销售出去，社会生产各个部门能得到其发展所需的各种投入，都能得到顺利发展。如果出现了结构失衡，国民经济就得不到正常发展。在主要产品供过于求时，不仅造成部门自身生产能力的闲置、浪费，而且往往导致整个国民经济增长的下降或停滞；在主要产品供不应求时，不仅造成部门自身生产能力的过度利用，而且限制了整个国民经济的增长，限制了未来的经济增长，并且会引起通货膨胀。

实际上，国民经济保持产业结构平衡是以社会大生产为基础的经济发展的要求，在社会化大生产中，社会生产的各个环节、各个部门之间存在着互相联系、互相制约的客观比例关系，只有保持这种比例关系，社会生产才能顺利进行。保持产业结构平衡正是反映了社会大生产的这种客观需求。社会生产结构同分配结构、使用结构应相互协调一致，即各种产品的供给与需求应相平衡，否则社会生产顺利进行所要求的客观条件就会遭到破坏。

五、总量失衡与结构失衡

总量失衡与结构失衡虽然都是宏观经济比例关系的失调，但是是两种不同类型的失衡，二者互相联系，也互相区别。

在总量平衡的条件下，结构可能是失衡的；在结构基本平衡的条件下，总量也可能出现失衡。

但是总量失衡同结构失衡也往往同时并存，一种情况是总需求过度或总供给不足同结构失衡并存，另一种情况是总需求不足或总供给过剩同结构失衡并存。

总量失衡可以引起并加剧结构失衡，而结构失衡也可以引起并加剧总量失衡，具体情况如下：

1. 超额需求型总量失衡引发结构失衡

这包括以下三种具体情况：（1）在总需求超过总供给的条件下，经济过度增长，对基础产业部门产品的需求更大规模地增长，而其供给在短期却难以相应地增长，从而就会造成基础产业部门产品供不应求。（2）在总需求超过总供给的条件下，销售极易，产品结构调整会很慢，因为产品需求结构会快速地发生变化，从而会造成供求结构失衡。（3）如果已经存在着结构失衡，总需求膨胀会加剧这种失衡，基础产业部门产品的短缺状况会加剧。

2. 总需求不足型总量失衡引发结构失衡

这包括以下两种具体情况：（1）在发生总需求不足型总量失衡的条件下，经济停滞，居民收入增长下降，在这种条件下，对耐用品的需求会较大幅度地下降，从而造成其供大于求，生产能力过剩。（2）如果出现了总需求不足型总量失衡，企业会削减生产与投资，对生产资料的需求会减少，而其中对于基础产业部门产品需求减少的幅度会更大，使其生产能力严重过剩。

3. 结构失衡引发超额需求型总量失衡

如果基础产业部门产品供不应求，其价格上涨，就会引起普遍的价格上涨，这样乃会导致总需求超过总供给；如果主要消费品、投资品供不应求，也可能会引起普遍的价格上涨，导致总需求超过总供给。

4. 结构失衡引发总需求不足型总量失衡

如果主要消费品、投资品供过于求，产品销售困难，销售价格会下降，由此会促使生产者减少产品生产与投资，一旦生产者这样做，投资需求就会下降，进而会通过对就业、工资率等的影响使居民收入减少，从而引起消费需求下降，由此最终引起总需求下降，出现总需求不足型的总量失衡。

因此，要实现总量平衡，应该努力实现产业结构平衡，要实现产业结构平衡，就应该努力实现总量平衡。

第四节　国民经济结构平衡的实现

一、结构失衡到结构平衡的自动调节机制

在市场经济中，既存在着导致结构失衡的自发因素，也存在着促使产品供求结构由失衡状态转向平衡状态的自发因素。在市场经济中是什么样的自发因素促使产品供求结构由失衡状态转向平衡状态的呢？

在自由竞争的市场经济中，如果发生了结构失衡，一些产品供过于求，生产能力过剩，另一些产品供不应求，生产满足不了社会需求，那些供过于求的产品的价格会下降，而供不应求的产品的价格会上升，即那些供过于求的产品的相对价格下降，而供不应求的产品的相对价格上升。供过于求的产品的相对价格下降，一方面在一定程度上抑制了需求的进一步下降，另一方面由于价格下降，生产能力的利用率下降，生产部门削减生产，并抽出资金转向其他部门，生产资源流出这个部门，产品供给减少；那些供不应求的产品的相对价格上升，一方面在一定程度上抑制了需求量的进一步增长，另一方面由于价格上升、利润率提高，生产部门会努力增加生产，同时这个部门的投资会增长，生产资源会向这个部门流动，从而使生产能力增长，产品供给增加。这样，通过产品相对价格的变化，经济资源的流动（重新配置），从而最终使结构失衡趋于缓和。

虽然市场力量具有自发调节产品供求结构的作用，但是市场力量的自发调节存在着多方面的缺陷：

（1）从某个部门的产品供过于求或供不应求，到相对价格变动以及由此引起的供求调整，再到供求结构趋于平衡，是需要相当长的时间的，并且价格是对已经存在的供求状况的反映，因此市场力量的自发调节只能是事后调节，在这个调节过程中，产品供求结构的不平衡已经给国民经济发展造成了不利的影响。

（2）产品价格的变化是互相影响的，并且是一个连续的过程，价格变动究竟能在多大程度上促使产品供求结构由失衡恢复到平衡状态，要受到总量平衡状况、资源流动性等因素的影响，因而自发调节的效力存在着不确定性。例如在总供给>总需求的条件下，如果基础产业部门产品价格上涨，其他部门可以通过提高销售价格的办法转嫁负担，在这种情况下，价格变化就很难使产品供求结构平衡迅速得到恢复。如果资源不能在不同产业部门之间充分流动，无论价格怎样变化也是不能促使恢复产品供求结构平衡的。

（3）如果价格因为政府管制或者因为垄断力量的干扰等，从而使价格不能灵敏地准确地反映市场供求，显然就不可能依靠价格的变动，来恢复产品供求结构的平衡。

（4）在产品供求结构严重失衡的条件下，尤其是那些关键的基础部门产品，例如电力、燃料、交通、通信服务等严重短缺的条件下，自动调节是很难保证恢复结构平衡的。因为这些类型的产品价格上涨只会引起价格的轮番上涨，不仅不能迅速实现结构平衡，相反还会造成通货膨胀。

（5）许多产品属于公共物品，这类产品供求失衡问题很难依靠价格机制来解决。

（6）许多产品的生产具有相当大的外部经济效应，市场价格只是反映私人成本、私人收益，因此难以避免一些种类的产品生产过多，另一些种类的产品生产过少，这种由价格机制失效造成的结构失衡自然是无法通过价格机制的作用来实现产品供求结构的平衡的。

二、政府矫正结构失衡的必要性与政策

结构失衡会损害国民经济的正常运行，结构失衡越严重，失衡持续的时间越长，给国民经济造成的损失会越大，因此出现了结构失衡，就应该采取措施予以解决。上面已经说明，市场力量具有自动矫正结构失衡的作用，但其作用存在着多方面的缺陷。这就说明如果出现了结构失衡，政府有必要采取措施予以矫正。

政府可以采取以下措施矫正结构失衡：

1. 调节投资结构

投资结构调整的原则是：大幅度增加短缺产品生产部门的投资，抑制和减少产品过剩的生产部门的投资，从而最终使短缺产品的生产增加，使过剩产品的生产减少。

政府如何使投资结构按预定的方向变化呢？

(1) 改变财政支出结构。增加短缺产品生产部门的财政支出（政府投资），而减少过剩产品生产部门的财政支出（政府投资），许多短缺品生产部门，尤其是基础部门的发展，没有政府投资是根本不可能的。由于这些部门所需投资量很大，建设周期长，投资回收期长，又需要社会各个方面的相互协调（例如铁路建设就牵涉到征地、移民等许多问题，需要多方面的协调），这些部门的发展只能主要依靠政府投资来发展。

(2) 调整税收，采取区别性对待的税收政策。其具体办法是：对短缺品生产部门采取优惠性税收政策（包括减少税种、降低税率，提高起征点等措施），这样使投资者的实际所得利润率相对提高，由此来刺激企业投资于这些部门，从而促进生产能力的增长；对过剩品生产部门则不给予优惠性税收政策，甚至采取抑制性税收措施（如提高税率、降低起征点等），而使投资者的实际所得利润率相对降低，以抑制投资增长，促使资源流出。

(3) 实施差别性的信贷政策，调整信贷结构。对于投向短缺品生产部门的投资采取优惠性信贷政策（包括降低贷款利率、放宽信贷条件等），促使投资增长；对于投向过剩品生产部门的投资则不提供优惠信贷（如提高利率、规定更严格的贷款条件等），抑制投资者向这些部门投资。投资结构的变化最终将有利于恢复产品供求结构平衡。

2. 调整产品生产结构与需求结构

投资结构的改变最终会使供给结构同需求结构相一致，但是通过投资结构的改变而最终改变供给结构是需要很长时间的，那么在短期中如何缓解结构失衡呢？这主要是通过更加充分地利用短缺品生产的生产能力，对生产能力进行存量调整，增加短缺品生产能力；同时压缩过剩产品的生产，以抑制短缺品需求的增长，即调整需求结构。

在短期，要使短缺品生产还能得到一定的发展，政府可以采取两种措施：一是提高短缺生产部门的生产效率。在实际中，一些短缺品生产部门生产能力利润率很高，但也会有一些短缺品生产部门生产能力利润率不高，生产效率低下，存在着提高生产效率的潜力，因此政府可以采取措施促进这些部门提高生产效率。二是进行存量调整，即将一些过剩产品生产部门的生产能力转向短缺品生产，这是因为有些机器设备、原材料等是可以有多种产品生产能力的或者稍作改进就可以生产其他类产品的，其中一些部门的生产能力是可以转产短缺品的，在短期，政府可以采取措施促进转产，从而增加短缺品生产、减少过剩品生产。

当然，在短期，供给结构的变化是有限的，因此还需要通过调整需求结构的办法来缓解供求结构矛盾，这就是压缩过剩产品的生产，以抑制短缺品需求的增长。如在原材料等基础部门产品短缺的条件下，就要压缩过度增长的非生产性建设项目，压缩过度增长的加工业部门等生产能力过度增长的产业部门的发展，通过抑制需求的增长来缓解结构矛盾。

3. 调节产品价格

在必要的情况下，政府可以考虑采取调高短缺品价格、调低过剩品价格的办法，刺激短缺品的生产，抑制过剩品的生产。

4. 制定和实施产业政策

政府在预测社会需求结构变化前景的条件下，制定合理的产业发展规划，采取各种措施支持重点产业部门的发展。

第五节　中国的产业结构失衡与调节

一、中国产业结构失衡的主要表现及其对中国经济发展的负面影响

在中国国民经济中曾经长期存在严重的产业结构失衡，一些部门发展严重不足，而另一些部门的发展则又严重过度。在中国经济发展的不同时期，产业结构失衡的具体表现是存在差异的，虽然对不同时期的产业结构失衡进行比较对于防范产业结构失衡和制定产业结构调节政策是很有价值的，但在这里我们将仅限于讨论在中国国民经济发展的几十年中产业结构失衡在较长时期存在的共同的现象，尽管以下说明的产业结构失衡有些已经有了改观，但到目前为止，这些失衡大多依然存在。以下具体说明中国国民经济产业结构失衡的主要表现及其对中国经济发展的负面影响。

1. 第一次产业、第二次产业与第三次产业之间的比例关系长期失调，第一次产业和第三次产业发展长期滞后

国民经济要获得持续、协调、稳定的发展，要求第一次产业、第二次产业与第三次产业能够保持协调的发展，即要保持三次产业发展的结构平衡，任何产业发展滞后，都会限制其他产业部门的发展，从而最终会限制整个国民经济的发展。在中国经济中，第三次产业发展长期滞后，其提供的服务长期满足不了市场需求，尤其是其中的交通运输、通信、教育、科研、卫生等部门的发展长期严重滞后。交通运输业的落后，限制了生产要素的流动和产品的流通，降低了社会产品的供应能力，制约着全国统一市场的形成，制约着市场需求的增长，限制了市场的扩大；通信落后同样限制着市场的扩大，不利于要素最优组合，增加了交易成本，减少了供给；教育发展的滞后严重阻碍了居民教育水平的提高，限制了高素质劳动力的培养，阻碍了技术创新，这意味着这些产业发展滞后阻碍了国民经济的发展；同样地，科研、卫生等部门的发展滞后也制约着国民经济的发展。

2. 基础设施产业部门的发展长期滞后

中国基础设施部门的发展长期滞后，电力、煤气、基本原材料等长期严重供应不足，一直是国民经济发展的“瓶颈”，极大地限制了国民经济的发展。

3. 农业、轻工业和重工业的比例关系长期失调

农业、轻工业和重工业的比例关系失调在20世纪90年代以前表现为农业、轻工业长期发展不足，重工业长期发展过度。在20世纪90年代以前，中国农产品和轻工业产品长期严重短缺，实行了30多年的农产品和轻工业产品的配给制就是农产品和轻工业产品长期短缺的典型表现。在农产品和轻工业产品严重短缺的同时，在重工业部门许多产品的生产能力却长期严重过剩，大量积压。进入20世纪90年代之后，又出现了农、轻、重比例关系的新的失调，这就是轻工业发展过度而农业和重工业发展不足。虽然这种失调的程度比过去轻，但失衡本身是存在的。无论是哪种类型的比例失调，都对国民经济的发展造成了损害。

4. 工业内部的结构失衡

工业内部的结构失衡主要表现在：（1）基础工业部门与非基础工业的比例关系长期失调，基础工业的发展长期滞后，燃料、电力、基本原材料等的供应长期十分紧张，始终面临强大的需求压力。这不仅其他产业部门的发展，而且不利于形成公平竞争和公平交易的经济秩序。（2）原材料工业与加工工业的比例关系失调，原材料工业发展长期滞后，而加工工业发展相对过度，原材料工业的生产能力长期落后于加工工业的生产能力，造成加工工业生产能力的闲置，加工工业产品相对过剩。这不仅造成了经济资源的闲置，降低了资源配置效率，而且限制了加工工业和原材料工业的发展。

二、中国产业结构失衡的原因

为什么会在中国经济中产业结构长期存在上述失衡呢？原因是多方面的，主要在于：

1. 投资结构不合理

在中国，投资决策权长期掌握在政府手中，因此政府投资偏好就决定了投资的产业分布。从20世纪50年代到80年代的长时期中，政府的投资集中于第二次产业，特别是集中于第二次产业中的重工业部门，因而导致第三次产业、第一次产业投资严重不足，整个第三次产业的投资额还不及重工业，从而造成了第三次产业、第一次产业发展滞后。由于第二次产业的投资集中于重工业，轻工业投资长期不足，因而导致轻工业发展长期滞后。从20世纪80年代开始，投资主体开始趋向于多元化，民间投资大量投向轻工业，政府也开始重视轻工业的发展，特别是地方政府投资大量投向轻工业，轻工业投资开始快速增长，轻工业生产能力由此迅速增长，最终使得工业部门出现了重工业发展相对不足、轻工业发展相对过度的局面。

基础设施部门发展的滞后和基础工业部门、原材料工业部门发展的滞后都直接源于投资不足，由于这些部门的投资见效慢，所需要的投资额一般又很大，因此政府更愿意将投资投向其他产业部门。政府对重工业、加工工业的大量投资使重工业得到很大和很快的发展，而重工业的这种发展又加剧了基础设施部门、基础工业部门和原材料工业部门的压力，使得这些产业部门的发展呈现出发展不足的局面。

2. 价格体系不合理

在中国计划定价持续了 40 多年，长期的计划定价造成价格体系长期不合理，供给缺口大的商品（基础设施部门生产的产品）的价格长期低下，而一些供过于求的商品的价格反而长期居高。这种价格体系不仅不能引导经济资源流入瓶颈部门，反而由于这些部门产品价格低下，使需求更大幅度地增长，从而加剧了这些部门的产品供不应求；不仅不能引导资源流出产品过剩的生产部门，反而由于这些部门产品价格居高，导致更多的资源流入这些部门，从而加剧这些部门产品的供过于求。在中国，基础设施部门的产品（如电力、煤炭、钢铁、建材、基本化工原料、运输、通信服务等）的供应长期十分紧张，而其相对价格却偏低；原材料供应长期十分紧张，其相对价格却一直处于低下状态，加工工业生产能力严重过剩，但其产品相对价格却一直偏高；农产品、第三产业服务的供应长期不足，但其相对价格却长期偏低。相对价格的这种状况，不仅阻碍了经济资源从发展过度的部门流向发展不足的部门，而且加剧了经济资源从发挥不足的部门流向发展过度的部门。

在计划定价逐步从越来越多的领域退出之后，价格体系的不合理有了改观，但是由于仍然存在着大量的经济管制，并且价格管制仍然在相当多的领域存在，同时由于垄断势力、地方保护主义等因素对价格的影响或干预，在当前中国经济中，价格体系的不合理现象仍然存在，这种价格体系的不合理是造成当前结构失衡的重要原因。

3. 所有制分割、部门分割和地区分割严重阻碍了经济资源在产业部门之间的合理流动

在发生了结构失衡的条件下，只有依赖于经济资源在产业部门之间的充分流动，即经济资源从生产能力过剩的部门流向生产能力不足的短缺部门，才能恢复结构平衡。如果经济资源不能在产业部门之间充分地流动，旧的产业结构就不可能改变，结构失衡也就不可能消失。所有制分割、部门分割和地区分割并不相同，但都会阻碍经济资源由过剩部门向短缺部门的流动，不仅会抑制结构失衡的矫正，而且也可能会加剧结构失衡。在中国经济中，长期存在着所有制分割、部门分割和地区分割，严重阻碍了经济资源在产业部门之间的流动，限制了结构失衡问题的解决，也引起了新的结构失衡。

4. 经济发展战略的失误

中国之所以在几十年的时间里，对重工业实行倾斜式投资政策，全力发展重工

业，一个重要的原因是将工业化等同于重工业化。我们在长时期中都是认为中国必须迅速实现工业化，而工业化的核心和标志就是实现重工业化，因此就制定了重点发展重工业的经济发展战略，投资等都向重工业倾斜，这样其他产业部门的发展就被忽视了，从而造成重工业投资过多，发展过度，而其他产业投资过少，发展不足。

5. 各产业部门技术、经济特点的影响

结构失衡与各产业部门的技术、经济特点也有密切的关系。同其他产业部门相比较，随经济增长，基础设施部门产品的需求增长规模最大，因为无论是消费需求上升，还是投资需求扩大，都会直接地、间接地产生对基础设施部门产品的需求更大规模地增加，而从供给方面来看，基础设施部门形成生产能力的时间即建设周期很长，所需的投资资金相对来说是巨大的，而且往往需要一次性投入大量资金，还需要社会多个部门的协调，而其所带来的收益并不直接、明显，因此虽然其发展很重要，但在实际中，其建设往往一拖再拖，从而造成基础设施部门的发展滞后于国民经济发展的需要。轻工业部门一般来说，投资少，见效快，进入的技术、经济壁垒低，而重工业正好相反，因此在投资管制取消或放松后，民间投资和地方政府投资就大量流向轻工业部门，这是造成20世纪90年代以来轻工业发展相对过度的重要原因。农业发展不足，基础工业、原材料工业发展不足等都与它们所具有的技术、经济特点有关。

三、中国产业结构失衡的政府调节政策

产业结构失衡损害了中国经济的发展，因此需要消除或者减轻产业结构失衡。如何能够消除或者减轻产业结构失衡呢？首先应该让市场机制充分地发挥作用，完整的统一的自由的高度竞争性的市场、灵活的价格体系、健全的市场机制能够为防范、消除或减轻产业结构失衡提供有利的条件，因此市场发展和完善的过程本身也可以起到防范、消除或减轻产业结构失衡的作用。但是基于市场机制的缺陷，特别是基于中国经济中产业结构失衡产生原因的特殊性，政府应该在解决产业结构失衡中发挥作用。政府可以采取哪些调节措施呢？

1. 调节投资结构

政府调节投资结构的具体措施包括以下几个方面：

(1) 调整政府投资结构。一方面由于政府投资在社会投资中占有相当大的比重，另一方面发展滞后的多个部门属于基础设施部门，这些部门要么需要政府直接投资，要么需要政府投资给予支持，因此政府应该调整投资结构，调整的方向就是要增加对基础设施部门（如道路、港口、机场、通信、电力、石油、煤炭、基本原材料等产业部门）、农业部门的投资。凡是民间不愿意投资或者民间没有能力投资，而其发展又处于滞后状态的重要产业部门，应该由政府进行投资，而且政府投

资要能够满足这些产业部门发展的需要。

(2) 实行投资激励政策。直接调整政府投资结构是矫正产业结构失衡的重要措施，但是还有一些部门的发展要么是直接调整政府投资结构无法达到目的，要么不属于政府应该进行直接投资的领域，如第三产业中的许多产业部门、农业部门等，这些部门的发展就不能依靠直接调整政府投资结构来实现，那么如何使投资向这些部门集中呢？政府可以实行投资激励政策，引导非政府投资向这些部门集中。投资激励政策的具体政策包括税收激励政策、信贷激励政策等，通过实施投资激励政策刺激非政府投资向这些发展滞后的部门集中。

(3) 放松投资管制政策。严格的投资管制阻碍了产业结构的调整和升级，放松投资管制是解决结构失衡问题的重要措施。从中国轻工业发展落后局面的根本改观来看，放松管制是解决中国经济中的结构失衡问题的有效手段，因为正是对轻工业投资管制的放松（其中主要又是对进入管制的放松）才使得投资能够流向轻工业，轻工业的生产能力才能增长，轻工业发展长期落后的局面才得以改观。

2. 理顺价格体系

价格体系是资源配置决策的信号，解决结构失衡必须建立起能够灵敏地反映市场商品供求的价格体系，必须矫正不合理的价格体系。要矫正不合理的价格体系，首先要建立自由竞争的统一的开放的市场，竞争越充分，价格体系越灵敏；其次要取消对竞争性领域商品价格的管制，消除各种垄断势力对价格的干预，要让市场供求决定商品的价格，形成竞争性条件下的价格体系；最后要对垄断部门商品的价格进行调节或者管制，以使商品的价格与商品的价值一致或趋近。

3. 消除企业之间、部门之间、地区之间的分割状态

只有消除了企业之间、部门之间、地区之间的分割状态，才能建立起统一的开放的市场体系，经济资源才能在部门之间自由地流动，各产业部门的生产能力结构才会发生变化，供给结构才能得到调整，供求结构才能恢复平衡。对中国经济而言，消除企业之间、部门之间、地区之间的分割状态，不仅是解决当前仍然存在的产业结构失衡问题的必要措施，而且有利于防范和解决未来可能出现的产业结构失衡。

4. 制定正确的经济发展战略

长期经济发展需要制定经济发展战略，但是经济发展战略可以促进产业结构平衡，也可能成为产业结构失衡的根源。中国经济中长期存在的产业结构失衡就与当时的经济发展战略有关。解决中国经济中的产业结构失衡问题需要制定正确的经济发展战略，这种战略应该促进经济增长，应该将实现产业结构平衡作为其重要的内容。

5. 制定和实施正确的产业政策

一些发展滞后的产业部门，特别是那些需要的投资额大、民间无力或者不愿意

投资的产业部门，要在短期发展起来是很困难的，同时由于国内外需求结构等经济条件的变化，会要求供给结构做出相应的调整，如果调整滞缓，就会出现新的产业结构失衡，或者会加剧原来的产业结构失衡，此外，基于民间投资的领域集中倾向，导致新的产业结构失衡也是无法避免的。这些问题靠短期性的调节政策是不可能得到解决的，因此政府应该根据各产业的特点、根据对未来需求结构变化前景的预测和对民间投资倾向的分析，制定出合理的产业发展政策，对投资结构进行长期性的引导和协调，以此来解决和防范产业结构失衡。

6. 实现总量平衡

基于总量失衡和结构失衡的关系，实现总量平衡有利于实现产业结构平衡。中国经济中产业结构失衡长期存在与总量失衡的长期存在是有关联的，总量失衡诱发了结构失衡，或者阻碍了结构调整。因此，政府一方面要预防总量失衡的出现，尽力实现持续的总量平衡，另一方面出现了总量失衡后应该迅速采取措施予以解决，迅速恢复总量平衡，从而为产业结构失衡问题的解决提供有利的条件。

思 考 题

1. 什么是产业结构？产业结构可以划分为哪些类型？

2. 产业结构是由哪些因素所决定的？

3. 产业结构变化的一般趋势是什么？

4. 什么是产品的供给结构？它是由哪些因素所决定的？什么是产品的需求结构？它是由哪些因素所决定的？

5. 什么是结构平衡？什么是结构失衡？结构平衡与结构失衡各有哪些表现？

6. 为什么会发生结构失衡？发生了结构失衡，会给国民经济发展带来什么后果？为什么说结构平衡是国民经济持续、稳定发展的必要条件？

7. 为什么在市场经济中还需要政府矫正结构失衡？政府可以采取哪些措施来矫正结构失衡？

8. 中国国民经济中结构失衡主要表现在哪些方面？为什么会出现结构失衡？中国政府应该采取哪些调节政策？

第十章　经济结构的调整与优化

经济结构包括产业结构、城乡经济结构、地区经济结构等，经济结构的协调和优化是国民经济协调、持续发展的必要条件。中国的经济结构还存在着诸多不合理之处，产业结构、城乡经济结构、地区经济结构等的优化还面临着许多问题，我们需要采取多方面的措施促进经济结构的合理化，实现经济结构的优化。

第一节　调整和优化我国经济结构的必要性

经济结构一般是指国民经济各部门、各区域及其他经济活动领域相互比例关系的总称。它通常包括产业结构、城乡经济结构、地区经济结构、收入分配结构、消费结构、技术结构、劳动力结构等方面。调整和优化经济结构，实现国民经济各方面重大比例关系的协调发展，是国民经济协调、持续发展的重要条件。

为了使国民经济持续、快速、健康发展，除了要保持宏观经济总量平衡外，还要特别关注经济结构问题。既然社会主义市场经济是建立在社会化大生产和市场经济基础之上的，那么，也必须遵循社会化大生产的基本经济规律，即社会总劳动必须按照合理的比例分配给处于社会分工之下的各个部门。这个规律的实现主要依靠市场竞争和价值规律，但政府的宏观调控同样发挥着不可替代的重要作用。

一、我国经济存在结构性矛盾

当前我国经济的结构性矛盾突出表现在：（1）产业结构不尽合理。农业基础薄弱，工业竞争力不强，第三次产业发展滞后。（2）生产力布局结构不合理。城乡收入差距扩大，地区经济发展不平衡，东西部差距大。

就产业结构而言，我国粮食、棉花等大宗农产品资源总量连续多年超过市场消费量，出现阶段性过剩。农业种植结构矛盾突出，农产品的品种、质量不能完全适应人民生活水平提高的需要。农民收入增加缓慢。工业竞争力不强主要表现在：消耗大、附加值低的产业比重高，技术和知识密集型、附加值高的产业比重低；企业生产和销售的市场集中度低，规模效益差，竞争力弱；企业组织结构不合理，“大而全”、“小而全”、无效率的重复建设严重。第三次产业的发展总量不足、比重过低、服务领域狭窄、市场化程度低、服务质量差、国际化水平不高等。

就城乡经济结构而言，改革开放进行了20多年，我国城乡经济发展迅速，但城乡分割体制却一直得以延续，城市化进程缓慢。整个社会经济结构呈现出明显的二元特征。这种体制一方面造成城乡居民收入差距明显扩大，特别是农民收入增长缓慢；另一方面造成大量农村剩余劳动力难以转移，或蜂拥至大城市，或滞留于小山村，难以促进人口的合理流动和小城镇的发展。

就地区经济结构而言，近年来我国东西部地区的差距有所扩大。在近几年的国内生产总值比重中，东部地区占65%以上，西部地区仅占15%左右，在全国人均创造国内生产总值中，东部地区超过平均数4成以上，西部地区只有平均数的一半左右。农民收入的地区差距也在进一步拉大。现在东部农民人均纯收入比西部高出近3倍。在地区经济结构方面，还存在着地方保护主义盛行、产业同构现象普遍等严重问题。

二、经济结构调整和优化的重要意义

优化和调整经济结构，不仅是保持国内经济持续快速健康发展的需要，也是应对国际挑战的需要。

1. 结构调整与优化有利于经济增长方式的转变

结构不合理最大的外在表现就是粗放经营，不进行结构调整也就不可能真正实现经济增长方式的转变。长期以来，我国经济政策取向是规模的扩大和总量的提高，而忽视了产业素质的提高和升级。经济发展是靠高投资、高积累支撑经济增长的高速度，经济效益不高，没有取得速度与效益同步增长的效果。首先，产业组织结构不合理、产业集中度低、企业规模不经济导致我国产业的资源利用效率普遍低下，经济效益始终难以提高，国民经济运行中长期存在着高消耗、低效益，高投入、低产出的恶性循环，同时由于过度的、低水平的无序竞争，影响了整体经济的有序运行、产业素质逐步优化和经济的集约化。这极大地妨碍了经济增长方式由粗放型向集约型的转变。其次，产业技术结构不合理导致产业技术进步缓慢，使科技进步在我国经济增长中的作用远远低于发达国家，经济增长明显呈现出低效益、粗放型的特征。再次，产业区域结构不合理，重复建设严重，导致资源配置错位，生产能力过剩，资源浪费严重，严重阻碍了经济的持续发展。资源供应不足已经成为制约我国经济发展的重要因素之一。因此只有调整结构，才是实现集约经营、加快经济增长方式转变的一条重要出路，而转变经济增长的重点、提高经济增长的质量、构筑起经济发展新优势，关键是加快经济结构的调整。从当前来看，就是要审时度势，使经济结构逐步从适应性调整转向战略性调整，努力向结构调整要速度、要效益、要后劲，即以市场为导向，改革为动力，科技创新为核心，人才培育为根本，加大观念创新、机制创新、技术创新、管理创新的工作力度，加快推进产业高度化、结构合理化、经济规模化，实现经济增长从量的扩张向质的提高的飞跃。

2. 结构调整与优化有利于保持宏观经济稳定和提高国民经济整体素质

结构调整是保持我国宏观经济稳定和提高国民经济整体素质的重要基础。总量失衡与结构失衡之间存在相互依存、相互制约的关系。1949 年新中国成立以来出现的几次大的经济波动，都表现为总量失衡与结构失衡共存，而且往往是结构失衡引起总量失衡，反过来总量失衡又加剧结构失衡。在宏观经济总量基本平衡的条件下，影响我国经济稳定和国民经济素质整体提高的关键因素就是结构问题，而目前经济发展的主要障碍也恰恰是结构性矛盾。因此，我们要根据市场需求的变化调整和优化经济结构，培植新的有效供给能力，促进产业转化升级，不断在更高水平上保持社会总供求的动态平衡，使经济总量平衡建立在坚实的结构基础上。

3. 结构调整与优化有利于提高我国的国际竞争力

在经济全球化的大趋势下世界经济发展的三个动向值得我们高度关注：一是世界范围内正在进行经济结构调整；二是科技进步突飞猛进；三是跨国公司的影响力日益增大。加入世界贸易组织使我国经济前所未有地与世界紧密联系在一起，既带来了发展机遇，也带来了严峻挑战。如今，在知识经济的强大冲击下，传统的非知识密集型产业普遍面临生产能力过剩、过度竞争和边际收益下降等问题。世界范围内 80%的行业存在 30%~40%的生产能力闲置。国际市场的竞争在一定程度上已经超越了单纯的速度和数量的竞争，而主要在于科学技术、质量、效率和效益的竞争。遗憾的是，总体看来，我国产业结构升级缓慢，产品技术含量低，更新换代慢，质量、档次上不去，在国内外市场上正面临着外资企业和进口产品越来越大的竞争压力。在日益扩大对外开放的背景下，能否开发出竞争力强的产品，对于民族工业的生存和发展至关重要。只有调整和优化产业结构、产品结构，扩大技术含量高、附加值大的产品的生产和出口，才能在激烈的国际市场竞争中赢得应有地位。

4. 结构调整与优化有利于解决国有企业的困难

当前国有企业的困难除了体制方面的原因外，很重要的一个原因是结构问题。一是国有企业的产品结构缺乏对市场的适应性。企业的投资、生产、经营必须以市场为导向，市场需求什么就生产什么。而我们的相当一部分国有企业对市场的这种根本性变化还不适应，仍停留在生产什么卖什么的阶段，产品缺乏竞争性，花色品种几十年一贯制，结果是产品大量积压，占用大量资金。而市场需求旺盛、前景好的高技术含量、深加工的一些产品，国内企业又不具备生产能力。这种情况表明，那些经营困难的企业只要改变发展思路，以市场为导向，积极调整产品结构，才能走出困境。二是在传统产业中国有企业的比重过高。据统计，国有企业亏损 80%以上集中在煤炭、纺织、化工、军工、机械等行业。大部分下岗人员也集中在这些行业。应当看到。传统行业国有企业的困难，还带有工业化进程中的一些阶段性特点，具有一定的必然性。对它们来讲，摆脱困境只能靠结构调整。例如纺织、煤炭这样比较困难的行业，经过极为艰巨的结构调整之后，已经有了转机。因此，只有加快产业结构优化与升级，搞好国有经济的战略性改组与调整，推动设备更新、技术改造和分流富余人员，才能使国有企业根本摆脱目前的困境，为巩固和发展宏观调控成果构造良好的微观基础。

总之，结构调整已经成为世界大潮流，调整的快慢成功与否，决定着一国的竞争力水平，影响着一国未来的国际地位。在这种情况下，要想成功实施赶超战略，就必须顺应这股时代潮流，从我国长远发展的战略高度认识结构调整的重大意义，加速我国经济结构的调整、优化、升级、转型进程。

三、我国经济结构调整与优化的方向

具体来说，就是要依据国内、国外市场需求变动趋势以及由此而产生的市场竞争压力，根据生产力发展水平和今后发展趋势，通过结构调整形成符合实际的、能够充分发挥比较优势、适应国内市场和世界市场新变化的经济发展新构架。总的目标是：(1) 规模“调大”。生产力布局从离散向集约转变，大力发展规模经济，促进生产要素向优势企业、优势产业和优势企业家集中，发挥优势骨干企业的龙头带动作用，实现经济规模化。(2) 层次“调高”。产品结构从以低技术、低附加值为主，向以高技术、高附加值为主转变；大力推进技术进步，提高企业的技术装备水平，提高产业层次和产品层次，提高经济增长中科技进步的贡献率。(3) 市场“调外”。要素配置和市场定位从主要依靠国内资源和国内市场，向充分利用国内国际两种资源、国内国际两个市场转变，积极有效地吸引外资和先进技术、工艺、设备，大力发展开放型经济，调整出口商品结构，加大开拓国际市场的力度；重点发展经营特点鲜明的大型专业市场，促进城市化进程，提高资金、技术、人才、信息向中心城市和重点城镇集聚的程度，带动一方经济形成专业特色，在全国范围内建立合理的产业分工体系。(4) 行业“调新”。加快国民经济以传统行业为主向以新兴行业为主转变，积极改造提高传统行业，重点发展新兴行业，大力培育高新技术行业。(5) 产品“调优”。着力发展优质名牌产品，增强竞争力，扩大市场占有份额。(6) 机制“调活”。按照建立现代企业制度的改革方向，多种形式深化国有和城乡集体企业改革，激发企业活力，实现企业制度和经营机制的创新，调整国有经济布局，加快发展个体私营经济，推进资产重组，大力发展混合所有制经济，形成以公有制为主体、多种所有制共同发展的活跃局面。

还有必要指出一点，我国在世纪之交开始的新一轮经济结构调整，不同于过去历次经济波动中常讲的“调整”。过去讲的“调整”，总地来看，是一种短期的、量的调整。而现在所讲的“调整”，从需求面看，不是压缩总需求，而是要在扩大总需求中进行结构调整；从供给面看，不是像过去那样简单地从量上压缩长线部门供给、扩大短线即“瓶颈”部门的供给，而是要在量上压缩过剩供给的同时，更注重于从质上提高供给。而且这次结构调整是在“入世”的背景下实施的。因此，

目前我国的经济结构调整不是暂时性、局部性的调整，而是战略性的调整。这包括：既要淘汰低水平重复建设的、浪费资源和污染环境的落后生产能力，又要加快高新技术的新兴产业的发展，加快高技术含量的、短缺的、有国际竞争力的产品的发展；既要对产业结构、产品结构和企业结构进行调整，又要对地区经济结构、城乡经济结构进行调整；既要解决当前的市场供求问题，又要着眼于长远，着眼于提高国民经济的整体素质。只有搞好结构调整，才能保证我国经济持续、快速、健康地发展。

上一章我们已经对产业结构平衡与失衡问题进行了研究，下面我们重点分析产业结构的优化、城乡经济结构以及地区经济结构的调整与优化问题。

第二节 产业结构的优化

一、产业结构优化的含义

产业结构优化是指推动产业结构合理化和高度化发展的过程。前者主要依据产业间技术经济联系的客观比例关系，来调整不协调的产业结构，促进国民经济各产业间的协调发展；后者主要遵循产业结构演进规律，通过创新，加速产业结构的高度化演进。产业结构优化过程就是通过政府的有关产业政策调整影响产业结构变化的供给结构和需求结构，实现资源优化配置与再配置，从而推进产业结构的合理化和高度化发展。

1. 产业结构合理化

产业结构的合理化是经济持续增长的客观要求。一般而言，经济的持续增长取决于资源（资本、劳动力、技术等）的不断投入及其有效配置，而产业结构的合理与否在很大程度上决定了资源配置的效果。如果产业结构比较合理，与国内和国际市场需求相适应，与技术的发展水平相适应，则资源配置是有效的，投入的不断增长即能保证产出的不断增长，经济就得以持续增长。如果产业结构扭曲，则会严重降低资源配置的效果，即使短期的高增长能够发生，最终也会由于结构的制约而不能持续下去。由此可见，只有使各产业间保持协调状态，即在一定经济条件下实现产业结构的合理化，才能保证经济增长的协调性和持续性。

产业结构趋于合理化的标志是：能充分有效地利用本国的人力、物力、财力以及国际分工的好处；使国民经济各部门协调发展，社会的生产、交换和分配顺畅进行，社会扩大再生产顺利发展；使国民经济持续稳定地增长，社会需求得以实现；能实现人口、资源、环境的良性循环。

2. 产业结构高度化（高级化）

产业结构高度化主要是指产业结构从低水平状态向高水平状态的发展，是一个动态的过程。根据产业结构演进的一般规律，产业结构的高度化具有如下几个特征：

（1）产业结构的发展沿着第一、二、三产业分别占优势地位的方向顺向演进。

（2）产业结构的发展沿着劳动密集型产业、资本密集型产业、技术（知识）密集型产业分别占优势地位顺向演进。

（3）产业结构的发展沿着低附加价值产业向高附加价值产业方向演进。

（4）产业结构的发展沿着低加工度产业占优势地位向高加工度产业占优势地位方向演进。

产业结构的高度化是通过产业间优势地位的更迭来实现的。我们从表 10-1 中人类社会进入工业化阶段以来各时期主导产业及其群体的变化轨迹，可以清楚地看到产业结构由低级到高级、由简单到复杂的演进过程。

表 10-1 **产业高度化——主导产业发展的五个历史阶段**

阶段	主导产业部门	主导产业群体或综合体
第一阶段	棉纺工业	纺织工业、冶炼工业、采煤工业、早期制造业和交通运输业
第二阶段	钢铁工业、铁路修建业	钢铁工业、采煤工业、造船工业、纺织工业、机器制造业、铁路运输业、轮船运输业及其他工业
第三阶段	电力、汽车、化工和钢铁工业	电力工业、电器工业、机械制造业、化学工业、汽车工业以及第二个主导产业群各产业
第四阶段	汽车、石油、钢铁和耐用消费品工业	耐用消费品工业、宇航工业、计算机工业、原子能工业、合成材料工业，以及第三个主导产业群各产业
第五阶段	信息产业	新材料工业、新能源工业、生物工程、宇航工业等新兴产业以及第四个主导产业群各产业

二、产业结构的优化与产业政策

产业结构优化的实现离不开政府的产业政策。概括地讲，产业政策是一个国家的中央或地方政府为了其全局和长远利益而主动干预产业活动的各种政策的总和。西方学者通常将产业政策、财政政策和货币政策并称为三大经济政策。根据功能定位的不同，产业政策可分为产业组织政策、产业结构政策、产业布局政策和产业技术政策。

产业组织政策是指为了获得理想的市场效果，由政府制定的干预市场结构和市场行为，调节企业间公共关系的政策，包括反垄断、反不正当竞争及自然垄断行业的规制等内容。

产业结构政策是指政府制定的通过影响和推动产业结构的调整和优化来促进经济增长的产业政策，其核心是鼓励技术创新。其具体内容通常包括保护幼稚产业、选择主导产业、扶植战略产业和调整衰退产业等。

产业布局政策一般指政府机构根据产业的经济技术特性、国情国力状况和各地区的综合条件，对若干重要产业的空间分布进行科学引导和合理调整的意图及其相关措施。从内容上看，主要包括地区发展重点的选择和产业集中发展战略的制定。

产业技术政策是指国家对产业技术发展实施指导、选择、促进与控制的政策的总和，一般有两个方面的内容：一是确定产业技术的发展目标和具体计划，包括制定各种具体的技术标准、技术发展规划，公布重点发展的核心技术和限期淘汰的落后技术清单；二是技术进步促进政策，包括技术引进政策、技术扩散政策、技术开发扶植政策。

产业政策的实现手段通常有直接干预、间接诱导和法律规制三种：

（1）直接干预，包括政府以配额制、许可证制、审批制、政府直接投资经营等方式，直接干预某产业的资源分配与运行态势，及时纠正产业活动中与产业政策相抵触的各种违规行为，以保证预定产业政策目标的实现。

（2）间接诱导，主要是指通过提供行政指导、信息服务、税收减免、融资支持、财政补贴、关税保护、出口退税等方式，诱导企业在有利可图的情况下自主决定服从政府的产业政策目标。

（3）法律规制，通常适用于比较成熟和比较稳定的产业政策，是以立法方式来严格规范企业行为、政策执行机构的工作程序、政策目标与措施等，以保障预定产业政策目标的实现。欧美各国大都采取法律规制的手段来实现反垄断和反不正当竞争等产业组织政策的目标。在实践中，法律规制也可能充当直接干预和间接诱导的共同依据。

产业政策的作用主要体现在以下几个方面：

1. 弥补市场失灵的缺陷

产业政策形成的逻辑起点，在于政府有责任弥补“市场失灵”的缺陷。由于规模经济、公共产品、外部性等市场失灵领域的存在，如果仅仅依靠市场机制，就无法避免垄断、不正当竞争、基础设施投资不足、过度竞争、环境污染、资源浪费等现象的发生与蔓延。历史经验表明，各国产业政策的最普遍作用，就是弥补市场失灵的缺陷。如通过推行产业组织政策和产业结构政策，政府可以限制垄断的蔓延，促进有效竞争的形成，加速产业基础设施的建设，治理环境污染与生态失衡，加快教育与科技的发展等。

2. 实现经济持续、快速、稳定发展

产业政策形成的另一个逻辑起点，是充当贯彻国家经济发展战略的工具。例如，发展中国家在经济“起飞”的初期都会遇到基础设施（交通、电力、通信等）和基础工业（能源工业和原材料工业）薄弱的“瓶颈制约”。这些部门的“外部性”较强，它们对整个经济发展具有重大的促进作用，而本身却投资巨大、盈利性低、资本回收期长，仅仅依靠市场机制肯定无法在短期内达到经济“起飞”所要求的条件。可以通过产业政策，运用政府的力量推动问题的解决。此外，通过有秩序地扩大对外开放、制定和实施出口导向型产业政策，政府可以有效地促进本国产业参与国际分工，从而充分利用后发优势，在技术和管理领域较快地接近国际先进水平。实践证明，产业政策是后发国家实现超常规发展、缩短赶超时间的重要工具。

3. 促进产业结构合理化与高度化，实现产业资源的优化配置

市场的力量存在盲目性，其作用也主要是事后调节，因而不可避免地伴随着资源浪费。产业政策作为政府行为，完全可以根据科学的预见实现事前调节，避免不必要的资源闲置和浪费，它在产业结构领域中的作用尤其显著。通过制定和实施产业结构政策，政府这只“看得见的手”可以有效地支持未来主导产业和支柱产业的成长壮大，可以有秩序、低成本地实现衰退产业的撤退和调整，从而加速产业结构的合理化和高度化，实现产业资源的优化配置。

4. 增强产业的国际竞争力

产业的国际竞争力是建立在本国资源的国际比较优势、骨干企业的生产力水平、技术创新能力和国际市场的开拓能力基础之上的。产业政策对增强企业创新能力和开拓国际市场等都有重要作用。

5. 在经济全球化过程中趋利避害，保障国家的经济安全

这是产业政策在最近十几年间表现出来的全新功能。正如1997~1998年发生的东南亚金融危机所昭示的那样，经济全球化极有可能给没有任何防备的发展中国家造成深重的灾难。在经济全球化过程中，各国政府应当学会以产业政策为武器，尽可能地趋利避害，确保国家的经济安全。

三、我国产业结构优化面临的问题与对策

1. 我国产业结构的演变

从1953年的“一五”到改革开放，我国通过计划经济方式实行高积累并将国内的社会经济资源向重工业倾斜。这一时期产业发展的主要特点是：(1) 重积累轻消费；(2) 重工业优先发展，经过20多年的时间，我国经济面貌发生了根本性的变化，基本建立了完整的工业生产体系。国内生产总值中工业的比重由1952年的17.6%上升到1978年的44.3%。工业总产值中重工业的比重由1952年的35.5%

上升到1978年的56.9%。(3) 重工业过分突出，且自我循环，农业落后，轻工业发展缓慢。产业结构严重不合理。

改革开放以来，产业结构演变的基本特点是：(1) 调整产业结构，实现国内产业结构的总体平衡。从20世纪70年代末期开始，在过去长期偏重重工业的政策造成产业结构失调的背景下，国家开始重视农业、轻工业的发展。(2) 对重点产业的倾斜与扶持。这些产业包括基础产业、支柱产业以及高新技术产业，支持的主要方式有优先贷款、资本市场融资、减免税负、科技攻关、支持合资合作、建立开发区等。(3) 在较高的对国内产业的保护下逐步扩大对外开放。

2. 当前我国产业结构的主要特点

改革开放20多年来，伴随着国民经济持续快速增长，我国产业结构调整取得了显著成就。我国通过优先发展轻工业、扩大高档耐用消费品进口，加强基础产业、基础设施建设，大力发展第三次产业等一系列政策和措施，使我国的产业结构逐渐趋于协调，并向优化和升级的方向发展。统计资料表明，1979~1997年我国宏观经济总量及其各个产业都有了较快的发展，GDP年均增长9.8%，其中第一次产业增加值年均增长5%，第二、三次产业增加值分别增长11.9%和10.6%。三次产业增长速度的不同导致了产业结构的明显变化，三次产业增加值在宏观经济总量中的比例关系，由1978年的28.1∶48.2∶23.7变为1997年的19.1∶50.0∶30.9，到2001年更变为15.2∶51.1∶33.6。

(1) 我国的工业化进程进一步加快，第二次产业特别是工业的增长构成了我国经济增长的主要内容。

(2) 农业的内部结构发生了较大的变化，在农林牧渔业总产值中，农业产值比重下降，牧渔业产值上升。

(3) 与投资、消费市场的需求变化相伴随，轻工业生产增长经历了“重工业拉动轻工业到轻、重工业同步增长”的变化过程，轻重工业的增长日趋合理，2000年我国轻、重工业在工业增加值比重的格局为40.1∶59.9。

(4) 第三次产业发展迅速，其中金融保险业、房地产业以及证券、技术、信息等产业已具有相当规模，尤其是房地产业所占比重不断上升，而传统的第三次产业，如运输、邮电业和商业所占比重呈下降趋势。

(5) 生产资源逐渐向优势企业汇集。当前我国众多小型企业在产品成本、技术开发、市场促销等方面，难以与具备规模经济效应的大企业抗衡，经过优胜劣汰，这种形势在家电行业中已十分明显。今后随着我国经济的全面工业化进程，市场自发改善资源配置、促使企业实现规模经济的趋势，会在更多行业中显现出来。

3. 当前我国产业结构优化面临的主要问题

(1) 产业结构升级滞后日益突出，并成为经济运行中的主要制约因素，结构调整已成为实现国民经济持续稳定增长和未来发展的关键。这突出体现在生产技术体系未能随经济实力的增强做出相应调整，高技术含量产品的供给能力相当有限，多数行业产品的差别化率低，集中在单一品种和档次上。技术水平落后使得供给结构不能适应市场需求高级化的趋势，并致使不少行业出现了过度竞争的格局。

（2）农业的基础地位还比较脆弱。粮食生产仍未摆脱“靠天吃饭”的传统格局。抵御自然灾害确保粮食安全仍然是关系国计民生的重大问题。庞大的农业剩余劳动力队伍，影响了农业劳动生产率的进一步提高，也抑制了农民收入的稳定增长。这将严重影响到我国工业化进程，对扩大内需、开拓农村市场也是十分不利的。

（3）国家支柱产业及高新技术产业尚未成为拉动经济增长的主要产业。科技产业的发展缺乏基本的制度保障，相关的政策法规体系，如优惠的税收政策、对战略地位突出的行业实行贸易保护、知识产权保护制度等尚不健全。

（4）第二次产业特别是工业“大”而不“强”，参与国际竞争的能力有待进一步提高。我国的工业企业组织规模小而分散，专业化水平较低①，极大地限制了技术水平和经济效益的提高。产品结构不合理的矛盾也十分突出，一般产品相对过剩与技术含量高、附加值大的产品短缺同时并存。目前在主要工业品中，有80%以上的产品生产能力利用不足或严重不足，同时每年还要花费大量外汇进口国内短缺产品。企业普遍生产技术水平落后，形不成规模经济，产品不能适应市场需求变化，手工劳动仍大量存在于农业和其他一些低技术构成产业中。不少企业仍在延续粗放型增长的老路，资源利用效率极低，加之大量重复建设，最终导致了供求失衡的局面。

（5）第三次产业亟待发展。与世界大部分国家相比，我国第三次产业增加值在GDP中所占比重偏低。目前，绝大部分发达国家的这一比重在60%~80%，大部分发展中国家在40%左右，而我国2000年这一比重仅为33.2%。从第三次产业内部结构看，发达国家主要以信息、咨询、科技和金融等新兴产业为主，而我国仍以传统的商业、交通运输业为主，一些基础性第三次产业（如邮电、通信）和新兴第三次产业（如金融保险、信息、咨询、科技等）仍然发育不足。而且市场规则不完善，部门中普遍存在过量进入、违法违规、政企不分、政事不分等无序现象，传统的分配、消费方式，如福利制度、社会服务体系、城乡壁垒等，也限制了第三次产业社会化发展的空间。

4. 优化我国产业结构的途径

产业结构调整和优化升级是经济结构战略性调整的重点，要突出以下几个方面：

---

① 1998年，我国520户国家重点企业年销售收入之和为26 000亿元，折合3 100亿美元，仅相当于世界500强前两名（美国通用汽车、德国戴姆斯-克莱斯勒）年销售收入之和的98%。

(1) 用高新技术和先进适用技术改造提升传统产业。要把传统产业的改组改造放在重要位置，以市场为导向，以企业为主体，以技术进步为支撑，抓好几个环节。一是围绕增加品种、改善质量、节能降耗、防治污染和提高劳动生产率，在能源、冶金、化工、轻纺、机械、汽车、建材及建筑等行业，支持一批重点企业进行技术改造，切实提高工艺和装备水平。二是通过自主创新和引进技术，加快对推动结构升级的共性技术、关键技术和配套技术的开发。振兴装备制造业，开发制造急需的大型高效和先进成套技术装备。三是按照专业化分工协作和规模经济的原则，促进产业组织结构调整。通过上市、兼并、联合、重组等形式，在主要行业形成若干拥有自主知识产权、主业突出、核心能力强的大公司和企业集团，使之成为调整结构、促进升级的骨干和依托。同时积极扶持中小企业特别是科技型中小企业，鼓励它们向“专、精、特、新”方向发展。在国家的宏观调控下，充分发挥市场机制的作用，逐步形成大中小企业协调发展的格局。四是积极支持和促进老工业基地改造，充分发挥其基础雄厚、人才聚集的优势，努力提高产业水平。以资源开采为主的城市和大矿区，要因地制宜发展接续和替代产业。五是综合运用经济、法律和必要的行政手段，依法关闭产品质量低劣、浪费资源、污染严重、不具备安全生产条件的厂矿，淘汰落后和压缩过剩生产能力，并严禁转移重建。长期亏损、资不抵债、扭亏无望的企业和资源枯竭的矿山，要实施破产关闭。同时，还要积极疏通和逐步规范企业退出市场的通道。

(2) 发展高新技术产业，以信息化带动工业化。从实际出发，有选择地加快信息技术、生物工程和新材料等高新技术产业发展。重点支持建设高速宽带信息网络、关键集成电路、新型运载火箭等重大高技术工程，形成我国高新技术产业的群体优势和局部强势。加快发展信息产品制造业，提高自主开发能力和系统集成能力。积极发展软件产业。加强信息基础设施建设。要在企业技术开发和生产营销、社会公共服务、政府行政管理等方面广泛应用数字化、网络化技术，把工业化和信息化更好地结合起来。

(3) 加强水利、交通、能源等基础设施建设，高度重视资源战略问题。水资源短缺是我国经济和社会发展的严重制约因素。要把节水放在突出位置，建立合理的水资源管理体制和水价形成机制，全面推行各种节水技术和措施，搞好污水处理和利用，加紧南水北调等重大项目的规划和建设。要加强公路、铁路、港口、航道、机场、管道系统的建设，建立健全畅通、安全、便捷的现代综合运输体系。此外，还要努力形成高效合理的能源生产与消费结构。

(4) 加快发展服务业。这是促进结构升级和增加就业的重要途径。我们必须采取有力措施加快服务业发展，扩大总量，优化结构，拓宽领域，提高质量，使服务业增加值占国内生产总值的比重和从业人员占全社会从业人员的比重明显提高。其具体表现在：①现代服务业要提高服务水平和技术含量，大力发展信息、金融、会计、咨询、法律服务等行业，带动服务业整体水平提高。②传统服务业要运用现代经营方式和服务技术进行改造，着重发展商贸流通、交通运输、市政服务等行业，推行连锁经营、物流配送、多式联运、网上销售等组织形式和服务方式，提高服务质量和经营效益。③发展服务业还要面向城乡居民。进一步发展以经济适用住房为重点的房地产业，推广和规范物业管理。积极发展旅游产业，开发和保护旅游资源，丰富旅游产品。加快发展社区服务业，提供便民利民服务。引导文化娱乐、教育培训、体育健身、卫生保健等产业发展，满足服务性消费需求。发展农村服务业，增加服务内容，改善消费环境。④加快服务业市场化、社会化步伐。积极推进流通体制改革，打破服务行业中的垄断经营，放宽市场准入，引进竞争机制，鼓励企业优化重组。实现中介机构与行政部门脱钩和改制。加快企事业、机关单位服务社会化。

第三节　城乡经济结构

一、二元经济结构

二元经济是指发展中国家国民经济中现代部门和传统部门并存的状况。二元经济结构理论最早是由美国发展经济学家阿瑟·刘易斯提出的，现已为国际上通用。这一理论把国民经济分为两个部门：一个是现代的城市工业部门，其特征是现代工业和商品经济比较发达，技术水平、劳动生产率和收入较高；另一个是传统的乡村农业部门，其特征是以传统农业和手工业为主，以简单工具和手工劳动为基础，处于自给半自给经济状态，劳动生产率和收入低。一国经济中现代部门与传统部门并存的状况，被称为二元经济结构。① 二元经济是发展中国家由传统经济向现代经济演进过程中普遍存在的现象，是由这些国家经济成长所面临的落后的经济技术基础和巨大的外部压力决定的，具有必然性。发展中国家要实现工业化，就必须对这种相对落后的国民经济结构进行调整改造，使异质的二元经济结构转换为同质的现代化的一元经济结构。

我国作为一个发展中的人口大国，二元经济结构是基本国情，同时也正是目前城乡经济结构矛盾最突出的体现。目前我国城乡经济发展极不平衡，收入水平差距过大。2001 年城镇居民人均可支配收入为 6 860 元，农村居民人均纯收入只有

---

① 从更普遍意义上说，一切建立在落后生产方式（细小而分散）和落后技术（手工劳动）基础上的，因而也是低效率和低收入的经济，都属于传统部门；一切建立在先进生产方式（社会化大生产）和先进技术（机械化、自动化等）基础上的，因而也是高效率和高收入的经济，则都属于现代部门。

2 366元，相差 2.9 倍。收入水平的差距导致城乡消费严重失衡，2001 年城镇居民家庭平均每人全年消费性支出达到 5 309 元，而农村居民家庭平均每人生活消费性支出只有 1 741 元，相差 3 倍。不仅如此，供电、供水、交通等基础设施发展滞后，也使农村消费潜力难以释放。我国农村人口占全国人口的约 80%，而农村社会消费品零售额却仅占全社会消费品零售额的 40%左右。据估算，如果十年内农村居民人均收入达到目前城镇居民人均收入水平，将每年平均拉动国内生产总值增长 3%左右。可见，城乡经济结构矛盾已成为影响国民经济良性循环的一个重要因素。因此，努力消除二元经济现象、促进城乡经济协调发展是我国经济结构调整与优化的应有之义。

我国二元经济的产生是与赶超型发展战略密切联系的。受 1949 年新中国建立初期国际环境和国情的制约，在前苏联经济发展模式的影响下，我国选择了以重工业优先发展为特征的赶超型发展战略。这一发展战略的核心是试图通过重工业的优先发展，超高速实现国家的工业化。但是我国推进工业化的生产力基础是十分薄弱的，这主要表现在：①人均国民收入水平十分低下，储蓄率低，资本积累能力不足，资金严重匮乏；②传统农业在国民经济中占有较大的比重，技术落后，劳动生产率不高，产出率低，剩余有限，在正常情况下难以支撑工业化的高速进程。而重工业资本高度密集型的特点，无疑使得以重工业优先发展为特征的赶超型发展战略与我国的劳动力丰裕、资本稀缺的资源禀赋特点相矛盾。我国作为一个社会主义国家既不能像发达的资本主义国家当初那样通过对外掠夺来实现资本原始积累，在当时的历史条件下，也不可能通过引进外资的办法来补充国内资本的不足。为了保证重工业的优先发展，惟有依靠一种新的制度安排——由政府统一调配资源，以降低发展重工业的成本，并减轻工业化过程中由于劳动力的转移而形成的城市化压力。由此形成了一整套包括统购统销、人民公社、户籍制度等在内的城乡隔离的二元经济体制。

赶超型发展战略和城乡分割的二元经济体制，通过从农业中提取工业化所需的资本积累，以及重工业的自身循环所创造的社会需求，克服了我国工业化初期的资本积累不足与有效需求不足这两大难题，在较低的国民收入水平上实现了较高的工业化水平，建立起了独立完整的民族工业体系。但由于重工业的优先发展是以牺牲农业的长远发展为代价的，这不仅造成了农业生产长期低速增长，而且也使农业内部的剩余劳动力不断积累，农村隐蔽性失业严重，从而使二元经济结构特征更加突出，城乡差距不断拉大。

二、二元经济结构对经济发展的影响

二元经济的存在是发展中国家社会生产力发展不足而又要求进一步发展的必然结果，因而对这些国家的经济发展既有积极影响又有消极影响。

对发展中国家来说，二元经济在经济成长的一定阶段上和一定限度内是生产力发展的客观需要，因而是有助于经济发展的。首先，现代部门作为一种新技术、新的组织形式和方法，以及高效率的典范，随着它的建立和发展，将有助于促进人们思想观念的转变，从而推动传统部门的现代化；其次，现代部门的劳动者能够获得比传统部门的劳动者更高的工资收入，这将对传统部门的劳动者产生很大的吸引力，从而促使传统部门的劳动力及资金向现代部门转移和流动，这将有利于加速现代部门的发展；最后，现代部门还将以自己所创造的新的技术（包括设备、工艺和经验）直接提供给传统部门，同时，通过政府将现代部门所创造的一部分收益以财政转移支付方式转移给传统部门用于增加投资，有利于推动传统部门的发展和向现代部门的演进。这些都有利于使二元经济逐渐弥合，最终过渡到一元经济，即实现国民经济的现代化。

二元经济的长期存在也会给经济发展带来一些消极影响，特别是在推行以牺牲传统部门发展为代价积累现代部门所需资金的赶超战略而导致二元经济差异不断扩大时，其消极影响就会愈加明显和严重。首先，国民经济各部门按比例发展是一条客观规律。农业是传统部门的主体，又是国民经济的基础，如果农业过分落后，势必会在诸如粮食、原料、农副产品、资金、市场等许多方面限制现代部门乃至整个国民经济的进一步发展。其次，在现代市场经济条件下，如果传统农业部门同现代工业部门在技术和效率上过分悬殊发展，势必造成传统农业部门越来越用附加值低的大量农产品去交换现代工业部门附加值高的少量工业品的趋势，这不仅不利于提高农民的生活水平，还会削弱农业的积累能力，限制农业的发展。再次，如果二元经济的差异过大，不同部门劳动者收入上的差异也会扩大，在利益动机的驱动下，会导致传统农业部门的劳动力向现代工业部门过度转移，这势必造成两个严重后果：一方面会使本来就落后的农业因生产要素过度流失而进一步萎缩；另一方面则会产生“城市病”，即城市因人口剧增，交通、粮食、能源和水的供应全面紧张，拥挤、污染、贫富悬殊、治安混乱等问题随之产生。这种后果对传统农业部门和现代工业部门的发展显然都是不利的。最后，由上述几种不良影响决定，过大的城乡差异势必会转化为过大的地区差异，即以传统农业部门为主体的经济落后地区同以现代工业部门为主体的经济发达地区之间的经济发展差距越来越大，这对整个社会的发展和稳定都是不利的。

三、我国二元经济结构的转换

1. 转换的进展

在传统的经济发展战略和经济体制的作用下，到20世纪70年代末，我国工农业之间的矛盾已相当突出，农业劳动生产率的长期停滞，使传统的工业化发展战略无法继续进行。

从1979年开始的发展战略的调整和经济体制改革，使我国的经济运行机制发生了根本的变化，市场机制对资源配置的调节作用不断增强，结构变动由政府行政力量推动，转为以市场为导向。这种由发展战略的调整和经济体制改革所带来的经济运行机制的变化，推动了我国二元经济结构的转换。其具体表现在以下几个方面：

第一，在市场机制的诱导下，农业领域不断引入现代生产要素，加快了对传统农业改造的步伐。以1987~1992年为例，在这短短的6年时间里，农业生产资料来源发生了十分明显的变化。农业投入中来自农业内部的比重已从46.7%下降为39.1%，而由现代工业提供的生产资料从41.7%上升为44%。这说明农业与现代工业部门的产业关联趋于强化。同时，国民经济其他各部门（包括工业、建筑业、邮电业、商饮业以及其他服务部门）对农业的服务贡献率明显提高，从1987年的53.3%上升到1992年的60.9%。这意味着国民经济其他各部门越来越多地进入农业的产前、产中及产后的生产经营活动之中，在农业经济发展和农民生活水平提高中发挥越来越大的作用。

第二，工业化与城市化相互作用，城市化进程明显加快。改革开放以前，1952~1978年的27年间，我国城市化水平①仅从12.6%上升到17.92%，年均上升0.2个百分点，城市化进程缓慢甚至处于停滞状态；而改革开放后，1978~1999年我国城市化水平上升了13.6个百分点，平均每年上升约0.81个百分点，是改革前城市化水平年均上升幅度的4.1倍。

第三，农业劳动力向非农产业转移的速度明显加快，就业结构发生了较大的变化。1978~1998年共有1.3亿多农业劳动力转向非农产业就业，平均每年转移为715万人。与此相适应，改革开放以来我国就业结构发生了较大的变化，总的趋势是第一次产业的就业比重持续大幅度下降，从1978年的70.5%下降到1999年的50.1%，21年间共下降了20.4个百分点。第二次产业的就业比重稳步上升，从1978年的17.3%上升到1999年的23.0%，21年间共上升了5.7个百分点。第三次产业的就业比重持续快速上升，从1978年的12.2%上升到1999年的26.9%，21年间共上升14.7百分点。

2. 转换的特征

作为一个社会主义的发展中大国，我国二元经济结构的转换，除具有与其他发展中国家一般的共同之处外，还因为所面临国内外环境不同，而具有自己的突出特

① 城市化，从其最一般的意义上理解，是指随着经济发展，城市人口占总人口的比重不断上升的过程。一个国家或地区城市化水平的高低，可以用城市化率来表示。城市化在不同发展阶段具有不同的特点，作为发展中国家的城市化，主要表现为农村人口转化为城市人口的过程。

点，主要表现在以下几个方面：

(1) 就业结构的转换严重滞后于产值结构的转换。我国三大产业的产值结构与就业结构在变动的方向上基本是一致的，但数值上却存在着较大的差异，这在第一次产业中表现得最为突出。2001 年我国第一次产业在国内生产总值中的比重为 15.2%，而占社会总劳动力比重为 50%，二者相差 34.8 个百分点；第二次产业占国内生产总值的比重为 51.1%，劳动力的比重为 22.3%，二者相差 28.8 个百分点；第三次产业占国内生产总值的比重为 33.6%，劳动力的比重为 27.7%，二者相差 5.9 个百分点。由此可见，第一次产业最大，第二次产业次之，第三次产业最小。

由于各产业技术进步的速度不完全一致，在经济发展过程中，产值结构与就业结构的绝对对称是不可能的。由于发展中国家人口增长过快，劳动力的供给远远超过了非农产业对劳动力的需求，加之在其经济结构转换的过程中，第二次产业的技术进步速度远远大于第一次产业，一般说来，发展中国家就业结构的转换要慢于产值结构的转换。但我国与其他发展中国家相比，就业结构滞后性更为突出。从工农业产值构成看，到 20 世纪 80 年代末，我国的工业已占国内生产总值的 3/4，已基本实现了农业社会向工业社会的转变，然而从就业结构来分析，到世纪之交，我国的第一次产业仍占劳动力份额的 1/2，基本上还是一个以农民为主体的农业社会。就业结构与产值结构严重偏离，说明劳动力在社会各个产业之间的转移还存在着较大的阻碍；同时也表明不同产业间的劳动生产率水平存在着较大的差距。从这个意义上说，就业结构的转换严重滞后于产值结构的转换，是我国二元经济结构存在的直接原因。

(2) 第三次产业发展严重滞后于经济发展。大多数发达国家的经济结构转换都表现为由第一次产业向第二次产业、第三次产业依次渐进的结构演变模式。发展中国家与发达国家相比则表现为第三次产业的超前发展。与此相反，我国二元经济结构转换过程中存在着第三次产业发展严重滞后的特点，产值结构中第三次产业所占的比重，不仅远远低于中等收入国家的水平，甚至低于印度等低收入国家的平均水平。

(3) 城市化发展严重滞后于工业化进程。从历史上看，城市化与工业化是一个相互影响、相互推动的发展过程。在一国的工业化发展过程中，劳动力、资本和技术等生产要素不断向第二、三次产业转移，与此同时，在空间结构上则不断向区位条件相对优越的地点聚集，这种伴随着工业化而产生的人口聚集效应是城市化发展的根本动力。我国的城市化进程严重滞后于工业化水平。以 1999 年为例，制造业比重为 42.7%，不仅大大超过了处于工业化中期国家的水平，还超过了工业化后期国家的平均水平达 10 个百分点，而城市化指标仅相当于工业化中期的水平，为 30.98%。

四、消除二元经济结构、实现城乡经济协调发展的途径

1. 加快农业现代化进程

农业现代化就是要用现代科学技术武装农业，用现代科学管理方法管理农业，建立高度集约化经营和高度社会化的农业生产体系，开发高产优质高效农业。① 农业现代化的过程，就是落后的传统农业转变为建立在先进生产方式和先进技术基础上的现代农业的过程。这将使农业也同现代工业一样成为高效率和高技术的产业，农业劳动者也和城市居民一样享受高收入和高质量的生活。

我国农业现代化的基本途径是：第一，多渠道增加农业投入。通过增加投资加强农业基础设施建设，改善农业生产条件，提高农业抗御自然灾害的能力。第二，实施科教兴农战略。提高农业的科技水平。要把农业发展转移到依靠科技进步和提高劳动者素质的轨道上来，促进农业向高产、优质、高效方向发展。第三，综合发展农、林、牧、渔各业，形成合理的产业结构。要大力推进农业产业化经营，促进农业向商品化、专业化和社会化转变。第四，继续发展和提高乡镇经济，搞好小城镇规划建设，合理引导农业剩余生产力有序转移和流动，以提高农业生产率，增加农民收入和就业机会。要稳定和完善以家庭承包经营为主的责任制和统分结合的双层经营体制，为农业和农村经济的发展奠定坚实的制度基础。第六，加强宏观调控，建立健全农业的支持体系和保障体系。第七，进一步扩大国内和国际两个市场的农业资源转换，充分发挥我国农业的比较优势。多渠道引进资金、先进技术和管理方式，增强我国农业发展的基础。

2. 促进农村剩余劳动力的合理有序转移

我国农业领域的各种问题几乎都与庞大的剩余劳动力队伍相联系。这种转移如果实现不了，那么农业很难成为现代部门。我国农村剩余劳动力的转移，有四条基本途径：第一，可以根据城市经济发展的需要，向城市工业、建筑业、运输业以及社会服务行业转移一部分农村剩余劳动力。受自身素质限制，农村剩余劳动力转移到城市后将主要集中在劳动密集型产业和非熟练劳动部门以及个体服务行业。这种"离土离乡"的转移方式会带来转入地的就业压力增加、城市设施不堪重负、交通

---

① 从世界上已实现农业现代化的国家的实践看，农业现代化具有如下特征：第一，农业生产条件的现代化，即用现代生产工具和石化能耗代替简单的人畜力和有机能源，实现农业机械化、电气化、水利化和化学化，极大地提高了农业生产率。第二，农业生产技术的现代化，即在农业中广泛采用现代科学技术，实现作物及畜禽良种化，耕作饲养方式科学化。第三，农业生产管理的现代化，即农业实现专业化、区域化、一体化、商品化和社会化生产经营。第四，农业经济体制的现代化，即具有发达的市场体系和完善的政府调控农业的体系以及运行良好的农村社会化服务体系。第五，农业生态的现代化，即在农业生产过程中保护和维持生态平衡，人与自然和谐相处，实现农业可持续发展。

拥挤、治安恶化等问题，因而需要在政府有关部门的指导下进行，防止盲目性。第二，我国农业现代化必须走农业集约化的道路，注重运用现代生物技术，这样，农业生产将朝着优化农业内部结构、发展多种经营、改良土壤和作物品种、精耕细作的方向发展。相对于粗放经营而言，这将有助于多吸纳一部分农村劳动力。第三，鼓励农民发展“不离土也不离乡”的兼业经营，即在经营农业的同时，兼营家庭(手）工业、家庭服务业（如个体运输、农户家庭旅游等)。第四，通过发展乡镇企业和小城镇吸收农村剩余劳动力，这将是解决这一问题的最主要的途径。这是因为：第一，乡镇企业主要是从事农副产品加工，可以增加农业附加值，提高农业收入在整个国民收入中的比重；第二，乡镇企业的剩余可用于“以工补农”，促进农业的现代化；第三，乡镇企业的发展为城市工业向乡镇扩散提供了条件，这有利于城市工业的进一步发展和产品结构的调整，也有利于减轻城乡隔阂；最关键的是乡镇企业一般规模小，数量多、经营门路广，且多属劳动密集型产业，因而能够大量吸收农村剩余劳动力，大大增加农民的收入，提高农民的生活水平。因此，发展乡镇企业是提高农村生产力，缩小农村与城市差距的有效途径，是促进城乡经济协调发展的必由之路。

3. 大力发展第三次产业

由于过去第三次产业发展滞后，严重地影响了我国工业化过程中对农业剩余劳动力的吸纳能力，导致二元经济结构转换中就业结构的转换严重滞后于产值结构的转换。国家正在采取有力措施促进第三次产业发展。理论研究表明，在工业化过程中随着人均国民生产总值的不断提高，服务业相对制造业来说，其就业弹性系数不仅大于1，而且呈现连续递增的发展趋势。可以预见第三次产业能够比第二次产业吸收更多的劳动力就业。

4. 提高城镇化水平，优化城乡经济结构

随着我国农业生产力水平的提高和工业化进程的加快，应不失时机地推动实施城镇化战略，有重点地发展小城镇，积极发展中小城市，完善区域性中心城市功能，发挥大城市的辐射带动作用。

我国第三次产业发展滞后的直接原因是由于二元经济结构转换的非城市化道路所造成的城市化发展滞后。这是因为第三次产业与第二次产业相比更依赖于城市化的进展。与第二次产业不同，第三次产业所提供的产品——服务具有生产与消费的同一性，它不像第二次产业所提供的物质产品那样可以在产地以外销售和消费。因此，第三次产业只有在人口较为密集的城市才会有较大发展，而在人口密集度较小的农村由于受到需求不足的制约，发展第三次产业与发展第二次产业相比，成本高、收益小。因此，要进一步推进中国的二元经济结构转换必需加速城市化发展进程，以带动第三次产业的发展，促进农村剩余劳动力向非农产业的转移。

第四节　地区经济结构

一、地区经济结构及其优化

经济学意义上的地区是指在经济上具有内在联系的某一空间范围。经济地区通常是根据自然条件、资源禀赋、地区经济合作关系、现有生产力水平等标准来划分的。我国经济上的东、中、西部三大地区，就是依据经济技术发展水平来划分的。

各个地区的社会劳动的地域划分和独立化，称为地区经济分工或区际分工。按资源禀赋的不同属性，区际分工大致分为两种类型：一种是以自然资源差异为基础的区际分工，这种分工比较稳定；另一种是以其他生产要素——劳动力、资本、技术水平为基础的区际分工，这种分工经常处于变动之中。按产业结构的差异，区际分工又可分为垂直分工和水平分工两大类，前者是指地区间不同产业上的分工，后者是指地区间相同产业不同档次产品上的分工。实践中的区际分工往往是交错进行的，这是由于实际生活中产业部门种类繁多，各个地区的产业部门又处于不同的发展层次上。

地区经济结构是区际分工的表现，它是指国民经济中各个地区之间的发展关系和结合状况。如果说，产业结构的优化是生产要素在各个产业之间的合理配置，它使各个产业能够按照客观经济规律协调地发展，因而是实现经济发展目标的重要物质基础，那么地区经济结构优化则是生产要素在各个地区之间的合理配置，它使各个地区在国民经济的整体活动中，能够充分发挥各自的优势，同时相互配合、相互补充、协调一致地发展，因而也是实现经济发展目标的重要条件。

地区经济结构的优化意义重大。首先，地区经济结构优化意味着生产要素的合理高效配置。一方面各地区坚持微观的竞争优势原则，因地制宜，发展各具特色的经济，可以促进地区经济的迅速发展；另一方面地区间坚持宏观比较优势原则，彼此分工协作，优势互补，可以提高整体的资源配置效率。其次，地区经济结构优化意味着在区际发展上实现了公平与效率、短期与长远、局部利益和整体利益的内在统一，从而有助于调动各方面的积极性，也有助于保持社会稳定和国民经济协调均衡发展。

地区经济结构优化的衡量标准，首先是各地区经济优势是否得到充分发挥。合理的地区经济结构应该优化各地区的资源配置，从而使各地区都能因地制宜、充分发挥比较优势。其次是地区经济发展是否协调。合理的地区经济结构应该能使各地区经济增长水平逐渐一致，从而使区际收入差别缩小，国民经济均衡发展。但是在一国经济发展中，尤其是在一个经济发展起点低，经济比较落后的国家，地区经济发展不平衡是不可避免的。这种不平衡性，无论是对各地区经济本身的发展，还是对整个国民经济的发展，都是一个十分不利的制约因素。因此，从一国经济发展战略角度看，优化地区经济结构的目的，就在于逐步消除这种不平衡性，实现各地区经济的协调发展，并不断由不平衡发展到更高水平的平衡。

二、我国地区经济结构性矛盾

我国经济发展的地区经济结构性矛盾主要表现在两个方面：

1. 区际差异

从总体上看，我国的经济技术发展水平由东向西依次递减，而自然资源的丰裕程度则由东向西依次递增，客观上存在着东、中、西部三大经济地带（区）①，地区经济发展不平衡问题，即区际差异问题异常突出。我国有非常发达的地区，比如长江三角洲，以占全国1%的土地、5.9%的人口，创造出占全国17.1%的国内生产总值，也有广大的落后地区，比如西部10省（区、市）拥有56%的国土面积、25%的人口，但只提供了15%左右的国内生产总值，却同时集中了全国半数的贫困县、90%的贫困人口。各地区人民的收入状况和生活水平也有着非常大的差异，以农村居民人均现金收入为例，2000年全国平均水平是2 434元，东部地区11个省（市）平均3 649.4元，比全国水平高出1 215.4元；中部8个省平均2 170.6元，比全国平均水平低263.4元；而西部12个省（区、市）平均1 605.8元，比全国水平低828.2元。上海（最高水平，5 914.9元）是贵州（最低水平，1 136.4元）的5.2倍。即便是城镇居民家庭人均可支配收入，最高的上海与最低的山西省际差异也有2.4倍。

我国经济区际差异的成因比较复杂，有历史的因素，有资源禀赋的制约，还与国家政策密切相关。（1）改革开放前，为了改变经济重心片面集中于沿海的不合理状况，1949年新中国成立后，政府利用计划经济的积累机制和分配机制，实施以建设内地为主的平衡发展战略，内地建设投资在全国投资中的比重达50%~70%。这一阶段奠定了我国工业化的基础，但也存在着相当严重的问题：忽视经济规律，片面追求产业结构的迅速转换；微观布局强调“山、散、洞”，违背了资源空间配置合理化的原则；将东部的大量积累投入到西部，目的虽然在于缩小区际差异，但事与愿违，一方面制约了东部地区的经济发展，另一方面内地经济发展的质量并不高，区际差异依然十分严重。（2）1979~1992年，我国转而实行以发展沿海地区为主的不平衡梯度推移战略。地区经济发展在计划与市场双轨经济体制下推

① 东部地区包括辽宁、河北、天津、北京、山东、江苏、上海、浙江、福建、广东、海南11个省（自治区、直辖市）（暂未包括香港、澳门、台湾）；中部地区包括黑龙江、吉林、山西、安徽、江西、湖北、湖南、河南8个省（自治区）；西部地区包括重庆、四川、贵州、云南、西藏、陕西、甘肃、青海、宁夏、新疆、内蒙古、广西12个省（自治区、直辖市）。

进。生产要素开始向边际产出效率较高的沿海发达地区集中，东部的快速增长带动了整个国民经济的快速增长。1981~1989 年全国基本建设投资的 50.1%放在东部，而中部和西部仅分别占 26.6%和 16.3%。为了适应对外开放的需要，国家在财税、信贷、外资外贸、价格政策上也对沿海地区，特别是率先开放的经济特区、开放城市、经济开发区给予一定的政策优惠，这一系列政策的实施，增强了沿海地区经济活力，加快了沿海地区进而全国经济的发展步伐，在一定程度上提高了国民经济的整体效率。但也产生了一系列区域经济结构性问题，如沿海地区与内地发展差距扩大，经济增长和发展不平衡；地区经济结构趋同的趋势；基础产业供应不足的“瓶颈制约”与中西部资源产业开发滞后的“短腿现象”严重影响着国民经济持续发展的后劲；地区市场封锁、贸易壁垒、“过度竞争”、规模不经济等问题大量存在；过度的政策倾斜阻碍了市场对资源配置的基础作用等。（3）1993 年至今，我国区域发展政策进行了重大调整，强调统筹规划、因地制宜、发挥优势、分工合作，促进各地区经济协调发展，最终达到共同富裕。尤其是在 1999 年揭开了规模空前的西部大开发的序幕，目的就是要解决区际差异不断扩大的问题。

区际差异的客观存在对经济发展的影响是双重的：一方面，适度的区际差异对经济发展具有一定的积极作用。因为适度的区际差异是区际经济贸易和交流的基础。东部地区的经济技术优势和中西部地区的资源优势可以结合起来，相互取长补短、协调发展。而且地区发展差距会产生激励效应和示范效应，通过区际竞争调动各地区的积极性。另一方面，过度的区际差异对经济发展则有不利影响。其表现在：第一，对不发达地区来说，如果经济长期处于落后状态，容易造成地区发展的低水平恶性循环，造成这些地区丰富的资源难以被充分开发和有效利用，人民的生活长期贫困，对国家财政及国民经济整体发展来说，无疑是一种长期的沉重的拖累。第二，经济不发达地区大部分处于我国西北、西南边陲，少数民族人口占相当大的比重。如果这些地区长期处于落后状态，不仅不利于我国的国防安全，而且也不利于维护民族团结和社会稳定。

2. 地区产业同构

我国地区经济结构存在的另外一个主要问题是产业同构，表现为低水平重复建设严重，产业结构相似程度高，缺乏有效的地区产业分工和协作。（1）从东中西三大经济地带来看，中部地区与西部地区的相似率为 97.7%，东部地区与西部地区的相似率为 93.5%；（2）各地区产业结构与全国产业结构相比较，1981 年相似系数达 90%以上的省份为 18 个，占 62.1%，1989 年相似系数达 90%以上的省份达到 22 个，占 75.9%，相似系数上升了 13.8 个百分点；（3）各地选定的支柱产业雷同，据各省市区制定的“九五”计划和 2010 年远景规划，把汽车、电子、机械化工、冶金作为支柱产业的地区分别有 22 个、24 个、16 个和 10 个；（4）各地主要产品结构趋同，各地区重叠率较高的产品有电视机、洗衣机、电冰箱、呢绒、纱布、缝纫机、自行车、手表、钢材、平板玻璃、纯碱、水泥、化肥、塑料、机床、汽车等。事实证明，各地违背客观经济规律的产业同构必然会破坏比例关系，使供求失调，惨烈的“价格战”造成了严重的资源浪费。

形成这种问题的原因是多方面的。一是受我国传统的经济发展战略和经济增长方式的影响。在短缺状态下，经济布局和发展是粗放型的，在20世纪80年代争上电冰箱、洗衣机、彩电等家电项目，20世纪90年代争上化工原料、石油化工、钢铁、乙烯等项目，片面追求高速度、高产值，盲目上项目、铺摊子、重复投资、重复建设。二是受传统的财税体制的影响①，多搞项目就能开辟财源，在多元利益驱动下，导致“重复引进”、“地方市场封锁”以及地区产业结构趋同的产生和发展。三是传统封闭型所有制结构的限制。我国的国有资产被部门和地区分割，资产固化严重，缺乏有效的流动，难以构成跨地区、跨部门、跨行业、跨所有制资本联合和重组的体制基础。四是国家产业政策和区域政策不完善，既缺乏明确的产业导向，又缺乏配套的财税、金融、投资、价格政策的支持，政策的软约束，使得我国的区域经济结构问题始终得不到很好解决。

三、解决地区经济结构问题的思路

缩小区际差异，消除不合理的产业同构，促进地区经济协调发展，是一个属于宏观经济范围内加以考虑和确定的事情，需要通过国家制定和实施科学合理的地区经济发展战略和政策来实现。综合地看，我国的地区经济发展应体现合理分工、发挥优势，适度倾斜、协调发展，统一规范、分区调控，分类指导、重点参与的战略方针。具体地说，要从以下几个方面寻求出路：

1. 加强地区之间经济分工协作

我国各地区的自然资源和经济条件差异显著，客观上要求实现劳动的地域分工，充分利用各地有利的资源条件，各自发挥地区优势，彼此协作。这既可以促进资源在整个国民经济各地区、各部门的优化配置，提高宏观经济效益，又可以利用专业化分工的好处实现各地区生产率的增长、经济效益的提高，从而促进地区经济更快地发展。具体说来，我国西部经济落后地区不仅资金稀缺，更重要的是技术、知识的稀缺，但资源相对丰富；东部经济发达地区有较雄厚的技术力量，管理经验丰富，资金较充足，但资源相对不足。这些不同的地区可以相互协作、相互补充、共同发展。但是，要实现区际分工协作，落后地区需要具备两个条件：一是为吸引

---

① 我国财税体制在1993年以前实行承包制，1993年后由“承包制”转为“分税制”，但还保留了原包干体制中向中央上缴和中央对地方的补助部分，中央对各地的税收返还仍采用的是“基数法”。作为主要税源的“增值税”，地方政府有留成，此外一些税种如投资方向调节税属于地方税。

外地投资创造良好的条件，最重要的是健全市场体系，降低投资风险；二是为吸引人才创造良好的条件。

2. 加强地区内经济的综合发展

在一个地区内，任何一种产品的生产都不可能脱离其他协作配套部门而独立存在，由于技术本身的原因，产品生产之间会具有内在联系，这就要求关联产业的同时发展。这一点对于资源丰富的中、西部地区尤为重要。以往中、西部地区外运的多是初级产品，产品加工程度不高，技术含量也低，产品附加值少，这样，在地区间竞争与合作中处于劣势。因此，资源的综合利用十分重要。

3. 充分发挥市场机制对地区经济结构调整的作用

一是通过市场形成真正的竞争主体，通过企业的兼并联合、破产重组实现产业的重新组合，提高产业的集中度，提高行业的综合竞争力，我国家电行业的结构重组走的就是这样一条道路。二是通过市场实现生产要素的有序流动，打破地区和部门的限制，从低效行业向高效行业流动，从低效地区向高效地区流动。三是通过市场实现跨地区的资本重组，形成区域间协调发展的机制。

4. 解决区际差异过大和产业同构的问题，还需要政府政策的干预

要把产业政策和区域政策有机结合起来，做好产业政策的区域化和区域政策的产业化工作，引导社会资源向国家鼓励发展地区的优势产业转移，引导各地区发展特色经济。实行规范的财政转移制度，扶持落后地区的发展，包括投资建设基础设施，提供信息、技术、资金，帮助落后地区提高人力资源的素质等。按照社会主义市场经济的要求，充分发挥国家投融资政策在地区经济结构调整中的调控作用，逐步调整国家的投资布局，促进地区产业布局和分工的合理化。总的原则是，在保持沿海地区持续、快速发展势头的条件下，经济建设的重点应逐步向中西部地区推进。为此，国家投资的重点应是保证关系国计民生、跨地区的重大基础设施、重大基础工业项目以及那些特别重要必须由中央政府安排投资的公益性项目。要优先安排中西部地区的开发项目，对落后地区给予投资优惠。实行区别投资政策，确保国家支持的重点产业向优势地区集中，促进资源加工性和劳动密集型产业向中西部资源丰富的地区转移。此外，政府可以通过推动国有企业改革、价格改革、财税改革等，从体制上解决非市场因素的产业同构问题。

思　考　题

1. 什么是产业结构优化、合理化和高度化？产业结构合理化的标志是什么？产业结构高度化有什么特征？

2. 我国经济的结构性矛盾主要表现在哪些方面？优化经济结构有什么重要意义？

3. 我国当前的产业结构有什么特点？产业结构优化面临着哪些问题？优化我国的产业结构应该采取哪些措施？

4. 产业政策包括哪些方面？产业政策有哪些作用？产业政策的实现手段有哪些？

5. 什么是二元经济结构？二元经济结构对经济发展产生什么影响？

6. 我国二元经济结构的转换有什么特点？实现城乡经济协调发展的途径是什么？

7. 地区经济结构的优化有什么重要意义？我国地区经济结构性矛盾主要表现在哪些方面？如何实现地区经济的协调发展？

第十一章　通货膨胀与通货紧缩

货币供求关系对国民经济运行有着重要的影响，虽然通货膨胀和通货紧缩都是货币失衡的重要表现，但通货膨胀和通货紧缩是两种性质相反的经济现象，两者有不同的含义、不同的表现，我们可以通过物价指数的变化等来衡量通货膨胀和通货紧缩，导致通货膨胀和通货紧缩的原因是多方面的，出现了通货膨胀和通货紧缩，都会对国民经济造成危害，不过它们对国民经济的具体影响并不相同，虽然市场经济体系本身具有一定的自发调节通货膨胀和通货紧缩的能力，但是政府的调节是必不可少的，政府可以运用货币政策、财政政策等多项政策来调节通货膨胀和通货紧缩。

第一节　货币均衡与货币失衡

一、货币供给

1. 货币供应量的含义与层次划分

这里的货币供给关注的是货币供给的量，即货币供应量。货币供应量（Ms）是指一定时期处于流通中的货币量，或者说是一定时期各个经济单位所持有的货币量。

那么货币包括哪些部分呢？在我国，曾经在长时期仅将现金当做货币，而实际上现金仅仅是货币的组成部分之一。作为货币，在执行价值尺度的职能时，仅仅是观念上的，更重要的是作为交易工具（流通手段、支付手段），作为交易工具则必须有实实在在的货币。现金能够作为交易工具媒介商品流通，清偿债权债务，其他信用流通工具或者金融资产也具有这种功能，它们也能形成现实的购买力，因此不能将它们排除在外。

但是在各种非现金货币中，不同的部分在流动性等方面是存在着差异的，它们有的形成直接的购买力，有的不能形成直接的购买力。这使得它们对国民经济的影响存在着差别。要明确这种差别，就需要对货币供应量的层次进行划分。以货币流动性的高低对货币供应量的层次进行划分最能显示不同层次的货币供应量对国民经济影响的差别。流动性是指一种资产不受损失地转化为现金的能力，实际上就是转化为现实的流通手段和支付手段的能力。流动性大小不同的货币在流通中的转手次数不同，形成的购买力不同，从而对商品流通和其他各种经济活动的影响程度也不同。例如，10 000 元的现金与 10 000 元的 6 个月期的定期储蓄存款所代表的当前购买力显然是存在着很大差别的，它们对经济活动造成的影响自然不同。

那么如何划分货币供应量的层次呢？在美国，货币供应量包括这样几个层次：

M_1＝流通中的现金＋旅行支票＋活期存款＋其他支票存款（包括 NOW 账户、ATS 账户等）

M_2＝M_1＋储蓄存款（含货币市场存款账户）＋小额定期存款（10 万美元以下的定期存款）（含零售回购协议）＋零售货币市场共同基金余额（最低初始投资在 5 万美元以下）

M_3＝M_2＋大额定期存款（10 万美元以上的定期存款）＋机构持有的货币市场基金余额（最低初始投资在 5 万美元以上）＋所有存款机构发行的回购负债（包括隔夜回购协议和定期回购协议）＋欧洲美元

L＝M_3＋其他短期流动资产（包括银行承兑汇票、商业票据、储蓄债券、短期政府债券等）

在我国，货币供应量包括以下几个层次：

M_0＝流通中的现金

M_1＝M_0＋企业活期存款＋机关团体部队存款＋农村存款＋个人持有的信用卡类存款

M_2＝M_1＋城乡居民储蓄存款＋企业定期存款＋信托类存款＋其他存款

M_3＝M_2＋金融债券＋商业票据＋大额可转让定期存单等

从各国货币供应量层次的划分来看，尽管存在着差别，但是基本上包括这样四个层次：

M_0＝流通中的现金

M_1＝M_0＋活期存款

M_2＝M_1＋定期存款＋储蓄存款

M_3＝M_2＋其他短期流动资产

2. 货币供给渠道

流通中的货币是从哪里来的呢？尽管货币的形式在不断地发生变化，但是银行仍然是货币最主要的出口，发行和创造货币的权力和能力基本上集中在银行。银行是通过什么途径或者渠道向社会提供货币的呢？银行是通过以下渠道向社会提供货币的。

（1）银行贷款。银行向经济单位提供贷款，一部分形成经济单位的现金收入，一部分形成经济单位的存款，因此有“贷款=现金+存款”之说。从这个等式来看，只要银行贷款增加了，现金和存款就必然增加，现金和存款增加了，就意味着货币供应量增加了，银行贷款减少了，现金和存款就必然减少，即货币供应量就必然减少。

（2）银行贷款以外的其他渠道。银行贷款是银行向社会提供货币的主要渠道，除此之外，还有其他一些渠道。具体包括：

①银行收兑金银。银行，特别是中央银行总愿意持有一部分金银资产，在银行收兑金银时，银行的金银储备会增加，但同时会向社会投放等价值量的货币，现金和存款会等额增长，货币供应量因而相应增长。

②银行支付存款利息。银行要向存款人（城乡居民、企业和非营利机构）支付利息，银行的利息支出，要么成为存款人的手持现金，要么成为存款人的存款，这就意味着货币供应量会随银行的利息支付而相应增长。

③银行购买有价证券。银行购买有价证券，银行的证券资产增加了，同时证券出售者的现金和存款也相应增加了，货币供应量因此而增长。

④银行对财政透支。银行对财政透支，会使财政部门的存款增加，财政存款最终会通过财政拨款等形式转化为居民、企业、非营利机构的现金和存款，货币供应量因此而增加。

⑤银行收兑外汇。外汇不能作为流通手段和支付手段进入市场，因此外汇持有者就必须将外汇卖给银行，换得本币，以满足购买商品、支付工资、清偿债务等的需要。银行在从外汇持有者那里买进外汇的同时，外汇出售者的现金或者存款会相应增加，即货币供应量相应增加。

⑥银行办理票据贴现业务。银行办理票据贴现业务，银行持有的票据会增加，同时票据转让者的现金资产或者存款会增加。银行办理票据贴现业务的过程也是一个向社会投放货币的过程。

二、货币需求

需求是指人们对某种商品的购买欲望和能力。对于消费品、生产资料这些实实在在的商品，我们都可以按照这一思路来界定需求。那么如何界定货币需求呢？我们不能简单地套用对于一般商品需求所做的界定。要说明什么是货币需求，我们需要先做以下几点说明：

第一，人们对货币的需要是对货币的形式上的使用价值的需要。人们需要某种商品，是因为这种商品能够给他带来某种使用价值（或者效用），人们需要货币，当然也是因为货币能够给其带来某种使用价值。金属货币具有双重使用价值，其既具有作为金属而产生的实际上的使用价值（这种使用价值取决于其自然属性），也具有作为货币而产生的形式上的使用价值，这种使用价值是由其作为货币的性质和功能（充当价值尺度、流通手段或称交换手段、支付手段、储藏手段、世界货币）所产生的。人们对金属货币的需要不是因为其作为金属而产生的实际上的使用价值，而是其作为货币而产生的形式上的使用价值。就纯粹的价值符号——纸币、信用货币、电子货币来看，它们都不具有实际上的使用价值，而只具有形式上的使用价值。无论在何种条件下，人们对货币的需要都是对货币的形式上的使用价值的需要。

第二，对货币的需求与购买力无关。人们需要商品、要获得所需要的商品，就得去购买商品，对商品的购买力与商品的质量、价格等有关；人们需要货币并不是去购买货币，人们对货币的需要与货币的质量、“价格”等没有关系，因此货币需求和货币需要是一回事。

第三，货币需求既可以从微观角度进行界定，也可以从宏观角度进行界定。从微观角度来看，货币需求就是微观经济单位（居民、企业、非营利机构）基于交易等方面的需要而产生的对货币的需求，将所有微观经济单位的货币需求加总，就是货币的总需求。从宏观角度来看，货币需求就是社会为实现商品的交换等而产生的货币需求。从不同的角度界定，研究货币需求的思路会不同，但是得出的货币需求量的结果应该是相同的。

第四，货币需求是客观的量。影响货币需求的因素很多，这些因素的变化可能会使货币需求增加，也可能会使货币需求减少，但是无论这些因素如何变化，在一定的时点，货币需求是一定的，总是一个客观的确定的量。

第五，货币需求有名义货币需求与实际货币需求之分。名义货币需求是指不考虑一般物价水平变化时的货币需求，实际的货币需求是指扣除掉一般物价水平变化因素影响之后的货币需求。若以 Md 代表货币需求，以 P 代表物价指数，那么实际货币需求就是 Md/P。

根据以上说明，我们可以对货币需求做一个正式的界定。所谓货币需求是指某一时期社会产生的对货币的实际需要量。

三、货币均衡

1. 货币均衡的含义

上面我们分别说明了货币供应量和货币需要量的含义，两者的数量关系如何对国民经济有着重要的影响。从两者数量关系来看，存在着两种可能性，一是货币供应量与货币需要量相等，二是货币供应量与货币需要量不相等。由此就出现了货币供求关系的两种状态，即货币均衡与货币失衡。我们首先说明货币均衡。

货币均衡是指货币供应量（Ms）与货币需要量（Md）正好相等的状态，即：

$$Ms = Md$$

或者：$Ms - Md = 0$

货币均衡意味着名义货币供应量与实际货币需要量相等，既无超额的货币需求，也无超额的货币供应。不过在实际中，货币供应量与货币需要量正好相等的情况虽然不能说不会出现，但是这种情况的出现一般来说并不可能，因为影响货币供应量和货币需要量的因素很多，而且很复杂，这些因素并非一成不变，而是不断地在发生变化，因此要使货币供应量与货币需要量正好相等在实际中是极其困难的。不过，在实际中，即使货币供应量与货币需要量并不完全相等，相对于货币需要量，货币供应量可能多一些，也可能少一些，但是只要两者偏离的幅度不大，就不会在市场上反映出来，也就不会影响到一般物价水平，也不会影响到国民经济的正常运行，这种状态，在实际中我们也将其视为货币供求处于均衡状态。至于两者偏离的幅度多大应该视为货币均衡，则是一个经验分析问题，这个幅度会因为经济条件的不同而不同。

2. 货币均衡的表现

是否实现了货币均衡，可以通过一般物价水平的变化、商品的销售状况、商品的供应状况、货币流通速度的变化等反映出来。

（1）一般物价水平。如果货币供求处于均衡状态，反映在一般物价水平上，应该是一般物价水平保持稳定。

（2）商品销售情况。货币供求保持平衡反映在商品销售上，就是商品的销售保持正常状态，商品库存保持正常水平。

（3）商品供应状况。货币供求处于均衡状态，反映在商品供应方面，就是商品供应保持正常状态，既不存在严重的商品短缺，也不存在严重的商品过剩。

（4）货币流通速度。在货币供求处于均衡状态的条件下，货币流通速度维持正常水平。

四、货币失衡

1. 货币失衡的含义

上面我们说明了货币均衡的含义及表现，这里我们接着说明货币失衡的含义与表现。我们先说明货币失衡的含义。

货币失衡是指货币供应量与货币需要量不相等的状态，即：

$$Ms \neq Md$$

或者：

$$Ms - Md \neq 0$$

货币失衡是与货币均衡性质相反的货币供求状态，货币失衡意味着名义货币供应量与实际货币需要量不相等，或者存在着超额的货币需求，或者存在着超额的货币供应。严格来说，只要货币供应量与货币需要量不相等，无论两者之间的差额有多大，都应该视为货币失衡。不过由于实际中，货币供应量与货币需要量完全相等的情况的出现一般来说并不可能，我们在上面指出只要两者偏离的幅度不大，没有影响到一般物价水平和国民经济的正常运行，在实际中我们也将其视为货币均衡。这样在实际中，我们并不是将所有货币供求不相一致的状态都视为货币失衡，而是将上述状态之外的货币供求失衡视为货币失衡，即在市场上反映出来，影响到了一般物价水平和国民经济正常运行的货币供求失衡。

2. 货币失衡的表现

货币失衡有两种类型：(1) 货币供应量超过货币需要量（Ms>Md），即货币供应量过多。(2) 货币供应量小于货币需要量（Ms<Md），即货币供应量不足。

出现了货币失衡，一般会通过一般物价水平的变化、商品的销售状况、商品的供应状况、货币流通速度的变化等反映出来。

(1) 一般物价水平。如果货币供求处于失衡状态，反映在一般物价水平上，就是一般物价水平的波动。如果出现的是货币供应量超过货币需要量的货币失衡，就会出现一般物价水平的上升，即通货膨胀；如果出现的是货币供应量小于货币需要量的货币失衡，就会出现一般物价水平的下降，即通货紧缩。

(2) 商品销售情况。如果货币供求处于失衡状态，反映在商品销售方面，就会是商品的销售偏离正常状态。如果出现的是货币供应量超过货币需要量的货币失衡，就会出现商品销售超常增长、库存超常减少的现象；如果出现的是货币供应量小于货币需要量的货币失衡，就会出现商品滞销、库存超常增加的现象。

(3) 商品供应状况。出现了货币失衡，反映在商品供应方面，就会是商品供应偏离正常状态。如果出现的是货币供应量超过货币需要量的货币失衡，商品供应不足，排队抢购、配给制等都可能出现；如果出现的是货币供应量小于货币需要量的货币失衡，就会出现商品大量过剩。

(4) 货币流通速度。出现了货币失衡，反映在货币流通速度方面，就是货币流通速度出现超常的变化，或者是超常下降，或者是超常上升。

第二节　通货膨胀与通货紧缩的含义、衡量及分类

一、通货膨胀的含义、衡量与分类

1. 通货膨胀的含义

通货膨胀是纸币流通条件下常见的经济现象，有人说，纸币流通史就是通货膨胀史，虽然这句话有些言过其实，纸币流通并非一定就会引起通货膨胀，不过从第

二次世界大战之后到20世纪90年代以前的情况来看，通货膨胀的确伴随着世界上绝大多数国家。那么通货膨胀到底是一种什么样的经济现象呢？

通货膨胀是指由货币供应量超过货币需求量所引起的一般物价水平采取不同形式持续地较大幅度地上涨下降和货币贬值的经济现象。对这一界定，需要进行以下几点说明：

（1）通货膨胀是一种货币现象，即如果不存在货币，不出现货币供应过多，就不会有通货膨胀。虽然通货膨胀产生的具体原因多种多样，但直接原因却是货币供应量超过货币需求量，即货币供应过多。至于货币供应过多是货币供应方面的原因，还是货币需求方面的原因，还是同时由这两个方面的因素引致，或者由其他方面的因素引致，都不重要，这里所要明确的是只有在货币供应过多的条件下才会出现通货膨胀。

（2）通货膨胀指的是一般价格水平的下降，即商品平均价格水平的上升。如果只是部分商品价格的上升，那是不能视为通货膨胀的，原因在于商品的相对价格总是在不断地发生变化的，部分商品价格的上升完全可能会被另一部分商品价格的下降所抵消。

（3）商品价格水平的下降，可以采取多种形式，可以采取公开的形式，也可以采取非公开的形式，因此不能够仅仅依据衡量物价水平高低的物价指数来判断是否出现了通货膨胀以及通货膨胀的程度。

（4）通货膨胀是一般物价水平持续上升的过程。季节性、暂时性、偶然性的价格上升，不能被视为通货膨胀。因为价格的季节性、暂时性、偶然性的上升难以避免，更重要的是因为这种上升可能会为另一时期价格水平的下降所抵消，若如此，就不会出现一般物价水平的持续上升。

（5）通货膨胀是指一般物价水平较大幅度地上升，亦即在实际中通货膨胀有一个量的界限，超过一定界限才适宜称为通货膨胀。其原因在于，在实际经济运行中，一般物价水平保持绝对稳定虽然不能说绝对不可能，但这种情况的出现只可能是一种偶然，也就是说，一般物价水平的波动是实际经济运行中的一种常见的经济现象，但只要波动幅度很小，在实际中，就应当认定物价水平是稳定的。

（6）一般物价水平的上升意味着货币购买力的下降，因此只要出现通货膨胀，货币就必然贬值。

2. 通货膨胀的衡量

如何衡量通货膨胀，即如何判断经济中是否出现了通货膨胀以及通货膨胀的程度呢？最理想的办法就是直接通过一般物价水平的变化来衡量。如果一般物价水平出现持续性的较大幅度的上升，则可认定出现了通货膨胀，一般物价水平上升的幅度越大，说明通货膨胀的程度越高。一般物价水平的变化一般是通过物价指数的变化反映出来的，因此我们可以通过物价指数的变化方向和幅度来判断是否出现了通货膨胀以及通货膨胀的程度。如果能够计算出包含所有商品的物价指数，自然就能够最准确地反映商品的平均价格水平的变化 但这在实际中很难办到，因此只能选择其他较易计算的物价指数。实际中最常用的物价指数包括国民生产总值平减指数（或称国民生产总值紧缩系数）（GNP Deflator，IPD）（也称综合价格换算系数）（Implicit Price Index，IPI）、消费者物价指数（Cousumer Price Index，CPI）、批发物价指数（Wholesale Price Index，WPI）。在这三种物价指数中，IPD 相对而言能够更准确地反映价格总水平的变化，因为其衡量的商品的范围最广，它包括各种社会最终产品。CPI 反映的是消费品价格水平变化的情况；WPI 反映的是批发市场上批发商品价格变化的情况，其衡量的商品的范围包括批发市场上的消费品和生产资料。CPI 和 WPI 相互补充，从不同的方面反映出物价水平的变化，CPI 最直接地反映了消费品价格的变化情况，但不能反映生产资料价格水平的变化，WPI 虽然反映了消费品和生产资料价格水平的变化，但仅反映批发市场物价水平的变化，批发市场物价水平的变化同零售市场物价水平的变化在方向与程度上既可能一致，也可能不一致，而对居民影响最直接的是零售市场物价水平的变化，因此它并不一定能准确地反映物价水平的最终变化和对居民的最终影响。由于 IPD 一般是按季度、按年度来编制、发布的，而 CPI、WPI 则每月编制、发布，因此就动态地反映物价水平的变化来看，CPI、WPI 是合适的指标，不过，就准确性而言，IPD 要优于 CPI、WPI。

在中国，政府编制、公布的物价指数有商品零售价格指数、居民消费价格指数、农产品收购价格指数、农村工业品零售价格指数、工业品出厂价格指数等，这些物价指数从不同的方面反映了商品价水平变化的情况。其中，更主要的是商品零售价格指数（Retail Price Index，RPI）和居民消费价格指数（Consumer Price Index，CPI）。在中国目前的经济体制下，笔者认为在 RPI 和 CPI 中，就反映市场供求来看，RPI 能够更准确地反映物价水平的变化，原因在于 CPI 的统计范围包括服务部门，而在服务部门中许多属于高度垄断的部门，其产品价格的变化往往不依赖于市场供求关系的变化而变化，往往是服务产品供给部门单方面决定的。但就反映物价水平的综合性来看，CPI 优于 RPI。因此，同时运用 RPI、CPI 数据来分析中国一般物价水平的变化是必要的。

如果官方物价指数能够全面、准确地反映商品价格水平的变化，那么通过物价指数的变化来衡量通货膨胀是最简便的。但问题在于，物价指数往往并不能全面、准确地反映商品价格水平的变化。其原因在于：

（1）在计算物价指数时，不可能包括市场交易的全部商品，而只能采取有选择地选取其中一部分商品的办法，所选定商品价格水平的变化方向与幅度可能与其他商品一致，但也可能不一致。

(2) 不同种类的商品在市场交易中的比重是不相同的，因此不同种类商品价格水平的变化对一般物价水平变化的影响是不同的，在计算物价指数时，如果给选定的商品设定的权重与其在市场交易中实际所占的比重不相一致，就不能准确地反映商品价格水平的变化。由于不同种类商品在市场交易中所占的比重具有可变性，因此，如果不及时地对不同种类商品的权重进行相应的调整，统计出来的物价指数就会同商品价格水平的实际变化不相一致。

(3) 在物价指数的统计中，均采取抽样调查的方法，调查地区、调查对象的选择对于能否准确反映物价水平的变化至关重要，如果调查地区、调查对象的选择不合理，统计出来的物价指数就不能准确反映物价水平的变化。

(4) 现有物价指数的计算方法本身也并不能保证物价指数能够准确反映商品价格水平的变化①。此外，被调查对象（居民户、企业等）填报的商品价格并不一定能真实、准确。因此，仅从以上这些方面就可以说通货膨胀并不一定能完全通过物价指数的变化反映出来。

不过，在许多国家，更重要的还不在于上述因素对物价指数准确性的干扰，而是商品价格本身不能完全真实、准确地反映商品的供求状况，其中最主要的现象是政府对价格的管制。如在过去实行计划经济的国家，政府对绝大部分商品进行直接的价格管制，商品的价格与商品的供求状况并无内在因果联系，货币供应量的增减与多少并不能通过商品价格水平的变化反映出来，这样即使物价指数的统计不存在前述问题，物价指数也是不能准确地反映出通货膨胀的情况的。应该说，只要存在价格管制，就不能避免价格指数不能反映商品的实际供求状况所决定的真实的物价水平，因为管制价格不可能反映商品的真实供求状况。

价格管制导致物价水平对商品实际供求状况所决定的价格的偏离（此处称为制度偏离），物价指数统计本身的原因又会导致物价指数对实际物价水平的偏离（此处称为技术偏离），因此衡量通货膨胀不能以物价指数作为惟一的指标，甚至不能作为衡量通货膨胀的主要指标（在出现严重的制度偏离和技术偏离的情况下）。

如果通货膨胀不能通过或不能完全通过物价指数来衡量，那么是否存在其他的衡量方法呢？物价指数以外的衡量方法是存在的。只要出现货币供应不足，即使它不能通过物价指数反映出来，也可以通过其他途径反映出来。笔者认为主要可以通过以下指标来衡量：

(1) 货币供应量增长率与经济增长率之差或之比。

令 M 代表货币供应量，Y 代表产出量，$\Delta M/M$ 即为货币供应量增长率，$\Delta Y/Y$

---

① 参见史晋川：《社会主义经济通货膨胀导论》，第50~56页，上海三联书店，1989年。

即为经济增长率，用 G_g 表示货币供应量增长率与经济增长率之差，G_r 表示货币供应量增长率与经济增长率之比，则有：

$$G_g = \Delta M/M - \Delta Y/Y$$

$$G_r = \frac{\Delta M/M}{\Delta Y/Y}$$

根据历年统计资料，能够计算出 G_g 与 G_r 的正常值，分别用 G_{ga}、G_{ra} 表示。如果 $G_g > G_{ga}$，$G_r > G_{ra}$，则表明货币供应过多，出现了通货膨胀；（$G_g - G_{ga}$）的差越大，G_r / G_{ra} 的比值越大，说明通货膨胀越严重。

（2）社会结余购买力。结余购买力乃指一定时期未实现的购买力。居民结余购买力可以居民的储蓄存款余款和手持现金来衡量，一般用期末余额来计算。企事业单位结余购买力可以企事业单位存款余款和持有的现金来衡量，一般用期末余额来计算。社会结余购买力则由居民结余购买力与企事业单位结余购买力所构成，具体可用以下指标来衡量：

①社会结余购买力与国民生产总值(GNP)或国内生产总值(GDP)之比。可以根据过去的统计资料计算出此比例的正常值。在价格受到管制的条件下,货币供应过多,通货膨胀当表现为结余购买力增加。如果计算期比值大于正常值,则表明货币供应过多,出现了通货膨胀,计算期的比值越高于正常值,表明通货膨胀越严重。

也可分别用居民结余购买力、企事业单位结余购买力来计算其与 GNP 或 GDP 的正常值、计算期比值，并将计算期比值与正常值进行比较来衡量通货膨胀。在价格受管制的条件下，若计算期比值大于正常值，则说明出现了通货膨胀，计算期比值越是高于正常值，说明通货膨胀越严重。

在价格不受管制的条件下，货币供应过多，通货膨胀表现为结余购买力减少。如果计算期社会结余购买力、居民结余购买力、企事业单位结余购买力与 GNP 或 GDP 的比值低于正常值，则表明出现了通货膨胀，计算期比值越是低于正常值，说明通货膨胀越严重。

②社会结余购买力增加额与 GNP 增加额或 GDP 增加额之比。在价格受到管制的条件下，如果计算期比值高于正常值，说明出现了通货膨胀，计算期比值越是高于正常值，说明通货膨胀越严重。

也可分别用居民结余购买力增加额、企事业单位结余购买力增加额与 GNP 增加额或 GDP 增加额之比来衡量。在价格受管制的条件下，若计算期比值大于正常值，则说明出现了通货膨胀，并且计算期比值越是大于正常值，说明通货膨胀越严重。

在价格不受管制的条件下，如果计算期社会结余购买力增加额、居民购买力增加额、企事业单位结余购买力增加额与 GNP 增加额或 GDP 增加额的比值小于正常值，则说明出现了通货膨胀，计算期比值越是小于正常值，说明通货膨胀越严重。

相关衡量指标及含义见表 11-1 所示。

表 11-1　**结余购买力相对指标与通货膨胀、通货紧缩**

	通货膨胀或通货紧缩	A		B	
		1	2	1	2
价格受管制	通货膨胀	$R_{sp}^{n}>\bar{R}_{sp}^{n}$ $R_{hp}^{n}>\bar{R}_{hp}^{n}$ $R_{ep}^{n}>\bar{R}_{ep}^{n}$	$R_{sp}^{d}>\bar{R}_{sp}^{d}$ $R_{hp}^{d}>\bar{R}_{hp}^{d}$ $R_{ep}^{d}>\bar{R}_{ep}^{d}$	$R'_{sp}>\bar{R}'_{sp}$ $R'_{hp}>\bar{R}'_{hp}$ $R'_{ep}>\bar{R}'_{ep}$	$R''_{sp}>\bar{R}''_{sp}$ $R''_{hp}>\bar{R}''_{hp}$ $R''_{ep}>\bar{R}''_{ep}$
	通货紧缩	$R_{sp}^{n}<\bar{R}_{sp}^{n}$ $R_{hp}^{n}<\bar{R}_{hp}^{n}$ $R_{ep}^{n}<\bar{R}_{ep}^{n}$	$R_{sp}^{d}<\bar{R}_{sp}^{d}$ $R_{hp}^{d}<\bar{R}_{hp}^{d}$ $R_{ep}^{d}<\bar{R}_{ep}^{d}$	$R'_{sp}<\bar{R}'_{sp}$ $R'_{hp}<\bar{R}'_{hp}$ $R'_{ep}<\bar{R}'_{ep}$	$R''_{sp}<\bar{R}''_{sp}$ $R''_{hp}<\bar{R}''_{hp}$ $R''_{ep}<\bar{R}''_{ep}$
价格不受管制	通货膨胀	$R_{sp}^{n}<\bar{R}_{sp}^{n}$ $R_{hp}^{n}<\bar{R}_{hp}^{n}$ $R_{ep}^{n}<\bar{R}_{ep}^{n}$	$R_{sp}^{d}<\bar{R}_{sp}^{d}$ $R_{hp}^{d}<\bar{R}_{hp}^{d}$ $R_{ep}^{d}<\bar{R}_{ep}^{d}$	$R'_{sp}<\bar{R}'_{sp}$ $R'_{hp}<\bar{R}'_{hp}$ $R'_{ep}<\bar{R}'_{ep}$	$R''_{sp}<\bar{R}''_{sp}$ $R''_{hp}<\bar{R}''_{hp}$ $R''_{ep}<\bar{R}''_{ep}$
	通货紧缩	$R_{sp}^{n}>\bar{R}_{sp}^{n}$ $R_{hp}^{n}>\bar{R}_{hp}^{n}$ $R_{ep}^{n}>\bar{R}_{ep}^{n}$	$R_{sp}^{d}>\bar{R}_{sp}^{d}$ $R_{hp}^{d}>\bar{R}_{hp}^{d}$ $R_{ep}^{d}>\bar{R}_{ep}^{d}$	$R'_{sp}>\bar{R}'_{sp}$ $R'_{hp}>\bar{R}'_{hp}$ $R'_{ep}>\bar{R}'_{ep}$	$R''_{sp}>\bar{R}''_{sp}$ $R''_{hp}>\bar{R}''_{hp}$ $R''_{ep}>\bar{R}''_{ep}$

说明：①S_p 表示社会结余购买力，ΔS_p 表示社会结余购买力增加额，H_p 表示居民结余购买力，ΔH_P 表示居民结余购买力增加额，E_p 表示企事业单位结余购买力，ΔE_p 表示企事业单位结余购买力增加额，ΔGNP 表示 GNP 增加额，ΔGDP 表示 GDP 增加额。R_{sp}^{n} 表示计算期社会结余购买力占 GNP 比重，R_{sp}^{d} 表示计算期社会结余购买力占 GDP 比重，R_{hp}^{n} 表示计算期居民结余购买力占 GNP 比重，R_{hp}^{d} 表示计算期居民结余购买力占 GDP 比重，R_{ep}^{n} 表示计算期企事业单位结余购买力占 GNP 比重，R_{ep}^{d} 表示计算期企事业单位社会结余购买力占 GDP 比重，R'_{sp} 表示计算期社会结余购买力增加额占 GNP 增加额比重，R''_{sp} 表示计算期社会结余购买力增加额占 GDP 增加额比重，R'_{hp} 表示计算期居民结余购买力增加额占 GNP 增加额比重，R''_{hp} 表示计算期居民结余购买力增加额占 GDP 增加额比重，R'_{ep} 表示计算期企事业单位结余购买力增加额占 GNP 增加额比重，R''_{ep} 表示计算期企事业结余购买力增加额占 GDP 增加额比重，$\bar{R}_{sp}^{n}$ 表示社会结余购买力占 GNP 比重的正常值，$\bar{R}_{sp}^{d}$ 表示社会结余购买力占 GDP 比重的正常值，$\bar{R}_{hp}^{n}$ 表示居民结余购买力占 GNP 比重的正常值，$\bar{R}_{hp}^{d}$ 表示居民结余购买力占 GDP 比重的正常值，$\bar{R}_{ep}^{n}$ 表示企事业单位结余购买力占 GNP 比重的正常值，$\bar{R}_{ep}^{d}$ 表示企事业单位结余购买力占 GDP 比重的正常值，$\bar{R}'_{sp}$ 表示社会结余购买力增加额占 GNP 增加额比重的正常值，$\bar{R}''_{sp}$ 表示社会结余购买力增加额占 GDP 增加额比重的正常值，$\bar{R}'_{hp}$ 表示居民结余购买力增加额占 GNP 增加额比重的正常值，$\bar{R}''_{hp}$ 表示居民结余购买力增加额占 GDP 增加额比重的正常值，$\bar{R}'_{ep}$ 表示企事业单位结余购买力增加额占 GNP 增加额

比重的正常值，$\bar{R}''_{ep}$ 表示企事业单位结余购买力增加额占 GDP 增加额比重的正常值。

②R^n_{sp} = 计算期 S_p/计算期 GNP，R^d_{sp} = 计算期 S_p/计算期 GDP，R'_{sp} = 计算期 ΔS_p/计算期 ΔGNP，R''_{sp} = 计算期 ΔS_p/计算期 ΔGDP，R^n_{hp} = 计算期 H_p/计算期 GNP，R^d_{hp} = 计算期 H_p/计算期 GDP，R'_{hp} = 计算期 ΔH_p/计算期 ΔGNP，R''_{hp} = 计算期 ΔH_p/计算期 ΔGDP，R^n_{ep} = 计算期 E_p/计算期 GNP，R^d_{ep} = 计算期 E_p/计算期 GDP，R'_{ep} = 计算期 ΔE_p/计算期 ΔGNP，R''_{ep} = 计算期 ΔE_p/计算期 ΔGDP；

$$\bar{R}^n_{sp} = \sum_{i=1}^{m} S_p \Big/ \sum_{i=1}^{m} \text{GNP},\quad \bar{R}^d_{sp} = \sum_{i=1}^{m} S_p \Big/ \sum_{i=1}^{m} \text{GNP}$$

$$\bar{R}^n_{hp} = \sum_{i=1}^{m} H_p \Big/ \sum_{i=1}^{m} \text{GNP},\quad \bar{R}^d_{hp} = \sum_{i=1}^{m} H_p \Big/ \sum_{i=1}^{m} \text{GDP}$$

$$\bar{R}^n_{ep} = \sum_{i=1}^{m} E_p \Big/ \sum_{i=1}^{m} \text{GNP},\quad \bar{R}^d_{sp} = \sum_{i=1}^{m} E_p \Big/ \sum_{i=1}^{m} \text{GDP}$$

$$\bar{R}'_{sp} = \sum_{i=1}^{m} \Delta S_p \Big/ \sum_{i=1}^{m} \Delta\text{GNP},\quad \bar{R}''_{sp} = \sum_{i=1}^{m} \Delta S_p \Big/ \sum_{i=1}^{m} \Delta\text{GDP}$$

$$\bar{R}'_{hp} = \sum_{i=1}^{m} \Delta H_p \Big/ \sum_{i=1}^{m} \Delta\text{GNP},\quad \bar{R}''_{hp} = \sum_{i=1}^{m} \Delta H_p \Big/ \sum_{i=1}^{m} \Delta\text{GDP}$$

$$\bar{R}'_{ep} = \sum_{i=1}^{m} \Delta E_p \Big/ \sum_{i=1}^{m} \Delta\text{GNP},\quad \bar{R}''_{ep} = \sum_{i=1}^{m} \Delta E_p \Big/ \sum_{i=1}^{m} \Delta\text{GDP}$$

其中 i 表示年份，$i = 1, \cdots, m$ 表示从第 1 年到过去的第 m 年，$\sum$ 表示从第 1 年到第 m 年各年数值的总和。

③"＞"表示大于，"＜"表示小于。

（3）货币流通速度的递减速度或递增速度。货币流通速度虽然既可能出现递减，也可能出现递增，但无论是递减，还是递增，都会呈现一个长期的变化趋势，由此就可以根据过去的统计资料计算出货币流通速度的平均递减速度或平均递增速度，如果计算期货币流通速度的变化偏离这一趋势超过了合理的数量界限，则表明要么出现了通货膨胀，要么出现了通货紧缩。不过，需要注意的是，在价格受到管制和价格不受管制的条件下，货币流通速度增减幅度的变化所表示的意义是不同的。

①价格受管制下的情况。在货币流通速度呈递增的趋势下，若计算期货币流通的递增速度小于平均递增速度，则说明出现了通货膨胀，计算期货币流通的递增速度越是低于平均递增速度，表明通货膨胀越严重。

在货币流通速度呈递减的趋势下，若计算期货币流通的递减速度大于平均递减速度，则说明出现了通货膨胀，计算期货币流通的递减速度越是高于平均递减速度，表明通货膨胀越严重。

②价格不受管制下的情况。在货币流通速度呈递增的趋势下，若计算期货币流

通的递增速度大于平均递增速度，则说明出现了通货膨胀，计算期货币流通的递增速度越是高于平均递增速度，表明通货膨胀越严重。

在货币流通速度呈递减的趋势下，若计算期货币流通的递减速度小于平均递减速度，则说明出现了通货膨胀，计算期货币流通的递减速度越是低于平均递减速度，表明通货膨胀越严重。

不过，需要说明的是，在出现极端严重的通货膨胀或恶性通货膨胀的条件下，货币流通的递增速度反而会小于货币流通的平均递增速度，货币流通的递减速度反而会超过货币流通的平均递减速度。

相关指标及含义见表 11-2 所示。

表 11-2　**货币流通速度与通货膨胀**

	Mv 的变化趋势	Ms 与 Md 的关系	通货膨胀或通货紧缩	Mv 的变化	M_v^{Ri} 与 M_v^i 或 M_v^{Rd} 与 M_v^d 关系
价格受管制	递增	Ms>Md	通货膨胀	Mv ↓	$M_v^{Ri}<M_v^i$
		Ms<Md	货币紧缩	Mv ↑	$M_v^{Ri}>M_v^i$
	递减	Ms>Md	通货膨胀	Mv ↓	$M_v^{Rd}>M_v^d$
		Ms<Md	通货紧缩	Mv ↑	$M_v^{Rd}<M_v^d$
价格不受管制	递增	Ms>Md	通货膨胀	Mv ↑	$M_v^{Ri}>M_v^i$
		Ms<Md	通货紧缩	Mv ↓	$M_v^{Ri}<M_v^i$
	递减	Ms>Md	通货膨胀	Mv ↑	$M_v^{Rd}<M_v^d$
		Ms< Md	通货紧缩	Mv ↓	$M_v^{Rd}>M_v^d$

说明：①Ms 代表货币供应量，Md 代表货币需求量，Mv 代表货币流通速度，M_v^{Ri} 代表计算期货币流通递增速度，M_v^{Rd} 代表计算期货币流通递减速度，M_v^i 代表货币流通平均递增速度，M_v^d 代表货币流通平均递减速度。

② “>” 表示大于，“<” 表示小于，“↑” 表示上升，“↓” 表示下降。

此外，还可以用生产能力利用率、库存率、产品销售率等指标来衡量通货膨胀。

以上说明，在物价指数不能准确地反映通货膨胀的条件下，也应该用其他指标来衡量通货膨胀，在制度偏离与技术偏离程度较小的情况下，它们可以作为衡量通货膨胀的补充指标，而在制度偏离与技术偏离程度过大的情况下，它们应该作为物价指数的替代指标。

3. 通货膨胀的分类

（1）轻度通货膨胀、中度通货膨胀、严重的通货膨胀与恶性通货膨胀。这是根据通货膨胀的程度的高低而对通货膨胀所进行的分类。若以物价水平的年度变化来衡量，则一般物价水平出现上涨，但上涨率处在3%以内，可视为轻度通货膨胀；一般物价水平的上涨率处于3%~10%，可视为中度通货膨胀；一般物价水平上涨率处于10%~50%，可视为严重的通货膨胀；一般物价水平的上涨率高于50%，则视为恶性通货膨胀。通货膨胀的程度不同，对经济的影响程度是不同的。

（2）公开的通货膨胀与隐性的通货膨胀。这是根据通货膨胀的表现形式而对通货膨胀所进行的分类。公开的通货膨胀是指完全通过一般物价水平（衡量指标为物价指数）的上升而反映出来的通货膨胀。隐性的通货膨胀则指完全不通过或不完全通过一般物价水平（衡量指标为物价指数）的上升而反映出来的通货膨胀。隐性的通货膨胀又包括两种具体的类型：

①抑制型通货膨胀，指在价格受到管制的条件下，通货膨胀无法通过一般物价水平的上升反映出来的通货膨胀。因此，这种通货膨胀可称为管制型隐性通货膨胀。

②非管制型隐性通货膨胀，指在价格不受管制的条件下，由于选定的商品不具有代表性，或权重设定不合理，或调查地区、调查对象选择不合理，或物价指数计算方法不合理，或因统计工作存在的其他错误或失误，而使得一般物价水平的上涨并不能完全通过官方统计的物价指数反映出来的通货膨胀。

（3）短期性通货膨胀、中期性通货膨胀与长期性通货膨胀。这是根据通货膨胀的持续时间的长短而对通货膨胀所进行的分类。短期、中期、长期的划分是相对的。短、中、长期的划分可以经济短周期的时间作为具体的划分依据。一个经济短周期所经历的时间长度平均为4~5年，如果通货膨胀的持续时间在2年或3年以内，可视为短期性通货膨胀；通货膨胀的持续时间在3年以上5年以内，可视为中期性通货膨胀；若通货膨胀的持续时间在5年以上，即超过1个经济短周期所经历的时间长度，则视为长期性通货膨胀。

（4）需求拉上型通货膨胀、供给不足型通货膨胀、成本推上型通货膨胀、结构性通货膨胀、输入性通货膨胀、预期型通货膨胀、政策性通货膨胀与体制性通货膨胀。这是根据通货膨胀的形成原因而对通货膨胀所进行的分类，以下分别界定。

①需求拉上型通货膨胀是指在商品供给保持正常增长的条件下，由于总需求膨胀而导致商品供不应求所引起的通货膨胀。总需求膨胀包括以下几种具体情况：第一，国内消费需求膨胀；第二，国内投资需求膨胀；第三，国内消费需求与投资需求（国内需求）同时膨胀；第四，出口需求膨胀；第五，出口需求与国内需求同时膨胀。由此，可将需求拉上型通货膨胀进行相应的具体的分类。

②供给不足型通货膨胀是指总需求正常增长，由于商品供给非正常减少而导致商品不足所引起的通货膨胀。商品供给的非正常减少包括以下几种情况：第一，国内消费品供给非正常减少；第二，国内投资品供给非正常减少；第三，国内消费品

供给与投资品供给（国内商品供给）同时出现非正常减少；第四，商品进口非正常减少；第五，商品进口与国内商品供给同时出现非正常减少。由于商品供给非正常减少，而需求保持正常增长，乃会形成卖方市场，从而使商品价格水平上升。

③成本推上型通货膨胀是指由商品平均生产成本的上升所引起的通货膨胀。商品生产成本的上升可能由工资成本的上升所致，也可能由生产资料成本的上升所致，也可能由生产者提高目标利润水平而提高商品价格所致。工资成本与目标利润水平的上升，则既可能是市场竞争性程度下降所致，也可能由其他原因引起。生产资料成本的上升既可能由工资成本和生产资料生产者的目标利润水平的上升所致，也可能由生产资料生产效率的大幅度下降所致。无论商品平均生产成本的上升盖出何因，只要出现商品平均生产成本上升了，就可能引致一般物价水平的上升，从而出现通货膨胀。

④结构性通货膨胀是指商品供给结构不能适应需求结构的变化所引起的通货膨胀。随着居民收入水平的变化或者技术条件的变化等，需求结构会发生变化。一些种类的商品会供不应求，其价格水平会上升，如果供给结构缺乏足够的弹性，一方面需求增长的商品供给就难以增长，导致价格上涨，另一方面其他种类商品价格又不下降，就会导致商品平均价格水平的上涨。

⑤输入性通货膨胀是指由于国外商品或生产要素的价格上升所引起的国内物价水平持续上升的通货膨胀。国外商品或生产要素价格的上升对一国物价水平的影响程度同该国经济对外开放程度密切相关。一国经济对外开放程度越高，国外商品或生产要素价格上升导致该国一般物价上涨的可能性越大，即一国发生输入性通货膨胀的可能性越大；反之，则反是。

⑥预期型通货膨胀是指由社会预期因素所导致的通货膨胀。社会预期包括价格预期和非价格预期。如果人们预期商品价格会上升，人们就会提前购买，需求水平会上升，这种预期行为持续下去，就会导致需求水平的持续上升，从而引起物价水平的持续上升。因此，价格上升预期会引发通货膨胀。

⑦政策性通货膨胀是指由于政府实行过度的扩张性经济政策或其他导致需求上升的经济政策而引起的通货膨胀。如果政府实行过度的扩张性货币政策、财政政策以及其他扩张性的经济政策，乃会导致货币供应过多，总需求水平上升，从而引起通货膨胀。政府实施的某些经济政策虽然其本身不属于扩张性经济政策，但这些政策的实施会导致需求水平的上升，亦即会产生扩张性后果，也会导致通货膨胀。

⑧体制性通货膨胀是指由于经济体制具有内在的需求膨胀机制导致总需求膨胀而引起的通货膨胀。如果一种经济体制具有内在的刺激企业投资、刺激银行贷款、刺激工资收入增长的机制，就会刺激投资需求和消费需求的增长，若需求增长长期超过供给增长，则最终会导致一般物价水平的上升，出现通货膨胀。

综上所述，通货膨胀的分类可列表（见表11-3）显示。

表 11-3 **通货膨胀的分类**

序号	分类标准	具体类型
1	程　　度	轻度通货膨胀、中度通货膨胀、严重的通货膨胀、恶性通货膨胀
2	表现形式	公开的通货膨胀、隐性的通货膨胀
3	持续时间	短期性通货膨胀、中期性通货膨胀、长期性通货膨胀
4	形成原因	需求拉上型通货膨胀、供给不足型通货膨胀、成本推上型通货膨胀、结构性通货膨胀、输入性通货膨胀、预期型通货膨胀、政策性通货膨胀、体制性通货膨胀

二、通货紧缩的含义、衡量与分类

1. 通货紧缩的含义

通货紧缩是一种与通货膨胀性质相反的经济现象。随着日本等国通货紧缩的出现，特别是最近几年中国出现了通货紧缩之后，国内学术界对通货紧缩的讨论渐成热点。由于第二次世界大战以来，各国普遍面临的主要问题是通货膨胀，因此经济学家们被吸引到通货膨胀的研究领域，以至于研究通货膨胀的文献伴随着通货膨胀而持续地、高度地“膨胀”，而对通货紧缩的研究则一直未受到经济学家的重视，研究文献极少。① 不过，由于通货紧缩并不是一种新的经济现象，因此还是有一些经济学家研究过这一经济现象。其中最有代表性的是亲历过严重的通货紧缩的美国经济学家欧文·费雪（Irving Fisher）②，但是这一研究一直处于断断续续的状态中。通货紧缩往往被经济学家们置于脑后。20世纪最后几年，通货紧缩在一些国家复现，而且可以断言，在20世纪以后，通货紧缩并不会消失，因此经济学家没有理由继续忽视通货紧缩问题，而应该重视对这一问题的研究。

到底什么是通货紧缩呢？通货紧缩是指由货币供应量小于货币需求量所引起的一般物价水平采取不同形式持续地较大幅度地下降和货币升值的经济现象。对这一

① 在20世纪90年代以前的经济学和金融学教科书中大多数没有提到通货紧缩这个概念，几乎没有哪一本教科书设专章或专节来讨论通货紧缩，专门研究通货紧缩问题的专著和论文也是凤毛麟角。

② 除费雪之外，霍特里、凯恩斯、罗宾斯、罗宾逊、米契尔、庇古、哈耶克、弗里德曼、克鲁格曼、卢卡斯、萨金特、巴罗以及其他一些研究经济周期和货币问题的经济学家对通货紧缩也进行过一些研究，但远不如他们对其他经济问题的关注，而且通货紧缩研究往往只是它们研究别的经济问题、构筑别的经济理论的副产品。

界定，需要作以下几点说明：

（1）通货紧缩是一种货币现象，即如果不存在货币，不出现货币供应不足，就不存在通货紧缩。虽然通货紧缩产生的具体原因多种多样，但直接原因却是货币供应量小于货币需求量，即货币供应不足。至于货币供应不足是货币供应方面的原因，还是货币需求方面的原因，还是同时由这两个方面的因素引致，或者由其他方面的因素引致，这里先不予探究，此处所要明确的是只有在货币供应不足的条件下才会出现通货紧缩。

当然，这并不意味着我们可以忽视引起货币供应不足的原因，实际上，需要重视的正是引起货币供应不足的原因，货币供应不足本身不过是其他因素引致的结果，是一种表层的经济现象。就是说，在研究通货紧缩问题时，如果不去探究导致货币供应不足的原因，那就不可能弄清通货紧缩的产生机理，就不可能提出任何有价值的政策建议。

（2）通货紧缩指的是一般价格水平的下降，即商品平均价格水平的下降。如果只是部分商品价格的下降，那是不能视为通货紧缩的，原因在于商品的相对价格总是在不断地发生变化的，部分商品价格的下降完全可能会被另一部分商品价格的上升所抵消。

（3）商品价格水平的下降，可以采取多种形式，可以采取公开的形式，也可以采取非公开的形式，因此不能够仅仅依据衡量物价水平高低的物价指数来判断是否出现了通货紧缩以及通货紧缩的程度。

（4）通货紧缩是一般物价水平持续下降的过程。季节性、暂时性、偶然性的价格下降，不能被视为通货紧缩。因为价格的季节性、暂时性、偶然性的下降难以避免，更重要的是因为这种下降可能会为价格水平的上升所抵消，若如此，就不会出现一般物价水平的持续下降。

（5）通货紧缩是指一般物价水平较大幅度地下降，亦即在实际中通货紧缩有一个量的界限，超过一定界限才适宜称为通货紧缩。其原因在于，在实际经济运行中，一般物价水平保持绝对稳定虽然不能说绝对不可能，但这种情况的出现只可能是一种偶然，也就是说，一般物价水平的波动是实际经济运行中的一种常见的经济现象，但只要波动幅度很小，在实际中，就应当认定物价水平是稳定的。

（6）一般物价水平的下降意味着货币购买力的上升，因此只要出现通货紧缩，货币就必然升值。

2. 通货紧缩的衡量

如何衡量通货紧缩，即如何判断经济中是否出现了通货紧缩以及通货紧缩的程度呢？最理想的办法就是直接通过一般物价水平的变化来衡量。如果一般物价水平出现持续性的较大幅度的下降，则可认定出现了通货紧缩，一般物价水平下降的幅度越大，说明通货紧缩的程度越高。一般物价水平的变化一般是通过物价指数的变化反映出来的，因此我们可以通过物价指数的变化方向和幅度来判断是否出现了通货紧缩以及通货紧缩的程度。本章第一节已经说明，如果官方物价指数能够全面、准确地反映商品价格水平的变化，那么通过物价指数的变化来衡量通货紧缩是最简便的，但问题在于，物价指数往往并不能全面、准确地反映商品价格水平的变化。因此，在通货紧缩不能通过或不能完全通过物价指数来衡量的情况下，就应该通过其他指标来反映（参见表11-1）。

（1）货币供应量增长率与经济增长率之差或之比。令 M 代表货币供应量，Y 代表产出量，$\Delta M/M$ 即为货币供应量增长率，$\Delta Y/Y$ 即为经济增长率，用 G_g 表示货币供应量增长率与经济增长率之差，G_r 表示货币供应量增长率与经济增长率之比，则有：

$$G_g = \Delta M/M - \Delta Y/Y$$

$$G_r = \frac{\Delta M/M}{\Delta Y/Y}$$

根据历年统计资料，能够计算出 G_g 与 G_r 的正常值，分别用 G_{ga}、G_{ra} 表示。如果 $G_g<G_{ga}$，$G_r<G_{ra}$，则表明货币供应不足，出现了通货紧缩；（G_g-G_{ga}）的差越小，G_r/G_{ra} 的比值越小，说明通货紧缩越严重。

（2）社会结余购买力。具体可用以下指标来衡量：

①社会结余购买力与国民生产总值（GNP）或国内生产总值（GDP）之比。可以根据过去的统计资料计算出此比例的正常值。在价格受到管制的条件下，由于货币供应不足，通货紧缩当表现为结余购买力减少。如果计算期比值低于正常值，则表明货币供应不足，出现了通货紧缩，计算期的比值越低于正常值，表明通货紧缩越严重。

也可分别用居民结余购买力、企事业单位结余购买力来计算其与 GNP 或 GDP 的正常值、计算期比值，并将计算期比值与正常值进行比较来衡量通货紧缩。在价格受管制的条件下，若计算期比值小于正常值，则说明出现了通货紧缩，计算期比值越是小于正常值，说明通货紧缩越严重。

在价格不受管制的条件下，货币供应不足，通货紧缩表现为结余购买力增加。如果计算期社会结余购买力、居民结余购买力、企事业单位结余购买力与 GNP 或 GDP 的比值超过正常值，则表明出现了通货紧缩，计算期比值越是超过正常值，说明通货紧缩越严重。

②社会结余购买力增加额与 GNP 增加额或 GDP 增加额之比。在价格受到管制的条件下，如果计算期比值小于正常值，说明出现了通货紧缩，计算期比值越是小于正常值，说明通货紧缩越严重。

也可分别用居民结余购买力增加额、企事业单位结余购买力增加额与 GNP 增加额或 GDP 增加额之比来衡量。在价格受管制的条件下，若计算期比值小于正常值，则说明出现了通货紧缩，并且计算期比值越是小于正常值，说明通货紧缩越严重。

在价格不受管制的条件下，如果计算期社会结余购买力增加额、居民购买力增加额、企事业单位结余购买力增加额与GNP增加额或GDP增加额的比值超过正常值，则说明出现了通货紧缩，计算期比值越是超过正常值，说明通货紧缩越严重。

(3) 货币流通速度的递减速度或递增速度。

①价格受管制下的情况。在货币流通速度呈递增的趋势下，若计算期货币流通的递增速度超过平均递增速度，则说明出现了通货紧缩，计算期货币流通的递增速度越是高于平均递增速度，表明通货紧缩越严重。在货币流通速度呈递减的趋势下，若计算期货币流通的递减速度小于平均递减速度，则说明出现了通货紧缩，计算期货币流通的递减速度越是小于平均递减速度，表明通货紧缩越严重。

②价格不受管制下的情况。在货币流通速度呈递增的趋势下，若计算期货币流通的递增速度小于平均递增速度，则说明出现了通货紧缩，计算期货币流通的递增速度越是小于平均递增速度，表明通货紧缩越严重。在货币流通速度呈递减的趋势下，若计算期货币流通的递减速度超过平均递减速度，则说明出现了通货紧缩，计算期货币流通的递减速度越是高于平均递减速度，表明通货紧缩越严重（以上参见表11-2）。

不过，需要说明的是，在出现极端严重的通货紧缩或恶性通货紧缩的条件下，货币流通的递增速度反而会超过货币流通的平均递增速度，货币流通的递减速度反而会小于货币流通的平均递减速度。

此外，也同样可以用生产能力利用率、库存率、产品销售率等指标来衡量通货紧缩。

在物价指数不能准确地反映通货紧缩的条件下，可以也应该用其他指标来衡量通货紧缩，在制度偏离与技术偏离程度较小的情况下，它们可以作为衡量通货紧缩的补充指标，而在制度偏离与技术偏离程度过大的情况下，它们应该作为物价指数的替代指标。

3. 通货紧缩的类型

由于经济学家对通货紧缩的研究甚少，因此不像通货膨胀那样存在经典的分类。不过，研讨通货紧缩的基本理论以及研讨反通货紧缩对策都需要对通货紧缩进行分类。研讨一种经济现象的分类，可因且亦应因不同标准来进行。据此，笔者试做以下分类：

(1) 轻度通货紧缩、中度通货紧缩、严重的通货紧缩与恶性通货紧缩。这是根据通货紧缩的程度的高低而对通货紧缩所进行的分类。

若以物价水平的年度变化来衡量，则一般物价水平出现负增长，但处于-3%以内，可视为轻度通货紧缩；一般物价水平的变化率处于-3%~-6%，可视为中度通货紧缩；一般物价水平变化率处于-6%～-10%，可视为严重的通货紧缩；一般物价水平的变化率低于-10%，则视为恶性通货紧缩。通货紧缩的程度不同，对经济的影响程度是不同的。

（2）公开的通货紧缩与隐性的通货紧缩。这是根据通货紧缩的表现形式而对通货紧缩所进行的分类。公开的通货紧缩是指完全通过一般物价水平（衡量指标为物价指数）的下降反映出来的通货紧缩。隐性的通货紧缩则指完全不通过或不完全通过一般物价水平（衡量指标为物价指数）的下降反映出来的通货紧缩。隐性的通货紧缩又包括两种具体的类型：

①抑制型通货紧缩，指在价格受到管制的条件下，通货紧缩无法通过一般物价水平的下降而反映出来的通货紧缩。因此，这种通货紧缩可称为管制型隐性通货紧缩。

②非管制型隐性通货紧缩，指在价格不受管制的条件下，由于选定的商品不具有代表性，或权重设定不合理，或调查地区、调查对象选择不合理，或物价指数计算方法不合理，或因统计工作存在的其他错误或失误，而使得一般物价水平的下降并不能完全通过官方统计的物价指数反映出来的通货紧缩。

（3）短期性通货紧缩、中期性通货紧缩与长期性通货紧缩。这是根据通货紧缩的持续时间的长短而对通货紧缩所进行的分类。短期、中期、长期的划分是相对的。短、中、长期的划分可以经济短周期的时间作为具体的划分依据（参见本章第一节）。一个经济短周期所经历的时间长度平均为4～5年，如果通货紧缩的持续时间在2年或3年以内，可视为短期性通货紧缩；通货紧缩的持续时间在3年以上5年以内，可视为中期性通货紧缩；若通货紧缩的持续时间在5年以上，即超过1个经济短周期所经历的时间长度，则视为长期性通货紧缩。

（4）需求拉下型通货紧缩、供给过剩型通货紧缩、成本推下型通货紧缩、结构性通货紧缩、输入性通货紧缩、预期型通货紧缩、政策性通货紧缩、体制性通货紧缩和资产替代型通货紧缩。这是根据通货紧缩的形成原因而对通货紧缩所进行的分类，以下分别界定：

①需求拉下型通货紧缩是指在商品供给保持正常增长的条件下，由于总需求下降（既可能是总需求的绝对下降，也可能是总需求的相对下降）而导致商品过剩所引起的通货紧缩。总需求下降包括以下几种具体情况：第一，国内消费需求下降；第二，国内投资需求下降；第三，国内消费需求与投资需求（国内需求）同时下降；第四，出口需求下降；第五，出口需求与国内需求同时下降。由此，可将需求拉下型通货紧缩进行相应具体的分类。

②供给过剩型通货紧缩是指总需求正常增长，由于商品供给出现超常增长而导致商品过剩所引起的通货紧缩。商品供给的超常增长包括以下几种情况：第一，国内消费品供给超常增长；第二，国内投资品供给超常增长；第三，国内消费品供给与投资品供给（国内商品供给）同时出现超常增长；第四，商品进口超常增长；

第五，商品进口与国内商品供给同时出现超常增长。由于商品供给超常增长，而需求保持正常增长，乃会形成买方市场，从而使商品价格水平下降。

③成本推下型通货紧缩是指由商品平均生产成本的下降所引起的通货紧缩。商品生产成本的下降可能由工资成本的下降所致，也可能由生产资料成本的下降所致，也可能由生产者降低目标利润水平而降低商品价格水平所致。工资成本与目标利润水平的下降，则既可能是市场竞争性程度提高所致，也可能由其他原因引起。生产资料成本的下降既可能由工资成本和生产资料生产者的目标利润水平的下降所致，也可能由生产资料生产效率的大幅度提高所致。无论商品平均生产成本下降的原因是什么，只要出现商品平均生产成本的下降，就可能引致一般物价水平的下降，从而出现通货紧缩。

④结构性通货紧缩是指商品供给结构不能适应需求结构的变化所引起的通货紧缩。随着居民收入水平的变化，或者技术条件的变化等，需求结构会发生变化，一些种类的商品会供过于求，其价格水平会下降，如果供给结构缺乏足够的弹性，需求增长的商品的供给就难以增长，人们就可能选择持币待购，这样其他种类商品的价格就不会上涨，从而就会出现商品平均价格水平的下降。

⑤输入性通货紧缩是指由于国外商品或生产要素的价格下降所引起的国内物价水平持续下降的通货紧缩。国外商品或生产要素价格的下降对一国物价水平的影响程度同该国经济对外开放程度密切相关。一国经济对外开放程度越高，国外商品或生产要素价格下降导致该国一般物价下降的可能性越大，即一国发生输入性通货紧缩的可能性越大；反之，则反是。

输入性通货紧缩的产生途径包括以下几种情况：

其一，国外商品或生产要素价格下降，价格水平低于一国国内商品或生产要素价格水平→该国进口增加，出口减少→导致该国市场商品或生产要素供给增加，需求减少→该国物价水平下降。

其二，国外商品或生产要素价格下降，低于一国国内商品或生产要素价格→该国进口增加，出口减少→导致贸易逆差或导致贸易逆差扩大→国际储备减少→国内货币供应量减少→导致通货紧缩。

其三，国外生产要素价格下降，低于一国国内生产要素价格→该国进口、使用国外生产要素增加→国内商品生产成本下降→推动国产商品价格下降→导致成本推下型通货紧缩。

⑥预期型通货紧缩是指由社会预期因素所导致的通货紧缩。社会预期包括价格预期和非价格预期。如果人们预期商品价格会下降，人们就会推迟购买，需求水平会下降，这种预期行为持续下去，就会导致需求水平的持续下降，引起物价水平的持续下降。因此，价格下降预期会引发通货紧缩。有多种因素会导致人们的价格下降预期。

如果人们预期经济增长会出现下降，收入增长停滞或下降，或者预期支出会增加，人们就会推迟购买，增加储蓄，缩减生产，减少投资，总需求水平就会下降，从而引起通货紧缩。简而言之，悲观性的经济预期可以引发通货紧缩。

⑦政策性通货紧缩是指由于政府实行过度的紧缩性经济政策或其他导致需求下降的经济政策而引起的通货紧缩。如果政府实行过度的紧缩性货币政策、财政政策以及其他紧缩性的经济政策，乃会导致货币供应不足，总需求水平下降，从而引起通货紧缩。政府实施的某些经济政策虽然其本身不属于紧缩性经济政策，但这些政策的实施会导致需求水平的下降，亦即会产生紧缩性后果，也会导致通货紧缩。

⑧体制性通货紧缩是指由于经济体制具有内在的需求抑制机制而导致总需求不足而引起的通货紧缩。如果一种经济体制具有内在的抑制企业投资、抑制银行贷款、抑制工资收入增长的机制，就会抑制投资需求和消费需求的增长，若需求增长长期赶不上供给增长，最终会导致一般物价水平的下降，出现通货紧缩。

⑨资产替代型通货紧缩是指人们以金融资产代替实物资产而引发的通货紧缩。如果金融资产代替实物资产成了社会的普遍行为，商品购买力就会为金融资产所代替，就会出现总需求不足。例如，如果股票投机成为社会的普遍行为，本应用于购买商品的货币就会被用来购买股票，增加的货币都会流向股票市场，资金就只在股票市场流动，社会所出现的就不是货币与商品的交换，而是货币与股票的对换，亦即只是金融资产结构的转换，这样就会导致总需求不足，从而引发通货紧缩。

综上所述，本书对通货紧缩的分类可列表（见表 11-4）显示。

表 11-4　**通货紧缩的分类**

序号	分类标准	具体类型
1	程度	轻度通货紧缩、中度通货紧缩、严重的通货紧缩、恶性通货紧缩
2	表现形式	公开的通货紧缩、隐性的通货紧缩
3	持续时间	短期性通货紧缩、中期性通货紧缩、长期性通货紧缩
4	形成原因	需求拉下型通货紧缩、供给过剩型通货紧缩、成本推下型通货紧缩、结构性通货紧缩、输入性通货紧缩、预期型通货紧缩、政策性通货紧缩、体制性通货紧缩、资产替代型通货紧缩

第三节　通货膨胀、通货紧缩产生的原因

一、通货膨胀产生的原因

我们在对通货膨胀进行的分类中，已经说明可能引起通货膨胀的因素。这里我

们只选择几个主要的方面予以说明。

1. 总需求膨胀

经济学家很早就开始从总需求的角度探寻通货膨胀的原因。从世界各国的情况来看，总需求膨胀曾经是多数国家通货膨胀产生的最主要原因或者主要原因之一。经济学理论较早分析和解释通货膨胀的方法，而且需求方面也是通货膨胀形成的最基本原因。前面已经说明，我们把在商品供给保持正常增长的条件下，由于总需求的膨胀而导致商品供不应求所引起的通货膨胀称为需求拉上型的通货膨胀（Demand-pull Inflation）。在总需求膨胀的条件下，相对于总供给而言，有支付能力的需求过多，造成的局面必然是过多的货币追逐相对过少的商品，在这样一种宏观市场结构下，人们的求购欲望会特别强烈，人人担心有钱买不到商品，其结果就会造成人们被迫接受超过商品原来价格的价格，这样商品的平均价格水平即一般物价水平就会上涨。

下面我们通过图 11-1 说明需求拉上型的通货膨胀的产生过程。我们用 AD_0 表示原来的总需求曲线，用 AS_0 表示原来的总供给曲线，其交点 E 决定了 OP_0 的均衡物价水平和 OY_0 的均衡收入水平。假定 OY_0 已经达到充分就业水平，当总需求增加时，如自 AD_0 增加到 AD_1，那么物价水平就会上升到 OP_1。一般物价水平上升了，也就是说由于总需求的膨胀（增加），拉动了一般物价水平的上升，因此称为需求拉上型的通货膨胀。

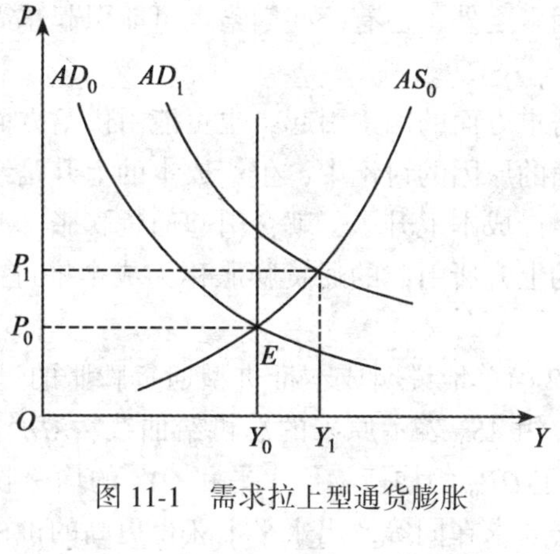

图 11-1 需求拉上型通货膨胀

这里需要说明的是，在实际中，总供给曲线存在着两种可能性：一种情况是总供给曲线处于充分就业水平，在这种情况下，总需求的膨胀不会带来实际产量的任何增加，总需求的膨胀只会单纯引起一般物价水平的上涨；另一种情况是总供给曲线不是处于充分就业水平，那么总需求的膨胀就可能会带来实际产量的增加，而不只是单纯引起一般物价水平的上涨。

总需求的膨胀会引起需求拉上型的通货膨胀，为什么会出现总需求膨胀呢？可能的原因包括：（1）经济体系内部存在着导致消费需求膨胀的内在机制。例如，如果在一种经济体系中，工人具有无限地要求增加工资的欲望和能力，最终会使工资的增长超过劳动生产率的增长，就可能会引发总需求膨胀。（2）经济体系内部存在着导致投资需求膨胀的内在机制。例如，如果在一种经济体系中，企业和政府具有无限地扩张投资的欲望和能力，最终会使投资的增长超过投资品供应的增长，并带来消费需求的增长，就可能会引发总需求膨胀。（3）经济体系内部存在着导致投资需求膨胀和消费需求膨胀的内在机制。例如，如果在一种经济体系中，企业和政府具有无限地扩张投资的欲望和能力，工人具有无限地要求增加工资的欲望和能力，那么就势必导致总需求膨胀。（4）政府需求膨胀。政府需求有其独立性，在缺乏硬预算约束的条件下，政府会大量向中央银行透支来增加开支，这样最终就会造成总需求过度膨胀，而引发通货膨胀。（5）货币供应量增长过快。通货膨胀产生的前提是货币供应量超过了货币需要量，这里所说的货币供应量增长过快是指纯粹由货币发行机构和货币创造机构造成的。在货币流通速度不变或者货币流通速度的下降赶不上货币供应量的增长速度时，货币供应量增长过快的结果是过多的货币追逐过少的商品，由此而会引发通货膨胀。（6）出口需求过度膨胀。外部因素或者内部因素的作用都可能造成出口需求过度膨胀，如果没有相应的进口来补充，出口需求的膨胀就会引起总需求的膨胀，这样就会造成国内一般物价水平的上升。除了上述这些可能的因素之外，还有一些因素也可能引起总需求的膨胀。

2. 生产成本上升

通货膨胀可能由需求方面的因素引起，也可能由供给方面的因素引起。在对通货膨胀产生的供给方面的原因的讨论中，生产成本的上升是经济学家关注的重要方面。如果商品的平均生产成本上升了，就会引起通货膨胀。前面我们已经说明，由商品的平均生产成本的上升所引起的通货膨胀称为成本推进型通货膨胀（Cost-pull Inflation）。

我们可以用图 11-2 简单地说明成本推进型通货膨胀的过程。我们仍用 AD_0 表示原来的总需求曲线，用 AS_0 表示原来的总供给曲线，AD_0 与 AS_0 最初在 E_0 点达到均衡，交点 E_0 决定了 OP_0 的均衡物价水平和 OY_0 的均衡收入水平。当企业生产成本增加时，企业就会要求在同等产出水平上获得更高的价格，或在同等价格水平上只愿意提供较少的产出。由此产品生产成本的上升就会使总供给曲线向上移动，如由 AS_0 移动到 AS_1，当总需求曲线不变时，物价水平就由 OP_0 上升到了 OP_1。由于物价水平的上升是由产品生产成本的上升所“推”上去的，因此这种通货膨胀就被称为成本推上型的通货膨胀。

这里需要说明的是，生产成本的上升既可能发生在充分就业的状态之下，也

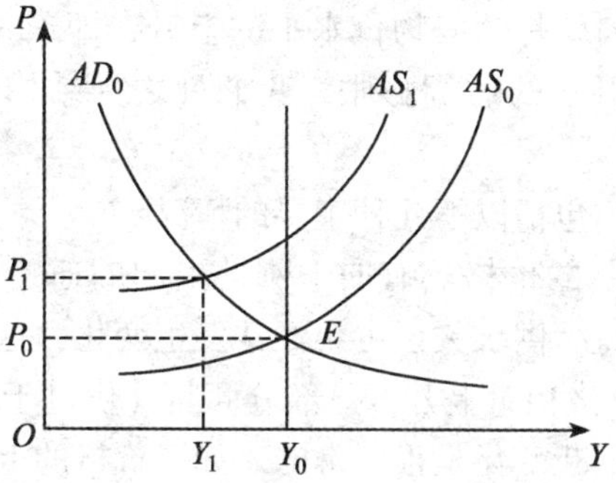

图 11-2　成本推上型的通货膨胀

可能发生在非充分就业的状态之下，无论发生在哪一种状态下，都会导致总供给的下降，因此在发生成本推上型的通货膨胀的情况下，通货膨胀总是与总供给的下降同时出现。

商品生产成本的上升会引起通货膨胀，那么有哪些因素会引起商品生产成本的上升呢？可能的原因包括：（1）工资成本的上升。一些经济学家认为，在当代经济中，由于有组织的工会的存在，工人有能力迫使企业提高工资，企业为避免损失，会采取提高商品的价格的方法来转嫁工资成本上升的负担，具有垄断性质的企业是有能力这样做的，这样的转嫁最终会引起通货膨胀。这种由工资成本的上升引起的通货膨胀被称为工资推进型通货膨胀（Wage-cost-push Inflation）。（2）利润推进。一些经济学家认为成本推上型通货膨胀导源于垄断企业对利润目标的追求，认为垄断企业为了实现其利润目标（包括利润刚性目标、利润提升目标等）而高定商品价格，由此会引起通货膨胀，这种通货膨胀被称为利润推进型通货膨胀（Profit-push Inflation）。（3）原材料、燃料等生产资料价格的上升。如果原材料、燃料等生产资料的价格上升，在非竞争性的市场中，或者在短期中，都会引起商品生产成本的上升，商品生产成本的上升会推动物价水平的上升。至于原材料、燃料等生产资料价格的上升的原因，则可能是多方面的，如总需求膨胀导致基本原材料价格上涨，进口原材料、燃料价格上涨，原材料、燃料来源的减少导致其价格上升，环境保护管制导致支付的环境保护成本上升等。

3. 经济结构缺乏足够的灵活性

在总供求平衡的条件下，通货膨胀仍然可能发生，经济结构缺乏足够的灵活性是一个重要的原因。许多国家的通货膨胀、许多国家多个时期的通货膨胀就是由经济结构缺乏足够的灵活性引起的。如在国民经济中，在消费需求结构发生变化的条件下，如果供给结构能够及时地进行调整，来适应需求结构的变化，那么只会出现商品相对价格的短期变化，而不会引起一般物价水平的变化，但如果供给结构缺乏灵活性，不能及时地适应需求结构的变化而调整，那就可能引起一般物价水平的变化，这种变化的一种方向就是一般物价水平的上升，即通货膨胀。前面我们说过，由经济结构方面的原因引起的通货膨胀，我们称之为结构性通货膨胀（Structural Inflation）。

结构性通货膨胀具体包括以下几种主要的情况：

（1）供过于求的商品的价格具有向下刚性引起的通货膨胀。需求结构不断地发生变化，不同种类的商品供求关系也会经常发生变化，这样就会出现一部分商品（供不应求的商品）的价格相对上升，一部分商品（供过于求的商品）的价格相对下降，商品相对价格的不断变化是很正常的。如果价格的上升与下降相抵，就不会出现商品平均价格水平的下降。但是如果价格的上升超过了价格的下降，就会出现商品平均价格水平的上升。在供不应求的商品价格上升，而供过于求的商品价格却不能下降即具有向下刚性的情况下，就会出现这种情况。在以下几种情况下，供过于求的商品的价格都会具有向下刚性：①商品生产部门居于垄断地位，有能力控制市场供应量和市场价格；②商品价格受到政府价格管制，不能下调；③市场体系不完善，经济资源在部门之间的流动很困难，导致供给结构的调整非常缓慢，供过于求的商品能够维持高价。这种情况下的通货膨胀意味着，一方面一般物价水平在较大幅度地上升，另一方面生产能力（供过于求的商品的生产部门的生产能力）却存在着大量的闲置。

（2）基础设施部门产品价格的上升。随着经济的发展，产品生产和消费需求的增长会要求基础设施部门产品以更大的幅度增长，但是在一些国家基础设施部门的发展长期滞后，一旦需求增长，会使得基础设施部门的产品价格上涨，而基础设施部门产品价格的上涨又会引起其他部门产品价格的上涨，从而造成轮番的价格上涨，通货膨胀由此就无法避免。即使一个国家的基础设施部门的发展原来与非基础设施部门的发展是平衡的，如果基础设施部门产品需求增长之后，资源不能迅速地流向基础设施部门，仍然会出现基础设施部门产品供不应求的局面，由于基础设施部门的特殊性，从投资到形成生产能力需要一个比较长的时间过程，因此出现基础设施部门的产品价格比较长的时期的上涨就难以避免，如此也就会引起通货膨胀。

（3）劳动生产率增长低的部门工资率的过度增长。劳动生产率的增长在部门之间出现差别是无法避免的，但是只要各个部门工资率的增长与其劳动生产率的增长相一致，就不会引起一般物价水平的变化。但在各部门工资率的增长与其劳动生产率的增长不相一致的条件下，就可能引起一般物价水平的变化，其中的可能性之一就是引起通货膨胀，那就是劳动生产率增长低的部门的工资率过度增长，超过了本部门劳动生产率的增长。

从一国国内来看，在许许多多个产业部门中，一些部门的劳动生产率增长很快，另一些部门的劳动生产率增长很慢，前者可以根据劳动生产率的提高幅度来相应地提高工资率，如果后者也只是根据本部门的劳动生产率来决定工资率的涨幅，那么不会出现通货膨胀。但是如果后者要求按照前者的工资率的涨幅来决定本部门工资率的涨幅，工资率的涨幅就会超过该部门劳动生产率的涨幅，这样就会出现整个社会工资率的涨幅超过劳动生产率的增长幅度，这样劳动生产率增长慢的部门的生产成本就会上升，并会引起一般物价水平的上升。

在实行对外经济开放的条件下，在一国经济中，可能存在着两类经济部门，一类是开放的经济部门，一类是非开放的经济部门。开放的经济部门是那些与国际市场存在着直接的密切联系的经济部门，这些部门的商品价格由国际市场决定，其面临着国际市场的竞争，这些部门的劳动生产率提高之后，工资率也会上升。非开放的经济部门则是与国际市场不存在直接的密切联系的经济部门，这些部门的商品价格由国内市场决定，其面临的竞争是国内市场的竞争，其工资率应该由该部门劳动生产率决定。但是如果非开放部门的劳动生产率的增长幅度低于开放部门，而非开放部门的工资率又要与开放部门攀比，这就会造成非开放部门工资率的涨幅超过该部门劳动生产率的增长幅度，这样也会出现整个社会工资率的涨幅超过劳动生产率的增长幅度，最终引起一般物价水平的上升。

引起通货膨胀还有其他多方面的原因，原因不同导致通货膨胀的机制会有所不同，具体影响也会有差别，这些需要在以后的学习中研究。

二、通货紧缩产生的原因

我们在对通货紧缩进行的分类中，也已经说明可能引起通货紧缩的因素。这里我们同样只选择几个主要的方面来说明通货紧缩产生的原因。

1. 总需求不足

在早期的经济学研究中，人们已经开始从总需求的角度探寻通货紧缩的原因。从世界各国的情况来看，总需求不足曾经是许多国家通货紧缩产生的最主要原因或者主要原因之一，例如在20世纪20年代末30年代初发生于西方国家的通货紧缩就是由于严重的总需求不足所引起的。前面已经说明，我们把在商品供给保持正常增长的条件下，由于总需求下降而导致商品过剩所引起的通货紧缩称为需求拉下型的通货紧缩。应该说明的是在总需求下降的条件下，最终只有出现了总需求不足，才会出现通货紧缩。在总需求不足的条件下，相对于总供给而言，有支付能力的需求过少，造成的局面必然是过多的商品追逐相对过少的货币，形成买方市场，人们不会担心有钱买不到商品，而是等待商品价格的进一步下降，这样商品价格被迫下降，因此商品的平均价格水平即一般物价水平就会下降。

下面我们通过图11-3说明需求拉下型的通货紧缩的产生过程。我们用 AD_0 表示原来的总需求曲线，用 AS_0 表示原来的总供给曲线，其交点 E 决定了 OP_0 的均

衡物价水平和 OY_0 的均衡收入水平。假定 OY_0 已经达到充分就业水平，当总需求增加时，如自 AD_0 下降到 AD_1，那么物价水平就会下降到 OP_1。一般物价水平现在下降了，而这种下降是由于总需求的下降引起的，是总需求的下降拉动了一般物价水平的下降，因此称其为需求拉下型的通货紧缩。

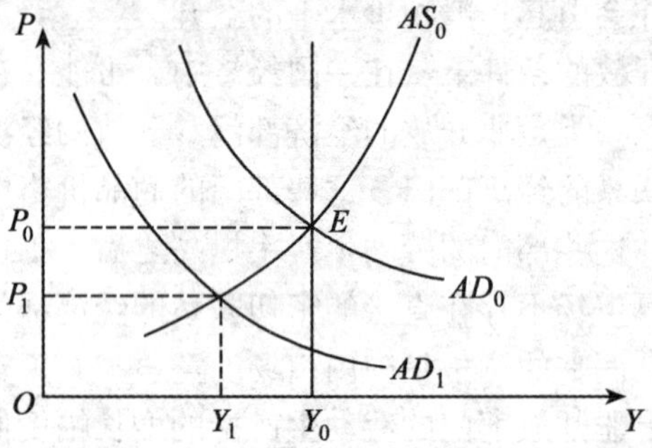

图 11-3 需求拉下型通货紧缩

为什么会出现总需求的下降呢？以下几种原因都可能引起总需求下降：（1）经济体系内部存在着导致消费需求萎缩的内在机制。例如，如果在一种经济体系中，居民具有很强的储蓄需求，即使收入增长了，也不愿意增加消费，这样最终会使消费的增长赶不上生产的增长，从而最终引起总需求萎缩。（2）经济体系内部存在着导致投资需求萎缩的内在机制。例如，如果一种经济体系导致企业具有强烈的抑制投资的偏好，最终会使投资的增长赶不上投资品供应的增长，就可能会引发总需求萎缩。（3）经济体系内部存在着导致投资需求萎缩和消费需求萎缩的内在机制。例如，如果在一种经济体系中，一方面企业不愿意投资，另一方面居民不愿意增加消费，那么最终就会导致总需求萎缩。（4）政府需求萎缩。如果因为某种原因导致政府大幅度压缩开支，最终就可能会引起总需求萎缩。（5）货币供应量增长过慢。通货紧缩产生的前提是货币供应量小于货币需要量，这里所说的货币供应量增长过慢也是指纯粹由货币发行机构和货币创造机构造成的。在货币流通速度不变或者货币流通速度的上升不能抵补货币供应量增长速度缓慢的影响时，货币供应量增长过慢的结果就会是通货紧缩。（6）出口需求过度萎缩。外部因素或者内部因素的作用都可能造成出口需求的萎缩，如果没有国内需求的增长来弥补，出口需求的萎缩就会引起总需求的萎缩，这样就会造成国内一般物价水平的上升。此外，还有一些因素也可能引起总需求的萎缩。

2. 生产成本下降

与通货膨胀一样，通货紧缩可能由需求方面的因素引起，也可能由供给方面的因素引起。如果商品的平均生产成本下降了，就会引起通货紧缩。前面我们已经说明，由商品的平均生产成本的下降所引起的通货紧缩称为成本推下型通货紧缩。

我们可以用图 11-4 简单地说明成本推下型通货紧缩的过程。我们用 AD_0 表示原来的总需求曲线，用 AS_0 表示原来的总供给曲线，AD_0 与 AS_0 最初在 E_0 点达到均衡，交点 E_0 决定了 OP_0 的均衡物价水平和 OY_0 的均衡收入水平。当企业生产成本下降时，企业就会愿意在同等产出水平上获得比原来低的价格，或在同等价格水平上愿意提供比过去要多的产出。由此产品生产成本的下降就会使总供给曲线向下移动，如由 AS_0 移动到 AS_1，当总需求曲线不变时，物价水平就由 OP_0 下降到 OP_1。由于物价水平的下降是由产品生产成本的下降所"推"下去的，因此这种通货紧缩就被称为成本推下型的通货紧缩。

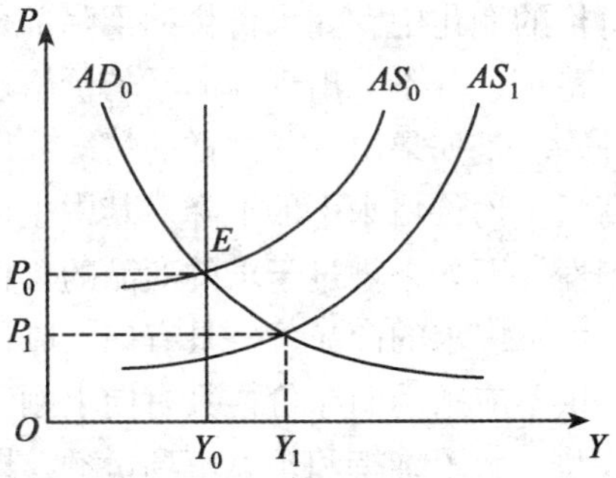

图 11-4　成本推下型通货紧缩

这里需要说明的是，生产成本的下降既可能发生在充分就业的状态之下，也可能发生在非充分就业的状态之下，无论发生在哪一种状态下，都会导致总供给的下降，因此在发生成本推上型的通货紧缩的情况下，通货紧缩总是与总供给的下降同时出现。

商品生产成本的下降会引起通货紧缩，那么有哪些因素会引起商品生产成本的下降呢？可能的原因包括：(1) 平均工资成本的下降。如果因为竞争等因素的作用导致工人平均工资下降，产品价格就会下降，最终就会引起通货紧缩。这种由工资成本的下降引起的通货紧缩我们将其称为工资推下型通货紧缩。(2) 利润推下。由于竞争特别是潜在的竞争威胁的影响，可能会引起企业普遍下调利润目标，这样就会下调商品价格，由此就可能引起通货紧缩，这种通货紧缩我们将其称为利润推下型通货紧缩。(3) 原材料、燃料等生产资料价格的下降。如果原材料、燃料等生产资料的价格下降，就会引起商品生产成本的下降，商品生产成本的下降会推动物价水平的下降，从而引起通货紧缩。至于原材料、燃料等生产资料价格的下降的原因，则可能是多方面的，如技术水平的提升、生产规模的扩大等都可能造成这些生产资料价格的下降，对于封闭经济而言，如果开放市场，国际市场原材料、燃料价格的下降也可能造成国内市场原材料、燃料价格的下降。

3. 经济结构缺乏足够的灵活性

与通货膨胀一样，通货紧缩也可能会在总供求平衡的条件下出现。经济结构缺乏足够的灵活性是一个国家在总供求平衡的条件下出现通货紧缩的重要原因。前面我们说过，由经济结构方面的原因引起的通货紧缩，我们称之为结构性通货紧缩（Structural Deflation）。

在以下几种情况下会出现结构性通货紧缩：

（1）供不应求的商品的价格具有向上刚性引起的通货紧缩。在不同种类的商品供求关系发生变化的情况下，应该会出现商品相对价格的变化，即出现一部分商品（供不应求的商品）的价格相对上升，一部分商品（供过于求的商品）的价格相对下降。在商品相对价格的变化中，如果价格的下降部分与上升部分相抵，商品的平均价格水平就会保持稳定，既不会出现商品平均价格水平的下降，也不会出现商品平均价格水平的上升。但是如果出现了这样的情况，即价格下降部分超过了价格上升部分，就会出现商品平均价格水平的下降。其中主要的一种情况就是供不应求的商品价格具有向上刚性，即如果供过于求的商品的价格下降了，而供不应求的商品价格却不能上升，即供不应求的商品价格具有向上刚性，那么就必然会出现商品平均价格水平的下降。供不应求的商品价格具有向上刚性的情况包括：①商品生产者面临着潜在的竞争威胁，为了维持和扩大市场份额，即使商品供不应求，也不愿意提高商品价格；②商品价格受到政府价格管制，即使商品供不应求，也不能提高商品价格。

（2）基础设施部门产品价格的下降。基础设施部门的生产能力一旦形成，要转变用途是很困难的。基础设施部门的生产能力一般都是长期的投资形成的，建设的周期性比较明显，这样就可能造成在一定时期基础设施部门发展过度超前，生产能力严重过剩，基础设施部门产品供过于求，从而使得其价格下降，基础设施部门产品价格下降会降低社会产品的生产成本，生产成本降低了，就会降低产品的价格，这样就会引起通货紧缩。

（3）劳动生产率增长快的部门的工资率增长幅度过低。如果各部门工资率的增长与其劳动生产率的增长不相一致，就可能引起一般物价水平的变化，其中的可能性之一就是引起通货紧缩，具体来说，如果劳动生产率增长快的部门的工资率增长幅度过低，严重低于该部门劳动生产率的增长，就可能会引起通货紧缩。

从一国国内来看，总会有一些部门的劳动生产率增长很快，另一些部门的劳动生产率增长很慢，在劳动生产率增长慢的部门工资率的增长由该部门劳动生产率决定的条件下，如果劳动生产率增长很快的部门的工资率的增长严重低于该部门劳动生产率的增长幅度，导致的结果就是整个社会工资率的增长幅度低于劳动生产率的增长幅度，一方面可能导致消费需求的下降，而最终引致通货紧缩，另一方面可能引起产品生产成本的下降，而最终导致通货紧缩。

在实行对外经济开放的条件下，如果开放部门的劳动生产率的增长幅度高于非开放部门，但开放部门的工资率的增长幅度却很低，就会造成整个社会工资率的增长幅度低于劳动生产率的增长幅度，这样最终要么通过需求途径，要么通过成本途径而导致一般物价水平的下降。如果情况正好相反，即出现的是非开放部门的劳动生产率的增长幅度高于开放部门，非开放部门的工资率的增长幅度严重低于该部门劳动生产率的增长幅度，也会造成整个社会工资率的增长幅度低于劳动生产率的增长幅度，而最终引起一般物价水平的下降。因此，无论哪个部门的劳动生产率更高，只要劳动生产率增长更快的部门的工资率的增长幅度低于该部门劳动生产率的增长幅度，就可能会引起通货紧缩。

与通货膨胀一样，引起通货紧缩的原因也是多方面的，原因不同，导致通货紧缩的机制也会有所不同，具体影响也会有差别，这些也同样需要在以后的学习中进行进一步的研究。

第四节　通货膨胀与通货紧缩的一般经济影响

一、通货膨胀的一般经济影响

通货膨胀对国民经济的影响会因通货膨胀的程度、持续时间、形成原因、表现形式等的不同而存在差异，而且会因为所处的经济、社会环境等的不同而不同。这里不打算就此进行讨论，而只讨论通货膨胀对国民经济的一般影响。通货膨胀是一种宏观经济现象，是宏观经济失衡的一种类型，因此其对国民经济的影响是相当广泛的。

1. 对储蓄和消费的影响

通货膨胀意味着在名义利率不变的条件下，实际利率会下降，从而会损害储蓄的增长；同时，通货膨胀意味着货币购买力的下降，货币购买力下降对储蓄增长会形成负刺激。因此，通货膨胀会损害储蓄的增长。

通货膨胀对消费会产生何种影响呢？在出现了通货膨胀的条件下，货币购买力会下降，储蓄无利可图，这会刺激消费者消费，并且，在通货膨胀的条件下，消费者会形成价格上升预期，从而提前购买，这样就会导致消费增长上升。消费者“买涨不买跌”的行为倾向会使消费者在价格水平上升的条件下提前消费，因此在出现了通货膨胀之后，居民的边际消费倾向会上升，从而导致消费增长上升，这就会加剧通货膨胀。

2. 对投资的影响

此处投资是指实质性投资。实质性投资的增减取决于多种因素。通货膨胀对投资的影响也具有双重性，既有促进投资增长的作用，也有促使投资下降的作用。

通货膨胀促使投资下降的主要途径是：(1) 投资品价格上升，投资成本上升；(2) 工资率增长上升，劳动成本上升。

通货膨胀促使投资增长的主要途径是：(1) 产品销售价格上升，利润率上升；(2) 产品销售容易，企业资金周转顺利；(3) 资金充裕，筹集投资资金容易；(4) 贷款实际利率下降，投资成本下降；(5) 市场前景预期乐观，投资意愿上升。

通货膨胀对投资增长影响的性质取决于上述两个方面影响的净影响。如果其促进投资增长的影响超过促使投资下降的影响，则会导致投资增长；反之，则会导致投资下降；若两个方面影响力相等，则投资规模不变或保持正常增长。一般来说，出现了通货膨胀，其促使投资增长的作用往往要超过其促进投资下降的作用，因此伴随着通货膨胀的一般是投资的增长，而这又会进一步加剧通货膨胀。

3. 对经济增长的影响

出现了通货膨胀，企业产品销售容易，产品销售价格上升，这会刺激企业增加生产，同时通货膨胀会使资金供应变得充裕，也会促使企业扩大生产规模。企业扩大生产，必然导致产出增加，因此在有大量的经济资源的情况下，通货膨胀会导致经济增长上升。

4. 对生产能力利用状况的影响

由于通货膨胀导致企业扩大生产，这会使已有的物质生产能力的利用率上升，厂房、机器设备等的闲置率下降；企业生产扩张会使劳动力需求增加，从而会使劳动力利用率上升，公开失业或隐性失业减少；同时，由于生产增加，管理能力等的利用率也必然上升。总之，通货膨胀会使生产能力的利用率上升，甚至导致生产能力的过度利用。

5. 对居民劳动收入增长的影响

通货膨胀导致企业扩大生产，增加投资，从而导致劳动力需求增加，这样，一方面会导致就业增加，从而导致一部分居民劳动收入增加，另一方面劳动力市场结构会发生变化，劳动力市场竞争性程度下降，雇主力量减弱，由此会导致工资收入增长上升，并且在出现通货膨胀的条件下，雇主提高工资率的能力上升，这样使劳动者劳动收入增长的可能性进一步增强。

6. 对财富分配和收入分配结构的影响

如果通货膨胀具有均衡性，即所有财富的市场价值和所有人的收入随通货膨胀而同等地上升，则通货膨胀不会改变财富分配结构和收入分配结构，即对财富分配和收入分配不产生影响。不过，通货膨胀往往并不具有均衡性，就是说在通货膨胀过程中，不同种类的财富的市场价值的上升和不同人的收入的上升幅度并不相等，有的上升幅度大，有的上升幅度小，这样通货膨胀便要改变财富分配结构和收入分配结构，一些人从中受益，而另一些人则要受损。由通货膨胀造成的财富的市场价值和收入上升幅度大的人会因此而受益，而那些财富的市场价值和收入上升幅度小的人则因此而受损，他们在财富分配和收入分配中所处的地位会相对下降。通货膨胀对财富分配和收入分配结构的这种影响主要反映在以下几个方面：

（1）导致有利于债务人、不利于债权人的分配。出现了通货膨胀，在名义利率不变的条件下，实际利率会下降①，货币贬值，债权人债权的实际价值因此而下降，债务人债务的实际价值因此而减少，债务人的债务负担因此而减轻，由此而形成有利于债务人而不利于债权人的财富和收入分配。

（2）导致有利于非固定收入者、不利于固定收入者的收入分配。通货膨胀意味着货币贬值，由于固定收入者的名义收入保持稳定，因此，其实际收入会因为货币贬值而下降，其相对收入（即其在全部收入中所占的比重）会因此而下降，在通货膨胀过程中，非固定收入者的收入会增长，其相对收入就会因此而上升。

这里需要说明的是，通货膨胀并不意味着所有的固定收入者的收入都会下降，通货膨胀对固定收入者的影响也具有不均衡性，也不意味着固定收入者的绝对收入会普遍下降，更常出现的是固定收入者的相对收入的下降，并且在通货膨胀的过程中，固定收入者的收入还可能以较大幅度增长，但只要其收入增长不是来源于通货膨胀本身，而是来源于付出更多的劳动或来源于向社会提供更多的生产要素，那就不能说他们是通货膨胀的受益者。对由此而形成的固定收入者的收入增长在分析中应予扣除。总之，固定收入者的收入增长只要不是来源于通货膨胀本身，那他们就仍然是通货膨胀的受损者。

（3）导致不利于金融资产持有者，有利于实物资产持有者的财富再分配。因为在通货膨胀过程中，实物资产的市场价值的上升幅度要超过金融资产价值的上升幅度。通货膨胀意味着实物资产的市场价值在总体上是上升的，虽然不同种类的实物资产的市场价值的变化幅度（甚至方向）会不同。金融资产包括无名义收益的金融资产（如现金、活期存款等）、有固定名义收益的金融资产（如债券、储蓄存款、定期存款等）、无固定名义收益的金融资产（如普通股股票等），前两类金融资产的价值在通货膨胀过程中不仅不会上升，反而会因为货币贬值、实际利率的下降而下降，只有最后一类金融资产的市场价值会在通货膨胀过程中上升，但其市场价值的上升幅度并非一定会超过实物资产的上升幅度。这样就造成从整体上来看，金融资产的市场价值相对下降，实物资产的市场价值相对上升，从而形成有利于实物资产持有者，而不利于金融资产持有者的财富再分配。

7. 对企业债务的影响

企业一般都是资金赤字单位，即总是需要通过融入外部资金来填补资金缺口。

① 实际利率与名义利率的关系有一个简约的表达式，即：实际利率=名义利率+通货紧缩率。

企业债务的增减对其经营是十分重要的。通货膨胀对企业债务所产生的影响是减轻企业的债务负担、降低企业的负债率。其原因在于：（1）企业产品销售量增加，产品售价上升，企业销售收入增加，企业利润增加；（2）企业厂房、机器设备等固定资产市场价值上升；（3）名义利率不变，实际贷款利率下降，企业的实际借款利息负担就会下降；（4）企业产品销售容易，企业销售收入增加，企业有能力及时清偿应付款项，企业流动负债会因此减少；（5）名义利率不变，债券实际利率下降，企业实际债券利息负担减轻。由于通货膨胀对企业债务所产生的这种影响，其对企业融资、企业资金周转会产生有利影响，这对企业增加投资、扩大生产会产生有利影响。

8. 对金融业（指商业银行业）的影响

（1）对银行负债的影响。银行的资金主要来源于外部资金，包括吸收存款、发行债券、向中央银行举债、同业拆借等。出现了通货膨胀，在名义利率不变的条件下，实际利率下降，银行的利息负担因此而减轻，因此通货膨胀会减轻银行的实际债务负担。

（2）对银行资产的影响。出现了通货膨胀，银行的实际利息收入会减少，因为在名义利率不变的条件下，实际利率会下降，这是不利于银行的。

9. 对经济效率的影响

（1）对资源配置效率的影响。通货膨胀对资源配置效率的影响主要取决于其对不同种类产品的相对价格的影响。如果在通货膨胀过程中，产品的相对价格不发生变化，即通货膨胀对不同种类产品价格的影响具有均衡性，所有产品的价格均按通货膨胀率同等程度地下降，则通货膨胀对资源配置效率没有影响，即既不会改善资源配置，也不会改变其他资源配置。如果在通货膨胀过程中，产品的相对价格发生变化，即通货膨胀对不同种类的产品价格的影响不具有均衡性，则会改变资源配置，具体来说存在着三种可能的情况：

①短缺产品、新兴产品的价格上升幅度高于一般物价水平的上升幅度，则其相对价格上升，生产这些产品的利润率会上升，过剩产品、传统产品的价格的上升幅度度低于一般物价水平的上升幅度，则其相对价格下降，生产这些产品的利润率会下降，结果将会导致经济资源由过剩产品、传统产品的生产部门流向短缺产品、新兴产品的生产部门，从而导致资源配置改善，资源配置效率提高。此为通货膨胀对资源配置的正效应。

②短缺产品、新兴产品的价格上升幅度低于一般物价水平的上升幅度，其相对价格下降，生产这些产品的利润率则会下降，过剩产品、传统产品的价格上升幅度超过一般物价水平的上升幅度，则其相对价格上升，生产这些产品的利润率会上升，结果会导致经济资源由短缺产品、新兴产品的生产部门流向过剩产品、传统产品的生产部门，从而导致资源配置恶化，就是说会导致资源配置效率下降。此为通

货膨胀对资源配置的负效应。

③在短缺产品、新兴产品和过剩产品、传统产品中，分别出现一部分产品的价格上升幅度超过一般物价水平的上升幅度，一部分产品的价格上升幅度低于一般物价水平的上升幅度，从而导致一部分产品相对价格上升，一部分产品相对价格下降。如果出现这种情况，则通货膨胀对资源配置就同时产生两个方面的影响，即相对价格上升的短缺产品、新兴产品的生产部门能够获得大量的经济资源，而同时相对价格下降的短缺产品、新兴产品的生产部门获得的经济资源减少，相对价格上升的过剩产品、传统产品的生产部门会获得大量的经济资源，而同时资源会从相对价格下降的过剩产品、传统产品的生产部门流出，也就是说，通货膨胀一方面导致资源配置改善，另一方面会恶化资源配置，即其对资源配置的正效应与负效应同时并存。此为通货膨胀对资源配置的混合效应。在这种情况下，从总体上看，通货膨胀是改善资源配置，还是恶化资源配置，取决于哪个方面的影响更大，如果正效应超过负效应，则会改善资源配置；如果负效应超过正效应，则会恶化资源配置；如果正效应与负效应相等，则资源配置效率不变。

一般来说，在上述三种可能的情况中，第三种情况出现的可能性更大。如果通货膨胀程度较轻，则通货膨胀对资源配置的正效应会超过负效应；如果通货膨胀程度很重，则通货膨胀对资源配置的负效应会超过正效应。

（2）对生产效率的影响。生产效率上升还是下降主要取决于企业有没有提高生产效率的内在动力和外部压力。通货膨胀既不会增强企业提高生产效率的内在动力，也不会减弱企业提高生产效率的内在动力，这种内在动力取决于企业剩余的分配制度。但通货膨胀会减弱企业提高生产效率所面临的外部压力。因为在通货膨胀中，企业产品销售容易，企业面临的最重要的任务是扩大生产规模、增加产量，这样企业就会漠视降低成本、提高产品质量，因此就会漠视技术创新和管理创新，其结果就会是企业生产效率的下降。同时，在通货膨胀中，企业进行技术创新的机会成本高，更新固定资产的机会成本也高，这不利于企业进行技术创新和更新固定资产，从而不利于企业生产效率的提高。这些表明通货膨胀不利于生产效率的提高。

10. 对国际收支的影响

（1）对贸易收支的影响。一国出现了通货膨胀，在汇率不变的条件下，出口品价格上升，进口品价格则相对下降，这将刺激进口，不利于出口。如果出口产品、进口产品具有较高的需求价格弹性，国内市场容量大，将会使出口收入减少，进口支出增加，这将恶化贸易收支，从而恶化国际收支。如果该国货币汇率下降，则将抵消国内物价上升对出口的负面作用，并且会使进口品价格相对上升，抑制进口，从而有利于改善贸易收支，有利于改善国际收支。若该国货币汇率上升，则会对增加进口、减少出口产生更大的刺激作用，从而对贸易收支，继而对国际收支的平衡产生严重的损害。当然，出口、进口不仅受价格的影响，而且还要受其他各种经济与非经济因素的影响，并且通货膨胀的成因不同，对贸易收支的影响也会不同，因此要判定通货膨胀对一国贸易收支的影响性质及程度需要进行全面的实证分析。

(2) 对资本流动的影响。一国出现了通货膨胀，实际利率会下降，这会有害于资本流入，会恶化资本收支。不过，通货膨胀对资本流动的这种影响主要限于短期性资本。长期资本流动主要受市场环境等的影响。在通货膨胀中，产品销售容易，产品售价上升，投资利润率上升，这会对长期性资本流入产生正面影响，而且可能出现长期性资本流入的增加。不过，通货膨胀对资本项目到底会产生何种影响，还要看汇率、投资预期、通货膨胀的程度、成因等多方面因素的综合影响。

(3) 对非贸易收支的影响。这里仅考虑旅游收支。如果汇率不变，通货膨胀不利于增加旅游收入，而会增加旅游支出，因为一国物价水平的上升会使境外旅游者要花比过去更多的钱才能享受同过去一样多的旅游服务，而通货膨胀导致国内居民货币收入增长，则会刺激国内居民出国旅游。由此来看，通货膨胀会恶化国际收支。在该国货币汇率下降的情况下，通货膨胀对减少旅游收入、增加旅游支出会产生更大的作用。但若该国货币汇率上升，则有利于增加旅游收入、减少旅游支出，从而有利于改善国际收支。

通货膨胀对国际收支的影响相当复杂，其到底对国际收支产生何种影响，取决于上述各种影响的净影响。一般来说，国际收支状况主要取决于贸易收支和非贸易收支，因此如果一国出现了通货膨胀，其他因素不变，在汇率不变或该国货币汇率下降的条件下，会恶化该国的国际收支。

以上分析了通货膨胀的一般经济影响。当然，通货膨胀不只是对经济产生影响，还会对政治稳定、社会稳定产生影响。由于通货膨胀会导致改变收入和财富分配结构，会降低人们的实际收入，特别是对固定收入者和低收入者不利，会造成社会心理不稳定，如果通货膨胀持续时间长，而且程度高，则经济秩序、社会秩序就会遭到破坏，因此通货膨胀不利于政治稳定和社会稳定，恶性通货膨胀的结果必然是社会的动荡。

尽管通货膨胀对国民经济的影响十分复杂，但总的看来，其负面影响是主要的，因此通货膨胀不是一种好的经济现象。任何国家、任何时期出现了通货膨胀，都应尽快消除之。

二、通货紧缩的一般经济影响

同通货膨胀一样，通货紧缩对国民经济的影响也会因通货紧缩的程度、持续时间、形成原因、表现形式等的不同而存在差异，而且也会因为所处的经济、社会环境等的不同而不同。笔者在这里不打算就此进行讨论，而只讨论通货紧缩对国民经济的一般影响。通货紧缩作为宏观经济失衡的一种类型，其对国民经济的影响也是相当广泛的。

1. 对储蓄和消费的影响

通货紧缩意味着在名义利率不变的条件下，实际利率会上升，从而会刺激储蓄的增长；同时，通货紧缩意味着货币购买力的上升，货币购买力上升对储蓄增长会形成刺激。因此，通货紧缩乃会促进储蓄的增长。

通货紧缩对消费的影响具有双重性，一方面在出现了通货紧缩的条件下，货币购买力会上升，会刺激消费者消费，另一方面由于货币购买力上升，会形成储蓄对消费的挤压，并且在通货紧缩的条件下，消费者会形成价格下降预期，从而推迟购买，这样就会导致消费增长下降。一般来说，消费者“买涨不买跌”的行为倾向会使消费者在价格水平下降的条件下，持币待购，因此，出现了通货紧缩之后，居民的边际消费倾向会下降，从而导致消费增长下降，而这会加剧通货紧缩。

2. 对投资的影响

此处投资乃指实质性投资。实质性投资的增减取决于多种因素。通货紧缩对投资的影响也具有双重性，既有促进投资增长的作用，也有促使投资下降的作用。

通货紧缩促进投资增长的主要途径是：（1）投资品价格下降，投资成本下降；（2）工资率增长下降，劳动成本下降。

通货紧缩促使投资下降的主要途径是：（1）产品销售价格下降，利润率下降；（2）产品销售困难，影响企业资金周转；（3）资金供应紧张，筹集投资资金困难；（4）贷款实际利率上升，投资成本上升；（5）市场前景预期悲观，投资意愿下降。

通货紧缩对投资增长的影响的性质取决于上述两个方面影响的净影响。如果其促进投资增长的影响超过促使投资下降的影响，则会导致投资增长；反之，则会导致投资下降，若两个方面影响力相等，则投资规模不变或保持正常增长。一般来说，出现了通货紧缩，其促使投资下降的作用往往要超过其促进投资增长的作用，因此伴随着通货紧缩的往往是投资的下降，而这是不利于长期经济增长的。

3. 对经济增长的影响

在出现通货紧缩的条件下，企业所面临的是产品销售困难和产品销售价格的下降，这会使企业削减生产，同时通货紧缩导致资金供应紧张，也会迫使企业收缩生产规模。企业削减生产，必然导致产出量下降，因此通货紧缩会导致经济增长下降。

4. 对生产能力利用状况的影响

由于通货紧缩导致企业削减生产，就会使已有的物质生产能力的利用率下降，厂房、机器设备等的闲置率上升；企业生产下降会使劳动力需求减少，从而会使劳动力利用率下降，公开失业或隐性失业增加；同时，由于生产削减，管理能力等的利用也必然下降。总之，通货紧缩会使生产能力的利用率下降，导致生产能力的闲置和浪费增加。

5. 对居民劳动收入增长的影响

通货紧缩导致企业削减生产，减少投资，从而导致劳动力需求减少，这样，一方面会导致失业增加，从而导致一部分居民劳动收入减少，另一方面劳动力市场结构会发生变化，劳动力市场竞争性程度提高，雇主力量增强，由此会导致工资收入增长下降，并且在出现通货紧缩的条件下，雇主提高工资率的能力下降，这样即使劳动者未失去就业岗位，其劳动收入增长也会下降。这里所说的劳动收入增长下降包括两种情况：(1) 居民劳动收入出现绝对下降，在居民名义劳动收入下降幅度超过货币购买力的上升幅度的条件下，即会出现此种结果。(2) 居民劳动收入出现相对下降，在居民名义劳动收入下降幅度小于货币购买力的上升幅度时，即会出现此种情况。也就是说，虽然居民实际劳动收入仍呈正增长，但收入增长幅度会下降。一般来说，这种情况更常见。

6. 对财富分配和收入分配结构的影响

如果通货紧缩具有均衡性，即所有财富的市场价值和所有人的收入随通货紧缩而同等地下降，则通货紧缩不会改变财富分配结构和收入分配结构，即对财富分配和收入分配不产生影响。不过，通货紧缩往往并不具有均衡性，就是说在通货紧缩过程中，不同种类财富的市场价值的下降和不同人收入的下降幅度并不相等，有的下降幅度大，有的下降幅度小，这样通货紧缩便要改变财富分配结构和收入分配结构，使得一些人从中受益，而另一些人则要受损。由通货紧缩造成的财富的市场价值和收入下降幅度大的人会因此而受损，而那些财富的市场价值和收入下降幅度小的人则因此而受益，他们在财富分配和收入分配中所处的地位会相对上升。通货紧缩对财富分配和收入分配结构的这种影响主要反映在以下几个方面：

(1) 导致有利于债权人、不利于债务人的分配。出现了通货紧缩，在名义利率不变的条件下，实际利率会上升，货币升值，债权人债权的实际价值因此而上升，债务人债务的实际价值因此而上升，债务人的债务负担因此而加重，由此而形成有利于债权人而不利于债务人的财富和收入分配。

(2) 导致有利于固定收入者、不利于非固定收入者的收入分配。通货紧缩意味着货币升值，由于固定收入者的名义收入保持稳定，因此，其实际收入会因为货币升值而增加。其相对收入（即其在全部收入中所占的比重）会因此而上升，在通货紧缩过程中，非固定收入者的收入下降，其相对收入就会因此而下降。

这里需要说明的是，通货紧缩并不意味着所有的非固定收入者的收入都会下降，通货紧缩对非固定收入者的影响也具有不均衡性，也不意味着非固定收入者的绝对收入会普遍下降，更常出现的是非固定收入者的相对收入的下降，并且在通货紧缩的过程中，非固定收入者的收入还可能以较大幅度增长，但只要其收入增长不是来源于通货紧缩本身，而是来源于付出更多的劳动或来源于向社会提供更多的生产要素，那就不能说他们是通货紧缩的受益者。对由此而形成的非固定收入者的收入增长在分析中应予扣除。总之，非固定收入者的收入增长只要不是来源于通货紧缩本身，那他们就仍然是通货紧缩的受损者。

（3）导致有利于金融资产持有者、不利于实物资产持有者的财富再分配。因为在通货紧缩过程中，实物资产的市场价值的下降幅度要超过金融资产价值的下降幅度。通货紧缩意味着实物资产的市场价值在总体上是下降的，虽然不同种类的实物资产的市场价值的变化幅度（甚至方向）会不同。金融资产包括无名义收益的金融资产（如现金、活期存款等）、有固定的名义收益的金融资产（如债券、储蓄存款、定期存款等）、无固定的名义收益的金融资产（如普通股股票等），前两类金融资产的价值在通货紧缩过程中不仅不会下降，反而会因为货币升值、实际利率的上升而上升，只有最后一类金融资产的市场价值会在通货紧缩过程中下降，但其市场价值的下降幅度并非一定会超过实物资产的下降幅度。这样就造成从整体上来看，金融资产的市场价值相对上升，实物资产的市场价值相对下降，从而形成有利于金融资产持有者而不利于实物资产持有者的财富再分配。

7. 对企业债务的影响

企业一般都是资金赤字单位，即总是需要通过融入外部资金来填补资金缺口。企业债务的增减对其经营是十分重要的。通货紧缩对企业债务所产生的影响是加重企业的债务负担，提高企业的负债率，其原因在于：（1）企业产品销售量减少，产品售价下降，企业销售收入减少，企业利润减少；（2）企业厂房、机器设备等固定资产市场价值下降；（3）名义利率不变，实际贷款利率上升，企业的实际借款利息负担增加；（4）企业产品销售困难，企业销售收入减少，企业不能及时清偿应付款项，企业流动负债增加；（5）名义利率不变，债券实际利率上升，企业实际债券利息负担增加。

由于通货紧缩对企业债务所产生的这种影响，其对企业融资、对企业资金周转会造成负面影响，这对企业增加投资、保持生产的连续性会造成不利影响，甚至可能造成企业破产、倒闭。

8. 对金融业（指商业银行业）的影响

（1）对银行负债的影响。银行的资金主要来源于外部资金，包括吸收存款、发行债券、向中央银行举债、同业拆借等。出现了通货紧缩，在名义利率不变的条件下，实际利率上升，银行的利息负担因此而加重，因此通货紧缩会增加银行的实际债务负担。

在通货紧缩的条件下，银行负债业务的发展面临两难困境：一方面在通货紧缩的条件下，人们愿意存款，愿意购买债券，从而有利于银行增加负债规模，不过收入的下降又会使资金来源减少；另一方面如果名义利率不变，银行的负债规模越大，实际增加的利息负担会越重，而如果银行为减轻利息负担而调低名义利率，在面临市场竞争的条件下，会使银行在资金市场中处于不利地位，并且会出现存款的流失，而这会给银行的资金周转、支付、资产业务的发展等带来负面影响，银行就只得按现行利率吸收存款或发行债券。这样，银行的负债只会处在一种被动增加的状态。

(2) 对银行资产的影响。出现了通货紧缩，银行的实际利息收入会增加，因为在名义利率不变的条件下，实际利率会上升，这是有利于银行的。但问题在于，由于银行的主要资产是贷款，通货紧缩对银行资产的安全性会造成很大的影响，一方面发生通货紧缩后，企业产品销售困难，产品售价下降，销售收入减少，偿还贷款本息的能力下降，银行的债权利益得不到保障，另一方面通货紧缩导致借款的实际利息负担加重，拖欠贷款会增加，并且通货紧缩会造成一些企业破产、倒闭，因此通货紧缩会增加违约风险，导致银行资产质量下降，资产的风险性增加。由此，会对银行资产的转让、变现带来负面影响，从而会降低银行资产的流动性。

由于在出现通货紧缩的条件下，资产的风险性增加，而流动性下降，会使银行资产业务的发展趋于保守，即收缩资产业务。这样，一方面银行作为债务人，利息负担加重，另一方面其资产业务的风险性的提高和收缩资产业务的行为，会使其资产收益的增长下降，这样就会对银行经营的安全性造成负面影响。通货紧缩还会导致银行的中间业务发展收缩，中间业务收益减少，因此通货紧缩对银行收益增长是不利的。

并且，在出现通货紧缩的条件下，居民收入减少，居民的存款支取会增加，银行面临的支付压力就会相应增加，出现支付危机的可能性增加。

由此，可以得出结论，通货紧缩会使金融业风险（信用风险、流动性风险）增加，会增加金融体系的不稳定性，不利于金融业的稳定发展。

9. 对经济效率的影响

(1) 对资源配置效率的影响。通货紧缩对资源配置效率的影响主要取决于其对不同种类的产品的相对价格的影响。如果在通货紧缩过程中，产品的相对价格不发生变化，即通货紧缩对不同种类的产品的价格的影响具有均衡性，所有产品的价格均按通货紧缩率同等程度地下降，则通货紧缩对资源配置效率没有影响，即既不会改善资源配置，也不会恶化资源配置。如果在通货紧缩过程中，产品的相对价格发生变化，即通货紧缩对不同种类的产品的价格的影响不具有均衡性，则会改变资源配置，具体来说存在着三种可能的情况：

①短缺产品、新兴产品的价格下降幅度低于一般物价水平的下降幅度，或者其价格水平上升，则其相对价格上升，生产这些产品的利润率会上升，过剩产品、传统产品的价格的下降幅度超过一般物价水平的下降幅度，则其相对价格下降，生产这些产品的利润率会下降，结果将会导致经济资源由过剩产品、传统产品的生产部门流向短缺产品、新兴产品的生产部门，从而导致资源配置改善，即会导致资源配置效率提高。此为通货紧缩对资源配置的正效应。

②短缺产品、新兴产品的价格下降幅度超过一般物价水平的下降幅度，其相对价格下降，生产这些产品的利润率则会下降，过剩产品、传统产品的价格下降幅度小于一般物价水平的下降幅度，或者其价格水平上升，则其相对价格上升，生产这些产品的利润率会上升，结果会导致经济资源由短缺产品、新兴产品的生产部门流向过剩产品、传统产品的生产部门，从而导致资源配置恶化，就是说会导致资源配置效率下降。此为通货紧缩对资源配置的负效应。

③在短缺产品、新兴产品和过剩产品、传统产品中，分别出现一部分产品的价格下降幅度小于一般物价水平的下降幅度，一部分产品的价格下降幅度超过一般物价水平的下降幅度，从而导致一部分产品相对价格上升，一部分产品相对价格下降。如果出现的是这种情况，则通货紧缩对资源配置就同时产生两个方面的影响，即相对价格上升的短缺产品、新兴产品的生产部门能够获得大量的经济资源，而同时相对价格下降的短缺产品、新兴产品的生产部门获得的经济资源减少，相对价格上升的过剩产品、传统产品的生产部门会获得大量的经济资源，而同时资源会从相对价格下降的过剩产品、传统产品的生产部门流出，也就是说，通货紧缩一方面导致资源配置改善，另一方面会恶化资源配置，即其对资源配置的正效应与负效应同时并存。此为通货紧缩对资源配置的混合效应。在这种情况下，从总体上看，通货紧缩是改善资源配置，还是恶化资源配置，取决于哪方面的影响更大，如果正效应超过负效应，则会改善资源配置；如果负效应超过正效应，则会恶化资源配置；如果正效应与负效应相等，则资源配置效率不变。

一般来说，在上述三种可能的情况中，第三种情况出现的可能性更大。如果通货紧缩程度较轻，通货紧缩对资源配置的正效应会超过负效应，如果通货紧缩程度很重，通货紧缩对资源配置的负效应会超过正效应。原因是通货紧缩较轻，人们的绝对收入仍会增长，对短缺产品、新兴产品的需求仍会增加，短缺产品、新兴产品相对价格上升的可能性更大，而如果通货紧缩很严重，人们的绝对收入会下降，对短缺产品、新兴产品的需求会减少，其相对价格下降的可能性更大。因此，如果通货紧缩持续时间短、程度较轻，当可改善资源配置。

(2) 对生产效率的影响。生产效率是上升还是下降主要取决于企业有没有提高生产效率的内在动力和外部压力。通货紧缩既不会增强企业提高生产效率的内在动力，也不会减弱企业提高生产效率的内在动力，这种内在动力取决于企业剩余的分配制度。但通货紧缩会增强企业提高生产效率所面临的外部压力。因为在通货紧缩中，企业产品销售困难，面临着更激烈的市场竞争，企业要赢得市场，必须采取价格竞争和非价格竞争手段，其中主要是降低产品价格和提高产品质量，企业要降低产品价格和提高产品质量就不得不进行技术创新和管理创新，其结果是企业生产效率的提高。

同时，在通货紧缩中，企业进行技术创新的机会成本低，更新固定资产的机会成本也低，这有利于企业进行技术创新和更新固定资产，从而有利于企业生产效率的提高。并且，在通货紧缩中，企业要维持利润率不变或达到尽可能高的利润率，就必须努力减少单位产品的生产成本，从而就要努力减少单位产品的物耗与活劳动消耗，这样企业就必须进行技术创新，提高管理水平，减少或杜绝人力、物力的无谓消耗。在通货紧缩中，劳动力市场面临着更激烈的市场竞争，这有利于促使就业者努力提高劳动效率，有利于企业的劳动管理，也可减少劳动管理方面的投入。

上面的分析表明通货紧缩有利于生产效率的提高。

10. 对国际收支的影响

（1）对贸易收支的影响。一国出现了通货紧缩，在汇率不变的条件下，出口品价格下降，进口品价格则相对上升，这将刺激出口，抑制进口。如果出口产品、进口产品具有较高的需求价格弹性，出口品生产能力充足，将会使出口收入增加，进口支出减少，这将改善贸易收支，从而有利于改善国外收支。如果该国货币汇率上升，则将抵消国内物价下降对出口的刺激作用，并且会使进口品价格相对下降，会刺激进口，从而不利于改善贸易收支，由此不利于改善国际收支。若该国货币汇率下降，则会对增加出口、减少进口产生更大的刺激作用，从而对改善国际收支产生更有利的影响。不过，由于出口、进口不仅受价格的影响，而且还要受其他各种经济与非经济因素的影响，并且通货紧缩的成因不同，对贸易收支的影响会不同，因此要判定通货紧缩对一国贸易收支的影响性质及程度是需要进行全面的实证分析的。

（2）对资本流动的影响。一国出现了通货紧缩，实际利率会上升，这会吸引资本流入，从而可以改善资本收支。不过，通货紧缩对资本流动的这种影响主要限于短期性资本，因此由通货紧缩所引起的资本流入或资本项目盈余是不稳定的。长期资本流动主要受市场环境等的影响。在通货紧缩中，产品销售困难，产品售价下降，投资利润率下降，这会对长期性资本流入产生负面影响，而且可能出现长期性资本流出的增加。因此，通货紧缩不会带来稳定的资本流入，而是会对资本项目的改善造成负面的影响，从长期来看，是不利于改善国际收支的。

（3）对非贸易收支的影响。这里仅考虑旅游收支。如果汇率不变，则通货紧缩有利于增加旅游收入，减少旅游支出，因为一国物价水平的下降可以使境外旅游者花与过去同样数量的钱享受比过去更多的旅游服务，而通货紧缩导致国内居民收入增长下降，则会抑制国内居民出国旅游。由此来看，通货紧缩有利于改善国际收支。在该国货币汇率下降的情况下，通货紧缩对增加旅游收入，减少旅游支出所起的作用会更大。但若该国货币汇率上升，则会不利于增加旅游收入，减少旅游支出，从而不利于改善国际收支。

通货紧缩对国际收支的影响相当复杂，其到底对国际收支产生何种影响，取决于上述各种影响的净影响。一般来说，国际收支状况主要取决于贸易收支和非贸易收支，因此如果一国出现了通货紧缩，其他因素不变，在汇率不变或该国货币汇率下降的条件下，应该会改善该国的国际收支。

以上分析了通货紧缩的一般经济影响。当然，通货紧缩不只是对经济产生影响，还会对政治稳定、社会稳定产生影响。由于通货紧缩会导致失业增加，居民收入增长下降，导致企业盈利减少，就是说会使居民和企业主的经济利益受损，引发对社会的不满，并且通货紧缩会造成社会心理不稳定，社会信心下降；如果通货紧缩持续时间长，人们对政府能力的信心就会减弱，政府威信受损，在这种情况下，政治稳定、社会稳定就会受到威胁。因此，通货紧缩不利于政治稳定和社会稳定。

第五节　政府解决通货膨胀和通货紧缩的经济政策

一、政府解决通货膨胀的必要性与政策

1. 政府解决通货膨胀的必要性

经济体系内部所存在的自发地阻止或扭转通货膨胀的因素的作用是不可忽视的，问题在于这种自发因素何时开始发挥作用，是否能够很快地消除通货膨胀，使经济恢复到充分就业状态，应该说，这都具有不确定性。我们不能肯定自发因素何时开始发挥作用，也不知道自发因素的作用是否一定能消除通货膨胀，是否能很快地消除通货膨胀。总之，我们不能肯定自发因素就是通货膨胀的“终结者”，更不能肯定自发因素是通货膨胀的快捷的“终结者”。通货膨胀的持续时间越长，程度越重，其对经济的危害就越大。这就说明，虽然我们应该承认，而且要切实弄清经济体系内部所存在的自发阻止或扭转通货膨胀的因素，但是由于其发生作用的时间、作用力度的大小等都具有不确定性，并且如果自发因素具有足够的阻止或扭转通货膨胀的力量，那么在一般物价水平上涨出现之初，其就应该能够完全抵消掉导致和强化通货膨胀的因素的力量，从而也就不会出现通货膨胀，也就是说，通货膨胀之所以出现并且持续，正在于自发因素的作用不足以扭转通货膨胀。也就是说，经济体系内部的自发因素的作用是存在缺陷的，我们不能坐等通货膨胀自动地消失。

具体来说，经济体系内部所存在的上述自发因素的作用存在着以下缺陷：(1)自发因素何时开始发挥作用具有不确定性。其发挥作用的时间越晚（或者说自发调节越是滞后），通货膨胀就会越严重，对经济造成的危害越大；而由于自发因素的作用所依赖的是经济中分散的经济主体的独立的反应，根据我们前面的分析，它们的反应首先都是倾向于强化通货膨胀，这就导致自发调节一般来说总是滞后的，因此通货膨胀一旦出现就难以由自发因素及时发挥作用而得到遏制，从而会给经济造成很大的危害。(2) 自发因素能够在多大程度上发挥作用，即是否能够抵消或

在多大程度上抵消导致和强化通货膨胀的因素的作用，是具有不确定性的。由于通货膨胀自我强化机制的存在，如果自发因素不能抵消导致和强化通货膨胀的因素的作用，通货膨胀便会不断加剧。特别是如果在通货膨胀出现的初期，若自发因素不能及时有效地发挥作用，抵消导致通货膨胀的因素的作用，通货膨胀的自我强化机制就会起作用，这时自发因素就往往不再能够扭转通货膨胀了。(3) 自发调节都是事后调节，是在市场信号发生变化以后，经济主体认为应该调整自己的行为，自发调节才会发挥作用，这就意味着即使自发调节最终能够消除通货膨胀，仍然不能避免通货膨胀造成的经济损失。(4) 导致通货膨胀的原因很多，自发因素在阻止或扭转由不同原因所导致的通货膨胀中所能发挥的作用是存在差别的。由自发调节起作用而消除通货膨胀将会是一个漫长的过程，而且可能没有能力消除通货膨胀，这样通货膨胀就会长期持续。(5) 自发因素作用效力的大小与通货膨胀的发展速度、程度等密切相关，也与所处的经济、社会环境密切相关，如果通货膨胀的发展速度很快、程度很高，所处的经济、社会环境有碍自发因素的自发调节作用的发挥，则会减低其阻止或扭转通货膨胀的有效性，而自发因素自身是无法解决这些问题的。

自发因素的自发作用所存在的上述缺陷说明在出现了通货膨胀的条件下，我们不能只是消极地等待自发因素自发地发挥作用，不能将自发因素作为消除通货膨胀的惟一依靠力量。这就提出了一个问题，一旦出现通货膨胀，要尽快消除通货膨胀，应该依靠谁的力量？实际上，上面已经从逻辑上说明了最后的依靠力量只能是政府，因为在经济体系内部与外部的自发因素之外，再无别的可依靠的调节力量。因此，从逻辑上来说，在一国经济出现通货膨胀之后，政府不能采取听之任之的政策。从通货膨胀所产生的经济影响来看，也要求政府采取措施消除通货膨胀。从市场经济中政府履行其经济职能来看，也要求政府采取措施消除通货膨胀。在市场经济中，政府负有促进经济稳定增长、促进充分就业、实现通货稳定、提供公共物品、维持社会安定等经济职能，如果通货膨胀不予消除，一方面直接表明政府未能履行好其所应该履行的经济职能（如前三个方面），另一方面会使政府不能履行好其所应履行的其他经济职能（如后三个方面）。因此，从这两个方面来看，如果出现了通货膨胀政府必须采取措施消除之。

此外，政府作为公共权力机构，它享有其他任何机构和个人都不具有的立法权和司法权，依靠这种权力，它就能享有其他任何机构和个人都不具有的合法的强制力和高度的权威性，使得它有能力为消除通货膨胀而实施所需要的经济政策，从而使它不仅应该，而且能够成为消除通货膨胀的最后依靠力量。

总之，在市场经济中，如果经济中出现了通货膨胀，政府不能采取听之任之的政策，而是负有消除通货膨胀的责任。

2. 政府解决通货膨胀的经济政策

政府破解通货膨胀循环就是政府运用经济政策阻止通货膨胀，并从根本上扭转通货膨胀的运动方向，减弱并最终消除通货膨胀。政府可以运用的反通货膨胀的政策工具包括货币政策、财政政策（主要包括税收政策、财政支出政策、财政转移政策、国债政策）、投资政策、汇率政策、外贸政策和外资政策。一般来说，破解通货膨胀主要是通过减少货币供应、压缩总需求来达到，因此，这些政策工具的运用即应立足于如何减少货币供应，或压缩总需求。

(1) 货币政策。货币政策应是紧缩性的，即应实现货币供应量减少的目的。因此，政府应采取提高再贴现率、提高法定存款准备金比率、在公开的市场上大量卖出其持有的有价证券的政策，如果这些政策不能奏效，还可考虑实行减少货币发行的政策。在利率由政府管制的经济体制下，政府还应实行提高名义利率的政策。

(2) 财政政策。财政政策立足于减少总需求，因此各项财政政策工具的运用应该服从于以下一般原则：①增税。通货膨胀越严重，越需要采取增税政策。这里的增税指的是在由通货膨胀引起的税负自动减少之外，政府应实行新的增税政策，以便抑制消费需求和投资需求的上升。②减少财政支出。通过减少财政支出来减少总需求，具体有五个途径：第一，减少政府采购；第二，减少政府对企业技术改造等的低息贷款或无偿投资；第三，给予贷款利息以财政补贴，以刺激信贷；第四，降低公务员薪金；第五，减少社会保障支出。③增加国债发行。增加国债发行可起到紧缩作用。

(3) 投资政策。出现了通货膨胀，政府应实行限制投资的政策。限制投资的政策包括两个方面：①加强投资管制。在出现通货膨胀的情况下，政府应根据受管制领域的性质对政府有权管制的领域相应采取设立管制或强化管制的政策，以减少投资需求。②实行投资负激励政策。政府可对投资者实行增税或取消、减少贷款利息补贴等政策，使投资者可以获得更多的利益，从而减少投资。

(4) 汇率政策。出现了通货膨胀，政府可实行提高本币汇率的政策。只要进出口需求具有较高的价格弹性，提高本币汇率的政策会减少出口，增加进口，从而有利于增加国内市场的商品供给。本币汇率上升，有可能使国内居民产生本币升值的预期，若如此，则可刺激国内居民减少消费。

(5) 外贸政策。外贸政策总的原则是刺激进口，因此有关出口和进口的政策都应服务于增加进口。政府可以采取进口补贴、实行优惠的进口信贷等政策手段刺激进口，进口增长得越快，越有利于消除通货膨胀。

政府通过各种方式显示政府反通货膨胀的决心也是必要的，这可起到提高公众对物价最终下降和归于稳定的信心，从而抑制消费需求和投资需求的膨胀。

此外，还需要说明的一点是，政府实施反通货膨胀政策并不是排斥、代替经济体系内部和外部所存在的自发阻止和扭转通货膨胀的因素的作用，而是要弥补市场的自发力量的不足，政府一方面采取措施阻止导致通货膨胀的因素继续发挥作用，另一方面采取措施强化自发阻止和扭转通货膨胀的因素的作用，使政府力量与市场的自发力量一同发挥作用，以尽快消除通货膨胀。

二、政府解决通货紧缩的必要性与政策

1. 政府解决通货紧缩的必要性

经济体系内部所存在的自发地阻止或扭转通货紧缩的因素的作用是不可忽视的，问题在于这种自发因素何时开始发挥作用，是否能够很快地消除通货紧缩，使经济恢复到充分就业状态，应该说，这都具有不确定性。我们不能肯定自发因素何时开始发挥作用，也不知道自发因素的作用是否一定能消除通货紧缩，是否能很快地消除通货紧缩。总之，我们不能肯定自发因素就是通货紧缩的“终结者”，更不能肯定自发因素是通货紧缩的快捷的“终结者”。哈伯勒（Haberler，Gottfied）曾说：“扩张性冲力和影响是多种多样的，每一种都可能成为普遍收缩过程的发动者。至于能不能演成事实，要看在任何某一情况下，某一变动规模的大小以及当时的一般情况而定。如果当时是处于收缩过程，那就需要一个强有力的扩张性的冲击，才能起阻止和扭转的作用。如果收缩已成尾声，它本身的力量已经衰弱，那么一种比较轻微的刺激，也许就已经足够使经济体系走向上坡。”① 问题在于，通货紧缩的持续时间越长，程度越重，其对经济的危害就越大，最终会陷入滞—缩（经济停滞与一般物价水平的下降并存）的泥潭，导致社会福利水平的下降。这就说明，虽然我们应该承认，而且要切实弄清经济体系内部所存在的自发地阻止或扭转通货紧缩的“向上”的因素，但是由于其发生作用的时间、作用力度的大小等都具有不确定性，并且如果自发因素具有足够的阻止或扭转通货紧缩的力量，那么在一般物价水平和经济下降出现之初，其就应该能够完全抵消掉导致和强化通货紧缩的因素的力量，从而也就不会出现通货紧缩，也就是说，通货紧缩之所以出现并且持续，正在于自发因素的作用不足以扭转通货紧缩，自发的“向上”的力量敌不过“向下”的力量。就是说，经济体系内部的自发因素的作用是存在缺陷的，我们不能坐等通货紧缩自动地消失。

具体来说，经济体系内部所存在的上述自发因素的作用存在着以下缺陷：（1）自发因素何时开始发挥作用具有不确定性。其发挥作用的时间越晚（或者说自发调节越是滞后），通货紧缩就会越严重，对经济造成的危害越大；而由于自发因素的作用所依赖的是经济中分散的经济主体的独立的反应，根据我们前面的分析，它们的反应首先都是倾向于强化通货紧缩，这就导致自发调节一般来说总是滞后的，

---

① ［美］哈伯勒：《繁荣与萧条——对周期运动的理论分析》，中文版，第413、419~420页，商务印书馆，1998年。

因此通货紧缩一旦出现就难以由自发因素及时发挥作用而得到遏制，从而会给经济造成很大的危害。(2) 自发因素能够在多大程度上发挥作用，即是否能够抵消或在多大程度上抵消导致和强化通货紧缩的因素的作用，是具有不确定性的。由于通货紧缩自我强化机制的存在，如果自发因素不能抵消导致和强化通货紧缩的因素的作用，通货紧缩便会不断加剧。特别是如果在通货紧缩出现的初期，若自发因素不能及时有效地发挥作用，抵消导致通货紧缩的因素的作用，通货紧缩的自我强化机制就会起作用，这时自发因素就往往不再能够扭转通货紧缩了。(3) 自发调节都是事后调节，是在市场信号发生变化以后，经济主体认为应该调整自己的行为，自发调节才会发挥作用，这就意味着即使自发调节最终能够消除通货紧缩，仍然不能避免通货紧缩造成的经济损失。(4) 导致通货紧缩的原因很多，总需求下降、总供给超常增长、成本下降、结构刚性、预期因素、政府的经济政策、经济体制、资产替代以及国外通货紧缩的传递等都可能导致通货紧缩。通货紧缩产生的原因不同，其演化过程会有差别，所需要的治理对策也会存在差别，自发因素在阻止或扭转由不同原因所导致的通货紧缩中所能发挥的作用是存在差别的。一般来说，对于总需求下降、总供给超常增长、成本下降、预期因素、资产替代、国外因素等所造成的通货紧缩，自发因素能够发挥更大的作用，而对于由政府的经济政策、经济体制、结构性因素等造成的通货紧缩，其作用效力则要小得多，这就意味着，如果通货紧缩是由经济政策等因素所造成的，由自发调节起作用而消除通货紧缩将会是一个漫长的过程，而且可能没有能力消除通货紧缩，这样通货紧缩就会长期持续。(5) 自发因素作用效力的大小与通货紧缩的发展速度、程度等密切相关，也与所处的经济、社会环境密切相关，如果通货紧缩的发展速度很快，程度很高，所处的经济、社会环境有碍自发因素的自发调节作用的发挥，则会减低其阻止或扭转通货紧缩的有效性，而自发因素自身是无法解决这些问题的。

自发因素的自发作用所存在的上述缺陷说明在出现了通货紧缩的条件下，我们不能只是消极地等待自发因素自发地发挥作用，不能将自发因素作为消除通货紧缩的惟一依靠力量。所以，哈伯勒说："我们会看到，这一类扩张力的确是有的，可以相信它们迟早会自动发生，使收缩转向扩张，这是相当有把握的。""但是，话虽这样说，我们一点也没有这样的想法，说比较可取的是坐候时机，让这些'自然力量'来推进体系走向上坡，而不必采取行动来促进复苏，也不必设法导致扩张沿着那些和听其自然的趋向有所不同的路线前进。"① 前面，我们也已经说明，消除通货紧缩不能寄望于经济体系外部的自发因素的作用。这就提出了一个问题，一旦出现通货紧缩，要尽快消除通货紧缩，应该依靠谁的力量。实际上，上面已经

① ［美］哈伯勒：《繁荣与萧条——对周期运动的理论分析》，中文版，第413、419~420页，商务印书馆，1998年。

从逻辑上说明了最后的依靠力量只能是政府，因为在经济体系内部与外部的自发因素之外，再无别的可依靠的调节力量。因此，从逻辑上来说，在一国经济出现通货紧缩之后，政府不能采取听之任之的政策。

从通货紧缩所产生的经济影响来看，也要求政府采取措施消除通货紧缩。因为通货紧缩会导致生产收缩、投资下降、经济增长下降，会导致失业增加、居民收入减少、居民福利水平下降，导致企业负债增加、信用体系风险增加，并可能会由此引起政治、社会局势的动荡，要解决这些问题，就必须消除通货紧缩。从市场经济中政府履行其经济职能来看，也要求政府采取措施消除通货紧缩。在市场经济中，政府负有促进经济稳定增长、促进充分就业、实现通货稳定、提供公共物品、维持社会安定等经济职能，如果通货紧缩不予消除，一方面直接表明政府未能履行好其所应该履行的经济职能（如前三个方面），另一方面会使政府不能履行好其所应履行的其他经济职能（如后三个方面）。因此从这两个方面来看，如果出现了通货紧缩政府必须采取措施消除之。

此外，政府作为公共权力机构，它享有其他任何机构和个人都不具有的立法权和司法权，依靠这种权力，它就能享有其他任何机构和个人都不具有的合法的强制力和高度的权威性，使得它有能力为消除通货紧缩而实施所需要的经济政策，从而使它不仅应该而且能够成为消除通货紧缩的最后依靠力量。

总之，在市场经济中，如果经济中出现了通货紧缩，政府不能采取听之任之的政策，而是负有消除通货紧缩的责任。

2. 政府解决通货紧缩的经济政策

政府破解通货紧缩循环就是政府运用经济政策阻止通货紧缩，并从根本上扭转通货紧缩的运动方向，从而使经济不再向下螺旋运行，而是向上螺旋运行。

(1) 政府破解通货紧缩循环的一般政策工具。政府可以运用的经济政策工具包括货币政策、财政政策（主要包括税收政策、财政支出政策、财政转移政策、国债政策）、投资政策、汇率政策、外贸政策和外资政策。一般来说，破解通货紧缩主要是通过增加货币供应、增加总需求来达到，因此这些政策工具的运用应立足于如何增加货币供应，或增加总需求。

①货币政策。货币政策应是扩张性的，即应实现货币供应量增长的目的。因此，政府应采取降低再贴现率、降低法定存款准备金比率、在公开的市场上大量购进合格的有价证券的政策，如果这些政策不能奏效，还可考虑实行增加货币发行的政策。在利率由政府管制的经济体制下，政府还应实行降低名义利率的政策。

②财政政策。财政政策立足于增加总需求，因此各项财政政策工具的运用应该服从于以下一般原则：其一，减税。通货紧缩越严重，越需要采取减税政策。这里的减税指的是在由通货紧缩引起的税负自动减少之外，政府应实行新的减税政策。所得税的减少可以提高居民可支配收入在其全部收入、企业可支配利润在其全部利

润中所占的比重，流转税等间接税的减免可以相对提高企业的利润率（在产品价格相同的条件下，流转税等的减少可以直接增加企业税前利润，同时流转税等的减免可以使企业成本减少，从而间接增加企业利润）。这样，可以起到抑制消费需求下降和投资需求下降的作用。其二，增加财政支出。通过增加财政支出来增加总需求，具体有五个途径：第一，增加政府采购；第二，增加政府对企业技术改造等的低息贷款或无偿投资；第三，给予贷款利息以财政补贴，以刺激信贷；第四，提高公务员薪金；第五，增加社会保障支出。增加财政支出的资金来源主要应靠增加国债的发行。其三，增加对消费倾向高的居民和投资愿望强的企业的转移支出，以增加消费需求和投资需求。

③投资政策。出现了通货紧缩，政府应实行投资激励政策。投资激励政策包括两个方面：第一，放松投资管制。无论在什么时期，总是存在投资者愿意投资的领域，而这些领域却可能受到政府的管制而不能进入或不容易进入，在出现通货紧缩的情况下，政府应根据受管制领域的性质对可放松管制领域相应采取取消管制或放松管制的政策，以增加投资需求。第二，实行投资优惠政策。政府可对投资者实行税收减免或贷款利息补贴等政策，使投资者可以获得更多的利益，从而刺激投资。

④汇率政策。出现了通货紧缩，政府可实行降低本币汇率的政策。增加出口需求是解决通货紧缩问题的重要途径。只要出口需求具有较高的价格弹性，实行降低本币汇率的政策就能增加出口需求，而出口需求的增长会促使出口部门的发展。出口部门的发展则会促动相关产业部门的发展，从而增加总需求。同时，本币汇率下降，有可能使国内居民产生本币贬值的预期，若如此，则可刺激国内居民增加消费，刺激企业增加投资。

⑤外贸政策。外贸政策总的原则是刺激出口，因此有关出口和进口的政策都应服务于增加出口。政府可以采取出口退税、出口补贴、实行优惠的出口信贷等政策手段刺激出口。在进口方面则采取支持有利于出口部门发展的进口的有选择性的政策，对于有利于增加商品出口的商品进口政府在税收、买汇、进口审批（包括数量、程序、费用等）等方面给予优惠，以刺激此类商品的进口，从而促进出口的发展。出口增长得越快，越有利于消除通货紧缩。

⑥外资政策。外资流入会导致货币供应量增长，需求水平上升，因此通货紧缩发生后，政府应当实施促进外资流入的政策，其中特别要鼓励直接投资。政府可以采取放宽对外资的投资限制、对外资给予政策优惠等措施来促进外资流入。

政府通过各种方式显示政府反通货紧缩的决心也是必要的，这可起到提高公众对经济上升的信心，从而激励消费和投资。

（2）关于政府实施反通货紧缩政策的几点说明。

①政策实施时机的选择。政策实施时机的选择十分重要。如果政府能在通货紧缩出现之初即及时地实施反通货紧缩政策，则通货紧缩的自我强化机制的运行就会

被阻遏，政府只需要耗费较少的公共资源即可以消除通货紧缩。而如果通货紧缩出现之后，政府迟迟不采取对策，通货紧缩的自我强化机制就会发生作用，这时政府就必须耗费大量的公共资源才能消除通货紧缩，而且通货紧缩会持续相当长的时间，其就会给经济造成很大的危害。政府要能及时地实施反通货紧缩政策，首先要求能够及时对宏观经济形势的演变作出准确的判断，其次要求能够做出果断的决策，再次要果断地实施决策，并使政策得到切实执行。应该明白，政府决策行动越是迟缓，认识时滞、行动时滞越长，通货紧缩的蔓延就越快，对国民经济造成的损害就越大。

②政策力度的选择。政策力度的选择要根据导致通货紧缩的因素的作用力度和经济体系内部和外部所存在的自发阻止或扭转通货紧缩的因素的作用力度来确定。政府所实施的经济政策的力度（以 Gp 表示）与经济体系内部所存在的自发阻止或扭转通货紧缩的因素的作用力度（以 Ip 表示）、经济体系外部所存在的自发阻止或扭转通货紧缩的因素的作用力度（以 Ep 表示）之和应足以抵消导致通货紧缩的因素的作用力度（以 Cp 表示）。用公式表示，即为：

$$Gp+Ip+Ep \geqslant Cp$$

因此

$$Gp \geqslant Cp-(Ip+Ep)$$

Cp 一定，$(Ip+Ep)$越小，则$(Cp-(Ip+Ep))$越大，$(Ip+Ep)$越大，则$(Cp-(Ip+Ep))$越小，因此，经济体系内部和外部所存在的自发因素的作用力度越小，政府政策的力度就应越大，经济体系内部和外部所存在的自发因素的作用力度越大，政府政策的力度就应越小。基于经济体系外部自发因素的特性，政府政策的力度应主要依据经济体系内部自发因素的作用力度来定，Ip 越小，政府政策的力度应越大，Ip 越大，政府政策力度应越小。政府政策的力度应足以添补$(Cp-(Ip+Ep))$的差额。$Gp=Cp-(Ip+Ep)$，可以阻止通货紧缩的蔓延，$Gp>Cp-(Ip+Ep)$，则可扭转通货紧缩。但同时要将政策力度控制在合理的界限之内，不能因为政策力度过大而引发通货膨胀。政府政策的最终目标是实现通货稳定。

③正确判定通货紧缩的原因。导致通货紧缩的可能的原因很多，政府要制定正确的反通货紧缩政策，需要正确判定通货紧缩的原因，因此通货紧缩发生后，政府应迅速研究，并做出正确的判断，然后根据产生原因，制定和实施具有针对性的政策，这样的政策也才会具有有效性。这就意味着，消除通货紧缩，政府既可能只需要实施一般性政策工具，也可能需要实施选择性政策工具。

④各项政策要相互协调。政府所制定和实施的各项反通货紧缩政策应相互配合、相互协调。如果政策本身性质相反，则不仅会使本身有效的政策的有效性会被抵消掉，而且会造成公共资源的浪费。例如，政府一方面增加财政支出，以增加需求，另一方面却又采取增加税收的政策，或者一方面实行出口退税、出口补贴等政策刺激出口，另一方面却又上调本币汇率，在这样的情况下，是达不到预期的政策

目的的。因此，政府仅仅及时地实施反通货紧缩政策是不够的，还必须使所要实施的各项政策相互协调。

⑤实施反通货紧缩的经济政策不能破坏健全的经济制度。一国发生了通货紧缩后，政府及时地实施具有足够力度的协调的正确的反通货紧缩政策是必要的，但政府实施的反通货紧缩政策应在立法授权所许可的范围之内，不能因为反通货紧缩而破坏经济制度。例如，不能因为要反通货紧缩就违背中央银行法，由财政部门向中央银行透支来筹措资金，而应通过其他法律所允许的途径筹措资金。

此外，还需要说明的一点是，政府实施反通货紧缩政策并不是排斥、代替经济体系内部和外部所存在的自发地阻止和扭转通货紧缩的因素的作用，而是要弥补自发力量的不足，政府一方面采取措施阻止导致通货紧缩的因素继续发挥作用，另一方面采取措施强化自发阻止和扭转通货紧缩的因素的作用，使政府力量与自发性力量一同发挥作用，以尽快消除通货紧缩。

思　考　题

1. 什么是货币供应量、货币需要量？货币供应量的划分标准是什么？一般可以划分为哪几个层次？

2. 什么是货币均衡、货币失衡？货币均衡、货币失衡各自通过哪些方面反映出来？

3. 什么是通货膨胀？如何衡量通货膨胀？通货膨胀可以划分为哪些类型？为什么会出现通货膨胀？

4. 什么是通货紧缩？如何衡量通货紧缩？通货紧缩可以划分为哪些类型？为什么会出现通货紧缩？

5. 通货膨胀会产生哪些经济后果？政府可以采取哪些政策解决通货膨胀？

6. 通货紧缩会产生哪些经济后果？政府可以采取哪些政策解决通货紧缩？

第十二章　经济增长与波动

经济增长是经济发展的基础，国民生产总值和国内生产总值是衡量经济增长的常用指标。经济增长由生产要素投入量与要素生产率共同决定，增加生产要素的投入量、提高生产要素生产率都可以促进经济增长。经济增长方式由以粗放型经济增长方式为主转向以集约型经济增长方式为主是必然的过程，经济增长方式的这种转变面临着多种因素的限制，应该采取多种措施推动经济增长方式的转变。经济波动是客观存在的，经济波动对国民经济造成的损害是多方面的，减轻经济波动、实现经济的稳定增长是我们要努力实现的目标。

第一节　经济增长的含义与衡量

一、经济增长与经济发展的含义

在日常生活中，甚至在一些专业文献中，经济增长与经济发展常常被当做同义词来用。其实，这两个概念是有区别的。

经济增长（Economic Growth）是指一个国家或地区在一定的时期内由于生产要素投入的增加或效率提高等因素导致的社会财富（商品和劳务总量）的增加。统计上通常表现为国民生产总值（GNP）或国内生产总值（GDP）的增加。

经济发展（Economic Development）则是指一个国家或地区随着经济增长而出现的经济、社会和政治的整体演进和改善。显然它有着更广的含义，经济增长是其中应有之意，此外，它还意味着：

第一，投入结构的变化，生产组织和管理形式从传统的散乱小生产企业转到现代的规范大公司。

第二，产出结构的变化，主要表现为产业结构的合理化与高级化。在国民经济中，第一次产业的劳动力和产值比重趋于下降，第二次产业比重趋于上升，第三次产业比重逐渐扩大，最终成为经济中最大的部门。每个部门内部的结构也相应发生变化，逐渐趋向平衡。在产业结构的转换过程中，农村人口向城市迁移，城市化与工业化同步进行。

第三，产品构成的变化与质量的改进。生产出来的产品和服务适应消费者需求的变化，产品与服务质量不断提高，品种更加多样化。

第四，居民生活水平和生活质量的提高。其具体表现在：人均收入持续增加，一般居民营养状况、居住条件、医疗卫生条件和受教育程度明显改善，文化生活更加丰富多彩，人均预期寿命延长，婴儿死亡率下降，自然环境改善，物质与文化环境比以前更加舒适。

第五，分配状况的改善。收入和财产的不平等程度趋于缓和，贫困人口不断减少。

第六，环境的治理和改善。经济发展实现可持续化。

经济增长是经济发展的动力源，是经济发展最重要的组成部分，没有经济增长就不会有经济发展，就此而言，经济增长是经济发展的必要条件。但是，经济增长却不是经济发展的充分条件。

现在越来越多的学者把经济发展升华到人类发展的层面。例如，经济学家丹尼斯·古雷特认为，发展包含有三个核心内容：生存、自尊和自由。维持生存的资料包括食物、住所、健康和保护。要满足这些需要，就必须增加收入，消灭贫困，增加就业机会，减少收入不平等。这就是以上所说的经济发展所包含的内容。自尊是指人要被当人来看待。现代社会通常把获得物质财富作为实现自尊的形式。自由主要是指从物质生活条件中被解放出来。自由意味着社会及其成员选择范围的扩大，或者限制范围的缩小。财富可以使人获得他在贫困时不能获得的对自然界和周围环境更大的控制能力，可以使人获得更多的闲暇，得到更多的物质产品和服务的自由。当然，自由也包含表达自由和参与社会活动和公共事务的自由。从1990年开始，联合国发展计划署每年发表《人类发展报告》，每期一个主题①。对世界各国的人类发展状况进行评估和比较。从此，人类发展（Human Development）这一概念在学术界逐渐流行起来。人类发展与丹尼斯·古雷特的发展概念相类似，着重强调人类自身的发展，认为增长只是手段，而人类发展才是目的，一切以人为中心。人类发展主要体现为人的各种能力的扩大，这些能力包括延长寿命的能力、享受健康身体的能力、获得更多知识的能力、拥有充分收入购买各种商品和服务的能力、

---

① 1990年报告的主题是“人类发展的概念与度量”，1991年的主题是“为人类发展融资”，1992年的主题是“人类发展的全球维度”，1993年的主题是“人民的参与”，1994年的主题是“人类发展的新维度”，1995年的主题是“妇女与人类发展”，1996年的主题是“经济增长与人类发展”，1997年的主题是“从人类发展视角看贫困”，1998年的主题是“消费模式及其对人类发展的意义”，1999年的主题是“全球化与人类尊严”，2000年的主题是“人权与人类发展”，2001年的主题是“让新技术为人类发展服务”，2002年的主题是“在动荡中的世界深化民族千年发展目标：消除人类贫困的全球公约”。

参与社会公共事务的能力等。这些能力的提高当然需要有社会总产品的增加，需要有经济增长。只有经济持续增长，才有可能不断增加生产性就业和收入，改善人们的物质生活条件，提高人们的健康水平和文化水平，参与社会各种事务；没有经济增长，这些能力的扩大是有限的。但是，有了经济增长，不等于就会自动地导致人类发展。

二、经济增长的衡量

衡量经济增长的核心指标是国民生产总值或国内生产总值，具体包括它的总量、增长率和人均占有量①。GNP（或GDP）作为衡量经济增长的尺度，优点在于能够把国民经济的全部活动量化为简明精练的统计数字，从而可以成为表明各国经济增长的、公认的、最好的指标。但是用这个指标衡量一国的经济增长和实际经济绩效，还是有许多缺陷的，特别是在进行国际比较时，问题比较大。这个指标至少有如下缺陷：

（1）并非所有的产品和服务都经过市场交换，例如家务、公益活动等，而这些产品和服务无疑是国民财富的一部分，但是，由于没有发生支付行为，按照国际标准，却没有被计入GDP中。因此，按市场价值加总的GDP数字无疑低估了一国实际的社会总产出。发展中国家经济发展水平低，劳动分工与专业化程度低，市场交换不发达，很多产品和服务是由家庭成员自产自用的，所以与发达国家相比，没有进入市场交换（从而GDP核算范围）的产品和服务的数量就要大得多，而且，越是不发达的国家，其数量越大。

（2）GDP不能说明产品和劳务的种类，也不能揭示使用这些产品和劳务而获得的福利的大小，更不能计量经济增长过程中由于资源耗竭、环境污染、城市化和人口膨胀所导致的社会代价。

（3）GDP不能反映消费的状况，如可能产出在增加，消费却在减少。

（4）GDP的国际比较难以做到真实可靠。GDP一般是以各国货币按照汇率用美元计算的，但由于官方汇率高估、统计资料不全、物价结构及水平差异、货币购买力的不同，GDP可能缺乏国际可比性。例如，由于用汇率把各国的GDP换算成

---

① 剔除物价影响的实际GNP或GDP更准确，更有说服力。实际GNP或GDP是用当期的（即名义）GNP或GDP除以价格缩减指数而获得的，用当期的实际GNP或GDP减去前期的实际GNP或GDP，得到一个实际国民生产总值或国内生产总值的增量，再把它除以前期的GNP或GDP，即得到实际增长率。这个GNP或GDP的增长率就是通常所说的经济增长率指标。某国1998年的GDP是8万亿元，而一般物价比1997年上涨了5%，于是，1998年的实际GDP就是7.62万亿元。如果1997年的GDP为7万亿元，则1998年的GDP增长率为8.8%，即经济增长率为8.8%。

同一货币不能反映它们真实的增长水平，国际上有些机构和学者运用购买力平价（Purchasing Power Parities，简写为 PPP）作为货币换算因子，取代汇率，来估算和比较各国的经济规模①。结果显示发展中国家的人均收入都比按汇率计算的人均收入高得多，甚至高出几倍。也就是说，按汇率计算的人均 GDP 大大地低估了发展中国家的实际增长水平。国内有研究表明，1994 年，美元对人民币的总量购买力平价是 2.26，按此计算，中国的人均 GDP 是 1 716 美元，高于按汇率计算的 530 美元②。

（5）GDP 不能反映收入分配情况，也难以充分反映一国人民的生活质量。这些要通过发展的指标来反映。

（6）GDP 不能准确反映一个国家财富的变化。固定资本存量在一定程度上代表了一个国家的经济生产潜力，一个国家一个时期末的固定资本存量等于该时期初的固定资本存量，加上该时期固定资本的变化量。一个时期固定资本的变化量等于当期固定资本价值的增加量减去其减少量。而 GDP 中的固定资本形成总额属于固定资本的增加量，而以前形成的固定资本由于质量等多方面问题无法正常使用而进行处理所损失的价值属于固定资本价值的减少量。可见，一个国家财富能否有效地增长，不仅取决于 GDP 中固定资本形成总额的大小，还取决于其质量。

三、经济发展的衡量

经济增长的衡量指标与经济（人类）发展的衡量指标是不同的。首先，前者是价值指标，可用货币来表示；后者多用物质指标，用加权的办法进行加总，且权数的选择有很强的主观性和随意性。其次，前者通常用公认的一个指标，即 GNP 或 GDP 增长率；而后者则采用多种指标综合在一起的指标体系。

在 20 世纪 70 年代以前，由于没有把经济发展和经济增长的内涵加以明确区分，国际上一般是以按人均国民生产总值或人均国民收入的数量和增长率作为划分不同类型国家以及一个国家不同发展阶段经济发展水平的指标的。这实际上是衡量经济增长的指标。从 20 世纪 70 年代初开始，国外学者纷纷对此单一指标的不足之处进行校正，此后，陆续提出了种种新的综合性指标体系。这些指标体系基本上分为两类：一类是采取经济、社会、政治因素及其相互作用的标准来衡量；另一类是

① 购买力平价作为货币换算率的好处是，它使得不同的货币具有相同的购买力。也就是说，一个既定数量的某种货币当以购买力平价换算成其他国家货币时，在这些国家购买的商品和服务数量与在国内购买的同样商品和服务数量完全是一样的。假设美国的猪肉价格是 4 美元/公斤，而中国是 10 元人民币/公斤，于是，猪肉的购买力平价是 2.5。这样，无论在美国还是在中国，按照这一兑换率，1 美元所能够买到的猪肉数量与 2.5 元人民币购买的猪肉数量是一样的，即都是 0.25 公斤。

② 郭熙保：《中美两国货币购买力与收入水平比较分析》，载《管理世界》，1998（4）。

采取生活质量标准来衡量。

在第一类指标体系中，获得较好反映的有两种，即由联合国社会发展研究所（UNRISD）设计的综合指标体系和由世界银行设计的世界发展指标体系。这两套指标体系尽管所列项目不尽相同，但都包括人均国民收入或人均国民生产总值增长率、平均估计寿命、死亡率、识字率、就业率、人均热量及人均居住面积等经济及社会指标。该类指标综合性强，能较好地比较和反映世界各国之间的经济发展状况和人民生活水平，在国际上较为通用。

第二类指标体系是由美国海外发展委员会的莫里斯·D·莫里斯博士提出的“物质生活质量指数”（Physical Quality of Life Index，简称 PQLI 指标体系）。它用人们在 1 岁时的预期寿命、婴儿死亡率和识字率等三项指标组成一套简便的综合指数，每项指数都用百分制表示每个国家的成绩。这一指标体系的特点是简便易算。

中国社会科学院社会学研究所近年来结合我国的具体情况，提出了一套“社会指标”体系。该指标体系由人均 GNP、社会结构、人口素质及生活质量四个部分组成，分解为 16 项指标。这套社会指标体系的明显优点是坚持经济建设发展和人民生活水平提高相结合、速度与效益相结合、经济总量增长与经济结构优化相结合、经济发展与社会发展相结合，因而更具有科学性和适用性，也符合我国的国情。

上述衡量经济发展的各种综合指标，都不同程度地克服了传统单一经济增长指标的局限性，强调从量与质的结合上全面反映社会福利状况，都把经济发展理解为人自身的发展，是为了满足人类的需要。

四、经济增长速度与经济效益

经济增长表现为产出以一定的速度增加。在量度经济增长速度时，一般都采用实际 GDP 增长率。

实现较快的经济增长，对我国来说具有十分重要的意义。首先，现在我国是发展中国家，与发达国家在经济总量和人均占有量方面都存在很大的差距。只有达到更高、更快的经济增长速度，才有可能逐步赶上它们并最终超过它们，提高我国的综合经济实力。其次，我国人民现在的生活水平不高，生活质量比较差。只有实现较快的经济增长，才能更快地增加人民群众的收入，建设更多的公共消费设施，使人民尤其是广大农民早日摆脱贫穷状态，由温饱到小康再到全面小康。再次，我国面临的一系列社会问题（就业、社会保障、环境污染等），没有较快的经济增长是难以解决的。尤其是就业问题，只有较快的经济增长及其带动的社会各方面的发展，才能在劳动生产率提高的条件下创造更多新的就业岗位。如果经济停滞或增长缓慢，不仅不能吸收已有的剩余劳动力，而且还可能产生新的失业人口。

我国经济快速增长是可能的。经济增长速度主要取决于两方面的条件：一是资源条件；二是制度条件。资源是经济增长的基础，没有一定的资源条件，经济增长特别是快速经济增长将是很困难的。制度是经济增长的保证，制度条件好，一定的资源条件就可以对经济增长发挥更大的作用，因为已有的资源可以提高利用效率，潜在的资源可以发掘出来，某些不足的资源可以弥补。改革开放以来，国家实力和地方财力有了显著增强，国有经济、集体经济和非公有制经济都有了长足发展，居民收入有了很大提高，因而资金积累的潜力是很大的，总之资源条件是有利于我国经济快速增长的。就制度条件而言，我国建立了社会主义的经济制度和政治制度，这为迅速发展社会生产力、实现经济快速增长创造了根本性的条件。特别是，经济体制改革进一步解放了生产力，以公有制为主体的多种经济成分蓬勃发展，加快了经济增长速度。随着改革的深化和社会主义市场经济体制的建立与完善，我国经济的活力必将进一步增强，这是经济持续快速增长的强大推动力量。我们应当运用良好的制度条件，充分利用已有资源，积极发掘潜在资源，求得经济尽可能快速的增长。

但是片面地追求高速度是不可取的。经济增长必须讲究经济效益。经济效益，简单地理解就是投入与产出的比较。讲求经济效益，就是用尽量少的劳动占用和劳动消耗生产出尽可能多的符合社会需要的产品。

提高经济效益对我国具有十分重要的意义。首先，提高经济效益，意味着生产出更多的产品和提供更多的服务，增加城乡居民的收入，从而有利于实现社会主义的生产目的，满足人民日益增长的物质文化生活需要。其次，提高经济效益，意味着增加企业的盈利，增加国家的收入，增加资金积累，从而有利于国民经济和社会的发展。再次，提高经济效益，意味着提高投资效益和资源利用效率，改变以高投入换取经济增长的状况，只有如此才能缓解我国人口众多与资源相对不足、资金短缺的矛盾，提高经济增长速度。

在经济增长中，速度和效益既有统一的一面，又有相互矛盾的一面。符合客观实际的经济增长速度，本身就标志着良好的经济效益；而良好的经济效益，又必然表现为较高的经济增长速度。速度和效益在这里是相互促进的。但是，增长速度是同一指标（产值、产量）在动态上的比较，而经济效益则是投入产出比，两者并不是一回事。在经济生活中，可能出现这样的现象：经济增长速度快，可能是伴随着资金占用多、资源消耗大的高投入现象，高速度是由高投入带来的；或者是经济增长速度快，但是产品并不符合社会需求，从而造成产品积压。这两种现象都没有产生好的经济效益。经济效益不好，速度虚有其表，高速度反而是有害的。所以，我们不能无视或忽视经济效益而片面追求高速度，应该在提高经济效益的前提下，争取尽可能快的增长速度。

第二节 经济增长的决定因素

经济增长是总需求和总供给共同作用的结果。因为只有当产品和劳务都被交换出去消费了，才会形成实际的国民生产总值①。从短期看，由于潜在生产能力变化不大，因此一国的经济增长主要受总需求的影响，并随总需求水平的变动而变动。如果在某一时期，总需求水平下降，尽管这时潜在生产能力不变，但实际经济增长率仍会下降，表现为产品积压、生产能力闲置。如果在这时，总需求水平上升，产出数量提高从而经济增长率也会随之提高。从长期看，总需求总会和潜在生产能力相一致。因此，经济增长从根本上看只能是潜在生产能力增加的结果。增加潜在生产能力，要么增加生产要素投入量，要么改进生产要素使用效率。这也正是经济增长的决定因素。

一、资本积累

资本是经济增长的物质条件。资本通过投资而形成，投资则来源于储蓄。在一般情况下，投资量与经济增长是成正比的，投资越多，经济增长的量就越大。因为：(1) 资本的流动性最强。在各种生产要素的结合中，资本成为黏合剂，资本的流动和集中会引起其他要素的流动和集中，从而形成经济增长的动力。(2) 投资形成新的劳动手段和劳动对象，扩大了生产能力，在乘数效应作用下将引起产品和劳务成倍的增加。(3) 投资拉动了对生产资料和生活资料的需求，保证了相关部门的企业能够充分发挥生产潜力，增加产出。

在发展中国家经济发展的初期，资本是经济增长的最稀缺要素。因为在这时，劳动力数量众多，自然资源一般也较丰富，技术进步虽然是经济增长的源泉，但它往往需要通过投资于新设备才能实现，而且许多技术革新的实现也必须以充分的物质资本的积累为前提。事实证明，没有相当数量的资本积累，任何一个国家都不可能从不发达状态迈向发达状态。那些不能保证其人均资本现有水平的国家的生产率会持续下降，人口增长迅速的国家尤其必须进行大量投资，以便为新进入就业队伍的人提供维持他们的生产率所必需的机器设备。我们发现，资本有机构成高的发达国家，往往能达到更高的生产率和经济增长水平。譬如，美国能以2%的农业人口

---

① 例如，假定潜在总供给为100，总需求为80，那么实际国民生产总值就是80；如果潜在总供给仍为100，总需求从80增加到100，那么实际国民生产总值也就增加到100；如果潜在总供给是100，总需求膨胀到120，由于短期内企业的产量受潜在生产能力的限制不可能马上增加，因此，社会各经济单位能买到的产品和劳务数量只能是100，因而实际国民生产总值仍然是100。因此，经济增长受总需求和总供给状态的影响。

养活国内98%的消费者且有大量农产品出口，靠的就是资本密集型的农业机械化生产体系。拖拉机、联合收割机和其他的设备使如今的美国农民工作一小时就相当于他们在50年前工作一周。

经济学家论证了资本积累在经济增长中的作用。早在20世纪30年代，美国经济学家科布和保尔·霍华德·道格拉斯提出了著名的科布-道格拉斯生产函数：

$$Q=AL^{\alpha}K^{\beta}$$

上式中，Q 为产量，L 和 K 分别是劳动和资本的投入量，A 代表技术进步，在这里被设定为常数；参数 α 代表劳动在生产中所做出的贡献的比例，β 代表资本在生产中所做出的贡献的比例，且 $\alpha+\beta=1$。他们根据美国1899~1922年的工业生产统计资料得出 $A=1.01$，$\alpha=0.75$。这说明，在生产中劳动做出的贡献为全部产量的75%，资本做出的贡献为全部产量的25%。这样就确定了资本对经济增长所做出的贡献。20世纪50年代初的经济学家普遍重视资本在经济增长中的作用，最有代表性的是英国经济学家罗伊·福布斯·哈罗德和美国经济学家埃弗赛·D·多马提出的哈罗德-多马经济增长模型。这一模型的公式是：

$$G=S/C$$

上式中，G 是经济增长率，S 为储蓄率，C 为资本产出系数（或资本的生产率），即生产一单位产量所需要的资本量。当技术、资本产出系数不变时，经济增长率就取决于储蓄率。投资来源于储蓄，投资形成资本存量。所以这一公式实际上是强调了资本积累在经济增长中的重要作用。

应该说，资本积累在经济发展各个阶段的作用是不同的。在经济发展初期，需要大量投入资本，包括基础建设与新工厂的建立都是以大量资本投入为基础的，所以资本积累率的高低是经济能否起飞的关键。无论是发达国家还是发展中国家，资本积累都是经济增长的重要源泉，加快资本形成是促进经济增长的重要任务。

二、劳动投入量

劳动力是生产要素中能动性的要素，是经济增长的直接推动者，特别是劳动力要素中的企业家才能，更是各种生产要素的灵魂，是经济增长的重要决定要素。

首先，劳动力供给数量的增长对产出或收入的增长具有正效应。劳动力和生产资料必须按合理的比例组合才能形成现实的生产力。在劳动力数量相对于可利用的生产资料数量较少时，部分生产资料闲置，劳动力数量增加会引起生产资料的利用率提高，从而引起经济增长。对于以劳动密集型产业为主的经济，这种效应更为明显。其次，劳动力的合理流动也有助于经济的增长。劳动者只能在一定空间中与生产资料相结合，生产资料的空间位移和分布变化，必然要求劳动力的空间分布发生相应变化。因此，改善劳动力的空间分布状况，意味着劳动力和生产资料能更有效地结合，从而推动经济增长。我国改革开放以来数以亿计的农村剩余劳动力由低效率的农业领域流向高效率的非农业领域、由落后的乡村流向发达的城市，对我国经济的增长做出了重要的贡献。

从各国经济发展史中可以看到，劳动投入量的增加长期以来一直构成经济增长最主要的源泉，但在产业革命后，这种状况发生了变化。单纯的劳动量的增加对产出的贡献份额不断下降，投资的贡献份额不断上升；劳动力对经济增长的作用开始逐渐从数量推动转向质量推动，特别在第二次世界大战后，随着科学技术进步所引起的劳动生产率的提高和技术密集型产业逐渐替代劳动密集型产业，经济增长对劳动力数量的需求不断下降，而对劳动力质量的需求上升。因而，为提高劳动力质量而进行的人力资本投资构成了经济增长的重要源泉。

三、自然资源

仅有资本和劳动力，生产还是无法进行，经济增长也只能是潜在性的。生产过程离不开劳动对象和自然资源。

自然资源是存在于自然界中，能够被人们发现其经济用途并加以利用的自然物质和条件。按照自然资源的天然特点，大致可分为四类：（1）生态资源，如阳光、风力等；（2）生物资源，如植物、动物、微生物等；（3）土地资源，如耕地、河流、湖泊等；（4）矿产资源，如石油、煤炭、有色金属原矿等。按照自然资源耗竭和更新的特点，又可以分为可再生资源（太阳能、风力等）和不可再生资源（石油、煤炭等）两大类。

一个国家的自然资源状况对经济增长具有重要的促进或制约作用，即丰富的自然资源会有利于一个国家经济的持续增长，而缺乏所需的自然资源则会对经济活动造成限制，特别在一国经济发展的初期更是如此。首先，自然资源的禀赋及开发程度决定了一国可利用资源的多少。作为生产要素意义上的自然资源，必须是已经开发并可利用的资源。在其他条件不变的情况下，自然资源越丰富，经开发加工的自然资源的数量越大，经济增长的可能性就越大。对于发展中国家来说，在经济发展初期都要伴随着一个缓慢而艰难的资本积累过程，需要依靠大量的投资，然而这个过程在具备丰富自然资源的国家中就显得相对容易一些，如西亚的产油国，它们利用优越的自然条件，建立起相关产业，并通过出口换取所需的资本从而大大缩短了资本积累过程，为经济腾飞创造了条件；相反，一些自然资源贫乏的国家，如非洲的撒哈拉国家，自然资源条件对经济增长形成了明显的制约。其次，自然资源的加工深度影响着总收益水平的高低。一般而言，资源加工越深越精，所能带来的附加值就越大，经济总收益就越高；反之，则相反。再次，资源的利用效率提高有助于产出或收入增长。同种资源在不同用途上对产出或收入的作用不同；在同一种用途上，资源的利用程度不同，其结果也不一样。改进资源的使用结构和利用效率，有助于经济增长。

不过，随着一国经济发展水平的提高和技术进步，自然资源对经济增长的制约作用会下降。因为随着技术进步，不少资源是可以替代的，如许多金属构件就可由塑料、陶瓷或其他新材料替代。技术革新使生产率不断提高，人们对原材料等自然资源的依赖性趋于下降，特别是新技术革命下产生的许多新产业，所耗费的资源极小。此外，由于交通通信业和现代物流技术的发展，运输费用降低，效率提高，可以通过进口来弥补本国资源的不足。

四、生产率

生产率是指各种资源（包括人力、物力、财力）利用的效率，在数值上等于国民经济总产出（国民生产总值）与各种生产要素总投入之比。总产出与总投入以下的几种不同的组合都意味着要素生产率的提高：或者是总产出增加、总投入减少；或者是总产出增加、总投入保持原水平；或者是总产出的增长速度快于总投入的增长速度。同样的要素投入，由于使用效率不同将产生极不相同的经济增长率。提高生产率包括提高劳动生产率和资本生产率（生产资料利用效率）。劳动生产率就是劳动力的生产效率，通常用每个劳动者在一定时期内生产的产值来表示。生产资料利用效率，一是指机器设备、厂房等固定资产的效率，通常用一定时期内单位固定资产生产的产值或生产单位产值所占用的固定资产来表示；二是指原材料、燃料、辅料等物资的消耗水平，通常用生产单位产品的物资消耗量来表示。见表12-1所示。

表12-1　**经济增长因素的国际比较**

国别（时期）	经济增长率	资本增长作用	劳动力增长作用	技术进步作用
中国（1952~1982年）	10.69	51	30	19
前苏联（1965~1975年）	8.18	13	24	63
美国（1946~1956年）	3.61	12	17	71
日本（1952~1966年）	9.50	20	15	65
韩国（1966~1976年）	10.47	54	24	22

20世纪50年代后，一些经济学家在对经济增长进行实证分析时发现，有些国家经济的总增长率远大于资本和劳动投入的增长率，产生了一个“余值”，这意味着肯定有无形要素的投入对经济增长发挥着令人瞩目的影响。于是经济学家把在资

本和劳动以外对经济增长起作用的因素用TFP（Total Factor Productivity，全要素生产率）来概括①，其内涵也就是我们所说的生产率。目前，我国全要素生产率对经济增长的贡献为25%，低于韩国的38.4%、日本的55.2%、美国的47.8%。提高生产率（或全要素生产率）主要依靠技术进步、管理水平提高、结构优化、规模经济及体制变革等，其中技术进步的作用通常被认为是最重要的。

1. 技术进步是提高生产要素使用效率的直接因素

技术进步有狭义和广义两种理解。狭义的技术进步主要是指生产和生活领域内所使用的工具和工艺水平的提高，也就是在硬件技术应用方面取得的进步。广义的技术进步不仅包括生产设备的更新、生产工艺和方法的完善、劳动者素质的提高等，而且还包括改善管理制度、提高管理水平、采取新的组织与管理方法、改善资源的配置方式等。在经济增长中，技术进步作为一种渗透性要素作用于劳动力、生产资料、自然资源等实体性要素，通过全面提高其质量、系统改善其组合过程的方式来提高实体要素的使用效率，促进经济增长。（1）技术进步促进了生产设备技术水平的提高和生产工艺水平的改善，改进了资源的使用状况，提高了投入产出率。（2）技术进步通过培训、教育及示范操作等途径使劳动者的素质和劳动熟练程度得以提高，这不仅有利于劳动者更好地与先进的设备、工艺相互配合，充分发挥作用，而且也促进了劳动者生活方式的改善和观念的现代化。（3）技术进步为宏观和微观管理的改进提供了有效的方法与手段。（4）技术进步使经济结构发生巨大变革，促进产业结构合理化，从而使宏观结构效益和资源配置效率得到提高。

---

① 美国经济学家索洛、斯旺和英国经济学家米德提出了新古典经济增长模型，其表达式可记为：$\Delta Y/Y=\gamma+\alpha(\Delta K/K)+\beta(\Delta L/L)$，其中$\Delta Y/Y$、$\Delta K/K$、$\Delta L/L$分别是经济增长率、资本增长率和劳动增长率，$\gamma$表示技术进步的增长贡献率（或全要素生产率的增长率），α、β分别是资本和劳动力的产出弹性系数（或权数），在假定规模产出不变时，$\alpha+\beta=1$。则$\alpha(\Delta K/K)$表示经济增长中资本增加的贡献率，$\beta(\Delta L/L)$表示经济增长中劳动增加所作贡献的比例。假定$\alpha=0.60$，$\beta=0.40$，劳动投入增加1.5%，资本投入增加3%，经济增长率为4.6%，则可以得出全要素生产率的增长率$\gamma=4.6\%-(0.60\times1.5\%+0.40\times3\%)=2.1\%$。还可得出：劳动投入增加和资本投入增加对经济增长的贡献为46%（（0.9%+1.2%）/4.6%），技术进步对经济增长的贡献为54%（2.5%/4.6%）。针对全要素生产率的增长率难以直接计算的困难，E. F·丹尼森从新古典经济增长模型出发，把全要素生产率增长率定义为经济增长率扣除资本、劳动力等生产要素增长所作贡献后的“余值”，这就是著名的丹尼森模型。他还分析了全要素生产率的组成，认为全要素生产率包含教育、知识进展、技术创新、组织管理、资源配置及规模经济等多种因素，并提出了它们所占比例的模型。丹尼森研究了1948~1981年美国经济增长的各因素的贡献率，发现在这一期间，国民生产总值平均年增长率为3.2%，资本和劳动投入增长每年贡献率为1.1%（0.5%+0.6%），而全要素生产率提高的贡献率平均每年为2.1%，其中包括0.6%的教育贡献率。这说明资本与劳动对GNP的增长的作用是有限的，仅占34%，而教育、科技、管理等要素的贡献占GNP增长总额的66%，其中教育占19%。

各国经济增长的事实也证明技术进步对经济增长的作用愈来愈大。美国经济学家库兹涅茨的研究揭示，发达国家的人均收入的增长有50%~70%来自于技术进步而产生的生产率的提高。随着20世纪90年代知识经济的兴起，科学研究与创新在国民经济持续增长中的支持作用日益增长，已经形成了以知识经济为特征的新型的经济增长。

2. 产业结构变动也是影响生产率的重要因素

产业结构是指国民经济中各产业之间的比例关系和结合状况。由于生产要素的非充分自由流动和信息的不完全，经济是非均衡的，不同产业的劳动力和资本等要素具有不同的生产率和收益。因此，推动产业结构调整和优化，促进要素从生产率较低的产业向较高的产业转移，能够提高产出水平，加速经济增长。随着人均收入水平的提高，人们的需求结构将会发生变化。如果产业结构不能随着需求结构的变化而变化，那么必将导致供求结构的失衡，大量的资源滞留在供过于求的衰退产业中，这必然会引起经济增长率下降；反之，如果能适时调整结构，推动资源从衰退的产业向兴盛的产业转移，就能促进资源配置效率的提高，推动经济增长。第二次世界大战后迅速崛起的日本、韩国等国家和地区的经济增长过程表明，加快产业结构转换是推动经济增长的重要因素。

3. 经济体制也会显著地影响生产率和经济增长

经济体制合理与否直接关系到各种社会资源能否优化配置、企业能否充满活力、科学技术能否进步、宏观经济能否协调等重大问题，从而最终制约着经济增长的状况。制度演进，如市场的完善、产权的界定、规制的解除及政府的理性行为等，有助于促进效率的提高，推动经济增长。20世纪70年代以后，以美国经济学家科斯、诺思等为代表的新制度经济学派深入地研究了制度和经济增长的关系。他们认为，制度和资本、技术等要素一样，是经济增长的一个内生性变量。诺思还从历史的角度证明了这样一种情况，即技术条件基本不变，只要经济制度发生变化（包括组织形式的革新、市场制度的变化、经营管理方式的革新、产权制度的变革等），生产率也能提高，经济也能增长。

以上因素不是孤立地起作用，而是结合在一起发挥作用的。资本投入与劳动之间必须保持协调，在数量、结构上互相适应，才能对经济增长做出应有的贡献。生产率的提高是离不开投资和劳动投入的，它主要表现在生产资料利用效率的提高以及劳动生产率的提高上。它们对经济增长作用的大小，在经济发展程度不同的国家以及同一个国家的不同经济发展阶段，是有差别的。一般而言，在经济比较发达的国家或阶段，生产率提高对经济增长的贡献较大，资本投入和劳动投入增加的贡献相对较小；在经济比较落后的国家或阶段，则是资本投入和劳动投入增加对经济增长的贡献较大，生产率提高的贡献相对较小。

第三节 经济增长方式

一、经济增长方式的含义与分类

所谓经济增长方式，是指一个国家（地区）在一定时期内达到经济增长的途径、手段或方式、方法。从投入产出的角度看，经济增长一般可以通过两种不同的途径或者说可以采取两种不同的方式：一种是粗放型经济增长方式（Extensive Growth，也称外延增长），即在技术水平、劳动生产率不变或变化不大的基础上，单纯依靠增加生产要素的投入来扩大产出规模，实现经济增长；另一种是集约型经济增长方式（Intensive Growth，也称内涵增长），即依靠提高生产要素的质量和使用效率来实现经济增长。目前，国际上通常用全（总和、综合）要素生产率提高对经济增长的贡献作为衡量经济增长方式及其变动的标准。

粗放型经济增长方式有以下几方面的特征：一是主要靠铺新摊子、上新项目，搞“大而全”、“小而全”以及低水平的重复建设；二是主要靠高投资、高积累以支撑经济增长的高速度；三是主要靠资源的多占用、高消耗，不注重降低成本，忽视经济效益；四是主要追求产值增长速度和产品数量增加，产品档次低、质量差、附加价值低，忽视技术进步和科学管理，不重视提高全要素生产率和经济运行质量，因而会使技术进步迟缓，不利于劳动生产率的提高，不利于经济结构优化和经济效益的提高，人们难以得到更多的实惠，影响了整个经济的发展。这是一种高投入、高消耗、低产出、低质量的经济增长方式。

集约型经济增长方式有以下几方面特征：一是立足于现有基础，把建设重点放到对现有企业的改造、充实和提高上；二是主要依靠提高生产要素的质量和使用效率，提高全要素生产率对经济增长的贡献份额；三是主要依靠科技进步加强科学管理，提高劳动者素质，节能降耗，减少浪费，使同样的物力、人力消耗创造出更多的社会财富；四是主要依靠结构优化升级、实现规模经营、合理布局生产力，提高结构优化效益、规模经济效益和区域分工效益；五是以市场需求为导向，注重产品质量和性能，增加花色品种，提高技术含量、附加价值和市场占有率。这种经济增长方式能显著提高国民经济整体素质和效益，使社会生产力有一个大的发展。这是一种低投入、低消耗、高产出、高效益、高质量的符合市场需要的经济增长方式。

在经济增长过程中，这两种类型的增长方式是相互联系的。粗放型经济增长方式是集约型增长方式的基础和前提，集约型经济增长方式是粗放型经济增长方式的提高和发展。一个国家的经济增长方式是同该国的经济技术条件及所处经济发展阶段相联系的，在不发达阶段，工业基础比较薄弱，生产技术水平和管理水平较低，经济增长以粗放型为主是难以避免的；到了发达阶段，经济技术水平有了较大提高，经济增长则以集约型为主。从世界各国市场经济发展的历史过程来看，经济增长方式由粗放型转向集约型，是所有发达国家走过的道路。

二、转变经济增长方式的必然性

在我国，转变经济增长方式作为经济政策主张提出来可以追溯到1978年。针对长期以来片面追求经济高速度的粗放型增长现象，党的十一届三中全会提出了提高经济效益的要求。自20世纪80年代以来，我国进一步强调经济增长方式转变的问题。党的十二大提出了我国经济发展战略要由以速度为中心向以经济效益为中心的转变。党的十三大进一步提出经济建设必须转到依靠科学技术进步的轨道上来，并强调要提高经济效益，调整产业结构。20世纪90年代之后，我国更加重视经济增长方式的转变。党的十四大提出持续、快速、健康的发展方针，把持续、高速度建立在优化结构、提高劳动力素质和经济效益的基础上来，加快实现经济增长方式由粗放型向集约型的转变。党的十四届五中全会又把实现经济增长方式转变作为战略目标确定下来，标志着我国经济增长方式转变已进入一个新的重要发展阶段。其实，只需较深入地探究一下我国经济和社会发展现状及客观趋势，就不难理解经济增长方式的转变是必然的政策选择。

1. 转变经济增长方式，是解决资源瓶颈问题的需要

经济增长需要有各种资源的供给，但一定时期内资源是稀缺的、有限的，必须经济地使用。更何况，我国的自然资源条件事实上并不优越，很多重要资源如能源、水、耕地等的人均占有量都大大低于世界平均水平。但我国经济20年来的迅速发展却是以能源的大量消耗为代价的。1980年以来，我国的能源总消耗量每年增长约5%，是世界平均增长率的近3倍。能源储量与发展需求之间已经存在一个巨大的缺口，而且这个缺口将越来越大。有专家测算出我国国内能源的缺口量：在21世纪初期将超过1亿吨标准煤，2030年约为2.5亿吨标准煤，到2050年约为4.6亿吨标准煤。实际上现在我国新增的石油需求量已经几乎全部依靠进口来满足①。粗放型的经济增长要靠资源的大量消耗来维持，尤其是随着经济规模的扩大，消耗资源更多，必将加速资源的枯竭和环境的恶化，难以支撑经济持续增长。而且，这种高物耗必然造成能源、原材料的供求关系紧张，使这些产品的价格呈强劲上升趋势，从而给经济的高速增长带来了成本过快上升的巨大压力。集约型的经济增长则能提高资源的利用效率，节约使用资源，从而缓解资源有限与经济增长对

---

① 我国主要用能产品的单位产品能耗比发达国家高25%~90%，加权平均高40%。例如，我国火电厂供电煤耗为每千瓦时404克标准煤，国际先进水平为317克标准煤，高出27.4%；我国每吨钢能耗平均为966公斤标准煤，国际先进水平是656公斤标准煤，高出47.3%；我国每吨水泥熟料燃料消耗为170公斤标准煤，而国际先进水平为107.5公斤标准煤，高出58.1%。

资源需求之间的矛盾，为长期的可持续发展创造有利的条件。

2. 只有转变经济增长方式，才能突破资本形成和资本积累的制约

我国面临的资本条件也很严峻，按照我国人口的发展规模和中长期经济发展目标，保持一定的经济增长水平本身需要大量的投资。而为了保证人民生活水平的不断改进和提高，又只能适度积累和适度投资。在过去我国经济增长中资本产出率很低，投资失策资金浪费现象很普遍，并且情况不断恶化。如果经济增长长期依靠高投入、高消耗、低产出、低效益的方式，那么可供积累的基数则更小，而资本投资需要量却更大，必然会使资本供求关系更为恶化。这种恶性循环的结果将导致居民收入增长缓慢，经济增长大起大落，最终使经济增长停滞甚至后退。所以，如果不尽快改变资本高投入、低产出、低效益的状况，不尽快提高资本生产率、劳动生产率，国内积累能力和资本供给能力就根本无法保证未来我国国民经济按照预期的目标和速度增长。

3. 转变经济增长方式，是提高经济效益的需要

不同的经济增长方式所产生的经济效益是大不相同的。粗放型的经济增长，生产要素投入大、消耗大，效益则与此不对等，产品附加价值低，盈利水平差。为了提供较多盈利（用于增加国家财政收入、增加企业积累、改善人民生活），提供较多产品和服务，就要进一步增加投入，扩大规模，引发过度的投资需求和通货膨胀。用这种方式实现经济增长，国家和人民的受益是与所付出的巨大代价不相称的。集约型经济增长虽然也要增加生产要素投入（例如设备更新），但经济增长主要是通过提高生产要素质量和生产率来实现的，不仅产品数量多，而且质量好，与此相比其投入和消耗却是较低的，用这种方式实现经济增长，能较快地增强国家经济实力和提高人民生活水平。各国的经济发展程度及人民生活水平的差异可以集中地通过人均国民生产总值这一指标反映出来。经济增长方式是解释这种差别的重要原因。比如日本，人口密度极高、自然资源极为匮乏，但却由于具有高水平的集约型经济增长方式，依靠先进的生产技术和高素质的劳动者，扬长避短，创造了非凡的经济奇迹。

4. 转变经济增长方式，是解决结构性经济问题的需要

粗放型增长方式是一种以经济的水平扩张为主的经济增长，容易造成投资结构的扭曲，比如“小而全”、“大而全”，重复建设，加重了供给结构与需求结构的失衡。在这样的增长过程中，产业结构的不合理问题往往不仅得不到解决，反而会随着投资结构的不合理更趋严重。这一直是阻碍我国经济健康发展的比较突出的问题。集约型的增长则要求进行投资可行性分析、科学决策，强调专业化分工与协作，追求规模经济效益、分工效益和结构优化效益。从20世纪90年代中期开始，我国市场格局逐步由卖方市场向买方市场转变。随着人们收入水平的不断提高，消费需求结构变动加快，需求层次迅速提升。在这样的背景下，忽视产品质量、品

牌、款式的数量型增长，往往导致大量产品滞销压库，造成严重的损失和浪费，并带来资金占用量大、企业互相拖欠等问题。实际上，目前积压的产品多是粗放增长方式下的传统产品，它们能耗高、质量差、附加值低，不适应市场需求变化，因而在市场上难以实现价值；相反，个性化、优品质、多性能、高附加值的高新技术产品却供不应求。企业只有转而选择集约型之路，向“专、精、尖、深”拓展，才能更好地适应市场竞争的要求。

5. 经济增长方式直接影响一个国家在国际市场上的竞争力

在国际经济交往中，发达国家凭借技术优势，垄断着技术密集型产品的出口市场，不断向国际市场推出技术含量高的有形产品和无形产品，获取了丰厚利润。目前，跨国公司掌握了世界80%以上的新技术和新工艺的专利权，控制着80%左右的尖端技术和约30%的国际技术转移，垄断了国际技术贸易。发展中国家则主要出口初级产品和凭借劳动成本低廉而生产的低档产品，价格低，收入低，为获得进口高价的技术、设备、特许权等所需要的外汇，要么在数量上加大上述产品出口，要么举借外债，经济上处于十分不利的地位。我国的情况虽然与很多发展中国家不完全一样（例如我国有少数高技术产品出口），但基本方面却是相同的。只有转变经济增长方式，开发具有自主知识产权的核心关键技术，提高生产技术水平，提高产品质量和档次，避免单纯数量扩张，不断“复制古董”，才能增强在国际市场上的竞争力，改变低价推销低档商品的不利状况，也才能有效地同涌入国内市场的外国商品进行竞争，进而促进民族经济尤其是民族工业的发展，捍卫国家的经济权益。总之，转变经济增长方式，是提高经济效益，实现社会主义现代化，在国际经济竞争中取胜的根本途径。

我们看到，粗放型经济增长方式是我国当前经济发展过程中许多矛盾和问题的症结所在。如不改变这种增长方式，这些矛盾和问题就难以解决。并且，随着经济总量和规模的迅速扩大，这种粗放型增长方式的局限性就更大，所带来的问题也会日益增多且更加严重。种种理由说明，我国要实现持续、稳定、高速的经济增长，就必须实现由粗放型增长方式向集约型增长方式的根本转变。

三、经济增长方式转变的制约因素

增长方式的转变，并非只是一个思想认识上的问题，而是由资源禀赋、经济体制、经济发展阶段和水平等多种客观因素制约的。

首先有必要区分企业的增长方式与整个国民经济的增长方式。所谓企业的增长方式是指在一个企业内，产出与生产要素之间的关系；国民经济增长方式是指从整体上看，总投入与总产出之间的关系。之所以提出这样的区分是因为对于这两者的客观影响因素是不同的。影响企业的增长方式的因素主要有两个：经济体制和市场供求结构。在各发达经济国家的早期发展阶段，由于市场机制不完善和在商品市场上工业产品的供不应求，资本主义企业走的也是依靠增加投入、扩大规模的外延式的发展道路。但随着经济发展水平不断提高，市场机制逐步完善，商品生产出现“相对过剩”，企业间的竞争加剧，这些因素迫使资本主义企业降低消耗、加快技术进步，以提高产品的竞争能力，从而实现了增长方式的转变。这种演进同样发生在我国。在计划经济体制下，产值和速度是考察一个企业的首要指标，因而企业具有强烈的“数量扩张冲动”。在预算软约束的条件下，企业往往选择依靠投入的大量增加而使产出增加的粗放型生产经营方式。同时，由于短缺的普遍存在，市场供求结构极不合理，在大部分商品市场上供给者之间的竞争极其微弱，是典型的卖方市场。在这种情况下，企业没有提高质量、改进技术的动机和激励，粗放型的增长就是一种自然而且必然的选择。但是改革开放之后，随着市场化进程的不断加快，经济体制发生了深刻的变化。特别是随着社会主义市场经济新体制和现代企业制度的逐步建立，使企业的目标、行为、经营机制等都相应发生了改变。企业的目标从产值最大化逐步转变为利润最大化，在自主经营、自负盈亏的机制下，企业必须通过内部的挖潜改造，提高工艺技术，降低消耗，以减少成本、增加利润。从企业的外部环境来看、市场供求结构也发生了很大变化，大多数的商品已由卖方市场转变为买方市场。同时随着对外开放的不断扩大，企业不但面临国内同行的竞争，而且受到国际竞争对手的严峻挑战，这就迫使企业不得不注意产品的质量和效益，不断提高竞争能力。如果继续“粗放”经营下去，只能面临破产和倒闭。因此，企业的增长方式由粗放（或外延）型向集约（或内涵）型的转变是必要的，而且在我国加入 WTO、日益融入经济全球化趋势的大背景下，这种转变更显得尤为迫切。哪个企业先完成了这种转变，它就会在竞争中取得优势；反之，则将被淘汰。

可以说，在制约经济增长方式转变的诸多因素中，经济体制问题是主要的。前苏联的经历充分证明了这一点。前苏联长期实行的中央计划经济体制，最初是在否定商品经济的理论支配下，在社会主义工业化路线指引下，为集中和统一调度全国的人力、物力、财力，保证重点建设任务而建立起来的。它在计划和考核工作中，重数量轻质量，重速度轻效率，本质上就是一种粗放型经营管理制度。后来虽经多次改革，但终因没有确定以市场经济作为改革的目标模式，而只是在计划经济的框架内修修补补，寻求所谓的计划与市场的最佳结合，所以不能根本解决经济增长率和经济效益不断下降的状况。

传统经济体制对我国经济增长方式转变的制约主要表现在：一是不利于加速科学技术进步。因为，在传统经济体制下，国家对企业统得过多过死，企业缺乏应有的自主权。其生产经营活动由上级决定并对上级负责，经受不到市场竞争优胜劣汰的压力，因而对加速科技进步、提高效率和质量、转变经济增长方式，既没有内在的要求和动力，也缺乏必要的经济条件。二是在传统经济体制下，经济、科技按部门原则自成体系，变成了互不搭界的“两张皮”，科研不面向经济建设主战场，经济发展不以科技进步为动力，从根本上割裂了科技与经济的有机联系，不利于研究—生产周期的缩短和新技术、新工艺的推广使用，从而严重影响了生产效率和质量的提高，不利于经济增长方式的转变。经济集约化，要求充分发挥市场在优化资源配置中的作用，要求产业结构和生产力布局合理，国民经济各部门、各地区协调发展。可是，传统经济体制忽视商品生产、价值规律和市场的作用，加上条块分割，本位主义、分散主义严重，致使畸形的产业结构、不合理的生产力布局长期难以调整，资源配置不能优化。在这种情况下，又怎能实现经济增长方式的转变呢？三是在中央计划经济体制下，分配中平均主义严重，干多干少、干好干坏一个样，熟练劳动与非熟练劳动的报酬相差不大，严重压抑了广大职工的积极性、主动性、创造性，这势必影响了效率和质量的提高，影响了集约化的进程。在长期的中央计划经济体制下，形成了“重新建、轻改造”，“重数量、轻质量”，“重速度、轻效率”以及贪大求全，忽视专业化协作，“找首长、不找市场”等传统习惯和惰性，这反过来又严重地阻碍了集约化方针的推行。因此，要转变经济增长方式，必须首先实现经济体制的转轨。

整个国民经济的增长方式的影响因素不同于企业增长方式的影响因素，除了经济体制之外，它主要包括经济发展阶段、全社会的资源禀赋和总体技术水平。

1. 经济增长方式同经济发展阶段和水平密切相关

一定的经济增长方式总是同特定的经济发展阶段相适应的，想逾越经济发展阶段来实现经济增长方式的转变是不切实际的。实现我国经济增长方式的转变，必须紧密地同我国二元经济结构特征相联系。目前，我国正处在工业化进程中，经济发展已经进入中下收入阶段或起飞阶段，或者说处在二元经济结构转换的初级阶段。从国际经验来看，在这一阶段中，经济增长仍然要在相当程度上依靠要素投入的增加即外延的扩张来实现，这是由处在这一阶段的国家的生产力发展状况（包括技术装备水平、劳动者素质、管理绩效等客观因素）决定的。但是，必须加快经济增长方式转变，以更快、更好地“走出一条科技含量高、经济效益好、资源消耗低、环境污染少、人力资源优势得到充分发挥的新型工业化路子”。①

2. 增长方式的转变还要受到资源禀赋的影响

在一国国内，各种资源的相对稀缺性不同，从而使得它们的相对价格以及边际生产力也不同。根据这些差异，各国都在寻找最适合本国资源状况的生产要素组合以使产出最大。西方发达国家资本（包括人力资本）丰富，而劳动力相对短缺，因而多采用资本密集型的生产方式。我国要实现增长方式的转变也必须大力发展资本密集型和技术密集型的产业。就一般发展原则来说，这无疑是正确的，但是，目

① 江泽民：《全面建设小康社会，开创中国特色社会主义事业新局面——在中国共产党第十六次代表大会上的报告》，人民出版社，2002年。

前我国的二元结构特征十分明显。我国农村存在大量的剩余劳动力，国有企业有相当数量的富余职工，同时每年又有上千万的新增劳动力，面对如此丰富和廉价的劳动力不充分利用，是一种既不明智又不可能的选择。同时为了缓解巨大的就业压力，在今后相当长的时期里，工业保持一定速度的外延增长是不可避免的。但是，我们必须正确处理资金密集型产业与劳动密集型产业的关系，加快经济增长方式转变的步伐，以加快实现工业化，发展社会生产力，从而创造出更多的就业机会。

3. *在考虑增长方式的转变时要考虑我国经济在地理上的二元结构特征*

在我国经济发展过程中，由于地理位置和政策等方面的原因，各地区的经济发展水平极不平衡，形成了比较明显的地理上的二元经济结构特征。东部沿海地区经济发展较快，目前东部沿海地区已积累了大量资本，技术水平也有很大程度的提高。从近几年来看，东部企业对劳动力的吸纳能力已经有所降低，在这种情况下，东部地区适时进行经济增长方式的转型，利用已有的资金、技术优势，走内涵增长的道路是切实可行的。但对中西部地区而言，由于资金、技术的不足以及大量农村剩余劳动力的存在，中西部地区在转变经济增长方式时，也不可忽视外延型增长。更进一步地说，即使在同一地区内部，对于不同行业经济增长方式的要求也应有所区别。在东南沿海较发达地区，经济由总量扩张到质量提高的转变是整体趋势，但并不排除在某些行业和部门依然通过外延扩张来吸纳劳动力，积累财富，扩大规模。同时，在中西部不发达地区，某些部门或行业应大力加快技术进步以带动整个地区经济的升级。

4. *转变经济增长方式最核心的制约是技术进步*

20世纪80年代末以来国际经济理论界关于经济增长模型的创新和发展，主要集中在技术进步方面。在实际生活中，技术进步越来越成为决定一国生产力水平的主要因素；各种投入要素的数量日益成为次要的因素，然而技术进步缓慢正制约着我国经济增长方式的转变进程。无论是从科研经费的投入、科技人员的数量和比重、专利申请量，还是从管理体制、科技成果转化水平及创新能力来看，我们离集约型增长方式的要求，离发达国家的水平都还有很大的差距。① 在提高科技创新对经济增长的贡献方面，我们还有很多事情要做。

四、转变经济增长方式的途径

经济增长方式的转变固然是一个长期艰难的过程，不可能一蹴而就，但是人们

---

① 研究和开发经费占国民生产总值的比重：美国为2.5%（1996年），日本为2.9%（1994年），法国为2.4%（1994年），德国为2.4%（1993年），英国为2.2%（1993年），印度为0.8%（1994年），我国的这一比重长期维持在0.5%~0.7%，1994年仅为0.5%，不仅落后于发达国家，也低于许多发展中国家的水平。发达国家科技成果转化率平均在80%以上，而我国却只有15%。

的不懈努力可以积极地影响这一过程，加快这一转变。我国现时正在大力推进这一转变。

1. 通过经济体制改革推动经济增长方式的转变

实际上从1978年开始，我国就一直倡导经济增长方式的转变。可为什么早已经明确的指导思想，至今仍没有得到完全的落实呢？“其原因是复杂的、多方面的，最主要的是经济体制和运行机制的问题。”① 正是传统体制下那种从数量扩张中只会得到利益和好处，而不需要对扩张行为的后果承担任何责任、支付任何代价的机制，导致了企业及地方不惜血本、不顾资源损耗和资金浪费的粗放行为。因此，实现经济体制的根本转变，成为经济增长方式转变的基本前提。经济体制改革的目的，是解放生产力，发展生产力。计划经济体制向社会主义市场经济体制转变，必能促进经济增长方式由粗放型向集约型的转变。因为，社会主义市场经济体制的建立，将形成有利于节约资源、降低消耗、增加效益的企业经营机制，将形成有利于自主创新的技术进步机制，将形成有利于市场公平竞争和资源优化配置的经济运行机制，从而推动企业改变粗放经营，实行集约经营。

2. 加快推进“科教兴国”战略，提高全要素生产率对经济增长的贡献份额

第一，从根本上说要增加投入，一方面国家应当不断提高国家教育经费、研究和开发经费占国民生产总值的比重；另一方面要采取鼓励政策使企业也增加科技投入，不是单纯地把有限的资金仅仅用在上项目、扩大规模上，而是更多地用于技术改造和科技成果的开发应用上。第二，除了重视我国自己的研制、开发之外，一定要高度重视技术引进。我国是发展中国家，在技术进步方面有着巨大的“后发优势”，即通过引进技术可以节省大量的自我研究开发费用。除了某些特殊领域之外(如军事、航天等高科技领域)，在今天的开放环境中我们应积极通过技术引进来提高我国的技术水平。国际经验表明，一些后起的或新兴的发达国家或地区正是依靠引进技术并积极创新而发展起来的，日本就是这方面的典型例证。② 第三，引进技术后要注意消化、吸收，尤为重要的是必须在此基础上，加以创新和发展。哈佛大学国际发展中心主任杰佛里·萨克斯说，“中国是世界上最大的技术引进、吸纳和升级的国家，但它还不是最创新的国家之一，尤其在那些可以为世界提供所需要

① 江泽民：《正确处理社会主义现代化建设中的若干重大关系》，第4页，人民出版社，1995年。

② 日本从20世纪50年代中期开始大量引进国外先进技术，在1956年以后的几年中技术引进年增长率都达到20%以上，大大推动了技术进步贡献率的上升，这是推动日本经济在20世纪60年代高速增长的重要保证。第二次世界大战后15年中日本工业产值的增长中32%是从引进技术得来的，而这一部分增加的产值是引进费用的40倍之多。日本同美国等国相比是一个后起国家。它最充分地利用了“后发优势”。可以设想，如果日本不是大量引进技术，而是封闭式的自我研究和开发，其经济奇迹不知要延迟多少年，或根本就不可能发生。

产品的有关技术方面，更是如此”，① 如果一个国家只是从国外引进技术，那么它永远也不可能赶上领先国家。它可以在技术上很接近国外的先进水平，但在一定程度之后，它就再也不能跨越两者之间的差距了。理论表明：如果一个国家能以比技术领先国家创新的速度更快的速度来进行技术引进，那么它就能最终取得更接近于国外先进水平的技术创新能力。即使如此，最终的不可跨越的差距仍然存在。怎样才能真正赶上国外先进水平呢？因此，必须使自己也成为一个技术创新的国家。②第四，加快科学技术成果向现实生产力的转化。

3. 增加人力资本投资

劳动者是创新的主体，也是生产经营活动的主体，劳动力素质的高低不仅决定劳动生产率的高低，而且还影响到其他要素使用效率的高低。同时，科学技术也只有同劳动力相结合才能形成现实的生产力。因此，提高劳动力素质是实现增长方式转变的重要途径，而要提高劳动力素质，就必须大力发展教育事业。教育投资是人力资本的主要组成部分，是人力资本积累和增长的主要途径。教育要面向经济建设主战场，可以适度超前发展，内容要新颖全面，不仅要教授科学知识和技能，而且还应加强劳动态度和职业道德的教育。教育的任务就是培养适应社会主义市场经济要求的各类人才。

4. 完善竞争性市场体系

实现集约型经济增长的微观基础是有效的市场竞争，因而完善市场结构，就成为实现增长方式转变的重要途径之一。这是因为，市场结构在相当大的程度上决定着企业的竞争行为，进而决定着市场竞争的效果。只有在合理的市场结构下，才能充分发挥市场竞争在优化资源配置和有效利用资源方面的基本功能。可以说市场结构与有效竞争密切相关，两者的依存关系可概括为：市场结构是有效竞争的载体，有效竞争只有通过完善的市场结构才能实现；有效竞争是市场结构的目标取向，在适应有效竞争的市场结构下，才能取得较高的经济效率。因此，为了实现增长方式的转变，今后要大力发展资本、劳动力、产权、土地和技术等要素市场，创造各类市场主体平等使用生产要素的环境，进一步完善统一、开放、竞争、有序的现代市场体系，健全市场机制，规范市场秩序；同时拓宽对外开放的领域和范围，提高对外开放的水平，充分利用国内和国外两种资源、国内和国外两个市场，使经济增长

① 杰佛里·萨克斯：《技术不死 创新不死》，《南方周末》，2001年10月11日。

② 2000年中国只在美国注册了119项专利，而韩国却有3 300项，日本有3.1万项。目前我国发明专利的数量仅为美国、日本的1/30，韩国的1/4。另据有关资料统计，近15年来，外国企业和中国企业在中国申请发明专利的比例是6.4∶1。外国企业在我国申请专利的比例很大，在信息领域占90%，在计算机领域占70%，在医药领域占60.5%，在生物领域占87.3%，在通信领域占92.2%。

机制发生根本性变化。

5. 实行适当的地区经济发展战略和产业政策

在全国各地区推行产业多样化和产业的升级换代，应防止不必要的重复建设和产业结构趋同化，引导各个地区根据自己的实际条件，发挥本地区的优势，形成有本地区特色的产业结构。鼓励技术密集型和知识密集型的高科技产业的发展。优化企业组织结构和产品结构，实现规模经营；强化企业经营管理，提高劳动生产率、减少单位产品中资源消耗；按市场需求组织生产，严格管理，加强产品开发，搞好市场营销，提高投入产出效益。

此外，转变经济增长方式，必须有一个比较稳定的国际、国内环境，否则就不可能达到向集约化过渡的预期目标，所以说稳定是大局，稳定是关键。

总之，转变经济增长方式是一个动员和调动一切积极因素来发展社会生产力的过程，只有持之以恒，踏踏实实地工作，才能见到实效。任何急于求成和侥幸取胜的想法都必然是要落空的。在以上各方面的工作中，最重要的是科技和教育。要认真实施科教兴国战略，实现科技教育与经济的紧密结合。

第四节 经济波动与稳定

一、经济波动与经济周期

经济增长实际上是资本、劳动、技术及管理等多种变量的函数，其中任何一个变量的变化，都会对增长过程产生影响。要在一个比较长的时间，保持所有变量的稳定几乎是不可能的。于是，生产力水平或高或低，经济增长率忽上忽下，就不可避免，并构成经济增长的常态，我们把这种现象称为经济波动。经济发生波动是正常的，在任何社会中，经济增长都不可能是直线上升的，总会有曲折反复，只能是在周期性的经济扩张和经济收缩的交替过程中螺旋式上升。

与经济波动相比，经济周期的界定更为严格一些。经济周期是指这样一些波动：它们要顺次经历繁荣、衰退（危机）、萧条、复苏四个阶段，并且有规律地周而复始，反复出现。根据马克思的论述，经济周期是在商品经济和社会化大生产的基础上才得以存在的一种经济现象。马克思指出："现代工业特有的生活过程，由中等活跃、生产高度繁忙、危机和停滞这几个时期构成的、穿插着较小波动的十年一次的周期形式。""现代工业这种独特的生活过程，我们在人类过去的任何时代都是看不到的，即使在资本主义生产的幼年时期也不可能出现。""但是，当机器工业如此根深蒂固，以致对整个国民生产产生了绝对的影响时；当对外贸易由于机器工业而超过国内贸易时；当世界市场逐渐侵占了新大陆、亚洲和澳洲的广阔地区时；最后，当走上竞赛场的工业国家为数众多时；——只是从这个时候起，才开始出现不断重复的周期，它们的各个相继的阶段都为时数年，而且它们总是以一场普遍危机的爆发而告终，这场危机既是一个周期的终点，也是另一个新周期的起点。”①

经济周期与经济波动是有区别的。经济周期必然是经济波动，是周期性的经济波动，它侧重于描述波动重复发生的时间长度；但并不是每一次经济波动都能称为经济周期，经济波动侧重于描述增长率的差异。依据这样的分析，我国经济中存在的增长率的上下摆动在多数情况下不能被称为经济周期，而是属于经济波动的范围。当然，从经济扩张与收缩交替发生看，把经济波动称做经济周期也未尝不可。这可以被理解为是一种广义的经济周期。

按照生产水平涨落情况，经济波动可以分为古典波动和增长波动。前者指经济活动水平的绝对上升和下降，后者指经济活动水平的相对上升和下降。第二次世界大战以前，西方国家的经济基本上是在自由竞争的市场机制的指导下运作的。由于生产的社会化和生产资料资本主义私人占有制之间的矛盾②的存在，经济运行存在着较大的盲目性，经济活动水平的变化很大。例如，20 世纪 30 年代的“大危机”几乎波及整个世界，西方国家的生产力水平不仅绝对地下降，而且下降的幅度还特别大。在这个阶段，古典波动占多数。第二次世界大战后，随着凯恩斯的政府干预经济的思想逐渐被人们接受并付诸实践，经济波动的水平被大大降低了，国民经济大多在增长率高一些还是低一些之间徘徊，类似于 20 世纪 30 年代“大危机”出现的生产力水平绝对下降的情况少有发生。可以认为，第二次世界大战之后，经济波动大多数属于增长波动。

二、我国的经济波动

要正确划定经济波动的阶段，首先必须要有确切的能够全面反映经济活动水平变化的统计材料。经济学家们比较一致的看法是，以不变价格计算的国民（内）生产总值的时间序列数据能够满足上述要求。在我国，由于统计方面的原因，国民（内）生产总值的核算只是在改革开放以后才开始的。现在国家统计局公布的国民（内）生产总值资料最早的年份是 1978 年，1978 年以前的情况尚不清楚。可以替代国民（内）生产总值，同时也具有历史的时间序列数据的资料主要有两种：一是社会总产值指标；二是国民收入指标。考虑到社会总产值有重复计算的缺陷，采用国民收入指标作为划定经济波动阶段的依据较为妥当。

划定经济波动的阶段就是要确定经济波动发生的起讫时间，通常有两种可供选

① 马克思：《资本论》中文版，第 1 卷，第 694、695 页，人民出版社，1975 年。

② 具体表现为企业内部生产的有组织性和整个社会无政府状态的矛盾、生产无限扩大趋势和劳动人民有支付能力的需求相对缩小的矛盾及资产阶级和无产阶级之间的矛盾。

择的方式：①将经济增长的高峰年到高峰年确定为一次波动；②把经济增长的低谷年到低谷年视为一次波动。

这里选择第一种方式。对改革以前的经济波动情况，我们依据国民收入的时间序列数据进行了简单的归纳整理，结果参见图 12-1。改革以后年份则选用 GDP 指标（见图 12-2）。增长的高峰年意味着发展的水平（一般用增长率来表示）要高于相邻的年份，但是究竟高出多少方能被视为高峰年呢？对此似乎并没有一个统一的标准。我们的分析大体依据两个标准：第一个标准是高峰年的发展水平与平均发展水平的偏差状况。如果高峰年的发展水平高于平均发展水平，例如 1953~1991 年国民收入年平均增长率为 6.8%，也就是说，如果该年份的国民收入增长率高于 6.8%，同时它又高于相邻的年份，我们就可以将它视为高峰年。第二个标准是高峰与低谷年发展水平的偏差状况。如果高峰年的发展水平并不是很高，但它与低谷年的发展水平有显著的差距，我们同样可以将它确定为高峰年。

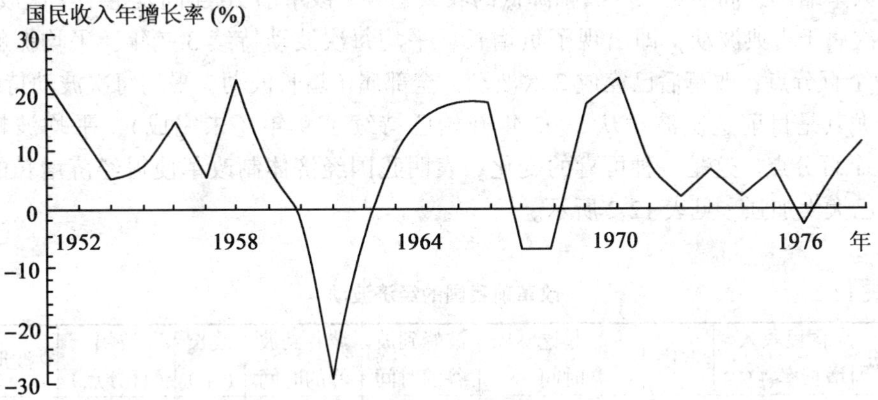

图 12-1　1952~1978 年我国经济波动的动态

对资料的分析表明，我国的经济增长速度呈明显的周期波动。简单地判断，我国自 1952 年以来的经济发展大约经历了 9 次周期波动。这种波动大体上有下面一些特点：（1）频率高，周期短。1952~2000 年共出现 9 次较大的波动，波动周期长的有 6~7 年甚至更长，短的只有 2 年，平均为 4.44 年。波动频率高于发达的市场经济国家，相应地持续时间短于这些国家。例如，1920~1982 年美国共发生 12 次经济波动，每次波动持续时间平均为 5.2 年；英国在 1913~1979 年发生了 10 次经济波动，每次波动持续时间平均为 6.5 年；德国 1913~1978 年也发生了 11 次经济波动，每次平均为 5.9 年。（2）波幅大。我国经济波动的振幅（即波峰、波谷的落差），最大的为第 3 次波动，振幅为 49.2 个百分点，最小的为第 6 次波动，振幅为 7.2 个百分点。9 次波动的平均振幅是 17.2 个百分点。（3）改革前后大致存

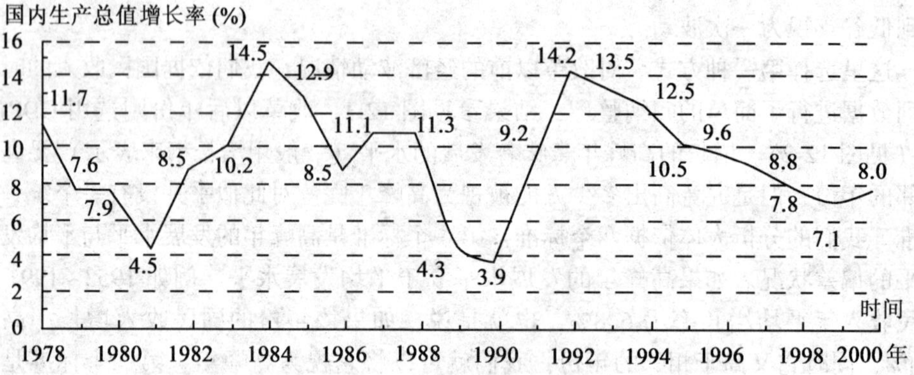

图 12-2　改革后我国的经济波动

在着频率缩小、周期延长、波幅降低的收敛趋势。改革前 26 年间发生了 7 次波动，有 3 次属于古典波动，即出现了负增长，平均每次波动持续 3.7 年，平均振幅为 19.4 个百分点；改革后已完成 2 次波动，全部属于增长波动，平均每次波动持续 7 年（尤其是目前这次波动从 1992 年开始已持续了 9 年还未完成），平均波幅为 9.55 个百分点。这是一种可喜的变化。表明我国经济体制改革使得经济增长的稳定性已大大加强。见表 12-2 所示。

表 12-2　　**改革前我国的经济波动**

年份	国民收入增长率（%）	波序	起讫时间	波峰到波谷的时间	波谷到波峰的时间	波长（年）	波幅（百分点）	波形
1952	22.2							
1953	14.0							
1954	5.8	1	1952~1956	2	2	4	12.4	增长型
1955	6.4							
1956	14.1							
1957	4.5							
1958	22.0	2	1956~1958	1	1	2	13.6	增长型
1959	8.2							
1960	−1.4							
1961	−29.7							

续表

年份	国民收入增长率（%）	波序	起讫时间	波峰到波谷的时间	波谷到波峰的时间	波长（年）	波幅（百分点）	波形
1962	-6.5	3	1958~1965	3	4	7	49.2	古典型
1963	10.7							
1964	16.5							
1965	17.0							
1966	17.0							
1967	-7.2							
1968	-6.5	4	1965~1970	2	3	5	27.4	古典型
1969	19.3							
1970	23.3							
1971	7.0							
1972	2.9	5	1970~1973	2	1	3	12.9	增长型
1973	8.3							
1974	1.1							
1975	8.3	6	1973~1975	1	1	2	7.2	增长型
1976	-2.7							
1977	7.8	7	1975~1978	1	2	3	13.0	古典型

三、我国经济波动的原因

1. 资本投入的周期性波动

把增长因素分解来看，经济增长率是由要素投入和全（综合）要素生产率水平决定的。在中国的经济增长中，全要素生产率水平很低，对增长的贡献微弱（经济体制改革以前），增长主要依靠要素投入支持。由此我们可以推断，经济增长率的波动应该由要素投入增长的波动来说明。我国劳动力资源丰富，供给稳定增长，它成为要素投入增长波动的发动因素可能性不大。可以这么说，资本投入波动影响了要素投入波动并最终引发了国民经济波动。对统计资料的分析证明了这种推断：我国固定资产投资年增长率与社会总产值年增长率在各个周期阶段都是高度正相关的，相关系数 R 均在 0.90。对投资年增长率（I）和经济增长率（S）进行回归分析表明，经济增长率 $S=3.9+0.3I$，这说明投资每增加 1%，国民经济增长 0.3%；反之，投资每下降 1%，经济则增长 -0.3%（国民经济由于其他因素每年固定增长 3.9%）。① 这就是说，投资对经济增长波动的制约作用是决定性的。

那么，是什么因素导致我国的投资呈现周期性变化呢？这要从传统的经济体制中寻找根源。匈牙利经济学家亚诺什·科尔奈深入分析了传统的高度集中的计划经济体制的特点。他认为，国民经济受到的约束可以分为三种类型：（1）资源约束：生产活动的实际投入，不能超过可以利用的资源总量。其中存在着物质的或技术性的约束，包括可以立即投入生产的具有不同素质的劳动力，也包括仓库储存的原材料、半成品和零件，以及机器设备、厂房等。（2）需求约束：生产是以销售为依存条件的。产品的销量，不能超过一定价格水平下买者的需求量。（3）预算约束：企业的财务支出，不能超过它最初的货币存量和企业的销售收入。根据约束的有效程度，科尔奈区分了两种"纯粹"型的体制：一种是需求约束型体制。在这种体制下，增加生产的有效约束是买者的需求。另一种是资源约束型体制。在这里，增加生产的有效约束是可以利用的物质资源。科尔奈还进一步指出："古典"形式的资本主义，即马克思在《资本论》中分析生产无限扩大的趋势同有限的市场购买力的矛盾时论述的那种经济，就是需求约束型经济，"传统"形式的社会主义经济也是一种资源约束型经济。这种划分是基本符合现实经济情况的。既然如此，可以认为可利用的资源实质上决定了传统体制下经济增长速度能够达到的上限。

在传统社会主义经济体制下，预算约束是软的。亚诺什·科尔奈指出，经济系统中各个层次的领导人都有追求好的业绩的倾向，这是任何社会都存在的一条心理规律。在西方市场经济中，这种倾向受到一定的抑制（硬的需求约束和预算约束），而在社会主义传统计划经济体制下却得到了无限的激励。因为统购包销、统负盈亏的制度安排使得企业无需考虑市场需求和财务方面的约束。企业和管理者成败得失的评判标准是计划指标的完成情况以及数量的扩张。于是，传统体制下的经济波动就呈现出这样一个循环。

在初始阶段，企业和各级政府的风险约束、利益约束、预算约束都是软的，这就使系统中产生了强烈的扩张冲动。这种冲动促使企业无限制地追求数量扩张，使政府制定高的经济计划指标，结果就导致了投资饥渴和投资膨胀②。旺盛的投资需求不断自我增强③，拉动经济以越来越高的速度增长。但是随着投资的继续增加和经济的持续增长，社会可利用资源的短缺日益严重，资源约束不断强化，例如：投

① 谷书堂主编：《社会主义经济学通论》，第 651 页，高等教育出版社，2000 年。

② 参见亚诺什·科尔奈：《短缺经济学》，中文版，上卷，第 197～201 页，经济科学出版社，1986 年。

③ 这主要是因为投资乘数和超级乘数在发挥作用。超级乘数的概念是希克斯提出的，超级乘数是初始投资和引致投资共同作用的结果，大于正常乘数的作用。参见希克斯：《动态经济学方法》，剑桥克拉伦顿出版社，1985 年。

资品的生产挤占了非投资品的生产，使原有的生产由于原材料出现短缺而受阻；政府宏观经济管理能力和效率也难以适应生产规模扩大的要求；企业家素质、工人驾驭新的生产能力的素质，都不能很快地与经济扩张相适应，使经济效率下降；投资品愈益短缺造成在建工程项目期限延长，速度放慢；许多未经充分论证的项目仓促上马造成的资源浪费加剧了资源的短缺；随着投资增加，消费率相应地作下降性的对称性循环，这会使劳动者的积极性受到压抑，造成劳动生产效率下降①。总之，投资的过度增加受到资源的约束，不可避免地会造成国民经济各种比例关系的破坏，导致总需求膨胀、结构失衡、出口逆差、人民消费水平下降等严重的经济问题，经济增长率开始下降。于是政府不得不改正高指标和大量投资的政策，转而采取抑制投资需求的强制性紧缩措施，如清理在建项目、压缩基本建设投资规模、控制货币发行和信贷总量及关停并转企业等，从而使投资增长率逐步下降，在投资乘数和超级乘数的反向作用下，经济增长急速滑落。当然这期间存在一定的政策时滞。

紧缩措施渐有成效。随着投资增长率的有意识降低，经济系统不得不进行调整，这就产生了调整效应，或称供给效应，因为这种效应是在需求紧缩中由生产能力增强产生的：由于部分工程的清理、压缩或暂停，使剩余项目的建设速度得以加快，已经完成的工程开始投产见效，为未来的经济扩张奠定了基础；强制紧缩也使若干基本的比例关系得以改善，资源"瓶颈"约束减轻，积累和消费的矛盾缓和，人民的消费水平开始有所上升，劳动积极性也逐渐提高。在这种情况下，经济效率随着投资下降缓慢回升，经济增长下降的速度逐步放慢，在达到谷底之后终于再度转升，从而表明经济调整政策已经收到了良好效果，结构协调了，比例平衡了，经济关系理顺了。于是为政府新一轮的扩张政策提供了条件。从根本上说，集中计划体制之下的政府本身就是一个有着极强扩张冲动的行为主体，财政支出的压力、对速度的偏好和约束的软化都决定了紧缩政策不可能持续很久，一旦经济形势允许，政府又将放松宏观控制。在经济前景普遍看好的情况下，自然是投资增长率转而回升，经济系统中的投资膨胀机制又再次发动起来，直至把经济增长率推向又一个高峰。由于经济结构原本就未得到根本调整，所以膨胀的投资需求很快又将受到资源"瓶颈"以及积累和消费之间矛盾的制约，新一轮的比例失衡和紧缩调整势在必

---

①　在既定时期，社会资源是有限的，用于积累的多了，用于消费的自然就少了。长期以压低消费的方式抬高积累率和投资率，将使消费者的利益受到严重损害。对此，米哈伊尔·卡莱斯基深刻地指出：如果我们假定提高增长率需要抑制消费，并且抑制是以急剧的方式进行的，即积累率迅速提高，消费率急速下降，那么实际工资不增长的时期越长，对提高国民收入中生产性积累的相对份额的反对就越强烈，劳动生产率增长率就越低。参见：米哈伊尔·卡莱斯基：《社会主义经济增长理论导论》，中文版，第335~344页，上海三联书店，1988年。

行。如此循环往复。

总之，传统经济体制是启动投资需求膨胀的内在因素，而资源条件则是限制投资无限膨胀的根本原因；在这两个因素的相互作用下，投资增长率呈现上下起伏，经济增长率也呈现周期性的波动循环。

2. 政治因素

(1) 集权与放权的循环往复。扩张冲动和投资饥渴是计划经济体制的一个显著特征，但是在中央高度集权的情况下，由于受到全方位计划的严格控制，扩张冲动和投资饥渴更多地表现为一种潜在的无法满足的需求。可是在中央为了克服高度集中体制弊端充分发挥各方面积极性而放权让利的时候，情况就不同了。过去由中央统一控制的计划决策权、基建审批权、物资分配权、招工计划权、企业管理权、财权以及信贷计划管理权都部分地下放给了地方和企业，无疑为地方和企业的扩张行为开了方便之门。于是，各地、各企业从局部利益出发，奉行本位主义，各自为政，竞相投资建设，竭力扩大生产规模。在投资的推动下，国民经济呈现出产销两旺的“繁荣”景象，经济增长加速。由于缺乏足够有效的利益约束和计划指导，放权的结果必然是比例关系破坏，宏观经济失控。为了恢复必要的经济秩序，避免失控态势进一步恶化，中央不得不重新集权或部分集权，并辅之以调整和紧缩措施。经济衰退随之发生。经验材料基本证实了这一点。例如，1958 年的放权对应着第三次经济波动的起点，随后的 1961 年的重新集权对应着第三次波动的低谷。1969 年的放权带来了 1969~1970 年的高速增长，可 1972~1973 年的集权后工业生产又陷入低谷。当然，分权与集权并不是与之对应的年份的增长与衰退的惟一原因，其他因素也起了重要作用。

(2) 政策变动。如果仔细观察我国经济波动，几乎在每一次波动背后我们都可以找到一定的政策诱因。一般的情况是，波动处于增长阶段时，对应的多半是扩张的经济政策；波动处于衰退阶段时，与之相伴随的大多是紧缩的政策措施。在集权的体制下，扩张和紧缩政策是政府主动选择的，企业具有扩张倾向，但收缩是不情愿的、是被动的。从这个角度我们可以认为传统体制中的经济波动是由政府主导的。

(3) 政治生活。政治与经济紧密关联，政治生活对经济波动的影响就不可避免。政治生活有促进经济增长的功能，同时它也可能是经济衰退的重要诱因。经济建设需要安定团结的政治局面，这是经济稳定增长的基本条件。如果这一条件得不到满足，就会对国民经济造成很大破坏。党的十一届三中全会以来，我国的经济建设取得了举世瞩目的发展，这应归功于改革开放的政策。

3. 其他因素

除了体制方面的特殊因素外，社会主义市场经济条件下的存货变动、固定资产更新、产业结构调整、科技进步及宏观经济政策等也会使我国经济增长出现周期性波动，只不过这将是一种正常的永远存在的商业经济周期，其特点是周期长、频率低、波动平缓。我国1997年开始出现的经济“软着陆”，似乎已经显示出20多年的经济体制和政治体制变革对抑制大的经济周期波动的积极作用，也初步展示出商业性周期的一种趋势。

四、实现经济稳定增长的途径

经济波动，尤其是剧烈、频繁的经济波动对一国的经济社会发展是极为有害的。它会干扰正常的经济运行，歪曲市场信号，妨碍市场机制和价值规律发挥作用：经济过热时形成通货膨胀，资源短缺，物价飞涨，严重影响人民生活；经济过冷则使市场主体对经济前景产生悲观预期，压抑投资和消费，导致生产能力闲置，失业激增。扩张、紧缩的政策循环造成了资源的巨大浪费和经济效率社会福利的极大损失。因此，每一个国家，都在追求稳定的经济增长。在我国，要实现这个目的，至少要做到下面几点：

1. 深化经济体制改革，保持安定团结的政治局面

上面的分析已经说明，我国经济增长周期波动的实质性根源存在于经济体制内部——造成风险、利益、预算软约束的内在机制。经济体制改革如果不触动各种约束机制，或者不改革制约企业行为和政府行为的经济机制，社会需求的膨胀机制就必然存在，因此在资源硬约束条件下，经济增长的大起大落就仍是不可避免的。而一旦解决了经济体制的弊端，也就解决了社会需求不受约束的问题，只有到那时，经济增长在需求和资源双重约束下，才可望实现持续、稳定的增长。

2. 保持适当的经济增长速度

追求高速度是粗放型增长的显著特征，以高速度为中心必然导致数量扩张和投资膨胀，在资源硬约束条件下，经济剧烈频繁起伏就难以避免。我们应该追求一种经济系统能够承担的、适宜的速度。这种速度满足下列条件：(1) 经济总量平衡；(2) 产业结构基本协调；(3) 国民收入均衡分配；(4) 经济效益提高；(5) 物价基本稳定；(6) 人民生活改善。

3. 保持投资和消费的适度增长

投资稳定增长是经济稳定增长的一个重要条件。投资增长率的波动不仅是经济增长率波动的直接推动因素，而且往往引起居民消费水平增长率的反方向波动(即所谓“对称性循环”)。因此，要防止经济非正常波动，就必须把投资及消费的增长速度控制在一个合理的范围内。

4. 保持货币增长和价格水平的相对稳定

近些年，人们在对传统体制下的货币投放办法进行改革和借鉴西方国家的货币供给政策的过程中，对确定货币供应量的依据问题进行了讨论。其中的一种看法是以经济增长速度作为确定货币增长速度的依据。这种看法忽视了货币供给对经济增

长的积极调节作用。据此观点，当经济增长速度高时，货币投放也高速增长，货币供给成为经济高速增长的推动力；当经济增长速度过低时，货币投放也低速增长，货币供给成为经济低速增长的约束力。结果，使货币机制失去了对经济的调节功能，使经济增长过程形成恶性循环。因此，既要使货币供给与经济增长的要求相适应，又要保持一定的相对独立性。在货币供给保持适度增长的条件下，保持价格水平的相对稳定就有了客观基础，从而避免价格波动幅度过大，影响经济稳定增长。

5. 建立适合我国国情的宏观调控机制

经济稳定增长是一个综合性的调控目标，调控难度很大，只有系统借助财政税收、信贷利率及价格、外汇等经济杠杆，灵活运用财政政策和货币政策，并配合适当的法律手段和必要的行政手段，才能形成有效的调控机制。

思 考 题

1. 什么是经济增长？什么是经济发展？经济增长与经济发展是什么关系？
2. 如何衡量经济增长和经济发展？
3. 决定经济增长的因素有哪些？
4. 什么是经济增长方式、粗放型经济增长方式、集约型经济增长方式？为什么要实现经济增长方式由粗放型向集约型的转变？中国经济增长方式的转变受到哪些因素的制约？如何推动中国经济增长方式的转变？
5. 造成我国经济波动的原因是什么？如何才能实现经济的稳定增长？

第　四　编

社会主义经济的对外开放

第十三章 社会主义经济的对外开放

社会主义经济在本质上是开放经济，实行对外经济开放是社会主义国家经济取得快速发展的必要条件，而且实行对外经济开放能够给社会主义经济带来多方面的经济利益，因此处在当代世界经济体系中的社会主义经济应该实行对外经济开放。对外经济开放面临着渐进式开放战略与突进式开放战略、进口替代战略与出口导向战略的选择，社会主义国家应该根据本国的情况做出正确的战略选择。20 世纪 80 年代以来中国的对外经济开放不断扩大，已经使中国经济摆脱了封闭状态，中国经济全面对外开放的格局已经初步形成，对外经济开放极大地促进了中国经济的快速发展，要谋求中国经济的进一步发展，中国还需要进一步扩大对外经济开放，最终使中国经济成为对外高度开放的经济。

第一节 社会主义经济是开放经济

一、开放经济的含义

1. 开放经济的含义及其与封闭经济的差别

要说明社会主义经济是不是开放经济，首先需要说明开放经济的含义。所谓开放经济（Open Economy）是指外国生产要素和产品能够自由地进入本国市场，本国生产要素和产品能够自由地输出，一国国内经济作为世界经济的一个有机组成部分，国内市场作为国际市场的有机组成部分，广泛地参与国际分工和国际经济活动的经济形态。开放经济最基本的特征是外国生产要素和产品能够自由地进入本国市场，本国生产要素和产品能够自由地输出，这是国内经济作为世界经济的一个有机组成部分，国内市场作为国际市场的有机组成部分的前提。因此，判别一国经济是不是开放经济，最重要的是看外国生产要素和产品是否能够自由地进入该国市场，该国生产要素和产品是否能够自由地输出到别的国家，如果外国生产要素和产品能够自由地进入该国市场，该国生产要素和产品能够自由地输出到别的国家，那么该国经济就是开放经济，如果外国生产要素和产品不能自由地进入该国市场，该国生产要素和产品也不能自由地输出到别的国家，那么该国经济就不是开放经济。

开放经济是与封闭经济性质相反的经济形态。封闭经济（Closed Economy）是指一国经济作为一个独立的经济体系同国际经济不发生任何联系的经济形态。在封闭经济中，所有的生产要素和产品都只在国内流动，国民经济循环完全限于本国范围之内。

在开放经济和封闭经济中，市场范围、宏观经济运行等都存在根本的差别。以下我们将从不同的方面来说明开放经济与封闭经济的差别，以便对两种不同的经济形态有更深的认识。两者的差别表现在多个方面：

（1）在封闭经济中，生产要素和产品仅在一国范围之内流动，外国生产要素和产品不能进入该国市场，本国生产要素和产品也不能输出到外国市场，生产要素和产品的供给者和需求者均为本国的供给者和需求者；而在开放经济中，生产要素和产品则既在本国市场流动，也在国与国之间流动，外国生产要素和产品能够自由地进入本国市场，本国生产要素和产品也能够自由地输出到外国市场，生产要素和产品的供给者既有本国的，也有外国的，生产要素和产品的需求者同样是既有本国的，也有外国的。

（2）在封闭经济中，生产要素和产品的价格由国内生产要素和产品的市场供求决定，受本国政府的干预；而在开放经济中，生产要素和产品的价格既受国内生产要素和产品的市场供求关系的影响，也受国际生产要素和产品的市场供求关系的影响，生产要素和产品的价格既受本国政府的干预，也受外国政府的影响。

（3）在封闭经济中，一国企业做出和调整其经营决策的信息依据只是国内市场生产要素和产品的供求关系和价格，企业的生产全部面向本国的消费者，企业面临的竞争压力仅仅限于国内企业；而在开放经济中，一国企业做出和调整其经营决策的信息依据既有国内市场生产要素和产品的供求关系和价格，也有国际市场生产要素和产品的供求关系和价格，企业的生产既面向本国的消费者，也面向外国的消费者，企业面临的竞争压力既有来自于国内企业的竞争压力，也有来自于外国企业的竞争压力。

（4）在封闭经济中，国民经济循环局限于本国范围之内，社会生产、分配、流通、消费均在本国范围之内进行，产品供给和生产要素供给、产品需求和生产要素需求都限于本国范围，因此宏观经济的运行仅由国内因素（内部因素）决定；而在开放经济中，国民经济循环不局限于本国范围，是包括本国经济和国际经济因素的循环，社会生产、分配、流通、消费的运行超出了本国范围，产品供给既包括本国的产品供给，也包括外国进入本国市场的产品供给（即进口品供给），生产要素供给既包括本国的要素供给，也包括外国进入本国市场的要素供给（即进口要素供给），产品需求既包括本国的产品需求，也包括外国对本国的产品需求（即产品出口需求），生产要素需求既包括本国的生产要素需求，也包括外国对本国生产要素的需求（即生产要素出口需求），因此宏观经济的运行既受国内因素（内部因素）的影响，也受国际因素（外部因素）的影响。

(5) 在封闭经济中，一国经济与国际经济是割裂的，国内市场与国际市场是割裂的，国民经济与国际经济没有任何联系，是游离在国际分工体系之外的；而在开放经济中，一国经济是与国际经济联系在一起的，本国经济是国际经济的有机组成部分，本国市场是与国际市场联系在一起的，本国市场是国际市场的有机组成部分，国民经济与国际经济是密切、广泛地联系在一起的，本国经济是国际分工体系的一个组成部分。

以上是就开放经济和封闭经济的典型形态来说的。现实中，既不存在严格意义上的开放经济，即完全开放的经济（纯粹的开放经济），也不存在严格意义上的封闭经济，即完全封闭的经济（纯粹的封闭经济），所有国家的经济形态都是处于这两种状态之间。不过，不同国家的经济开放程度或者经济封闭程度却是存在着差别的，有些国家经济开放的程度很高，而有些国家的经济开放程度很低或者说经济封闭程度很高，据此就可以根据这些国家的经济开放程度或者经济封闭程度对它们进行分类。由于现实中并不存在纯粹的开放经济和纯粹的封闭经济，因此为了研究需要，人们往往把那些经济开放程度很高的国家的经济形态称为开放经济，而把那些经济封闭程度很高的国家的经济形态称为封闭经济。这里需要说明的是，在实际中所指称的开放经济和封闭经济在不同时期是存在着差别的，经济开放程度相同的经济形态在某个时期被称为开放经济，在另一个时期却可能被称为封闭经济，经济开放程度相同的经济形态是被视为开放经济，还是被视为封闭经济，取决于世界各国经济开放的整体水平，如果世界各国经济开放的程度普遍低下，那么被称为开放经济的经济形态的经济开放的程度实际上并不高，如果世界各国经济开放的程度普遍提高，那么被称为封闭经济的经济形态的经济开放的程度实际上并不低。

2. 开放经济与对外经济开放、外向型经济的联系与区别

虽然我们在前面已经说明了开放经济的含义，但是专门说明开放经济与对外经济开放、外向型经济的联系与区别仍然是必要的。避免将开放经济与对外经济开放、外向型经济混同是作此说明的主要目的。

(1) 开放经济与对外经济开放的联系与区别。对外经济开放是指国内经济向他国开放，允许他国产品、生产要素在或大或小的程度上流入本国。开放经济与对外经济开放存在着一些相联系的地方，这种联系在于：①对外经济开放是一国经济成为开放经济的前提条件。任何一个国家只有不断扩大对外经济开放，最终才能转化为开放经济，没有对外经济开放，本国经济就不可能与国际经济发生联系，本国市场就不可能与国际市场发生联系，从而就不可能产生开放经济，因此对外经济开放是一国经济成为开放经济的前提条件。②开放经济是对外经济开放不断发展的结果或者说是对外经济开放不断发展的终极形态。只要一个国家实行对外经济开放，它就不得不允许本国产品和生产要素的输出，虽然对外经济开放可能出现倒退，但是从对外经济开放的内在的运行规律来看，对外经济开放具有自我促进的能力，一

个国家一旦开始对外经济开放，该国经济与国际经济的联系、该国市场与国际市场的联系就会不断加强，一旦其国民经济的正常运行离不开其与国际经济的联系，该国就很难从已经达到的对外经济开放的阶段倒退，这样该国就只有进一步地扩大对外经济开放，而对外经济开放的不断扩大会使该国经济的开放度不断提高，最终成为开放经济。③对外经济开放的进程决定着一国经济成为开放经济的进程。一方面对外经济开放是一国经济成为开放经济的前提条件，另一方面开放经济是对外经济开放不断发展的结果，由此也就决定了一国对外经济开放的进程越快，最终成为开放经济的进程就越快。④以开放经济作为目标会推动对外经济开放。由于对外经济开放是一国经济成为开放经济的前提条件，对外经济开放的进程决定着一国经济成为开放经济的进程，因此如果一个国家以使本国经济成为开放经济作为目标，就必须不断地推进对外经济开放，从而加快该国经济对外开放的进程。

虽然开放经济与对外经济开放具有上述联系，但是两者的区别是明显的。两者的区别主要表现在：①对外经济开放是一个过程，不是一种确定的经济形态，虽然一个国家的经济成为开放经济也需要一个过程，但是开放经济本身并不是过程，而是一种确定的经济形态。②对外经济开放能够作为一国经济成为开放经济的手段，也可以成为一国经济发展的手段，而开放经济并不是成为某种经济形态的手段，其本身也不是经济发展的手段。③对外经济开放着眼于本国市场的对外开放，即使一个国家不允许本国产品和生产要素的外流，只要其国内市场或者某些种类的产品和生产要素的国内市场向外国人开放，仍然视为对外经济开放，而开放经济则必须是既向外国人开放国内市场，同时也允许本国产品和生产要素输出到国外。④对外经济开放是一个国家的政府可以控制的过程，完全可以实行有选择性的对外经济开放政策（包括开放领域、市场进入方式、开放面向的主体等方面的区别对待），无论对外经济开放政策的选择性有多强，只要该国的国内市场对外国人开放，就应该说该国的确是实行了对外经济开放，由此可以说在对外经济开放的过程中，从政策方面看，不同国家的企业或者要素供给者所面临的竞争完全可能是不公平的竞争，而开放经济并不是一个国家的政府可以控制的过程，如果一国政府实行有选择性的对外经济开放政策，那么就不是开放经济，如果一个国家的经济是开放经济，那就意味着所有国家的企业或者要素供给者所面临的竞争都是公平的竞争。

由上可见，开放经济与对外经济开放有着明显的本质的区别，一个国家存在着对外经济开放，并不能说该国经济就是开放经济。

（2）开放经济与外向型经济的联系与区别。外向型经济（Outward-looking Economy）是指依赖于生产出口产品带动经济发展，生产主要由国际市场需求来决定，国民经济的发展靠国际市场需求来推动的经济。作为外向型经济，具有两个基本特征：一是从经济结构来看，外向型产业部门在国民经济中占有很重要的地位，其产出在国民经济各部门产出总量和就业在国民经济各部门就业总量中所占比重都很高。在外向型经济中，出口额在产出总量中所占比重（一般用出口额在国民生产总值或者在国内生产总值中所占的比重来衡量）很高；二是政府的经济政策倾向于、有利于出口贸易或者是鼓励出口贸易的。

外向型经济是相对于内向型经济（Inward-Looking Economy）而言的，所谓内向型经济是指政府鼓励进口替代（通过机器设备等国内无生产能力的生产资料的进口来形成本国的生产能力，本国的生产能力形成和提高之后，就用本国产品代替进口产品来满足国内市场需求），生产由国内市场需求决定，国民经济发展由国内市场需求来推动的经济。内向型经济具有与外向型经济相反的特征：一是从经济结构来看，外向型产业部门在国民经济中的地位很低，其产出在国民经济各部门产出总量和就业在国民经济各部门就业总量中所占比重很低，而内向型产业部门则在国民经济中占有很重要的地位，其产出在国民经济各部门产出总量和就业在国民经济各部门就业总量中所占比重很高，在内向型经济中，出口额在产出总量中所占比重很低；二是政府的经济政策不是倾向于、有利于出口贸易或者鼓励出口贸易，而是倾向于有利于或鼓励进口替代产品的生产，政府的经济政策与保护主义是密切联系在一起的，即政府采取的是保护本国生产者和市场的政策。

世界银行根据各国或地区经济结构和政府经济政策的特点曾将世界各国或地区经济划分为四种类型，即：内向型经济（坚定的内向型经济）、一般内向型经济、一般外向型经济和外向型经济（坚定的外向型经济）。我们发现在同一时期，各国或地区经济结构和政府经济政策存在差异，由此可将各国或地区经济划分为不同的类型，一个国家或地区在不同时期经济结构和政府经济政策也往往存在差异，由此同一国家或地区在不同时期又归属于不同的类型。

从上面我们对外向型经济和内向型经济的含义以及两者的特征做了说明，内向型经济不属于开放经济表现得十分明显，但是外向型经济是不是开放经济呢？表面上来看，外向型经济与开放经济似乎存在着更多的联系，应该说开放经济与外向型经济的确是存在着一些相互联系之处的，其主要表现在：①一国经济若属于外向型经济，那么其外向型产业部门就必须面对国际市场的竞争，在开放经济中，产业部门也必须面对国际市场的竞争；②虽然外向型经济并非开放经济，但如果一国长期发展外向型经济，一般会导致对外开放的部门和领域的增加，从而会推动外向型经济向开放经济的转变；③由于自然禀赋、各国产业结构的差异等，在开放经济中会存在外向型产业部门，而且在一些国家外向型产业部门在国民经济中会占有很重要的地位，其产出在国民经济各部门产出总量和就业在国民经济各部门就业总量中所占比重、出口额在产出总量中所占比重也会很高，尽管在开放经济中，政府并不会或者并不能实行倾向于、有利于出口贸易或者鼓励出口贸易的经济政策，但从表面上来看具有与外向型经济的形式上的相似性。

虽然开放经济与外向型经济存在着一些相互联系之处，但是两者的区别是很明显的。两者的区别主要表现在：①外向型经济是一种经济发展模式或者战略，是一种与内向型经济性质相反的经济发展模式或者战略，开放经济却不是经济发展模式或者战略，而是一种经济形态，从性质上来看，作为一种经济发展模式或者战略的外向型经济是不可能与开放经济并存的。②在外向型经济中，虽然一个国家出口比重很高，外向型产业部门必须根据国际市场需求决定生产，外向型产业部门被纳入到国际分工和国际经济体系中，但是却会对同鼓励出口无关的商品进口进行限制，对国内市场（包括外向型产业部门和其他部门）采取保护主义政策，使这些部门被隔离于国际市场、国际分工和国际经济体系之外，由此来看，外向型经济并不一定有着比内向型经济更高的经济开放度，因此外向型经济并不是开放经济是很清楚的。③基于自然禀赋、市场容量、国内分工发展的条件等因素的差异，不同国家的经济结构与经济政策存在差异是必然的，一般来说，同大国相比，小国出口额在产出总量中所占比重更高，外向型产业部门在国民经济中的地位更重要，外向型产业部门的产出在国民经济各部门产出总量和就业在国民经济各部门就业总量中所占比重也更高，但是这并不意味着小国经济比大国经济更开放，因为大国在自然禀赋、市场容量、国内分工发展的条件等方面一般要比小国具有更优越的条件，大国拥有更丰富的自然禀赋、能够形成比较齐全的生产部门体系、拥有更大的国内分工发展的空间，因此即使大国的对外经济开放度高于小国，而出口额在产出总量中所占比重、外向型产业部门的产出在国民经济各部门产出总量和就业在国民经济各部门就业总量中所占比重、外向型产业部门在国民经济中的地位并不一定会比小国高。世界各国的实际情况已经证明了这一点。这就告诉我们，我们判断一个国家的经济是不是开放经济以及对外经济开放度的高低，不应该以一个国家出口额在产出总量中所占比重、外向型产业部门的产出在国民经济各部门产出总量和就业在国民经济各部门就业总量中所占比重和外向型产业部门在国民经济中的地位的高低为标准，而应该以其市场的对外开放度的状况作为判断的标准，应该以一个国家的政府的经济政策是否具有歧视性、政府是否对产品和生产要素的自由流动进行干预作为判断的依据，一个国家的市场的对外开放程度越高，政府经济政策歧视性越小，政府产品和生产要素的自由流动的干预越少，其经济开放程度就越高，反之，其经济开放程度就越低。

二、社会主义经济是开放经济

众多的社会主义国家曾经长期实行闭关锁国的政策，同世界其他国家的经济联系十分薄弱，许多社会主义国家的经济实际上成了封闭经济，实践已经证明这种政策严重限制了社会主义国家经济的发展，从性质上来看，这种政策是与社会主义经济的本质不相符的，因为社会主义经济在本质上是开放经济。说社会主义经济在本质上是开放经济的理论依据是什么呢？以下予以说明。

1. 社会主义经济是建立在社会化大生产高度发达基础之上的经济

社会主义经济的产生是生产社会化不断发展的结果，正是因为资本主义经济最终不能适应生产社会化的不断发展，不能满足在生产社会化高度发展的条件下社会生产力发展的要求，它才退出人类社会发展的历史舞台，而为社会主义经济所取代。生产社会化高度发展的结果是形成高度发达的社会化大生产，高度发达的社会化大生产意味着社会生产的各个环节、各个部门高度紧密地联系在一起，社会生产的各个环节、各个部门高度地相互依赖、相互制约，这种处在高度发达的社会化大生产条件下的社会生产的各个环节、各个部门的高度紧密的联系自然不是一个地区或者一个国家范围内的社会生产的各个环节、各个部门的高度紧密的联系，而是世界范围内的社会生产的各个环节、各个部门的高度紧密的联系，这种世界范围内的社会生产的各个环节、各个部门的高度紧密的联系就意味着任何形式的国与国之间或者地区与地区之间的相互封闭、相互分割都是不能存在的，所有的产品和生产要素自由地在世界范围内流动，任何国家或者地区的经济都是世界经济的有机组成部分，任何国家或者地区的市场都是世界市场的有机组成部分，世界所有国家或者地区的经济高度紧密地联系在一起，所有国家或者地区都被纳入到世界分工体系中，所有国家或者地区的经济运动纳入到世界经济循环的运动中，也就是说发展到这个阶段，所有国家或者地区的经济都是开放经济。地区、部门之间的封闭、分割，国与国之间的封闭、分割是前资本主义经济和资本主义经济发展到最后阶段以前的现象，或者说从逻辑上来看，所谓开放经济或者封闭经济之分只存在于前资本主义经济和资本主义经济发展到最后阶段以前的阶段，作为生产社会化高度发展的结果而代替资本主义经济的社会主义经济当然应该是开放经济。

2. 社会主义经济是商品经济

商品经济的存在需要具备两个不可分割的条件，一是存在社会分工，二是生产者具有独立的经济利益，产品分属于不同的所有者。在社会主义经济中，一方面存在着社会分工，实际上在社会主义经济中，不仅存在着社会分工，而且社会分工高度发达，另一方面生产者仍然具有独立的经济利益，产品仍然分属于不同的所有者，这就是说社会主义经济具备作为商品经济所必须具备的两个条件，因此社会主义经济仍然是商品经济。商品经济的本性是要求经济资源能够自由地流动，产品和生产要素能够自由地交换，因此要求经济开放，商品经济本身是没有国界的，它要求市场的不断扩大，而且商品经济不断发展的结果必然会使产品和生产要素的流动超出国界范围，必然使产品和生产要素市场扩展至国际范围。社会主义商品经济是商品经济发展的最高阶段，在社会主义经济中，商品经济高度发达，在这种发达的社会主义商品经济中，任何国家或者地区的经济都应该是高度开放的经济。

当然，我们说社会主义经济在本质上是开放经济，并不表明在实际中所有的社会主义国家都应该立即全面地实现对外经济开放，因为在实际中必须考虑到一个国家所处的具体的国内经济条件与国际经济条件，应该根据本国经济发展水平和需要以及国际经济条件及政治条件来选择对外经济开放的步骤、对象、领域等，不过社会主义经济在本质上是开放经济说明社会主义国家不能实行闭关锁国的政策，而且社会主义国家应该将开放经济作为最终要实现的目标。

第二节　世界经济体系中的社会主义经济

一、全球开放经济的形成是一个长期的过程

我们在第一节已经说明社会主义经济在本质上是开放经济，不过这并不意味着在任何阶段出现的社会主义经济都一定以开放经济形态表现出来，如果所有的社会主义经济都是建立在社会化大生产高度发达的基础之上的，世界各国的经济都是社会主义经济，那么开放经济就是各国普遍的经济形态。但是由于社会生产力和生产社会化发展具有的不平衡性，使得世界各国不可能在同一时期形成同等发达的社会化大生产，因此也就必然造成世界各国并不可能同时进入社会主义经济，这就决定了各国经济由封闭经济转化为开放经济的进程必然会出现差别，社会生产力和生产社会化的发展越不平衡，这种差别就越大。一个国家的社会生产力和生产社会化发展得越快，社会生产力和生产社会化水平越高，商品经济越发达，其由封闭经济转化为开放经济的进程就会越快，对外经济开放的程度就会越高。社会生产力和生产社会化的发展是一个长期的过程，而且社会生产力和生产社会化的发展又具有不平衡性，这就使得不可能出现世界各国同时成为开放经济的局面，全球开放经济的形成因此就必然会是一个长期的过程。

从人类社会发展的漫长过程来看，封闭经济与开放经济的形态演变要经历三个基本的阶段：（1）全球封闭经济阶段，即世界各国或者地区的经济都是封闭经济。（2）封闭经济与开放经济并存的阶段，即一部分国家或者地区的经济为封闭经济，另一部分国家或者地区的经济为开放经济。（3）全球开放经济阶段，即世界各国或者地区的经济都是开放经济。全球封闭经济阶段、封闭经济与开放经济并存的阶段会持续多长时间取决于社会生产力和生产社会化发展的快慢、社会生产力和生产社会化发展的不平衡性的程度的高低，社会生产力和生产社会化发展越慢、越不平衡，全球封闭经济阶段、封闭经济与开放经济并存的阶段持续的时间就越长。

基于社会生产力和生产社会化发展的长期性、渐进性，封闭经济与开放经济的这种形态演变也呈现出长期性、渐进性；基于社会生产力和生产社会化发展的不平衡性，封闭经济向开放经济的形态演变呈现出不平衡性，即世界各国或者地区由封闭经济向开放经济的形态演变呈现出不平衡性；基于社会生产力和生产社会化发展的累进性，封闭经济向开放经济的形态演变乃会呈现出加速性。

二、世界经济体系的特征

这里的世界经济体系是指当代的现实的世界经济体系。当代世界经济体系还不是建立在世界各国社会化大生产都已经达到高度发达的水平的基础之上的，不是建立在世界各国的经济都是社会主义经济的基础之上的。那么当代世界经济体系具有哪些特征呢？当代世界经济体系所具有的特征可以从不同的角度进行分析，但其主要特征可归结为以下几个方面：

1. 世界大部分国家或地区的经济已经高度社会化

经济的社会化是一个过程，各国或地区经济社会化的历史长短不一，发展速度的快慢不同，经济社会化的水平自然存在着差别，但是从当今世界各国或地区来看，大部分国家或地区的经济都已经高度社会化，也就是说在世界的大部分国家或地区，其社会生产的各个部门、各个环节已经高度广泛地、紧密地联系在一起，它们相互联系、相互依存、相互制约。

2. 世界经济正在迅速地全球化

经济全球化是生产社会化超越国界，即生产国际化的结果。经济全球化的进程早已开始，但进入20世纪末后，随着阻碍经济全球化的制度因素的消失或者弱化、随着生产力的进一步发展，特别是当代通信和运输体系的巨大发展，使得经济全球化的进程大大加快，从而使得世界经济正在迅速地全球化。这种经济全球化导致世界各国和地区的经济更快地、更广泛地、更紧密地联系在一起，世界各国和地区被更快地、更广泛地纳入到国际分工体系中，从而使世界各国和地区的经济发展相互依赖、相互制约的程度大大提高。伴随着生产国际化，国家之间或者地区之间的经济竞争变得越来越激烈，国家之间或者地区之间的经济开放和合作成为相关国家和地区经济发展的必要条件，这样最终会出现经济的一体化。世界经济一体化是经济全球化发展的最终趋势，但世界经济一体化是生产国际化的最高阶段，其不仅需要生产力方面的条件，也需要具备经济制度和政治等方面的条件，因此当前还不可能出现世界经济的一体化。但是区域经济一体化早已出现，而且这种区域经济的一体化还在进一步发展，在欧洲已经出现了区域经济的一体化，在美洲也开始出现了区域经济的一体化，作为一种趋势，区域经济的一体化还会不断发展，最终会为世界经济的一体化所取代。

3. 世界各国或地区的社会生产力发展很不平衡

社会生产力的不断发展是世界各国或地区的长期趋势，但是基于社会生产力发展基础的不平衡和经济制度、经济体制等方面的原因，各国或地区社会生产力的发展并不平衡，由此造成当今世界各国或地区的社会生产力发展水平存在很大的差异，有的国家和地区社会生产力的发展已经达到非常高的水平，有的国家和地区社会生产力的发展水平还非常低下，有些国家和地区的社会生产力还是原始的生产力。社会生产力发展水平的差异既反映在各国和地区人均产出的差异方面，也反映在各国和地区产业结构的差异方面。社会生产力发展水平的差异综合反映在各国和地区经济发展所处阶段的差异方面，从世界各国和地区经济发展所处的阶段来看，有的国家和地区已经开始进入知识经济阶段，有的已经处于工业化的高级阶段，有的处于工业化的中级阶段，有的处于工业化的低级阶段，有的还处于农业经济阶段，有的国家和地区甚至还处在狩猎经济和采集经济阶段。这意味着当今世界的经济全球化是世界各国或地区的社会生产力发展极不平衡的条件下的全球化，是包括经济发展所处阶段极不相同的国家和地区在内的全球化。

4. 大部分国家或地区的经济体制是市场经济体制

以资源配置方式来分，经济体制包括习惯经济、市场经济、计划经济等不同的类型。从当今世界各国和地区来看，在有的国家和地区存在的是市场经济，有的是计划经济，还有的则是习惯经济，不过在大部分国家和地区存在的是市场经济，那些在20世纪曾经长时期实行计划经济的国家从20世纪80年代开始转向市场经济，有的从20世纪60年代末就开始进行市场取向的经济体制改革，到现在，除个别国家尚未放弃计划经济外，其他过去实行计划经济的国家都已经放弃计划经济，这样在世界各国和地区中，除少数国家的经济体制是计划经济和习惯经济外，其他国家和地区的经济体制都属于市场经济体制。当然世界各国和地区市场经济的成熟程度是存在着差别的，有的国家和地区的市场经济已经非常成熟，而有的国家和地区的市场经济还处于初级阶段。

5. 大部分国家和地区的经济制度是资本主义经济制度

从世界各国和地区的经济制度来看，尽管还存在前资本主义经济制度，但那只是个别现象。世界上有一批国家实行的是社会主义经济制度，但是大部分国家和地区的经济制度是资本主义经济制度。实行资本主义经济制度的国家和地区既包括世界上经济最发达的资本主义国家，也有世界上最不发达的国家和地区，实行社会主义经济制度的国家经济发展水平也存在差异。

三、处在世界经济体系中的社会主义经济

上面我们分析了当代世界经济体系所具有的主要特征，这些特征一方面表明现实中的社会主义经济并不是处于世界各国社会化大生产都已经达到高度发达的水平、世界各国的经济都是社会主义经济的世界经济体系中，因此还不可能形成以普遍的社会主义经济为基础的全球范围内的开放经济，但是另一方面，世界大部分国家或地区的经济的高度社会化、世界经济的迅速全球化又表明实行社会主义经济制度的国家必须寻求与其他国家和地区的合作，必须实行对外经济开放。

当代世界经济体系是包括不同发展阶段、不同经济体制、不同经济制度的经济体的复杂的经济体系，这自然意味着社会主义经济体要与不同发展阶段、不同经济

体制、不同经济制度的经济体共处。首先，社会主义经济体要与经济发展阶段各异的经济体共处。现实中的社会主义经济体都不是建立在世界上最发达的社会生产力的基础之上的，虽然实行社会主义经济制度的国家的社会生产力和生产社会化都已经达到相当高的水平，但是与世界上最发达的经济体相比较，社会主义经济体的社会生产力和生产社会化的水平还是比较低的，因此，社会主义经济体面临的主要任务就是加快发展社会生产力、迅速提高生产社会化的水平。要达到这一目的，社会主义经济体就必须利用世界一切先进的生产力发展的方法，因此就必须实行对外经济开放。其次，社会主义经济体要与不同的经济体制共处。经济体制不同，经济运行机制不同，由于世界上大部分国家和地区的经济体制是市场经济体制，因此社会主义经济体要实行对外经济开放实际上意味着要向市场经济国家和地区开放，虽然经济体制不会绝对阻碍实行不同的经济体制的经济体的技术、经济交流与合作，但是不同的经济体制的确会成为不同经济体技术、经济交流与合作的障碍，同时由于社会主义经济本身是商品经济，因此过去实行计划经济的社会主义经济体应该进行市场取向的经济体制改革，建立市场经济，从而为不同经济体之间的交流与合作提供有利的条件。要加快建立市场经济体制也需要不断推进对外经济开放。其三，社会主义经济体要与实行不同的经济制度的经济体共处。由于目前世界上大部分国家和地区的经济制度是资本主义经济制度，因此社会主义经济体的对外经济开放自然包括对实行资本主义经济制度的国家和地区的经济开放。

第三节　社会主义经济的对外开放

一、社会主义经济对外开放的利益

世界经济体系所具有的特征决定了社会主义经济对外开放的必要性。处于当代世界经济体系之中的社会主义经济必须实行对外经济开放，必须不断加强同世界其他经济体的联系，应该说，实行对外经济开放是社会主义经济实现快速发展和在与其他经济制度的竞争中不断增强竞争力并最终赢得竞争优势的必要条件。由于相对于发达国家和地区，社会主义经济体的社会生产力的发展水平较低，通过对外经济开放，不仅可以获得实行对外经济开放能够获得的一般利益，而且基于社会生产力发展相对落后的地位，还能获得其他许多方面的经济利益。

1. 通过实行对外经济开放可以在国际分工中充分利用本国产品生产的绝对优势和比较优势，获得绝对利益和比较利益

首先，在国际分工中，一国可以大量地生产本国具有绝对优势的产品（即其在全世界生产成本最低或者说生产效率最高），并将此种产品输出到国际市场（虽然成本低，但却可以按产品的国际价值决定的市场价格出售）而获取大量的出口

收入，然后再用它购买、输入本国生产不具优势的产品，那么就可以从中获取绝对利益。一国具有绝对优势的产品越多，国际市场容量越大，生产和出口规模越大，换回的产品越多，所获得的绝对利益就会越多。在封闭经济中，由于国内市场容量有限，就不能大规模生产，使得这种产品的生产潜力无法得到充分地利用，同时又不得不生产本国所需要的生产不具有优势即生产成本很高的产品，从而就不得不耗费大量的经济资源，但达到的社会福利水平并不高。也就是说，一国经济若为封闭经济，就会损失通过实行对外经济开放所能得到的经济利益。所以要充分利用本国的绝对优势，充分地获得绝对利益，就必须实行对外经济开放，必须积极参与国际分工和竞争，充分利用国际市场。实行对外经济开放是一国利用本国的绝对优势、获得绝对利益的必要条件。

其次，即便许多产品的生产成本都比较高，仍然可以利用国际分工而大量生产那些生产成本相对较低的产品，通过输出这种产品，然后输入对本国来说生产成本相对较高的产品，就可以得到更多的产品，从而获得比较利益。在封闭经济中，由于国内市场容量有限，就不能大规模生产，同时又不得不生产本国所需要的生产成本相对较高的产品，这样所能达到的社会福利水平就会较低，这就是说，一国经济若为封闭经济，就不能利用比较优势，不能获得比较利益。因此实行对外经济开放是一国利用本国的比较优势、获得比较利益的必要条件。因此，社会主义经济实行对外经济开放必然会为利用本国的比较优势、获得比较利益提供有利的条件。

2. 实行对外经济开放可以利用后发优势，获得后发性利益

后发优势是指经济落后的国家或者地区由其经济相对落后所致的特殊有利条件。基于实行社会主义经济制度的国家社会生产力发展所处的相对落后的地位，后发优势也是客观存在的。这里需要说明的是，对于实行社会主义经济制度的国家而言，目前均处于工业化过程中，而经济发达国家和地区无非是在工业化过程中处于领先地位的国家和地区，因此实行社会主义经济制度的国家的后发优势具体地来说就是指其在工业化过程（启动和推进过程）中处于相对落后的地位所致的特殊有利条件。那么实行社会主义经济制度的国家到底面临着哪些方面的后发优势呢？我们认为实行社会主义经济制度的国家面临的后发优势可以归结于以下各方面：

（1）技术方面的后发优势。社会生产力发展尚处于相对落后地位的社会主义国家利用技术方面的后发优势所可能获得的后发性利益是最重要的后发性利益。社会生产力发展尚处于相对落后地位的社会主义国家的技术水平落后于经济发达国家，这样就可以通过从经济发达国家引进先进技术的方式来加速本国的技术创新。对社会生产力发展尚处于相对落后地位的社会主义国家来讲，从经济发达国家引进先进技术至少可以获得以下两个方面的好处：①可以以比经济发达国家少得多的代价获得相同的先进技术。技术开发风险大，投入多，而引进则几乎没有风险，投入少，因此可以节省本来会花在技术开发上的大量开支。②可以迅速缩短同经济发达

国家在技术水平方面的差距。社会生产力发展尚处于相对落后地位的社会主义国家如果只靠自己从事科学技术研究，进行技术开发，赶上经济发达国家的先进技术肯定需要花费相当长的时间，而且科学技术的发展具有累积性和加速发展的性质，这样社会生产力发展尚处于相对落后地位的社会主义国家单靠自己进行研究、开发，可能难以赶上经济发达国家的技术水平，除非经济发达国家的技术陷入停滞状态。但是从经济发达国家引进先进技术，则可以迅速缩短同经济发达国家间的技术差距。世界上落后国家没有一个能够不从先进国家引进先进技术而能赶上先进国家的，对落后国家来说，这也是它们可能获得的主要潜在利益。此外，社会生产力发展尚处于相对落后地位的社会主义国家可以通过对经济发达国家技术创新经验的研究，选择合适的技术创新模式，在自主性的技术创新中，避免错误的路径选择，在更高的起点上更快地进行自主性的技术创新。

（2）经济方面的后发优势。经济方面的后发优势主要包括：①劳动力资源丰富的比较优势。一般而言，社会生产力发展尚处于相对落后地位的社会主义国家都拥有丰富的劳动力资源，工资率低，单位产品的劳动成本低，利用这种优势可以在一定的程度上抵消生产率劣势，在一些产业，特别是劳动密集型产业赢得价格优势，从而提供了劳动密集型产品市场扩大的可能性，也因而可为相关产业的发展提供有利的市场条件，并有利于引进外资，有利于积累的增长。②可从经济发达国家引进资本加快资本积累。经济发达国家拥有雄厚的资本积累，而且社会生产力发展尚处于相对落后地位的社会主义国家拥有劳动力、土地等低成本要素，这为社会生产力发展尚处于相对落后地位的社会主义国家提供了通过引进经济发达国家的资本加快资本积累的可能性。经济发达国家在完成工业化以后，对外输出由过去的以商品输出为主转向资本输出与商品输出并行，为社会生产力发展尚处于相对落后地位的社会主义国家加速资本积累提供了有利条件。③国际分工由传统的垂直分工转向水平分工，为社会生产力发展尚处于相对落后地位的社会主义国家现代工业部门的发展提供了有利条件。第二次世界大战之前的国际分工的特点是垂直分工，第二次世界大战之后，由于第二次世界大战出现的科学技术革命，跨国公司的巨大发展和产业结构的升级，垂直分工的旧格局发生了变化，水平分工得到很大发展，使得不仅经济发达国家之间出现了部门分工，而且经济发达国家与社会生产力发展尚处于相对落后地位的社会主义国家之间出现的分工不再是工、农业之间的部门分工，社会生产力发展尚处于相对落后地位的社会主义国家也开始大量生产制造业产品，经济发达国家的跨国公司在社会生产力发展尚处于相对落后地位的社会主义国家设立分公司或分厂，把产品生产的某些环节或某些零配件的生产转移到社会生产力发展尚处于相对落后地位的社会主义国家，甚至在社会生产力发展尚处于相对落后地位的社会主义国家直接设立成品组装厂。国际分工的这种转变为社会生产力发展尚处于相对落后地位的社会主义国家现代工业部门的发展提供了有利条件，给社会生产力发展尚处于相对落后地位的社会主义国家的工业化带来了机会。④经济发达国家产业结构的升级为社会生产力发展尚处于相对落后地位的社会主义国家发展现代工业部门提供了有利条件。经济发达国家在工业化过程中，产业结构经历了由农业部门为主，转到工业部门为主，再转到以服务业为主，从以劳动密集型产业部门为主，转到以资本密集型产业部门为主，再到以技术密集型产业部门为主的演变过程。产业结构的这种演变是需求结构的变化、科技进步、生产要素的相对价格的变化等多种因素共同作用的结果。第二次世界大战之后，经济发达国家普遍经历了从以工业部门为主转到以服务业部门为主，以劳动密集型产业部门、资本密集型产业部门为主转向技术密集型产业部门为主的过程，这种转变为社会生产力发展尚处于相对落后地位的社会主义国家发展现代工业部门提供了有利条件。经济发达国家不仅要允许，而且需要社会生产力发展尚处于相对落后地位的社会主义国家生产劳动密集型产业和资本密集型产业，它们需要将本国要被替代的“传统”产业部门（“夕阳工业”）转移出去，它们需要将利用率很低或闲置的资本（包括机器设备、技术等）利用起来来获利，而社会生产力发展尚处于相对落后地位的社会主义国家拥有丰富的劳动力资源，工资成本低廉，有大量的燃料、原材料（矿石等），土地价格低廉，因此具有发展这些部门的潜在优势，它们可以利用这种机会来发展劳动密集型和资本密集型产业部门，也为社会生产力发展尚处于相对落后地位的社会主义国家通过参与国际分工，利用经济发达国家和社会生产力发展尚处于相对落后地位的社会主义国家在产业结构与要素供应上的差别、利用社会生产力发展尚处于相对落后地位的社会主义国家劳动力资源丰富等方面的比较优势提供了条件。⑤经济发达国家跨国公司的巨大发展为社会生产力发展尚处于相对落后地位的社会主义国家引进技术、资本，参与国际分工提供了新的机会。跨国公司的发展是工业化过程的必然结果。第二次世界大战之后，由于资本集中过程的加速，跨国公司获得了巨大发展。由于跨国公司拥有巨大的生产规模，国内市场远不能满足其扩大生产的需要，为了追求更多的利润，跨国公司纷纷大力增加国外投资；跨国公司拥有强大的组织能力、科研能力和巨大的销售能力，因此它们可以将其资本转移到国外，有能力将企业内部的分工扩展到国外，把一种产品的生产环节或产品的不同零配件扩展到各个不同的国家完成。第二次世界大战之后，经济发达国家资本输出获得了巨大增长，而跨国公司则是资本输出的主要承担者，可以说没有跨国公司这样一种组织形式，没有跨国公司的巨大发展，经济发达国家的资本输出就不可能出现巨大增长。跨国公司的巨大发展以及跨国公司投资动机的多样化（不再只是要掠夺当地的原材料，而是包括利用当地廉价的土地、劳动力或较低税收或扩大市场等）和跨国公司之间竞争的日趋激烈，给社会生产力发展尚处于相对落后地位的社会主义国家引进外资，参与新的国际分工，获得先进技术、扩大出口提供了有利的条件。⑥学习方面的后发优势。首先，社会生产力发展尚处于相对落后地位的社会主义国家可以通过对经济发达国家工业化模式的比较选择合适的工业化道路；其次，社会生产力发展尚处于相对落后地位的社会主义国家的企业可以通过观察、研究经济发达国家企业的经营管理，借鉴、利用它们的经营管理经验。

（3）制度发展方面的后发优势。经济发达国家在工业化过程中，不同经济体制的优劣必然会凸显出来，这为社会生产力发展尚处于相对落后地位的社会主义国家经济体制的选择提供了良好的条件；同时在经济发达国家工业化过程中逐步建立了比较成熟的经济管制和宏观经济调控制度，以及与工业化相适应的法律制度。制度的建立、完善既需要时间，也需要耗费大量的经济资源（甚至流血冲突），对社会生产力发展尚处于相对落后地位的社会主义国家来说，借鉴经济发达国家已比较成熟的经济管制和宏观经济调控制度以及法律制度，既可以使社会生产力发展尚处于相对落后地位的社会主义国家能够在更短的时间内建立与工业化相适应的经济体制、经济管制和宏观经济调控制度以及与工业化相适应的法律制度，而且可以使社会生产力发展尚处于相对落后地位的社会主义国家减少在制度建设方面的资源投入。社会生产力发展尚处于相对落后地位的社会主义国家只要善于学习，充分利用在制度发展方面的后发优势将会对社会生产力发展尚处于相对落后地位的社会主义国家的工业化形成巨大的推进作用。

后发优势是客观存在的，后发优势的存在提供了社会生产力发展尚处于相对落后地位的社会主义国家加快工业化进程、快速实现工业化、赶超经济发达国家的可能性，充分利用后发优势、获得最大限度的后发性利益是社会生产力发展尚处于相对落后地位的社会主义国家快速实现工业化的必要条件，而实行对外经济开放乃是充分利用后发优势、获得后发性利益的前提条件，因此其所面临的不是要不要利用后发优势的问题，而是如何通过对外经济开放充分利用后发优势的问题。

3. 实行对外经济开放可以获得国外资本，加快和增强本国的资本积累

这里所谓的资本不是生产关系范畴的资本概念，即不是反映资本家与雇佣工人之间的剥削与被剥削关系的资本概念，而是生产力范畴的资本概念，具体是指能够形成生产能力的机器设备等物质。资金是这种资本的符号，虽然在实际中资金的转移、集中与机器设备等物质的转移、集中并不尽一致，但作为抽象的分析我们可以视其为同一过程。引进外资是加快和增强本国资本积累的重要途径。一方面社会生产力发展尚处于相对落后地位的社会主义国家自身资本积累的增长会受社会生产力发展的限制，引进外资能够加快其资本积累，另一方面即使社会主义国家的社会生产力已经相当发达，仍然有必要通过引进外资来增强本国的资本积累。如果不实行对外经济开放，资本积累就只能完全依靠自身的积累，社会生产力的发展就必然会受到自身积累的限制。对外经济开放是通过引进外资加快和增强本国的资本积累的前提条件，因此要获得这方面的利益就必须实行对外经济开放。从国际范围看，依靠自身积累进行的资本积累是资本积聚的过程，而通过引进外资进行的资本积累是

资本集中的过程，显然后者能够更快地扩大一国的资本积累规模，从而能够更快地促进社会生产力的发展。

4. 实行对外经济开放有利于充分利用国内经济资源，从而加快经济增长

一方面实行对外经济开放有利于扩大本国产品的销售市场，因为在对外经济开放的条件下，产品市场除了国内市场外，还有国际市场，产品市场的扩大就为产品生产规模的扩大提供了条件，产品生产规模的扩大自然需要投入更多的经济资源，因此就可以提高本国经济资源的利用率，减少经济资源的闲置，产出量因而更大，由此来看，实行对外经济开放有利于充分利用本国的经济资源；另一方面实行对外经济开放，有利于加快和增强本国的资本积累，这也有利于提高本国劳动力资源、自然资源以及其他经济资源的利用率，从而增加本国的产品产量。此外，实行对外经济开放，还可以通过输出闲置的劳动力资源等来提高经济资源的利用率，增加国民产出。

5. 实行对外经济开放会引入国际市场竞争，从而会促使国内企业不断提高生产效率

在国际市场上，产品的价值是国际市场价值，产品的市场价格是由国际市场价值决定的，在实行对外经济开放的条件下，出口企业直接面临着国际市场激烈的竞争，出口产品的竞争力决定着出口量、出口利润，出口产品的竞争力取决于出口产品的生产效率，生产效率越高，出口产品的竞争力越强，生产效率越低，出口产品的竞争力越弱，要提高出口产品的竞争力，出口企业就必须不断进行技术创新，不断提高经营管理水平，从而不断降低生产成本，不断调整产品结构，不断提高产品质量。出口企业提高效率的行为和压力会传递到为其提供服务的企业，这样又会促使这些企业不断提高生产效率。

本国市场向外国企业开放，国内市场的竞争性因此会提高，国内生产企业就会面临更激烈的市场竞争。企业在国内市场的竞争力取决于企业的生产效率，企业要提高在国内市场的竞争力，就必须不断提高生产效率，市场竞争力的强弱反映的是生产效率的差别，企业要提高生产效率，就必须不断地进行技术创新，不断地提高经营管理水平，企业只有在技术创新和提高经营管理水平方面具有优势，才能在生产效率方面形成优势，因为生产效率的提高是技术创新和经营管理水平提高的结果。一国经济若为封闭经济，就会失去提高生产效率的强大的外部压力。如果企业在国内市场上形成垄断地位，可能造成技术创新和经营管理制度创新的停滞，甚至可能造成技术水平和经营管理制度的倒退，这样企业生产效率就无法提高，甚至可能出现下降。因此，就国内企业提高生产效率的压力来看，实行对外经济开放显然胜于封闭经济。

6. 实行对外经济开放可以促进产业结构的调整和升级

前面已经说明，对于社会生产力发展尚处于相对落后地位的社会主义国家来

说，实行对外经济开放有利于其产业结构的调整和升级。这里所要说明的是，即使不考虑社会生产力发展的相对落后，或者即使社会主义国家的社会生产力已经相当发达，实行对外经济开放仍然有利于其产业结构的调整和升级，而且是其产业结构不断调整和升级的重要条件。这可以从供给和需求两个方面来看，从供给方面看，实行对外经济开放有利于从国外输入机器设备、原材料、资金、技术、人才等，从而可以促进短缺部门的发展和新兴产业部门的发展；从需求方面看，实行对外经济开放将会迫使企业根据国际市场需求的变化不断调整产品生产结构，由此就会不断推动国内产业结构的不断调整和升级，最终实现产业结构的优化。

从以上分析来看，社会主义国家实行对外经济开放是必要的，而且实行对外经济开放能够带来多方面的经济利益，这些利益从其结果来看，就是更快的经济增长和由更快的经济增长带来的更高的福利水平。

世界各国和地区的经济发展历史也说明了只有实行对外经济开放，才能取得更快的经济发展。从第二次世界大战后不同类型的国家和地区的经济发展情况来看，那些对外经济开放程度高的国家和地区取得了比对外经济开放程度低的国家更大的经济发展。从改革开放以来我国不同地区的经济发展情况来看，最先实行对外经济开放的地区最先取得了新的经济发展，对外经济开放进程越快的地区，经济发展也越快，对外经济开放程度高的地区取得了比对外经济开放程度低的地区更大的经济发展。因此要实现经济更快发展的目标，就必须坚定地实行对外经济开放，并且要根据条件的变化不断扩大对外经济开放。

二、社会主义经济对外开放所可能产生的负面影响

社会主义经济应该坚定地实行对外经济开放政策，应该坚定地不断扩大对外经济开放，因为只有实行对外经济开放，才可能获得以上所说明的种种经济利益。但是，实行对外经济开放也不可避免地会对开放国经济带来一些负面的影响。

1. 国际经济波动可能会造成本国的经济波动或者加剧本国的经济波动

实行对外经济开放，开放国的经济就会通过产品出口、产品进口、资本输入、资本输出等多种途径与国际经济联系在一起，这样如果国际经济出现波动，就会通过这些途径对开放国的经济产生影响，虽然这种影响的性质会因为经济波动的类型的不同而不同，但是国际经济波动对开放国的经济造成负面影响是完全可能出现的。例如，如果开放国产品的主要出口地发生经济危机，进口需求减少，开放国的出口市场就会缩小，出口需求下降，出口部门生产就会收缩，如果该国经济增长对出口的依赖度高，出口需求的下降就会导致该国经济增长下降，如果该国经济增长已经出现下降，则出口需求的下降会使该国经济增长以更大的幅度下降。与封闭经济相比，实行对外经济开放就意味着引入引起经济波动的新的因素，即国际经济波动这一新的外部因素。一国经济对外开放的程度越高，对国际经济的依赖程度越

高，国际经济波动造成该国经济波动或者加剧该国经济波动的可能性就越大，程度就越高。

2. 与国际经济联系的不断加深可能会造成本国经济对国际经济的依赖

一国实行对外经济开放，伴随着对外经济开放的不断扩大，其与国际经济的联系会不断加深，虽然成为国际分工体系之中的组成部分能够提高本国生产的专业化水平和产品的生产效率，但是也可能会因此而在技术、市场、资本、资金、管理、某些产品的供应等方面依赖于其他国家和地区。一个国家在技术、市场、资本、资金、管理、某些产品的供应等方面对其他国家和地区的依赖程度越高，其经济的正常运行受外部因素的影响就越大，本国经济受外国控制的可能性就越大，经济的脆弱性就越大，如果关键技术、基本生产资料、基本管理和主要产品市场依赖于其他国家和地区，经济的脆弱性就更大。一国经济的脆弱性越大，外部因素的变化对该国经济造成的负面影响会越大，特别是社会生产力整体发展水平处于相对落后地位的国家更易因为外部因素的不利变化而对该国经济造成严重的后果。

尤其重要的是，如果一个国家形成依赖外国技术、外国核心产品、外国资本、外国资金和外国企业管理的心理和行为倾向，就会漠视甚至放弃本国的技术创新、核心产品的国产化，就会漠视甚至放弃自我资本积累，就会漠视甚至放弃本国金融市场的建设和本国管理制度的建设与管理人员的培养，这样实际上也就失去了经济自主权，最终也将不能获得实行对外经济开放所能获得的经济利益，而这与对外经济开放的最终目标是相背的。

3. 开放国内市场可能会引起和加剧本国的失业，增加经济资源的闲置，也可能限制民族经济的发展

由于各国和地区不同产业的竞争力强弱不同，不同类型的经济资源在不同经济体之间的流动性不同，一个国家一旦开放国内市场，竞争力弱的产业就会萎缩，这些产业对生产要素的需求就会减少，一方面由于劳动力在不同经济体之间的流动性很小，出现失业就难以避免，另一方面非劳动力要素也难以转移，特别是专用性很强的要素难以转移，这样经济资源的闲置就会增加。同时，竞争力弱的产业的萎缩还会对相关产业产生影响，因为其对相关产业的产品需求会减少，这样又会间接地引起或加剧其他产业的失业，进一步加剧经济资源的闲置。因此，如果一个国家开放国内市场，造成这种后果，就会限制该国的经济增长。一个国家开放国内市场受冲击和萎缩的产业越多，这些产业的规模越大，关联产业越多，开放国内市场造成的失业和经济资源的闲置会越严重，如果不能通过其他方面的对外经济开放来弥补由此造成的经济增长下降，那么一国实行对外经济开放就可能造成比不开放还要低的经济增长。

一国开放国内市场，外国产品进入该国市场，本国企业产品市场就会被挤占，本国企业的发展就会受到限制，同时外国资本进入该国，既可能通过兼并等方式而

直接控制该国的民族企业，也可能通过控制核心产业或者基础产业的方式而间接控制该国的民族企业，这样民族经济的发展就会受到限制。

4. 实行对外经济开放可能造成优质的生产要素流向经济发达国家

生产要素的流动受多种因素的影响，从生产要素的主体或者支配者来看，考虑的主要因素之一是要素的收益率。要素收益率的高低与一个国家的经济发展水平密切相关。由于优质生产要素能够对经济发展做出更大的贡献，因此各个国家和地区都努力争取获得尽可能多的优质生产要素。经济发达国家对生产要素的输入向来实行管制政策，虽然具体的政策不断地发生着变化，但基本原则始终未变，这个基本原则就是禁止或者限制低质生产要素的输入，而鼓励优质生产要素的输入。由于经济发达国家的经济发展水平高于其他国家，因此许多种类的优质生产要素在这些国家能够获得更高的收益率。这样对于经济发展水平尚低于经济发达国家的国家，如果不实行对外经济开放，当然不会出现优质生产要素向经济发达国家的流动，但是一旦实行对外经济开放，政府对生产要素的输出未进行管制或者没有能力进行管制，就可能造成稀缺的优质生产要素大量流往经济发达国家。造成的结果就会是国内配置的主要是低质生产要素，而优质生产要素大都流到了经济发达国家，这样社会生产力发展水平相对落后的国家所具有的潜在的后发优势就会得不到利用或得不到充分利用，从而会制约其产业升级和产业结构的升级。例如在人力资源方面，由于经济发达国家依靠其工业化成就使其社会成员享受的福利达到了远远超过发展中国家的水平，公共基础设施的发展水平、居民的消费方式和消费结构远远超前于发展中国家，也创造了远远优于发展中国家的科学研究条件，因而对其他国家的居民形成了很大的吸引力。经济发达国家为了在国际经济竞争中保持和提高竞争力，在移民政策上，执行的是吸引外国优秀人才的政策，有的国家吸收的移民仅限于高层次技术人才，在不能对人员流出进行有效控制的条件下，发展中国家就会出现优质人力资源大量地流向经济发达国家的现象，这显然会损害流出国的经济发展。

5. 实行对外经济开放可能会带来产业结构的畸形，造成资源配置效率的劣化

一方面经济发达国家和地区的产业升级和产业结构升级使落后的生产技术、机器设备被淘汰，使传统产业的发展空间缩小，另一方面经济发达国家和地区已经建立比较完整的控制具有负的外部性的产品的生产和加快技术创新的政府管制制度，使得经济发达国家的落后生产技术、机器设备和传统产业不得不努力向其他国家和地区转移。一个国家如果不加选择地实行对外经济开放，就会使经济发达国家已经被淘汰的落后生产技术、机器设备和传统产业进入该国，特别是具有负面的外部性的产品（例如具有严重的环境污染的产品）的生产进入该国，这既会限制该国的产业升级和产业结构升级，带来产业结构的畸形，造成资源配置效率的劣化，而且会损害该国经济的长期发展和可持续发展。

此外，实行对外经济开放还会带来和加重金融风险等经济风险，也会使本国经

济发展更容易受到外部非经济因素的影响，而且也会限制一国建立完整的国民经济体系。

实行对外经济开放可能给开放国经济带来的上述种种负面影响并不意味着要否定对外经济开放，在当代世界经济体系下，实行对外经济开放是所有国家和地区经济发展的必要条件，更何况实行对外经济开放还可能获得多方面的经济利益，但是这些可能产生的负面影响却说明了对外经济开放对一国经济的影响是具有双重性的，任何国家和地区如果实行不加选择的对外经济开放政策，就将无法避免上述种种负面影响。因此，在当代世界经济体系下，一方面社会主义国家要坚定地实行对外经济开放，另一方面也要坚定地对对外经济开放进行有选择的控制。

第四节　对外经济开放战略

一、渐进式开放战略与突进式开放战略

根据前面对生产社会化发展趋势的分析，任何国家或地区最终都要实行对外经济开放。不过，一个国家或地区如何实行对外经济开放可以有不同的选择，由封闭经济走向开放经济也可以有不同的道路。由于主权国家的政府对本国的对外经济开放具有决定性的作用，因此对外经济开放就可以作为战略选择的对象。就一国对外经济开放的进程快慢的选择而言，对外经济开放战略可以划分为渐进式开放战略与突进式开放战略这两种战略。

渐进式开放战略是指一个国家根据本国经济发展水平和需要逐步地实行对外经济开放。突进式开放战略是指一个国家不考虑本国经济发展水平而在极短的时间内全面实行对外经济开放。

渐进式开放战略与突进式开放战略各有自身的优缺点。渐进式开放战略的优点在于，实行对外经济的国家能够根据本国经济发展水平和需要来选择对外经济开放的步骤、领域，能够对本国的幼稚产业、支柱产业进行保护，能够有选择地保护本国企业、市场以及利益集团，对落后国家而言，建立完整的现代产业体系只有在渐进式开放战略下才有可能。渐进式开放战略的缺点主要在于：（1）实行渐进式开放战略意味着总是存在未开放市场即受保护的市场，如果市场保护能使某些利益集团获得经济利益，它们就会寻求进一步的市场保护，从而就会成为对外经济开放进一步向前推进的障碍，特别是因为实行对外经济开放而遭受损失的利益集团可能会施加压力，要求政府重新实行市场保护，这样一国的对外经济开放就可能出现倒退。（2）由于实行渐进式开放战略使部分市场获得保护，市场的竞争性就可能很低，这对一国的技术创新和生产率的提高会产生消极的影响。（3）渐进式开放战略必然带来利益分配的不均衡，造成企业不同的市场环境，从而造成企业等经济主

体之间的不公平。

突进式开放战略优点主要在于：(1) 虽然会有经济主体因为对外经济开放而受损，因而会反对对外经济开放，但由于对外经济开放的突进性，使得这种力量的聚合极为困难，因此一国若实行突进式开放战略，对外经济开放将难以逆转，因此仅就一国对外经济开放目标的实现来看，突进式开放战略能够更快地实现目标；(2) 可以为引进外资和全面参与国际分工提供更便利的条件，也为本国企业进行技术创新和提高生产效率提供了普遍的压力。突进式开放战略的缺点主要在于：(1) 在短期会对一国宏观经济带来很大的冲击，甚至可能使一国经济出现严重的倒退；(2) 会对一国产业结构造成很大的冲击，原有的优势产业可能会被摧毁，由此就会带来失业等问题；(3) 不利于民族企业和产业的发展，不利于一国形成完整的现代产业体系。

一个国家应该实行何种开放战略应该根据本国经济发展水平和需要来定，小国和大国在追求的国内和国际目标、国内分工发展的条件等方面存在着很大的差别，因此小国和大国应该实行不同的对外经济开放战略，我们认为小国可以实行突进式开放战略，而大国并不适宜实行这种战略，大国应该实行的是渐进式开放战略，因为大国更难承受实行突进式开放战略对本国宏观经济和产业结构的冲击，大国必须形成完整的现代产业体系，民族企业在主导产业部门必须具有竞争力。

二、进口替代战略与出口导向战略

进口替代战略与出口导向战略本来是对经济发展战略的分类。不过从封闭经济向开放经济转变的过程中，特别是社会生产力发展水平比较低的国家如何从封闭经济向开放经济转变的角度看，进口替代战略与出口导向战略的确又是两种不同的对外经济开放战略。这两种战略都属于渐进式对外经济开放战略，两者存在着一些共同点，但两者的差别也是明显的。为了比较两种战略，我们先来说明两种战略对于经济发展的作用。

1. 进口替代战略

进口替代战略乃指通过发展本国工业，以本国生产的制成品来替代进口的制成品，国民经济发展由国内市场需求推动的内向型经济发展战略和对外经济开放战略。

要实行这种进口替代战略必须具备以下条件：(1) 国内存在一个巨大的市场；(2) 有充足的外汇；(3) 采取贸易保护主义政策，实行外汇管制。

那么怎样评价进口替代战略？一方面应该承认进口替代对于落后国家迅速建立起自己的独立的工业体系和国民经济体系是起了重要作用的，通过建立这种工业体系使国民经济发展具有较坚实的物质基础，经济不会受外国资本的奴役和支配；另一方面这样才可以消除不平等贸易造成的经济损失。实际上那些新兴半工业化国家和地区在其经济发展之初（一般在20世纪50年代，有的国家和地区甚至持续到20世纪60年代），都实行过这种战略，它们通过实行这种战略建立起了一个具有一定基础的工业体系，这为它们其后转向出口导向战略提供了重要的物质条件。

但是如果始终采取进口替代战略必然会对国民经济发展产生不利影响，最终会阻碍本国经济发展。其原因在于：（1）落后国家虽然人口众多，但是由于经济落后，人均收入水平低下，市场扩大受到根本限制，这样生产扩大、资源利用等都会受到极大限制。（2）外汇限制。由于落后国家技术落后、先进机器设备短缺，资金缺乏，所以发展本国工业需要大量进口先进的机器设备、技术和原材料等，引进技术和资金，但由于生产出来的产品要满足内需，因此出口创汇受到限制，造成外汇短缺，从而最终阻碍本国工业发展。（3）企业生产效率低下。实行进口替代必须实行保护主义政策，产品销售市场是有保证的，这就使国内企业失去了国际市场竞争这个外部强制力量的作用，因此就难以避免地造成企业生产效率低下，产品生产成本高、质量差和产品结构的老化。

2. 出口导向（出口替代）战略

出口导向（出口替代）战略是指生产由国际市场需求来决定，通过生产出口产品带动本国经济发展，国民经济发展由国际市场来推动的外向型经济发展战略和对外经济开放战略。此种战略由于亚洲“四小龙”的成功经验而受到过多肯定。政府的经济政策完全服务于促进出口增长，促进出口部门发展，因此采行此战略的国家往往采取定期调低汇率、对出口部门和企业以及出口产品实行大量的政府补贴、免征出口税、降低出口部门贷款利率、减少出口部门所需的中间投入品进口关税和保护国内市场等项政策。

实行出口导向战略对于经济发展是有积极作用的：（1）可以获取大量外汇收入，进口本国或地区所需要的生产资料，引进本国或地区所需要的技术等，而促进本国原有产业部门和新兴产业部门的发展。（2）可以从国际分工中得到绝对利益和比较利益。（3）有利于充分利用本国经济资源。因为市场扩大，生产会扩大，这样就需要投入更多的经济资源。（4）可以推动国内产业结构的调整和升级。这主要源于国际市场需求的推动作用。（5）有利于提高出口部门的经济效率。因为出口部门直接面临着国际市场竞争，这迫使企业要不断提高生产技术水平和管理水平，从而不断降低产品生产成本、不断提高生产效率。此外，由于实行这种战略能赚取大量外汇收入，因此也有利于吸引外资。

但是实行出口导向战略对于经济发展也会不可避免地产生一些消极作用：（1）既易受国际市场变化和国际经济波动的强烈影响，也易受他国政治局势变化的强烈影响，一旦他国采取限制产品进口的政策，其经济发展就会遭受沉重打击。（2）从实行出口导向战略的国家和地区运用的经济政策来看，这些政策尽管在一定时期在一定条件下会取得成功，但最终会受到限制，因为别国会要求调高汇率，减少、取消政府补贴，开放市场，这样如果本国出口部门竞争实力不强，经济发展就要受到阻碍。(3) 片面强调出口导向会受外国资本的支配。对小国来说，出口导向也许是正确的战略，但对大国来说不能够运用这一战略，实际上各大国也没有哪一个实行此战略，因为大国人口众多，有广阔的潜在市场，应加以开发和利用，对消费资料需求的满足是不能完全依赖进口来满足的。

进口替代战略与出口导向战略本身都属于渐进式部分开放战略，前者开放的领域是对进口替代部门发展有益的领域，包括建立进口替代部门所需要的机器设备、先进的生产技术，进口替代产品生产所需要的原材料等；后者开放的领域是对出口导向部门发展有益的领域，包括建立出口导向部门所需要的机器设备、先进的生产技术，出口产品生产所需要的原材料等。两种开放战略的目的都很明确，前者旨在建立强大的进口替代部门，并通过进口替代部门的发展带动整个国民经济的发展，后者旨在建立强大的出口导向部门，并通过出口导向部门的发展带动整个国民经济的发展。

进口替代战略与出口导向战略都可能最终引起对外经济开放的不断扩大。一种可能是实行进口替代战略与出口导向战略取得了成功，实行进口替代战略的国家建立起了强大的进口替代部门，国内市场逐渐不能满足进口替代部门发展的需要，而且进口替代部门具备了国际竞争力，进一步开放市场就成为必要；实行出口导向战略的国家建立起了强大的出口部门，出口部门具备充分的国际竞争力，此时在寻求别国进一步开放市场的同时，国内市场也会进一步开放；另一种可能是实行进口替代战略与出口导向战略没有取得成功，从而最终迫使实行进口替代战略与出口导向战略的国家或地区放弃已经实行的战略，转向扩大对外经济开放。不过，在以上所述两种情况下，都存在着性质相反的可能性：一种情况是实行进口替代战略取得成功的国家或地区进一步实行市场保护，实行出口导向战略取得成功的国家或地区也进一步实行市场保护，都将市场保护作为成功的手段；另一种情况是实行进口替代战略的国家或地区和实行出口导向战略的国家或地区都没有取得成功，进口替代部门或者出口部门都缺乏国际竞争力，由此会进一步实行市场保护政策，在这两种情况下，对外经济开放都会出现倒退。以上各种情况都可以在现实中找到案例。

总的来看，并不是对外经济开放战略决定一个国家或者地区向开放经济转变的进程，我们并不认为实行出口导向战略会比实行进口替代战略能够更快地推进一个国家或者地区的对外经济开放进程。一个国家或者地区的对外经济开放进程的快慢主要取决于以下因素：(1) 一国政府或者地方当局对对外经济开放的必要性的认识和行为。一国政府或者地方当局对对外经济开放的必要性的认识越充分，对外经济开放的行为越坚定，对外经济开放的进程就越快，反之，则越慢。(2) 一国或地区经济体系的完整性。其他条件相同，一国经济体系越完整，独立于世界经济之外的能力越强，对外经济开放的内部压力越小，对外经济开放进程越慢，反之，则越快。（3）一国或地区的大小。其他条件相同，一国或地区越大，自然禀赋越丰富，内部市场和内部分工的空间越大，自给自足的能力越强，对外经济开放进程越慢，反之，则越快。在这些因素中，一国政府或者地方当局对对外经济开放的必要性的认识和行为是最重要的。

第五节　中国经济的对外开放

一、中国经济由封闭经济向开放经济的转变

20世纪50年代到70年代，中国在经济上实行的基本上是闭关锁国的政策，这个时期的中国经济基本上是封闭经济。其主要表现在：（1）本国生产要素和产品输出到外国市场要受到严格的限制，外国生产要素和产品进入中国市场也要受到严格的限制，本国生产要素和产品不能自由地输出到外国市场，外国生产要素和产品自由地进入中国市场，所有生产要素和产品输出和输入都要受到政府极为严格的管制，其结果是在中国的生产要素市场和产品市场上外国生产要素所占的比重和外国产品所占的比重极低；（2）国内生产要素和产品的价格不受外国生产要素和产品价格的影响，而是由政府决定；（3）国内企业的生产基本上都是面向国内消费者，企业的生产经营决策由政府计划决定，不受外国生产要素和产品供求关系和价格的影响，企业没有任何来自于外国企业的竞争压力，而只有来自于政府计划部门生产经营任务的压力；（4）国民经济循环基本限于国内，宏观经济运行基本上是由国内因素决定，国际因素的影响微不足道；（5）国内市场与国际市场是割裂的，国民经济与国际经济的联系微不足道，国内经济游离于国际分工体系之外。

从1979年开始，中国进入不断扩大对外经济开放的进程之中，对外经济开放的进程虽然也经历了一些曲折，但总的来看，中国的对外经济开放是在不断扩大的。中国对外经济开放的不断扩大是由多方面因素决定的，从理论上来看，社会主义经济在本质上是开放经济，中国经济自然应该开放，同时实行对外经济开放能够带来多方面的经济利益，而且世界经济已经进入到生产国际化高度发达的阶段，中国经济要取得发展不得不实行对外经济开放，从实践方面来看，中国实行了几十年的闭关锁国的政策极大地限制了中国经济的发展，世界各国经济发展的历程证明了对外经济开放是实现经济发展的必要条件，因此中国政府认识到必须改变过去长期实行的闭关锁国的经济政策，必须实行和不断扩大对外经济开放。因此中国政府采取各种措施逐步扩大对外经济开放，特别是为恢复在关税及贸易总协定（GATT）中的缔约国的合法席位和加入世界贸易组织（WTO）做出了不懈的努力，直至最终成为世界贸易组织的正式成员，从而使得中国经济最终成为开放经济迈出了决定

性的一步。中国经济对外开放的不断扩大表现在多个方面：（1）中国生产要素（包括劳动力、机器设备、原材料等）和产品的输出量不断增加，出口在产出中所占的比重不断提高，外国生产要素（包括劳动力、机器设备、原材料等）和产品的输入量不断增加，进口在总供给中所占的比重不断提高；（2）国内生产要素和产品的价格受国际生产要素和产品的供求关系和价格的影响越来越大，生产要素和产品的价格既受中国政府的干预，外国政府的影响也在不断增加；（3）企业的生产既面向国内消费者，也面向外国消费者，企业做出其生产经营决策既要考虑国内市场生产要素和产品的供求关系和价格，也要越来越多地考虑国际市场生产要素和产品的供求关系和价格，企业不仅要面临国内企业的竞争压力，也要越来越多地面临来自于外国企业的竞争压力，企业的生存和发展不再仅仅是取决于与国内企业相比较的竞争能力，而是还要取决于与外国企业相比较的竞争能力；（4）国民经济循环中纳入的国外因素越来越多，宏观经济运行受国际因素的影响越来越大；（5）国内市场与国际市场的联系不断增强，国内市场与国际市场联系的密切性不断增强、联系的范围不断扩大，中国经济逐步融入进国际分工体系，国际因素对中国经济和中国经济对国际经济的影响都在不断增加，中国经济基本上已经成为国际分工体系的有机组成部分。

二、对外经济开放条件下中国的经济发展

通过20多年来的对外经济开放，中国经济的对外开放度已经有了很大的提高，中国经济已经向开放经济迈出了决定性的步伐，已经告别了封闭经济。20多年来的对外经济开放带来了中国经济的巨大发展。中国经济的对外开放对中国经济发展带来的积极影响具体表现在以下几个方面：

（1）通过与其他国家进行贸易活动，更广泛地参与国际分工，使中国在多种产品生产方面所具有的绝对优势和比较优势得到相当大程度的利用，因此获得了相当多的绝对利益和比较利益。如中国电子产品、玩具等制造业产品出口的大幅度增长得益于出口品价格的低廉，而出口品价格的低廉则得益于劳动力、土地等要素价格低廉所具有的绝对优势或者比较优势。

（2）通过对外经济开放利用了多方面的后发优势，获得了多方面的后发性利益。中国社会生产力的发展与经济发达国家相比还处于落后地位，充分利用后发优势是中国经济迅速发展的必要条件，实行对外经济开放则为后发优势的利用提供了必要的条件。中国实行对外经济开放所利用的后发优势包括：第一，技术方面的后发优势。通过实行对外经济开放，中国通过多种途径（引进外国直接投资、引进外国的先进设备、购买外国的先进技术、派出人员到国外学习等）从技术上处于领先地位的国家引进了大量的先进技术，大大加快了中国技术创新的进程，迅速缩短了与先进国家的技术差距，也大大节省了用于技术开发方面的开支。第二，经济

方面的后发优势。通过实行对外经济开放，中国得以利用劳动力资源丰富的比较优势，得以从经济发达国家引进资本，得以参与国际水平分工，推动了产业结构的升级，得以利用经济发达国家跨国公司发展为经济落后国家在技术引进、资本引进和参与国际分工方面提供的机会。第三，从经济发达国家的经济管制和宏观经济调控制度以及适应于市场经济、适应于工业化的法律制度借鉴了一些有益的经验。通过利用这些后发优势，我们获得了大量的后发性利益。

（3）通过实行对外经济开放，中国从国外引进了大量的资本（见表13-1），目前中国不仅成为发展中国家中引进外国直接投资最多的国家，而且成为世界各国中引进外国直接投资最多的国家，外国资本的引进大大加快和增强了中国的资本积累，从而大大加快和增强了社会生产力的发展。

表13-1 **1979~2004年中国引进外资（实际利用外资）情况**

年份	金额（亿美元）	年份	金额（亿美元）	年份	金额（亿美元）
1979~1983	144.38	1991	115.54	1999	526.59
1984	27.05	1992	192.02	2000	593.56
1985	46.47	1993	389.60	2001	496.72
1986	72.58	1994	432.13	2002	550.11
1987	84.52	1995	481.33	2003	561.40
1988	102.26	1996	548.04	2004	640.30
1989	100.59	1997	644.08	1979~2004	7 439.56
1990	102.89	1998	585.57	——	——

资料来源：国家统计局：《中国统计年鉴（1986）》，中国统计出版社，1986年；国家统计局：《中国统计年鉴（2001）》，中国统计出版社，2001年；国家统计局：《中国统计年鉴（2004）》，中国统计出版社，2004年；国研网数据中心：《2004年1~12月全国实际利用外资情况》，载《国研网》（http://www.drcnet.com.cn），2005年9月5日。

（4）通过实行对外经济开放，中国产品市场得以扩展，特别是为中国具有国际竞争力的电子产品等的出口市场的扩展提供了必要的条件，出口达到很大规模（见表13-2），市场的扩大为产品生产的扩大提供了条件，从而提高了国内经济资源的利用率，加快了中国经济的增长。

表 13-2　**1979～2004 年中国出口增长情况**

年份	金额（亿美元）	年份	金额（亿美元）	年份	金额（亿美元）
1979	136.6	1988	475.2	1997	1 827.9
1980	181.2	1989	525.4	1998	1 837.1
1981	220.1	1990	620.9	1999	1 949.3
1982	223.2	1991	719.1	2000	2 492.0
1983	223.3	1992	849.4	2001	2 661.0
1984	261.4	1993	917.4	2002	3 256.0
1985	273.5	1994	1 210.1	2003	4 382.3
1986	309.4	1995	1 487.8	2004	5 933.5
1987	394.4	1996	1 510.5	1979～2004	34 878.0

资料来源：国家统计局：《中国统计年鉴（1990）》，中国统计出版社，1990 年；国家统计局：《中国统计年鉴（2001）》，中国统计出版社，2001 年；国家统计局：《中国统计年鉴（2004）》，中国统计出版社，2004 年；国研网数据中心：《2004 年 1～12 月全国进出口总值表》，载《国研网》（http://www.drcnet.com.cn），2005 年 9 年 5 日。

（5）通过实行对外经济开放，促进了中国产业结构的调整和升级，一方面实行对外经济开放，能够从国外引进产业结构调整和升级所需要的生产要素，另一方面通过实行对外经济开放，使企业面向国内和国际市场，迫使企业要不断调整其投资和生产结构，从而最终促进中国产业结构的调整和升级。20 世纪 80 年代以来，中国产业结构的变化是最快的，产业结构升级的速度是最快的，大量的新兴产业部门都是在这个期间发展起来的，过去长期发展滞后的产业部门（如通信产业、商业、饮食业、旅馆业等）都已经发展起来，都已经改变过去发展滞后的局面，没有对外经济开放，我们不可能看到中国产业结构如此大的调整和升级。

此外，实行对外经济开放后，一方面中国市场对外开放的不断扩大给国内企业所带来的国际竞争压力不断增强，另一方面出口产品直接面临国际市场竞争，出口企业直接承受着国际市场激烈的竞争，这种压力是中国企业在过去 30 多年时间内未曾经历过的，这使得中国企业要求生存和发展，就不得不努力提高生产效率，从而就需要努力进行技术创新和提高经营管理水平。实行对外经济开放以来，从整体上来看，中国企业的生产能力和生产效率获得了很大的提高，中国产品在国内市场和国际市场的竞争能力有了很大的提高，“中国制造”正在逐渐成为价廉物美的产品的代名词。

没有对外经济开放，中国经济不可能取得以上这些成就。这充分说明，实行对外经济开放政策是中国经济发展的必要条件。

三、中国经济进一步扩大对外开放的必要性

经过20多年来对外经济开放的不断扩大，我国经济的对外开放程度已经有了实质性的提高。目前在对外贸易领域，过去那种国家垄断经营、统负盈亏的体制已不复存在，企业自主经营，自负盈亏，政府对外贸的行政干预大部分已经取消，大部分商品的关税已经降到很低的水平，大量的非关税壁垒已经取消，大部分商品的进口数量限制正逐步取消，出口补贴基本取消，对外贸易领域正在形成自由贸易的格局；在金融领域，银行市场、保险市场和证券市场已经有条件地向外国资本开放，已经建立了外汇市场，实现了经常项目下的人民币的自由兑换，并正逐步向资本项目下的人民币可自由兑换迈进；在农业、制造业和服务业，全面鼓励外资进入，各产业对外资的管制全面放松；在劳动力市场，一方面积极向国际市场输出劳务，另一方面积极引进外国技术和专业人才，劳务市场开放的领域正在不断扩大；在技术领域，一方面积极引进外国先进技术，另一方面也允许向国外输出技术。总的来看，中国经济全面对外开放的格局已经初步形成，中国经济已经向开放经济迈出了坚定的实质性的步伐。

不过，同世界许多经济高度对外开放的国家相比，中国经济的对外开放程度还比较低。中国是一个大国，需要建立完整的现代产业体系，从现实的世界经济格局来看，在国民经济的主导产业部门确立本国企业的主导地位仍然是必要的，因此中国应该根据自身经济发展水平的演变和产业发展的需要在开放的领域、方式、步骤等方面做出正确的选择，但是从中国经济的长期发展趋势、长期利益和中国经济的长远发展的需要以及对外经济开放已经带来的经济利益来看，中国经济还需要进一步扩大对外经济开放，最终使中国经济成为对外高度开放的经济。

思 考 题

1. 什么是开放经济？什么是封闭经济？两者的差别表现在哪些方面？

2. 什么是外向型经济、内向型经济？两者的具体差别是什么？

3. 试说明开放经济与对外经济开放和外向型经济的联系与区别。

4. 为什么说社会主义经济在本质上是开放经济？

5. 社会主义经济为什么要实行对外经济开放？对外经济开放能够带来哪些利益？又可能产生哪些负面影响？

6. 什么是渐进式对外经济开放战略、突进式对外经济开放战略？两种战略各有哪些优缺点？

7. 什么是进口替代战略、出口导向战略？作为对外经济开放战略，两者有何

差别？选择对外经济开放战略应该考虑哪些因素？

8. 为什么说中国经济已从封闭经济逐步转向开放经济？中国的对外经济开放使中国经济发生了哪些变化？为什么中国还需要进一步扩大对外经济开放？

第一版后记

编写一本政治经济学社会主义部分的教材是20世纪80年代末我们就有的愿望，但由于各种原因，这一愿望始终未能实现。现在这本名为《社会主义经济理论》的教材终于完成了，但是我们却又感到惴惴不安，因为虽然编写这样一部教材的愿望实现了，但是编出来的教材却又要第一次直接面对读者的评判。

本教材由张秀生和曾国安共同编写，在编写过程中我们进行了多次交流，一方面我们感到编写这样一部教材很有必要，另一方面我们也感到要编好这样一部教材也相当困难。我们在本教材的编写过程中，始终力求在基本理论的研究方面有所创新，应该说我们的愿望部分得到了实现，不过，尽管我们做了努力，但限于时间、精力和水平，特别是中国经济理论和经济实践发生的巨大变化，使我们感到无论从量上，还是从质上，都留下了诸多遗憾。我们希望能够得到经济学专家和读者的指正，使这些遗憾能够在以后的时间里得到尽可能多的弥补。

本教材的提纲由张秀生和曾国安共同拟定，在写作上进行了分工，导言、第三章、第五章、第七章、第八章、第九章、第十一章、第十三章由曾国安撰写，第一章、第二章、第四章、第六章、第十章、第十二章由张秀生撰写。

在写作过程中，我们参考了国内出版的相关教材，从中获得多方面的教益，在此我们向编写这些教材的作者表示感谢。

书稿写成后，赵伟、卫鹏鹏、陈立兵、李立华、胡晶晶、徐艳、汪卓敏、邹积亮非常认真地进行了校对，并提出了有价值的建议，他们的工作对于提高本书质量起了重要的作用。我们向他们表示衷心的感谢。

张秀生 曾国安

2003年9月于珞珈山

第二版后记

2003 年武汉大学出版社出版了我们编著的以《社会主义经济理论》为书名的政治经济学社会主义部分教材。到现在已经有两年的时间，因此我们决定进行一次修订。本次修订增补了部分内容，对部分内容做了调整，对第一版中存在的文字、表述等方面的问题进行了校正。本版我们将教材名称定为《政治经济学（社会主义部分）》，从而使教材名称与内容相一致。

教材的修订仍由张秀生和曾国安共同完成，曾国安负责导言、第三章、第五章、第七章、第八章、第九章、第十一章和第十三章的修订，张秀生负责第一章、第二章、第四章、第六章、第十章和第十二章的修订。

教材出版后，我们得到了多位读者和专家的反馈意见，他们的意见对于本书的修订是非常有价值的。我们希望能够继续得到经济学专家和读者的赐正。胡晶晶、王军民对修订稿进行了非常认真的校对，并提供了其他帮助，他们的工作对于保证本书质量发挥了重要的作用。我们对他们表示由衷的感谢。

张秀生 曾国安

2005 年 9 月于珞珈山

图书在版编目(CIP)数据

政治经济学(社会主义部分)/张秀生,曾国安主编.—武汉:武汉大学出版社,2007.8(2016.1重印)
21世纪经济学管理学系列教材
ISBN 978-7-307-04874-4

Ⅰ.政… Ⅱ.①张… ②曾… Ⅲ.社会主义经济—经济理论—高等学校—教材 Ⅳ.F04

中国版本图书馆CIP数据核字(2005)第114675号

责任编辑:夏敏玲　　责任校对:程小宜　　版式设计:支　笛

出版发行:**武汉大学出版社**　(430072　武昌　珞珈山)
(电子邮件:cbs22@whu.edu.cn　网址:www.wdp.com.cn)
印刷:湖北民政印刷厂
开本:720×1000　1/16　印张:31.25　字数:619千字
版次:2007年8月第2版　2016年1月第8次印刷
ISBN 978-7-307-04874-4/F·969　定价:35.00元

21世纪
经济学管理学系列教材

政治经济学概论
政治经济学(社会主义部分)
技术经济学
财政学
计量经济学
统计学
经济预测与决策技术
会计学
人力资源管理
物流管理学
管理运筹学
经济法
消费者行为学
管理学
生产与运营管理
战略管理